탁월한 적중률! 합격의 동반자!

채한태
명품헌법

헌법재판소 판례
핵심요약집

2024

이 책의 머리말

헌법재판소 판례의 비중이 헌법 시험에서 날로 증가되고 있다. 헌법재판소의 방대한 판례를 체계적으로 정리·요약하는 것은 판례문제를 모두 섭렵하는 효과적인 방법이라고 본다.

본서는 출제가 예상되는 판례를 연도별로 핵심적인 내용과 결과를 정리하였다.

본서의 특징은 다음과 같다.

01 헌법재판소 판례를 시험지문으로 출제가능한 내용으로 적합하게 요약하여 객관식 문제에 적응할 수 있도록 하였다.
02 판례의 핵심요지를 이해하기 쉽게 기술하였고, 바로 시험지문과 연계되도록 정리하였다.
03 각종 시험에서 자주 출제되는 헌법재판소 판례의 핵심을 명료하게 정리하였다.
04 출제가 예상되며 쟁점이 되는 판례를 체계적으로 기술하였다.

본서의 미비점은 앞으로도 계속 보완해 갈 것을 약속드리며, 수험생 여러분의 많은 성원과 질책을 바라 마지 않는다.

본서의 출간에 항상 성원해 주시는 Daum 카페 채한태헌법교실의 4만여 명의 회원, 채한태공법연구소의 연구원 김&장 및 메가스터디교육(주)의 임직원 여러분께 감사드린다.

盡人事待天命
수험생 여러분의 합격을 진심으로 기원하며
이 글을 이만 마친다.

다산공무원시험합격연구소
법학박사 **채한태**

합격자 추천 후기

헌법을 처음 공부할 때는 기본강의 이후 기출문제만 반복하다 보니 일정 수준 이상의 점수를 벗어나기가 어려웠습니다.
단순 기출 반복이 아닌 적용된 법이나 원리의 이해를 바탕으로 지문 하나하나의 쟁점을 파악하며 문제 푸는 연습을 하였습니다. 그 결과 모의고사에서도 여러 차례 50점 만점을 받을 수 있었고 헌법이라는 과목에 자신감이 생겼습니다. 특히 앞서 말씀드린 것처럼 매일 전과목을 공부하고 기록하는 방법은 채한태 교수님께서 강조하여 말씀해 주신 방법이기에 반드시 지켜야겠다는 생각으로 매일매일 전과목을 공부했습니다.
채한태 교수님이 면접의 노하우를 지도해 주셔서 면접에서도 합격을 할 수 있습니다. 감사합니다.
▶ 2023년 경찰(순경직) 서울경찰청 김ㅇㅇ

명품공직선거법 시리즈 강의를 통해서 고득점으로 합격하였습니다.
감사합니다.
▶ 2023년 9급 선관위직 합격 이ㅇㅇ

헌법은 채한태 박사님 기본강의 들었습니다.
이해하면 외워지는 스타일이라 기출 풀 때 초반 문제 다지기에 집중했습니다.
저는 법 과목은 일단 기본서를 정독하고 판례에 저만의 코멘트를 달며 저의 언어로 법을 이해하며 학습했습니다. 법 과목은 해설도 난해한 용어로 적혀 있고, 두 번 꼬아서 말을 하기에 회독 시 이해 시간을 줄이기 위해 제가 이해한 내용대로 옆에 열심히 필기해 놓으며 저의 것으로 만들려고 노력했습니다.
처음엔 시간이 많이 걸리는 과목이지만 개인적으로 헌법이 제일 재밌는 것 같습니다. (박사님의 훌륭하신 강의 덕분에 95점 받았습니다)
공부는 입력도 중요하지만 출력은 더욱 중요합니다. 꼭 하프, 모고 등 출력의 과정을 거치시고 자신의 학습수준을 점검하셔서 더욱 효율적으로 공부하시기 바랍니다. 자신이 공부할 때 어떤 스타일인지 메타인지를 키우셔서 적용하시면 빠르게 합격하실 거라 생각합니다.
헌법 시작부터 합격까지 면접도 채한태 박사님의 도움으로 합격을 할 수 있었습니다.
자소서는 채한태 박사님께 첨삭 지도받았습니다. 부족한 부분을 잘 캐치해 주셔서 더 완성도 높은 자소서와, 면접 마인드를 배울 수 있었습니다. 대단히 감사드립니다!
오직 국회만 바라보고 준비해서 많은 부담감이 있었으나 면접일 2일 전부터 이러한 마음을 내려놓고 마인드컨트롤에 집중하였습니다.
긴장을 많이 하는 편이라 인데놀 복용하였습니다. 면접 당일 준비한 답변들 마음속으로 중얼거리며 연습하였습니다. 저는 긴장을 조금이라도 낮추기 위해 면접장 문 열고 들어갔을 때 제가 면접 씬을 찍는 배우라 생각하고 현실의 압박을 내려놓으려 했습니다.
면접관님들께서 미소를 띠며 질문해 주셔서 저도 똑같이 미소를 띠고 답변했습니다.
(면접 때 안 웃으셔도 되지만, 전 인상이 안 웃으면 화나 보인다고 해서 미소를 신경썼습니다)
준비해 간 답변들이 채한태 박사님께서 지도해 주신 것과 같이 '국회사랑, 공직자 마인드, 나라사랑'에 중점을 둔 답변이라서 정말 제가 국회를 사랑하고, 합격한다면 정말 나라와 국민을

합격자 추천 후기

위해 헌신하여 일하겠다는 의지와 모습을 최대한 보여드렸습니다.
국회 면접은 제로베이스라고 알고 있었고, 면접장에서 만난 다른 면접자분들 인상이 훌륭하셔서 여기서 돋보이지 않으면 끝이겠구나 판단하였고 최선을 다해서 쉬운 질문이더라도 저라는 사람을 보여드릴 수 있는, 특히 평정표에서 점수를 얻을 수 있는 답변을 하였습니다.
또한 면접관님께서 질문하실 때 눈을 쳐다보고 살짝 고개를 끄덕이는 등 집중하는 시그널, 긍정적인 모습을 보여드리려 노력했습니다.
끝까지 포기하지 않고 왔더니 합격하게 되었습니다.
사실 아직도 실감은 안 나지만 괴로웠던 모든 과정이 끝났다는 게 너무 기쁘고 벅찹니다!
꿈을 이루기까지 많이 힘드시겠지만 조금만 더 힘내시고 꼭 합격하시길 바라겠습니다.
채한태 박사님께 다시 한번 존경과 감사의 말씀 올립니다.
박사님의 자소서 첨삭 지도가 면접 준비 방향을 잡는 데 정말 많은 도움이 되었습니다.
감사드립니다.
▶ 2023년 국회(속기직) 문○○

명품헌법으로 공부하여 단기간에 고득점으로 합격하였습니다.
다양한 사례와 방대한 판례를 공식으로 만들어 주셔서 감사드립니다. ▶ 2023년 7급 국가직 김○○

명품헌법 시리즈를 구해서 반복적으로 공부하여 합격하게 되었습니다.
명품헌법은 정리가 잘 되어 있어 시간을 줄일 수 있습니다. ▶ 2023년 7급 대구시 지방직 이○○

채한태 박사님께서 헌법재판소 판례비교 정리를 잘해주셔서 단기간에 총정리하여 좋은 결과가 왔습니다. 감사드려요. ▶ 2023년 상반기 비상계획관 김○○ 대령

명품헌법 종합기출문제집 특강과 헌법 기출지문 OX 4700제로 헌법고득점을 하였습니다.
채한태교수님의 도표정리가 많은 도움이 되었습니다. ▶ 2023년 국회8급 이○○

명품헌법으로 공부하고 고득점하여 꿈을 이루었습니다.
최신판례와 시사적인 내용을 신속하게 정리하여 주어 많은 도움이 되었습니다.
▶ 2023년 상반기 순경직 순경 공채필기 합격 최○○

명품헌법 채한태 박사님의 강의는 전체적인 개요와 도표를 통한 설명은 자신감을 높일 수 있었습니다. 단기간에 고득점을 할 수 있습니다. 감사드립니다. ▶ 2023 사무관 승진합격 김○○

방대한 헌법재판소의 판례를 체계적으로 정리해 주시고 판례공식을 알려주어 부담을 줄일 수 있었습니다. 채한태 박사님 강의를 통해서 목표를 이루었습니다. ▶ 2023 경정승진 합격 이○○

순경준비하던 수험생으로서 시작이 가장 힘든 과목이었습니다. 채한태 교수님 명품 헌법을 들으면서 시작하였습니다. 적지 않은 시험 범위에 걱정이 많이 되었지만, 채한태교수님이 차근차근 명쾌하게 설명해 주시면서 출제예상 판례와 이론 위주의 수업은 시간을 절약해야 하는 저에게 큰 도움이 되었습니다.

첫 2회전을 돌렸어도 여전히 기출을 바로 풀기에는 무리였으나, 올해 1월쯤 시작한 〈명품헌법 기출지문 4700제 OX〉를 풀고 나서 완전히 달라졌습니다. 문제가 이해가 되고 보이기 시작하였습니다. 그래서 짧은 기간 내 6회전을 바로 돌렸고, 그제서야 헌법 종합 기출문제가 쉽게 풀리기 시작하였습니다. 마지막 달에 해주신 예상 판례 특강을 통해서 마지막 복습 정리를 하여서 출제예상 문제에 좀 더 집중할 수 있었습니다. 많은 수험생 여러분도 채한태 교수님 헌법 커리큘럼을 믿고 따라오시면 합격 점수는 보장해 주실 겁니다.

▶ 2022년 상반기 서울지방경찰청 순경 공채 합격 서○○

채한태 박사님 명품헌법 기본심화 강의와 헌법재판소판례 특강을 통해서 방대한 헌법을 정복하였습니다.   ▶ 2022년 상반기 비상계획관 합격 김○○ 대령

명품헌법 시리즈특강을 통해서 고득점을 할 수 있었습니다. 국회직 면접까지 박사님이 지도해 주셔서 최종합격할 수 있었습니다.   ▶ 2022년 국회 8급 합격 이○○

법과목 중에서 헌법분량이 많지만 채한태 선생님이 요약정리해 주셔서 고득점하였습니다.
▶ 2022년 법원서기보 합격 박○○

명품 공직선거법 교재와 채한태샘 강의 듣고 합격을 했습니다. 도표정리가 많은 도움이 되었어요.   ▶ 2022년 9급 선관위직 필기 합격 이○○

방대한 공직선거법 조문을 잘 정리해 주셔서 단기간에 고득점했습니다.
▶ 2022년 9급 선관위직 필기 합격 김○○

국가공무원 7급 시험을 준비하고 있는 수험생입니다. 박사님의 명품헌법 기본강의, 기출강의, 최신판례 강의, 모의고사 강의 등을 통해서 헌법 만점을 얻었습니다. 이번 2차 시험에서 헌법 만점을 받을 수 있었습니다. 좋은 가르침에 진심으로 감사드립니다.
▶ 2021년 7급 국가직 합격 김○○

채한태 박사님 명품헌법 기본서·종합기출문제집·헌법재판소판례특강을 메가공무원 홈페이지에서 인터넷 강의를 통해 반복적으로 수강하였습니다. 독학으로 알아내기 어려웠던 명쾌한 부분들을 짚어주신 덕분에 고득점으로 합격을 했습니다.   ▶ 2021년 비상계획관 합격 김○○

합격자 추천 후기

박사님의 헌법재판소 판례강의와 기본이론 명품헌법강의는 주제별로 총정리가 잘 되어 있기에 단기간에 원하는 목표를 얻을 수 있었습니다.
▶ 2021 경찰승진 합격 최○○

비전공자에게 법적인 마인드 함양과 법해석의 방법을 선생님께서 쉽고 자세하게 설명해 주셔서 법원직 헌법 과목에서 좋은 점수를 득점할 수 있었습니다.
▶ 2021 법원직 합격 이○○

헌법이론과 시사적인 내용을 하나로 연결하여 이해하기 쉽게 설명을 해주신 덕분에 단기간에 헌법을 쉽게 이해할 수 있었습니다.
▶ 2021 국회직 합격 정○○

사실 저는 현직에 근무하면서 학습시간의 부족으로 퇴근 후 학습시간은 주로 헌법과 법령 위주로 공부하여 면접에 많은 시간을 투자할 시간을 가지지는 못했습니다. 면접과 관련한 기본적 지식은 제가 다녔던 비상계획관 학원 강의를 통해 배운 내용을 주요 키워드 위주로 정리 암기하였으며 면접 PT 작성요령, 답변 방법, 자세, 기타 면접 노하우 등은 채한태 박사님께서 운영하는 면접 특강을 2회 수강하면서 가르쳐주신 방법을 전적으로 믿고 면접 당일 그대로 적용하려 노력하였으며 그 결과 첫 시험치고는 괜찮은 면접 성적을 얻었다고 생각합니다. 채한태 박사님께 문자로 질문하였고 박사님의 친절하신 답변이 많은 도움이 되었습니다. 박사님과의 면접 실습을 통한 저의 약점 보완은 제게 커다란 도움이 되었습니다. 박사님의 노하우 담긴 조언과 개별적인 눈높이 교육은 정말 큰 도움이 되리라 믿습니다. 박사님의 도움이 커다란 힘이 되었음에 깊은 감사를 드립니다.
▶ 2020년 상반기 비상계획관 합격 조○○

경찰 간부후보생 시험 합격 후 경찰 승진 준비를 하면서 채한태 박사님 책을 보게 되었습니다. 기초가 부족하고 헌법을 처음 접해 보는 사람에게 무조건 추천해 드리고 싶습니다. 시간이 되신다면 박사님 강의를 병행하면서 짧은 시간에 큰 효과를 거둘 수 있습니다. 박사님 책을 보면서 더욱 수험생 혹은 승진 대상자들을 배려하는 세심한 설명과 자세한 자료를 보면서 매년 더욱 만족하고 있습니다.
▶ 2020년 국가직 7급 합격 이○○

저는 법학 전공이 아니지만 공직선거법을 채한태 박사님 강의를 듣고 고득점했어요. 중요 내용을 도표로 정리해 주는 최적화된 강의 감사해요.
▶ 2019년 선거직 9급 합격 박○○

명품 공직선거법의 기본서와 단원별 객관식 문제집으로 공부하여 합격의 영광을 얻게 되었어요. 면접까지도 채한태 박사님이 지도해 주셔서 최종 합격했어요. 감사드려요.
▶ 2019년 선거직 7급 합격 김○○

채한태 박사님의 명품헌법 강의를 듣고 헌법에 대한 이해와 자신감을 가지게 되었습니다. 헌법에 대해서 어려움을 가지고 계신 분들은 채한태 박사님의 강의를 통해서 해결할 수 있습니다.
▶ 2019년 국가직 7급 합격 김○○

어려운 헌법 과목을 가장 이해하기 쉽게 가르쳐 주십니다. 핵심정리와 암기 공식을 제시하여 헌법이 고득점 과목이 되었습니다.
▶ 2019년 국회직 8급 합격 이○○

명품헌법 기본서와 채한태 박사님 강의로 방대한 헌법을 단기간에 해결하여 비상계획관 시험에서 합격의 영광을 얻게 되었어요. 질문할 때마다 친절하게 도와주셨던 채한태 박사님 고맙습니다.
▶ 2018년 비상계획관 합격 김○○

공대생이라 법 과목이 너무나 힘들었으나 쉽고 명쾌하게 강의하시는 채한태 교수님 명품헌법 덕분에 합격할 수 있었습니다.
▶ 2018년 소방간부후보생 합격 이○○

채한태닷컴에서 동영상으로 명품헌법 기본강의를 반복적으로 공부하여 합격했습니다. 명품헌법 교재는 중요 내용의 밑줄 처리와 색감 처리가 잘 되어 있어 가독성이 탁월합니다. 동영상으로 강의 듣기에도 편리합니다.
▶ 2018년 법원직 합격 김○○

합격한 선배님의 추천으로 명품헌법 기본서로 강의를 듣고 합격하였습니다. 중요 내용의 도표 정리와 기출문제의 반복적인 설명 등을 채한태 교수님이 잘해주셔서 헌법에서 고득점을 하였습니다.
▶ 2018년 국회직 8급 합격 이○○

명품헌법과 헌법 종합 기출문제집을 반복적으로 공부하여 단기간에 고득점을 하였습니다. 복잡한 헌법재판소 판례가 주제별로 잘 정리되어 보기에 편했습니다. 실전에서도 문제 푸는 데 많은 도움이 되었습니다.
▶ 2018년 서울시 7급 합격 박○○

추상적이고 방대한 양의 헌법에 처음엔 힘이 들었지만 채교수님의 체계적인 강의 덕분에 어려운 헌법 용어 및 개념들을 쉽게 이해할 수 있게 되었으며 또한 핵심적인 부분만을 가르쳐 주시는 수험적합적 강의 덕분에 짧은 시간에 무리 없이 고득점을 확보할 수 있었다고 생각합니다.
▶ 2017년 국가직 7급 출입국관리직 합격 김○○

채한태 교수님 강의가 최고라고 생각합니다. 강의는 기본강의 들어보시면 판례도 비슷한 판례를 비교해서 정리도 잘해주시고, 체계도 잘 잡아주십니다. 저는 특히 강의에서 테마별·주제별로 정리해 주시는 부분이 가장 마음에 들었습니다. 그거 그대로 단권화할 때 써먹으시면 됩니다.
▶ 2017년 국가직 7급 외무영사직 합격 이○○

채한태 박사님의 명품헌법 강의를 통해 어디에서도 배울 수 없었던 남다른 팁과 정리표, 1:1 관리 등으로 실전 감각을 유지할 수 있었고 가벼운 마음으로 자신감 있게 합격할 수 있었습니다.
▶ 2017년 서울시 7급 합격 김○○

간결하고 명쾌하며 풍부한 시사 상식을 접목시키는 박사님의 명품 강의는 시간 가는 줄 모르고 헌법 공부에 몰입할 수 있게 해 주었습니다. 저는 헌법 용어와 개념이 취약했기 때문에 채한태 명품헌법 기본서를 충실하게 공부하며 기출문제집, 모의고사 문제집에 시간을 많이 투자했습니다. 저자가 다른 여러 헌법 서적을 보라는 조언들이 있었지만 저는 부화뇌동하지 않았습니다. 채한태 명품헌법의 강의가 가장 알차고, 기본서는 가장 충실하며, 언제든지 궁금한 점이 있으면 답변을 받을 수 있었기에, 저는 꾸준히 강의를 듣고 기본서를 중심으로 공부

합격자 추천 후기

하면서 문제집을 공략하였습니다. 든든한 언덕이 되어 주신 채한태 박사님으로부터 헌법을 배울 수 있었던 것은 행운이었습니다.
▶ 2015년 상반기 비상계획관 합격 오○

채한태 교수님 강의 덕분에 기본 개념부터 충분히 인지할 수 있었고 특히 채한태 교수님 카페에 가입하며 메일로 최신 판례를 받아볼 수 있었던 점이 도움이 됐습니다. 헌법은 최신판례가 많이 반영되기 때문에 수험생들이 최신판례 공부를 철저히 한 뒤 시험에 임하는 것이 좋을 것 같습니다. 또한 헌법은 비슷한 개념이 많이 나오는 편인만큼, 유사 개념들을 표로 정리해 특징을 정리하고 헷갈리는 부분들을 점검할 수 있어서 마무리까지 많은 도움이 됐습니다.
▶ 2014년 서울시 7급 일반행정직 최연소 (당시 21세) 합격 김○○

성실한 강의, 헌법의 핵심과 출제경향을 꿰뚫는 강의, 채한태 박사님의 강의를 직접 확인하신다면 헌법에 대한 시야는 확 달라질 것입니다.
▶ 2014년 교정직 7급 최연장(당시 51세) 합격 조○○

법에 대해서 아무것도 몰랐던 저도 채한태 선생님의 명품헌법을 보고 헌법을 정복할 수 있었습니다. 채한태 선생님의 체계적인 강의와 더불어 이 책을 함께 보신다면 여러분 또한 합격의 길로 들어서실 수 있습니다.
▶ 2014년 국가직 7급 세무직 차석 합격 박○○

말이 필요하겠습니까. 결과가 보여줍니다. 국가직 헌법 고득점의 1등 공신 역할은 명품헌법이었습니다.
▶ 2014년 국가직 우정사업본부 합격 조○○

헌법의 기본이론을 강의를 들으면서 총정리하고 반복하여 공부하여 정복했습니다. 최신판례 특강과 모의고사 문제풀이를 통해서 마무리 정리하여 효과를 보았습니다.
▶ 2014년 국회사무처 8급 합격 박○○

채한태 박사님의 헌법 강의를 듣지 않았으면, 앞으로 6개월은 더 학습을 해야 할 상황이었습니다. 무조건 특강이든, 수업이든 참석했습니다. 강의는 기본이지만 간간이 들려주시는 시사성 있는 멘트들은 웃음을 자아냈고, 봉사활동 등 말씀을 들으며 많이 배웠습니다. 공부야 시험 보고 나면 합격으로 끝나지만 인생은 오래가니까. 헌법 공부하시는 분들~ 명품을 믿고 그리고 추가 공부!
▶ 2014년 비상계획관 합격 오○○

이번에 시험 보면서 교수님이 적중률이 정말 높다는 것을 새삼 실감했어요. 헌법이 어려웠다고 한 학생들은 처음 보는 게 많아서 그랬다고 하는데 저는 교수님 덕분에 처음 보는 문제는 하나도 없었던 거 같아요. 봤던 문제, 중요하다고 하셨던 문제가 다 나와서 시간 절약이 많이 된 과목이었어요. 정말 감사드립니다!
▶ 2013년 외무영사직 수강생

2013년 외무영사직 수강생법 과목을 처음 접해본 저에게 채한태 박사님의 명품헌법은 그야말로 명쾌한 해답으로 다가왔습니다. 정확하고 깔끔한 강의! 합격생으로서 감히 여러분께 추천드립니다.
▶ 2013년 국가직 7급 일반행정직 합격 홍○○

헌법은 당연히 100점을 맞고 합격했습니다. 합격하고 나서 생각해보니 헌법이란 과목을 채한태 박사님께 배운 것은 큰 행운이었습니다. 헌법은 화학과를 나온 저에게도 합격할 때까지 항상 효자 과목이었습니다. 박사님 감사합니다!
▶ 2013년 국가직 7급 일반행정직 합격 소○○

제가 수험 2년차에 명품헌법을 처음 접하고 나서 "헌법이 쉽다"라고 감히 생각할 수 있었습니다. 풍부한 사례를 통해 추상적인 헌법을 생활 속에 숨 쉬게 해줍니다. 믿고 따라가신다면 합격의 전략과목 중 하나가 헌법이 될 것입니다. 꼭 합격하시길 바랍니다.
▶ 2013년 국가직 회계직 합격 김○○

법 공부를 처음 접했던 저에게 헌법은 굉장히 낯선 과목이었습니다. 채한태 쌤 수업을 들으면서 시사를 예로 들면서 명료하게 진행하시는 것을 느꼈고 헌법 공부를 재밌게 할 수 있었습니다. 더하여 언제나 합격할 수 있다는 자신감을 심어주신 쌤께 진심으로 감사드립니다.
명품헌법 + 채한태 쌤 강의를 통해 훌륭한 공무원이 되기 위한 첫걸음을 시작하시길 바라며, 합격을 기원합니다.
▶ 2013년 외무영사직 합격 신○○

수험공부를 하면서 가장 좋았던 책을 꼽으라면 고민 없이 명품헌법을 꼽을 수가 있습니다. 정리와 요약이 잘 되어 있고, 기출문제 표기도 들어 있어서 다른 책을 볼 필요가 없었습니다. 명품헌법 한 권에 단권화를 하여 시험 당일까지 들고 다니시면 무적의 파트너를 만난 기분이실 것입니다. 헌법 공부는 시작부터 마무리까지 명품헌법 한 권으로 잡아낼 수 있으니 걱정 마시고 명품헌법을 나만의 책으로 만들어 보세요.
▶ 2013년 외무영사직 합격 임○○

명품헌법은 헌법을 처음 접하는 수험생도 체계적이고 효율적으로 공부할 수 있도록 합니다. 강의만 믿고 따라가시면 헌법 고득점은 보장되어 있습니다. 믿고 따라가십시오! 합격의 문이 열립니다!
▶ 2013년 국가직 7급 일반행정직 합격 심○○

헌법은 단연 만점으로 합격했습니다. 비(非)법대생인 저도 이해하기 쉽고 체계적으로 공부할 수 있게 해준 명서입니다. 특히 기출 표시는 2회독부터 그 진가를 발휘하더군요. 정말 유용했습니다. 명품헌법에 있던 문장들을 그대로 시험장에서 봤을 때의 그 희열을 잊지 못할 것입니다. 명품헌법! 경험한 만큼 자신 있게 추천드립니다.
▶ 2012년 7급년 국가직 일반행정직 합격 이○○

명품헌법 덕분에 저의 전략 과목이었던 헌법은 당연하게 100점 맞고 최종 합격하였습니다. 이해를 시켜주는 교재였기 때문에 처음 공부하는 헌법이 막막하지 않았고, 뜬구름 잡는 듯한 느낌이 없었습니다. 법 과목은 기본기가 중요하다는 것이 공부를 할수록 무슨 말인지 알겠더군요. 앞으로도 계속 예비 공무원들의 합격 길라잡이로서 명성을 이어나갈 것을 확신합니다.
▶ 2012년 국가직 7급 세무직 합격 권○○

합격자 추천 후기

9급 합격 후 이제 그만 현실에 안주하고 싶던 즈음에 친구의 권유로 박사님께 상담받고 조금 더 도전하자 스스로를 다독이며, 주저 없이 명품헌법을 선택하여 최종 합격까지 무난히 올 수 있었습니다. 돌이켜 생각해 보아도 정말 다행입니다. 처음 공부할 때와는 달리 목표의식이 다소 희박해졌을 때인데 명품헌법을 선택하고 시행착오 없이, 더불어 헌법 공부도 짧지만 강렬하게 할 수 있었습니다. 남들보다 빨리 헌법 고득점을 원하신다면 명품헌법 추천해 드립니다.

▶ 2012년 서울시 7급 일반행정직 합격 박○○

명품헌법은 헌법의 사용설명서다!! 헌법을 어디서부터 어떻게 시작해야 할지 모를 때 나의 지침서가 되어 주었기 때문에~ 기본서 위주로 공부한 나한테 꼭 맞는 맞춤서였습니다~ 쉽지만 속이 꽉 찬~ 단권화를 위한 필수 기본서!! 강추합니다~~^^

▶ 2010년 국가직 7급 세무직 합격 이○○

저는 처음부터 헌법은 시행착오 없이 바로 명품헌법으로 공부하였습니다. 기본서를 선택하기 위해 여러 가지 책을 살펴보고 강의도 청취해 보았습니다. 그중에서 명품헌법의 틀이 체계적으로 잡혀있었고, 헷갈리기 쉬운 것들이나 같이 묶어서 외우면 편리할 것들이 잘 정리되어 좋았습니다. 이 점에서는 명품헌법을 공부하신 분들은 누구나 인정하더군요. 그리고 다른 책들과는 달리 불필요하다고 생각되는 내용이 없더군요. 명품헌법 보시고 고득점하세요.

▶ 2010년 국가직 7급 세무직 합격 김○○

시간이 부족한 7급 수험생에게 헌법은 특히 효율적으로 공부할 필요성이 있는 과목입니다. 명품헌법은 난해한 법 이론과 법조문 및 판례가 보기 쉽게 집필되어 있으며, 사이사이에 핵심요약 정리가 되어 있어 공부하기 편리합니다. 명품헌법 교재와 함께 교수님의 명품 강의는 합격을 위한 필수죠! 간명하게 이해시켜 주신 뒤에 핵심정리 및 암기 공식을 제공. 그리고 매시간마다 치러지는 쪽지시험, 매주 있는 모의시험을 통해 헌법이 효자 과목이 되었던 것 같습니다.

▶ 2010년 국가직 7급 세무직 합격 권○○

명품헌법 교재는 법 공부를 처음 공부하는 초학자도 단기간에 쉽게 이해할 수 있도록 정리가 잘 되어 있습니다. 시험 합격하는 데 큰 힘이 되어 준 명품 교재입니다.

▶ 2010년 비상계획관 합격 정○○

채한태 박사님 헌법 강의의 가장 큰 특징은 헌법을 처음 접한 사람도 박사님의 강의를 한 번만 들으면 자신감을 가지고 공부를 할 수 있도록 과목의 구성이 체계적이며, 단계적으로 헌법을 공부할 수 있도록 지도해 주시며, 무엇보다 어렵고 낯선 헌법 과목을 가장 이해하기 쉽게 가르치시며, 혼신의 불타는 열정을 가지고 한 가지라도 더 알려주고자 하는 대한민국 최고의 명품 강사이십니다. 박사님의 명품헌법 책자 발간을 다시 한번 축하드립니다.

▶ 2010년 비상계획관 합격 강○○

차 례

2023~2000년도 헌법재판소 판례

- 2000년도 헌법재판소 판례 — 12
- 2001년도 헌법재판소 판례 — 24
- 2002년도 헌법재판소 판례 — 32
- 2003년도 헌법재판소 판례 — 41
- 2004년도 헌법재판소 판례 — 51
- 2005년도 헌법재판소 판례 — 59
- 2006년도 헌법재판소 판례 — 68
- 2007년도 헌법재판소 판례 — 81
- 2008년도 헌법재판소 판례 — 90
- 2009년도 헌법재판소 판례 — 102
- 2010년도 헌법재판소 판례 — 116
- 2011년도 헌법재판소 판례 — 136
- 2012년도 헌법재판소 판례 — 159
- 2013년도 헌법재판소 판례 — 188
- 2014년도 헌법재판소 판례 — 225
- 2015년도 헌법재판소 판례 — 274
- 2016년도 헌법재판소 판례 — 324
- 2017년도 헌법재판소 판례 — 382
- 2018년도 헌법재판소 판례 — 409
- 2019년도 헌법재판소 판례 — 432
- 2020년도 헌법재판소 판례 — 451
- 2021년도 헌법재판소 판례 — 467
- 2022년도 헌법재판소 판례 — 484
- 2023년도 헌법재판소 판례 — 506

2000년도 헌법재판소 판례

1999년도 공무원채용시험시행계획 위헌확인(헌재 2000.1.27. 99헌마123) : **위헌**

공무원채용시험의 응시연령의 기준일을 그 시험의 최종시행일로 하고 당해 시험의 최종시험일을 예년과 달리 연도말로 정함으로써 전년도 공무원채용시험의 제1차 시험에 합격한 자로 하여금 응시상한연령을 5일 초과하게 하여 당해 시험의 제2차 시험에 응시할 수 있는 자격을 박탈한 조치는 그 응시자의 공무담임권을 침해한 것이다.

구 건축법 제54조 제1항 중 제5조 제1항 규정에 의한 제48조 부분 위헌제청(헌재 2000.1.27. 98헌가9) : **위헌**

① 재심개시결정이 확정되면 법원으로서는 비록 재심사유가 없었다 하더라도 그 사건에 대해 다시 심판하여야 하며 이후 재심개시결정의 효력은 상소심에서도 이를 다툴 수 없다. 따라서 이 사건 법률조항의 위헌여부가 재판의 전제가 된 이상 법원의 위헌심판제청은 적법하다 할 것이다.
② 건축물의 용도제한에 관한 사항을 대통령령에 백지위임하고, 허가 없이 한 대통령령이 정하는 용도변경행위를 건축으로 보아 처벌하는 것은 헌법에 위반된다.

한약사자격면허취득 국가시험공고처분취소 등(헌재 2000.1.27. 99헌마660) : **각하**

① 국민보건 또는 기타 공익을 위한 법령상의 규제 때문에 종전에 사실상 독점하고 있던 영업행위를 관계법의 개정에 따라 다른 사람들도 할 수 있게 됨으로써 종전에 누리고 있던 독점적 영업이익이 상실된다고 하여도 그 사실만으로 기본권의 침해가 있는 것은 아니다.
② 한약학과 외의 학과 출신자에 대한 한약사시험 응시자격의 부여로 인해 한약사 면허취득자가 증가함으로써 그 기대가 실현되지 않게 된다고 하더라도 이는 사실상 기대되던 반사적 이익이 실현되지 않게 된 것에 불과한 것이지 어떠한 헌법상 기본권의 제한 또는 침해의 문제가 생기는 것은 아니다.

구 지방세법 제112조 제2항 위헌소원(헌재 2000.2.24. 98헌바94) : **합헌**

대통령령으로 정하는 법인의 비업무용 토지에 대해서 통상의 취득세율의 100분의 750으로 중과세하는 것은 과잉금지의 원칙에 위반되지 않는다.

판례 005
구 음반및비디오물에관한법률 제16조 제1항 등 위헌제청(헌재 2000.2.24, 99헌가17) : **위헌**

비디오물의 복제를 하기에 앞서 공연윤리위원회의 심의를 받도록 하고, 그 심의를 받지 아니한 비디오물의 대여·상영·보관 등을 금지하면서 이에 위반한 자를 처벌하며, 그 자가 소유 또는 점유하는 비디오물을 필요적으로 몰수·추징하도록 하는 것은 언론·출판에 대한 검열금지원칙을 규정한 헌법 제21조 제2항에 위반된다.

판례 006
국회의장과 국회의원 간의 권한쟁의(헌재 2000.2.24, 99헌라1) : **기각** ★☆☆

① 국회의원과 국회의장은 권한쟁의심판의 당사자가 될 수 있다.
② 국회의장을 대리한 국회부의장이 국회 본회의에서 일부 국회의원들이 의사진행을 방해하는 가운데, 남녀차별금지및구제에관한법률안 등 법률안들을 가결·선포한 행위는 헌법 또는 법률에 의한 국회의원들의 법률안 심의·표결권을 침해하지 않는다.

판례 007
국가배상법 제9조 위헌소원(헌재 2000.2.24, 99헌바17) : **합헌**

국가배상법 제9조의 배상결정전치주의는 재판청구권과 평등권을 침해하지 않는다.

판례 008
건축법 제83조 제1항 제1호 중 제14조 등 규정에 의한 적용부분 위헌제청(헌재 2000.3.30, 98헌가8) : **위헌**

① 위법건축물에 대하여 부과되는 이행강제금에 관한 부과의 요건, 대상, 금액, 회수 등과 그 부과의 전제가 되는 시정명령의 요건은 법률로써 엄격하게 정하여져야 한다.
② 허가 없이 한 대통령령이 정하는 용도변경행위를 건축으로 보아 시정명령을 내리고, 이행강제금을 부과하는 것은 구체적인 내용을 대통령령에 백지위임한 것으로서 헌법에 위반된다.

판례 009
식품등의표시기준 제7조 『별지1』 식품 등의 세부표시기준 1. 가. 10) 카) 위헌확인(헌재 2000.3.30, 99헌마143) : **위헌** ★☆☆

식품이나 식품의 용기·포장에 "음주전후" 또는 "숙취해소"라는 표시를 금지하는 것은 영업의 자유 등의 기본권을 침해한다.

판례 010
식품위생법 제11조 위헌확인(헌재 2000.3.30, 97헌마108) : **기각**

식품·식품첨가물의 표시에 있어서 의약품과 혼동할 우려가 있는 표시나 광고를 금지하는 것은 헌법에 위반되지 않는다.

판례 011
민사소송법 제579조 제4호 위헌확인, 공무원연금법 제32조 위헌소원(헌재 2000.3.30, 98헌마401) : 기각

① 공무원연금법상의 각종 급여는 기본적으로 사법상의 급여와는 달리 퇴직공무원 및 그 유족의 생활안정과 복리향상을 위한 사회보장적 급여로서의 성질을 가지므로, 본질상 일신전속성이 강하여 권리자로부터 분리되기 어렵고, 사적 거래의 대상으로 삼기에 적합하지 않다.
② 공무원연금법상의 급여를 받을 권리에 대한 압류금지부분은 채권자의 재산권을 침해하지 않고, 헌법상의 경제질서에 위반되지 않는다.

판례 012
구 교육법 제85조 제1항 등 위헌소원(헌재 2000.3.30, 99헌바14) : 합헌

종교단체가 운영하는 학교 형태 혹은 학원 형태의 교육기관도 예외없이 학교설립인가 혹은 학원설립등록을 받도록 규정한 것은 종교의 자유를 침해하지 않는다.

판례 013
세무사법 제3조 제2호 위헌소원(헌재 2000.4.27, 97헌바88) : 합헌

국세에 관한 행정사무에 종사한 경력 10년 이상인 자로서 그 중 일반직 5급 이상 공무원으로 5년 이상 재직한 경력이 있는 자에게만 세무사의 자격을 주도록 하고 있는 것은 6급 이하 세무공무원 재직경력자들의 평등권을 침해하지 않는다.

🔍 비교 : 국세 관련 공무원은 10년 이상 근무 시 세무사 시험 1차과목 면제 : 합헌
　　　　지방세 관련 공무원은 20년 이상 근무 시 세무사 시험 1차과목 면제 : 합헌

판례 014
변호사법 제90조 제2호 위헌소원(헌재 2000.4.27, 98헌바95) : 합헌

변호사 아닌 자의 법률사무취급을 포괄적으로 금지하는 것은 헌법에 위반되지 않는다.

판례 015
학원의 설립·운영에 관한 법률 제22조 제1항 제1호 등 위헌제청(헌재 2000.4.27, 98헌가16) : 위헌 ★★☆

① 부모는 자녀의 교육에 관하여 전반적인 계획을 세우고 자신의 인생관·사회관·교육관에 따라 자녀의 교육을 자유롭게 형성할 권리를 가지며, 부모의 교육권은 다른 교육의 주체와의 관계에서 원칙적인 우위를 가진다.
② 자녀의 양육과 교육에 있어서 부모의 교육권은 교육의 모든 영역에서 존중되어야 하며, 다만, 학교교육에 관한 한, 국가는 헌법 제31조에 의하여 부모의 교육권으로부터 원칙적으로 독립된 독자적인 교육권한을 부여받음으로써 부모의 교육권과 함께 자녀의 교육을 담당하지만, 학교 밖의 교육영역에서는 원칙적으로 부모의 교육권이 우위를 차지한다.
③ 예외적인 경우를 제외하고는 과외교습을 원칙적으로 금지하고, 이를 위반하여 과외교습을 한 자를 형사처벌하도록 규정한 것은 헌법에 위반된다.

판례 016 | 사면법 제5조 제1항 제2호 위헌소원(헌재 2000.6.1. 97헌바74) : 합헌 ★★☆

① 사면은 형의 선고의 효력 또는 공소권을 상실시키거나, 형의 집행을 면제시키는 국가원수의 고유한 권한을 의미하며, 사법부의 판단을 변경하는 제도로서 권력분립의 원리에 대한 예외가 된다. 사면권은 전통적으로 국가원수에게 부여된 고유한 은사권이며, 국가원수가 이를 시혜적으로 행사한다. 현대에 이르러서는 법 이념과 다른 이념과의 갈등을 조정하고, 법의 이념인 정의와 합목적성을 조화시키기 위한 제도로도 파악되고 있다.

② 특별사면의 대상을 "형"으로 규정할 것인지, "사람"으로 규정할 것인지는 입법재량사항에 속한다 할 것이다.

③ 선고된 형 전부를 사면할 것인지 또는 일부만을 사면할 것인지를 결정하는 것은 사면권자의 전권사항에 속하는 것이고, 징역형의 집행유예에 대한 사면이 병과된 벌금형에도 미치는 것으로 볼 것인지 여부는 사면권자의 의사인 사면의 내용에 대한 해석문제에 불과하다 할 것이다.

④ 그러므로 병과된 형의 일부만을 사면하는 것은 헌법에 위반된다고 볼 수 없다.

⑤ 벌금형은 범죄인에게서 일정한 재산을 박탈하는 것을 내용으로 하는 형벌이다. 따라서 형벌의 목적 자체가 범죄인의 재산권박탈을 예정하고 있으므로 형벌의 효과로서 대상자의 재산권을 박탈하는 것은 죄형법정주의를 규정한 헌법정신에 부합하는 것이며, 재산권보호를 규정한 헌법 제23조 제1항에 위반되지 아니한다.

⑥ 중한 형에 대하여 사면을 하면서 그보다 가벼운 형에 대하여 사면을 하지 않는 것은 형평의 원칙에 반하지 않는다.

판례 017 | 정치자금법 제6조 등 위헌확인(헌재 2022.11.24. 2019헌마528) : 위헌 📖 판례변경 ★★★

① 국회의원은 개인 후원회를 구성할 수 있도록 하면서 도의원에 대해서는 후원회 구성을 금지한 것은 평등원칙에 위반된다.

② 국회의원의 의정활동 홍보우편물에 대해서는 우편요금을 감액할 수 있도록 하면서, 시·도의원은 우편요금 감액대상에서 제외한 것은 평등원칙에 위반되지 않는다.

판례 018 | 입법부작위 위헌확인(헌재 2000.6.1. 2000헌마18) : 기각 ★☆☆

① 헌법 제26조는 모든 국민은 법률이 정하는 바에 의하여 국가기관에 문서로 청원할 권리를 가지며 국가는 청원에 대하여 심사할 의무를 진다고 하여 모든 국민의 청원권을 보장하고 청원을 수리한 국가기관은 청원에 대하여 심사하여야 할 의무를, 청원법과 국회법 제123조 이하는 청원의 처리결과에 대하여 통지하여야 할 의무를 각 규정하고 있는데, 청원에 대한 심사 및 통지의무는 재판청구권 및 기타 준사법적인 구제청구와 그 성질을 달리하므로 이러한 의무는 청원을 수리한 국가기관이 이를 성실, 공정, 신속히 심사·처리하여 그 결과를 청원인에게 통지하는 이상의 의무를 요구하는 것은 아니다.

② 청원대로 입법이 이루어지지 않고 있다고 하여 청원에 대한 심사의무를 해태하였다거나 청원권이 침해되었다고 볼 수 없다.

판례 019
국민연금법 제52조 위헌확인(헌재 2000.6.1, 97헌마190) : **기각**

공무원연금법상 급여의 수급권자에게 2 이상의 급여의 수급권이 발생한 때 수급권자의 선택에 의하여 그 중의 하나만을 지급하고 다른 급여의 지급을 정지하도록 한 것은 재산권인 급여를 받을 권리와 평등권을 침해하지 않는다.

판례 020
국가유공자 등 예우 및 지원에 관한 법률 제20조 제2항 등 위헌확인(헌재 2000.6.1, 98헌마216) : **합헌** ★★☆

국가 등의 양로시설 등에 입소하는 국가유공자에게 부가연금, 생활조정수당 등의 지급을 정지하도록 한 것은 국가 등의 양로시설에 입소한 국가유공자의 재산권, 평등권, 인간다운 생활을 할 권리, 인간으로서의 존엄과 가치 및 행복추구권을 침해하지 않는다.

판례 021
농업협동조합법 위헌확인(헌재 2000.6.1, 99헌마553) : **기각** ★☆☆

① 축협중앙회는 그 회원조합들과 별도로 결사의 자유의 주체가 된다.
② 축협중앙회는 공법인성과 사법인성을 겸유한 특수한 법인으로서 이 사건에서 기본권의 주체가 될 수 있다.
③ 축협중앙회의 해산 및 새로 설립되는 농협중앙회로의 통합 등을 규정하고 있는 농업협동조합법은 축협중앙회 등이 가지는 기본권의 본질적인 내용을 침해하지 않는다.

판례 022
공유수면매립법 제26조 제2항 위헌소원(헌재 2000.6.1, 98헌바34) : **합헌**

면허없이 공유수면을 매립한 자에 대하여 원상회복의무를 면제하면서 공유수면에 있는 시설 기타 물건을 국가의 소유로 하는 것은 헌법 제23조 제3항의 보상을 필요로 하는 재산권의 수용에 해당하지 않으며 평등권을 침해하지 않는다.

판례 023
산업재해보상보험법 제94조 제2항 등 위헌소원(헌재 2000.6.1, 98헌바8) : **합헌**

① 헌법 제107조 제3항은 "재판의 전심절차로서 행정심판을 할 수 있다. 행정심판의 절차는 법률로 정하되, 사법절차가 준용되어야 한다"고 규정하고 있으므로, 입법자가 행정심판을 전심절차가 아니라 종심절차로 규정함으로써 정식재판의 기회를 배제하거나, 어떤 행정심판을 필요적 전심절차로 규정하면서도 그 절차에 사법절차가 준용되지 않는다면 이는 헌법 제107조 제3항, 나아가 재판청구권을 보장하고 있는 헌법 제27조에도 위반된다.
② 여기서 말하는 "사법절차"를 특징지우는 요소로는 판단기관의 독립성·공정성, 대심적(對審的) 심리구조, 당사자의 절차적 권리보장 등을 들 수 있으나, 위 헌법조항은 행정심판에 사법절차가 "준용"될 것만을 요구하고 있으므로 위와 같은 사법절차적 요소를 엄격히 갖춰야 할 필요는 없다고 할지라도, 적어도 사법절차의 본질적 요소를 전혀 구비하지 아니하고 있

다면 "준용"의 요구에마저 위반된다.
③ 산업재해보상보험법상의 보험급여결정에 대한 행정소송을 제기하기 위하여 심사청구·재심사청구의 행정심판을 거치도록 한 것은 헌법 제107조 제3항에 위반되지 않으며, 이와 같은 2중의 행정심판전치제도는 재판청구권을 침해하지 않는다.

판례 024

구 청소년보호법 제2조 제3호 가목 등 위헌제청(헌재 2000. 6. 29, 99헌가16) : **합헌** ★☆☆

행정기관인 청소년보호위원회 등으로 하여금 청소년유해매체물을 결정하도록 하고, 그 결정된 매체물을 청소년에게 판매 등을 하는 경우 형사처벌하도록 하는 것은 헌법에 위반되지 않는다.

판례 025

국회예산결산특별위원회 계수조정소위원회 방청허가불허 위헌확인, 국회상임위원회 방청불허 행위 위헌확인 등(헌재 2000. 6. 29, 98헌마443) : **기각** ★★☆

① 헌법 제50조 제1항은 "국회의 회의는 공개한다."라고 하여 의사공개의 원칙을 규정하고 있는바, 이는 단순한 행정적 회의를 제외하고 국회의 헌법적 기능과 관련된 모든 회의는 원칙적으로 국민에게 공개되어야 함을 천명한 것이다.
② 의사공개원칙의 헌법적 의미, 오늘날 국회기능의 중점이 본회의에서 위원회로 옮겨져 위원회중심주의로 운영되고 있는 점, 국회법 제75조 제1항 및 제71조의 규정내용에 비추어 본회의든 위원회의 회의든 국회의 회의는 원칙적으로 공개되어야 하고, 원하는 모든 국민은 원칙적으로 그 회의를 방청할 수 있다.
③ 위원회에서는 의원이 아닌 자는 위원장의 허가를 받아 방청할 수 있다는 국회법 제55조 제1항은 국민의 기본권을 침해하지 않는다. 🔍 정보위원회비공개 : 위헌
④ 국회예산결산특별위원회 계수조정소위원회의 성격, 국회관행 등을 이유로 동 위원회 회의에 대한 시민단체의 방청을 불허한 것은 헌법이 설정한 국회 의사자율권의 범위를 벗어난 위헌적인 공권력의 행사라고 할 수 없다.
⑤ 원만한 회의진행 등 회의의 질서유지를 위하여 방청을 금지할 필요성이 있었는지에 관하여는 국회의 자율적 판단을 존중하여야 하는 것인즉, 의원들의 국정감사활동에 대한 평가 및 결과 공표의 부적절함을 이유로 국정감사에 대한 시민단체의 방청을 불허한 것이 헌법재판소가 관여하여야 할 정도로 명백히 이유없는 자의적인 것이라 보기 어렵다.

판례 026

변호사법 제81조 제4항 등 위헌제청(헌재 2000. 6. 29, 99헌가9) : **위헌**

① 법관에 의한 재판을 받을 권리를 보장한다고 함은 법관이 사실을 확정하고 법률을 해석·적용하는 재판을 받을 권리를 보장한다는 뜻이다.
② 대한변호사협회징계위원회에서 징계를 받은 변호사는 법무부변호사징계위원회에서의 이의절차를 밟은 후 곧바로 대법원에 즉시항고토록 하고 있는 변호사법 제81조 제4항 내지 제6항은 헌법에 위반된다.

국민건강보험법 제33조 제2항 등 위헌확인(헌재 2000.6.29, 99헌마289) : 기각

① 해산되는 직장의료보험조합은 국가에 의하여 설립되어 공권력을 행사할 수 있는 권한을 부여받아 위임받은 국가행정의 과제를 국가의 감독하에서 이행하는 법인이므로, 공법인이다.
② 의료보험조합의 적립금은 헌법 제23조에 의하여 보장되는 재산권의 보호대상이라고 볼 수 없다.
③ 의료보험수급권은 의료보험법상 재산권의 보장을 받는 공법상의 권리이다. ★☆☆
④ 적립금의 통합이 의료보험 수급권의 존속을 위태롭게 하거나 의료보험법 제29조 내지 제46조에 규정된 구체적인 급여의 내용을 직장가입자에게 불리하게 변경하는 것이 아니므로, 적립금의 통합에 의하여 재산권인 의료보험 수급권이 제한되는 것은 아니다.
⑤ 법상의 보험료부과체계는 형식적으로는 소득을 단일기준으로 하는 부과체계임에도 불구하고, 실질적으로는 직장가입자의 경우에는 파악된 실소득에 대하여, 지역가입자의 경우에는 추정소득에 대하여 보험료를 부과하는 이원적인 보험료부과체계이며, 그 자체로서는 평등원칙의 관점에서 헌법적으로 하자가 없다.
⑥ 재정통합 후에도 지역가입자에 대해서만 국가가 보험료의 일부를 부담할 수 있도록 규정함으로써, 국고지원에 있어서의 지역가입자와 직장가입자의 차별취급은 사회국가원리의 관점에서 합리적인 차별에 해당하는 것으로서 평등원칙에 위반되지 아니한다.
⑦ 직장가입자와 지역가입자의 재정통합을 규정한 것은 헌법에 위반되지 아니한다. ★☆☆

공직선거 및 선거부정방지법 제179조 제3항 제3호 등 위헌확인(헌재 2000.6.29, 2000헌마325) : 각하

공직선거에 관한 사무처리예규는 개표관리 및 투표용지의 유·무효를 가리는 업무에 종사하는 각급 선거관리위원회 직원 등에 대한 업무처리지침 내지 사무처리준칙에 불과할 뿐 국민이나 법원을 구속하는 효력이 없는 행정규칙이라고 할 것이어서 이 예규부분은 헌법소원 심판대상이 되지 아니한다.

공무원연금법 제47조 제1호 등 위헌소원(헌재 2000.6.29, 98헌바106) : 합헌

① 공무원연금법상 퇴직연금의 수급자가 학교기관으로부터 보수 기타 급여를 지급받는 경우 퇴직연금의 지급을 정지하도록 한 것은 헌법에 위반되지 않는다.
② 부정한 방법으로 급여를 받은 자로부터 급여액을 환수할 때 그 이자 및 환수비용을 가산하며 국세징수법상의 체납처분의 예에 의하여 징수할 수 있도록 한 것은 헌법에 위반되지 않는다.
③ 퇴직연금의 지급정지 및 환수결정에 앞서 청문절차를 거치도록 규정하지 않은 것은 적법절차의 원칙에 위반되지 않는다.

판례 030
문화재보호법 제80조 제2항 등 위헌소원(헌재 2000.6.29, 98헌바67) : **합헌**

지정되지 아니한 유형문화재 중 동산에 속하는 문화재에 관하여 국외전시 등의 예외적인 경우에만 일시적인 국외 반출을 허용하고 그 외에는 국외 수출이나 반출을 금지하는 것은 과잉금지의 원칙에 위반되는 것이 아니다.

판례 031
헌법재판소법 제75조 제7항 위헌소원(헌재 2000.6.29, 99헌바66) : **합헌**

① 재심은 확정판결에 대한 특별한 불복방법이고, 확정판결에 대한 법적 안정성의 요청은 미확정판결에 대한 그것보다 훨씬 크다고 할 것이므로 재심을 청구할 권리가 헌법 제27조에서 규정한 재판을 받을 권리에 당연히 포함된다고 할 수 없다.
② 헌법재판소법 제75조 제7항이 헌법재판소법 제68조 제2항에 의한 헌법소원을 청구하여 인용결정을 받지 않은 사람에게는 재심의 기회를 부여하지 않는다고 하여 재판청구권이나 평등권, 재산권과 행복추구권을 침해하였다고는 볼 수 없다.

판례 032
남북교류협력에 관한 법률 제9조 제3항 위헌소원(헌재 2000.7.20, 98헌바63) : **합헌**

① 남한의 주민이 북한의 주민등과 회합·통신 기타의 방법으로 접촉하고자 할 때에는 통일부장관의 승인을 얻도록 한 남북교류협력에 관한 법률 제9조 제3항은 헌법상의 통일조항에 위배된다고 볼 수 없다.
② 헌법상의 여러 통일관련 조항들로부터 국민 개개인의 통일에 대한 기본권이 도출된다고 볼 수 없다.
③ '남북 사이의 화해와 불가침 및 교류협력에 관한 합의서'는 일종의 공동성명 또는 신사협정에 준하는 성격을 가짐에 불과하여 법률이 아님은 물론 국내법과 동일한 효력이 있는 조약이나 이에 준하는 것으로 볼 수 없다. ★☆☆

판례 033
법무사법 제2조 제1항 제2호 위헌확인(헌재 2000.7.20, 98헌마52) : **기각**

고소고발장을 법무사만이 그 작성사무를 업으로 할 수 있는 법원과 검찰청의 업무에 관련된 서류로 규정한 것은 일반행정사의 직업 선택의 자유 등의 기본권을 침해하는 것이라고 볼 수 없다.

판례 034
고엽제후유의증환자지원 등에 관한 법률 제6조 제1항 위헌제청(헌재 2000.7.20, 98헌가4) : **합헌**

고엽제후유증환자의 보상수급권 발생시기를 일반 전상군경과 동일하게 등록신청을 한 날이 속하는 달부터 발생하는 것으로 결정한 것은 헌법에 위반되지 않는다.

판례 035 약사법 제77조 제1호 중 '제19조 제4항' 부분 위헌제청(헌재 2000.7.20. 99헌가15) : 위헌

"약국을 관리하는 약사 또는 한약사는 보건복지부령으로 정하는 약국관리에 필요한 사항을 준수하여야 한다."라는 규정 위반자를 200만원 이하의 벌금에 처하도록 한 것은 죄형법정주의 내지 포괄위임금지원칙에 위반된다.

판례 036 형사소송법 제482조 제1항 위헌제청(헌재 2000.7.20. 99헌가7) : 헌법불합치

상소제기기간 등을 법정산입 대상에 포함하지 않는 것은 피고인의 신체의 자유를 침해하게 되며, 평등원칙에도 위배된다.

판례 037 폐기물관리법 부칙 제5조 제2항 위헌확인(헌재 2000.7.20. 99헌마4520) : 기각

① 종전의 규정에 의한 폐기물재생처리신고업자의 사업이 개정규정에 의한 폐기물중간처리업에 해당하는 경우에 영업을 계속하기 위하여는 법 시행일부터 1년 이내에 개정규정에 의한 폐기물중간처리업의 허가를 받도록 하는 것은 직업결정의 자유나 평등권을 침해하지 않는다.
② 헌법 제23조 제1항 및 헌법 제13조 제2항에 의하여 보호되는 재산권은 사적 유용성 및 그에 대한 원칙적 처분권을 내포하는 재산가치 있는 구체적 권리이고, 단순한 이익이나 재화의 획득에 관한 기회 또는 기업활동의 사실적·법적 여건 등은 재산권보장의 대상이 아니다. ★☆☆
③ 그런데 청구인들의 영업활동은 원칙적으로 자신의 계획과 책임하에 행위하면서 법제도에 의하여 반사적으로 부여되는 기회를 활용한 것에 지나지 않는다 할 것이어서, 청구인들이 주장하는 영업권은 위 헌법조항들이 말하는 재산권의 범위에 속하지 아니하므로, 위 법률조항으로 인하여 청구인들의 재산권이 침해되었다거나, 소급입법에 의하여 재산권이 박탈되었다고 할 수 없다.

판례 038 국적법 제2조 제1항 제1호 위헌제청(헌재 2000.8.31. 97헌가12) : 헌법불합치

① 출생에 의한 국적취득에 있어 부계혈통주의를 규정한 구 국적법 제2조 제1항 제1호는 헌법상 평등의 원칙에 위배된다.
② 구법상 부가 외국인이기 때문에 대한민국 국적을 취득할 수 없었던 한국인 모의 자녀 중에서 신법 시행 전 10년 동안에 태어난 자에게만 대한민국 국적을 취득하도록 하는 경과규정인 신 국적법 부칙 제7조 제1항은 헌법에 합치되지 않는다.

판례 039 국회법 제48조 제3항 위헌확인(헌재 2000.8.31. 2000헌마156) : 각하

① 헌법소원을 청구할 수 있는 자는 원칙적으로 기본권의 주체로서의 국민에 한정되며 국민의 기본권을 보호 내지 실현할 책임과 의무를 지는 국가기관이나 그 일부는 헌법소원을 청구할 수 없다. ★☆☆

② 국회 상임위원회에 소속하여 활동할 권리, 무소속 국회의원으로서 교섭단체소속 국회의원과 동등하게 대우받을 권리는 입법권을 행사하는 국가기관인 국회를 구성하는 국회의원의 지위에서 향유할 수 있는 권한일 뿐, 헌법이 일반국민에게 보장하고 있는 기본권이라고 할 수는 없다.

판례 040
헌법재판소법 제47조 제2항 위헌소원(헌재 2000.8.31, 2000헌바6) : **합헌**
형벌법규를 제외하고는 위헌결정의 소급효를 인정하지 않는 헌법재판소법 제47조 제2항은 합헌이다.

판례 041
자동차손해배상보장법 제3조 위헌소원(헌재 2000.8.31, 99헌바98) : **각하**
법률조항 자체에 관하여는 위헌주장을 아니한 채 그 법률조항을 청구인에게 적용하여 손해배상책임을 인정하여서는 아니된다는 취지의 주장만을 하고 있다면, 이는 당해사건재판의 기초가 된 사실관계의 인정과 평가 및 법률의 해석·적용에 관한 문제를 들어 법원의 재판결과를 비난하는 것이므로, 헌법재판소의 심판사항이 될 수 없다.

판례 042
공직선거 및 선거부정방지법 제250조 제1항 위헌소원(헌재 2000.11.30, 99헌바95) : **합헌**
선거벽보 등에 비정규학력의 게재를 금지한 규정은 헌법에 위반되지 않는다.

판례 043
농업기반공사 및 농지관리기금법 위헌확인(헌재 2000.11.30, 99헌마190) : **기각, 각하** ★☆☆
① 농지개량조합은 공법인이라고 봄이 상당하므로 헌법소원의 청구인적격을 인정할 수 없다.
② 결사의 자유에서의 결사란 자연인 또는 법인이 공동목적을 위하여 자유의사에 기하여 결합한 단체를 말하는 것으로 공적책무의 수행을 목적으로 하는 공법상의 결사는 이에 포함되지 아니한다.
③ 농지개량조합을 공법인으로 보는 이상, 이는 결사의 자유가 뜻하는 헌법상 보호법익의 대상이 되는 단체로 볼 수 없어 조합이 해산됨으로써 조합원이 그 지위를 상실하였다고 하더라도 조합원의 '결사의 자유'가 침해되었다고 할 수 없다.
④ 농지개량조합의 재산은 조합원 개개인에 귀속되어 그들의 사적 이익을 위하여 사용되는 것이 아니라, 농업기반시설의 유지·관리 및 이용의 확보라는 공적 기능을 보장하고 원활하게 하고자 설정되고 유지되는 것으로서, 조합원 개개인을 위하여 헌법상 보장되는 재산권의 대상이 된다고 보기 어렵다.

창원시건축조례 제29조 제2항 위헌확인(헌재 2000. 11. 30, 99헌마542) : 각하

헌법소원이 비록 적법하게 제기되었더라도 권리보호이익은 헌법재판소의 결정 당시에도 존재해야 하므로, 헌법소원심판청구 당시 권리보호이익이 인정되더라도 심판계속 중에 사실관계 또는 법률관계의 변동으로 말미암아 청구인이 주장하는 기본권의 침해가 종료된 경우에는 원칙적으로 권리보호이익이 없다.

사법시험령 제4조 제3항 효력정지 가처분신청(헌재 2000. 12. 8, 2000헌사471) : 인용 ★★☆

① 헌법재판소법 제68조 제1항 헌법소원심판절차에서도 가처분이 허용된다.
② 제1차시험을 4회 응시한 자는 마지막으로 응시한 제1차시험의 시행일부터 4년이 경과한 날이 속하는 해의 말일까지는 제1차시험에 다시 응시할 수 없도록 규정한 사법시험령 제4조 제3항의 효력은 헌법재판소 2000헌마262 헌법소원심판청구사건의 종국결정 선고시까지 이를 정지한다.

방송법 부칙 제7조 제2항 위헌확인(헌재 2000. 12. 14, 2000헌마308) : 각하 ★☆☆

회사의 기본권이 침해된 경우 그 대표자 개인은 기본권 침해의 제3자에 불과하여 헌법소원의 자기관련성을 갖지 않는다.

지방세법 제112조 제3항 위헌소원(헌재 2000. 12. 14, 98헌바104) : 합헌

과밀억제권역 안에서 대통령령이 정하는 본점 또는 주사무소의 사업용 부동산을 취득할 경우에 취득세를 중과세하도록 한 것은 조세법률주의 또는 포괄위임입법금지원칙에 위반되지 않으며, 위 법률조항의 적용범위를 합헌적인 범위 밖에까지 부당히 확장하지 않는 한, 기업 등의 거주·이전의 자유 및 직업의 자유를 침해하지 않는다.

의료보험진료수가 및 약제비산정기준 중 개정규정 위헌확인(헌재 2000. 12. 14, 2000헌마659) : 기각

① 헌법소원심판을 청구하는 외에 달리 효과적인 구제방법이 있다고 보기는 어려우므로 기본권 구제의 사각지대를 방치할 수 없다는 헌법소원심판제도의 근본적인 취지에 비추어 보건복지부 고시에 대한 이 사건 헌법소원심판청구는 적법하다.
② 헌법 제37조 제2항은 기본권의 제한이 원칙적으로 국회에서 제정한 형식적 의미의 법률에 의해서만 가능하다는 것을 의미하고, 직접 법률에 의하지 아니하는 예외적인 경우라 하더라도 엄격히 법률에 근거하여야 한다는 것을 또한 의미하는데, 기본권을 제한하는 공권력의 행사가 법률에 근거하지 아니하고 있다면, 이는 헌법 제37조 제2항에 위반하여 국민의 기본권을 침해하는 것이다.

교육공무원법 제47조 제1항 위헌확인, 교육공무원법 제47조 제1항 본문 위헌확인
(헌재 2000.12.14, 99헌마112) : **기각** ★☆☆

① 교원의 정년단축으로 기존 교원이 입는 경제적 불이익은 계속 재직하면서 재화를 획득할 수 있는 기회를 박탈당한다는 것인데 이러한 경제적 기회는 재산권보장의 대상이 아니다.

② 대학교원을 제외하고 교육공무원의 정년을 65세에서 62세로 단축한 것은 공무담임권과 평등권을 침해하지 않는다.

2001년도 헌법재판소 판례

판례 001
관세사법 제4조 제3호 등 위헌확인(헌재 2001.1.18. 2000헌마364) : **기각**

① 관세사 자격을 부여함에 있어 일반 공개경쟁시험제도 외에 일반직공무원으로 20년 이상 관세행정에 종사한 자에게 일정한 절차를 거쳐 관세사자격을 부여하는 "특별전형"제도를 규정한 구 관세사법 제4조 제3호는 관세사시험을 통하여 관세사자격을 취득하고자 하는 자들의 직업선택의 자유, 평등권, 행복추구권을 침해하지 않는다.

② 특별전형제도를 2001. 1. 1.부터 폐지하면서 2000. 12. 31. 현재 특별전형의 요건에 해당하는 자에 대하여는 2002. 12. 31.까지 종래의 특별전형 절차에 의하여 관세사자격을 부여할 수 있도록 규정한 관세사법 부칙 제1항, 제2항은 헌법에 위반되지 않는다.

판례 002
청소년보호법 제2조 등 위헌확인(헌재 2001.1.18. 99헌마555) : **기각**

술을 판매하여서는 안되는 청소년의 연령을 19세미만으로 정한 것은 주점경영자의 직업수행의 자유를 침해하는 것이라고 할 수 없다.

판례 003
지방세법 제290조 제1항 위헌소원 등(헌재 2001.1.18. 98헌바75) : **합헌**

① 의료업을 영위하는 법인 중 민법상 비영리법인만을 지방세의 면제 대상에서 제외하는 것은 평등원칙에 위배되지 않는다.

② 법률조항 자체에는 헌법에 위반되는 사유가 들어있지 않고 비록 그 위임에 따라 대통령령으로 규정한 내용이 헌법에 위반되는 경우에도 그 대통령령의 규정이 위헌으로 되는 것은 별론으로 하고, 그로 인하여 정당하고 적법하게 입법권을 위임한 수권법률인 법률조항이 위헌으로 되는 것은 아니다.

판례 004
마을금고법 제66조 제1항 제2호 등 위헌소원(헌재 2001.1.18. 99헌바112) : **위헌**

① 죄형법정주의는 범죄와 형벌이 법률로 정하여져야 함을 의미하는 것으로 이러한 죄형법정주의에서 파생되는 명확성의 원칙은 누구나 법률이 처벌하고자 하는 행위가 무엇이며, 그에 대한 형벌이 어떠한 것인지를 예견할 수 있고, 그에 따라 자신의 행위를 결정할 수 있도록 구성요건이 명확할 것을 의미하는 것이다.

② 형벌 구성요건의 실질적 내용을 법률에서 직접 규정하지 아니하고 금고의 정관에 위임한 것은 범죄와 형벌에 관하여는 입법부가 제정한 형식적 의미의 법률로써 정하여야 한다는 죄형법정주의 원칙에 위반된다.

국가배상법 제2조 제1항 단서 등 위헌소원(헌재 2001.2.22, 2000헌바38) : 합헌

① 헌법 및 헌법재판소의 규정상 위헌심사의 대상이 되는 법률은 국회의 의결을 거친 이른바 형식적 의미의 법률을 의미하는 것이므로 헌법의 개별규정 자체는 헌법소원에 의한 위헌심사의 대상이 아니다.

② 이념적·논리적으로는 헌법규범 상호 간의 우열을 인정할 수 있다 하더라도 그러한 규범 상호간의 우열이 헌법의 어느 특정규정이 다른 규정의 효력을 전면적으로 부인할 수 있을 정도의 개별적 헌법규정 상호간에 효력상의 차등을 의미하는 것이라고 볼 수 없으므로, 헌법의 개별규정에 대한 위헌심사는 허용될 수 없다.

③ 군인의 국가 등에 대한 손해배상청구권을 제한하고 있는 국가배상법 제2조 제1항 단서는 헌법 제29조 제1항에 의하여 보장되는 국가배상청구권을 헌법 내재적으로 제한하는 헌법 제29조 제2항에 직접 근거하고, 실질적으로 그 내용을 같이하는 것이므로 헌법에 위반되지 않는다.

개발이익환수에 관한 법률 부칙 제2조 위헌소원(헌재 2001.2.22, 98헌바19) : 합헌

① 개발이익환수에 관한 법률 시행 전에 개발에 착수하였지만 아직 개발을 완료하지 아니한 사업에 개발부담금을 부과하는 것은 부진정소급입법에 해당하는 것이어서 원칙적으로 헌법상 허용되는 것이며, 신뢰보호의 원칙에 위배되는 것이 아니다.

② 새로운 입법이 신뢰보호의 원칙을 위배한 것인지 여부를 판단하기 위하여는 침해받은 이익의 보호가치, 침해의 정도, 신뢰의 손상 정도, 신뢰침해의 방법 등을 새 입법이 목적으로 하는 공익과 종합적으로 비교·형량하여야 한다.

국민연금법 제75조 등 위헌확인(헌재 2001.2.22, 99헌마365) : 기각 ★☆☆

강제가입과 소득재분배 효과를 전제로 한 연금보험료의 강제징수에 관한 국민연금법 규정은 조세법률주의나 재산권보장 원칙에 위배되지 않는다.

헌법재판소법 제68조 제1항 위헌확인 등(헌재 2001.2.22, 99헌마461) : 기각, 각하

① 헌법재판소법 제68조 제1항은 법원이 헌법재판소의 기속력 있는 위헌결정에 반하여 그 효력을 상실한 법률을 적용함으로써 국민의 기본권을 침해하는 경우에는 예외적으로 그 재판도 헌법소원심판의 대상이 된다고 해석하여야 한다. 따라서 헌법재판소법 제68조 제1항의 '법원의 재판'에 헌법재판소가 위헌으로 결정하여 그 효력을 상실한 법률을 적용함으로써 국민의 기본권을 침해하는 재판도 포함되는 것으로 해석하는 한도내에서, 헌법재판소법 제68조 제1항은 헌법에 위반된다.

② 비록 위헌이기는 하지만 아직 헌법재판소에 의하여 위헌으로 선언된 바가 없는 법률이 적용된 재판을 위법한 공권력의 행사라고 하여 헌법소원의 대상으로 삼을 수는 없는 것이다.

③ 헌법이 대법원을 최고법원으로 규정하였다고 하여 대법원이 곧바로 모든 사건을 상고심으로서 관할하여야 한다는 결론이 당연히 도출되는 것은 아니며, "헌법과 법률이 정하는 법관에 의하여 법률에 의한 재판을 받을 권리"가 사건의 경중을 가리지 않고 모든 사건에 대하여 대법원을 구성하는 법관에 의한 균등한 재판을 받을 권리를 의미한다거나 또는 상고심재판을 받을 권리를 의미하는 것이라고 할 수는 없다.
④ 심급제도는 원칙적으로 입법자의 형성의 자유에 속하는 사항이다.
⑤ 심리불속행제도규정은 헌법에 위반되는 것으로 볼 수 없다. ★☆☆

판례 009

세무대학설치법 폐지법률 위헌확인(헌재 2001.2.22, 99헌마613) : **기각** ★☆☆

① 정부는 이 사건 폐지법률안을 국회에 제출하기에 앞서 헌법과 법률이 정한 절차와 방법을 준수하였다. 따라서 국회가 이 사건 폐지법을 제정하는 과정에서 별도의 청문절차를 거치지 않았다고 해서 그것만으로 곧 헌법 제12조의 적법절차를 위반하였다고 볼 수는 없다.
② 이 사건 폐지법에 의해서 세무대학이 폐교된다고 해서 세무대학의 자율성이 침해되거나 곧바로 세무대학 교수의 진리탐구와 연구발표 및 교수의 자유가 침해되는 것은 아니다.
③ 폐지법으로 세무대학만을 폐교한다고 하더라도 헌법상 신뢰보호의 원칙이나 교육을 받을 권리, 평등권이 침해되는 것은 아니다.

판례 010

학원의 설립·운영에 관한 법률 제6조 등 위헌소원(헌재 2001.2.22, 99헌바93) : **합헌**

학원설립등록의무를 부과하고, 이를 어긴 경우 처벌하도록 한 것은 국민의 행복추구권, 직업선택의 자유를 침해한다고 볼 수 없다.

판례 011

민사소송법 제118조 제1항 단서 위헌소원 등(헌재 2001.2.22, 99헌바74) : **합헌**

패소할 것이 명백한 경우 소송구조의 거부를 인정하는 것은 재판청구권의 본질을 침해하는 것이 아니다.

판례 012

구 건설산업기본법 제83조 단서 중 제5호 위헌소원(헌재 2001.3.21, 2000헌바27) : **합헌**

건설업자가 명의대여행위를 한 경우 그 건설업 등록을 필요적으로 말소하도록 한 것은 직업수행의 자유 및 재산권, 법관에 의한 재판을 받을 권리를 침해하지 않는다.

판례 013
증권거래법 제33조 제2항 제3호 위헌확인(헌재 2001.3.21. 99헌마150) : **기각**
① 청구인에 대한 유죄판결이 미확정에 있어 기본권의 제한이 아직 현실화된 것은 아니지만 형사재판절차가 현재 계속 중에 있어 기본권제한의 가능성이 구체적으로 현출된 단계에 있는 경우에는 신속한 기본권구제를 위하여 현재 기본권이 침해되고 있는 경우와 마찬가지로 헌법소원이 허용된다.
② 금융관련법령을 위반한 죄로 벌금 이상의 실형을 선고받은 자로 하여금 5년간 증권회사의 임원이 될 수 없게 한 것은 직업선택의 자유를 침해하지 않으며, 평등의 원칙에 위반되는 것도 아니다.

판례 014
특정경제범죄가중처벌 등에 관한 법률 제5조 제1항 등 위헌소원(헌재 2001.3.21. 99헌바72) : **합헌** ★☆☆
농·축협을 '금융기관'에 포함시켜 농·축협 임직원의 금융업무와 무관한 수재등 행위에 대하여 처벌하도록 한 규정은 헌법에 위반되지 않는다.

판례 015
수산업법 제81조 제1항 등 위헌소원(헌재 2001.3.21. 99헌바81) : **합헌**
내수면어업의 면허어업 유효기간 연장불허시의 보상규정은 재산권과 평등권을 침해하지 않는다.

판례 016
통신비밀보호법 제10조 제1항 등 위헌소원(헌재 2001.3.21. 2000헌바25) : **합헌**
감청설비 제조·수입등의 경우 정보통신부장관의 인가를 받도록 하되, 국가기관은 예외로 규정한 통신비밀보호법 제10조 제1항은 헌법에 위반되지 않는다.

판례 017
대한민국과 일본국 간의 어업에 관한 협정비준 등 위헌확인(헌재 2001.3.21. 99헌마139) : **각하** ★★☆
① 대한민국과 일본국 간의 어업에 관한 협정은 헌법 제6조 제1항에 의하여 국내법과 같은 효력을 가진다.
② "헌법전문에 기재된 3·1정신"은 헌법소원의 대상인 "헌법상 보장된 기본권"에 해당하지 않는다.
③ 영토조항만을 근거로 하여 독자적으로는 헌법소원을 청구할 수 없다 할지라도, 영토권을 헌법소원의 대상인 기본권의 하나로 간주하는 것은 가능한 것으로 판단된다.
④ 어업 또는 어업관련업무에 종사하지 않는 자는 헌법소원청구를 할 자격이 없으나, 어업 또는 어업관련업무에 종사하는 자는 기본권의 침해 가능성이 인정된다.
⑤ 독도 등을 중간수역으로 정한 것이 영해 및 배타적경제수역에 대한 국민의 주권 및 영토권을 침해하였다고 볼 수는 없다.

판례 018 국민연금법 제6조 등 위헌확인(헌재 2001. 4. 26. 2000헌마390) : **기각** ★☆☆
국민연금제도의 가입대상을 18세 이상 60세 미만의 국민으로 제한하는 것은 60세 이상의 국민의 인간다운 생활을 할 권리를 침해하지 않는다.

판례 019 병역법시행령 제137조 제3항 위헌확인(헌재 2001. 4. 26. 2000헌마372) : **각하**
① 명령·규칙 그 자체에 의하여 직접 기본권이 침해된 때에는 헌법 제111조 제1항 제5호, 헌법재판소법 제68조 제1항에 근거하여 헌법소원심판청구를 할 수 있는 것이고, 여기서 말하는 '기본권이 직접 침해된 때'라고 하는 것은 집행행위에 의하지 아니하고 명령이나 규칙 그 자체에 의하여 자유의 제한, 의무의 부과, 법적 지위의 박탈이 직접 발생하는 경우를 가리키므로, 당해 명령 등에 근거한 구체적인 집행행위를 통하여 비로소 기본권 침해의 결과가 발생하는 경우에는 헌법소원이 허용되지 않는다.
② 다만, 법령에 따른 집행행위가 존재하는 경우에도 그 집행행위를 대상으로 하는 구제절차가 없거나 구제절차가 있다고 하더라도 권리구제의 기대가능성이 없고 단지 기본권 침해를 당한 청구인에게 불필요한 우회절차를 강요하는 것밖에 되지 않는 경우에는 예외적으로 헌법소원이 허용되어야 한다.

판례 020 보안관찰법 부칙 제2조 제2호 등 위헌소원(헌재 2001. 4. 26. 98헌바79) : **위헌**
① 성립절차상의 중대한 하자로 효력을 인정할 수 없는 처벌규정을 근거로 한 범죄경력을 보안관찰처분의 기초로 삼는 법률조항은 적법절차원칙에 위배된다.
② 보안관찰처분 취소 등을 구하는 행정소송절차에서는 일률적으로 가처분을 할 수 없도록 한 것은 적법절차원칙에 위배된다.

판례 021 예산회계법 제96조 위헌소원(헌재 2001. 4. 26. 99헌바37) : **합헌** ★☆☆
국가에 대한 금전채권의 소멸시효기간을 5년으로 정하고 있는 것은 재산권을 본질적으로 침해할 정도로 지나치게 짧고 불합리하다고 볼 수 없다.

판례 022 국회의장 등과 국회의원 간의 권한쟁의(헌재 2001. 5. 8. 2000헌라1) : **취하**
권한쟁의심판절차에 소의 취하에 관한 민사소송법 제239조가 준용되며, 권한쟁의심판의 공익적 성격만을 이유로 심판청구의 취하를 배제하는 것은 타당하지 않다.

판례 023
민법 제864조 위헌소원(헌재 2001.5.31, 98헌바9) : **합헌**

인지청구의 소의 제소기간을 부 또는 모의 사망을 안 날로부터 1년 내로 규정한 것은 인간으로서의 존엄과 가치 그리고 행복을 추구하는 기본권을 침해하는 것이 아니며, 평등원칙에 위배되지 않는다.

판례 024
여객자동차운수사업법 제73조의 2 등 위헌확인(헌재 2001.6.28, 2001헌마132) : **기각, 각하**

백화점이나 대형 할인점 등의 셔틀버스운행을 금지하는 것은 백화점이나 대형 할인점 등의 경영자의 영업의 자유, 평등권을 침해하지 않는다.

판례 025
형사소송법 제92조 제1항 위헌제청(헌재 2001.6.28, 99헌가14) : **합헌**

구속기간을 제한하고 있는 형사소송법 제92조 제1항은 헌법에 위반되지 않는다.

판례 026
공직선거 및 선거부정방지법 제15조 제1항 위헌확인(헌재 2001.6.28, 2000헌마111) : **기각** ★☆☆

선거권 연령을 20세 이상으로 제한하고 있는 공선법 제15조 제1항은 평등권이나 보통·평등선거의 원칙에 반하지 않는다.

📖 **개정** 만 18세 이상

판례 027
입법부작위위헌확인(헌재 2001.6.28, 2000헌마735) : **각하** ★☆☆

① 지방자치법 제13조의2가 주민투표의 법률적 근거를 마련하면서, 주민투표에 관련된 구체적 절차와 사항에 관하여는 따로 법률로 정하도록 하였다고 하더라도 주민투표에 관련된 구체적인 절차와 사항에 대하여 입법하여야 할 헌법상 의무가 국회에게 발생하였다고 할 수는 없다.
② 주민투표권은 헌법이 보장하는 참정권에 포함되지 않는다.

판례 028
보안관찰법 제6조 제1항 후단 등 위헌소원(헌재 2001.7.19, 2000헌바22) : **합헌**

보안관찰처분대상자가 출소 후 7일 이내에 거주예정지 관할경찰서장에게 출소사실을 신고하도록 한 규정 및 그 위반시 벌칙조항은 헌법에 위반되지 않는다.

판례 029
공직선거 및 선거부정방지법 제146조 제2항 등 위헌확인(헌재 2001.7.19, 2000헌마91) : **한정위헌**

① 국회의원 후보자등록시 2천만원의 기탁금을 납부토록 한 것은 헌법에 위반된다.(현행 : 1,500만원 개정. 비례대표 국회의원 후보자는 500만원 개정. 2020.3.25) ★☆☆
② 지역구국회의원선거에 있어 후보자의 득표수가 유효투표총수를 후보자수로 나눈 수 이상이거나 유효투표총수 20/100 이상인 때에 해당하지 않으면 기탁금을 반환하지 아니하고 국고에 귀속시키도록 하는 것은 국민의 피선거권을 침해하는 것이다.
③ 1인1표제를 채택하여 지역구선거에서 표출된 유권자의 의사를 그대로 정당에 대한 지지의사로 의제하여 비례대표의석을 배분토록 하고 있는 것은 직접선거 및 평등선거의 원칙에 위배된다. (현행 : 1인 2표제 개정) ★☆☆

판례 030
유치장 내 화장실설치 및 관리행위 위헌확인(헌재 2001.7.19, 2000헌마546) : **인용(위헌확인)**

차폐시설이 불충분하여 사용과정에서 신체부위가 다른 유치인들 및 경찰관들에게 관찰될 수 있고 냄새가 유출되는 유치실 내 화장실을 사용하도록 강제한 피청구인의 행위는 헌법 제10조에 의하여 보장되는 청구인들의 인격권을 침해한 것으로 위헌이다.

판례 031
영화진흥법 제21조 제4항 위헌제청(헌재 2001.8.30, 2000헌가9) : **위헌** ★☆☆

영상물등급위원회에 의한 등급분류보류제도는 검열에 해당하여 헌법에 위반된다.

판례 032
제42회 사법시험 제1차시험 시행일자 위헌확인(헌재 2001.9.27, 2000헌마159) : **기각**

행정안전부장관이 제42회 사법시험 제1차시험의 시행일자를 일요일로 정하여 공고한 2000년도 공무원임용시험시행계획 공고가 종교의 자유의 본질적 내용을 침해한 것으로 볼 수 없으며, 공무담임권이나 휴식권을 침해하지도 않는다.

판례 033
헌법재판소법 제70조 등 위헌확인(헌재 2001.9.27, 2001헌마152) : **기각**

① 변호사강제주의를 채택하고 있는 헌법재판소법 제25조 제3항은 재판을 받을 권리를 침해하지 않는다.
② 헌법소원심판청구의 적법요건 중의 하나로 권리보호이익을 요구하는 것은 재판을 받을 권리를 침해하지 않는다.
③ 기본권의 침해가 있은 날로부터 180일 이내에 헌법소원을 제기하도록 한 헌법재판소법 제69조 제1항 본문은 국민의 재판청구권을 침해하지 않는다.

판례 034

초·중등교육법 제31조 등 위헌확인(헌재 2001. 11. 29. 2000헌마278) **: 기각, 각하** ★☆☆

사립학교에 학교운영위원회를 의무적으로 설치하도록 한 초·중등교육법 제31조 등은 헌법에 위반되지 않는다(임의적 설치 : 합헌).

판례 035

법무사법 제4조 제1항 제1호 등 위헌확인(헌재 2001. 11. 29. 2000헌마84) **: 기각, 각하**

일정 경력근무자에 대하여 법무사자격을 당연히 부여하는 내용의 법무사법 제4조 제1항 제1호는 헌법에 위반되지 않는다.

판례 036

재외동포의 출입국과 법적지위에 관한 법률 제2조 제2호 위헌확인(헌재 2001. 11. 29. 99헌마494) **: 헌법불합치** ★★☆

① 공포 전 법률에 대한 헌법소원은 적법하다.
② 외국인은 국민과 유사한 지위에 있으므로 원칙적으로 기본권 주체성이 인정된다.
③ 재외동포법의 적용대상에서 정부수립이전이주동포, 즉 대부분의 중국동포와 구 소련동포 등을 제외한 것은 평등원칙에 위배된다.

# 2002년도 헌법재판소 판례

독점규제 및 공정거래에 관한 법률 제27조 위헌소원(헌재 2002.1.31, 2001헌바43) : 위헌
★★☆
① 사업자단체의 독점규제 및 공정거래법 위반행위가 있을 때 공정거래위원회가 당해 사업자단체에 대하여 "법위반사실의 공표"를 명할 수 있도록 한 것은 헌법 제19조에 의하여 보장되는 양심의 영역에 포함되지 아니한다.
② 사업자단체의 독점규제 및 공정거래법 위반행위가 있을 때 공정거래위원회가 당해 사업자단체에 대하여 "법위반사실의 공표"를 명할 수 있도록 한 것은 과잉금지의 원칙에 위반하여 당해 행위자의 일반적 행동의 자유 및 명예권을 침해한다.
③ 사업자단체의 독점규제 및 공정거래법 위반행위가 있을 때 공정거래위원회가 당해 사업자단체에 대하여 "법위반사실의 공표"를 명할 수 있도록 한 것은 무죄추정의 원칙에 반한다.

변호사법 제100조 제4항 등 위헌제청(헌재 2002.2.28, 2001헌가18) : 위헌
① 법관에 의한 재판을 받을 권리를 보장한다고 함은 법관이 사실을 확정하고 법률을 해석·적용하는 재판을 받을 권리를 보장한다는 뜻이고, 그와 같은 법관에 의한 사실확정과 법률의 해석적용의 기회에 접근하기 어렵도록 제약이나 장벽을 쌓아서는 아니되며, 만일 그러한 보장이 제대로 이루어지지 아니한다면 헌법상 보장된 재판을 받을 권리의 본질적 내용을 침해하는 것으로서 우리 헌법상 허용되지 아니한다.
② 대한변호사협회징계위원회에서 징계를 받은 변호사는 법무부변호사징계위원회에서의 이의절차를 밟은 후 곧바로 대법원에 즉시항고하도록 하는 것은 법관에 의한 재판을 받을 권리를 침해하는 것이며, 일체의 법률적 쟁송에 대한 재판기능을 대법원을 최고법원으로 하는 법원에 속하도록 규정하고 있는 헌법 제101조 제1항 및 재판의 전심절차로서 행정심판을 두도록 하는 헌법 제107조 제3항에 위반된다.

미성년자보호법 제2조의2 제1호 등 위헌제청(헌재 2002.2.28, 99헌가8) : 위헌
① 미성년자에게 음란성 또는 잔인성을 조장할 우려가 있거나 기타 미성년자로 하여금 범죄의 충동을 일으킬 수 있게 하는 만화의 반포 등 행위를 금지하고 이를 위반하는 자를 처벌하는 것은 명확성의 원칙에 위배된다.
② 아동의 덕성을 심히 해할 우려가 있는 도서, 간행물, 광고물, 기타의 내용물의 제작 등 행위를 금지하고 이를 위반하는 자를 처벌하는 것은 명확성의 원칙에 위배된다.

판례 004
음반·비디오물 및 게임물에 관한 법률 제30조 제1호 등 위헌소원(헌재 2002. 2. 28, 99헌바117) : 합헌

① 의사표현의 자유는 언론·출판의 자유에 속하고, 여기서 의사표현의 매개체는 어떠한 형태이건 그 제한이 없는바, 게임물은 예술표현의 수단이 될 수도 있으므로 그 제작 및 판매·배포는 표현의 자유를 보장하는 헌법 제21조 제1항에 의하여 보장을 받는다.

② 게임물판매업자가 되고자 하는 자로 하여금 대통령령이 정하는 바에 의하여 문화관광부(현행 : 문화체육관광부)장관 또는 시장·군수·자치구의 구청장에게 등록하도록 요구하는 것은 사전검열에 해당하지 않는다.

판례 005
형법 제259조 제2항 위헌소원(헌재 2002. 3. 28, 2000헌바53) : 합헌

자기 또는 배우자의 직계존속에 대하여 상해치사죄를 범한 때에는 가중처벌하도록 한 형법 제259조 제2항은 헌법에 위반되지 않는다.

판례 006
준법서약제 등 위헌확인, 가석방심사 등에 관한 규칙 제14조 제2항 위헌확인(헌재 2002. 4. 25, 98헌마425) : 기각 ★★☆

국가보안법위반 및 집회및시위에관한법률위반 수형자의 가석방 결정시 준법서약서를 제출하도록 한 가석방심사 등에 관한 규칙 제14조는 서약자의 양심의 자유를 침해하지 않는다.

판례 007
구 도로교통법 제78조 제1항 단서 중 제12호 부분 위헌제청(헌재 2002. 4. 25, 2001헌가19) : 합헌

교통사고로 사람을 사상한 후 법 소정의 필요한 구호조치와 신고를 하지 아니한 때 운전면허를 필요적으로 취소하도록 하는 것은 직업선택의 자유나 행복추구권을 침해하지 않는다.

판례 008
경비업법 제7조 제8항 등 위헌확인(헌재 2002. 4. 25, 2001헌마614) : 위헌

① 하나의 규제로 인해 여러 기본권이 동시에 제약을 받는다고 주장하는 경우에는 기본권침해를 주장하는 청구인의 의도 및 기본권을 제한하는 입법자의 객관적 동기 등을 참작하여 먼저 사안과 가장 밀접한 관계에 있고 또 침해의 정도가 큰 주된 기본권을 중심으로 해서 그 제한의 한계를 따져 보아야 한다.

② 당사자의 능력이나 자격과 상관없는 객관적 사유에 의한 직업의 자유의 제한은 월등하게 중요한 공익을 위하여 명백하고 확실한 위험을 방지하기 위한 경우에만 정당화될 수 있고, 따라서 헌법재판소가 이 사건을 심사함에 있어서는 헌법 제37조 제2항이 요구하는바 과잉금지의 원칙, 즉 엄격한 비례의 원칙이 그 심사척도가 된다.

③ 경비업을 경영하고 있는 자들이나 다른 업종을 경영하면서 새로이 경비업에 진출하고자 하는 자들로 하여금, 경비업을 전문으로 하는 별개의 법인을 설립하지 않는 한 경비업과 그밖의 업종을 겸영하지 못하도록 금지하는 것은 직업의 자유의 제한에 대한 헌법적 한계인 과잉금지원칙을 준수하지 못하여 위헌이다.

판례 009 민사소송법 제99조의2 위헌소원(헌재 2002.4.25, 2001헌바20) : 합헌
변호사보수를 소송비용에 산입하여 패소한 당사자의 부담으로 한 것은 재판청구권을 침해하지 않는다.

판례 010 지적법 제28조 제2항 위헌확인(헌재 2002.5.30, 2000헌마81) : 헌법불합치
지적측량 업무를 비영리법인만 대행할 수 있도록 규정한 지적법 제41조 제1항은 헌법에 합치되지 않는다.

판례 011 상고심절차에 관한 특례법 제2조 등 위헌확인(헌재 2002.5.30, 2001헌마781) : 기각 ★★☆
① 재판을 받을 권리가 사건의 경중을 가리지 않고 모든 사건에 대하여 대법원을 구성하는 법관에 의한 균등한 재판을 받을 권리를 의미한다거나 또는 상고심재판을 받을 권리를 의미하는 것이라고 할 수는 없고, 심급제도는 원칙적으로 입법자의 형성의 자유에 속하는 사항이다.
② 행정소송의 경우에도 심리불속행 제도를 적용하도록 한 것은 헌법에 위반되지 않는다.

판례 012 구 전기통신사업법 제74조 등 위헌소원(헌재 2002.5.30, 2001헌바5) : 위헌 ★★☆
대통령령이 정하는 경우가 아닌 한 누구든지 전기통신사업자가 제공하는 전기통신역무를 이용하여 타인의 통신을 매개하거나 타인의 통신용에 제공한 자를 형사처벌하도록 한 것은 명확성의 원칙에 위배된다.

판례 013 민사소송법 제118조 제1항 등 위헌소원(헌재 2002.5.30, 2001헌바28) : 합헌, 각하
① 법원의 위헌제청신청기각결정의 대상이 되지 아니한 규정에 대하여 헌법소원심판청구를 추가한 경우 그 부분에 대한 심판청구는 헌법재판소법 제68조 제2항에 의한 헌법소원심판의 대상이 되지 아니하여 부적법하다.
② 민사소송법상의 소송상 구조의 객관적 범위는 자력이 부족한 자의 재판을 받을 권리를 침해하는 것이 아니다.

판례 014 전기통신사업법 제53조 등 위헌확인(헌재 2002.6.27, 99헌마480) : 위헌, 각하
공공의 안녕질서 또는 미풍양속을 해하는 내용의 통신을 금하는 전기통신사업법 제53조 제1항은 헌법에 위반된다.

판례 015 부동산중개업법 제15조 등 위헌확인(헌재 2002.6.27, 2000헌마642) : 기각
부동산중개업자로 하여금 법령이 정하고 있는 한도를 넘는 수수료를 받을 수 없도록 하고, 이를 위반한 경우 행정상 제재나 형사처벌을 할 수 있도록 하는 법정수수료제도는 부동산중개업자의 직업의 자유 내지 신체의 자유를 침해, 평등권을 침해하지 않는다.

판례 016
불공정거래행위무혐의처분취소(헌재 2002. 6. 27. 2001헌마381) : **기각**

불공정거래혐의에 대한 공정거래위원회의 무혐의처분은 헌법소원의 대상이 되는 공권력의 행사에 해당한다.

판례 017
민사소송법 제118조 제1항 위헌소원 등, 민사소송법 제118조 위헌소원 등(헌재 2002. 6. 27. 2001헌바100) : **합헌, 각하**

① 헌법재판소법 제68조 제2항의 규정에 의한 헌법소원심판의 대상은 재판의 전제가 되는 법률이며 법원의 위헌제청신청 기각결정 등의 재판 자체는 될 수 없다.
② 패소할 것이 명백한 경우를 소송구조의 대상에서 제외하는 것은 재판청구권의 본질을 침해하는 것이 아니다.

판례 018
신체과잉수색행위 위헌확인(헌재 2002. 7. 18. 2000헌마327) : **인용(위헌확인)** ★★☆

청구인들을 유치장에 수용하는 과정에서 청구인들로 하여금 경찰관에게 등을 보인 채 상의를 속옷과 함께 겨드랑이까지 올리고 하의를 속옷과 함께 무릎까지 내린 상태에서 3회에 걸쳐 앉았다 일어서게 하는 방법으로 실시한 정밀신체수색은 헌법 제10조 및 제12조에 의하여 보장되는 청구인들의 인격권 및 신체의 자유를 침해한 것이므로 위헌이다.

판례 019
공무원연금법 제64조 제3항 위헌소원(헌재 2002. 7. 18. 2000헌바57) : **한정위헌**

① 공무원연금법 제64조 제3항의 급여제한을 퇴직후의 사유에도 적용하는 것은 재산권을 침해하고, 명확성의 원칙과 평등의 원칙에 위배된다.
② 공무원연금법 제64조 제3항의 급여제한을 퇴직후의 사유에도 적용하는 것은 적법절차원칙과 이중처벌금지의 원칙에 위배되지 않는다.

판례 020
신문업에 있어서의 불공정거래행위 및 시장지배적 지위 남용행위의 유형 및 기준 제3조 제1항 등 위헌확인(헌재 2002. 7. 18. 2001헌마605) : **기각** ★★☆

신문판매업자가 독자에게 1년 동안 제공하는 무가지와 경품류를 합한 가액이 같은 기간에 당해 독자로부터 받는 유료신문대금의 20%를 초과하는 경우 동 무가지와 경품류의 제공행위가 불공정거래행위에 해당하는 것으로 규정한 것은 위임입법 및 재위임의 헌법적 한계를 벗어나지 않으며, 헌법 제119조 제1항에 정한 자유경제질서에 반하지 않는다.

판례 021
구 지방세법 제196조의5 제1항 제1호 위헌제청(헌재 2002. 8. 29. 2001헌가24) : **합헌** ★★☆

승용자동차세의 과세표준으로서 배기량만을 기준으로 하고 있는 구 지방세법 제196조의5 제1항 제1호는 헌법에 위반되지 않는다.

판례 022 구 부가가치세법 제17조 제2항 제1호 위헌소원 등(헌재 2002.8.29, 2000헌바50) : 합헌

법률조항의 포괄위임 여부는 당해 조항 및 관련규정과 종합하여 유기적·체계적으로 판단하여야 할 것이므로, 어느 법률조항이 외형적으로는 아무런 위임의 한계가 없는 것으로 보이는 경우라고 하더라도 관련조항과 종합하여 유기적·체계적으로 보아 위임범위의 대강을 객관적으로 예측할 수 있으면 포괄위임에 해당한다고 할 수 없다.

판례 023 지방공무원법 제31조 제5호 등 위헌확인(헌재 2002.8.29, 2001헌마7880) : 위헌 ★★☆

① 헌법 제25조는 "모든 국민은 법률이 정하는 바에 의하여 공무담임권을 가진다."고 하여 공무담임권을 보장하고 있고, 공무담임권의 보호영역에는 공직취임의 기회의 자의적인 배제 뿐 아니라, 공무원 신분의 부당한 박탈도 포함되는 것이다.
② 금고 이상의 형의 선고유예를 받은 경우에는 공무원직에서 당연히 퇴직하는 것으로 규정한 지방공무원법 규정은 공무담임권을 침해하는 것이다.

판례 024 소득세법 제61조 위헌소원(헌재 2002.8.29, 2001헌바82) : 위헌 ★★☆

① 헌법 제36조 제1항은 혼인과 가족생활을 스스로 결정하고 형성할 수 있는 자유를 기본권으로서 보장하고, 혼인과 가족에 대한 제도를 보장한다. 그리고 헌법 제36조 제1항은 혼인과 가족에 관련되는 공법 및 사법의 모든 영역에 영향을 미치는 헌법원리 내지 원칙규범으로서의 성격도 가지는데, 이는 적극적으로는 적절한 조치를 통해서 혼인과 가족을 지원하고 제삼자에 의한 침해 앞에서 혼인과 가족을 보호해야 할 국가의 과제를 포함하며, 소극적으로는 불이익을 야기하는 제한조치를 통해서 혼인과 가족을 차별하는 것을 금지해야 할 국가의 의무를 포함한다.
② 부부의 자산소득을 합산하여 과세하도록 한 것은 헌법 제36조 제1항에 위반된다.

판례 025 상호신용금고법 제37조의3 제1항 등 위헌제청 등(헌재 2002.8.29, 2000헌가5) : 한정위헌

① 헌법재판소법 제41조에 의한 위헌법률심판절차와 같은 법 제68조에 의한 헌법소원심판절차에서 심판대상인 법률의 위헌성을 판단하는 경우, 위헌제청신청인이나 청구인이 주장한 기본권의 침해 여부에 관한 심사에 한정하지 아니하고 모든 헌법적 관점에서 심판대상인 법률조항이 헌법에 부합하는가를 심사해야 한다.
② 입법자는 결사의 자유에 의하여, 국민이 모든 중요한 생활영역에서 결사의 자유를 실제로 행사할 수 있도록 그에 필요한 단체의 결성과 운영을 가능하게 하는 최소한의 법적 형태를 제공해야 한다는 구속을 받을 뿐만 아니라, 단체제도를 법적으로 형성함에 있어서 지나친 규율을 통하여 단체의 설립과 운영을 현저하게 곤란하게 해서도 안 된다는 점에서 입법자에 의한 형성은 비례의 원칙을 준수해야 한다.
③ 상호신용금고의 임원과 과점주주에게 법인의 채무에 대하여 연대변제책임을 부과하는 것은 '부실경영의 책임이 없는 임원'과 '금고의 경영에 영향력을 행사하여 부실의 결과를 초래한 자 이외의 과점주주'에 대해서도 연대채무를 부담하게 하는 범위 내에서 헌법에 위반된다.

판례 026
세무사법 제5조 위헌확인(헌재 2002.8.29, 2002헌마160) : **기각**

형의 집행유예를 받고 그 기간이 종료한 후 1년이 경과하지 아니한 자에 대하여 세무사자격시험에 응시할 수 없도록 한 것은 직업선택의 자유를 침해하지 않으며, 평등의 원칙에 반하지 않는다.

판례 027
전기통신사업법 제72조 제6호 등 위헌제청(헌재 2002.9.19, 2002헌가11) : **위헌**

대통령령이 정하는 경우가 아닌 한 누구든지 전기통신사업자가 제공하는 전기통신역무를 이용하여 타인의 통신을 매개하거나 타인의 통신용에 제공한 자를 형사처벌하도록 한 것은 명확성의 원칙에 위배된다.

판례 028
약사법 제16조 제1항 등 위헌소원(헌재 2002.9.19, 2000헌바84) : **헌법불합치** ★★☆

약사 또는 한약사가 아니면 약국을 개설할 수 없도록 한 것은 법인을 구성하여 약국을 개설·운영하려고 하는 약사들 및 이들 약사들로 구성된 법인의 직업선택의 자유와 결사의 자유, 평등권을 침해한다.

판례 029
폭력행위 등 처벌에 관한 법률 제3조 제4항 위헌소원(헌재 2002.10.31, 2001헌바68) : **합헌**

폭력범죄로 2회 이상의 징역형을 받아 그 집행을 종료하거나 면제를 받은 후 3년 내에 다시 집단적·흉기휴대적 폭력범죄를 범한 경우에 누범가중을 하도록 한 폭력행위 등 처벌에 관한 법률 제3조 제4항은 헌법에 위반되지 않는다.

판례 030
음반·비디오물 및 게임물에 관한 법률 제24조 제3항 제4호 중 게임물에 관한 규정 부분 위헌제청(헌재 2002.10.31, 2000헌가12) : **합헌**

관계행정청이 등급분류를 받지 아니하거나 등급분류를 받은 게임물과 다른 내용의 게임물을 발견한 경우 관계공무원으로 하여금 이를 수거·폐기하게 할 수 있도록 한 구 음반·비디오물 및 게임물에 관한 법률 제24조 제3항 제4호 중 게임물에 관한 규정 부분은 헌법에 위반되지 않는다.

도로교통법 제101조의3 위헌소원(헌재 2002.10.31. 2001헌바40) : 합헌

① 헌법 제27조 제1항은 "모든 국민은 …… 법률에 의한 재판을 받을 권리를 가진다"라고 규정하여 법원이 법률에 기속된다는 당연한 법치국가적 원칙을 확인하고, '법률에 의한 재판, 즉 절차법이 정한 절차에 따라 실체법이 정한 내용대로 재판을 받을 권리'를 보장하고 있다. 이로써 위 헌법조항은 '원칙적으로 입법자에 의하여 형성된 현행 소송법의 범주 내에서 권리구제절차를 보장한다'라는 것을 밝히고 있다.
② 비록 재판절차가 국민에게 개설되어 있다 하더라도, 절차적 규정들에 의하여 법원에의 접근이 합리적인 이유로 정당화될 수 없는 방법으로 어렵게 된다면, 재판청구권은 사실상 형해화될 수 있다.
③ 행정심판제도는 재판의 전심절차로서 인정되는 것이지만, 공정성과 객관성 등 사법절차의 본질적인 요소가 배제되는 경우에는 국민들에게 무의미한 권리구제절차를 밟을 것을 강요하는 것이 되어 국민의 권리구제에 있어서 오히려 장애요인으로 작용할 수 있으므로, 헌법 제107조 제3항은 사법절차에 준하는 객관성과 공정성을 갖춘 행정심판절차의 보장을 통하여 행정심판제도의 실효성을 어느 정도 확보하고자 하는 것이다.
④ 교통관련 행정처분에 대하여 행정심판 전치주의를 규정한 것은 재판청구권과 평등권에 위반되지 않는다.

강남구와 행정안전부장관 간의 권한쟁의(헌재 2002.10.31. 2002헌라2) : 기각

① 헌법 제117조 제1항이 규정하는 자치권 가운데에는 자치에 관한 규정을 스스로 제정할 수 있는 자치입법권은 물론이고 그밖에 그 소속 공무원에 대한 인사와 처우를 스스로 결정하고 이에 관련된 예산을 스스로 편성하여 집행하는 권한이 성질상 당연히 포함되지만, 이러한 자치권의 범위는 법령에 의하여 형성되고 제한된다.
② 헌법 제117조 제1항에서 규정하고 있는 '법령'에 법률 이외에 헌법 제75조 및 제95조 등에 의거한 대통령령, 총리령 및 부령과 같은 법규명령이 포함되는 것은 물론, 법규명령으로서 기능하는 행정규칙이 포함된다.

구 의료보험법 제32조 제1항 등 위헌소원(헌재 2002.10.31. 99헌바76) : 합헌 ★★☆
요양기관 강제지정제는 의료소비자의 자기결정권을 침해하지 않으며, 평등원칙에 위반되지 않는다.

여객자동차운수사업법 제73조의2 제1항 제1호 등 위헌확인(헌재 2002.11.28. 2001헌마596) : 기각
셔틀버스의 예외적 운행허용대상에서 약국의 이용자를 제외함으로써 약국의 셔틀버스운행을 금지한 여객자동차운수사업법 제73조의2 제1항 제1호는 헌법에 위반되지 않는다.

판례 035 특정범죄가중처벌 등에 관한 법률 제4조 제1항 및 제2항 위헌소원(헌재 2002.11.28, 2000헌바75) : 합헌 ★★☆

특정범죄가중처벌 등에 관한 법률상 정부관리기업체 간부직원은 공무원이 아님에도 직무와 관련한 수재행위에 관하여 공무원으로 의제하여 형법상 공무원에 해당하는 뇌물죄로 처벌하는 것은 평등원칙에 위반된다고 볼 수 없다.

판례 036 지방공무원법 제29조의3 위헌소원(헌재 2002.11.28, 98헌바101) : 합헌

지방자치단체의 장은 다른 지방자치단체의 장의 동의를 얻어 그 소속 공무원을 전입할 수 있다고 규정한 것은 헌법에 위반되지 아니한다.

판례 037 한국보건산업진흥원법 부칙 제3조 위헌소원(헌재 2002.11.28, 2001헌바50) : 합헌

① 헌법 제15조의 직업의 자유 또는 헌법 제32조의 근로의 권리, 사회국가원리 등에 근거하여 실업방지 및 부당한 해고로부터 근로자를 보호하여야 할 국가의 의무를 도출할 수는 있을 것이나, 국가에 대한 직접적인 직장존속보장청구권을 근로자에게 인정할 헌법상의 근거는 없다.
② 우리 헌법상 국가에 대한 직접적인 직장존속보장청구권을 인정할 근거는 없으므로 근로관계의 당연승계를 보장하는 입법을 반드시 하여야 할 헌법상의 의무를 인정할 수 없다.
③ 법률로 국가보조 연구기관을 통폐합함에 있어 재산상의 권리·의무만 승계시키고, 근로관계의 당연승계 조항을 두지 아니한 것은 헌법에 위반되지 않는다.

판례 038 국가보안법 제13조 위헌제청(헌재 2002.11.28, 2002헌가5) : 위헌

반국가적 범죄를 반복하여 저지른 자에 대한 법정형의 최고를 사형으로 하도록 규정한 국가보안법 제13조 중 다시 범한 죄가 찬양·고무 등 죄인 경우에도 법정형의 최고를 사형으로 하도록 규정한 부분은 비례의 원칙과 명확성의 원칙에 반한다.

판례 039 민법 제999조 제2항 위헌확인(헌재 2002.11.28, 2002헌마134) : 기각

상속회복청구권 행사기간을 상속권의 침해행위가 있은 날로부터 10년으로 규정한 것은 재산권과 평등권을 침해하지 않는다.

판례 040 의료법 제25조 제1항 등 위헌확인(헌재 2002.12.18, 2001헌마370) : 기각

의료인이 아닌 자의 의료행위를 금지하는 것은 헌법에 위반되지 않는다.

판례 041 구 소득세법 제22조 제1항 제1호 나목 등 위헌소원(헌재 2002.12.18, 2001헌바55) : 합헌

① 공무원의 명예퇴직수당은 정년이 보장된 공무원이 정년이 되기 전에 공무원 신분을 종료하는 자에 대하여 엄격한 요건하에, 공무원의 특별한 책임과 의무를 성실히 수행한데 대해 생활보장의 일환으로 지급되는 것으로 일반기업에서 지급되는 명예퇴직수당과 그 성격에 있어서 다르다.

② 공무원의 명예퇴직수당에 대한 퇴직소득공제율은 100분의 75로 되어 있으면서 공무원 아닌 자의 명예퇴직 수당에 대해서는 100분의 50의 퇴직소득공제율을 적용하는 것은 공무원 아닌 자의 평등권, 인간의 존엄과 가치, 행복추구권을 침해하지 않는다.

③ 재산권에 관계되는 시혜적 입법의 시혜대상에서 제외되었다는 이유만으로 재산권침해가 생기는 것은 아니고, 시혜적 입법의 시혜대상이 될 경우 얻을 수 있는 재산상 이익의 기대가 성취되지 않았다고 하여도 그러한 단순한 재산상 이익의 기대는 헌법이 보호하는 재산권의 영역에 포함되지 않으므로, 이 사건에서 재산권침해가 문제되지는 않는다.

판례 042 노동조합 및 노동관계조정법 제81조 제3호 위헌소원(헌재 2002.12.18, 2002헌바12) : 합헌

사용자가 노동조합의 대표자 또는 노동조합으로부터 위임을 받은 자와의 단체협약체결 기타의 단체교섭을 정당한 이유없이 거부하거나 해태하지 못하도록 규정한 것은 계약의 자유, 기업활동의 자유, 평등권을 침해하지 않는다.

판례 043 옥외광고물 등 관리법 제3조 제1항 제6호 등 위헌확인(헌재 2002.12.18, 2000헌마764) : 기각

자동차 소유자 자신에 관한 내용의 광고는 허용하면서 교통수단을 이용하여 타인의 광고를 할 수 없도록 하는 것은 표현의 자유를 침해하지 않는다.

판례 044 사설철도주식회사주식소유자에 대한 보상에 관한 법률 제4조 제2항 제1호 등 위헌제청(헌재 2002.12.18, 2002헌가4) : 합헌

헌법 제23조 제3항에 규정된 '정당한 보상'의 원칙이 모든 경우에 예외없이 개별적 시가에 의한 보상을 요구하는 것이라고 할 수 없다.

2003년도 헌법재판소 판례

판례 001 관광진흥개발기금법 제2조 제3항 위헌소원(헌재 2003.1.30, 2002헌바5) : 합헌
① 국외여행자납부금은 내국인 중 국외여행자라는 특정집단으로부터 재정충당 및 유도적 성격을 지닌 특별부담금이다.
② 내국인 국외여행자에게 2만원의 범위 안에서 대통령령이 정하는 금액을 관광진흥개발기금에 납부하도록 한 것은 헌법에 위반되지 않는다.

판례 002 범죄인인도법 제3조 위헌소원(헌재 2003.1.30, 2001헌바95) : 합헌 ★★☆
법원의 범죄인인도심사를 서울고등법원의 전속관할로 하고 그 심사결정에 대한 불복절차를 인정하지 않는 범죄인인도법 제3조는 헌법에 위반되지 않는다.

판례 003 공직선거 및 선거부정방지법 제47조 제1항 중 앞괄호부분 등 위헌제청(헌재 2003.1.30, 2001헌가4) : 위헌 ★★☆
기초의회의원선거 후보자로 하여금 특정 정당으로부터의 지지 또는 추천 받음을 표방할 수 없도록 한 것은 헌법에 위반된다.

판례 004 입법부작위 위헌확인(헌재 2003.1.30, 2002헌마358) : 각하 ★★☆
① 부진정입법부작위의 경우에는 그 불완전한 규정을 대상으로 하여 그것이 헌법위반이라는 적극적인 헌법소원을 청구할 수 있을 뿐 입법부작위로서 헌법소원의 대상으로 삼을 수 없다.
② 입법부가 위와 같이 입법 의무를 이행한 이상, 청구인들이 입은 기본권 침해의 특수한 성격에 비추어 기존 법체계가 그 침해에 따른 피해 구제에 적절하지 않다는 주장만을 근거로, 기존의 입법 외에 청구인들이 주장하는 피해에 대하여 이를 배상 또는 보상을 실시하는 내용의 입법 의무가 헌법 위임이나 헌법 해석상 새로이 발생하였다고 할 수는 없다.

판례 005 구 사립학교법 제53조의2 제3항 위헌소원(헌재 2003.2.27, 2000헌바26) : 헌법불합치 ★★☆
임용기간이 만료되는 대학교육기관 교원의 재임용 거부사유 및 그 사전구제절차, 그리고 부당한 재임용거부에 대하여 다툴 수 있는 사후의 구제절차에 관하여 아무런 규정을 하지 않은 것은 교원지위법정주의에 위반된다.

> **주의** 기간임용제 그 자체는 위헌이 아님

판례 006
보건범죄단속에 관한 특별조치법 제5조 위헌소원(헌재 2003.2.27, 2002헌바23) **: 합헌**

영리를 목적으로 한의사가 아닌 자가 한방의료행위를 업으로 한 경우 처벌하도록 한 것은 죄형법정주의의 명확성 원칙에 위배되지 않는다.

판례 007
향토예비군설치법 제3조 제1항 등 위헌소원(헌재 2003.3.27, 2002헌바35) **: 합헌**

① 현역병 복무를 마치고 군종신부로 자원입대하여 전역한 신부의 경우와 같이 예비역 병과 예비역 장교의 요건을 동시에 가지는 자가 예비군 조직상 병 또는 장교 중 어느 쪽에 속하는지에 관하여 명문의 규정을 두지 아니한 것은 헌법상 요구되는 명확성의 원칙에 위배되지 않는다.

② 예비군 훈련 소집 통지서를 수령할 의무가 있는 자가 그 수령을 거부한 때 처벌하도록 규정하면서 수령의무자의 범위에 관하여 아무런 정의를 하지 않은 것은 명확성의 원칙에 위배되지 않는다.

판례 008
국가유공자 등 예우 및 지원에 관한 법률 제25조 위헌확인(헌재 2003.5.15, 2001헌마565) **: 기각**

대학으로 하여금 국가유공자의 자녀에 대하여 수업료 등을 면제할 수 있게 하고 국가는 그 면제한 수업료 등의 반액을 대학에 보조하도록 규정한 것은 헌법에 위반되지 않는다.

판례 009
노동조합 및 노동관계조정법 제62조 제3호 등 위헌제청(헌재 2003.5.15, 2001헌가31) **: 합헌**
★★☆

필수공익사업에서 노동쟁의가 발생한 경우에 노동위원회 위원장이 직권으로 중재회부결정을 할 수 있도록 한 노동조합 및 노동관계조정법 제62조 제3호 및 제75조는 헌법에 위반되지 않는다.

판례 010
국가유공자 등 예우 및 지원에 관한 법률시행령 제22조 위헌확인(헌재 2003.5.15, 2002헌마90) **: 기각**

① 인간다운 생활을 할 권리로부터는 인간의 존엄에 상응하는 생활에 필요한 "최소한의 물질적인 생활"의 유지에 필요한 급부를 요구할 수 있는 구체적인 권리가 상황에 따라서는 직접 도출될 수 있다고 할 수는 있어도, 동 기본권이 직접 그 이상의 급부를 내용으로 하는 구체적인 권리를 발생케 한다고는 볼 수 없다.

② 상이등급에 따라 국가유공자에게 기본연금을 차등지급하는 것이 평등권을 침해하지 않는다.

판례 011
공직선거 및 선거부정방지법 제84조 위헌제청(헌재 2003.5.15, 2003헌가9) **: 위헌**

기초의회의원선거 후보자로 하여금 특정 정당으로부터의 지지 또는 추천 받음을 표방할 수 없도록 한 것은 정치적 표현의 자유를 침해하며, 평등원칙에 위배된다.

판례 012 　도로교통법시행령 제45조 위헌확인(헌재 2003.6.26, 2002헌마677) : 기각

제1종 운전면허의 취득요건으로 양쪽 눈의 시력이 각각 0.5 이상일 것을 요구하는 것은 직업수행의 자유, 일반적 행동자유권, 평등원칙에 위배되지 않는다.

판례 013 　예비군훈련비용지급처분취소(헌재 2003.6.26, 2002헌마484) : 각하

국방부장관이 1일의 예비군 소집훈련을 받은 청구인에 대하여 금 2,000원을 지급한 것 외에 추가적으로 훈련보상비를 지급하여야 할 작위의무가 헌법에서 도출되지 않는다.

판례 014 　청소년의 성보호에 관한 법률 제20조 제2항 제1호 등 위헌제청(헌재 2003.6.26, 2002헌가14) : 합헌 ★★☆

청소년 성매수자에 대한 신상공개 규정은 이중처벌금지원칙, 과잉금지원칙, 평등원칙, 적법절차원칙에 위반되지 않으며, 법관에 의한 재판을 받을 권리를 침해하지 않는다.

판례 015 　법무사법 제19조 위헌소원(헌재 2003.6.26, 2002헌바3) : 합헌

법무사의 보수를 대한법무사협회회칙에 정하도록 하고 법무사가 회칙 소정의 보수를 초과하여 보수를 받거나 보수 외에는 명목의 여하를 불문하고 금품을 받는 것을 금지하는 것은 법무사의 직업행사의 자유를 침해하지 않고, 헌법상 평등원칙에 위배되지 않는다.

판례 016 　참전유공자예우에 관한 법률 제6조 제1항 위헌확인(헌재 2003.7.24, 2002헌마522) : 기각

참전유공자 중 70세 이상자에게 참전명예수당을 지급하도록 하는 구 참전유공자예우에 관한 법률 제6조 제1항은 70세 되지 않은 참전유공자의 평등권, 인간다운 생활을 할 권리, 행복추구권 등을 침해하지 않는다.

판례 017 　구 장애인고용촉진 등에 관한 법률 제35조 제1항 본문 등 위헌소원(헌재 2003.7.24, 2001헌바96) : 합헌

대통령이 정하는 일정수 이상의 근로자를 고용하는 사업주는 기준고용률 이상에 해당하는 장애인을 고용해야 한다는 규정과 장애인고용의무제의 실효성을 확보하는 수단으로서의 장애인고용부담금제도에 관한 규정들은 헌법에 위반되지 않는다.

판례 018 　구 독점규제 및 공정거래에 관한 법률 제24조의2 위헌제청(헌재 2003.7.24, 2001헌가25) : 합헌 ★★☆

공정거래위원회로 하여금 부당내부거래를 한 사업자에 대하여 그 매출액의 2% 범위 내에서 과징금을 부과할 수 있도록 한 것은 헌법에 위반되지 않는다.

판례 019. 장애인고용촉진 및 직업재활법 제24조 제1항 단서 위헌소원(헌재 2003.7.24, 2002헌바82) : 합헌

① 장애인고용의무를 그대로 적용하기 어려운 업종에 대해서는 노동부장관이 정하는 적용제외율에 따라 근로자의 총수에서 일정 수의 근로자를 제외할 수 있도록 한 규정은 포괄위임금지의 원칙에 위반되지 않는다.
② 위임에 의하여 제정된 행정입법이 국민의 기본권을 침해하는 성격이 강할수록 보다 명확한 수권이 요구되며, 침해적 행정입법에 대한 수권의 경우에는 급부적 행정입법에 대한 수권의 경우보다 그 수권이 보다 명확해야 한다.

판례 020. 공직선거 및 선거부정방지법 제56조 제1항 제2호 등 위헌확인(헌재 2003.8.21, 2001헌마687) : 기각

① 지역구국회의원선거의 기탁금을 1,500만 원으로 정한 것은 공무담임권을 침해하지 않는다.
② 지역구국회의원선거의 기탁금반환기준을 유효투표총수의 100분의 15 이상으로 정한 것은 공무담임권을 침해하지 않는다.

판례 021. 형법 제9조 위헌확인 등(헌재 2003.9.25, 2002헌마533) : 기각

14세 미만의 자를 형사미성년자로 규정하고 있는 형법 제9조는 헌법에 위반되지 않는다.

판례 022. 학원의 설립·운영 및 과외교습에 관한 법률 제13조 제1항 등 위헌확인(헌재 2003.9.25, 2002헌마519) : 기각

학원강사의 자격제를 설정한 법률조항 및 그 위임에 따라 '대학 졸업 이상의 학력 소지자일 것'을 일반학원 강사의 자격기준 중 하나로 규정한 것은 헌법에 위반되지 않는다.

판례 023. 공무원연금법 제47조 제3호 위헌소원(헌재 2003.9.25, 2000헌바94) : 위헌

① 퇴직연금수급권은 전체적으로 재산권적 보호의 대상이기는 하지만, 퇴직연금지급정지제도 자체가 위헌이라고 볼 수는 없다.
② 퇴직연금 지급정지대상기관을 행정자치부령으로 정하도록 위임하고 있는 것은 포괄위임금지의 원칙에 위반된다.
③ 퇴직연금 지급정지의 요건 및 내용을 대통령령으로 정하도록 위임하고 있는 것은 포괄위임금지의 원칙에 위반된다.

판례 024
군인사법 제40조 제1항 제4호 위헌확인(헌재 2003.9.25, 2003헌마293) : **위헌**

자격정지 이상의 형의 선고유예를 받은 경우에 군공무원직에서 당연히 제적하도록 한 것은 헌법 제25조의 공무담임권을 침해한다.

판례 025
공무원임용 및 시험 시행규칙 제12조의3 위헌확인(헌재 2003.9.25, 2003헌마30) : **기각**

① 입법자가 설정한 차별이 기본권에 관련된 차별을 가져온다면 헌법재판소는 그러한 차별에 대해서는 자의금지 내지 합리성 심사를 넘어서 목적과 수단 간의 엄격한 비례성이 준수되었는지를 심사하여야 한다. 이 경우 사람이나 사항에 대한 불평등대우가 기본권으로 보호된 자유의 행사에 불리한 영향을 미칠 수 있는 정도가 크면 클수록, 입법자의 형성의 여지에 대해서는 그만큼 더 좁은 한계가 설정되므로, 헌법재판소는 보다 엄격한 심사척도를 적용한다.
② 국가공무원 7급 시험에서 기능사 자격증에는 가산점을 주지 않고 기사 등급 이상의 자격증에는 가산점을 주도록 한 것은 공무담임권 및 평등권을 침해하지 않는다.

판례 026
법무사법 제74조 제1항 제1호 등 위헌확인(헌재 2003.9.25, 2001헌마156) : **기각**

① 법무사 아닌 자가 등기신청대행 등의 법무행위를 업으로 하는 것을 금지하고 이를 위반하는 경우 형사처벌하는 것은 직업선택의 자유를 침해하지 않는다.
② 등기신청서 제출대행과 같은 사실행위를 업으로 하는 것을 법무사의 자격이 있는 자에게만 허용하는 것은 헌법상 평등원칙에 위반되지 않는다.

판례 027
공직선거 및 선거부정방지법 제53조 제3항 위헌확인(헌재 2003.9.25, 2003헌마106) : **위헌**

지방자치단체의 장으로 하여금 당해 지방자치단체의 관할구역과 같거나 겹치는 선거구역에서 실시되는 지역구 국회의원선거에 입후보하고자 하는 경우 당해 선거의 선거일 전 180일까지 그 직을 사퇴하도록 한 규정은 평등의 원칙에 위배되며, 공무담임권을 침해한다.
🔍 선거일 전 120일 사퇴규정 : 합헌

판례 028
국민건강보험법 제62조 제3항 등 위헌소원(헌재 2003.10.30, 2000헌마801) : **기각**

건강보험에의 가입을 강제하고 직장가입자와 지역가입자의 보험료 산출기준에 차이를 두는 국민건강보험법 제62조 제3항 등은 헌법에 위반되지 않는다.

판례 029
국회의원과 국회의장 간의 권한쟁의(헌재 2003.10.30, 2002헌라1) : **기각** ★★☆

국회의장이 국회의원을 그 의사에 반하여 국회 보건복지위원회에서 사임시키고 환경노동위원회로 보임한 행위는 국회의원의 권한을 침해한 것으로 볼 수 없다.

판례 030 집회 및 시위에 관한 법률 제11조 제1호 중 국내주재 외국의 외교기관 부분 위헌소원(헌재 2003.10.30. 2000헌바67) : 위헌 ★★☆

국내주재 외교기관 청사의 경계지점으로부터 1백미터 이내의 장소에서의 옥외집회를 전면적으로 금지하고 있는 집회 및 시위에 관한 법률 제11조 제1호 중 국내주재 외국의 외교기관 부분은 헌법에 위반된다.

 주의 법원·국회·대통령관저·총리관저의 경계지점으로부터 100m 이내 금지 : 위헌
외교관저의 경계지점으로부터 100m 이내 금지 : 위헌

판례 031 약사법 제21조 제8항 등 위헌확인(헌재 2003.10.30. 2000헌마563) : 기각

① 헌법 제15조가 말하는 직업선택의 자유는 직업결정의 자유와 직업행사의 자유를 포괄하며, 직업의 자유는 헌법 제37조 제2항에 따라 국가안전보장·질서유지 또는 공공복리를 위하여 불가피한 경우에는 이를 제한할 수 있는데, 특히 직업행사의 자유는 직업결정의 자유에 비하여 상대적으로 그 침해의 정도가 작다고 할 것이어서, 이에 대하여는 공공복리 등 공익상의 이유로 비교적 넓은 법률상의 규제가 가능하지만, 직업수행의 자유를 제한할 때에도 헌법 제37조 제2항에 의거한 비례의 원칙에 위배되어서는 안 된다.
② 조제실을 갖춘 의료기관에서 고용 약사를 통한 원외처방전 조제금지를 규정한 것은 직업행사의 자유와 평등권을 침해하지 않는다.

판례 032 국회의원과 국회의장 간의 권한쟁의(헌재 2003.10.30. 2002헌라1) : 기각 ★★☆

① 정당의 자유는 민주정치의 전제인 자유롭고 공개적인 정치적 의사형성을 가능하게 하는 것이므로 그 자유는 최대한 보장되지 않으면 안 되는 것이다.
② 국회의원의 국민대표성을 중시하는 입장에서도 특정 정당에 소속된 국회의원이 정당기속 내지는 교섭단체의 결정(소위 '당론')에 위반하는 정치활동을 한 이유로 제재를 받는 경우, 국회의원 신분을 상실하게 할 수는 없으나 "정당내부의 사실상의 강제" 또는 소속 "정당으로부터의 제명"은 가능하다고 보고 있다. 그렇다면, 당론과 다른 견해를 가진 소속 국회의원을 당해 교섭단체의 필요에 따라 다른 상임위원회로 전임(사·보임)하는 조치는 특별한 사정이 없는 한 헌법상 용인될 수 있는 "정당내부의 사실상 강제"의 범위내에 해당한다고 할 것이다.
③ 국회의장이 국회의원을 그 의사에 반하여 국회 보건복지위원회에서 사임시키고 환경노동위원회로 보임한 행위는 권한쟁의심판의 대상이 되는 처분이며, 국회의원의 법률안 심의·표결 권한을 침해한 것이 아니다.

판례 033
통고처분취소(헌재 2003. 10. 30, 2002헌마275) : **기각**

통고처분 제도의 근거규정이 적법절차원칙이나 사법권을 법원에 둔 권력분립원칙에 위배된다거나, 재판청구권을 침해하는 것이라 할 수 없다.

판례 034
도로교통법 제118조 위헌확인(헌재 2003. 10. 30, 2002헌마518) : **기각** ★★☆

자동차 운전자에게 좌석안전띠를 매도록 하고, 이를 위반했을 때 범칙금을 납부하도록 통고하는 것은 일반적 행동자유권, 사생활의 비밀과 자유, 양심의 자유를 침해하지 않는다.

판례 035
국가공무원법 제33조 제1항 제5호 등 위헌확인(헌재 2003. 10. 30, 2002헌마684) : **위헌** ★★☆

① 헌법 제25조 공무담임권의 보호영역에는 공직취임의 기회의 자의적인 배제뿐 아니라, 공무원 신분의 부당한 박탈도 포함되는 것이다.
② 금고 이상의 형의 선고유예를 받은 경우에는 공무원직에서 당연히 퇴직하는 것으로 규정한 것은 헌법 제25조의 공무담임권을 침해하는 것이다.

판례 036
국가유공자 등 예우 및 지원에 관한 법률 제12조 제2항 위헌소원(헌재 2003. 11. 27, 2003헌바39) : **합헌**

국가유공자의 자녀의 경우 유족연금지급 대상 자격을 "미성년인 자녀와 대통령령이 정하는 생활능력이 없는 정도의 장애가 있는 성년인 자녀"에 한정하고 있는 국가유공자 등 예우 및 지원에 관한 법률 제12조 제2항 제1문은 헌법에 위반되지 않는다.

판례 037
특정범죄가중처벌 등에 관한 법률 제11조 제1항 위헌소원(헌재 2003. 11. 27, 2002헌바24) : **위헌**

단순매수나 단순판매목적소지의 마약사범에 대하여도 사형·무기 또는 10년 이상의 징역에 처하도록 하는 규정은 헌법에 위반된다.

판례 038 | 공직선거 및 선거부정방지법 제15조 위헌확인 등(헌재 2003.11.27, 2002헌마787) : 기각 ★★☆

공직선거에 관한 선거권연령을 20세로 규정한 것은 평등권과 선거권을 침해한다거나 보통선거의 원칙에 반한다고 볼 수 없다.

> 개정 선거연령 개정 : 만 18세 이상

판례 039 | 대통령신임투표를 국민투표에 붙이는 행위 위헌확인 등(헌재 2003.11.27, 2003헌마694) : 각하 ★★☆

대통령이 국회 본회의에서 행한 시정연설에서 정책과 결부하지 않고 단순히 대통령의 신임 여부만을 묻는 국민투표를 실시하고자 한다고 밝힌 것은 법적인 절차를 진행시키기 위한 정치적인 사전 준비행위 또는 정치적 계획의 표명일 뿐이며, 헌법소원의 대상이 되는 공권력의 행사에 해당하지 않는다.

판례 040 | 군사법원법 제242조 제1항 등 위헌확인(헌재 2003.11.27, 2002헌마193) : 위헌 ★★☆

① 군사법경찰관의 구속기간의 연장을 허용하는 것은 신체의 자유 및 신속한 재판을 받을 권리를 침해하는 것이다.
② 미결수용자의 접견교통권은 헌법재판소가 헌법 제10조의 행복추구권에 포함되는 기본권의 하나로 인정하고 있는 일반적 행동자유권으로부터 나온다고 보아야 할 것이고, 무죄추정의 원칙을 규정한 헌법 제27조 제4항도 그 보장의 한 근거가 될 것이다.
③ 헌법 제37조 제2항에 의하면 기본권은 원칙적으로 법률로써만 이를 제한할 수 있다고 할 것이지만, 헌법 제75조에 의하여 법률의 위임이 있고 그 위임이 구체적으로 범위를 정하여 하는 것이라면 대통령령에 의한 기본권의 제한도 가능하다.
④ 행형법시행령이 미결수용자의 접견횟수를 매일 1회로 하고 있는 것과는 달리, 군행형법의 적용을 받는 미결수용자의 면회횟수를 매주 2회로 제한하는 것은 접견교통권과 평등권을 침해하는 것이다.

판례 041 | 공직선거 및 선거부정방지법 제35조 제2항 제1호 등 위헌확인(헌재 2003.11.27, 2003헌마259) : 기각

① 국회의원 재·보궐선거일을 휴무일이 아닌 평일인 목요일로 하고, 투표시간도 직장인들의 근무시간 이후가 아닌 오후 6시까지로 정하고 있는 것은 헌법상의 평등원칙, 평등선거원칙, 국민주권주의에 위반되지 않는다.
② 저조한 투표율에도 불구하고 유효투표의 다수만 얻으면 당선인으로 될 수 있도록 한 것은 국민주권주의에 위반되지 않는다.

판례 042
계구사용행위 위헌확인(헌재 2003. 12. 18, 2001헌마163) : **인용(위헌확인), 각하**
수용자를 교도소에 수용하는 동안 상시적으로 양팔을 사용할 수 없도록 하는 계구를 착용하게 한 것은 수용자의 신체의 자유와 인간의 존엄성을 침해한 행위로서 위헌이다.

판례 043
교원지위향상을 위한 특별법 제9조 제1항 등 위헌소원(헌재 2003. 12. 18, 2002헌바14) : **헌법불합치**
대학교육기관의 교원은 당해 학교법인의 정관이 정하는 바에 따라 기간을 정하여 임면할 수 있다고 규정한 구 사립학교법 조항과 임용기간이 만료한 대학교원에 대한 재임용거부를 재심청구의 대상으로 명시하지 않은 교원지위향상을 위한 특별법 조항은 헌법에 합치하지 않는다.

판례 044
이라크전쟁파견동의안 의결 위헌확인(헌법재판소 2003. 12. 18, 2003헌마225) : **각하** ★★☆
국무회의의 이라크전쟁파병동의안 의결은 헌법재판소법 제68조 제1항 소정의 공권력의 행사에 해당하지 않는다.

판례 045
구 문화예술진흥법 제19조 제5항 등 위헌제청(헌재 2003. 12. 18, 2002헌가2) : **위헌** ★★☆
문예진흥기금 모금의 모금액·모금대행기관의 지정·모금수수료·모금방법 및 관련자료 기타 필요한 사항을 대통령령에 위임하는 것은 헌법 제75조상의 포괄위임입법금지의 원칙에 위배된다.

판례 046
형사소송법 제201조 제1항 위헌확인(헌재 2003. 12. 18, 2002헌마593) : **기각**
① 헌법상 명문규정과 각 명문규정들에 대한 종합적 검토 및 구체적인 논증 등을 통하여 도출될 수 있는 헌법원칙만이 위헌법률심판의 심사기준이 될 수 있다.
② 헌법 제12조 제1항은 '신체의 자유'에 관한 일반규정이고, 같은 조 제3항은 수사기관의 피의자에 대한 강제처분절차 등에 관한 특별규정이다.
③ 구속영장 재청구에 관련하여 검사로 하여금 판사에게 영장을 청구하도록 하고 판사가 구체적인 구속사유에 대하여 사전적 심사를 한 다음 그 영장의 발부 여부를 결정하도록 한 것은 헌법에 위반되지 않는다.

판례 047
구 국민의료보험법 제41조 제1항 등 위헌소원(헌재 2003. 12. 18, 2002헌바1) : **한정위헌** ★★☆
① 법률에 의하여 구체적으로 형성된 의료보험수급권은 재산권의 보장을 받는 공법상의 권리로서 헌법상의 사회적 기본권의 성격과 재산권의 성격을 아울러 지니고 있다.
② 보험급여 제한 사유에 고의와 중과실에 의한 범죄행위 이외에 경과실에 의한 범죄행위까지 포함되는 것으로 해석하는 것은 재산권, 의료보험수급권의 본질을 침해하는 것이다.

방송법 제74조 위헌소원(헌재 2003.12.18, 2002헌바49) : 합헌

① 방송의 자유는 주관적 권리로서의 성격과 함께 자유로운 의견형성이나 여론형성을 위해 필수적인 기능을 행하는 객관적 규범질서로서 제도적 보장의 성격을 함께 가진다.
② 협찬고지의 허용범위를 대통령령에 위임하고 있는 것은 헌법상 포괄위임입법금지의 원칙에 위배되지 않는다.
③ 형성법률에 대한 위헌성 판단은 기본권 제한의 한계 규정인 헌법 제37조 제2항에 따른 과잉금지 내지 비례의 원칙의 적용을 받는 것이 아니라, 그러한 형성법률이 그 재량의 한계인 자유민주주의 등 헌법상의 기본원리를 지키면서 방송의 자유의 실질적 보장에 기여하는지 여부에 따라 판단된다.

지방공무원법 제31조 제4호 등 위헌확인(헌재 2003.12.18, 2003헌마409) : 기각

금고 이상의 형의 집행유예를 받은 경우 지방공무원직에서 당연히 퇴직하는 것으로 규정한 것은 공무담임권, 평등권을 침해하지 않는다.

과다감사 위헌확인(헌재 2003.12.18, 2001헌마754) : 기각 ★★☆

① 행정청이 우월적 지위에서 일방적으로 강제하는 권력적 사실행위는 헌법소원의 대상이 되는 공권력의 행사에 해당한다.
② 행정소송의 대상이 되지 않는 권력적 사실행위는 법원에 의한 권리구제절차를 밟을 것을 기대하는 것이 곤란하므로 보충성의 원칙의 예외로서 소원의 제기가 가능하다.
③ 폐기물관련사업장에 대한 국가기관의 감독 주체를 다원화하고 감사의 횟수나 시기를 제한하지 않은 것은 과다감사 내지 중복감사의 근거가 되어 국민의 영업의 자유를 침해하는 것이 아니다.
④ 합헌적이고 정당한 법령에 따른 공권력의 행사라고 할지라도 그것이 본래의 목적을 벗어나 합리적 이유 없이 자의적으로 행사되거나, 기본권 주체에게 수인한도를 넘는 과중한 부담을 부과하거나 기본권의 본질적 부분을 침해함으로써 기본권 보장이 형해화된다면, 그러한 공권력 행사는 재량권을 일탈·남용한 것으로 위법할 뿐만 아니라 위헌적인 공권력 행사이다.

2004년도 헌법재판소 판례

판례 001 약사법 제37조 제4항 제4호 등 위헌소원(헌재 2004.1.29, 2001헌바30) : **합헌, 각하**
의료기관의 개설자에 대하여는 의약품도매상의 허가를 하지 않는 것은 헌법에 위반되지 않는다.

판례 002 정보통신망이용촉진 및 정보보호 등에 관한 법률 제42조 등 위헌확인(헌재 2004.1.29, 2001헌마894) : **기각, 각하** ★★☆
① 전기통신사업자의 전기통신역무를 이용하여 일반에게 공개를 목적으로 정보를 제공하는 자 중 청소년보호법상의 청소년유해매체물 제공자는 대통령령이 정하는 표시방법에 따라 청소년유해매체물임을 표시하도록 한 것은 헌법에 위반되지 않는다.
② 인터넷상의 청소년유해매체물 정보의 경우 18세 이용금지 표시 외에 추가로 '전자적 표시'를 하도록 하여 차단소프트웨어 설치시 동 정보를 볼 수 없게 한 것은 표현의 자유, 양심의 자유나 알권리 등을 침해한다고 할 수 없다.

판례 003 무작위 음주운전단속 위헌확인(헌재 2004.1.29, 2002헌마293) : **기각** ★★☆
도로를 차단하고 불특정 다수인을 상대로 실시하는 일제단속식 음주단속은 그 자체로는 도로교통법 제41조 제2항 전단에 근거를 둔 적법한 경찰작용이다.

판례 004 국가인권위원회법 제11조 위헌확인(헌재 2004.1.29, 2002헌마788) : **위헌** ★★☆
국가인권위원회의 인권위원은 퇴직 후 2년간 교육공무원이 아닌 공무원으로 임명되거나 공직선거 및 선거부정방지법(현행 : 공직선거법)에 의한 선거에 출마할 수 없도록 규정한 국가인권위원회법 제11조는 헌법에 위반된다.

판례 005 개발제한구역의 지정 및 관리에 관한 특별조치법 제11조 제1항 등 위헌소원(헌재 2004.2.26, 2001헌바80) : **합헌** ★★☆
① 개발제한구역 내에서 건축물의 건축 및 용도변경 등의 행위를 제한하는 것은 헌법에 위반되지 않는다.
② 건축법상 시정명령을 위반한 자에 대하여 그 이행을 강제하기 위해서 이행강제금을 부과하는 건축법 제83조 제1항은 헌법에 위반되지 않는다.

판례 006
지방교육자치에 관한 법률 제164조 위헌소원 등(헌재 2004. 2. 26, 2002헌바90) : **합헌**

100만 원 이상의 벌금형이 선고되면 공무담임을 제한하면서도, 선거범죄와 그 밖의 죄가 병합되어 재판받게 된 경우, 선거범죄에 대해 따로 그 형을 분리하여 선고하는 등의 규정을 두지 아니 한 지방교육자치에 관한 법률 제164조는 헌법에 위반되지 않는다.

판례 007
공직선거 및 선거부정방지법 제64조 제1항 등 위헌확인(헌재 2004. 2. 26, 2003헌마601) : **기각** ★★☆

① 투표용지에 표시되는 기호의 게재순위를 후보자등록마감일 현재 국회에서 다수의석을 가지고 있는 정당의 추천을 받은 후보자, 그렇지 않은 정당 추천 후보자, 무소속후보자순으로 하는 부분은 평등권을 침해하지 않는다.
② 정당이 국회에 교섭단체를 구성한 경우 정당별로 전국적으로 통일된 기호를 부여하도록 하는 해당 부분은 평등권을 침해하지 않는다.

판례 008
마약류관리에 관한 법률 제61조 제1항 제8호 위헌소원(헌재 2004. 2. 26, 2001헌바75) : **합헌**

① 대마초를 칸나비스사티바엘이라는 식물학상의 학명으로 표기한 마약류관리에 관한 법률 제2조 제5호는 죄형법정주의의 명확성원칙을 위반하지 않는다.
② 대마초 흡연행위를 향정신성의약품의 원료식물의 흡연행위와 같은 법정형으로 처벌하는 것은 헌법에 위반되지 않는다.

판례 009
정당법 제6조 제1호 등 위헌확인(헌재 2004. 3. 25, 2001헌마710) : **기각** ★★☆

초·중등학교의 교육공무원의 정당가입 및 선거운동을 금지하는 것은 헌법에 위반되지 않는다.

판례 010
형사소송법 제214조의2 제1항 위헌소원(헌재 2004. 3. 25, 2002헌바104) : **헌법불합치** ★★☆

① 체포·구속적부심사청구권을 규정한 헌법 제12조 제6항은 '체포·구속'의 방법으로 '신체의 자유'가 부당하게 침해되는 것을 사후적으로 구제하는 구체적인 절차적 기본권에 관한 입법형성의무를 부과하고 있다.
② 구속된 피의자가 적부심사청구권을 행사한 다음 검사가 전격기소를 한 경우, 법원으로부터 구속의 헌법적 정당성에 대하여 실질적 심사를 받고자 하는 청구인의 절차적 기회를 제한하는 결과를 가져오는 형사소송법 제214조의2 제1항은 헌법에 합치되지 않는다.

판례 011. 특정범죄가중처벌 등에 관한 법률 제2조 제1항 제1호 위헌소원(헌재 2004. 4. 29, 2003헌바118) : 합헌

뇌물죄의 가중처벌을 규정한 특정범죄가중처벌 등에 관한 법률 제2조 제1항 제1호가 수뢰액이 5천만 원 이상인 때에는 무기 또는 10년 이상의 징역에 처하도록 규정한 것은 살인죄와 비교하여 형벌체계상 균형을 잃었다고 할 정도로 과중하다고는 볼 수 없으며, 법관의 양형결정권을 침해하였다거나 법관독립의 원칙에 위배된다고 할 수 없고 법관에 의한 재판을 받을 권리를 침해하는 것이라고도 할 수 없다.

판례 012. 일반사병 이라크파병 위헌확인(헌재 2004. 4. 29, 2003헌마814) : 각하 ★★☆

① 외국에의 국군의 파견결정과 같이 성격상 외교 및 국방에 관련된 고도의 정치적 결단이 요구되는 사안은 가급적 존중되어야 한다.
② '대통령이 2003. 10. 18. 국군(일반사병)을 이라크에 파견하기로 한 결정'이 헌법에 위반되는지의 여부 등에 대한 판단은 대의기관인 대통령과 국회의 몫이고, 성질상 한정된 자료만을 가지고 있는 헌법재판소가 판단하는 것은 바람직하지 않다.

판례 013. 대통령(노무현) 탄핵(헌재 2004. 5. 14, 2004헌나1) : 기각 ★★☆

① 헌법재판소는 사법기관으로서 원칙적으로 탄핵소추기관인 국회의 탄핵소추의결서에 기재된 소추사유에 의하여 구속을 받는다. 따라서 헌법재판소는 탄핵소추의결서에 기재되지 아니한 소추사유를 판단의 대상으로 삼을 수 없다.
② 국회의 탄핵소추절차에 적법절차원칙을 직접 적용할 수는 없다.
③ 선거에 있어서의 정치적 중립성은 행정부와 사법부의 모든 공직자에게 해당하는 공무원의 기본적 의무이며, 대통령은 당연히 선거에서의 중립의무를 지는 공직자에 해당하고 공선법 제9조의 '공무원'에 포함된다.
④ 기자회견에서 특정정당을 지지한 대통령의 발언이 공무원의 정치적 중립의무에 위반된다.
⑤ 대통령이 국민 앞에서 현행법의 정당성과 규범력을 문제삼는 행위는 법치국가의 정신에 반하는 것이자, 헌법을 수호해야 할 의무를 위반한 것이다.
⑥ 국민투표의 본질상 '대표자에 대한 신임'은 국민투표의 대상이 될 수 없으며, 헌법상 허용되지 않는 재신임 국민투표를 국민들에게 제안한 것은 그 자체로서 헌법 제72조에 반하는 것으로 헌법을 실현하고 수호해야 할 대통령의 의무를 위반한 것이다.
⑦ 대통령의 직위를 보유하고 있는 상태에서 범한 법위반행위만이 탄핵소추사유가 될 수 있다.
⑧ 정치적 무능력이나 정책결정상의 잘못 등 직책수행의 성실성 여부는 그 자체로서 소추사유가 될 수 없어, 탄핵심판절차의 판단대상이 되지 않는다.

판례 014
학교보건법 제6조 제1항 제2호 등 위헌제청(헌재 2004. 5. 27, 2003헌가1) : **위헌, 헌법불합치** ★★☆

학교 정화구역 내에서의 극장시설 및 영업을 금지하고 있는 학교보건법 제6조 제1항 본문 제2호 중 유치원 및 초·중·고등학교의 정화구역 중 극장시설 및 영업을 금지하는 것은 헌법에 합치되지 않으며, 대학의 정화구역 안에서 극장시설을 금지하는 것은 헌법에 위반된다.

판례 015
성폭력범죄의 처벌 및 피해자보호 등에 관한 법률 제5조 제1항 위헌소원(헌재 2004. 6. 24, 2003헌바53) : **합헌**

죄질이 서로 다른 주거침입강간죄, 야간주거침입절도강간죄, 특수절도강간죄를 같은 법정형으로 처벌하는 것은 평등원칙에 위반되지 않는다.

판례 016
지목변경신청반려처분취소(헌재 2004. 6. 24, 2003헌마723) : **기각**

① 지목변경신청반려행위가 항고소송의 대상이 되는 처분행위에 해당한다는 변경된 대법원 판례에 따르면, 지목변경신청반려행위에 대하여 행정소송을 거치지 않고 제기된 헌법소원심판청구는 보충성의 요건을 흠결하여 각하되어야 한다.

② 지목변경신청반려행위의 처분성을 부인하던 종래의 대법원 판례가 변경되기 전에 제기된 지목변경신청반려행위에 대한 헌법소원심판청구의 경우, 변경된 대법원 판례에 따라 보충성의 요건을 판례변경 전까지 소급하여 엄격하게 적용하면 헌법재판소로서는 청구인의 청구를 각하해야 될 뿐만 아니라, 청구인이 별도로 제기할 지목변경신청반려행위의 취소를 구하는 행정소송에서도 그 청구는 제소기간 도과로 각하될 것이 분명하므로 청구인으로서는 지목변경신청반려행위에 대하여 더 이상 다툴 수 없게 되고, 따라서 청구인의 권리를 구제받을 길이 없게 된다. 이와 같이 종전의 대법원 판례를 신뢰하여 헌법소원의 방법으로 권리구제를 구하던 중 대법원 판례가 변경되고, 변경된 대법원 판례에 따를 경우 제소기간의 도과로 법원에 의한 권리구제를 받을 수 없게 되는 예외적인 경우라면, 그 이전에 미리 제기된 권리구제의 요청 즉, 청구인의 헌법소원심판청구는 헌법상 보장된 실질적인 재판청구권의 형해화를 막기 위하여 허용되어야 할 것이고, 이렇게 해석하는 것은 기본권 침해에 대한 마지막 구제수단으로서 허용된다는 보충성의 원칙에 어긋나는 것이 아니므로 보충성 요건의 흠결이 있다고 할 수 없다.

판례 017
먹는물관리법 제28조 제1항 위헌소원(헌재 2004. 7. 15, 2002헌바42) : **합헌** ★★☆

먹는샘물 수입판매업자에게 평균판매가액의 100분의 20의 범위 안에서 수질개선부담금을 부과하도록 하는 것은 헌법에 위반되지 않는다.

판례 018
기소유예처분취소(헌재 2004.7.15, 2003헌마878) : **인용(취소), 기각**

① 근로조건의 유지 또는 향상을 주된 목적으로 하지 않는 쟁의행위는 노동조합및노동관계조정법의 규제대상인 쟁의행위에 해당하지 않는다.

② 전교조 조합원들이 다수 조합원들과 함께 교육인적자원부(현행 : 교육부)가 추진하고 있는 교육행정정보시스템(NEIS) 반대집회에 참석하는 등의 쟁의행위는 직접적으로는 물론 간접적으로도 근로조건의 결정에 관한 주장을 관철할 목적으로 한 쟁의행위라고 볼 수 없어 노동조합및노동관계조정법의 적용대상인 쟁의행위에 해당하지 않으므로, 이에 대한 각 기소유예처분은 청구인들의 평등권 및 행복추구권을 침해한 것이다.

판례 019
행정심판법 제26조의2 위헌소원(헌재 2004.8.26, 2003헌바81) : **합헌** ★★☆

행정심판위원회에서 위원이 발언한 내용 기타 공개할 경우 위원회의 심리·의결의 공정성을 해할 우려가 있는 사항으로서 대통령령이 정하는 사항은 이를 공개하지 아니한다고 규정하고 있는 행정심판법 제26조의2는 정보공개청구권을 침해하지 않는다.

판례 020
국가인권위원회법 제30조 제1항 제1호 등 위헌확인(헌재 2004.8.26, 2002헌마302) : **기각** ★★☆

법원의 재판을 국가인권위원회에 진정할 수 있는 대상에서 제외하는 것은 헌법에 위반되지 않는다.

판례 021
국민건강증진법시행규칙 제7조 위헌확인(헌재 2004.8.26, 2003헌마457) : **기각** ★★☆

① 흡연권은 사생활의 자유를 실질적 핵으로 하는 것이고 혐연권은 사생활의 자유뿐만 아니라 생명권에까지 연결되는 것이므로 혐연권이 흡연권보다 상위의 기본권이므로, 흡연권은 혐연권을 침해하지 않는 한에서 인정되어야 한다.

② 금연구역의 지정에 관한 규정인 국민건강증진법시행규칙 제7조는 헌법에 위반되지 않는다.

신행정수도의 건설을 위한 특별조치법 위헌확인(헌재 2004.10.21, 2004헌마554) : 위헌
★★☆
① 신행정수도의건설을위한특별조치법에 의한 신행정수도의 이전은 곧 우리나라의 수도의 이전을 의미한다.
② 성문헌법이라고 하여도 그 속에 모든 헌법사항을 빠짐없이 완전히 규율하는 것은 불가능하고 또한 헌법은 국가의 기본법으로서 간결성과 함축성을 추구하기 때문에 형식적 헌법전에는 기재되지 아니한 사항이라도 이를 불문헌법 내지 관습헌법으로 인정할 소지가 있다.
③ 관습헌법도 성문헌법과 마찬가지로 주권자인 국민의 헌법적 결단의 의사의 표현이며 성문헌법과 동등한 효력을 가진다고 보아야 한다.
④ 관습헌법의 일반적 성립요건 : 관행 내지 관례의 존재, 반복·계속성, 항상성, 명료성, 국민적 합의
⑤ 관습헌법의 폐지와 사멸
　㉠ 관습헌법도 헌법의 일부로서 성문헌법의 경우와 동일한 효력을 가지기 때문에 그 법규범은 최소한 헌법 제130조에 의거한 헌법개정의 방법에 의하여만 개정될 수 있고, 이 경우 관습헌법규범은 헌법 전에 그에 상반하는 법규범을 첨가함에 의하여 폐지하게 되는 점에서, 헌법 전으로부터 관계되는 헌법조항을 삭제함으로써 폐지되는 성문헌법규범과는 구분된다.
　㉡ 관습헌법은 그것을 지탱하고 있는 국민적 합의성을 상실함에 의하여 법적 효력을 상실할 수 있다.
⑥ 우리나라와 같은 성문의 경성헌법 체제에서 인정되는 관습헌법사항은 하위규범형식인 법률에 의하여 개정될 수 없다.
⑦ 수도의 이전을 내용으로 하는 신행정수도의 건설을 위한 특별조치법이 우리나라의 수도가 서울이라는 우리 헌법체계상 자명하고 전제된 불문의 관습헌법사항을 헌법개정절차를 이행하지 않은 채 법률의 방식으로 변경한 것이어서 그 법률 전체가 청구인들을 포함한 국민의 헌법개정국민투표권을 침해하였으므로 헌법에 위반된다.

학교보건법 제6조 제1항 제11호 등 위헌소원(헌재 2004.10.28, 2002헌바41) : 합헌
학교환경위생정화구역 안에서 여관시설과 영업을 금지한 학교보건법 제6조 제1항 제11호(초등학교에 관한 부분에 한하여)와 이를 위반한 자를 처벌하는 학교보건법 제19조(초등학교에 관한 부분에 한하여)는 헌법에 위반되지 않는다.

판례 024 2002년도 국민기초생활보장최저생계비 위헌확인(헌재 2004.10.28, 2002헌마328) : 기각 ★★☆

보건복지부장관이 2002년도 최저생계비를 고시함에 있어 장애로 인한 추가지출비용을 반영한 별도의 최저생계비를 결정하지 않은 채 가구별 인원수만을 기준으로 최저생계비를 결정한 2002년도 최저생계비고시는 생활능력 없는 장애인가구 구성원의 인간의 존엄과 가치 및 행복추구권, 인간다운 생활을 할 권리, 평등권을 침해하였다고 볼 수 없다.

판례 025 지방공무원법 제62조 제1항 제3호 위헌소원(헌재 2004.11.25, 2002헌바8) : 합헌 ★★☆

지방자치단체의 직제가 폐지된 경우에 해당 공무원을 직권면직할 수 있도록 규정하고 있는 지방공무원법 제62조 제1항 제3호는 직업공무원제도를 위반하지 않는다.

판례 026 약사법 제55조 제2항 등 위헌소원(헌재 2004.11.25, 2003헌바104) : 합헌

의약품이 아닌 것에 대하여 의학적 효능·효과가 있는 것으로 오인될 우려가 있는 광고를 금지하는 것은 헌법에 위반되지 않는다.

판례 027 공인회계사법 제7조 제1항 등 위헌확인(헌재 2004.11.25, 2002헌마809) : 기각

공인회계사시험 합격인원을 대폭 증원하면서도 이들에 대한 실무수습기관의 지정을 법정화하지 않은 공인회계사법 제7조 제1항은 헌법에 위반되지 않는다.

판례 028 도로교통법 제78조 제1항 단서 위헌소원(헌재 2004.12.16, 2003헌바87) : 합헌 ★★☆

경찰관의 음주측정요구를 거부한 사람에 대하여 운전면허를 필요적으로 취소하도록 한 것은 헌법에 위반되지 않는다.

판례 029 지방자치법 제33조 제1항 제5호 위헌 확인(헌재 2004.12.16, 2002헌마333) : 기각 ★★☆

지방공사 직원의 지방의회의원 겸직을 금지하고 있는 지방자치법 제33조 제1항 5호는 헌법에 위반되지 않는다.

판례 030 공직선거 및 선거부정방지법 제16조 제3항 위헌확인(헌재 2004.12.16, 2004헌마376) : 기각

지방자치단체장의 피선거권 자격요건으로서 60일 이상 당해 지방자치단체의 관할구역 내에 주민등록이 되어 있을 것을 요구하는 공직선거 및 선거부정방지법(현, 공직선거법) 제16조 제3항은 헌법에 위반되지 않는다.

판례 031
정당법 제3조 등 위헌확인(헌재 2004.12.16. 2004헌마456) : **기각** ★★☆

① 헌법 제8조 제1항이 명시하는 정당설립의 자유는 정당조직 선택의 자유 및 정당조직의 자유를 포함하며, 또 헌법 제8조 제1항은 정당활동의 자유도 보장하고 있기 때문에 위 조항은 결국 정당설립의 자유, 정당조직의 자유, 정당활동의 자유 등을 포괄하는 정당의 자유를 보장하고 있다.
② 지구당 및 당연락소를 금지하는 정당법 제3조, 정당법 부칙 제5조, 제7조는 헌법에 위반되지 않는다.

판례 032
폭력행위 등 처벌에 관한 법률 제3조 제2항 위헌제청(헌재 2004.12.16. 2003헌가12) : **위헌** ★★☆

야간에 흉기 기타 위험한 물건을 휴대하여 협박의 죄를 범한 자를 5년 이상의 유기징역에 처하도록 규정한 폭력행위 등 처벌에 관한 법률 제3조 제2항 부분은 헌법에 위반된다.

🔍 협박상해한 자 : 5년 이상 유기징역은 합헌

판례 033
대한민국정부와 중화인민공화국정부 간의 마늘교역에 관한 합의서 등 위헌확인(헌재 2004.12.16. 2002헌마579) : **각하**

① 정부의 마늘교역에 관한 중국과의 합의 중 일정한 시기부터 한국의 민간기업이 자유롭게 수입할 수 있다고 한 내용부분은 마늘을 재배하는 농민들의 기본권침해의 가능성이 없다.
② 위와 같은 합의 내용을 국민에게 공개할 정부의 의무는 인정되지 않는다.

판례 034
상고심 절차에 관한 특례법 제5조 등 위헌소원(헌재 2004.12.16. 2003헌바105) : **합헌**

① 헌법 제27조 제1항이 보장하고 있는 재판청구권은 헌법이 특별히 달리 규정하고 있지 않는 한 법관에 의하여 사실적 측면과 법률적 측면의 한 차례의 심리검토의 기회는 적어도 보장되어야 함을 그 핵심적 내용으로 한다.
② 상소심에서 심판을 받을 권리를 헌법상 명문화한 규정이 없고 상소문제가 일반 법률에 맡겨진 우리 법제하에서 재판청구권에 모든 사건에 대해 상소심 절차에 의한 재판을 받을 권리까지도 당연히 포함된다고 할 수는 없고, 마찬가지로 재심청구권 역시 헌법 제27조에서 규정한 재판을 받을 권리에 당연히 포함된다고 할 수 없으며, 어떤 사유를 재심사유로 정하여 재심을 허용할 것인가는 입법자가 확정판결에 대한 법적 안정성, 재판의 신속·적정성, 법원의 업무부담 등을 고려하여 결정하여야 할 입법정책의 문제이다.
③ 재심사유를 한정적으로 규정하고 있는 민사소송법 제451조 제1항은 재판청구권과 평등권을 침해하지 않는다.

2005년도 헌법재판소 판례

대기환경보전법시행규칙 제8조 제1호 등 위헌확인(헌재 2005.2.3. 2003헌마544) : **기각**

대기환경보전법상 첨가제의 첨가비율을 1% 미만으로 하고 휘발유용 첨가제의 공급용기를 0.55ℓ 이하로 하도록 한 대기환경보전법시행규칙 제8조 제1호 등은 헌법에 위반되지 않는다.

음반·비디오물 및 게임물에 관한 법률 제27조 제2항 등 위헌확인(헌재 2005.2.3. 2003헌마930) : **기각**

일반게임장업에서 18세이용가 게임물의 설치비율을 제한함으로써 결과적으로 전체이용가 게임물의 설치를 일정비율 강제하고 있는 음반·비디오물 및 게임물에 관한 법률 제27조 제2항 및 전체이용가 게임물과 18세이용가 게임물을 구분하여 비치·관리하고, 18세이용가 게임물의 비치장소에는 청소년의 출입금지표시를 하도록 규정한 법 제32조 제4호는 게임장업자의 직업수행의 자유를 침해하지 않는다.

민법 제781조 제1항 본문 후단부분 위헌제청 등(헌재 2005.2.3. 2001헌가9) : **헌법불합치** ★★☆

① 가족제도에 관한 전통·전통문화란 적어도 그것이 가족제도에 관한 헌법이념인 개인의 존엄과 양성의 평등에 반하는 것이어서는 안 된다.
② 호주제는 혼인·가족생활을 어떻게 꾸려나갈 것인지에 관한 개인과 가족의 자율적 결정권을 존중하라는 헌법 제36조 제1항에 부합하지 않고, 현실적 가족공동체를 질곡하기도 하여 존치할 이유를 찾아보기 어렵다.

구 음반·비디오물 및 게임물에 관한 법률 제16조 제1항 등 위헌제청(헌재 2005.2.3. 2004헌가8) : **위헌** ★★☆

외국비디오물을 수입할 경우에 반드시 영상물등급위원회로부터 수입추천을 받도록 하는 것은 사전검열에 해당하여 위헌이다.

형사소송법 제221조의3 제1항 등 위헌소원(헌재 2005.2.3. 2003헌바1) : 합헌

① "치료감호시설에의 수용은 피치료감호자가 감호의 필요가 없을 정도로 치유되어 사회보호위원회의 치료감호의 종료결정을 받거나 가종료결정을 받을 때까지로 한다."라고 규정한 사회보호법 제9조 제2항이, 치료감호기간의 상한을 정하지 아니한 것은 과잉금지의 원칙에 위배되지 아니하므로 청구인의 신체의 자유를 침해하지 않는다.

② 위 사회보호법 제9조 제2항이 법관 아닌 사회보호위원회가 치료감호의 종료 여부를 결정하도록 한 것은 재판청구권을 침해하거나 적법절차의 원칙에 위반되지 않는다.

③ 위 사회보호법 제9조 제2항에서 "피치료감호자가 감호의 필요가 없을 정도로 치유되어"라고 규정한 부분은 명확성의 원칙에 위반되지 않는다.

주택건설촉진법 제3조 제8호 등 위헌소원(헌재 2005.2.24. 2001헌바71) : 합헌

① 전기간선시설의 설치비용을 설치방법에 상관없이 그 설치의무자에게 부담시키는 주택건설촉진법 제36조 제3항은 헌법에 위반되지 않는다.

② 전기간선시설의 구체적인 설치범위를 대통령령에 위임한 주택건설촉진법 제36조 제4항은 포괄위임입법금지원칙에 위배되지 않는다.

소득세법 제81조 제1항 위헌소원(헌재 2005.2.24. 2004헌바26) : 합헌

종합소득과세표준의 과소신고에 대하여 20%의 가산세를 부과하도록 규정한 소득세법 제81조 제1항 본문은 헌법에 위반되지 않는다.

국민건강보험법 제49조 제4호 위헌확인(헌재 2005.2.24. 2003헌마31) : 기각 ★★☆

교도소에 수용된 때에는 국민건강보험급여를 정지하도록 한 국민건강보험법 제49조 제4호는 헌법에 위반되지 않는다.

> 주의 교도소 수용된 때 기초생활보장대상 배제 : 합헌

행형법시행령 제145조 제2항 등 위헌확인(헌재 2005.2.24. 2003헌마289) : 위헌 ★★☆

행형법상 징벌의 일종인 금치처분을 받은 자에 대하여 금치기간 중 집필을 전면 금지한 행형법시행령 제145조 제2항 본문 중 "집필" 부분은 헌법에 위반된다.

판례 010
형사소송법 제457조의2 위헌제청 등(헌재 2005.3.31, 2004헌가27) : **합헌**

약식절차에서 피고인이 정식재판을 청구한 경우 약식명령보다 더 중한 형을 선고할 수 없도록 한 형사소송법 제457조의2는 헌법에 위반되지 않는다.

판례 011
구 의료법 제25조 제1항 등 위헌소원(헌재 2005.3.31, 2001헌바87) : **합헌**

① 의료인이 아닌 자의 의료행위를 금지한 것은 헌법에 위반되지 않는다.
② 의료인, 의료법인 등 일정한 자만 의료기관을 개설할 수 있도록 한 것은 헌법에 위반되지 않는다.

판례 012
근로기준법 제110조 위헌소원(헌재 2005.3.31, 2003헌바12) : **합헌**

근로기준법 제110조 중 '근로자에 대하여 정당한 이유없이 해고를 하여 근로기준법 제30조 제1항을 위반한 사용자는 5년 이하의 징역 또는 3,000만 원이하의 벌금에 처한다.'라는 부분은 헌법에 위반되지 않는다.

판례 013
민사집행법 제158조 등 위헌소원(헌재 2005.3.31, 2003헌바92) : **합헌** ★★☆

배당기일에 이의한 사람이 배당이의의 소의 첫 변론기일에 출석하지 아니한 때에는 소를 취하한 것으로 보도록 한 민사집행법 제158조는 헌법에 위반되지 않는다.

판례 014
한중국제결혼절차 위헌확인(헌재 2005.3.31, 2003헌마87) : **기각**

한국인과 결혼한 중국인 배우자가 한국에 입국하기 위하여 사증발급을 신청함에 있어 중국인 배우자와의 교제과정, 결혼하게 된 경위, 소개인과의 관계, 교제경비내역 등을 당해 한국인이 직접 기재한 서류를 제출할 것을 요구하는 주중국 대한민국대사의 조치는 헌법에 위반되지 않는다.

판례 015
도로교통법 제70조 제2항 제2호 위헌소원(헌재 2005.4.28, 2004헌바65) : **합헌**

도로교통법상 음주운전금지규정에 위반하여 사람을 사상한 후, 교통사고 사상자 구호의무 및 교통사고 신고의무를 이행하지 않음으로써 벌금 이상의 형을 선고받고, 운전면허가 취소된 사람은 운전면허가 취소된 날부터 5년간 운전면허를 받을 자격이 없다고 규정한 것은 헌법에 위반되지 않는다.

판례 016
공직선거 및 선거부정방지법 제16조 제2항 위헌확인(헌재 2005.4.28, 2004헌마219) : **기각**

국회의원의 피선거권 행사연령을 25세 이상의 국민으로 정한 것은 헌법에 위반되지 않는다.

판례 017
공익사업을 위한 토지 등의 취득 및 보상에 관한 법률 제91조 제1항 위헌제청(헌재 2005.5.26, 2004헌가10) : 합헌
① 재산권의 제한에 대하여는 재산권 행사의 대상이 되는 객체가 지닌 사회적인 연관성과 사회적 기능이 크면 클수록 입법자에 의한 보다 광범위한 제한이 허용되며, 한편 개별 재산권이 갖는 자유보장적 기능, 즉 국민 개개인의 자유실현의 물질적 바탕이 되는 정도가 강할수록 엄격한 심사가 이루어져야 한다.
② 협의취득 내지 수용 후 당해사업의 폐지나 변경이 있은 경우 환매권을 인정하는 대상으로 토지만을 규정한 것은 헌법에 위반되지 않는다.

판례 018
지방세법 제112조 제2항 위헌소원(헌재 2005.5.26, 2004헌바27) : 합헌
고급오락장에 대한 취득세를 중과세함에 있어 상속으로 인한 취득을 그 적용대상에서 제외하지 않고, 취득목적에 대한 고려 없이 취득세를 중과세하도록 한 것은 헌법에 위반되지 않는다.

판례 019
민법 제766조 제1항 위헌소원(헌재 2005.5.26, 2004헌바90) : 합헌
피해자나 그 법정대리인이 "피해 및 가해자"를 안 때에는 불법행위로 인한 손해배상청구권의 소멸시효기간을 단기 3년으로 정한 민법 제766조 제1항은 헌법에 위반되지 않는다.

판례 020
헌법 제29조 제2항 등 위헌소원(헌법재판소 2005.5.26, 2005헌바28) : 합헌, 각하 ★★☆
① 헌법의 개별규정에 대한 위헌심사는 허용될 수 없으므로, 헌법 제29조 제2항에 대한 부분은 이를 각하한다.
② 국가배상법 제2조 제1항 단서는 헌법 제29조 제1항에 의하여 보장되는 국가배상청구권을 헌법 내재적으로 제한하는 헌법 제29조 제2항에 직접 근거하고, 실질적으로 그 내용을 같이 하는 것이므로 헌법에 위반되지 않는다.

판례 021
주민등록법 제17조의8 등 위헌확인 등(헌재 2005.5.26, 99헌마513) : 기각 ★★☆
열 손가락의 회전지문과 평면지문을 날인하도록 하고, 경찰청장이 주민등록증발급신청서에 날인되어 있는 지문정보를 보관·전산화하고 이를 범죄수사목적에 이용하는 행위는 개인정보자기결정권을 침해하지 않는다.

판례 022

구 소득세법 제80조 등 위헌제청(헌재 2005.5.26, 2004헌가6) : 위헌
누진과세제도 하에서 혼인한 부부에게 조세부담의 증가를 초래하는 부부자산소득합산과세 규정은 헌법에 위반된다.

판례 023
수갑 및 포승 시용(施用) 위헌확인(헌재 2005.5.26, 2001헌마728) : **인용(위헌확인)**

검사조사실에서 조사를 받는 동안 계호교도관이 포승으로 피의자의 팔과 상반신을 묶고 양손에 수갑을 채운 상태에서 피의자조사를 받게 한 것은 청구인의 신체의 자유를 침해한 행위로서 위헌이다.

판례 024
구 외국환거래법 제27조 제1항 제8호 등 위헌소원(헌재 2005.6.30, 2003헌바114) : **합헌**
★★☆

① 외국환거래법에 의하여 신고를 하여야 하는 거래 또는 행위를 하고자 하는 거주자 또는 비거주자는 그 신고를 하지 않고는 당해 거래 또는 행위에 관한 지급을 해서는 안되고, 이를 위반하여 지급을 한 자에 대하여는 3년 이하의 징역 또는 2억 원 이하의 벌금에 처하도록 한 것은 명확성의 원칙에 위배되지 않는다.

② 외국환거래의 일방 당사자가 북한의 주민일 경우 그는 이 사건 법률조항의 '거주자' 또는 '비거주자'가 아니라 남북교류법의 '북한의 주민'에 해당하는 것이다. 그러므로 당해사건에서 아태위원회가 법 제15조 제3항에서 말하는 '거주자'나 '비거주자'에 해당하는지 또는 남북교류법상 '북한의 주민'에 해당하는지 여부는 법률해석의 문제에 불과한 것이고, 헌법 제3조의 영토조항과는 관련이 없다.

판례 025
구 초·중등교육법 제21조 제2항 별표 2 위헌소원(헌재 2005.6.30, 2004헌바21) : **합헌**

일반학교 교사들의 경우 무시험검정으로 특수학교 교사자격증을 취득할 수 있음에도 불구하고, 특수학교 교사들에게 무시험검정으로 교과과정별 다른 교사자격증취득을 허용하지 않는 것은 평등원칙에 반하지 않는다.

판례 026
공무원연금법 제43조의2 위헌소원(헌재 2005.6.30, 2004헌바42) : **합헌**

공무원의 연금급여를 전국소비자물가변동률에 따라 조정하도록 한 공무원연금법 제43조의2 제1항과 위와 같은 조정을 2000. 12. 31. 현재의 연금액을 기준으로 적용하도록 하는 같은 법 부칙 제9조 제1항은 헌법에 위반되지 않는다.

판례 027
뉴스통신진흥에 관한 법률 제10조 등 위헌확인(헌재 2005.6.30, 2003헌마841) : **기각** ★★☆

주식회사 연합뉴스를 국가기간뉴스통신사로 지정하고 이에 대하여 재정보조 등 지원방안을 규정한 뉴스통신진흥에 관한 법률 제10조 등은 헌법에 위반되지 않는다.

판례 028
개인정보수집 등 위헌확인(헌재 2005.7.21, 2003헌마282) : **기각** ★★☆

교육인적자원부(현행 : 교육부)장관 및 서울특별시교육감이 졸업생의 성명, 생년월일 및 졸업일자 정보를 교육정보시스템(NEIS)에 보유하는 행위는 졸업생의 개인정보자기결정권을 침해한다고 보기 어렵다.

판례 029
근로기준법 제36조 등 위헌소원(헌재 2005.9.29, 2002헌바11) : **합헌**

근로기준법 제36조 본문 중 퇴직금을 퇴직일로부터 14일 이내에 지급하도록 하는 부분 및 같은 법 제42조 제2항 본문 중 임금을 매월 1회 이상 정기에 지급하도록 하는 부분은 헌법에 위반되지 않는다.

판례 030
도로교통법 제107조의2 제1호 위헌소원(헌재 2005.9.29, 2003헌바94) : **합헌**

"운전이 금지되는 술에 취한 상태의 기준"을 대통령령에 위임하는 것은 포괄위임입법금지에 위배되지 않는다.

판례 031
공직선거 및 선거부정방지법 제59조 제1호 등 위헌소원(헌재 2005.9.29, 2004헌바52) : **합헌**

① 선거운동의 기간에 일정한 제한을 두는 것은 선거운동의 자유를 침해하지 않는다.
② 선거운동기간 전에 예비후보자를 위하여 선거운동을 할 수 있는 주체에 예비후보자의 배우자를 포함시키지 않은 것은 평등원칙에 위반되지 않는다.

판례 032
소방공무원법 제14조의2 제1항 등 위헌소원(헌재 2005.9.29, 2004헌바53) : **합헌** ★★☆

경찰공무원은 교육훈련 또는 직무수행 중 사망한 경우 국가유공자 등 예우 및 지원에 관한 법률상 순직군경으로 예우받을 수 있는 것과는 달리, 소방공무원은 화재진압, 구조·구급 업무수행 또는 이와 관련된 교육훈련 중 사망한 경우에 한하여 순직군경으로서 예우를 받을 수 있도록 하는 소방공무원법 제14조의2 제1항과 제2항은 헌법에 위반되지 않는다.

판례 033
의료법 제25조 제1항 위헌소원 등(헌재 2005.9.29, 2005헌바29) : **합헌**

무면허 의료행위를 일률적·전면적으로 금지하고 이에 위반할 경우 처벌하는 것은 헌법에 위반되지 않는다.

판례 034 지방공무원법 제61조 위헌확인(헌재 2005.9.29, 2003헌마127) : **기각**

법원의 판결에 의하여 자격이 정지된 자를 공무원직으로부터 당연퇴직하도록 하고 있는 지방공무원법 제61조 중 제31조 제6호는 헌법에 위반되지 않는다.

판례 035 지방공무원법 제58조 제1항 등 위헌소원(헌재 2005.10.27, 2003헌바50) : **합헌**

사실상 노무에 종사하는 공무원을 제외한 나머지 공무원의 노동운동과 공무 이외의 일을 위한 집단행위를 금지하는 것은 헌법에 위반되지 않는다.

판례 036 의료법 제69조 등 위헌제청(헌재 2005.10.27, 2003헌가3) : **위헌**

"특정의료기관이나 특정의료인의 기능·진료방법"에 관한 광고를 금지하고, 이를 위반시 300만 원 이하의 벌금에 처하도록 하는 것은 표현의 자유와 직업수행의 자유를 침해한 것이다.

판례 037 집회 및 시위에 관한 법률 제11조 제1호 위헌소원(헌재 2018.7.26, 2018헌바137) : **위헌** ★★☆

① 시위의 자유 또한 집회의 자유를 규정한 헌법 제21조 제1항에 의하여 보호되는 기본권이다.
② 장소선택의 자유는 집회·시위의 자유의 한 실질을 형성한다.
③ 각급법원의 경계지점으로부터 100미터 이내의 장소에서의 옥외집회나 시위를 금지한 집회 및 시위에 관한 법률 제11조 제1호 중 "각급법원" 부분은 헌법에 위반된다.

판례 038 마약류관리에 관한 법률 제61조 제1항 제7호 등 위헌소원(헌재 2005.11.24, 2005헌바46) : **합헌**

① 대마의 흡연행위를 향정신성의약품의 원료식물의 흡연행위와 같은 법정형으로 처벌하는 것은 행복추구권을 침해하는 것이 아니다.
② 술, 담배의 경우와 달리 대마의 수수 및 흡연을 범죄로 규정해 처벌하는 것은 평등의 원칙에 위반되지 않는다.

판례 039 노동조합 및 노동관계조정법 제81조 제2호 단서 위헌소원(헌재 2005.11.24, 2002헌바95) : **합헌** ★★☆

당해 사업장에 종사하는 근로자의 3분의 2 이상을 대표하는 노동조합의 경우 단체협약을 매개로 한 조직강제[이른바 유니언 샵(Union Shop) 협정의 체결]를 용인하는 것은 근로자의 단결권을 보장한 헌법 제33조 제1항에 위반되지 않는다.

판례 040
보건범죄단속에 관한 특별조치법 제5조 등 위헌소원(헌재 2005.11.24, 2003헌바95) : **합헌**
영리를 목적으로 한의사가 아닌 자가 한방 의료행위를 업으로 한 자를 처벌하는 것은 헌법에 위반되지 않는다.

판례 041
고등학교입학자격검정고시규칙 제15조 위헌확인(헌재 2005.11.24, 2003헌마173) : **기각**
중학교 졸업자에게는 졸업과 동시에 학력을 인정하면서 중학교에 상응하는 교육과정인 3년제 고등공민학교 졸업자에 대하여는 중학교 학력을 인정하지 않는 것은 평등원칙에 위반되지 않는다.

판례 042
도로교통법 제78조 제1항 단서 제5호 위헌제청(헌재 2005.11.24, 2004헌가28) : **위헌** ★☆☆
운전면허를 받은 사람이 자동차 등을 이용하여 범죄행위를 한 때에 반드시 운전면허를 취소하도록 하는 것은 헌법에 위반된다.

판례 043
신행정수도 후속대책을 위한 연기·공주지역 행정중심복합도시 건설을 위한 특별법 위헌확인(헌재 2005.11.24, 2005헌마579) : **각하** ★★☆
① 신행정수도 후속대책을 위해 신행정수도 후속대책을 위한 연기·공주지역 행정중심복합도시 건설을 위한 특별법에 의하여 연기·공주지역에 건설되는 행정중심복합도시가 수도로서의 지위를 획득한다고 볼 수는 없다.
② 국무총리의 권한과 위상은 기본적으로 지리적인 소재지와는 직접적으로 관련이 있다고 할 수 없다.
③ 특정의 국가정책에 대하여 다수의 국민들이 국민투표를 원하고 있음에도 불구하고 대통령이 이러한 희망과는 달리 국민투표에 회부하지 아니한다고 하여도 이를 헌법에 위반된다고 할 수 없고 국민에게 특정의 국가정책에 관하여 국민투표에 회부할 것을 요구할 권리가 인정된다고 할 수도 없다.

판례 044
공직선거 및 선거부정방지법 제265조 위헌확인(헌재 2005.12.22, 2005헌마19) : **기각**
배우자의 중대 선거범죄를 이유로 후보자의 당선을 무효로 하는 것은 연좌제에 해당하지 않으며, 헌법에 위반되지 않는다.

판례 045
재판취소 등(헌법재판소 2005.12.22, 2005헌마330) : **기각**
'헌법재판소는 이미 심판을 거친 동일한 사건에 대하여는 다시 심판할 수 없다.'라는 일사부재리에 관한 헌법재판소법 제39조는 헌법에 위반되지 않는다.

판례 046
민법 제781조 제1항 위헌제청(헌재 2005.12.22, 2003헌가5) : **헌법불합치** ★★☆
민법상 부성주의 자체는 헌법에 위반되지 않으나, 부성주의를 강요하는 것이 부당한 경우에 대해서도 예외를 규정하지 않은 것은 헌법에 합치되지 않는다.

판례 047
향토예비군설치법시행규칙 제10조 제3항 제5호 위헌확인(헌재 2005.12.22, 2004헌마947) : **위헌**
① 공무담임권의 보호영역에는 공직취임의 기회의 자의적인 배제뿐 아니라, 공무원 신분의 부당한 박탈도 포함되는 것이다.
② 향토예비군 지휘관이 금고 이상의 형의 선고유예를 받은 경우에 당연 해임되도록 규정하는 것은 공무담임권을 침해하는 것이다.

판례 048
주민투표법 제7조 제1항 등 위헌확인(헌법재판소 2005.12.22, 2004헌마530) : **각하**
주민투표권은 법률이 보장하는 권리일 뿐이지 헌법이 보장하는 기본권 또는 헌법상 제도적으로 보장되는 주관적 공권으로 볼 수 없다. 따라서 '지방자치단체의 폐치·분합 또는 구역변경'을 주민투표의 대상으로 규정하지 않은 주민투표법 제7조 제1항 및 제8조 제1항의 위헌확인을 구하는 헌법소원심판청구는 기본권의 침해 가능성이 인정될 수 없는 경우이어서 부적법하다.

2006년도 헌법재판소 판례

자연공원법 제11조 등 위헌소원(헌재 2006.1.26, 2005헌바18) : **합헌**
자연공원 중 자연환경지구에서의 건축행위 제한에 관한 규정과 자연공원의 출입제한 또는 금지에 관한 규정은 헌법에 위반되지 않는다.

국회의원과 국회의장 간의 권한쟁의(헌재 2006.2.23, 2005헌라6) : **기각**
국회의장이 방위사업청 신설을 내용으로 하는 의안을 복수차관제와 일부청의 차관급 격상을 내용으로 하는 정부조직법 개정안의 수정안으로 보고 처리한 것은 아무런 근거 없이 일방적으로 국회법을 해석하여 수정안의 범위에 대한 입장을 정한 것으로 볼 수 없다.

지방자치법 제87조 제1항 위헌확인(헌재 2006.2.23, 2005헌마403) : **기각** ★★☆
지방자치단체장의 계속 재임을 3기로 제한한 지방자치법 제87조 제1항은 헌법에 위반되지 않는다.

구 지방세법 제234조의15 제2항 제6호 위헌소원(헌재 2006.2.23, 2004헌바79) : **합헌**
① 종합토지세 분리과세 대상토지를 대통령령에 위임하는 것은 조세법률주의 및 포괄위임입법 금지원칙에 위반되지 않는다.
② 대통령령으로 규정한 내용이 헌법에 위반될 경우라도 그 대통령령의 규정이 위헌으로 되는 것은 별론으로 하고 그로 인하여 정당하고 적법하게 입법권을 위임한 수권법률조항까지 위헌으로 되는 것은 아니다.

국민감사청구기각결정취소(헌재 2006.2.23, 2004헌마414) : **기각** ★★☆
국민감사청구에 대한 감사원장의 기각결정은 헌법소원의 대상이 되는 공권력행사에 해당한다.

공익사업을 위한 토지 등의 취득 및 보상에 관한 법률시행령 제40조 제3항 제1호 위헌확인(헌재 2006.2.23, 2004헌마19) : **기각**
이주대책의 대상자에서 세입자를 제외하고 있는 것은 세입자의 재산권을 침해하지 않는다.

공중위생관리법 제17조 제1항 위헌확인(헌재 2006.2.23, 2004헌마597) : **기각**
숙박업자에게 매년 위생교육을 받을 의무를 부과하는 것은 헌법에 위반되지 않는다.

판례 008 ★★☆
국가유공자 등 예우 및 지원에 관한 법률(헌재 2006.2.23, 2004헌마675) : **헌법불합치**

취업보호실시기관의 채용시험에서 국가유공자의 가족에게 만점의 10퍼센트의 가산점을 부여하는 것은 헌법에 합치되지 않는다.

> 주의) 군필자 가산점 부여 : 위헌

판례 009 ★★☆
교원지위향상을 위한 특별법 제10조 제3항 위헌제청 등(헌재 2006.2.23, 2005헌가7) : **위헌**

① 재판절차가 국민에게 개설되어 있다 하더라도 절차적 규정들에 의하여 법원에의 접근이 합리적인 이유로 정당화될 수 없는 방법으로 어렵게 된다면 재판청구권은 사실상 형해화될 수 있다.
② 학교법인의 사립학교 교원에 대한 인사권의 행사로서 징계 등 불리한 처분은 사법적 법률행위로서의 성격을 가진다.
③ 재심결정에 대하여 교원에게만 행정소송을 제기할 수 있도록 하고 학교법인에게는 이를 금지한 것은 헌법에 위반된다.

판례 010
대한민국과 미합중국 간의 미합중국군대의 서울지역으로부터의 이전에 관한 협정 등(헌재 2006.2.23, 2005헌마268) : **각하**

미군기지의 이전은 헌법상 자기결정권의 보호범위에 포함된다고 볼 수 없으며, 미군기지의 이전의 내용을 담은 조약들은 평화적 생존권의 침해가능성이 있다고 볼 수 없다.

판례 011
구 토지초과이득세법 제26조 제1항 제1호 등 위헌제청(헌재 2006.3.30, 2003헌가11) : **합헌**

토지초과이득세 결정일로부터 유휴토지를 양도하는 경우에는 양도소득세에서 토지초과이득세액 100%를 전액 세액공제해 주면서도, 3년 후 6년 이내에 당해 토지를 양도하는 경우에는 양도소득세에서 토지초과이득세액 60%만 공제해 주고, 그 이후에는 전혀 세액공제는 해 주지 아니하고, 다만 이미 납부한 토지초과이득세액을 비용으로만 공제해 주는 것은 헌법에 위반되지 않는다.

판례 012
학교보건법 제6조 제1항 제11호 여관부분 위헌소원(헌재 2006.3.30, 2005헌바110) : **합헌**

초·중·고등학교 및 대학교 경계선으로부터 200미터 내로 설정된 학교환경위생정화구역 안에서 여관시설 및 영업행위를 금지하는 것은 헌법에 위반되지 않는다.

> 🔍 납골당·PC방·노래방 설치 제한 : 합헌

정당법 제25조 등 위헌확인(헌재 2006. 3. 30. 2004헌마246) : **기각** ★★☆
① 등록이 취소된 이후에도 '등록정당'에 준하는 '권리능력 없는 사단'으로서의 실질을 유지하고 있다고 볼 수 있다면 헌법소원의 청구인능력을 인정할 수 있다.
② 정당설립의 자유는 그 성질상 등록된 정당에게만 인정되는 기본권이 아니라 등록정당은 아니지만 권리능력 없는 사단의 실체를 가지고 있는 정당에게도 인정되는 기본권이라고 할 수 있다.
③ 정당의 자유는 개개인의 자유로운 정당설립 및 정당가입의 자유, 조직형식 내지 법형식 선택의 자유를 포함한다. 또한 정당설립의 자유는 설립에 대응하는 정당해산의 자유, 합당의 자유, 분당의 자유도 포함한다. 뿐만 아니라 정당설립의 자유는 개인이 정당 일반 또는 특정 정당에 가입하지 아니할 자유, 가입했던 정당으로부터 탈퇴할 자유 등 소극적 자유도 포함한다.
④ 정당의 등록요건으로 "5 이상의 시·도당과 각 시·도당 1,000명 이상의 당원"을 요구하는 것은 헌법에 위반되지 않는다.

국립사범대학졸업자 중 교원미임용자임용 등에 관한 특별법 제2조 등 위헌확인(헌재 2006. 3. 30. 2004헌마313) : **기각**
국립사범대학졸업자 국공립 중등교사우선임용에 관한 구 교육공무원법 제11조 제1항에 대한 위헌결정으로 우선임용되지 못한 자를 구제하는 국립사범대학졸업자 중 교원미임용자임용 등에 관한 특별법 제2조가 그 적용대상을 위헌결정 전에 이미 국립사범대학을 졸업한 자로 한정하여 군복무로 인하여 졸업이 늦어진 자가 제외되었더라도 이는 헌법에 위반되지 않는다.

한국철도공사법 부칙 제8조 제11항 위헌확인(헌재 2006. 3. 30. 2005헌마337) : **기각**
한국철도공사법 부칙 제8조 제11항이 공무원으로 의제되는 기간은 "근로기준법 제34조의 규정에 의한 퇴직금산정을 위한 계속근로연수에서 이를 제외한다."라고 한 것은 종전에 철도청에서 근무했던 한국철도공사 직원들의 기본권을 침해하지 않는다.

입법부작위 등 위헌확인(헌재 2006. 3. 30. 2003헌마806) : **각하**
① 헌법 전문의 '대한민국임시정부 법통의 계승' 또는 제2조 제2항의 '재외국민 보호의무' 규정이 중국동포와 같이 특수한 국적상황에 처해 있는 자들의 이중국적 해소 또는 국적선택을 위한 특별법의 제정 또는 조약체결의 헌법적 의무가 헌법의 명문규정상 또는 헌법해석상 대한민국 정부에 있다고 인정할 수 없다.
② 불법체류자인 중국동포들의 국적회복신청을 불허하고 있던 "중국동포국적업무처리지침(법무부예규)"은 사무처리준칙에 불과할 뿐, 헌법소원의 대상이 되는 공권력의 행사에 해당하지 않는다.

판례 017
아산시와 국토교통부장관 간의 권한쟁의(헌재 2006.3.30, 2003헌라2) : **각하**

① 지방자치단체의 권한에 부정적인 영향을 주어서 법적으로 문제되는 경우에는 사실행위나 내부적인 행위도 권한쟁의심판의 대상이 되는 처분에 해당하므로, 건설교통부(현행 : 국토교통부)장관이 경부고속철도 제4-1공구 역의 이름을 "천안아산역(온양온천)"으로 결정한 것은 권한쟁의심판의 대상이 되는 처분이다.

② 지방자치제도의 보장은 지방자치단체에 의한 자치행정을 일반적으로 보장한다는 것뿐이고 특정자치단체의 존속을 보장한다는 것은 아니므로, 지방자치단체에게 자신의 관할구역 내에 속하는 영토, 영해, 영공을 자유로이 관리하고 관할구역 내의 사람과 물건을 독점적, 배타적으로 지배할 수 있는 권리가 부여되어 있다고 할 수는 없다.

판례 018
폭력행위 등 처벌에 관한 법률 제3조 제1항 등 위헌소원(헌법재판소 2006.4.27, 2005헌바14) : **합헌**

흉기 기타 위험한 물건을 휴대하여 상해의 죄를 범한 자를 3년 이상의 유기징역에 처하도록 한 것은 헌법에 위반되지 않는다.

판례 019
폭력행위 등 처벌에 관한 법률 제3조 제2항 위헌소원 등(헌재 2006.4.27, 2005헌바36) : **합헌**

야간에 흉기 기타 위험한 물건을 휴대하여 상해죄를 범한 자에게 5년 이상의 유기징역에 처하도록 한 것은 헌법에 위반되지 않는다.

판례 020
부가가치세법 제22조 제5항 제1호 등 위헌소원(헌재 2006.4.27, 2005헌바54) : **합헌**

부당행위계산을 하였다가 과세관청에 의하여 부인당한 자에 대하여 부가가치세법 및 소득세법상의 가산세 조항에 따라 신고·납부불성실 가산세를 부담시키는 것은 헌법에 위반되지 않는다.

판례 021
의료법 제5조 위헌확인(헌재 2006.4.27, 2005헌마406) : **기각**

① 외국 치과대학 졸업자에게 국내면허취득을 위한 국가시험 응시자격으로 '예비시험의 합격'을 추가로 요구하는 것은 과잉금지원칙에 위배되지 않는다.

② 종전 의료법 조항에 따라 국가시험 응시자격이 부여되어 왔던 외국 치과대학 졸업자들에게 3년의 유예기간만을 부여하고, 이후에는 예비시험의 합격을 요구한 것은 신뢰보호원칙을 위배하지 않는다.

변호사법 제5조 제1호 위헌확인(헌재 2006.4.27. 2005헌마997) : **기각**

금고 이상의 형을 선고받고 그 집행이 종료되거나 그 집행을 받지 아니하기로 확정된 후 5년을 경과하지 아니한 자는 변호사가 될 수 없다고 규정한 변호사법 제5조 제1호는 헌법에 위반되지 않는다.

 교육공무원법 제24조 제4항 등 위헌확인(헌재 2006.4.27. 2005헌마1047) : **기각** ★★☆

① 대학의 자치의 주체를 기본적으로 대학으로 본다고 하더라도 교수나 교수회의 주체성이 부정된다고 볼 수는 없고, 가령 학문의 자유를 침해하는 대학의 장에 대한 관계에서는 교수나 교수회가 주체가 될 수 있고, 또한 국가에 의한 침해에 있어서는 대학 자체 외에도 대학 전 구성원이 자율성을 갖는 경우도 있을 것이므로 문제되는 경우에 따라서 대학, 교수, 교수회 모두가 단독, 혹은 중첩적으로 주체가 될 수 있다고 보아야 할 것이다.
② 교수나 교수회에게 대학총장 후보자 선출에 참여할 권리가 있고 이 권리는 대학의 자치의 본질적인 내용에 포함된다고 할 것이므로 결국 헌법상의 기본권으로 인정할 수 있다.
③ 대학의 장 후보자 선정의 방식으로 '대학의장임용추천위원회에서의 선정'을 규정한 교육공무원법 제24조 제4항은 간선제를 강요하여 대학의 자율을 침해하는 것이라 볼 수 없다.
④ 대학의 장 임기만료 후 3월 이내에 후보자를 추천하지 아니하는 경우 대학의 추천없이 대통령이 교육인적자원부(현행 : 교육부)장관의 제청을 받아 대학의 장을 임용하도록 한 교육공무원법 제24조 제6항은 대학의 자율을 침해하지 않는다.
⑤ 대학의 장 후보자 선정을 직접선거의 방법으로 실시하기로 해당 대학 교원의 합의가 있는 경우 그 선거관리를 선거관리위원회에 의무적으로 위탁시키는 교육공무원법 제24조의3 제1항은 대학의 자율의 본질적인 부분을 침해하였다고 볼 수 없다.

 대학교원기간임용제탈락자구제를 위한 특별법 위헌확인(헌재 2006.4.27. 2005헌마1119) : **위헌, 기각**

① 재임용 탈락 교원이 교원소청심사위원회의 재심 결정, 법원의 소송 등을 통하여 이미 재임용 탈락 결정의 적정성 여부를 다투었다 할지라도 이 법에 의한 재임용 재심사 청구가 가능하고, 퇴직·사망자의 재임용 재심사 청구도 가능하게 한 관련 구제규정은 헌법에 위반되지 않는다(기각).
② 재임용 탈락이 부당하였다는 위원회의 결정에 대하여 처분권자는 소송으로 다투지 못하도록 한 것은 헌법에 위반된다(위헌).

제주특별자치도의 설치 및 국제자유도시조성을 위한 특별법안 제15조 제1항 등 위헌확인(헌재 2006.4.27, 2005헌마1190) : **기각**

① 지방자치단체의 폐치·분합은 지방자치단체의 자치권의 침해문제와 더불어 그 주민의 헌법상 보장된 기본권의 침해문제도 발생시킬 수 있다.

② 헌법 제117조 제2항은 지방자치단체의 종류를 법률로 정하도록 규정하고 있을 뿐 지방자치단체의 종류 및 구조를 명시하고 있지 않으므로 이에 관한 사항은 기본적으로 입법자에게 위임된 것으로 볼 수 있다. 헌법상 지방자치제도보장의 핵심영역 내지 본질적 부분이 특정 지방자치단체의 존속을 보장하는 것이 아니며 지방자치단체에 의한 자치행정을 일반적으로 보장하는 것이므로, 현행법에 따른 지방자치단체의 중층구조 또는 지방자치단체로서 특별시·광역시 및 도와 함께 시·군 및 구를 계속하여 존속하도록 할지 여부는 결국 입법자의 입법형성권의 범위에 들어가는 것으로 보아야 한다. 같은 이유로 일정구역에 한하여 당해 지역 내의 지방자치단체인 시·군을 모두 폐지하여 중층구조를 단층화하는 것 역시 입법자의 선택범위에 들어가는 것이다.

③ 제주도의 지방자치단체인 시·군을 모두 폐지하는 것이 제주도민들의 참정권인 선거권과 공무담임권이 제한된다 하더라도 그것이 현저히 자의적이고 불합리하여 기본권 제한의 입법적 한계를 벗어난 것이라고 할 수 없다.

④ 자치단체의 폐지에 대한 이해관계자들의 참여 즉, 의견개진의 기회부여는 문제가 된 사항의 본질적 내용과 그 근거에 관하여 이해관계인에게 고지하고 그에 관한 의견의 진술기회를 부여함으로써 그 진술된 의견이 국회에 입법자료를 제공하는 기능을 하도록 하면 족하며, 입법자가 그 의견에 반드시 구속되는 것으로 볼 수는 없다. 따라서 제주도의 지방자치단체인 시·군을 폐지하는 입법을 위해 제주도 전체의 주민투표를 실시한 것이 제주도 전역에서 행해진 주민투표절차에 의하여 폐지되는 지방자치단체의 주민들의 청문권이 침해되었다고 볼 수 없다.

 입법부작위위헌확인(헌재 2006.4.27, 2005헌마968) : **각하**

대한민국정부와 미합중국정부 간의 범죄인인도조약에 의한 인도 절차 진행 중 미국 정부에 의해 구금된 기간을 판결 선고 전 구금일수로 산입할 수 있는 근거조항을 마련하지 아니한 입법부작위 위헌확인심판청구는 부적법하다.

 상공회의소법 제5조 제1항 위헌제청(헌재 2006.5.25, 2004헌가1) : **합헌** ★★☆

① 상공회의소는 공적인 역무를 수행하면서 공적 자금을 지원받는 법인이므로, 이 사건 법률조항에 의한 결사의 자유 제한이 과잉금지원칙에 위배되는지 판단할 때에는, 순수한 사적인 임의결사에 비해서 완화된 기준을 적용할 수 있다.

② 상공회의소가 설립될 수 있는 행정구역에서 광역시에 속해 있는 군을 제외하는 것은 상공회의소와 회원의 결사의 자유를 침해하지 않는다.

판례 028 국가공무원법 제73조의2 제1항 제4호 위헌소원(헌재 2006.5.25. 2004헌바12) : **합헌**

형사사건으로 기소된 국가공무원을 직위해제할 수 있도록 규정한 것은 헌법에 위반되지 않는다. 　주의　형사사건으로 기소된 국가공무원을 필요적 직위해제 : 위헌

판례 029 구 사립학교법 제53조의2 제3항 등 위헌소원(헌재 2006.5.25. 2004헌바72) : **합헌**

훈시규정으로 되어 있는 교원지위법 제3조 제2항 중 대학교원의 보수에 관한 부분은 헌법상 교원지위법정주의에 어긋나거나, 평등원칙에 위배되지 않는다.

판례 030 구 지방세법 제234조의9 제2항 제6호 위헌소원(헌재 2006.5.25. 2005헌바82) : **합헌**

도시개발법에 의하여 시행하는 환지방식에 의한 도시개발사업의 시행으로 사업계획 등이 정하는 목적을 위하여 환지계획에서 일정한 토지를 환지로 정하지 아니하고 보류지로 정한 경우에는 사업시행자를 종합토지세의 납세의무자로 정한 것은 헌법에 위반되지 않는다.

판례 031 도로교통법 제78조 제1항 제14호 위헌소원(헌재 2006.5.25. 2005헌바91) : **합헌** ★★☆

주취중 운전금지 규정을 3회 위반한 자는 필요적으로 운전면허를 취소하도록 한 것은 헌법에 위반되지 않는다.

판례 032 국가공무원법 제36조 등 위헌확인(헌재 2006.5.25. 2005헌마11) : **기각** ★★☆

9급 공개경쟁채용시험의 응시연령을 '28세까지'로 한 것은 헌법에 위반되지 않는다.

　주의　5급 국가고시 응시연령 만 32세 제한 : 위헌
　　　　경찰·소방공무원 응시연령 만 30세 이하 : 위헌

판례 033 병역의무 이행 관련 교원미임용자 채용에 관한 특별법 제2조 제1호 위헌확인(헌재 2006.5.25. 2005헌마715) : **기각**

헌법재판소의 국립사범대학출신자 우선임용규정에 대한 위헌결정으로 교원에 임용되지 못한 자들 중 특히 병역의무 이행으로 인하여 입학연도가 같은 자보다 졸업이 늦어져서 교사임용후보자명부에 후순위로 등재됨으로써 임용되지 않은 자들을 별도로 구제함에 있어 위헌결정 당시 국립사범대학 재학생들을 제외한 것은 평등권을 침해하지 않는다.

판례 034 영어문자버스운행처분취소(헌재 2006.5.25. 2004헌마744) : **각하**

① 공권력 작용의 직접적인 상대방이 아닌 제3자라고 하더라도 공권력 작용이 그 제3자의 기본권을 직접적이고 법적으로 침해하고 있는 경우에는 그 제3자에게 자기관련성이 인정될 수 있다.
② 서울특별시장이 버스운송사업자들에게 버스 외관에 알파벳 영어문자 도색을 하여 운행하도록 한 권고 조치는 기본권 침해의 자기관련성을 인정할 수 없다.

입법부작위 등 위헌확인(헌재 2006.5.25, 2005헌마362) : 각하

공립중등학교 교사임용후보자 선정경쟁시험에서 양성평등채용목표제를 실시하는 법률을 제정할 것을 입법자에게 입법위임을 하는 그러한 규정은 우리 헌법에서 찾아볼 수 없으므로, 양성평등채용목표제를 실시하는 절차를 두고 있지 않은 진정입법부작위에 대한 심판청구는 부적법하다.

신문법·언론중재법 사건(헌재 2006.6.29, 2005헌마165등) : 일부위헌, 일부불합치, 일부기각, 일부각하 ★★☆

① 일간신문이 뉴스통신이나 일정한 방송사업을 겸영하는 것을 금지하는 신문법 제15조 제2항은 헌법에 위반되지 않는다. 🔵 개정 신문과 방송겸영 인정 2009. 7.

② 신문법 제15조 제3항이 일간신문의 지배주주가 뉴스통신 법인의 주식 또는 지분의 2분의1 이상을 취득 또는 소유하지 못하도록 함으로써 이종 미디어 간의 결합을 규제하는 것에서 나아가 일간신문의 지배주주에 의한 신문의 복수소유를 일률적으로 금지하는 것은 헌법에 합치되지 않는다.

③ 일간신문의 전체 발행부수 등 신문사의 경영자료를 신고·공개하도록 규정한 것은 헌법에 위반되지 않는다.

④ 1개 일간신문사의 시장점유율 30%, 3개 일간신문사의 시장점유율 60% 이상인 자를 시장지배적사업자로 추정하는 신문법 제17조는 신문사업자를 일반사업자에 비하여 더 쉽게 시장지배적사업자로 추정되도록 규정하고 있어 신문사업자들의 신문의 자유와 평등권을 침해하여 위헌이다.

⑤ 시장지배적사업자를 신문발전기금의 지원대상에서 배제한 것은 신문사업자들의 평등권을 침해한다.

⑥ 일간신문사에 고충처리인을 두고 그 활동사항을 매년 공표하도록 규정한 것은 헌법에 위반되지 않는다.

⑦ 정정보도청구의 요건으로 언론사의 고의·과실이나 위법성을 요하지 않도록 규정한 것은 헌법에 위반되지 않는다.

⑧ 정정보도청구의 소를 민사집행법상 가처분절차에 의하여 재판하도록 한 것은 신문사업자들의 공정한 재판을 받을 권리와 언론의 자유를 침해하는 것이다.

⑨ 언론중재법 시행 전의 언론보도로 인한 정정보도청구에 대하여도 언론중재법을 적용하도록 한 것은 이미 종결된 과거의 법률관계를 소급하여 새로이 규율하는 것이기 때문에 소위 진정 소급입법에 해당한다. 진정 소급입법은 헌법적으로 허용되지 않는 것이 원칙이고 이를 예외적으로 허용할 특단의 사정도 인정되지 않으므로 헌법에 위반된다.

판례 037 교육공무원법 제11조의2 [별표 2] 제3호 등 위헌제청(헌재 2006.6.29, 2005헌가13) : **합헌**
복수전공 및 부전공 교원자격증소지자에게 가산점을 부여하는 것은 헌법에 위반되지 않는다.

판례 038 항문 내 검사 위헌확인(헌재 2006.6.29, 2004헌마826) : **기각** ★★☆
교도관이 마약류사범에게 검사의 취지와 방법을 설명하고 반입금지품을 제출하도록 안내한 후 외부와 차단된 검사실에서 같은 성별의 교도관 앞에 돌아서서 하의속옷을 내린 채 상체를 숙이고 양손으로 둔부를 벌려 항문을 보이는 방법으로 실시한 정밀신체검사는 과잉금지원칙에 위배되지 않는다.

판례 039 독립유공자예우에 관한 법률 제16조 등 위헌확인(헌재 2006.6.29, 2005헌마44) : **기각**
국·공립학교 채용시험의 동점자처리에서 국가유공자 등 및 그 유족·가족에게 우선권을 주는 것은 헌법에 위반되지 않는다.

판례 040 국회법 제123조 제1항 등 위헌확인(헌재 2006.6.29, 2005헌마604) : **기각**
국회에 청원을 할 때 의원의 소개를 얻어 청원서를 제출하도록 한 국회법 제123조 제1항은 국회에 청원을 하려는 자의 청원권을 침해하지 않는다.
🔍 국회법 개정 : 5만 명 이상 동의 시는 국민청원할 수 있으므로 의원 소개 없이도 가능하다.

판례 041 성매매알선 등 행위의 처벌에 관한 법률 제2조 제1항 제2호 다목 위헌확인(헌재 2006.6.29, 2005헌마1167) : **기각** ★★☆
성매매에 제공되는 사실을 알면서 건물을 제공하는 행위를 성매매알선 등 행위로 규정하는 것은 집창촌에서 건물을 소유하거나 그 관리권한을 가지고 있는 자의 재산권을 침해하지 않는다.

판례 042 공직선거 및 선거부정방지법 제53조 제3항 위헌확인(헌재 2006.7.27, 2003헌마758) : **기각**
지방자치단체의 장이 당해 지방자치단체의 관할구역과 같거나 겹치는 선거구역에서 실시되는 지역구 국회의원선거에 입후보하고자 하는 경우 당해 선거의 '선거일 전 120일까지' 그 직을 사퇴하도록 한 것은 단체장의 평등권과 공무담임권을 침해하지 않는다.

판례 043 공직선거 및 선거부정방지법 제33조 제1항 제2호 등 위헌확인(헌재 2006.7.27, 2004헌마217) : **기각**
지역구국회의원후보자에게는 허용하는 선거운동방법을 비례대표국회의원후보자에게는 허용하지 않는 것은 헌법에 위반되지 않는다.

판례 044
정치자금에 관한 법률 제18조 위헌확인(헌재 2006.7.27, 2004헌마655) : **기각** ★★☆
정당에 보조금을 배분함에 있어 교섭단체의 구성 여부에 따라 차등을 두는 구 정치자금에관한법률 규정은 평등원칙에 위반되지 않는다.

판례 045
외국인 전용 카지노업 신규허가계획 위헌확인(헌재 2006.7.27, 2004헌마924) : **기각**
① 신규카지노업 허가에 앞서 문화관광부(현행 : 문화체육관광부)장관이 공고한 '외국인전용 신규카지노업 허가계획'은 대외적인 구속력을 지니므로 형식에 불구하고 법규명령의 기능을 한다. 그리고 이러한 법규명령의 기능을 하는 공고에 관하여는 항고소송이 허용되는지가 명확하지 않으므로 직접 헌법소원심판청구를 할 수 있다.
② 외국인전용 신규카지노업 허가계획에서 허가대상기관을 한국관광공사로 한정한 것은 헌법에 위반되지 않는다.

판례 046

소변강제채취 위헌확인(헌재 2006.7.27, 2005헌마277) : **기각** ★★☆
마약류 관련 수형자에 대하여 마약류반응검사를 위하여 소변을 받아 제출하게 한 것은 영장주의에 반하지 않으며, 일반적인 행동자유권과 신체의 자유를 침해하지도 않는다.

판례 047
광양시 등과 순천시 등 간의 권한쟁의(헌재 2006.8.31, 2003헌라1) : **인용(무효확인), 인용(권한확인), 기각, 각하** ★★☆
① 지방자치단체의 장은 원칙적으로 권한쟁의 심판청구의 당사자가 될 수 없다. 다만 지방자치단체의 장이 국가위임 사무에 대해 국가기관의 지위에서 처분을 행한 경우에는 권한쟁의 심판청구의 당사자가 될 수 있다.
② 지방자치단체의 구역은 주민·자치권과 함께 지방자치단체의 구성요소로서 자치권을 행사할 수 있는 장소적 범위를 말하며, 자치권이 미치는 관할 구역의 범위에는 육지는 물론 바다도 포함되므로, 공유수면에 대한 지방자치단체의 자치권한이 존재한다.

판례 048

음반·비디오물 및 게임물에 관한 법률 제35조 제1항 등 위헌제청(헌재 2006.10.26, 2005헌가14) : **위헌** ★★☆
① 외국음반의 국내제작도 의사형성적 작용이라는 관점에서 당연히 의사의 표현·전파 형식의 하나에 해당한다고 할 수 있으므로 역시 언론·출판의 자유의 보호범위 내에 있다.
② 검열금지의 원칙은 모든 형태의 사전적인 규제를 금지하는 것이 아니고, 단지 의사표현의 발표 여부가 오로지 행정권의 허가에 달려있는 사전심사만을 금지하는 것을 뜻한다.
③ 영상물등급위원회에 의한 외국음반 국내제작 추천제도는 사전검열에 해당하여 헌법에 위반된다.

판례 049 공익사업을 위한 토지 등의 취득 및 보상에 관한 법률 제91조 제1항 위헌제청(헌재 2006. 11. 30, 2005헌가20) : 합헌

환매권의 행사에 있어 환매대금의 선이행의무를 규정하고 있는 것은 비례의 원칙에 어긋나게 환매권자의 재산권을 침해한다고 볼 수 없다.

판례 050 정부출연연구기관 등의 설립·운영 및 육성에 관한 법률 제33조 위헌소원(헌재 2006. 11. 30, 2004헌바86) : 합헌 ★★☆

① 형법상 뇌물죄의 적용에 있어 공무원으로 의제되는 정부출연연구기관의 '직원'의 범위를 대통령령에 위임한 것은 죄형법정주의 위반이라 볼 수는 없다.
② 정부출연연구기관의 대통령령이 정하는 직원을 형법상 뇌물죄의 적용에 있어 공무원으로 의제하는 것은 과잉처벌에 해당한다고는 할 수 없다.

판례 051 음반·비디오물 및 게임물에 관한 법률 제32조 제7호 등 위헌확인(헌재 2006. 11. 30, 2004헌마431) : 기각

노래연습장업자가 주류의 판매·제공하는 행위를 금지하고, 영업장 안에 주류를 보관하거나 고객이 주류를 반입하는 행위를 묵인할 수 없도록 한 것은 헌법에 위반되지 않는다.

판례 052 북한 한의사 자격 불인정 위헌확인(헌재 2006. 11. 30, 2006헌마679) : 각하 ★★☆

① 북한에서 취득한 동의사 자격을 대한민국의 한의사 자격으로 인정할 것을 요구하는 취지의 민원에 대하여 보건복지부장관과 국회 보건복지위원장이 한 회신은 공권력의 행사에 해당하지 않는다.
② 탈북의료인에게 국내 의료면허를 부여하는 입법을 하지 아니한 부작위의 위헌확인을 구하는 헌법소원심판청구는 부적법하다.

판례 053 전투경찰대설치법 제9조 제1항 본문 위헌제청(헌재 2006. 12. 28, 2006헌가12) : 합헌

전경이 근무를 기피할 목적으로 근무지를 이탈하거나 상당한 기간 내에 복귀하지 않은 경우 3년 이상 10년 이하의 징역에 처하도록 한 것은 헌법에 위반되지 않는다.

판례 054 교원의 노동조합설립 및 운영 등에 관한 법률 제6조 제1항 위헌소원(헌재 2006. 12. 28, 2004헌바67) : 합헌

사립학교의 설립·경영자들은 교원노조와 개별적으로 단체교섭을 할 수 없고 반드시 연합하여 단체교섭에 응하도록 규정한 것은 헌법에 위반되지 않는다.

판례 055
공직선거 및 선거부정방지법 제112조 위헌소원(헌재 2006. 12. 28. 2005헌바23) : **합헌**

공직선거후보자와 그 배우자는 기부행위 제한기간 중 당해 선거에 관한 여부를 불문하고 일체의 기부행위가 금지되는데, 이러한 기부행위 중 '입당을 권유하는 대가를 제공하는 행위'라는 규정은 정당설립의 자유를 침해하지 않는다.

판례 056
특정범죄가중처벌 등에 관한 법률 제2조 제1항 제1호 위헌소원(헌재 2006. 12. 28. 2005헌바35) : **합헌**

뇌물죄에 대한 가중처벌 중 수뢰액이 5천만 원 이상인 때에는 무기 또는 10년 이상의 징역에 처하도록 한 것은 헌법에 위반되지 않는다.

판례 057
조세특례제한법 제2조 제3항 위헌소원(헌재 2006. 12. 28. 2005헌바59) : **합헌**

① 법률이 행정규칙에 위임하는 것은 허용되며, 다만 재산권 등과 같은 기본권을 제한하는 작용을 하는 법률이 입법위임을 할 때에는 대통령령, 총리령, 부령 등 법규명령에 위임함이 바람직하고, 고시와 같은 형식으로 입법위임을 할 때에는 법령이 전문적·기술적 사항이나 경미한 사항으로서 업무의 성질상 위임이 불가피한 사항에 한정된다 할 것이고, 그러한 사항이라 하더라도 포괄위임금지의 원칙상 법률의 위임은 반드시 구체적·개별적으로 한정된 사항에 대하여 행하여져야 한다.
② 조세감면의 대상이 되는 업종의 분류를 통계청장이 고시하는 한국표준산업분류에 위임한 것은 조세법률주의 또는 포괄위임입법금지원칙에 위배되지 않는다.

판례 058
성폭력범죄의 처벌 및 피해자보호 등에 관한 법률 제5조 위헌소원(헌재 2006. 12. 28. 2005헌바85) : **합헌**

주거침입의 죄를 범한 자가 강제추행의 죄를 범한 때에는 무기 또는 5년 이상의 징역에 처하도록 하여 가중처벌 하는 것은 헌법에 위반되지 않는다.

판례 059
여객자동차운수사업법 제76조 제1항 제4호 위헌소원(헌재 2006. 12. 28. 2005헌바87) : **합헌**

부정한 방법으로 자동차대여사업 등록을 한 경우 필요적으로 등록을 취소하도록 규정한 것은 직업선택의 자유를 침해하지 않는다.

판례 060
구 공공용지의취득 및 손실보상에 관한 특례법 시행규칙 제27조의2 제4항 위헌확인(헌재 2006. 12. 28. 2004헌마38) : **각하**

① 공공용지의취득 및 손실보상에 관한 특례법상의 협의취득의 법적 성질은 사법상의 매매계약과 다를 것이 없다.
② 협의취득에 있어서 사업시행자가 지급할 이주정착금액을 정하고 있는 규정에 대한 헌법소원을 청구하는 것은 부적법하다.

집회및시위에 관한 법률 제6조 제1항 등 위헌확인(헌재 2006.12.28. 2004헌마229) : **각하**
① 헌법재판소법 제68조 제1항의 헌법소원제도는 공권력작용으로 인하여 헌법상의 권리를 침해받은 자가 그 권리를 구제받기 위하여 심판을 구하는 이른바 주관적 권리구제절차라는 점을 본질적 요소로 하고 있는 것으로, 청구인의 구체적인 기본권침해와 무관하게 법률 등 공권력이 헌법에 합치하는지 여부를 심판하고 통제하는 절차가 아니다.
② 옥외집회 또는 시위를 주최하고자 하는 자는 신고서를 옥외집회 또는 시위의 720시간 전부터 48시간 전에 관할 경찰서장에게 제출하도록 한 집시법 제6조 제1항 중 '720시간 전부터'에 관한 헌법소원심판은 기본권침해의 자기관련성, 현재성이 인정되지 않아 부적법하다.

혁신도시 최종입지 공표행위 위헌확인(헌재 2006.12.28. 2006헌마312) : **각하** ★★☆
① 지방자치단체는 기본권의 주체가 될 수 없으므로 헌법재판소법 제68조 제1항 헌법소원을 청구할 수 없다.
② 강원도지사가 혁신도시 입지로 원주시를 선정한 것에 대하여 춘천시 시민들이 청구한 헌법소원심판청구는 기본권 침해의 가능성 내지 자기관련성이 없어 부적법하다.

2007년도 헌법재판소 판례

판례 001 **공직선거 및 선거부정방지법 제255조 제2항 제5호 등 위헌소원**(헌재 2007.1.17, 2004헌바82) **: 합헌**
선거전 탈법방법에 의한 문서·도화의 게시·배부 등을 금지하고 이에 위반한 자를 처벌하는 것은 헌법에 위반되지 않는다.

판례 002 **국가공무원법 제16조 제2항 등 위헌소원**(헌재 2007.1.17, 2005헌바86) **: 합헌**
교원에 대한 징계처분에 관하여 재심청구를 거치지 아니하고서는 행정소송을 제기할 수 없도록 한 것은 헌법에 위반되지 않는다.

판례 003 **도로교통법 제58조 위헌확인**(헌재 2007.1.17, 2005헌마1111) **: 합헌**
긴급자동차를 제외한 이륜자동차와 원동기장치자전거에 대하여 고속도로 또는 자동차전용도로의 통행을 금지하고 있는 것은 헌법에 위반되지 않는다.

판례 004 **자원의절약과 재활용촉진에 관한 법률시행령 제5조 등 위헌확인**(헌재 2007.2.22, 2003헌마428) **: 기각 ★★☆**
① 행정규제개혁위원회의 권고결정에 대하여 환경부장관은 이에 따라야 할 작위의무를 지지 않으며, 환경부장관이 권고결정에 따라 이행하지 않았더라도 이는 공권력의 불행사에 해당한다고 할 수 없다.
② 도시락 판매나 배달 등의 경우에 합성수지 재질의 포장용기의 사용을 금지하는 것은 헌법에 위반되지 않는다.

판례 005 **제2국민역편입처분 부결결정 취소**(헌재 2007.2.22, 2005헌마548) **: 기각**
공익근무요원에 관한 병역법 시행령 제136조가 현역병의 경우와 달리 징역 1년 6월 미만의 실형을 받은 경우 심사를 거쳐 제2국민역에 편입할 수 있는 내용을 포함하지 않은 것은 평등권을 침해하였다고 볼 수 없다.

판례 006 **보건범죄단속에 관한 특별조치법 제5조 위헌소원**(헌재 2007.3.29, 2003헌바15) **: 합헌**
영리 목적의 무면허의료행위에 대하여 2년 이상의 징역에 100만 원 이상 1천만 원 이하의 벌금형을 병과하도록 한 것은 헌법에 위반되지 않는다.

판례 007 국가유공자 등 예우 및 지원에 관한 법률 제16조의2 제1항 위헌확인(헌재 2007.3.29, 2004헌마207) : 기각

무공수훈자 중 60세 이상의 자에 대하여만 무공영예수당을 지급하도록 규정한 것은 평등권과 행복추구권을 침해하지 않는다.

판례 008 초·중등교육법 제31조 제2항 위헌확인(헌재 2007.3.29, 2005헌마1144) : 기각

① 학교운영위원의 지위는 무보수 봉사직의 성격을 가지므로 헌법상 보호되는 피선거권의 대상으로서의 공무원으로 보기 어렵고, 직업선택의 자유와 관련되는 것이 아니다.
② 공립학교 학교운영위원회를 당해 학교의 교원대표·학부모대표 및 지역사회 인사로 구성하도록 하여 일반 행정직원대표 입후보를 배제하는 것은 헌법에 위반되지 않는다.

판례 009 공무원연금법 제64조 제1항 제1호 위헌소원(헌재 2007.3.29, 2005헌바33) : 헌법불합치

공무원 또는 공무원이었던 자가 재직중의 사유로 금고 이상의 형을 받은 때에는 대통령령이 정하는 바에 의하여 퇴직급여 및 퇴직수당의 일부를 감액하여 지급하도록 한 것은 헌법에 합치되지 않는다.

판례 010 사법시험법시행령 제4조 제3항 등 위헌확인 등(헌재 2007.4.26, 2003헌마947) : 기각
★★☆

① 사법시험 제1차시험에 응시함에 있어 어학과목을 영어로 한정하고 다른 시험에서 일정 수준의 합격점수를 얻도록 요구하는 것은 헌법에 위반되지 않는다.
② 35학점 이상의 법학과목을 이수한 자에 한하여 사법시험응시자격을 부여하는 것은 헌법에 위반되지 않는다.

판례 011 화장품법 제14조 제1항 중 보관 부분 위헌제청(헌재 2007.4.26, 2006헌가2) : 합헌

가격의 기재·표시를 하지 아니한 화장품을 판매의 목적으로 보관할 수 없도록 한 것은 헌법에 위반되지 않는다.
🔍 사법시험폐지 : 합헌

판례 012 국민건강보험법 제63조 제4항 등 위헌소원(헌재 2007.4.26, 2005헌바51) : 합헌

① 법률의 시행령은 헌법재판소법 제68조 제2항의 규정에 의한 헌법소원심판청구 대상이 될 수 없다.
② 보수가 지급되지 아니하는 사용자의 표준보수월액의 산정 등에 관하여 필요한 사항은 대통령령으로 정하도록 한 것은 조세법률주의 및 포괄위임입법금지원칙에 위배되지 않는다.

판례 013 | 사립학교법 제60조의3 위헌확인(헌재 2007. 4. 26. 2003헌마533) : 기각

① 사립학교법상 명예퇴직수당은 교원이 정년까지 근무할 경우에 받게 될 장래 임금의 보전이나 퇴직 이후의 생활안정을 보장하는 사회보장적 급여가 아니라 장기근속 교원의 조기 퇴직을 유도하기 위한 특별장려금이라고 할 것이다.
② 교원의 신분과 정년뿐만 아니라 명예퇴직수당의 지급 여부도 교육의 목표, 교원의 수급균형, 사회경제적 여건을 종합적으로 고려하여 입법자가 결정할 입법정책에 속한다.
③ 사립학교 교·직원 가운데 교원에 대하여만 명예퇴직수당의 지급에 관한 근거를 법률에 두고 사무직원에 대하여는 법률에 근거를 두지 아니한 것은 헌법 제11조의 평등의 원칙에 위배되지 않는다.

판례 014 | 개발제한구역의 지정 및 관리에 관한 특별조치법 제22조 등 위헌소원(헌재 2007. 5. 31. 2005헌바47) : 합헌

① 훼손부담금은 정책실현목적 부담금의 성격을 갖는다.
② 개발제한구역 내에서 토지형질변경을 수반하는 건축물의 건축 등 행위허가를 받은 사람에 대하여 개발제한구역훼손부담금을 부과하도록 하는 것은 헌법에 위반되지 않는다.

판례 015 | 국세기본법 제35조 제1항 제3호 가목 위헌소원(헌재 2007. 5. 31. 2005헌바60) : 합헌

국세 신고일과 담보권설정등기일과의 선후에 따라 국세채권과 담보권 사이의 우선순위를 정하고 있는 국세기본법 제35조 제1항 제3호 가목은 헌법에 위반되지 않는다.

판례 016 | 마약류관리에 관한 법률 제58조 제1항 제5호 위헌소원(헌재 2007. 5. 31. 2005헌바108) : 합헌

대마 수입행위를 대마 매매보다 무겁게 처벌하도록 규정한 것은 헌법에 위반되지 않는다.

판례 017 | 국가공무원법 제8조 제2항 등 위헌확인(헌재 2007. 5. 31. 2003헌마422) : 기각

① 진급에 필요한 계급별 최저복무기간을 정한 것은 평등권이 침해될 여지가 없다.
② 중앙인사위원회, 소청심사위원회 등 각종 위원회 위원 자격에서 판사·검사·변호사와 달리 군법무관을 배제하고 있는 것은 평등권이나 공무담임권을 침해하지 않는다.

판례 018 | 군미필자 응시자격 제한 위헌확인(헌재 2007. 5. 31. 2006헌마627) : 기각 ★★☆

국가정보원의 2005년도 7급 제한경쟁시험 채용공고 중 '남자는 병역을 필한 자' 부분은 헌법에 위반되지 않는다.

판례 019 　**세무사법 제5조의2 위헌확인**(헌재 2007.5.31. 2006헌마646) : **기각**
① 세무사제도는 자격제도의 하나이고 입법자에게는 그 자격요건을 정함에 있어서 광범위한 입법형성권이 인정된다.
② 세무사자격시험의 일부 시험 면제에 있어서 지방세에 관한 행정사무에 종사한 경력이 있는 자들을 국세에 관한 행정사무에 종사한 경력이 있는 자들에 비해 불리하게 취급하는 것은 평등권이나 직업선택의 자유를 침해하지 않는다.

판례 020 　**군법무관 임용 등에 관한 법률 제7조 단서 위헌확인**(헌재 2007.5.31. 2006헌마767) : **기각**
군법무관 임용시험에 합격한 군법무관들에게 군법무관시보로 임용된 때부터 10년간 근무하여야 변호사 자격을 유지하게 한 것은 군법무관들의 직업선택의 자유나 평등권을 침해하지 않는다.

판례 021 　**조세범처벌법 제13조 제1호 위헌제청**(헌재 2007.5.31. 2006헌가10) : **위헌** ★★☆
법에 의한 정부의 명령사항에 위반한 자를 50만 원 이하의 벌금 또는 과료에 처하도록 한 조세범처벌법 제13조 제1호 중 '법에 의한 정부의 명령사항'은 명확성의 원칙에 위반된다.

판례 022 　**공직자 등의 병역사항신고 및 공개에 관한 법률 제3조 등 위헌확인**(헌재 2007.5.31. 2005헌마1139) : **헌법불합치** ★★☆
① 내밀한 사적 영역에 근접하는 민감한 개인정보를 공개함으로써 사생활의 비밀과 자유를 제한하는 국가적 조치는 엄격한 기준과 방법에 따라 섬세하게 행하여지지 않으면 안된다.
② 4급 이상 공무원들의 병역 면제사유인 질병명을 관보와 인터넷을 통해 공개하도록 하는 것은 사생활의 비밀과 자유를 침해하는 것이다.

판례 023 　**근로기준법 제9조 위헌확인**(헌재 2007.5.31. 2004헌마305) : **각하**
근로자가 공민권의 행사 등에 필요한 시간을 청구하는 경우에 사용자가 거부하지 못하도록 의무를 부과하고 있는 근로기준법 제9조에 대한 헌법소원에서 근로자는 자기관련성이 인정되지 않는다.

판례 024 　**지방공무원법 제66조 제1항 위헌확인**(헌재 2007.6.28. 2005헌마553) : **기각** ★★☆
6급 이하 지방공무원의 정년을 57세, 5급 이상 지방공무원의 정년을 60세로 한 지방공무원법은 6급 이하 지방공무원의 평등권을 침해하지 않는다.

판례 025
경찰공무원법 제24조 제1항 제1호 위헌확인(헌법재판소 2007. 6. 28. 2006헌마207) : **기각** ★★☆

경찰공무원의 정년연령을 경정 이상은 60세, 경감 이하는 57세로 규정한 경찰공무원법은 헌법에 위반되지 않는다.

판례 026
공무원임용시험령 제42조 제1항 위헌확인(헌재 2007. 6. 28. 2005헌마1179) : **기각**

시험요구일을 기준으로 5급 일반승진시험 응시대상자를 정하는 것은 평등권을 침해하지 않는다.

판례 027
공직선거 및 선거부정방지법 제15조 제2항 등 위헌확인 등(헌재 2007. 6. 28. 2004헌마644) : **헌법불합치** ★★☆

① 주민등록을 요건으로 재외국민의 국정선거권을 제한하는 것은 재외국민의 선거권, 평등권을 침해하고 보통선거원칙을 위반한다.
② 국내거주자에게만 부재자신고를 허용하는 것은 국외거주자의 선거권·평등권을 침해하고 보통선거원칙을 위반한다. 〔주의〕 평등선거위배가 아님
③ 주민등록을 요건으로 국내거주 재외국민의 지방선거 선거권을 제한하는 것은 국내거주 재외국민의 평등권과 지방의회의원선거권을 침해한다.
④ 주민등록을 요건으로 국내거주 재외국민의 지방선거 피선거권을 제한하는 것은 국내거주 재외국민의 공무담임권을 침해한다.
⑤ 주민등록을 요건으로 재외국민의 국민투표권을 제한하는 것은 국민투표권을 침해한다.

판례 028
주민투표법 제5조 위헌확인(헌재 2007. 6. 28. 2004헌마643) : **헌법불합치** ★★☆

① 주민투표권이 헌법상 기본권이 아닌 법률상의 권리에 해당한다 하더라도 비교집단 상호간에 차별이 존재할 경우에 헌법상의 평등권 심사까지 배제되는 것은 아니다.
② 주민투표권 행사를 위한 요건으로 주민등록을 요구함으로써 국내거소신고만 할 수 있고 주민등록을 할 수 없는 국내거주 재외국민에 대하여 주민투표권을 인정하지 않는 것은 국내거주 재외국민의 평등권을 침해한다.

판례 029
공직선거법 제38조 등 위헌확인(헌재 2007. 6. 28. 2005헌마772) : **헌법불합치** ★★☆

공직선거법이 해상에 장기 기거하는 선원들에 대해서는 부재자투표 대상자로 규정하지 않고 있으며, 이들이 투표할 수 있는 방법을 정하지 않고 있는 것은 그들의 선거권을 침해하는 것이다.

구 군무원인사법 제27조 위헌제청(헌재 2007.6.28, 2007헌가3) : 위헌
① 일단 채용된 공무원을 사후적으로 당연퇴직시킴으로써 공무담임권을 제한하는 경우에는 그 기본권 제한 효과가 매우 크므로, 공무원의 당연퇴직 사유의 위헌 여부에 대한 심사에는 과잉금지원칙이 적용되어야 한다.
② 금고 이상의 형의 선고유예를 받은 경우에는 군무원직에서 당연히 퇴직하는 것은 공무담임권을 침해하는 것이다.

문화재보호법 제81조 제4항 등 위헌확인(헌재 2007.7.26, 2003헌마377) : 위헌, 기각
① 문화재 은닉의 처벌규정과 도굴 등이 된 문화재 보유·보관의 처벌규정은 명확성원칙에 반하지 않는다.
② 본인의 은닉행위 이전에 타인이 당해 문화재를 절취하는 등으로 문화재의 효용을 해한 행위가 처벌되지 않은 경우에도, 본인의 은닉행위를 처벌하도록 규정한 것은 과잉금지원칙에 위배되지 않는다.
③ 본인의 문화재의 보유·보관행위 이전에 타인이 한 당해 문화재에 관한 도굴 등이 처벌되지 아니하여도, 본인이 그 정을 알고 보유·보관하는 경우 처벌하도록 규정한 것은 과잉금지원칙에 위배된다.
④ 은닉, 보유·보관된 당해 문화재의 필요적 몰수를 규정한 것은 책임과 형벌 간의 비례원칙에 위배된다.

가석방심사대상 제외 위헌확인(헌재 2007.7.26, 2006헌마298) : 각하
청구인을 가석방 심사대상에 포함시키지 아니한 교도소장의 행위는 헌법소원의 대상이 되는 공권력의 행사 또는 불행사에 해당하지 않는다.

국회의원과 정부 간의 권한쟁의(헌재 2007.7.26, 2005헌라8) : 각하 ★★☆
① 국회의 구성원인 국회의원이 국회를 위하여 국회의 권한침해를 주장하는 권한쟁의심판, 즉 권한쟁의심판에 있어서 이른바 '제3자 소송담당'은 허용되지 않는다.
② 국회의원의 심의·표결 권한이 국회의장이나 다른 국회의원이 아닌 국회 외부의 국가기관에 의하여 침해될 수 없으므로, 대통령이 국회의 동의 없이 조약을 체결·비준하였다 하더라도 국회의원인 청구인들의 심의·표결권이 침해될 가능성은 없다.

판례 034
산업기술연수생 도입기준 완화결정 등 위헌확인(헌재 2007.8.30, 2004헌마670) : **위헌** ★★☆

① 근로의 권리의 구체적인 내용에 따라, 국가에 대하여 고용증진을 위한 사회적·경제적 정책을 요구할 수 있는 권리는 사회권적 기본권으로서 국민에 대하여만 인정해야 하지만, 자본주의 경제질서하에서 근로자가 기본적 생활수단을 확보하고 인간의 존엄성을 보장받기 위하여 최소한의 근로조건을 요구할 수 있는 권리는 자유권적 기본권의 성격도 아울러 가지므로 이러한 경우 외국인 근로자에게도 그 기본권 주체성을 인정함이 타당하다.

② 산업연수생이 연수라는 명목하에 사업주의 지시·감독을 받으면서 사실상 노무를 제공하고 수당 명목의 금품을 수령하는 등 실질적인 근로관계에 있는 경우에도, 근로기준법이 보장한 근로기준 중 주요사항을 외국인 산업연수생에 대하여만 적용되지 않도록 하는 것은 평등권을 침해하는 것이다.

판례 035
군인연금법 제21조 제5항 제1호 위헌 소원 등(헌재 2007.10.25, 2005헌바68) : **합헌**

군인연금법상 퇴역연금 수급권자가 사학기관으로부터 보수 기타 급여를 지급받는 경우에는 대통령령이 정하는 바에 따라 퇴역연금의 전부 또는 일부의 지급을 정지할 수 있도록 하는 것은 헌법에 위반되지 않는다.

판례 036
마약류 관리에 관한 법률 제58조 제2항 위헌소원(헌재 2007.10.25, 2006헌바50) : **합헌**

향정신성의약품을 영리목적으로 수입하는 행위를 중한 법정형으로 처벌하는 것은 헌법에 위반되지 않는다.

판례 037
도시 및 주거환경 정비법 제84조 위헌확인 등(헌재 2007.10.25, 2006헌마30) : **기각** ★★☆

주택재건축조합의 임원과 정비사업전문관리업자의 대표자(법인인 경우에는 임원)를 형법상 뇌물죄의 적용에 있어서 공무원으로 의제하는 것은 헌법에 위반되지 않는다.

판례 038
헌법재판소법 제69조 제1항 위헌확인(헌재 2007.10.25, 2006헌마904) : **기각**

① 공권력의 행사에 대하여 제기한 헌법소원심판청구가 청구기간 도과를 이유로 각하된 경우 그 청구인은 헌법소원심판의 청구기간을 제한하고 있는 법률조항에 대하여 헌법소원을 제기할 법률상의 이익이 있다.

② 공권력의 행사로 인하여 기본권이 침해된 경우에 그 사유가 있음을 안 날부터 90일이 지나면 헌법소원심판을 청구하지 못하도록 규정한 헌법재판소법 제69조 제1항은 재판청구권을 침해하지 않는다.

판례 039
호적부상의 성 표기 정정신청 거부행위 위헌확인(헌재 2007.10.25, 2003헌마95) : **각하**

한자 성의 한글표기를 두음법칙에 따르도록 한 부분 및 한자 성의 한글표기를 정정하려면 가정법원의 허가를 받도록 한 부분에 대한 헌법소원심판청구는 부적법하다.

판례 040
장애인차량 엘피지 지원폐지 위헌확인(헌재 2007.10.25, 2006헌마1236) : **각하**

① 국가 예산을 재원으로 한 사회복지사업 시행에 관한 정책결정이 담긴 지침은 헌법소원의 대상이 될 수 없지만, 위와 같은 정책결정을 구체화시킨 지침의 내용이 국민의 기본권에 직접적으로 영향을 끼치고, 앞으로 법령의 뒷받침에 의하여 그대로 실시될 것이 틀림없을 것으로 예상될 수 있을 때에는 예외적으로 헌법소원의 대상이 될 수도 있다.
② 보건복지부장관이 장애인차량 엘피지 보조금 지원사업과 관련하여 4~6급 장애인에 대한 지원을 중단하기로 하는 정책결정을 내리고 이에 따라 일선 공무원들에 대한 지침을 변경한 것은 헌법소원의 대상인 공권력행사에 해당하지 않는다.

판례 041
보건범죄단속에 관한 특별조치법 제6조 위헌제청(헌재 2007.11.29, 2005헌가10) : **위헌**

종업원의 위반행위에 대하여 양벌조항으로서 개인인 영업주에게도 동일하게 무기 또는 2년 이상의 징역형의 법정형으로 처벌하도록 규정한 것은 헌법에 위반된다.

판례 042
군형법 제53조 제1항 위헌제청(헌재 2007.11.29, 2006헌가13) : **위헌**

상관을 살해한 경우 사형만을 유일한 법정형으로 규정하고 있는 것은 헌법에 위반된다.

판례 043
교육공무원법 제11조의2 [별표 2] 제2호 위헌제청(헌재 2007.12.27, 2005헌가11) : **합헌**

중등교사 임용시험에서 동일 지역 사범대학을 졸업한 교원경력이 없는 자에게 가산점을 부여하는 것은 헌법에 위반되지 않는다.

판례 044
해양오염방지법 제46조의3 제4항 위헌제청(헌재 2007.12.27, 2006헌가8) : **합헌**

해양환경개선부담금의 산정기준 등을 대통령령에 위임하도록 규정하고 있는 해양오염방지법 제46조의3 제4항은 포괄위임입법금지원칙에 위반되지 않는다.

판례 045 ★★☆
음주운전 2회 이상한 자 가중처벌(위헌 2021.11.25.)
도로교통법 제78조 제1항 단서 제8호 위헌소원(헌재 2007.12.27, 2005헌바95) : **합헌**

음주측정거부자에 대하여 필요적으로 운전면허를 취소하도록 것은 직업의 자유 내지 일반적 행동의 자유를 침해하지 않는다.

판례 046
해양오염방지법 제46조의3 제1항 위헌소원(헌재 2007.12.27, 2006헌바25) : **합헌**

폐기물해양배출업자의 폐기물 해양배출행위에 대하여 해양환경개선부담금을 부과·징수하도록 규정한 것은 재산권을 침해하지 않는다.

판례 047
도로교통법 제70조 제2항 제1호 위헌확인(헌재 2007.12.27, 2005헌마107) : **기각**

무면허운전으로 벌금 이상의 형을 선고 받은 자에게 2년 동안 운전면허를 취득할 수 없도록 규정한 것은 직업의 자유 내지 일반적 행동의 자유를 침해하는 것이 아니다.

판례 048
무혐의결정 취소(헌재 2007.12.27, 2005헌마1209) : **기각**

국방부장관이 농협의 회원조합들로부터 수의계약방식으로 군납우유를 조달하는 것은 일반 우유제조업체들에 대한 개별적 거래거절로서 불공정거래행위에 해당한다고 볼 수 없으며, 다른 사업자의 사업활동을 부당하게 방해하는 행위(거래거절)로서 시장지배적 사업자의 지위남용행위에 해당하지 않는다.

판례 049 ★★☆
의료법 제2조 등 위헌확인(헌재 2007.12.27, 2004헌마1021) : **헌법불합치**

의료인은 하나의 의료기관만을 개설할 수 있도록 한 것은(의사 및 한의사의) 복수면허 의료인의 직업의 자유, 평등권을 침해한다.

2008년도 헌법재판소 판례

판례 001 **공직선거 및 선거부정방지법 제19조 제1호 등 위헌확인**(헌재 2008.1.17, 2004헌마41) : **기각**

선거범으로서 100만 원 이상의 벌금형을 선고 받아 확정되면 5년 동안 피선거권이 제한되는 공직선거법 제19조 제1호 중 해당 부분은 공무담임권을 침해하지 않는다.

판례 002 **정치자금법 제57조 등 위헌확인 공직선거법 제18조 제1항 제3호 중**(헌재 2008.1.17, 2006헌마1075) : **기각**

국회의원 당선자가 정치자금을 불법수수하여 100만 원 이상 벌금형을 받은 경우 당연퇴직하도록 한 관련규정은 국회의원 당선자의 공무담임권이나 평등권을 침해하지 않는다.

판례 003 **대통령의 선거중립의무 준수요청 등 조치 취소**(헌재 2008.1.17, 2007헌마700) : **기각** ★★☆

① 대통령은 소속 정당을 위하여 정당활동을 할 수 있는 사인으로서의 지위와 국민 모두에 대한 봉사자로서 공익실현의 의무가 있는 헌법기관으로서의 지위를 동시에 갖는데 최소한 전자의 지위와 관련하여는 기본권 주체성을 갖는다고 할 수 있다.

② 선거에 영향을 미치는 행위를 금지하는 공직선거법 제9조 제1항은 헌법에 위반되지 않는다.

판례 004 **한나라당 대통령후보 이명박의 주가조작 등 범죄혐의의 진상규명을 위한 특별검사의 임명 등에 관한 법률**(헌재 2008.1.10, 2007헌마1468) : **위헌, 기각** ★★☆

① 특별검사에 의한 수사대상을 특정인에 대한 특정 사건으로 한정한 것은 위 사건의 피고발인 또는 참고인이었던 청구인들의 평등권, 신체의 자유(불법적인 심문을 받지 않을 권리), 공정한 재판을 받을 권리를 침해하지 않으며, 명확성원칙에 위배되지 않는다.

② 대법원장으로 하여금 특별검사 후보자 2인을 추천하고 대통령은 그 추천후보자 중에서 1인을 특별검사로 임명하도록 한 이 사건 법률 제3조는 적법절차원칙·권력분립원칙에 위배되지 않는다.

③ 특별검사가 참고인에게 지정된 장소까지 동행할 것을 명령할 수 있게 하고 참고인이 정당한 이유 없이 위 동행명령을 거부한 경우 천만 원 이하의 벌금형에 처하도록 한 규정(동행명령조항)들은 영장주의 또는 과잉금지원칙에 위배된다.

④ 특별검사가 공소제기한 사건의 재판기간과 상소절차 진행기간을 일반사건보다 단축하고 있는 이 사건 법률 제10조가 재판기간을 지나치게 단기간으로 규정함으로써 재판당사자의 방어권을 부당하게 침해할 염려가 있어 청구인들의 평등권과 공정한 재판을 받을 권리를 침해하지 않는다.

판례 005
국회의원과 대통령 등 간의 권한쟁의 사건(헌재 2008.1.17, 2005헌라10) : **각하** ★★☆
① 국회의 구성원인 국회의원이 국회를 위하여 국회의 권한침해를 주장하는 권한쟁의심판(이른바 '제3자 소송담당')을 청구할 수 없다.
② 국회의원의 심의·표결 권한은 국회의장이나 다른 국회의원이 아닌 국회 외부의 국가기관에 의하여 침해될 수 없다.

판례 006
민법 제1008조의3 위헌소원(헌재 2008.2.28, 2005헌바7) : **합헌**
상속재산 중 일정 범위의 제사용 재산을 제사주재자가 승계하도록 한 민법 제1008조의3은 다른 상속인들의 상속권 내지 재산권을 침해하지 않으며, 종손이 아닌 여자 상속인들이나 제사주재자가 되지 못한 다른 상속인들의 평등권을 침해하지 않는다.

판례 007
공무원연금법 제47조 제2항 등 위헌확인(헌재 2008.2.28, 2005헌마872) : **기각**
공무원 연급법상 퇴직연금 수급자가 일정한 소득이 있는 경우 퇴직 연금 중 일부를 지급 정지하도록 한 규정들은 재산권, 평등권, 직업선택의 자유, 근로의 권리 등 헌법상 기본권을 침해하지 않는다.

판례 008
방송법 제64조 등 위헌소원 (제67조 제2항)(헌재 2008.2.28, 2006헌바70) : **합헌**
텔레비전수상기 소지자에 대하여 수신료를 납부하도록 규정한 방송법 제64조 및 제67조 제2항은 헌법에 위반되지 않는다.

판례 009
학교급식법 제2조 등 위헌확인(헌재 2008.2.28, 2006헌마1028) : **기각**
학교의 장으로 하여금 학교급식을 직접 관리하도록 하면서 학교급식을 위탁하는 경우에는 관할청의 승인을 얻도록 하는 것은 위탁급식업자의 직업의 자유, 평등권을 침해하지 않는다.

판례 010
민법 제1066조 제1항 위헌소원(헌재 2008.3.27, 2006헌바82) : **합헌** ★★☆
자필증서에 의한 유언은 유언자가 그 전문과 년월일, 주소, 성명을 자서하고 날인하도록 한 민법 제1066조 제1항 중 '날인' 부분은 헌법에 위반되지 않는다.

판례 011
국회법 제34조 등 위헌확인(헌재 2008.3.27, 2004헌마654) : **기각** ★★☆
교섭단체를 구성하였는지 여부에 따라 정책연구위원을 배정하는 국회법 제34조 제1항은 헌법에 위반되지 않는다.

판례 012 | 국회의원과 대통령 등 간의 권한쟁의(헌재 2008.3.27. 2006헌라4) : 각하

'동맹 동반자 관계를 위한 전략대화 출범에 관한 공동성명'은 구체적인 법적 권리·의무를 창설하는 내용을 전혀 포함하고 있지 아니하므로, 이 사건 공동성명은 조약에 해당된다고 볼 수 없고, 이 사건 공동성명에 대하여 국회가 동의권을 가진다거나 국회의원인 청구인이 심의표결권을 가진다고 볼 수 없다.

판례 013 | 특정범죄 가중처벌 등에 관한 법률 제6조 제6항 제2호 위헌제청(헌재 2008.4.24. 2007헌가20) : 합헌

허위신고에 의한 밀수입행위에 대해 징역형과 별도로 '수입한 물품원가의 2배에 상당하는 벌금형'을 필요적으로 병과하도록 하는 '특정범죄 가중처벌 등에 관한 법률' 제6조 제6항 제2호는 범죄의 죄질 및 행위자의 책임에 비하여 지나치게 가혹하거나 범죄에 대한 형벌 본래의 목적과 기능을 달성함에 있어 필요한 정도를 일탈한 자의적 입법에 해당한다고 볼 수 없다.

판례 014 | 국회의원과 국회의장 간의 권한쟁의(헌재 2008.4.24. 2006헌라2) : 기각 ★★☆

① 국회의장이 교섭단체 대표의원과 직접 협의하지 않고 의사일정의 순서를 변경한 것은 국회법 제77조 위반으로 보기 어렵다.
② 장내소란으로 의안상정·제안설명 등 의사진행이 정상적으로 이루어지지 못하고 질의신청을 하는 의원도 없는 상황에서 위원회의 심사를 거치지 않은 의안에 대하여 제안자의 취지설명, 질의, 토론절차를 거치지 않은 채 표결절차를 진행한 국회의장의 행위는 국회법 제93조의 심의절차에 위반되지 않는다.

판례 015 | 온천법 제2조 등 위헌소원(헌재 2008.4.24. 2004헌바44) : 합헌

온천의 정의를 규정한 구 온천법 제2조와 시장·군수가 온천개발계획을 수립하지 아니하는 경우에 시·도지사가 시장·군수에게 일정한 기간 내에 온천개발계획을 수립하도록 이행을 명하여야 하고, 시장·군수가 그 이행명령도 이행하지 아니한 때에는 온천의 우선이용권자가 직접 온천개발계획의 수립 및 승인신청을 할 수 있도록 규정한 같은 법 제7조 제1항 단서는 헌법에 위반되지 않는다.

판례 016 | 공직선거법 제266조 제1항 위헌소원(헌재 2008.4.24. 2006헌바43,44) : 합헌

선거범죄로 100만 원 이상의 벌금형 확정을 공무원직의 당연퇴직사유로 규정한 구 '공직선거 및 선거부정방지법' 제266조 제1항 제1호 중 "100만 원 이상의 벌금형 확정을 이유로 공무원직의 취임 또는 임용을 제한하는 부분"은 헌법에 위반되지 않는다.

판례 017 인삼산업법 제31조 제1항 제3호 등 위헌소원(헌재 2008.4.24. 2006헌바68) : 합헌
검사를 받지 아니한 홍삼의 판매나 판매 목적으로 진열하는 것을 금지 및 처벌하고 있는 인삼산업법 제19조 제2항 및 제31조 제1항 제3호는 헌법에 위반되지 않는다.

판례 018 학교보건법 제6조 제1항 제15호 위헌소원(헌재 2008.4.24. 2006헌바83) : 합헌
학교의 보건위생과 학습환경에 나쁜 영향을 주는 행위 및 시설을 학교정화구역 안에서 금지하는 것은 헌법에 위반되지 않는다.

판례 019 공직선거 및 선거부정방지법 제266조 제1항 제4호 위헌확인(헌재 2008.4.24. 2005헌마857) : 기각
사립학교 교원이 선거범죄로 100만 원 이상의 벌금형을 선고받아 그 형이 확정되면 당연퇴직되도록 규정한 사립학교법 제57조는 헌법에 위반되지 않는다.

판례 020 공직선거법 제49조 제4항 제5호, 제10항 등 위헌확인(헌재 2008.4.24. 2006헌마402) : 기각
공직선거에 후보자로 등록하고자 하는 자가 제출하여야 하는 금고 이상의 형의 범죄경력에 실효된 형을 포함시키고 있는 공직선거법 제49조 제4항 제5호는 헌법에 위반되지 않는다.

판례 021 고등학교 졸업학력 검정고시 규칙 제10조 제1항 위헌확인(헌재 2008.4.24. 2007헌마1456) : 기각 ★★☆
고시 공고일을 기준으로 고등학교에서 퇴학된 날로부터 6월이 지나지 아니한 자는 고등학교 졸업학력 검정고시를 받을 수 없게 하고 있는 고등학교 졸업학력 검정고시 규칙 제10조 제1항은 헌법에 위반되지 않는다.

판례 022 건강보험 요양급여 행위 및 그 상대가치점수 고시 중 제2부 제17장 위헌확인(헌재 2008.4.24. 2006헌마990) : 각하 ★★☆
단체의 구성원이 기본권을 침해당한 경우에 단체가 구성원의 권리구제를 위하여 또는 그 구성원을 대신하여 청구한 헌법소원심판은 부적법하다.

판례 023 강남구청 등과 감사원 간의 권한쟁의(헌재 2008.5.29. 2005헌라3) : 기각 ★★☆
① 감사원이 지방자치단체에 대하여 자치사무의 합법성뿐만 아니라 합목적성에 대하여도 감사한 행위는 법률상 권한 없이 이루어진 것은 아니다.
② 지방자치단체의 자치사무에 대한 합목적성 감사의 근거가 되는 감사원법 제24조 제1항 제2호 등 관련규정이 지방자치단체의 고유한 권한을 유명무실하게 할 정도로 지나친 제한을 함으로써 지방자치권의 본질적 내용을 침해하였다고는 볼 수 없다.

판례 024 **구 도시계획법 제98조 제2항 등 위헌소원**(헌재 2008.5.29, 2006헌바78) **: 합헌**
시·도지사의 권한을 시·도의 조례가 정하는 바에 따라 시장·군수 또는 구청장에게 위임할 수 있도록 한 구 도시계획법 제98조 제2항 제1문은 위임의 방법 내지 한계를 일탈한 것이라고 할 수 없다.

판례 025 **여객자동차운수사업법 제76조 제1항 제15호 위헌소원 등**(헌재 2008.5.29, 2006헌바85) **: 합헌**
개인택시운송사업자의 운전면허가 취소된 경우 개인택시운송사업면허를 취소할 수 있도록 규정한 구 '여객자동차운수사업법' 제76조 제1항 제15호는 헌법에 위반되지 않는다.

판례 026 **개발이익환수에 관한 법률 제2조 등 위헌소원**(헌재 2008.5.29, 2007헌바16) **: 합헌**
개발부담금 부과에 있어서 정상지가상승분의 산정방식을 당해 개발사업 대상 토지가 속하는 시·군·자치구의 평균지가변동률을 기준으로 하도록 규정한 구 '개발이익환수에 관한 법률' 제2조 제3호는 헌법에 위반되지 않는다.

판례 027 **형법 제129조 제1항 위헌소원**(헌재 2008.5.29, 2007헌바18) **: 합헌**
형법 제129조 제1항 중 공무원이 그 직무에 관하여 뇌물을 수수한 때에는 5년 이하 징역 또는 10년 이하의 자격정지에 처하도록 한 부분은 헌법에 위배되지 않는다.

판례 028 **계구사용행위 등 위헌확인**(헌재 2008.5.29, 2005헌마137) **: 기각 ★★☆**
① 교도소 내 엄중격리대상자에 대하여 이동 시 계구를 사용하고 교도관이 동행계호하는 행위 및 1인 운동장을 사용하게 하는 처우는 신체의 자유를 과도하게 제한하는 것이라 볼 수 없다.
② 엄중격리대상자의 수용거실에 CCTV를 설치하여 24시간 감시하는 행위는 사생활의 자유·비밀을 침해하는 것이 아니다.
🔍 CCTV 설치 : 어린이집(합헌)

판례 029 **건축사법시행규칙 제9조 [별표 2] 위헌확인**(헌재 2008.5.29, 2005헌마195) **: 기각**
건축사자격시험의 응시자격으로서 건축사예비시험 응시자격 취득일부터 5년 이상 건축에 관한 실무경력을 요구하고 있는 건축사법 제14조 제1항 제1호와 건축사법 시행규칙 제9조의 별표 2는 헌법에 위반되지 않는다.

판례 030
세무사법 제20조 제2항 위헌확인(헌재 2008. 5. 29, 2007헌마248) : **기각**

세무사의 자격이 있는 자 중 변호사 자격이 있는 자로 하여금 세무사 또는 이와 유사한 명칭을 사용하지 못하도록 한 세무사법 제20조 제2항은 헌법에 위반되지 않는다.

판례 031
공직선거법 제86조 제1항 제2호 등 위헌확인(헌재 2008. 5. 29, 2006헌마1096) : **한정위헌** ★★☆

'선거운동의 기획에 참여하거나 그 기획의 실시에 관여하는 행위'를 금지하는 공직선거법 제86조 제1항 제2호가 공무원이 그 지위를 이용하지 아니한 경우에도 금지하는 것은 헌법에 위반된다.

판례 032
민원서류 반려위헌확인(헌재 2008. 5. 29, 2007헌마712) : **위헌**

① 법률유보의 원칙에 따라 집회의 자유는 법률에 의하여만 제한할 수 있으므로 법률에 정하여지지 않은 방법으로 이를 제한할 경우에는 그것이 과잉금지 원칙에 위배되었는지 여부를 판단할 필요없이 헌법에 위반된다.
② 접수순위를 정하기 어렵다는 현실적인 이유로 중복신고된 모든 옥외집회의 개최가 법률적 근거없이 불허되는 것이 용인된다면, 집회의 자유를 보장하고 집회의 사전허가를 금지한 헌법 제21조 제1항 및 제2항은 무의미한 규정으로 전락할 위험성이 있다.
③ 피청구인 서울남대문경찰서장이 청구인 ○○합섬 HK지회에 대해 9회에 걸쳐 옥외집회신고서를 반려한 행위는 집회의 자유를 침해하는 행위이다.

판례 033
국가공무원법 제36조 등 위헌확인(헌재 2008. 5. 29, 2007헌마1105) : **헌법불합치** ★★☆

5급 공개경쟁채용시험의 응시연령 상한을 '32세까지'로 한 부분은 응시자의 공무담임권을 침해한다.

판례 034
공직선거 및 선거부정방지법 제86조 제3항 위헌확인(헌재 2008. 5. 29, 2005헌마442) : **각하**

지방자치단체장이 '명목 여하를 불문'하고 일정한 기간 동안 그의 직명 또는 성명을 밝히는 등의 방법으로 소속직원 또는 선거구민에게 법령이 정하는 외의 금품 기타 이익을 주거나 이를 약속하는 행위를 금지함으로써 지방자치단체장의 '직무상 행위와 관련된' 영역뿐만 아니라 '개인적인' 영역에서도 금품제공 등의 행위를 할 수 없도록 규정하였다가 법률조항이 개정되어 개인적인 영역에서는 가능하도록 된 경우, 직무와 관련된 영역에서 금지하고 있는 부분은 지방자치단체장 개인의 기본권을 제한하는 것이 아니라 지방자치단체장으로서의 공무집행의 방법을 제한하는 것이므로 헌법소원심판의 대상이 될 수 없다.

판례 035
공인회계사법 시행령 제3조 제2항 등 위헌확인 (헌재 2008.5.29, 2007헌마1460) : **각하**

공인회계사 제2차시험의 합격결정에 있어서 원칙적으로 매과목 배점의 6할 이상을 득점한 자를 합격자로 결정하는 절대평가제를 규정한 공인회계사법 시행령 제3조 제2항과, 매과목 배점의 6할 이상 득점한 과목의 경우 다음 회의 제2차 시험에 한하여 그 과목의 시험을 면제하는 부분합격제를 규정한 공인회계사법 시행령 제3조 제3항, 제4항에 대한 위헌확인 심판청구는 부적법하다.

판례 036
강남구 등과 국회 등 간의 권한쟁의(헌재 2008.6.26, 2005헌라7) : **기각** ★★☆

국회가 2005.8.4. 법률 제7681호로 공직선거법 제122조의2를 개정하여 지방선거비용을 해당지방자치단체에게 부담시킨 행위는 지방자치단체의 지방자치권을 침해하는 것이 아니다.

판례 037
정부조직법 제2조 제7항 위헌확인(헌재 2008.6.26, 2005헌마1275) : **기각**

중앙행정기관인 국방부, 병무청 및 방위사업청의 보조기관, 차관보 및 보좌기관에 보할 수 있는 특정직공무원의 범위에 현역군인은 포함시키면서도 군무원을 포함시키지 아니하고 있는 정부조직법 제2조 제7항은 헌법에 위반되지 않는다.

판례 038
제49회 사법시험 제2차시험 실시계획 중 시험시간부분 위헌확인(헌재 2008.6.26, 2007헌마917) : **기각** ★★☆

사법시험의 시험방법으로서 민법의 시험시간은 3시간, 민법을 제외한 나머지 과목의 시험시간은 각 과목당 2시간으로 배정하도록 하고 있는 것은 헌법상 직업선택의 자유 또는 평등권을 침해한다고 볼 수 없다.

판례 039
지방교육자치에 관한 법률 제10조 제1항 등 위헌확인(헌재 2008.6.26, 2007헌마1175) : **기각** ★★☆

교육감 후보자 자격에 관하여 후보자 등록신청개시일부터 과거 2년 동안 정당의 당원이 아닌 자로 규정한 것은 공무담임권과 평등권을 침해하지 않는다.

> **개정** 과거 1년 동안

판례 040
여권의 사용제한 등에 관한 고시위헌확인(헌재 2008.6.26, 2007헌마1366) : **기각** ★★☆

특정 해외 위난지역으로 출국하고자 할 경우 여권의 사용제한 등 조치를 취한 외교통상부(현행 : 외교부) 고시는 헌법에 위반되지 않는다.

🔍 거주이전 자유는 임의의 장소까지 이동하는 것 보장 아님

판례 041
방송법 제32조 제2항 등 위헌확인(헌재 2008.6.26, 2005헌마506) : **위헌** ★★☆

방송위원회로부터 위탁을 받은 한국광고자율심의기구로 하여금 텔레비전 방송광고의 사전심의를 담당하도록 한 것은 헌법이 금지하는 사전검열에 해당한다.

판례 042
민법 제3조 등 위헌소원(헌재 2008.7.31, 2004헌바81) : **합헌** ★★☆

민법 제762조에 의한 태아의 손해배상청구권이 민법 제3조의 취지를 고려하여 살아서 출생한 태아에게만 인정되는 것으로 해석하더라도 태아 생명권의 보호라는 국가의 기본권 보호의무를 위반한 것으로 볼 수 없어 위 조항들은 헌법에 위반되지 않는다.

판례 043
의료법 제19조의2 등 위헌소원(헌재 2008.7.31, 2005헌바90) : **헌법불합치** ★★☆

태아성별에 대한 고지를 금지하고 있는 구 의료법 제19조의2 규정은 의료인의 직업의 자유와 태아 부모의 태아성별 정보에 대한 접근을 방해받지 않을 권리를 침해하고 있다.

판례 044
영화진흥법 제21조 제3항 제5호 등 위헌제청(헌재 2008.7.31, 2007헌가4) : **헌법불합치** ★★☆

① "제한상영가" 영화에 관하여 '상영 및 광고·선전에 있어서 일정한 제한이 필요한 영화'라고 규정하고 있는 영화진흥법 제21조 3항 제5호 등과 '영화 및 비디오물 진흥에 관한 법률' 제29조 제2항 제5호는 명확성 원칙과 포괄위임금지원칙에 위배된다.
② 영화진흥법 제21조 제3항 제5호가 전환된 '영화 및 비디오물 진흥에 관한 법률' 제29조 제2항 제5호도 제한상영가 등급의 영화를 종전과 같이 '상영 및 광고·선전에 있어서 일정한 제한이 필요한 영화'라고 동일하게 규정하고 있는바, 이 역시 명확성 원칙에 위반되어 위헌이다.

🔍 사전검열 위배 아님

판례 045
학교용지확보 등에 관한 특례법 제2조 제2호 등 위헌제청(헌재 2008.9.25, 2007헌가1) : **합헌** ★★☆

수분양자가 아닌 개발사업자를 부과대상자로 하는 학교용지부담금 제도를 정하고 있는 학교용지 확보 등에 관한 특례법 제2조 제2호, 제5조 제1항 본문과 이의 시행일을 정한 부칙 제1항 본문과 제3항은 헌법에 위반되지 않는다.

✏️ 주의 수분양자에게 부과 : 위헌

판례 046
공인중개사의 업무 및 부동산 거래신고에 관한 법률 제10조 제1항 제4호 등 위헌확인(헌재 2008.9.25, 2007헌마419) : **기각**

금고 이상의 실형을 받고 그 집행이 종료되거나 집행이 면제된 날부터 3년이 경과되지 아니한 자에 대하여, 공인중개사 중개사무소의 개설등록을 할 수 없도록 하는 한편 소속공인중개사 또는 중개보조원이 될 수 없도록 규정하고 있는 공인중개사의 업무 및 부동산 거래신고에 관한 법률 제10조 제1항 제4호 및 제2항 중 제1항 제4호에 관한 부분은 헌법에 위반되지 아니한다.

판례 047
학교용지확보 등에 관한 특례법 제2조 제2호 등 위헌제청(헌재 2008.9.25, 2007헌가9) : **헌법불합치**

학교용지를 기부채납한 자와 학교건물을 증축하여 기부채납한 자는 위 특례법상 목적 달성에 기여하였다는 점에서 동일하다 할 것인데, 학교용지를 기부채납한 자에 대하여만 이중의 부담을 방지할 수 있는 필요적 면제 규정을 두고, 학교건물을 증축하여 기부채납한 자에 대해서는 이를 위한 일체의 규정을 두지 아니한 것은 평등의 원칙에 반한다.

판례 048
의료법 제61조 제1항 중 「장애인복지법」에 따른 시각장애인 중 부분 위헌확인(헌재 2008.10.30, 2006헌마1098) : **기각** ★★☆

시각장애인에 대하여만 안마사 자격인정을 받을 수 있도록 이른바 비맹제외기준은 헌법에 위반되지 않는다.

판례 049
의료법 제61조 제3항 위헌제청(헌재 2008.10.30, 2006헌가15) : **합헌**

시각장애인 안마사들이 전국적인 중앙회(대한안마사협회)에 의무적으로 가입하도록 한 의료법 제61조 제3항 중 제23조 제3항 부분은 결사의 자유를 침해하거나 평등원칙에 위배되지 않는다.

판례 050
도시 및 주거환경정비법 중 개정법률안 제30조의2 등 위헌확인(헌재 2008.10.30, 2005헌마222) : **기각** ★★☆

주택재건축사업의 경우 증가되는 용적률의 100분의 25 면적의 범위 내에서 임대주택을 의무적으로 공급하도록 하는 규정들은 재건축사업시행자의 재산권 등을 침해하지 않는다.

판례 051
구 공직선거 및 선거부정방지법 제255조 제2항 제5호 위헌소원 등(헌재 2008.10.30, 2005헌바32) : **합헌**

① 선거기간 전 명함 배부를 금지하고 이를 처벌하는 규정 : 합헌
② 벌칙에 관한 경과조치 규정 : 합헌
③ 사전선거운동 처벌 규정 : 합헌

판례 052
공직선거법 제53조 제1항 제1호 등 위헌확인(헌재 2008.10.30, 2006헌마547) : **기각**

공무원이 공직후보자로 출마하려면 선거일 전 60일까지 사퇴하도록 한 규정은 공무원의 기본권을 침해하지 않는다.

> 🔖 **개정** 선거일 전 90일까지 사퇴

판례 053
구 음반·비디오물 및 게임물에 관한 법률 제20조 제4항 위헌제청(헌재 2008.10.30, 2004헌가18) : **위헌**

영상물등급위원회에 의한 비디오물 등급분류 보류제도를 규정하고 있는 구 음반·비디오물 및 게임물에 관한 법률 제20조 제4항은 행정기관에 의한 사전 검열에 해당하므로 헌법에 위반된다.

판례 054
구 종합부동산세법 제5조 등 위헌소원(헌재 2008.11.13, 2006헌바112) : **위헌, 헌법불합치, 합헌** ★★☆

① 종합부동산세 – 이중과세나 소급입법에 의한 과세 ×, 헌법 제119조에 위반 ×, 헌법상 체계정당성의 원리 위반 ×, 입법권의 남용 ×
② 세대별 합산규정은 헌법 제36조 제1항에 위반된다. : 위헌
③ 주택분 종합부동산세의 납세의무자와 과세표준, 세율 및 세액 규정(주택분 종합부동산세 부과규정)은 일정한 경우에 과세 예외조항이나 조정장치를 두지 않은 것이 납세의무자의 재산권을 침해한다. : 헌법불합치
④ 종합합산과세 대상 토지분 종합부동산세의 납세의무자와 과세표준, 세율 및 세액 규정(종합토지분 종합부동산세 부과규정)은 재산권을 침해하지 않는다.

판례 055
영화 및 비디오물의 진흥에 관한 법률 제25조의2 등 위헌확인(헌재 2008.11.27, 2007헌마860) : **기각** ★★☆

영화관 관람객이 입장권 가액의 100분의 3을 부과금으로 부담하도록 하고 영화관 경영자는 이를 징수하여 영화진흥위원회에 납부하도록 강제하는 영화상영관 입장권 부과금 제도는 헌법에 위배되지 아니한다.

> ⚠️ **주의** 문예진흥기금부과 위헌

판례 056
방송법 제73조 제5항 등 위헌확인(시행령 제59조 제3항)(헌재 2008.11.27, 2006헌마352) : **헌법불합치**

한국방송광고공사와 이로부터 출자를 받은 회사에 대해서만 지상파 방송광고 판매대행을 할 수 있도록 한 것은 청구인의 직업수행의 자유와 평등권을 침해한다.

판례 057 ★★☆
공직선거법 제56조 제1항 제1호 위헌확인(헌재 2008.11.27, 2007헌마1024) : **헌법불합치**

대통령선거 후보자로 등록할 때 5억원의 기탁금을 납부하도록 한 것은 공무담임권을 침해한다.

🏷️ **개정** 3억원

판례 058 ★★☆
법학전문대학원 설치 예비인가 배제결정 취소(헌재 2008.11.27, 2008헌마372) : **각하**

① 청구인들이 침해받았다고 주장하는 법학전문대학원의 교수로서의 지위와 그에 따르는 각종 권리는 법적으로 보장받고 있던 지위나 권리가 아니라 '장차 법학전문대학원의 교수로서 활동할 수 있으리라는 사실상의 기대'가 실현되지 않게 된 것에 불과하다.

② 청구인들이 소속된 국민대학이 법학전문대학원 설치인가 대상에서 배제되었다고 하더라도 청구인들은 여전히 위 대학의 법학과 교수로서 학생들을 가르칠 수 있어서 기존에 누리던 교수로서의 법적 지위와 그에 따른 권리에는 전혀 변동이 없으므로, 이 사건 예비인가 배제결정에 대한 위헌 여부를 다툴 기본권침해의 자기관련성을 인정하기 어렵다.

판례 059 ★★☆
미국산 쇠고기 및 쇠고기 제품 수입위생조건 위헌확인(헌재 2008.12.26, 2008헌마419) : **기각**

미국산 쇠고기 수입위생조건에 관한 고시가 국제수역사무국(OIE)의 국제기준과 현재의 과학기술 지식을 토대로 볼 때, 비록 이 사건 고시상의 보호조치가 완벽한 것은 아니라 할지라도 생명·신체의 안전을 보호할 국가의 헌법상 의무를 위반한 조치임이 명백하다고 할 만큼 전적으로 부적합하거나 매우 부족한 것이라고 단정할 수 없다.

공무원의 노동조합설립 및 운영 등에 관한 법률 위헌확인(헌재 2008.12.26, 2005헌마971) : 기각 ★★☆

① 국회는 헌법 제33조 제2항에 따라 공무원인 근로자에게 단결권·단체교섭권·단체행동권을 인정할 것인가의 여부, 어떤 형태의 행위를 어느 범위에서 인정할 것인가 등에 대하여 광범위한 입법형성의 자유를 가진다.

② 5급 이상 공무원의 노동조합가입을 금지하고, 나아가 6급 이하의 공무원 중에서도 '지휘·감독권 행사자', '업무 총괄자', '인사·보수 등 행정기관의 입장에 서는 자', '노동관계의 조정·감독 등 업무 종사자' 등의 가입을 금지하는 '공무원의 노동조합 설립 및 운영 등에 관한 법률' 제6조는 단결권과 평등권을 침해하지 않는다.

③ '법령 등에 의하여 국가 또는 지방자치단체가 그 권한으로 행하는 정책결정에 관한 사항, 임용권의 행사 등 그 기관의 관리운영에 관한 사항으로서 근무조건과 직접 관련되지 아니하는 사항'에 대해서는 단체교섭을 할 수 없도록 규정하고 있는 공노법 제8조 제1항 단서는 단체교섭권을 침해하지 않는다.

④ 노동조합이 2 이상인 경우 노동조합이 정부교섭대표의 교섭창구 단일화요구에 응하지 않는 경우에는 정부교섭대표로 하여금 교섭창구가 단일화될 때까지 교섭을 거부할 수 있도록 한 공노법 제9조 제4항은 단체교섭권을 침해하지 않는다.

⑤ '법령·조례·예산 및 하위규정'과 다른 내용으로 체결되는 단체협약에 대하여 효력을 발생하지 않도록 한 공노법 제10조 제1항은 단체교섭권을 침해하지 않는다.

⑥ 공무원에 대하여 일체의 쟁의행위를 금지한 공노법 제11조는 단체행동권을 침해하지 않는다.

⑦ 공노법 제11조를 위반하여 파업·태업 그 밖에 업무의 정상적인 운영을 저해하는 행위를 한 공무원을 형사처벌하는 공노법 제18조는 헌법에 위배되지 않는다.

⑧ 노동조합 및 노동관계조정법상 단체교섭 거부, 단체협약 불이행 및 구제명령 불이행에 대한 형사처벌 조항의 적용을 배제하는 것은 헌법에 위반되지 않는다.

공무원의 노동조합설립 및 운영 등에 관한 법률 제6조 제1항 제2호 위헌확인(헌재 2008.12.26, 2006헌마462) : 기각 ★★☆

노동조합에 가입할 수 있는 특정직공무원의 범위를 "6급 이하의 일반직공무원에 상당하는 외무행정·외교정보관리직 공무원"으로 한정하여 소방공무원을 노동조합 가입대상에서 제외한 것은 소방공무원의 단결권 또는 평등권을 침해하는 것으로 볼 수 없다.

공무원의 노동조합설립 및 운영 등에 관한 법률 제5조 제1항 중 행정부 부분 등 위헌확인(헌재 2008.12.26, 2006헌마518) : 기각

공무원 노동조합의 설립 최소단위를 '행정부'로 규정하여 노동부만의 노동조합 결성을 제한한 규정들은 단결권 및 평등권을 침해하지 아니한다.

2009년도 헌법재판소 판례

판례 001 법원조직법 제54조 위헌소원(헌재 2009.2.26, 2007헌바8) : 합헌 ★★☆
사법보좌관에게 소송비용액 확정결정절차를 처리하도록 한 법원조직법 제54조는 헌법에 위반되지 아니한다.

판례 002 대한민국과 일본국 간의 어업에 관한 협정 위헌소원(헌재 2009.2.26, 2007헌바35) : 합헌 ★★☆
독도주변수역을 중간수역으로 분류하여 대한민국과 일본국의 공동어업구역으로 규정하고 있는 '대한민국과 일본국 간의 어업에 관한 협정' 제9조 제1항 등은 헌법에 위반되지 아니한다.

판례 003 교통사고처리특례법 제4조 제1항 위헌확인(헌재 2009.2.26, 2005헌마764) : 위헌 ★★☆
업무상 과실 또는 중대한 과실로 인한 교통사고로 말미암아 피해자로 하여금 중상해에 이르게 한 경우(신체의 상해로 인하여 생명에 대한 위험이 발생하거나 불구 또는 불치나 난치의 질병에 이르게 한 경우)에 공소를 제기할 수 없도록 규정한 부분은 헌법에 위반된다.

> 주의 경과실인 경우 - 합헌

판례 004 지방교육자치에관한법률 제22조 제3항 등 위헌확인(헌재 2009.2.26, 2007헌마279) : 각하
헌법재판소는 교육위원이 교육감선거에 후보자가 될 경우에는, 교육위원 등 공무원이 공직선거에 출마할 경우 선거일 전 60일까지 사퇴하도록 한 공직선거법 제53조 제1항 제2호가 준용되지 않는다고 판단하면서, 그와 달리 중앙선거관리위원회가 준용된다고 본 유권해석을 전제로 한 청구인의 이 사건 심판청구를 각하하였다.

판례 005 서울특별시 자치구의회의원선거구와 선거구별 의원정수에 관한 조례 위헌확인(헌재 2009.3.26, 2006헌마72) : 기각
국가가 특정한 선거구제의 채택을 통하여 특정 정당이나 소수 정당의 지방의회 진출을 반드시 보장하여야 할 의무는 없다.

주민소환에 관한 법률 제1조 등 위헌확인(헌재 2009.3.26. 2007헌마843) : 기각 ★★☆

① 주민소환법이 주민소환의 청구사유에 제한을 두지 않는 것과 주민소환투표의 발의요건은 과잉금지원칙에 위배되지 않는다.
② 주민소환투표의 청구기간을 제한한 규정과 주민소환투표 서명요청 활동규정은 공무담임권을 침해한다고 보기 어렵다.
③ 주민소환투표가 공고된 날로부터 그 결과가 공표될 때까지 주민소환투표 대상자의 권한행사를 정지하는 것은 과잉금지의 원칙에 반하여 과도하게 공무담임권이 제한된다고 보기 어렵다.
④ 주민소환투표 결과의 확정요건규정이 과잉금지원칙을 위반하여 청구인의 공무담임권을 침해한다고 볼 수 없다.

공직선거법 제82조의2 위헌확인(헌재 2009.3.26. 2007헌마1327) : 기각

선거방송 대담토론회 참가기준으로 여론조사 평균지지율 100분의 5를 요구하고 있는 공직선거법 제82조의2 제4항 제1호 및 제3호의 다목은 헌법에 위반되지 않는다.

공직선거법 제261조 제5항 제1호 위헌제청(헌재 2009.3.26. 2007헌가22) : 헌법불합치 ★★☆

물품·음식물·서적·관광 기타 교통편의를 제공받은 자는 그 제공받은 금액 또는 음식물·물품 가액의 50배(주례의 경우에는 200만원)에 상당하는 금액의 과태료에 처하되, 그 상한은 5천만 원으로 규정한 구 공직선거법(2004.3.12.개정되고 2008.2.29.개정되기 전의 것) 제261조 제5항 제1호 및 공직선거법(2008.2.29.개정된 것) 제261조 제5항 제1호는 과잉금지원칙에 위배된다.

> 개정) 10배 이상 50배 이내 - 과태료 부과

국세징수법 제78조 제2항 후문 위헌제청(헌재 2009.4.30. 2007헌가8) : 헌법불합치

국세징수법상 공매절차에서 매각결정을 받은 매수인이 대금납부의무를 불이행한 경우 그가 제공한 계약보증금을 국고에 귀속시키도록 하는 국세징수법 제78조 제2항 후문은 헌법에 합치되지 아니한다.

사립학교법 제25조 제3항 위헌소원(헌재 2009.4.30. 2005헌바101) : 합헌

학교법인의 임시이사 개개인의 임기 외에 교육인적자원부(현행 : 교육부)장관이 임시이사를 선임할 수 있는 기간 자체를 제한하고 있지 아니한 구 사립학교법 제25조 제3항 후문은 헌법에 위반되지 않는다.

판례 011 | 구 상표법 제7조 제3항 위헌소원(헌재 2009.4.30. 2006헌바113) : 위헌

선출원상표의 상표등록 무효심결이 확정되더라도 그와 동일 또는 유사한 상표의 등록을 금지하는 것은 후출원상표권자의 재산권 및 직업의 자유를 침해하여 헌법에 위반된다.

판례 012 | 공직선거법 제112조 제1항 등 위헌소원(헌재 2009.4.30. 2007헌바29) : 합헌

공직선거법 제113조, 제257조가 기부행위 제한와 관련하여 규정하고 있는 '연고가 있는 자' 및 '후보자가 되고자 하는 자' 부분은 죄형법정주의 명확성 원칙에 위배되지 아니하며, 기부행위 제한기간을 폐지하고 상시제한하도록 한 것은 과잉금지 원칙에 위반하여 행복추구권 등 관련 기본권을 침해하지 아니하므로 헌법에 위반되지 아니한다.

판례 013 | 민사소송법 제451조 제1항 제7호 등 위헌소원(헌재 2009.4.30. 2007헌바121) : 합헌

과학기술의 발전으로 인해 확정판결 당시 알지 못했던 새로운 사실이 드러난 경우를 민사소송법상 재심의 사유로 인정하고 있지 않는 민사소송법 제451조 제1항 제7호 등은 헌법에 위반되지 아니한다.

판례 014 | 초·중등교육법시행령 제84조 위헌확인(헌재 2009.4.30. 2005헌마514) : 기각 ★★☆

① 부모의 자녀에 대한 교육권은 비록 헌법에 명문으로 규정되어 있지는 아니하지만, 혼인과 가족생활을 보장하는 헌법 제36조 제1항, 행복추구권을 보장하는 헌법 제10조 및 헌법 제37조 제1항에서 나오는 중요한 기본권이며, 이러한 부모의 자녀교육권이 학교영역에서는 자녀의 교육진로에 관한 결정권 내지는 자녀가 다닐 학교를 선택하는 권리로 구체화된다.
② 이른바 고교평준화지역에서 일반계 고등학교에 진학하는 학생을 교육감이 학교군별로 추첨에 의하여 배정하도록 하는 초·중등교육법시행령 제84조는 헌법에 위반되지 않는다.

판례 015 | 예금자보호법 부칙 제6조 위헌확인(헌재 2009.4.30. 2006헌마603) : 기각

신용협동조합에 대하여 예금보험기금채권상환 특별기여금을 부과하는 내용의 예금자보호법 부칙 제6조는 신용협동조합의 재산권 및 평등권을 침해하지 아니한다.

판례 016 | 특수임무수행자 보상에 관한 법률 등 위헌확인(헌재 2009.4.30. 2006헌마1322) : 기각 ★★☆

보상금 등의 지급결정에 동의한 때에는 특수임무수행 등으로 인하여 입은 피해에 대하여 재판상 화해가 성립된 것으로 보는 것은 보상금 지급 신청인들의 재판청구권을 침해하지 아니한다.

군인사법 제48조 제4항 위헌확인(헌재 2009.4.30, 2007헌마290) : 기각

다른 국가공무원과 달리 자비 해외유학을 위하여 휴직하는 군인에게 봉급을 지급하지 않도록 정하고 있는 '군인사법 제48조 제4항 본문 중 같은 법 제48조 제3항 제2호 부분'은 헌법에 위반되지 않는다.

특정범죄 가중처벌 등에 관한 법률 제5조의11 위헌제청(헌재 2009.5.28, 2008헌가11) : 합헌

음주의 영향으로 정상적인 운전이 곤란한 상태에서 자동차를 운전하여 사람을 상해 또는 사망에 이르게 한 자를 형사처벌하도록 규정하고 있는 '특정범죄 가중처벌 등에 관한 법률' 제5조의11은 헌법에 위반되지 않는다.

정보통신망 이용촉진 및 정보보호 등에 관한 법률 제65조 제1항 제2호 위헌소원(헌재 2009.5.28, 2006헌바109) : 합헌 ★★☆

① 헌법재판소법 제68조 제2항에 의한 헌법소원심판 청구인이 당해사건인 형사사건에서 무죄의 확정판결을 받은 때에는 처벌조항의 위헌확인을 구하는 헌법소원이 인용되더라도 재심을 청구할 수 없고, 청구인에 대한 무죄판결은 종국적으로 다툴 수 없게 되므로 법률의 위헌 여부에 따라 당해 사건 재판의 주문이 달라지거나 재판의 내용과 효력에 관한 법률적 의미가 달라지는 경우에 해당한다고 볼 수 없으므로 더 이상 재판의 전제성이 인정되지 아니하는 것으로 보아야 한다.
② 음란표현도 헌법 제21조가 규정하는 언론·출판의 자유의 보호영역에는 해당하되, 다만 헌법 제37조 제2항에 따라 국가 안전보장·질서유지 또는 공공복리를 위하여 제한할 수 있다.
③ 정보통신망을 통하여 음란한 영상 등을 배포·판매하는 등의 행위를 한 자를 형사처벌하는 것은 명확성의 원칙에 위배되지 않는다.

집회 및 시위에 관한 법률 제2조 제1호 등 위헌소원(헌재 2009.5.28, 2007헌바22) : 합헌

① 학문·예술·체육·종교 등에 관한 집회에 대하여 신고의무 등에 관한 집회 및 시위에 관한 법률 제6조 등의 적용을 배제한 집시법 제13조는 재판의 전제성이 인정되지 않는다.
② '옥외집회'를 정의한 집시법 제2조 제1호는 명확성원칙에 위배되지 않는다.
③ 옥외집회의 사전신고의무를 규정한 집시법 제6조 제1항은 명확성원칙에 위배되지 않고, 나아가 과잉금지원칙에 위배하여 집회의 자유를 침해한다고 볼 수 없다.
④ 위 제6조 제1항에 위반한 집회를 주최한 자를 형사처벌하도록 규정한 집시법 제19조 제2항은 명확성원칙에 위배되지 않고, 과잉금지 원칙에 위반하여 과도한 제재를 과하고 있다거나 신고제를 사실상 허가제로 변화시켰다고 볼 수 없으며, 평등원칙에 반하지 않는다.

판례 021 공직선거법 제93조 제1항 위헌소원(헌재 2009.5.28, 2007헌바24) : **합헌** ★★☆

선거일 전 180일부터 선거일까지 선거에 영향을 미치게 하기 위하여 일정한 내용의 문서 기타 이와 유사한 것의 배부 등을 금지하는 공직선거법 제93조 제1항 중 '기타 유사한 것' 부분은 죄형법정주의의 명확성 원칙에 반하지 않고, 위 조항에 따라 일정한 내용의 휴대전화 문자메시지 전송을 금지하는 것은 과잉금지원칙에 위배하여 선거운동의 자유를 침해한다고 볼 수 없으므로 헌법에 위반되지 않는다.

> **주의** SNS를 통한 선거운동금지와 UCC를 통한 선거운동금지 : 위헌

 판례 022 표준어 규정 제1장 제1항 등 위헌확인(헌재 2009.5.28, 2006헌마618) : **각하, 기각**

① "표준어는 교양 있는 사람들이 두루 쓰는 현대 서울말로 정함을 원칙으로 한다."라는 표준어 규정 제1부 제1장 제1항 등 부분은 이로 인한 기본권 침해의 가능성이나 위험성을 인정하기 어렵다.
② 공공기관의 공문서를 표준어 규정에 맞추어 작성하도록 한 구 국어기본법 제14조 제1항 부분은 헌법에 위반되지 않는다.
③ 교과용 도서를 편찬하거나 검정 또는 인정하는 경우 표준어 규정을 준수하도록 하고 있는 구 국어기본법 제18조 부분은 헌법에 위반되지 않는다.

 판례 023 서울특별시와 정부 간의 권한쟁의(헌재 2009.5.28, 2006헌라6) : **인용** ★★☆

① 행정안전부장관 등이 2006.9.14.부터 2006.9.29.까지 청구인 서울특별시를 상대로 자치사무에 대하여 실시한 합동감사는 이 사건 관련규정상의 감사의 개시요건을 전혀 충족하지 못하여 헌법 및 지방자치법에 의하여 부여된 서울특별시의 지방자치권을 침해하였다.
② 자치사무에 대해서까지 국가감독이 중복되어 광범위하게 이루어지는 것은 지방자치의 본질을 훼손할 가능성마저 있으므로 지방자치권의 본질적 내용을 침해할 수 없다는 견지에서 중앙행정기관의 지방자치단체의 자치사무에 대한 이 사건 관련규정의 감사권은 사전적·일반적인 포괄감사권이 아니라 그 대상과 범위가 한정적인 제한된 감사권이라 해석함이 마땅하다.
③ 중앙행정기관의 장이 지방자치단체의 자치사무에 대하여 전반기 또는 후반기 감사와 같은 포괄적·사전적 일반감사나 위법사항을 특정하지 않고 개시하는 감사 또는 법령위반사항을 적발하기 위한 감사는 모두 허용될 수 없다.

2007년 전시증원연습 등 위헌확인(헌재 2009.5.28. 2007헌마369) : 각하 ★★☆

① 대통령이 한 2007년 전시증원연습결정은 국방에 관련되는 고도의 정치적 결단에 해당하여 사법심사를 자제하여야 하는 통치행위에 해당된다고 보기 어렵다.

② 평화적 생존권이란 이름으로 주장하고 있는 평화란 헌법의 이념 내지 목적으로서 추상적인 개념에 지나지 아니하고 평화적 생존권은 헌법상 보장된 기본권이라고 할 수 없으므로, 그 침해를 전제로 하는 이 사건 심판청구는 더 나아가 살필 것 없이 부적법하다.

> **주의** 종전 '평화적 생존권을 헌법 제10조와 제37조 제1항에 의하여 인정된 기본권으로서 침략전쟁에 강제되지 않고 평화적 생존을 할 수 있도록 국가에 요청할 수 있는 권리'라고 판시한 2003.2.23. 2005헌마268 결정은 이 결정과 저촉되는 범위 내에서 이를 변경하였다.

게임산업진흥에 관한 법률 제32조 제1항 제7호 위헌확인(헌재 2009.6.25. 2007헌마451) : 기각

① 국회의장이 본회의의 위임 없이 법률안을 정리하더라도 그러한 정리가 본회의에서 의결된 법률안의 실질적 내용에 변경을 초래하는 것이 아닌 한 헌법이나 국회법상의 입법절차에 위반된다고 볼 수는 없다.

② 국회에서 의결된 법률안의 문안형식과 다른 문안형식으로 공포된 게임산업진흥에 관한 법률 제32조 제1항 제7호는 헌법이 규정한 입법절차에 위반하여 성립된 것이 아닐 뿐더러, 게임제공업자들의 직업수행의 자유를 침해하지도 않는다.

군사정전에 관한 협정 체결 이후 납북피해자의 보상 및 지원에 관한 법률 제1조 등 위헌확인(헌재 2009.6.25. 2008헌마393) : 기각

① 입법자가 혜택부여규정에서 일정 인적 집단을 배제한 경우, 그 규정의 인적 대상범위의 확대를 구하는 헌법소원은 외형적으로는 진정입법부작위에 대한 소원과 흡사하나, 이러한 부작위는 입법자가 혜택부여규정의 제정을 통하여 내린 적극적인 결정의 반사적 효과일 뿐이다.

② 군사정전에 관한 협정 체결 이후의 납북자 또는 납북피해자만을 보호대상으로 규정하고 있는 것은 군사정전에 관한 협정 체결 이전 납북자의 평등권 및 행복추구권을 침해하지 않는다.

공직선거법 제200조 제2항 단서 위헌확인(헌재 2009.6.25. 2007헌마40) : 위헌 ★★☆

비례대표지방의회의원에 궐원이 생긴 때에 비례대표지방의회의원후보자명부에 의한 승계원칙의 예외를 규정한 공직선거법 제200조 제2항 단서 중 '비례대표지방의회의원 당선인이 제264조(당선인의 선거범죄로 인한 당선무효)의 규정에 의하여 당선이 무효로 된 때' 부분은 대의제 민주주의 원리 및 자기책임의 원리에 부합하지 않는 것으로서 궐원된 의원이 소속한 정당의 비례대표지방의회의원후보자명부상의 차순위후보자의 공무담임권을 침해하여 헌법에 위반된다.

판례 028
공직선거법 제200조 제2항 단서 위헌확인(헌재 2009.6.25, 2008헌마413) : **헌법불합치**

헌법재판소는 비례대표국회의원에 궐원이 생긴 때에 비례대표국회의원후보자명부에 의한 승계원칙의 예외를 규정한 공직선거법 제200조 제2항 단서 중 '임기만료일 전 180일 이내에 비례대표국회의원에 궐원이 생긴 때' 부분은 헌법에 합치되지 않는다.

판례 029
공직선거법 제200조 제2항 단서 위헌확인(헌재 2009.10.29, 2009헌마350) : **위헌**

비례대표국회의원후보자명부에 의한 승계원칙의 예외를 규정한 공직선거법 제200조 제2항 단서 중 '비례대표국회의원 당선인이 제264조(당선인의 선거범죄로 인한 당선무효)의 규정에 의하여 당선이 무효로 된 때' 부분은 헌법에 위반된다.

판례 030
성폭력범죄의 처벌 및 피해자보호 등에 관한 법률 제5조 제2항 등 위헌소원(헌재 2009.6.25, 2007헌바25) : **위헌, 합헌** ★★☆

① 판결선고 전의 구금일수는 그 전부 또는 일부를 유기징역, 유기금고, 벌금이나 과료에 관한 유치 또는 구류에 산입하도록 한 형법 제57조 제1항 중 "또는 일부" 부분은 헌법상 무죄추정원칙 및 적법절차원칙을 위배하여 합리성과 정당성 없이 신체의 자유를 지나치게 제한함으로써 헌법에 위반된다.
② 특수강도강제추행죄 등을 가중처벌하는 성폭법 제5조 제2항 중 "형법상 특수강도의 죄를 범한 자가 강제추행의 죄를 범한 때에는 사형·무기 또는 10년 이상의 징역에 처한다." 부분은 헌법에 위반되지 않는다.

판례 031
학교보건법 제6조 제1항 제3호 위헌제청(헌재 2009.7.30, 2008헌가2) : **합헌**

학교환경위생정화구역 내에는 납골시설의 설치 및 운영을 금지하는 것은 헌법에 위반되지 않는다.

판례 032
구 지방자치법 제13조의3 제1항 제1호 등 위헌소원(헌재 2009.7.30, 2007헌바75) : **합헌**

법령을 위반하는 사항에 관한 주민의 조례제정청구를 지방자치단체의 장이 각하하도록 한 구 지방자치법 제13조의3 제1항 제1호 및 제6항은 헌법에 위반되지 않는다.

판례 033
구 병역법 제94조 등 위헌소원(헌재 2009.7.30, 2007헌바120) : **합헌**

병역의무자가 병무청장의 국외여행허가를 받지 않고 출국한 경우 이를 처벌하는 구 병역법 제94조는 헌법에 위반되지 않는다.

판례 034
군인연금법 제7조 위헌소원(헌재 2009.7.30. 2007헌바139) : **합헌**
군인의 퇴역연금수급권에 대하여 전액 압류를 금지하고 있는 것은 헌법에 위반되지 않는다.

판례 035
군사법원법 제2조 제2항 위헌소원 등(헌재 2009.7.30. 2008헌바162) : **합헌** ★★☆
현역병의 군대 입대 전 범죄에 대한 군사법원의 재판권을 규정하고 있는 군사법원법 규정은 헌법에 위반되지 않는다.

판례 036
헌법재판소법 제38조 위헌확인(헌재 2009.7.30. 2007헌마732) : **기각** ★★☆
헌법재판소는 심판사건을 접수한 날로부터 180일 이내에 종국결정의 선고를 하여야 한다고 규정한 헌법재판소법 제38조 본문은 훈시규정으로서 헌법소원심판 청구인의 신속한 재판을 받을 권리를 침해하지 않는다.

판례 037
경찰대학의 학사운영에 관한 규정 제17조 위헌확인(헌재 2009.7.30. 2007헌마991) : **기각** ★★☆
경찰대학의 입학 자격을 만 17세 이상 21세 미만으로 규정한 부분은 헌법에 위반되지 않는다.

판례 038
부동산 가격공시 및 감정평가에 관한 법률 제24조 위헌확인(헌재 2009.7.30. 2007헌마1037) : **기각**
금고 이상의 실형을 선고받고 그 집행이 종료되거나 그 집행이 면제된 날부터 3년이 지나지 아니한 자는 감정평가사가 될 수 없다고 규정한 것은 헌법에 위반되지 않는다.

판례 039
공직선거법 제60조의3 제1항 제4호 위헌확인(헌재 2009.7.30. 2008헌마180) : **기각**
예비후보자홍보물을 선거구 내의 세대수 100분의 10 이내로 제한하는 공직선거법 제60조의3 제1항 제4호는 헌법에 위반되지 않는다.

판례 040
군인연금법 제33조 제1항 제1호 위헌제청(헌재 2009.7.30. 2008헌가1) : **헌법불합치**
군인 또는 군인이었던 자가 복무중의 사유로 금고 이상의 형을 받은 때에는 대통령령이 정하는 바에 의하여 퇴직급여 및 퇴직수당의 일부를 감액하여 지급하도록 한 것은 헌법에 합치되지 않는다.

청소년보호법 제54조 위헌제청(헌재 2009.7.30, 2008헌가10) : 위헌

개인의 대리인·사용인 기타 종업원이 그 개인의 업무에 관하여 청소년에게 주류 또는 담배를 판매한 때에는 그 개인에 대하여도 해당 조의 벌금형을 과하도록 한 것은 책임주의 원칙에 반하므로 헌법에 위반된다.

입법부작위 위헌확인(헌재 2009.7.30, 2006헌마358) : 위헌

지방자치단체가 지방공무원법 제58조 제2항의 위임에 따라 단체행동권을 향유할 수 있는 사실상 노무에 종사하는 공무원의 범위를 정하는 조례를 제정하지 않은 것은 헌법에 위반된다.

옹진군과 태안군 등 간의 권한쟁의(헌재 2009.7.30, 2005헌라2) : 각하, 인용

① 해사채취허가사무는 국가사무로서 지방자치단체의 장에게 위임된 기관위임사무에 해당하며, 이에 대한 권한쟁의심판청구는 부적법하다.
② 인천광역시 옹진군과 충청남도 태안군 사이의 공유수면(바다) 중 일부인 이 사건 쟁송해역에 대한 관할권한의 귀속을 다투는 권한쟁의 심판사건에서, 국토지리정보원 발행의 국가기본도상의 해상경계선에 비추어 볼 때 이 사건 쟁송해역에 대한 관할권한은 청구인 옹진군에게 있다.

국회법 제57조 제5항 단서 등 위헌소원(헌재 2009.9.24, 2007헌바17) : 합헌 ★★☆

① 국민은 헌법상 보장된 알권리의 한 내용으로서 국회에 대하여 입법과정의 공개를 요구할 권리를 가지며, 국회의 의사에 대하여는 직접적인 이해관계 유무와 상관없이 일반적 정보공개청구권을 가진다고 할 수 있다.
② 오늘날 국회기능의 중점이 본회의에서 위원회로 이동하여 위원회 중심으로 운영되고 있고, 법안 등의 의안에 대한 실질적인 심의가 위원회에서 이루어지고 있는 현실에서, 헌법 제50조 제1항 본문이 천명한 국회 의사공개의 원칙은 위원회의 회의에도 적용되며, 소위원회의 회의에도 당연히 적용되는 것으로 보아야 한다. 따라서 국회법 제57조 제5항 본문에서 "소위원회의 회의는 공개한다"라고 규정한 것은 헌법 제50조 제1항 본문에서 천명한 국회 의사공개의 원칙을 확인한 것에 불과하다 할 것이다.
③ 소위원회의 회의는 공개하되, 소위원회의 의결로 공개하지 않을 수 있도록 한 국회법 제57조 제5항 단서는 헌법에 위반되지 않는다.

판례 045
산업입지 및 개발에 관한 법률 제11조 제1항 등 위헌소원(헌재 2009.9.24, 2007헌바114) : **합헌** ★★☆
① 민간기업에게 산업단지개발사업에 필요한 토지 등을 수용할 수 있도록 규정한 것은 헌법에 위반되지 않는다.
② 헌법 제23조 제3항은 정당한 보상을 전제로 하여 재산권의 수용 등에 관한 가능성을 규정하고 있지만, 재산권 수용의 주체를 한정하지 않고 있다.

판례 046
공공기관의 정보공개에 관한 법률 제9조 제1항 제5호 위헌소원(헌재 2009.9.24, 2007헌바107) : **합헌**
시험에 관한 정보를 비공개 정보로 할 수 있도록 한 공공기관의 정보공개에 관한 법률 제9조 제1항 제5호는 헌법에 위반되지 않는다.

판례 047
외국인근로자의 고용 등에 관한 법률 제7조 등 위헌확인(헌재 2009.9.24, 2006헌마1264) : **기각**
외국인고용법의 외국인근로자 고용허가제 규정들은 헌법에 위반되지 않는다.

판례 048
화상 접견시간 단축 위헌확인(헌재 2009.9.24, 2007헌마738) : **기각** ★★☆
교도소장이 수형자에게 7회에 걸쳐 10분 내외의 화상접견시간을 부여한 행위는 접견교통권을 과도하게 제한한 것으로는 보이지 않고, 부당결부금지원칙에도 위배되지 않는다.

판례 049
공직선거법 제49조 제3항 위헌확인(헌재 2009.9.24, 2008헌마265) : **기각**
무소속후보자가 되고자 하는 자는 선거권자가 기명·날인한 추천장을 등록신청서에 첨부하도록 하면서 선거권자의 서명이나 무인은 허용하고 있지 않은 것은 헌법에 위반되지 않는다.

판례 050
집회 및 시위에 관한 법률 제10조 등 위헌제청(헌재 2009.9.24, 2008헌가25) : **헌법불합치** ★★☆
해가 뜨기 전이나 해가 진 후에는 옥외집회를 금지하고, 일정한 경우 관할경찰관서장이 허용할 수 있도록 한 것과 이에 위반한 경우 처벌하도록 한 것은 헌법에 합치되지 않는다.

판례 051
구 지방세법 제112조 제2항 제4호 위헌소원(헌재 2009.9.24, 2007헌바87) : **한정위헌**
고급오락장에 대한 취득세 중과세율을 규정한 법률규정이 고급오락장으로 사용할 목적이 없는 취득의 경우에도 적용되는 한 헌법에 위반된다.

판례 052
국회의원과 국회의장 등 간의 권한쟁의(헌재 2009.10.29, 2009헌라8) : **각하, 권한침해, 기각** ★★☆

① 국회의장의 법률안가결선포행위에 대한 권한쟁의심판의 경우 국회부의장은 피청구인 적격이 인정되지 않으나, 국회의장은 피청구인 적격이 인정된다.
② 국회의장이 2009.7.22. 15:35 경 개의된 제283회 국회임시회 제2차 본회의에서 신문 등의 자유와 기능보장에 관한 법률 전부개정법률안의 가결을 선포한 행위와 방송법 일부개정법률안의 가결을 선포한 행위는 국회의원들의 법률안 심의·표결권한을 침해하였다.
③ 국회의장이 위 본회의에서 인터넷멀티미디어 방송사업법 일부개정법률안 및 금융지주회사법 일부개정법률안의 각 가결을 선포한 행위는 국회의원들의 법률안 심의·표결권한을 침해하지 않았다.
④ 위 4개 법률안 가결선포행위는 모두 유효하다.

판례 053
공직선거법 제47조의2 제1항 위헌소원(헌재 2009.10.29, 2008헌바146) : **합헌**

정당의 후보자 추천과 관련하여 금품이나 그 밖의 재산상 이익을 제공하거나 제공받는 것을 금지하고, 위반시 형사처벌하도록 한 것은 헌법에 위반되지 않는다.

판례 054
서울특별시 학원의 설립·운영 및 과외교습에 관한 조례 제5조 제1항 전문 위헌확인(헌재 2009.10.29, 2008헌마635) : **기각** ★★☆

학교교과교습학원 및 교습소의 교습시간을 05:00부터 22:00까지 규정하고 있는 '서울특별시 학원의 설립·운영 및 과외교습에 관한 조례' 제5조 제1항 본문은 헌법에 위반되지 않는다.

판례 055
교육공무원법 부칙 제2조 위헌소원(헌재 2009.10.29, 2008헌바77) : **합헌**

교육공무원 가산점 적용시한을 규정하고 있는 것은 헌법에 위반되지 않는다.

판례 056
경비업법 제15조 제3항 등 위헌확인(헌재 2009.10.29, 2007헌마1359) : **기각** ★★☆

특수경비원의 단체행동권을 제한하고 있는 경비업법 제15조 제3항은 과잉금지원칙에 위배되지 않는다.

판례 057
형의 실효 등에 관한 법률 제8조의2 위헌확인(헌재 2009.10.29, 2008헌마257) : **기각**

검사의 '혐의없음' 불기소처분 등에 관한 수사경력자료의 보존 및 보존기간에 관한 규정인 구 '형의 실효 등에 관한 법률' 제8조의2 제1항 제1호 중 관련 부분 및 제2항 제2호는 개인정보자기결정권 또는 평등권을 침해한다고 볼 수 없다.

판례 058 변호사법 제5조 제2호 위헌확인(헌재 2009.10.29, 2008헌마432) : 기각

금고 이상의 형의 집행유예를 선고받고 그 기간이 경과한 후 2년을 경과하지 아니한 자는 변호사가 될 수 없다고 규정한 것은 직업선택의 자유 및 평등권을 침해하지 않는다.

판례 059 경주시 리·통장 및 반장 임명 등에 관한 규칙 제2조 제2항 위헌확인(헌재 2009.10.29, 2009헌마127) : 각하 ★★☆

① 이장은 헌법상 보호되는 공무담임권의 대상으로서의 공무원이 아니다.
② 지방자치단체장이 제정하는 규칙에 따라 이장의 임명 방법이 다르게 나타나는 것은 헌법이 지방자치단체의 자치입법권을 인정하는 한 당연히 예상되는 불가피한 결과인 것이므로 헌법상 보장된 기본권의 침해가능성이 없어 부적법하다.

판례 060 국민의 형사재판 참여에 관한 법률 제5조 제1항 등 위헌소원(헌재 2009.11.26, 2008헌바12) : 합헌 ★★☆

① 우리 헌법상 헌법과 법률이 정한 법관에 의한 재판을 받을 권리는 직업법관에 의한 재판을 주된 내용으로 하는 것이므로 국민참여재판을 받을 권리가 헌법 제27조 제1항에서 규정한 재판을 받을 권리의 보호범위에 속한다고 볼 수 없다.
② 국민참여재판의 대상사건을 규정한 제 5조 제1항, 평결과 의견은 법원을 기속하지 않는다고 규정한 제46조 제5항, 이 법 시행(2008.1.1) 후 최초로 공소제기되는 사건부터 적용하도록 규정한 부칙 제2항은 헌법에 위반되지 않는다.

판례 061 형사소송법 제308조 위헌소원(헌재 2009.11.26, 2008헌바25) : 합헌

형사재판에 있어서 증거의 증명력에 대한 평가를 법관의 자유로운 판단에 맡기는 자유심증주의 원칙을 규정하고 있는 형사소송법 제308조는 공정한 재판을 받을 권리를 침해하지 않는다.

판례 062 공직선거법 제64조 제1항 등 위헌확인(헌재 2009.11.26, 2008헌마114) : 기각

선전벽보 등에 후보자의 비정규학력을 게재하지 못하도록 한 공직선거법 제64조 제1항과 제250조 제1항은 선거운동의 자유, 표현의 자유 등을 침해하여 헌법에 위반된다고 볼 수 없다. 다만 학력주의 병폐 극복 및 비정규학력의 실질을 보다 구체적이고 명료하게 표시할 수 있는 여지가 있는지 살펴 유권자의 알권리와 후보자의 선거운동의 자유를 충분히 보장하도록 입법자에 대한 권고를 하였다.

판례 063
형법 제304조 위헌소원(헌재 2009.11.26, 2008헌바58) : **위헌** ★★☆

혼인빙자간음 처벌조항인 형법 제304조 중 "혼인을 빙자하여 음행의 상습없는 부녀를 기망하여 간음한 자" 부분은 헌법 제37조 제2항의 과잉금지원칙을 위반하여 남성의 성적자기결정권 및 사생활의 비밀과 자유를 침해하는 것으로 헌법에 위반된다.

판례 064
서울특별시 강남구와 관악구 간의 권한쟁의(헌재 2009.11.26, 2008헌라4) : **각하** ★★☆

서울특별시 관악구가 조례로 관할구역 내 행정동의 명칭을 '보라매동(구 봉천1동)', '신사동(구 신림4동)', '삼성동(구 신림6동 및 신림10동)'으로 변경한 것이 청구인 동작구 및 강남구의 행정동 명칭에 관한 권한을 침해한 것이라며 제기된 권한쟁의심판청구는, 지방자치단체의 특정한 행정동 명칭에 관한 독점적·배타적 권한을 인정할 수 없는 이상, 피청구인의 행정동 명칭 변경에 관한 조례개정으로 인하여 청구인의 행정동 명칭에 관한 권한이 침해될 가능성이 있다고 볼 수 없다.

판례 065
입법부작위위헌확인(헌재 2009.11.26, 2008헌마385) : **각하** ★★☆

① 연명치료 중인 환자 본인이 제기한 '연명치료 중단 등에 관한 법률'의 입법부작위 위헌확인에 관한 헌법소원 심판청구는, 연명치료 중단에 관한 자기결정권이 죽음에 임박한 환자에게 헌법상 보장된 기본권이기는 하나, 국가가 이를 보호하기 위하여 연명치료 중단 등에 관한 법률의 입법의무가 있다고 볼 수 없으므로 위 법률의 입법부작위가 헌법재판소법 제68조 제1항 소정의 '공권력의 불행사'에 해당하지 아니하여 부적법하다.
② 연명치료중인 환자의 자녀들이 제기한 '연명치료 중단 등에 관한 법률'의 입법부작위 위헌확인에 관한 헌법소원 심판청구는 위 입법부작위로 인한 기본권침해의 자기관련성을 갖추지 못하여 부적법하다.

판례 066
정치자금법 제21조 제3항 제2호 위헌확인(헌재 2009.12.29, 2007헌마1412) : **위헌** ★★☆

대통령선거경선후보자가 당내경선 과정에서 탈퇴함으로써 후원회를 둘 수 있는 자격을 상실한 때에는 후원회로부터 받은 후원금 전액을 국고에 귀속하도록 하는 것은 헌법에 위반된다.

판례 067
정치자금법 제21조 제3항 제2호 위헌확인(헌재 2009.12.29, 2008헌마141) : **위헌** ★★☆

국회의원예비후보자가 당내경선에 참여하지 않고 정식 후보자 등록을 하지 않음으로써 후원회를 둘 수 있는 자격을 상실한 때에는 후원회로부터 후원받은 후원금 전액을 국고에 귀속하도록 하는 것은 헌법에 위반된다.

판례 068
형사소송법 제482조 제1항 등 위헌제청(헌재 2009.12.29, 2008헌가13) : **헌법불합치** ★★☆

상소제기 후 상소취하시까지의 미결구금을 형기에 산입하지 아니하는 것은 헌법상 무죄추정의 원칙 및 적법절차의 원칙, 평등원칙 등을 위배하여 합리성과 정당성 없이 신체의 자유를 지나치게 제한하는 것이다.

판례 069
민법 부칙 제2조 위헌소원(헌재 2009.12.29. 2007헌바54) : **합헌** ★★☆

개정 민법이 혼인외 출생자의 인지청구 제소기간을 1년에서 2년으로 늘리면서, 개정 민법 제864조가 시행되기 전에 부 또는 모가 사망한 경우에 인지청구 제소기간에 관하여 구 민법 제864조를 적용하게 하는 것은 헌법에 위반되지 않는다.

판례 070
형사소송법 제20조 제1항 등 위헌소원(헌재 2009.12.29. 2008헌바124) : **합헌**

형사소송에서 기피신청이 소송지연을 목적으로 함이 명백한 경우에는 그 신청을 받은 법원 또는 법관이 이를 기각하도록 하고, 이 경우 소송이 정지되지 않으며, 이에 대한 즉시항고는 재판의 집행을 정지하는 효력이 없도록 규정한 것은 헌법에 위반되지 않는다.

판례 071
공익사업을 위한 토지 등의 취득 및 보상에 관한 법률 제67조 제2항 등 위헌소원(헌재 2009.12.29. 2009헌바142) : **합헌**

개발이익을 배제하여 표준지공시지가를 기준으로 토지수용에 대한 보상을 하도록 한 것은 헌법상 정당한 보상의 원칙에 위반되지 않는다.

2010년도 헌법재판소 판례

판례 001 형법 제41조 등 위헌제청(헌재 2010.2.25, 2008헌가23) : 합헌 ★★☆
① 사형제도는 헌법에 위반되지 않는다.
② 현행 무기징역형제도가 가석방이 불가능한 절대적 종신형을 따로 두고 있지 않은 것은 헌법에 위반되지 않는다.
③ 법정형에 사형, 무기징역형을 포함하고 있는 형법 제250조 제1항(살인) 및 구 '성폭력범죄의 처벌 및 피해자보호 등에 관한 법률' 제10조 제1항(강간 등 살인·치사)은 헌법에 위반되지 않는다.

판례 002 특정강력범죄의 처벌에 관한 특례법 제3조 위헌제청(헌재 2010.2.25, 2008헌가20) : 합헌
특정강력범죄로 형을 받아 그 집행을 종료하거나 면제받은 후 3년 이내에 다시 성폭력범죄의 처벌 및 피해자보호 등에 관한 법률상의 야간주거침입강간미수죄·흉기휴대강간죄·야간주거침입강제추행치상죄·특수강도강간죄를 범한 때 및 특수강도강간미수죄를 범한 때에는 그 죄에 정한 형의 장기 및 단기의 2배까지 가중하도록 한 특정강력범죄의 누범규정은 모두 헌법에 위반되지 않는다.

판례 003 구 체육시설의설치·이용에 관한 법률 제30조 제2항 등 위헌소원(헌재 2010.2.25, 2007헌바34) : 각하
1심 판결 이후 항소심에서 당사자들간에 임의조정이 성립되어 소송이 종결된 경우, 1심 판결에 적용된 법률조항에 대해서 재판의 전제성을 인정할 수 없다.

판례 004 기반시설부담금에 관한 법률 제8조 제1항 등 위헌소원(헌재 2010.2.25, 2007헌바131) : 합헌
① 종교를 이유로 한 적극적인 우대조치를 요구할 권리가 직접 도출된다거나 적극적인 우대조치를 할 국가의 의무가 발생하는 것은 아니다.
② 종교시설의 건축행위를 감면대상에 포함하지 않았더라도 종교의 자유를 침해한다고 볼 수 없다.

판례 005 구 지방교육자치에 관한 법률 제158조 제2항 제1호 위헌소원(헌재 2010.2.25, 2008헌바10) : 합헌
교육위원 선거운동기간 전 각종 인쇄물을 사용하여 선거운동을 한 자에 대해 2년 이하의 징역 또는 400만 원 이하의 벌금에 처하도록 규정한 것은 헌법에 위반되지 않는다.

판례 006
구 기부금품모집 규제법 제15조 제1항 제1호 등 위헌소원(헌재 2010. 2. 25. 2008헌바83) : **합헌**
★★☆
① 기부금품의 모집에 허가를 받도록 한 것은 기부금품을 모집할 일반적 행동의 자유를 침해하지 않는다.
② 허가를 받지 않고 기부금품을 모집한 자를 형사처벌 하는 것은 과도한 제재를 과하는 것이라고 볼 수 없다.

판례 007
청원경찰법 제5조 제3항 위헌소원(헌재 2010. 2. 25. 2008헌바160) : **합헌**
청원경찰의 징계에 관한 사항을 대통령령에 위임한 것은 헌법에 위반되지 않는다.

판례 008
참전명예수당 지급차별 등 위헌확인(헌재 2010. 2. 25. 2007헌마102) : **기각**
참전유공자에게 참전명예수당을 지급하도록 규정하면서 국가유공자법에 의한 보훈급여금을 받고 있는 자들에 대해서는 참전명예수당과 보훈급여금 중에서 택일하게 하여 한 가지만 지급하도록 한 것은 국가유공자인 참전유공자의 평등권을 침해하는 것이 아니다.

판례 009
변리사법 제3조 제1항 제2호 등 위헌확인(헌재 2010. 2. 25. 2007헌마956) : **기각**
① 변호사의 자격을 가진 자로서 변리사등록을 한 자에게 변리사 자격을 주는 것은 변리사시험을 통해 변리사가 되고자 하는 자들의 평등권 및 직업선택의 자유를 침해하지 않는다.
② 특허청 경력공무원에게 변리사시험 제1차시험 내지 제2차시험의 일부를 면제해 주는 것은 변리사시험을 통해 변리사가 되고자 하는 자들의 평등권 및 직업선택의 자유를 침해하지 않는다.

판례 010
공직선거법 제82조의6 제1항 등 위헌확인(헌재 2021. 1. 28. 2018헌마456) : **기각** 📖 **판례변경**
인터넷언론사에 대하여 선거운동기간 중 당해 인터넷홈페이지의 게시판·대화방 등에 정당·후보자에 대한 지지·반대의 글을 게시할 수 있도록 하는 경우 실명인증의 기술적 조치를 할 의무, 위와 같은 글이 "실명인증"의 표시가 없이 게시된 경우 이를 삭제할 의무를 부과한 것은 헌법에 위반된다.

판례 011
형법 제185조 위헌제청(헌재 2010.3.25, 2009헌가2) : **합헌**
① 육로를 불통하게 하거나 기타 방법으로 교통을 방해한 자를 형사처벌하도록 규정한 형법 제185조는 죄형법정주의 명확성 원칙에 반하지 않고, 국가형벌권 행사의 한계를 넘은 과잉입법이라 볼 수 없다.
② 교통방해가 헌법상 보장되는 집회의 자유에 의하여 국가와 제3자에 의하여 수인되어야 할 것으로 인정되는 범위라면, 사회상규에 반하지 아니하는 행위로서 위법성이 인정될 수 없고, 이 사건 법률조항에 의한 형사처벌의 대상이 될 수 없으므로 집회의 자유의 실질적 침해 문제가 발생하지 않는다.

판례 012
공직선거법 제250조 제1항 등 위헌소원(헌재 2010.3.25, 2009헌바121) : **합헌**
선거운동에 사용하는 선전벽보에 학력을 게재함에 있어 "정규학력에 준하는 외국의 교육과정을 이수한 학력"에 대해서는 그 "수학기간"을 반드시 기재하도록 하고 이를 위반한 경우 처벌하도록 규정한 것은 헌법에 위반되지 않는다.

판례 013
성폭력범죄의 처벌 및 피해자보호 등에 관한 법률 제9조 제1항 등 위헌소원(헌재 2010.3.25, 2008헌바84) : **합헌**
형법상 주거침입의 죄를 범한 강간미수범이 사람을 상해한 경우 무기 또는 7년 이상의 징역에 처하도록 규정한 부분은 헌법에 위반되지 않는다.

판례 014
도로교통법 제93조 제1항 제2호 위헌소원(헌재 2010.3.25, 2009헌바83) : **합헌** ★★☆
음주운전 금지규정을 2회 이상 위반한 사람이 다시 이를 위반한 때에는 운전면허를 필요적으로 취소하도록 하는 것은 헌법에 위반되지 않는다.

판례 015
입법부작위위헌확인(헌재 2010.3.25, 2007헌마933) : **각하** ★★☆
① 하나의 헌법소원으로 헌법재판소법 제68조 제1항에 의한 청구와 헌법재판소법 제68조 제2항에 의한 청구를 함께 병합하여 제기하는 것은 가능하다.
② 구 경제자유구역의 지정 및 운영에 관한 법률 제13조에서 금전보상 외에 환지청구권을 규정하지 아니한 부작위의 위헌 여부에 대한 헌법소원심판청구는 헌법소원심판의 대상이 될 수 없는 입법부작위에 대한 청구로서 부적법하다.

판례 016
소득세법 제160조의5 제1항 등 위헌확인(헌재 2010.3.25, 2007헌마1191) : **기각**
복식부기의무자에게 사업용계좌의 사용을 의무화하고, 사업용계좌의 개설·신고 의무를 부과한 것은 헌법에 위반되지 않는다.

판례 017 헌법재판소법 제25조 제3항 위헌확인(헌재 2010.3.25, 2008헌마439) : **기각**

헌법소원심판에 있어 반드시 변호사를 대리인으로 선임하도록 규정하고 있는 헌법재판소법 제25조 제3항은 헌법에 위반되지 않는다.

판례 018 민사소송법 제391조 위헌확인(헌재 2010.3.25, 2008헌마510) : **기각**

민사소송법 제391조 중 '소송비용에 관한 재판에 대하여는 독립하여 항소하지 못한다' 부분은 헌법에 위반되지 않는다.

판례 019 공직선거법 제265조 본문 위헌확인(헌재 2010.3.25, 2009헌마170) : **기각**

후보자의 회계책임자가 300만원 이상의 벌금을 선고받은 경우 후보자의 당선을 무효로 하고 있는 구 공직선거법 규정은 헌법에 위반되지 않는다.

판례 020 형법 제314조 제1항 위헌소원(헌재 2010.4.29, 2009헌바168) : **합헌**

위력으로써 사람의 업무를 방해한 자를 형사처벌하도록 규정하고 있는 형법 제314조 제1항 중 "위력으로써 사람의 업무를 방해한 자" 부분은 헌법에 위반되지 않는다.

판례 021 경기도 안산시의회 의원과 의회 의장 간의 권한쟁의(헌재 2010.4.29, 2009헌라11) : **각하** ★★☆

지방자치단체의 의결기관을 구성하는 지방의회 의원과 그 기관의 대표자인 지방의회 의장 사이의 내부적 분쟁에 관련된 심판청구는 헌법재판소가 관장하는 권한쟁의심판에 해당하지 않으므로 안산시의회 의원들의 권한쟁의심판청구는 각하되었다.

판례 022 구 집회 및 시위에 관한 법률 제5조 제1항 제2호 등 위헌소원(헌재 2010.4.29, 2008헌바118) : **합헌**

집단적인 폭행·협박·손괴·방화 등으로 공공의 안녕질서에 직접적인 위협을 가할 것이 명백한 집회 또는 시위의 주최를 금지하는 것과 이에 위반한 집회 또는 시위에 그 정을 알면서 참가한 자를 형사처벌하는 것은 집회의 자유를 침해한다고 볼 수 없다.

판례 023 향토예비군 설치법 제6조의3 제2항 등 위헌소원(헌재 2010.4.29, 2009헌바46) : **합헌**

정당한 사유 없이 보류사유 해소신고를 하지 아니한 자를 형사처벌하도록 규정한 것은 헌법에 위반되지 않는다.

판례 024 | 사립학교교직원 연금법 제2조 등 위헌소원(헌재 2010.4.29, 2009헌바102) : 합헌

유족의 범위에서 형제자매를 제외한 규정 및 유족이 아닌 직계비속이 없을 경우 관계학교 경영기관의 장의 의견을 들어 사망한 자를 위하여 유족급여를 사용할 수 있도록 한 것은 헌법에 위반되지 않는다.

판례 025 | 국채법 제17조 위헌소원(헌재 2010.4.29, 2009헌바120) : 합헌

국채의 원금 및 이자의 소멸시효는 5년으로 하는 것은 헌법에 위반되지 않는다.
  🔍 지방채권 소멸시효 : 5년 (합헌)
     국가배상 소멸시효 : 3년 (합헌)

판례 026 | 행정사법시행령 제4조 제3항 위헌확인(헌재 2010.4.29, 2007헌마910) : 인용 ★★☆

행정사의 수급상황을 조사하여 행정사 자격시험의 실시가 필요하다고 인정하는 때 시험실시계획을 수립하도록 한 부분은 법률유보원칙에 반하여 직업선택의 자유를 침해한다.

판례 027 | 행형법 제22조 제2항 위헌확인(헌재 2010.4.29, 2008헌마412) : 각하

① 미결수용자가 재판에 참석할 때 사복을 착용하기 위해 자비부담으로 신청할 경우 교도소장의 허가를 받도록 한 것은 당해 소장의 허가 또는 불허가라는 집행행위를 요하므로 기본권 침해의 직접성이 없다.
② 교도소장이 청구인들에게 재판에 참석할 때 사복을 착용할 수 있다는 것을 고지하지 않은 부작위의 위헌확인을 구하는 헌법소원 심판청구는 헌법이나 법률 해석상 그러한 작위의무가 인정되지 않으므로 각하되었다.

판례 028 | 공직선거법 제148조 제1항 위헌확인(헌재 2010.4.29, 2008헌마438) : 기각

각종 선거에서 부재자투표소에서의 투표기간을 선거일 전 6일부터 2일간 실시하도록 하고 있는 공직선거법 제148조 제1항은 부재자투표를 하려는 자의 기본권(선거권과 평등권)을 침해하지 않는다. 🔎 개정 사전투표기간 선거일 전 5일부터 2일간 실시

판례 029 | 치료감호법 제4조 제1항 위헌확인(헌재 2010.4.29, 2008헌마622) : 기각

① 피고인 스스로 치료감호를 청구할 수 있는 권리가 헌법상 재판청구권의 보호범위에 포함된다고 보기는 어렵다.
② 치료감호 청구권자를 검사로 한정한 것은 헌법에 위반되지 않는다.

판례 030
2010학년도 법학적성시험 시행일자 공고 등 위헌확인(헌재 2010.4.29, 2009헌마399) : **기각** ★★☆

법학전문대학원협의회의 "2010학년도 법학적성시험 시행계획 공고" 중 2010학년도 법학적성시험의 시행일을 일요일인 2009.8.23.로 정하고 있는 부분은 종교의 자유 및 평등권을 침해하지 않는다.

판례 031
생명윤리 및 안전에 관한 법률 제13조 제1항 등 위헌확인(헌재 2010.5.27, 2005헌마346) : **각하, 기각** ★★☆

① 헌법재판소는 초기배아의 기본권 주체성을 부정하였다.
② 잔여배아에 대해 5년의 보존기간을 정하고 이후 폐기하도록 한 생명윤리법 제16조 제1항, 제2항 부분은 헌법에 위반되지 아니한다.

판례 032
민사집행법 제70조 등 위헌확인(헌재 2010.5.27, 2008헌마663) : **기각** ★★☆

채무불이행자명부나 그 부본은 누구든지 보거나 복사할 것을 신청할 수 있도록 규정한 민사집행법 규정은 채무불이행자명부에 등재된 자의 개인정보자기결정권을 침해하지 않는다.

판례 033
건설폐기물의 재활용 촉진에 관한 법률 제44조 제1호 등 위헌소원(헌재 2010.5.27, 2007헌바53) : **합헌**

타인에게 임대한 자기 소유의 토지 위에 폐기물이 방치된 경우 당해 토지의 소유자에게도 폐기물에 대한 적정처리를 명할 수 있도록 한 것은 헌법에 위반되지 아니한다.

판례 034
형법 제246조 제1항 등 위헌소원(헌재 2010.5.27, 2007헌바100) : **합헌**

형법상 도박개장죄에 '도박'이라는 개념에 '재물'뿐만 아니라 '재산상의 이익'을 걸고 하는 경우도 포함하는 것으로 해석하더라도 죄형법정주의 명확성 원칙에 위배되지 않는다.

판례 035
사법시험법 제4조 등 위헌소원(헌재 2010.5.27, 2008헌바110) : **각하, 합헌** ★★☆

사법시험의 합격자를 정원제로 선발하도록 규정하고 있는 사법시험법 제4조는 직업선택의 자유를 침해하지 아니한다.

판례 036
구 국가유공자 등 예우 및 지원에 관한 법률 제5조 등 위헌소원(헌재 2010.5.27, 2009헌바49) : **합헌**

형제자매를 국가유공자의 유족 등의 범위에서 배제한 것은 헌법에 위반되지 않는다.

판례 037
공직선거법 제122조의2 등 위헌확인(헌재 2010.5.27, 2008헌마491) : **기각**

지역구국회의원선거에서 후보자의 득표수가 유효투표총수의 100분의 15 이상인 경우 또는 100분의 10 이상 100분의 15 미만인 경우에는 후보자가 지출한 선거비용의 전액 또는 반액을 각각 보전하여 주도록 규정하고 있는 공직선거법 규정은 헌법에 위반되지 아니한다.

판례 038
주택공급에 관한 규칙 제32조 제1항 위헌확인(헌재 2010.5.27, 2009헌마338) : **기각**

무주택 단독세대주의 경우 40제곱미터 이하의 국민임대주택에 한하여 입주자로 선정될 수 있도록 규정한 것은 단독세대주의 평등권, 인간다운 생활을 할 권리 등을 침해하지 아니한다.

판례 039
경상남도 등과 정부 등 간의 권한쟁의(헌재 2010.6.24, 2005헌라9) : **각하, 인용, 기각**

① 종래 특정한 지방자치단체의 관할구역에 속하던 공유수면이 매립되는 경우에는 법령에 의한 경계변경이 없는 한, 그 매립지는 당해 지방자치단체의 관할구역에 편입된다.
② 부산 신항만 내 북쪽 컨테이너부두 및 그 배후부지로 공유수면을 매립하여 조성된 이 사건 계쟁지역에 대하여 경상남도 및 경상남도 진해시와 부산광역시 및 부산광역시 강서구가 서로 관할권한의 존부 및 범위를 다투는 권한쟁의 심판사건에서, 국토지리정보원 발행의 국가기본도상의 해상경계선을 기준으로 관할권한이 분할 귀속된다는 결정을 선고하였다.

판례 040
열람·등사 거부처분취소(헌재 2010.6.24, 2009헌마257) : **인용**

① 피고인의 신속·공정한 재판을 받을 권리 및 변호인의 조력을 받을 권리는 헌법이 보장하고 있는 기본권이고, 변호인의 수사서류 열람·등사권은 피고인의 신속·공정한 재판을 받을 권리 및 변호인의 조력을 받을 권리라는 헌법상 기본권의 중요한 내용이자 구성요소이며 이를 실현하는 구체적인 수단이 된다. 따라서 변호인의 수사서류 열람·등사를 제한함으로 인하여 결과적으로 피고인의 신속·공정한 재판을 받을 권리 또는 변호인의 충분한 조력을 받을 권리가 침해된다면 이는 헌법에 위반되는 것이다.
② 증거개시에 관한 형사소송법 규정에 따라 법원이 수사서류에 대한 열람·등사 허용 결정을 하였음에도 검사가 변호인의 열람·등사 신청을 거부한 행위는 헌법에 위반된다.

판례 041
군인연금법 제23조 제1항 위헌소원(헌재 2010. 6. 24. 2008헌바128) : **헌법불합치**

퇴직 군인의 상이연금 지급에 관한 규정인 군인연금법 제23조 제1항이 공무상 질병 또는 부상으로 '퇴직 이후에 폐질상태가 확정된 군인'에 대해서 상이연금 지급에 관한 규정을 두지 아니한 것은 헌법에 합치되지 아니한다.

판례 042
공직선거법 제59조 제3호 위헌소원(헌재 2010. 6. 24. 2008헌바169) : **합헌**

선거운동기간 전의 선거운동을 금지하면서, 다만 후보자와 후보자가 되고자 하는 자가 자신이 개설한 인터넷 홈페이지를 이용하여 선거운동을 할 경우에는 그 예외를 인정하는 것은 헌법에 위반되지 아니한다.

판례 043
지방자치단체출연 연구원의 설립 및 운영에 관한 법률 제2조 등 위헌소원(헌재 2010. 6. 24. 2009헌바43) : **합헌** ★★☆

형법상 뇌물죄 적용에 있어 지방자치단체출연 연구원 소속 연구원을 공무원으로 의제하는 지방자치단체출연 연구원의 설립 및 운영에 관한 법률 제24조 중 '연구원' 부분은 헌법에 위반되지 아니한다.

판례 044
독립유공자예우에 관한 법률 제4조 제2호 위헌소원(헌재 2010. 6. 24. 2009헌바111) : **합헌** ★★☆

독립유공자법상 애국지사로 등록되어 예우를 받기 위해서는 독립운동을 한 사실 외에 그 공로로 건국훈장·건국포장 또는 대통령 표창을 받을 것을 요건으로 규정하고 있는 것은 독립유공자와 그 유족의 사회보장수급권 및 평등권을 침해하지 아니하므로 헌법에 위반되지 아니한다.

판례 045
2010년 사법시험실시계획 공고 중 시험일자부분 위헌확인(헌재 2010. 6. 24. 2010헌마41) : **기각** ★★☆

법무부장관이 사법시험 시행 일자를 토요일 또는 토요일을 포함한 기간으로 지정한 것은 제칠일안식일예수재림교를 믿는 자들의 종교의 자유 등 기본권을 침해한 것이 아니다.

판례 046
경상남도 창원시 설치 및 지원특례에 관한 법률 부칙 제2조 제3항 위헌확인 등(헌재 2010. 6. 24. 2010헌마167) : **각하**

폐지되는 지방자치단체의 장이 통합 창원시장 선거에 입후보하려는 경우에 그 직을 가지고 입후보할 수 있도록 규정한 '경상남도 창원시 설치 및 지원특례에 관한 법률' 부칙 제2조 제3항 단서 및 폐지되는 지방자치단체의 장이 통합 창원시장 선거에 출마할 경우 폐지되는 지방자치단체장으로 재임한 기간을 포함하여 계속 재임이 3기에 한하도록 하는 명시적인 규정을 두지 아니한 입법부작위에 대한 헌법소원심판청구는 부적법하다.

구 의료법 제25조 제1항 위헌제청(헌재 2010.7.29, 2008헌가19) : 일부각하, 합헌

무면허 의료행위를 금지 및 처벌하는 조항들은 비의료인의 직업선택의 자유 내지 일반적 행동의 자유 및 의료소비자의 의료행위 선택권을 침해하지 않으므로 헌법에 위반되지 아니한다.

국회의원과 법원 간의 권한쟁의(헌재 2010.7.29, 2010헌라1) : 각하 ★★☆

① 국가기관의 행위라 할지라도 헌법과 법률에 의해 그 국가기관에게 부여된 독자적인 권능을 행사하는 경우가 아닌 때에는 비록 국가기관의 행위가 제한을 받더라도 권한쟁의심판에서 말하는 권한이 침해될 가능성은 없다.
② 헌법 제40조, 제46조 제2항, 제61조는 "국회의원의 권한"이 아니라 "국회의 권한"(제40조, 제61조) 또는 국회의원의 의무 또는 직무수행의 원칙에 관한 규정으로서 그 조항들로부터 국회의원의 권한이 인정되지는 않는다.
③ 국회의원의 심의표결권은 대내적인 관계에서 행사되고 침해될 수 있고 다른 국가기관과의 대외적인 관계에서는 침해될 수 없다.
④ 국회의원(조전혁)이 교원들의 교원단체 가입현황을 자신의 인터넷 홈페이지에 게시하여 공개하려 하였으나 법원이 기본권침해를 주장하는 교원들의 신청을 받아들여 그 자료의 공개를 금지하는 가처분 및 간접강제 결정을 하자, 그 국회의원이 법원을 상대로 제기한 권한쟁의심판 사건에 대하여, 특정 정보를 인터넷 홈페이지에 게시하여 공개하는 행위는 헌법과 법률이 국회의원에게 독자적으로 부여한 권능이라고 할 수는 없으므로, 그와 같은 행위가 제한된다고 해서 "국회의원으로서의 권한"이 침해되는 것은 아니며, 그러한 제한에도 불구하고 헌법과 법률이 부여한 "국회의원으로서의 권한"(예컨대 법률안 제출권, 심의표결권 등)을 행사함에는 아무런 제한도 없다는 이유로 이 사건에서 "국회의원으로서의 권한"이 침해될 가능성이 없다는 이유로 심판청구를 각하하였다.

의료법 제82조 제1항 위헌확인 등(헌재 2010.7.29, 2008헌마664) : 합헌

① 단체가 구성원의 권리구제를 위하여 그를 대신하여 헌법소원심판을 청구하는 것은 허용될 수 없다.
② 시각장애인만 안마사 자격을 얻을 수 있게 하고, 시각장애인이 아닌 사람이 안마사 자격인정을 받지 않고 영리를 목적으로 안마를 할 경우 형사처벌을 하도록 규정한 의료법 조항은 직업선택의 자유를 침해하지 아니하므로 헌법에 위반되지 아니한다.

판례 050
형사보상법 제7조 위헌제청(헌재 2010.7.29. 2008헌가4) : **헌법불합치** ★★☆
형사보상의 청구는 무죄재판이 확정된 때로부터 1년 이내에 하도록 규정하고 있는 '형사보상법' 제7조는 형사보상청구권을 침해한 것으로 헌법에 합치되지 아니한다.

> **개정** 무죄재판이 확정된 때로부터 5년 이내, 무죄재판이 확정된 사실을 안 날로부터 3년 이내 2011.5.23

판례 051
사립학교교직원 연금법 제42조 제1항 위헌제청(헌재 2010.7.29. 2008헌가15) : **헌법불합치**
사립학교 교원 또는 사립학교 교원이었던 자가 재직중의 사유로 금고 이상의 형을 받은 때에는 대통령령이 정하는 바에 의하여 퇴직급여 및 퇴직수당의 일부를 감액하여 지급하도록 한 것은 헌법상 재산권 내지 평등권을 침해하여 헌법에 합치되지 아니한다.

판례 052
병역법 제35조 제2항 등 위헌제청(헌재 2010.7.29. 2008헌가28) : **헌법불합치**
국가공무원 임용 결격사유에 해당하여 공중보건의사 편입이 취소된 사람을 현역병으로 입영하게 하거나 공익근무요원으로 소집함에 있어 의무복무기간에 기왕의 복무기간을 전혀 반영하지 않은 것은 헌법에 합치되지 아니한다.

판례 053
구 군인연금법 제21조 제3항 제2호 등 위헌제청(헌재 2010.7.29. 2009헌가4) : **위헌**
퇴역연금수급권자가 정부투자기관이나 재정지원기관에 재취업하여 급여를 받으면 퇴역연금의 지급을 정지할 수 있도록 한 규정은 지급정지의 요건, 내용 및 대상기관에 관하여 구체적으로 범위를 정하지 아니하고 포괄적으로 대통령령에 입법을 위임하였으므로 헌법에 위반된다.

판례 054
민법 제818조 위헌제청(헌재 2010.7.29. 2009헌가8) : **헌법불합치** ★★☆
중혼의 취소청구권자로 직계존속과 4촌 이내의 방계혈족을 규정하면서도 직계비속을 제외한 것은 헌법에 합치되지 아니한다.

판례 055
병역법 제75조 제2항 위헌제청(헌재 2010.7.29. 2009헌가13) : **합헌**
공익근무요원으로 복무 중 순직한 사람의 유족에게 국가유공자법에 의한 보상규정을 두면서 공익근무요원의 범위에 국제협력요원을 포함하고 있지 않은 것은 헌법상 평등권 등을 침해하지 아니한다.

판례 056

도로교통법 제159조 위헌제청(헌재 2010. 7. 29, 2009헌가14) **: 위헌**

구 도로교통법 제159조 중 "개인의 대리인·사용인 그 밖의 종업원이 개인의 업무에 관하여 제150조 제1호의 위반행위를 한 때에는 그 개인에 대하여도 각 해당 조의 벌금 또는 과료의 형을 과한다."라는 부분 등은 책임주의 원칙에 반하므로 헌법에 위반된다.

> **주의** 양벌규정 위헌판례

판례 057

구 농산물품질관리법 제37조 위헌제청(헌재 2010. 7. 29, 2009헌가25) **: 일부위헌, 일부합헌** ★★☆

구 농산물품질관리법 제37조 중,
① "법인의 대리인·사용인 기타의 종업원이 그 법인의 업무에 관하여 제34조의2의 위반행위를 한 때에는 그 법인에 대하여도 해당 조의 벌금형을 과한다."라는 부분 : 위헌
② "법인의 대표자가 그 법인의 업무에 관하여 제34조의2의 위반행위를 한 때에는 그 법인에 대하여도 해당 조의 벌금형을 과한다."라는 부분 : 합헌

> **주의** 양벌규정 위헌판례(법인의 대표자는 제외)

판례 058

농업협동조합법 제50조 제4항 등 위헌소원(헌재 2010. 7. 29, 2008헌바106) **: 위헌**

농업협동조합의 임원선거에 있어서 정관이 정하는 행위 외의 선거운동을 한 자를 형사처벌 하도록 한 규정은 헌법에 위반된다.

판례 059

구 학교급식법 제8조 제1항 위헌소원(헌재 2010. 7. 29, 2009헌바40) **: 합헌**

학교급식의 실시에 필요한 시설·설비에 요하는 경비는 원칙적으로 당해 학교의 설립경영자 부담을 원칙으로 하는 것은 헌법에 위반되지 아니한다.

판례 060

자격기본법 제39조 제1호 등 위헌소원(헌재 2010. 7. 29, 2009헌바53) **: 합헌** ★★☆

국민의 생명·건강에 직결되는 분야에 대한 민간자격의 신설·관리·운영을 금지하고 이를 위반하면 형사처벌토록 한 것은 헌법에 위반되지 아니한다.

판례 061

산업재해보상보험법 부칙 제6조 위헌확인(헌재 2010. 7. 29, 2009헌마51) **: 각하**

① 부진정 입법부작위를 다투는 형태의 헌법소원의 경우에도 법령소원에 있어서 요구되는 기본권침해의 직접성 요건이 동일하게 요구된다.
② 해당 법령조항 등의 적용 및 해석의 전제가 되는 사실관계의 확정이나 가치판단이 집행기관 또는 법원의 판단에 의해 반드시 선행되어야 하는 경우에는 직접성 요건이 구비된 것으로 볼 수 없다.

판례 062. 지방자치법 제111조 제1항 제3호 위헌확인(헌재 2010.9.2, 2010헌마418) : 헌법불합치 ★★☆

① 지방자치단체의 장이 금고 이상의 형을 선고받고 그 형이 확정되지 아니한 경우 부단체장이 그 권한을 대행하도록 규정한 지방자치법 제111조 제1항 제3호는 헌법에 합치되지 아니한다.
② 헌재 2005.5.26, 2002헌마699·2005헌마192(병합) 결정은, 이 결정과 저촉되는 범위 내에서 변경

> 주의 지방자치단체의 장이 구금된 경우의 부단체장 권한 대행 : 합헌

판례 063. 공직선거법 제113조 제1항 등 위헌소원(헌재 2010.9.30, 2009헌바201) : 합헌

기부행위 제한기간을 폐지하고 당해 선거의 후보자가 되려고 하는 자에게까지 기부행위를 금지시키는 것과 예외적으로 허용되는 기부행위를 중앙선거관리위원회 규칙으로 정하도록 허용한 것은 헌법에 위반되지 아니한다.

판례 064. 지방교육자치에 관한 법률 제22조 제3항 등 위헌소원(헌재 2010.9.30, 2009헌바355) : 합헌

교육감 선거에 관하여 공직선거법의 시·도지사에 관한 규정을 준용하도록 하는 것과 당선될 목적으로 후보자에게 유리하도록 후보자의 배우자의 재산에 관하여 허위의 사실을 공표한 자를 처벌하는 것은 헌법에 위반되지 아니한다.

판례 065. 민사소송법 제290조 등 위헌소원(헌재 2010.9.30, 2008헌바132) : 합헌

금융기관에 종사하는 자가 금융거래의 비밀을 보장하도록 규정하고, 다만 법원의 제출명령이 있는 경우에는 그 사용목적에 필요한 최소한의 범위 안에서 금융기관에 종사하는 자가 거래정보 등을 제공하거나 금융기관에 종사하는 자에게 그 제공을 요구할 수 있도록 한 것은 헌법상 명확성 원칙에 위배되지 아니하고 개인정보자기결정권을 침해하지 아니하므로 헌법에 위반되지 아니한다.

판례 066. 특정강력범죄의 처벌에 관한 특례법 제3조 등 위헌소원(헌재 2010.9.30, 2009헌바116) : 합헌

① 특정강력범죄로 형을 선고받아 그 집행을 종료하거나 면제받은 후 3년 이내에 다시 특정강력범죄인 흉기휴대강간치상죄를 범한 경우에, 그 죄에 정한 형의 장기와 단기를 2배 가중하여 "무기징역" 또는 "14년 이상 25년 이하의 징역"으로 처벌하는 것은 헌법에 위반되지 않는다.
② 특정 성폭력 범죄자에 대하여 위치추적 전자장치 부착명령을 선고하였다고 해서 이를 성폭력범죄사건의 양형에 유리하게 참작하지 못하도록 한 것은 헌법에 위반되지 않는다.

> 주의 전자발찌 제도 자체의 위헌 여부는 판단 대상이 아니었음

판례 067 | 구 경찰공무원법 제7조 제2항 제6호 부분 위헌소원(헌재 2010.9.30, 2009헌바122) : 합헌 ★★☆

공무원이 해임된 경우 영구히 경찰공무원으로 다시 임용될 수 없도록 한 것은 경찰공무원직의 특수성과 중요성을 감안할 때 과잉금지원칙과 평등원칙에 위배되지 않는다.

🔍 경사 이상 재산 등록 의무 : 합헌

판례 068 | 유치장 구금행위 위헌확인(헌재 2010.9.30, 2008헌마628) : 각하

촛불집회 현장에서 현행범인으로 체포되어 경찰서 유치장에 48시간 가까이 구금되었으나 체포적부심사를 청구하지 않고 있다가 구속영장이 청구되지 않고 석방된 청구인들이, 자신들에 대한 구금은 불필요하게 장시간 계속된 것으로서 기본권을 침해하였다며 제기한 헌법소원 사건은, 위와 같은 체포 및 구금행위에 대해서는 체포적부심사를 통해 구제될 수 있으므로 체포적부심사를 청구하지 않고 제기된 헌법소원은 보충성 원칙에 위반하여 부적법하다.

판례 069 | 군인사법 제47조의2 위헌확인 등(헌재 2010.10.28, 2008헌마638) : 기각 ★★☆

군대 내에서 불온도서의 소지 등을 금지하고 있는 군인복무규율 제16조의2는 명확성원칙, 과잉금지원칙 및 법률유보원칙 등에 반하지 아니하여 헌법에 위배되지 않는다.

판례 070 | 국가인권위원회와 대통령 간의 권한쟁의(헌재 2010.10.28, 2009헌라6) : 각하 ★★☆

국가인권위원회가 대통령을 상대로 제기한 권한쟁의 심판청구는 국가인권위원회가 헌법에 의하여 설치된 국가기관이 아니고 법률에 의하여 설치된 국가기관으로서 권한쟁의심판을 청구할 당사자 능력이 없다는 이유로 각하되었다.

판례 071 | 강남구 등과 국회 간의 권한쟁의(헌재 2010.10.28, 2007헌라4) : 기각 ★★☆

특별시의 관할구역 안에 있는 구의 재산세를 특별시 및 구세로 하여 특별시와 자치구가 100분의 50씩 공동과세하도록 하는 지방세법 제6조의2와 특별시분 재산세 전액을 관할구역 안의 자치구에 교부하도록 하는 지방세법 제6조의3을 국회가 제정한 행위는 헌법상 보장된 청구인들의 지방자치권을 침해하지 않는다.

판례 072 | 구 문화재보호법 제44조 제7항 위헌소원(헌재 2010.10.28, 2008헌바74) : 합헌

건설공사를 위하여 문화재발굴허가를 받아 매장문화재를 발굴하는 경우에 그 발굴비용을 사업시행자가 부담하도록 한 것은 헌법에 위반되지 않는다.

판례 073
구 변호사법 제109조 제1호 등 위헌소원(헌재 2010.10.28. 2009헌바4) : **합헌**

변호사가 아니면서 금품 등 이익을 얻을 목적으로 일반의 법률사건에 관하여 화해사무를 취급한 자를 형사처벌하도록 한 것은 죄형법정주의 명확성 원칙에 반하지 아니하고, 과잉금지원칙에 위배하여 직업의 자유를 침해한다고 볼 수 없다.

판례 074
약사법 제3조의2 제2항 등 위헌소원(헌재 2010.10.28. 2009헌바23) : **합헌**

① 한약사국가시험의 응시자격을 한약학과를 졸업한 자에 한정하고 있는 것은 헌법에 위반되지 아니한다.
② 한약관련과목 20과목 95학점을 이수하기만 하면 한약사국가시험의 응시자격을 인정하던 종전규정을 1996학년도에 입학한 자까지만 적용하는 것은 헌법에 위반되지 아니한다.

판례 075
소득세법 제95조 제2항 등 위헌소원(헌재 2010.10.28. 2009헌바67) : **합헌**

소득세법상 1세대 3주택 이상에 해당하는 자에게 양도소득금액을 정함에 있어 장기보유특별공제를 배제하고 양도소득 과세표준에 60%의 단일 세율을 적용하도록 한 것은 헌법에 위반되지 아니한다.

판례 076
훈련소 공중전화 사용금지 위헌확인(헌재 2010.10.28. 2007헌마890) : **기각** ★★☆

신병훈련소에서의 전화 사용을 통제하는 육군 신병교육 지침서는 청구인의 기본권을 침해하지 아니한다.

🔍 신병훈련소에서 개신교·불교·천주교·원불교 행사 중에서 참석하게 하는 규정 : 위헌

판례 077
입법부작위위헌확인(헌재 2010.10.28. 2008헌마332) : **각하**

공직선거법에 선거인이 투표소를 자유롭게 선택할 수 있도록 규정하지 아니한 입법부작위에 대한 헌법소원심판청구는 선거인이 투표소를 자유롭게 선택하도록 하는 규정을 만들어야 할 입법의무가 헌법상 도출되지 아니하여 부적법하므로 각하되었다.

판례 078
요양급여비용 심사청구소프트웨어의 검사 등에 관한 기준 위헌확인(헌재 2010.10.28. 2008헌마408) : **기각**

요양기관으로 하여금 의약품 처방·조제 지원소프트웨어 기능이 포함된 요양급여비용 청구소프트웨어를 사용하도록 하고 의사들로 하여금 금기약품 처방시 그 사유를 실시간으로 심사평가원에 전송하도록 규정한 것은 직업수행의 자유를 침해하지 아니하고 헌법상 위임입법의 한계를 일탈하지 않았다.

판례 079 | 형사보상법 제19조 제1항 등 위헌확인(헌재 2010.10.28, 2008헌마514) : 일부인용, 일부기각

① 형사보상의 청구에 대하여 한 보상의 결정에 대하여는 불복을 신청할 수 없도록 규정하고 있는 형사보상법 제19조 제1항은 형사보상청구권 및 재판청구권을 침해하므로 헌법에 위반된다. **개정** 보상결정 - 7일 이내 즉시항고 인정 2011.5.23
② 형사보상금을 일정한 범위 내로 한정하도록 규정하고 있는 형사보상법 제4조 제1항과 그에 따라 보상금의 상한내용을 구체적으로 정하고 있는 형사보상법 시행령 제2조는 헌법에 위반되지 않는다.

판례 080 | 새마을금고법 제21조 제1항 제10호 등 위헌확인(헌재 2010.10.28, 2008헌마612) : 기각

기부행위를 하여 벌금형 이상의 형을 선고받을 경우 새마을금고 임원직에서 당연 퇴임하도록 한 것은 직업선택의 자유와 평등권을 침해하지 않으므로 헌법에 위반되지 아니한다.

판례 081 | 고엽제후유의증 환자지원 등에 관한 법률 제7조 제7항 등 위헌확인(헌재 2010.10.28, 2009헌마272) : 기각

전상유공자가 보훈급여금을 받는 경우에는 보훈급여금과 참전명예수당 중 어느 하나만을 선택하여 받도록 하는 것은 평등권을 침해하지 않아 헌법에 위반되지 않는다.

판례 082 | 공권력행사위헌확인 등(헌재 2010.10.28, 2009헌마438) : 일부기각, 일부각하

① 헌법소원심판은 그 사유가 있음을 안 날부터 90일, 그 사유가 있는 날부터 1년 이내에 청구하여야 한다(헌법재판소법 제69조 제1항 본문). 여기서 그 사유가 '있는 날'이라 함은 공권력의 행사에 의해서 기본권침해가 발생한 날을 말하고, 그 사유가 있음을 '안 날'은 적어도 공권력의 행사에 의한 기본권침해의 사실관계를 특정할 수 있을 정도로 현실적으로 인식하여 심판청구가 가능해진 경우를 뜻한다.
② 수형자라 하여 모든 기본권을 제한하는 것은 허용되지 아니하며, 제한되는 기본권은 형의 집행과 도망의 방지라는 구금의 목적과 관련된 기본권(신체의 자유, 거주이전의 자유, 통신의 자유 등)에 한정되어야 하고, 그 역시 형벌의 집행을 위하여 필요한 한도를 벗어날 수 없다. 특히 수용시설 내의 질서 및 안전 유지를 위하여 행해지는 기본권의 제한은 수형자에게 구금과는 별도로 부가적으로 가해지는 고통으로서 다른 방법으로는 그 목적을 달성할 수 없는 경우에만 예외적으로 허용되어야 한다.

판례 083 | 사립학교법 제57조 위헌확인(헌재 2010.10.28, 2009헌마442) : 기각

사립학교 교원이 금고 이상의 형의 집행유예를 받은 경우 그 직에서 당연퇴직하도록 한 것은 직업의 자유를 침해하는지 아니한다.

판례 084
공직자윤리법 제3조 제1항 제13호 등 위헌확인(헌재 2010.10.28, 2009헌마544) : **기각**
★★☆
국가경찰공무원 중 경사 계급까지 재산등록의무자로 규정한 것은 사생활의 비밀과 자유 및 평등권을 침해하지 아니한다.

판례 085
집회 및 시위에 관한 법률 제11조 제4호 가목 위헌확인(헌재 2010.10.28, 2010헌마111) : **기각**
외교기관 인근의 옥외집회나 시위를 원칙적으로 금지하면서도 외교기관의 기능이나 안녕을 침해할 우려가 없다고 인정되는 구체적인 경우에는 예외적으로 옥외집회나 시위를 허용하고 있는 것은 집회의 자유를 침해하지 아니한다.

판례 086
국회의원과 국회의장 간의 권한쟁의(헌재 2010.11.25, 2009헌라12) : **심판종료선언, 기각**

① 국회의원이 법률안 심의·표결권의 주체인 국가기관으로서의 국회의원 자격으로 권한쟁의심판을 청구하였다가 심판절차 계속 중 사망한 경우, 국회의원의 법률안 심의·표결권은 성질상 일신전속적인 것으로 당사자가 사망한 경우 승계되거나 상속될 수 없어 그에 관련된 권한쟁의심판절차 또한 수계될 수 없으므로, 권한쟁의심판절차는 그 국회의원의 사망과 동시에 당연히 종료된다.

② 헌법재판소가 2009.10.29. 2009헌라8 사건에서 피청구인이 이 사건 신문법안 및 방송법안의 가결을 선포한 행위는 청구인들의 위 각 법률안 심의·표결권을 침해한 것이라는 결정을 선고한 이후에도, 피청구인이 청구인들에게 침해된 위 각 법률안 심의·표결권을 회복할 수 있는 조치를 취하지 아니하는 부작위가 청구인들의 위 각 법률안 심의·표결권을 침해한다고 주장하며 청구인들이 제기한 권한쟁의심판청구는 기각되었다.

③ 권한쟁의심판은 본래 청구인의 권한의 존부 또는 범위에 관하여 판단하는 것이므로, 종전 권한침해확인결정이 갖는 기속력의 본래적 효력은 피청구인의 이 사건 각 법률안 가결선포행위가 청구인들의 법률안 심의·표결권을 위헌·위법하게 침해하였음을 확인하는 데 그친다. 그 결정의 기속력에 의하여 법률안 가결선포행위에 내재하는 위헌·위법성을 어떤 방법으로 제거할 것인지는 전적으로 국회의 자율에 맡겨져 있다. 따라서 헌법재판소가 「권한의 존부 또는 범위」의 확인을 넘어 그 구체적 실현방법까지 임의로 선택하여 가결선포행위의 효력을 무효확인 또는 취소하거나 부작위의 위법을 확인하는 등 기속력의 구체적 실현을 직접 도모할 수는 없다.
[각하(4):기각(1):인용(4)]

판례 087

병역법 제3조 제1항 등 위헌확인(제8조 제1항)(헌재 2010.11.25, 2006헌마328) : **기각**

① 국방의 의무의 부담 자체는 국가나 공익목적을 위하여 개인이 특별한 희생을 하는 것이라고 할 수 없으므로 관련 기본권에 대한 중대한 제한이 인정된다고 보기도 어렵다.
② 대한민국 국민인 남자에 한정하여 병역의무를 부과하는 것은 자의금지원칙에 위배하여 평등권을 침해한 것이라고 볼 수 없다.

판례 088

학교보건법 제6조 제1항 제15호 등 위헌소원(헌재 2010.11.25, 2009헌바105) : **일부각하, 일부합헌**

① 대통령령은 헌법재판소법 제68조 제2항에 의한 헌법소원의 심판대상이 될 수 없다.
② 학교환경위생정화구역 내에서의 PC방 시설 및 영업을 제한하더라도 재산권이 침해되는 것으로 볼 수 없다.

판례 089

수질 및 수생태계 보전에 관한 법률 제81조 위헌제청(헌재 2010.11.25, 2010헌가88) : **위헌**

법인의 대리인, 사용인 그 밖에 종업원이 그 법인의 업무에 관하여 특정수질유해물질 등을 누출·유출시켜 3년 이하의 징역 또는 1천500만원 이하의 벌금에 처할 경우에 그 법인에 대하여도 해당 조의 벌금형을 과하는 것은 책임주의 원칙에 반하므로 헌법에 위반된다.

판례 090

대학교원 기간임용제 탈락자 구제를 위한 특별법 위헌소원(헌재 2010.11.25, 2006헌바103) : **각하**

대학교원 기간임용제 탈락자 구제를 위한 특별법 제4조와 제9조 제2항의 위헌여부는, 학교법인의 재임용 거부결정에 대한 교원소청심사특별위원회의 취소결정에 기초하여 손해배상 및 재임용절차의 이행을 구하는 당해사건 재판의 결과에 영향을 미치지 아니하므로 재판의 전제성을 갖추지 못한 것으로 부적법하다.

판례 091

형사소송법 제70조 제2항 등 위헌소원(헌재 2010.11.25, 2009헌바8) : **합헌**

'범죄의 중대성', '재범의 위험성' 및 '피해자 및 중요 참고인에 대한 위해우려'와 같은 사유를 구속사유로 추가 내지 확대한, 형사소송법 제209조 중 '제70조 제2항'을 검사 또는 사법경찰관의 피의자 구속에 관하여 준용하는 부분은 헌법에 위반되지 아니한다.

판례 092

병역법 제89조의2 제1호 위헌소원(헌재 2010.11.25, 2009헌바27) : **합헌**

공익근무요원의 복무이탈에 대하여 3년 이하의 징역형으로 처벌하도록 규정한 것은 법률 명확성의 원칙, 책임과 형벌 간의 비례원칙 및 평등원칙에 위배되지 않는다.

판례 093 특정범죄신고자 등 보호법 제11조 제2항 등 위헌소원(헌재 2010.11.25. 2009헌바57) : 합헌
① 소환된 증인의 인적사항이 증인신문의 모든 과정에서 공개되지 아니하도록 한 것과
② 재판장이 피고인을 퇴정시키고 증인신문을 행할 수 있도록 한 것은 공정한 재판을 받을 권리를 침해한다고 할 수 없다.

판례 094 마약류관리에 관한 법률 제61조 제1항 제8호 등 위헌소원(헌재 2010.11.25. 2009헌바246) : 합헌
대마의 흡연을 범죄로 규정하여 처벌하는 것은 헌법에 위반되지 않는다.

판례 095 민사소송법 제216조 제1항 위헌소원(헌재 2010.11.25. 2009헌바250) : 합헌
기판력제도를 규정한 민사소송법 제216조 제1항은 패소 당사자의 평등권이나 재판청구권을 침해하지 아니하여 헌법에 위반되지 않는다.

판례 096 공직선거법 제110조 등 위헌소원(헌재 2010.11.25. 2010헌바53) : 합헌
당선되거나 되게 하거나 되지 못하게 할 목적으로 공연히 사실을 적시하여 후보자를 비방한 자를 처벌하도록 한 규정은 헌법에 위반되지 아니한다.

판례 097 국가공무원법 제74조의2 제3항 제1호 위헌소원(헌재 2010.11.25. 2010헌바93) : 합헌
공무원이었던 자가 명예퇴직수당을 지급받은 후 재직 중 사유로 금고 이상의 형을 받은 경우에는 직무관련성이 없는 경우나 과실범 등의 경우를 모두 포함하여 명예퇴직수당을 필요적으로 환수토록 한 것은 그 명예퇴직공무원의 재산권을 침해하지 아니하고, 평등원칙에도 위반되지 아니한다.

판례 098 민법 제999조 제2항 위헌소원(헌재 2010.11.25. 2010헌바253) : 합헌
민법상 상속회복청구권의 제척기간을 상속권의 침해를 안 날로부터 3년, 상속개시일로부터 10년으로 각각 정하고 있는 것은 헌법에 위반되지 아니한다.

판례 099 전문대학 미졸업자 편입불허행위 위헌확인(헌재 2010.11.25. 2010헌마144) : 기각
대학에 편입학하기 위하여는 전문대학을 졸업할 것을 요구하는 것은 평등원칙에 위반되지 않고, 교육을 받을 권리나 평생교육을 받을 권리를 본질적으로 침해하는 것도 아니다.

판례 100

2010학년도 서울특별시 공립 중등학교 교사 임용후보자 선정경쟁시험 시행 공고위헌확인(헌재 2010.11.25, 2010헌마199) : **기각**

서울시 교육감이 교원임용시험일자를 일요일로 지정하여 공고한 것은 기독교를 믿는 자의 종교의 자유, 평등권, 공무담임권을 침해한 것이 아니다.

판례 101

국회의원과 국회의장 등 간의 권한쟁의(헌재 2010.12.28, 2008헌라7) : **일부인용, 일부기각, 일부각하**

① 민주당 소속 국회 외통위 위원들이 외통위원장을 상대로 조약비준동의안 심의·표결권을 침해당하였다며 제기한 권한쟁의심판사건에서, 외통위원장이 2008.12.18. 14:00 경 국회 외통위 회의장 출입문을 폐쇄하여 소수당 소속 외통위 위원들의 출입을 봉쇄한 상태에서, 전체 외통위 회의를 개의하여 행한 한미FTA 비준동의안 상정행위 및 법안심사소위원회로의 회부행위는 위 비준동의안에 대한 심의권을 침해하였다.

② 위 동의안 상정·회부행위에 대한 무효확인청구는 기각하였다.

🔍 **핵심**

㉠ 상임위원회의 심사권 자체는 법률상 부여된 위원회의 고유한 권한으로 볼 수 있다.
㉡ 국회의원의 조약체결·비준 동의안에 대한 심의·표결권은 헌법상의 권한으로서, 국회의 다수파의원에게만 보장되는 것이 아니라 소수파의원과 국회의원 개개인 모두에게 보장된다.
㉢ 헌법 제49조와 이를 구체적으로 구현한 국회법 제54조는 의회민주주의의 기본원리인 다수결의 원리를 선언한 것으로서, 국회의 의결에 단순히 재적의원 과반수의 출석과 출석의원 과반수에 의한 찬성을 형식적으로 요구하는 것에 그치지 않고, 국회의 의결은 통지가 가능한 국회의원 모두에게 회의에 출석할 기회가 부여된 바탕 위에 재적의원 과반수의 출석과 출석의원 과반수의 찬성으로 이루어져야 한다는 것으로 해석하여야 한다.

✈ **주의** 국회 상임위원회에서의 조약 비준동의절차의 하자를 대상으로 한 최초의 권한쟁의심판

판례 102

전기통신기본법 제47조 제1항 위헌소원(헌재 2010.12.28, 2008헌바157) : **위헌** ★★☆

공익을 해할 목적으로 전기통신설비에 의하여 공연히 허위의 통신을 한 자를 형사처벌하는 것은 명확성 원칙에 위배하여 헌법에 위반된다.

판례 103

통신비밀보호법 제6조 제7항 단서 위헌제청(헌재 2010.12.28, 2009헌가30) : **헌법불합치**

통신제한조치기간의 연장을 허가함에 있어 총기간 내지 총연장횟수의 제한을 두지 않고 무제한 연장을 허가할 수 있도록 한 것은 통신의 비밀을 침해하는 법률로서 헌법에 합치하지 아니한다.

판례 104

구 정치자금에 관한 법률 제12조 제2항 등 위헌소원(헌재 2010.12.28, 2008헌바89) : **합헌**

누구든지 단체와 관련된 자금으로 정치자금을 기부할 수 없도록 한 구 '정치자금에 관한 법률' 제12조 제2항 중 '국내의 단체와 관련된 자금' 부분은, 정치활동의 자유 및 정치적 표현의 자유를 침해한다고 볼 수 없다.

판례 105 서울특별시 은평구와 기획재정부장관 간의 권한쟁의(헌재 2010.12.28, 2009헌라2) : **각하**

지방자치단체와 국가의 다툼이라고 하여 모두 권한쟁의심판청구가 가능한 것은 아니고, 청구인과 피청구인 상호간에 헌법 또는 법률에 의하여 부여받은 권한의 존부 또는 범위에 관하여 다툼이 있는 경우가 아니거나, 피청구인의 처분 또는 부작위가 헌법 또는 법률에 의하여 부여받은 청구인의 권한을 침해할 가능성이 없는 경우에 제기된 권한쟁의심판청구는 부적법하다.

판례 106 공공기관의 정보공개에 관한 법률 제9조 제1항 제6호 가목 등 위헌소원(헌재 2010.12.28, 2009헌바258) : **합헌**

공공기관이 보유·관리하는 개인정보를 개인의 사생활의 비밀 또는 자유를 침해할 우려가 있을 때, 비공개할 수 있도록 한 규정은 헌법에 위반되지 않는다.

판례 107 상고심절차에 관한 특례법 제4조 제1항 등 위헌소원(헌재 2010.12.28, 2009헌바410) : **합헌**
★★☆

심리불속행제도는 헌법에 위반되지 않는다.

판례 108 입법부작위위헌확인(헌재 2010.12.28, 2008헌마527) : **기각**

공익근무요원의 복무를 마친 보충역을 현역병 입영 지원 대상에 포함시키지 않은 것은 평등권을 침해하지 않는다.

판례 109 행형법 제51조 제1항 등 위헌확인(헌재 2010.12.28, 2009헌마70) : **각하**

가석방은 교정기관의 판단에 따라 이루어지는 재량적 조치로 수형자에게 가석방 적격심사를 신청할 주관적 권리가 있다고 볼 수 없고 그 결과 수형자인 청구인에게 소장과 별도로 가석방 적격심사 신청권한을 별도로 인정하지 않는다 하더라도 그로 인해 수형자의 평등권 등 기본권이 침해될 가능성이 없다.

판례 110 정치자금법 제42조 제2항 본문 등 위헌확인(헌재 2010.12.28, 2009헌마466) : **기각**

정치자금의 수입·지출내역 및 첨부서류 등의 열람기간을 공고일로부터 3월간으로 제한한 것은 헌법에 위반되지 않는다.

판례 111 공직선거법 제56조 제1항 후문 등 위헌확인(헌재 2010.12.28, 2010헌마79) : **기각**

예비후보자의 기탁금 납부 및 반환에 관한 규정은 공무담임권 등을 침해하지 않는다.

2011년도 헌법재판소 판례

판례 001 **형사소송법 제224조 등 위헌소원**(헌재 2011.2.24, 2008헌바56) : **합헌**
자기 또는 배우자의 직계존속을 고소하지 못하도록 한 형사소송법 규정은 평등권을 침해하지 않아 헌법에 위반되지 않는다.

판례 002 **저작권법 제104조 등 위헌소원**(헌재 2011.2.24, 2009헌바13) : **합헌**
① 다른 사람들 상호간에 컴퓨터 등을 이용하여 저작물 등을 전송하도록 하는 것을 주된 목적으로 하는 특수한 유형의 온라인서비스제공자로 하여금 권리자의 요청이 있는 경우 당해 저작물 등의 불법적인 전송을 차단하는 기술적인 조치 등 필요한 조치를 하도록 한 것과 이에 위반한 경우 과태료를 부과하는 것은 포괄위임입법금지의 원칙에 위반되지 않고, 직업수행의 자유를 침해하지 않는다.
② 문화관광부(현행 : 문화체육관광부)장관으로 하여금 특수한 유형의 온라인서비스제공자의 범위를 정하여 고시하도록 한 것은 헌법에 위반되지 않는다.

판례 003 **형사소송법 제232조 제1항 위헌소원**(헌재 2011.2.24, 2008헌바40) : **합헌**
친고죄에 있어서 고소취소가 가능한 시기를 제1심 판결선고 전까지로 제한한 것은 헌법에 위반되지 않는다.

판례 004 **부동산 실권리자명의 등기에 관한 법률 제3조 제2항 등 위헌소원**(헌재 2011.2.24, 2008헌바87) : **합헌** ★★☆
채무의 변제를 담보하기 위하여 채권자가 부동산에 관한 물권을 이전받는 경우에는 채무자·채권금액 및 채무변제를 위한 담보라는 뜻이 기재된 서면을 등기신청서와 함께 등기관에게 제출하도록 하고, 이를 위반하거나 허위로 기재하여 제출할 경우 당해 부동산가액의 100분의 30에 해당하는 금액의 범위 안에서 과징금을 부과하도록 한 것은 헌법에 위반되지 않는다.

판례 005 **구 증권거래법 제207조의2 제1항 단서 등 위헌소원**(헌재 2011.2.24, 2009헌바29) : **합헌**
주식거래 시 사기적 부정거래행위로 얻은 이익액이 5억 원 이상인 경우 가중처벌하도록 한 것은 자기책임의 원리 및 책임과 형벌 간의 비례원칙에 위반되지 않는다.

판례 006
구 민법 부칙 제4조 위헌소원(헌재 2011.2.24, 2009헌바89) : **합헌**

1990년 개정 민법의 시행일인 1991.1.1.부터 그 이전에 성립된 계모자 사이의 법정혈족관계를 소멸시키도록 한 것은 가족생활에서의 인간의 존엄에 관한 기본권 및 가족생활을 자유롭게 형성할 권리, 가족제도의 보장 및 이에 관한 신뢰보호원칙, 상속과 관련된 재산권과 이에 관한 신뢰보호원칙도 침해하지 않으며, 평등원칙에도 위반되지 않는다.

판례 007
특수임무수행자 보상에 관한 법률 제17조의2 위헌소원(헌재 2011.2.24, 2010헌바199) : **합헌** ★★☆

보상금 등의 지급결정에 동의한 때에는 특수임무수행 등으로 인하여 입은 피해에 대하여 재판상 화해가 성립된 것으로 보는 것은 재판청구권을 과도하게 제한하였다고 볼 수 없어 헌법에 위반되지 않는다.

🔍 동일대상판례 : 헌재 2009.4.30, 2006헌마1322

판례 008
태평양전쟁 전후 국외 강제동원희생자 등 지원에 관한 법률 제2조 등 위헌확인(헌재 2011.2.24, 2009헌마94) : **기각** ★★☆

구 태평양전쟁 전후 국외 강제동원희생자 등 지원에 관한 법률이 국외 강제동원자만을 의료지원금의 지원 대상으로 하는 것은 평등권을 침해하지 않는다.

판례 009
공권력행사위헌확인 등(헌재 2011.2.24, 2009헌마209) : **기각** ★★☆

청송제2교도소장이 민사법정에 출석하는 청구인의 운동화 착용을 불허한 행위는 인격권과 행복추구권을 침해하였다고 볼 수 없다.

판례 010
군형법 제92조 위헌제청(헌재 2011.3.31, 2008헌가21) : **합헌**

계간 기타 추행한 자를 1년 이하의 징역에 처하도록 규정한 구 군형법 제92조 중 "기타 추행"에 관한 부분은 헌법에 위반되지 아니한다.

판례 011
군형법 제47조 위헌제청(헌재 2011.3.31, 2009헌가12) : **합헌**

정당한 명령 또는 규칙을 준수할 의무가 있는 자가 이를 위반하거나 준수하지 아니한 때에 형사처벌을 하도록 규정한 구 군형법 제47조는 죄형법정주의 명확성원칙에 위배되거나 위임입법의 한계를 벗어난 것이 아니다.

판례 012
공익사업을 위한 토지 등의 취득 및 보상에 관한 법률 제91조 제1항 위헌소원(헌재 2020.11.20., 2019헌바131) : **합헌**

📖 **판례변경** 환매권자는 수용일로부터 10년 이내에 그 토지를 환매할 수 있다고 한 부분은 헌법에 위반된다.

판례 013
친일반민족행위자 재산의 국가귀속에 관한 특별법 제2조 등 위헌소원(헌재 2011.3.31, 2008헌바141) : **합헌** ★★☆

러·일전쟁 개전시부터 1945년 8월 15일까지 친일반민족행위자가 취득한 재산을 친일행위의 대가로 취득한 재산으로 추정하는 친일반민족행위자 재산의 국가귀속에 관한 특별법 제2조 제2호 후문, 친일재산을 그 취득 원인 행위시에 국가의 소유로 하도록 규정한 위 특별법 제3조 제1항 본문은 헌법에 위반되지 아니한다.

판례 014
일제강점하 반민족행위 진상규명에 관한 특별법 제2조 제7호 등 위헌소원(헌재 2011.3.31, 2008헌바111) : **합헌**

한일합병의 공으로 작위를 받거나 이를 계승한 행위 및 일본제국주의의 식민통치와 침략전쟁에 협력하여 포상 또는 훈공을 받은 자로서 일본제국주의에 현저히 협력한 행위를 친일반민족행위의 하나로 정의한 것은 헌법에 위반되지 않는다.

판례 015
변호사법 제112조 제1호 위헌소원(헌재 2011.3.31, 2009헌바309) : **합헌**

타인의 권리를 양수하여 소송 또는 그 밖의 방법으로 그 권리를 실행함을 업으로 한 자를 형사처벌하도록 한 것(비변호사의 법률사무 취급을 금지하고 위반시 처벌)은 죄형법정주의의 명확성 원칙에 반하지 아니하고, 과잉금지원칙에 위배하여 직업의 자유를 침해한다고 볼 수 없다.

판례 016
형사소송법 제5조 위헌소원 등(헌재 2011.3.31, 2009헌바351) : **일부각하, 합헌**

변론의 병합, 분리에 관하여 법원에게 재량을 부여한 형사소송법 제300조는 신속한 재판을 받을 권리를 침해한다고 할 수 없다.

판례 017
개발제한구역의 지정 및 관리에 관한 특별조치법 제31조 제1호 등 위헌소원(헌재 2011.3.31, 2010헌바86) : **합헌**

개발제한구역에서 토지의 형질변경을 원칙적으로 금지하고 예외적으로 허가를 받아 행할 수 있도록 하되 이를 위반할 경우 형사처벌하도록 규정한 것은 죄형법정주의의 명확성원칙에 위배되지 않고, 나아가 제재수단의 선택 내지 법정형 선택에 관한 입법재량의 범위를 벗어난 것이라고 보기 어려워 헌법상 과잉금지원칙 등에 위배되지 않는다.

판례 018
공공기관의 정보공개에 관한 법률 제9조 제1항 제5호 위헌소원(헌재 2011.3.31, 2010헌바291) **: 합헌** ★★☆

시험에 관한 사항으로서 공개될 경우 업무의 공정한 수행이나 연구·개발에 현저한 지장을 초래한다고 인정할 만한 상당한 이유가 있는 정보는 공개하지 아니할 수 있도록 규정하고 있는 것은 알 권리를 침해하지 않고, 명확성의 원칙에도 위배되지 않는다.

> 주의 선례 : 헌재 2009.9.24, 2007헌바107

판례 019
주민소환에 관한 법률 위헌확인(헌재 2011.3.31, 2008헌마355) **: 기각**

주민소환투표의 청구시 주민소환의 청구사유를 명시하지 아니하고 주민소환 청구사유의 진위 여부에 대한 확인을 규정하지 아니하고 있는 주민소환에 관한 법률 제7조 제1항 제3호 중 '지역선거구자치구의회의원' 부분은 헌법에 위반되지 않는다.

판례 020
공직선거법 제47조 등 위헌확인(헌재 2011.3.31, 2009헌마286) **: 기각**

공직선거법이 자치구·시·군의 장 선거에 있어서도 정당의 후보자 추천을 규정하고 정당 추천 후보자가 무소속 후보자보다 투표용지 게재순위에 있어서 우선하도록 규정한 것은 헌법에 위반되지 않는다.

판례 021
국민기초생활 보장법 시행령 제2조 제2항 제3호 위헌확인(헌재 2011.3.31, 2009헌마617) **: 기각** ★★☆

교도소·구치소에 수용 중인 자를 기초생활보장급여의 지급 대상에서 제외하는 것은 헌법에 위반되지 않는다.

판례 022
공직선거법 제60조의2 제1항 등 위헌확인(헌재 2011.3.31, 2010헌마314) **: 기각**

비례대표시·도의회의원후보자에게 사전선거운동, 선거벽보 및 선거공보 작성, 공개 대담·연설을 허용하지 않은 것은 선거운동의 자유, 평등권을 침해하지 않는다.

판례 023
공직선거법 제265조의2 제1항 위헌소원(헌재 2011.4.28, 2010헌바232) **: 합헌**

선거범죄로 처벌받아 당선이 무효로 된 자로 하여금 이미 반환받은 기탁금과 보전받은 선거비용을 다시 반환하도록 한 것은 헌법에 위반되지 않는다.

판례 024
공직선거법 제230조 제1항 제4호 등 위헌소원(헌재 2011. 4. 28, 2010헌바473) : **합헌**

선거사무장 등 선거사무관계자에게 선거운동과 관련하여 법률 소정의 실비와 수당을 제외한 일체의 금품제공을 금지하는 것은 죄형법정주의의 명확성 원칙에 위배되지 않고, 정당활동의 자유를 침해하지 않는다.

판례 025
지방자치법 제111조 제1항 제2호 위헌확인(헌재 2011. 4. 28, 2010헌마474) : **기각** ★★☆

지방자치단체의 장이 공소 제기된 후 구금상태에 있는 경우 부단체장이 그 권한을 대행하도록 규정한 것은 과잉금지원칙이나 무죄추정의 원칙에 위반되지 않아 지방자치단체장에게 보장된 공무담임권을 침해하지 않고 평등권도 침해하지 않는다.

판례 026
지방자치법 제138조 등 위헌소원(헌재 2011. 4. 28, 2009헌바167) : **각하, 합헌**

구 지방자치법상 지방자치단체가 부과하는 분담금의 근거규정은 헌법에 위반되지 않는다.

판례 027
농업협동조합법 제50조 제5항 제2호 등 위헌소원(헌재 2011. 4. 28, 2010헌바339) : **합헌** ★★☆

조합장 선거에서 농협 임·직원이 선거운동의 기획에 참여하거나 그 기획의 실시에 관여하는 행위(선거기획행위)를 금지하고 이를 위반하면 처벌하는 것은 평등원칙 및 명확성 원칙에 반하지 않는다.

판례 028
구 독립유공자 예우에 관한 법률 제12조 제2항 위헌확인(헌재 2011. 4. 28, 2009헌마610) : **기각**

독립유공자의 유족에 대한 보상금 지급을 규정하면서, 손자녀의 경우에는 독립유공자가 1945년 8월 14일 이전에 사망한 경우에만 보상금을 지급받을 수 있도록 규정한 것은 헌법에 위반되지 않는다.

판례 029
형법 제35조 위헌소원(헌재 2011. 5. 26, 2009헌바63) : **합헌**

금고 이상의 형을 받아 그 집행을 종료하거나 면제를 받은 후 3년 내에 금고 이상에 해당하는 죄를 범한 자는 누범으로 처벌하고, 누범의 형은 그 죄에 정한 형의 장기의 2배까지 가중하도록 한 형법 제35조 규정(누범규정)은 일사부재리 원칙, 평등 원칙 및 무죄추정의 원칙에 위배된다거나 책임주의에 반하는 과잉형벌이라고 할 수 없으므로 헌법에 위반되지 않는다.

판례 030
민사소송법 제109조 위헌소원(헌재 2011.5.26, 2010헌바204) : **합헌**

변호사의 보수를 일정한 범위 안에서 소송비용으로 인정하는 것은 헌법에 위반되지 않는다.

판례 031
미결수용자 변호인 접견 불허처분 위헌확인(헌재 2011.5.26, 2009헌마341) : **기각**

① 변호인의 조력을 받을 권리 역시 다른 모든 헌법상 기본권과 마찬가지로 국가안전보장·질서 유지 또는 공공복리를 위하여 필요한 경우에는 법률로써 제한할 수 있는 것이다.
② 미결수용자 또는 변호인에게 접견이 불허된 특정한 시점을 전후한 변호인 접견의 상황이나 수사 또는 재판의 진행 과정에 비추어 미결수용자가 방어권을 행사하기 위해 변호인의 조력을 받을 기회가 충분히 보장되었다고 인정될 수 있는 경우에는, 비록 미결수용자 또는 그 상대방인 변호인이 원하는 특정 시점에는 접견이 이루어지지 못하였다 하더라도 변호인의 조력을 받을 권리가 침해되었다고 할 수 없다.
③ 불구속 상태에서 재판을 받은 후 선고기일에 출석하지 않아 구속된 청구인을, 국선변호인이 접견하고자 하였으나 공휴일이라는 이유로 접견이 불허되었다가 그로부터 이틀 후 접견이 이루어지고, 다시 그로부터 열흘 넘게 지난 후 공판이 이루어진 경우에, 위와 같은 접견불허 처분은 청구인의 변호인의 조력을 받을 권리를 침해하지 않았다.

판례 032
공직선거법 제82조의2 제4항 제3호 위헌확인(헌재 2011.5.26, 2010헌마451) : **기각**

지역구국회의원선거에서 선거방송토론위원회가 주관하는 대담·토론회의 초청 자격을 규정하고 있는 공직선거법 조항은 자의적인 차별로서 선거운동의 기회균등원칙을 위배하여 청구인의 평등권을 침해하였다고 할 수 없다.

판례 033
형사소송법 제405조 위헌확인(헌재2018.12.27, 2015헌바77) : **인용**

형사재판의 즉시항고 제기기간을 3일로 규정한 형사소송법 제405조는 재판청구권 및 평등권을 침해하지 않아 헌법에 위반된다.

판례 034
수용자 신체검사 위헌확인(헌재 2011.5.26, 2010헌마775) : **기각** ★★☆

교정시설에 수용자를 수용할 때마다 알몸 상태의 수용자를 전자영상 검사기로 수용자의 항문 부위를 관찰하는 신체검사는 교정시설의 안전과 질서유지를 위하여 필요한 최소한도의 검사로서 과잉금지의 원칙에 위배되지 않는다.

판례 035
서울특별시 서울광장 통행 저지행위 위헌확인(헌재 2011.6.30, 2009헌마406) : **인용**

경찰청장이 서울광장을 차벽으로 둘러싸 서울광장에 출입하려는 것을 제지한 행위는 일반적 행동자유권을 침해한 것이다(거주·이전의 자유 제한 아님).

고엽제후유의증 환자지원 등에 관한 법률 부칙 제2조 위헌확인(헌재 2011.6.30, 2008헌마715)
: 위헌
① 제도를 단계적으로 개선하는 과정에서 대상자의 일부에게만 혜택을 부여하는 것 자체는 평등권 침해의 문제가 되지 않으나, 그 경우에도 수혜자 한정의 기준은 합리적인 이유가 있어 그 혜택으로부터 배제되는 자들의 평등권을 해하지 않는 것이어야 한다.
② 고엽제후유의증환자가 사망한 때에도 유족에게 교육지원과 취업지원을 한다는 내용의 고엽제후유의증 환자지원 등에 관한 법률(2007.12.21 개정된 것) 제7조 제9항을 위 법률 시행일 이후 사망한 환자의 유족부터 적용한다고 규정한 것은 위 법률 시행일 이전에 사망한 환자의 유족들의 평등권을 침해하여 위헌이다.

 농업협동조합법 제174조 제4항 위헌제청(헌재 2011.6.30, 2010헌가86) : **헌법불합치** ★★☆
의무위반자에 대하여 부과할 과태료의 액수를 제공받은 금액이나 가액의 50배에 상당하는 금액으로 정하고 있는 구 농업협동조합법 규정은 과태료의 기준 및 액수가 책임원칙에 부합되지 않게 획일적일 뿐만 아니라 지나치게 과중하여 과잉금지원칙에 위반된다.

 형법 제311조 위헌소원 등(헌재 2011.6.30, 2009헌바199) : 합헌, 기각, 각하
① 모욕죄에 관한 형법 제311조는 명확성의 원칙 및 과잉금지원칙에 위배되지 않는다.
② 주취자를 보호하는 법률을 제정하지 아니한 입법부작위 및 현행범체포에 대한 심판청구는 부적법하다.
③ 기타소득금액의 과세최저한에 관한 구 소득세법 조항은 재산권을 침해하지 않는다.

 특정범죄 가중처벌 등에 관한 법률 제2조 제1항 제1호 위헌소원(헌재 2011.6.30, 2009헌바354)
: 합헌
공무원 또는 중재인이 그 직무에 관하여 뇌물을 수수하거나 요구, 약속한 가액이 1억원 이상인 경우 무기 또는 10년 이상의 징역으로 처벌하도록 규정한 것은 헌법에 위반되지 않는다.

국민건강보험법 제52조 제1항 등 위헌소원(헌재 2011.6.30, 2010헌바375) : 합헌
① 사위 기타 부당한 방법으로 보험급여비용을 받은 요양기관으로부터 급여비용을 징수하는 것은 자기책임원칙에 어긋나지 않는다.
② 요양기관이 가입자 또는 피부양자로부터 사위 기타 부당한 방법으로 요양급여비용을 받은 때에는 공단은 당해 요양기관으로부터 이를 징수하여 가입자 또는 피부양자에게 지급하도록 하는 것은 재산권을 침해하지 않는다.

판례 041
소액사건심판법 제3조 위헌소원(헌재 2011.6.30. 2010헌바395) : **합헌** ★★☆
소액사건의 상고를 제한하는 소액사건심판법 제3조는 헌법에 위반되지 않는다.

판례 042
조세특례제한법 제99조 위헌소원(헌재 2011.6.30. 2010헌바430) : **합헌**
신축주택의 취득자에 대한 양도소득세의 감면혜택을 거주자로 한정하는 것은 헌법에 위반되지 않는다.

판례 043
구 지방공무원법 제61조 위헌소원(헌재 2011.6.30. 2010헌바478) : **합헌**
공무원으로 재직 중인 자가 법원에서 금고 이상의 형의 집행유예를 선고받은 경우 당연퇴직하도록 한 것은 공무담임권 및 행복추구권을 침해하지 않아 헌법에 위반되지 않는다.

판례 044
산업재해보상보험법 제43조 제1항 제2호 위헌확인(헌재 2011.6.30. 2008헌마595) : **기각**
종합전문요양기관은 당연히 산재보험 의료기관으로 되도록 규정한 것은 직업수행의 자유와 평등권을 침해하지 않는다.

판례 045
주민등록법 제6조 제2항 위헌확인(헌재 2011.6.30. 2009헌마59) : **기각** ★★☆
영내 기거하는 현역병의 주민등록을 그가 속한 세대의 거주지에서 하도록 한 것은 거주이전의 자유, 선거권, 평등권 등을 침해하지 않는다.

판례 046
병역법 제3조 제1항 등 위헌확인(헌재 2011.6.30. 2010헌마460) : **합헌** ★★☆
대한민국 국민인 남자에 한정하여 병역의무를 부과하는 것은 헌법에 위반되지 않는다.

판례 047
평생교육법시행령 제27조 제2항 제1호 위헌확인(헌재 2011.6.30. 2010헌마503) : **기각**
만 16세 미만의 자에게 단축된 고등학교학력인정의 평생교육시설에의 입학을 허용하지 않는 것은 평등권, 교육을 받을 권리 등을 침해하지 않는다.

판례 048
공직선거법 제57조 제1항 제1호 등 위헌확인(헌재 2011.6.30. 2010헌마542) : **기각**
지역구지방의회의원선거에서도 대통령선거나 지역구국회의원선거와 마찬가지로 유효투표 총수의 100분의 15 이상의 득표를 기탁금 및 선거비용 전액의 반환 또는 보전의 기준으로, 유효투표 총수의 100분의 10 이상 100분의 15 미만의 득표를 기탁금 및 선거비용 반액의 반환 또는 보전의 기준으로 규정한 것은 헌법에 위반되지 않는다.

판례 049
도시 및 주거환경정비법 제65조 제2항 후문 위헌소원(헌재 2011.7.28, 2008헌바13) : **합헌**

도시정비사업의 시행으로 인하여 사업시행자에게 무상으로 양도되는 용도 폐지되는 국가 또는 지방자치단체 소유의 정비기반시설을 국토계획법령에 의하여 설치된 기반시설만을 그 대상으로 하고 위 법령에 의하여 설치되지 아니한 사실상의 기반시설(도로, 공공공지)을 제외하는 것은 재산권을 침해하는 것이 아니다.

판례 050
문화재보호법 제55조 제1항 등 위헌소원(헌재 2011.7.28, 2009헌바244) : **합헌**

건설공사 사업시행자에게 지표조사비용을 부담하게 하고, 건설공사를 위하여 문화재발굴허가를 받아 매장문화재를 발굴하는 경우에 그 발굴비용을 사업시행자가 부담하도록 한 것은 헌법에 위반되지 않는다.

판례 051
국가유공자 등 예우 및 지원에 관한 법률 제9조 제1항 위헌확인(헌재 2011.7.28, 2009헌마27) : **기각**

국가유공자의 보상을 받을 권리가 등록신청을 한 날이 속하는 달부터 발생한다고 규정한 것은 헌법 제39조 제2항에 위배되지 않으며, 평등권, 재산권, 인간다운 생활을 할 권리 및 행복추구권을 침해하지 않는다.

🔍 선례 : 93헌가14, 97헌가10, 2005헌바25

판례 052
근로기준법 제34조 등 위헌확인(헌재 2011.7.28, 2009헌마408) : **기각** ★★☆

① 근로자가 퇴직급여를 청구할 수 있는 권리는 헌법상 바로 도출되는 것이 아니라 퇴직급여법 등 관련 법률이 구체적으로 정하는 바에 따라 비로소 인정될 수 있는 것이므로 계속근로기간 1년 미만인 근로자가 퇴직급여를 청구할 수 있는 권리가 헌법 제32조 제1항에 의하여 보장된다고 보기는 어렵다.
② 계속근로기간 1년 미만인 근로자를 퇴직급여 지급대상에서 제외하는 것은 평등권, 근로의 권리 등을 침해하지 않는다.

판례 053
향토예비군설치법 제15조 제8항 위헌제청(헌재 2011.8.30, 2007헌가12) : **합헌**

정당한 사유없이 예비군훈련을 받지 않은 자를 처벌하는 규정은, 정당한 사유 없이 소집통지서를 받은 당해 예비군 훈련에 불응한 행위를 처벌하는 것이므로 예비군훈련의 반복적 부과와 그 위반시 반복적 처벌은 이중처벌금지의 원칙과 양심의 자유를 침해하지 않으며, 양심적 예비군 훈련 거부자에게 예비군 훈련의무에 대한 예외를 인정하지 않았다 하여 평등원칙에 위반된다고 할 수 없다.

판례 054. 국회의원과 국회의장 간의 권한쟁의(헌재 2011.8.30, 2009헌라7) : 일부인용, 기각

① 국회의장이 국회의원의 반대토론 신청이 적법하게 이루어졌음에도 이를 허가하지 않고 나아가 토론절차를 생략하기 위한 의결을 거치지도 않은 채 법률안들에 대한 표결절차를 진행하여 법률안들을 가결선포한 행위는 국회의원의 법률안 심의·표결권을 침해한 것이다.

② 국회의 입법과 관련하여 일부 국회의원들의 권한이 침해되었다 하더라도 그것이 다수결의 원칙(헌법 제49조)과 회의공개의 원칙(헌법 제50조)과 같은 입법절차에 관한 헌법의 규정을 명백히 위반한 흠에 해당하는 것이 아니라면 그 법률안의 가결 선포행위를 곧바로 무효로 볼 것은 아니다. 입법절차가 위법하여 국회의원의 법률안 심의·표결권을 침해하였으나, 그것이 법률안 가결선포행위를 취소 또는 무효로 할 정도의 하자에 해당하지는 않는다.

판례 055. 경상남도와 정부 간의 권한쟁의(헌재 2011.8.30, 2011헌라1) : 각하

① 낙동강 사업은 국가하천에 관한 하천공사로서 전체적으로 하나의 국가사무에 해당한다.

② 국토해양부(현행 : 국토교통부)장관이 경상남도지사와 사이에 4대강 살리기 사업 중 낙동강 살리기 사업 부문에 관하여 이미 체결한 바 있던 '낙동강 살리기 대행공사 협약'을 해제하고 위 사업시행권을 회수해 간 행위는 헌법 또는 법률에 의하여 경상남도에게 부여된 권한을 침해할 가능성이 없어, 권한쟁의심판청구는 부적법하다.

판례 056. 국회의원과 대통령 간의 권한쟁의(헌재 2011.8.30, 2011헌라2) : 각하

현행법 체계 하에서는 권한쟁의심판에서의 제3자 소송담당이 허용될 수 없으므로, 국회의 구성원인 국회의원들에게는 국회의 권한인 조약체결·비준에 대한 동의권 침해를 주장하는 권한쟁의심판을 청구할 수 있는 청구인적격이 인정되지 않고, 국회의 동의권이 침해되었다고 하더라도 국회의원들의 심의·표결권이 침해된다고 할 수 없고 국회의 심의·표결권은 국회의 대내적 관계가 아닌 다른 국가기관과의 대외적 관계에서 침해될 수 없다.

판례 057. 통신비밀보호법 제16조 제1항 제2호 위헌소원(헌재 2011.8.30, 2009헌바42) : 합헌

공개되지 아니한 타인 간의 대화를 녹음 또는 청취하여 지득한 대화의 내용을 공개하거나 누설한 자를 처벌하는 것은 헌법에 위반되지 않는다.

> **주의** 불법 취득한 타인 간의 대화내용을 공개한 자를 처벌하면서 중대한 공익을 위해 공개한 경우에 위법성을 조각하는 특별규정을 따로 두고 있지 않지만, 형법 제20조(정당행위)의 일반적 위법성조각사유에 관한 규정을 적정하게 해석 적용함으로써 공개자의 표현의 자유도 적절히 보장할 수 있는 이상, 위법성조각사유에 대한 특별규정을 두지 아니하였다는 점만으로, 위 조항에 의한 기본권 제한이 과잉금지원칙에 반하여 대화의 내용을 공개한 자의 표현의 자유를 침해한다고 볼 수 없다.

민사소송 등 인지법 제2조 제1항 등 위헌소원(헌재 2011.8.30, 2010헌바427) : 합헌
소가와 심급에 따라 일정한 비율의 인지를 첩부할 것을 정하는 것은 헌법에 위반되지 않는다.

대한민국과 일본국 간의 재산 및 청구권에 관한 문제의 해결과 경제협력에 관한 협정 제3조 부작위 위헌확인(헌재 2011.8.30, 2006헌마788) : 인용
① 일본군위안부 피해자들이 일본국에 대하여 가지는 일본군위안부로서의 배상청구권이 대한민국과 일본국 간의 재산 및 청구권에 관한 문제의 해결과 경제협력에 관한 협정 제2조 제1항에 의하여 소멸되었는지 여부에 관한 한·일 양국 간 해석상 분쟁을 위 협정 제3조가 정한 절차에 따라 해결하지 아니하고 있는 대한민국 정부의 부작위는 위헌이다.
② 일본국에 의하여 광범위하게 자행된 반인도적 범죄행위에 대하여 일본군위안부 피해자들이 일본에 대하여 가지는 배상청구권은 헌법상 보장되는 재산권일 뿐만 아니라, 그 배상청구권의 실현은 무자비하고 지속적으로 침해된 인간으로서의 존엄과 가치 및 신체의 자유를 사후적으로 회복한다는 의미를 가지는 것이다.

대한민국과 일본국 간의 재산 및 청구권에 관한 문제의 해결과 경제협력에 관한 협정 제3조 부작위 위헌확인(헌재 2011.8.30, 2008헌마648) : 인용
① 우리 헌법 제10조, 제2조 제2항 및 전문과 이 사건 협정 제3조의 문언에 비추어 볼 때, 대한민국 정부가 분쟁해결의 절차로 나아갈 의무는 헌법에서 유래하는 작위의무로서 그것이 법령에 구체적으로 규정되어 있는 경우이다.
② 일본에서 원자 폭탄에 의해 피폭을 당한 한국인 원폭피해자들이 일본국에 대하여 가지는 원폭피해자로서의 배상청구권이 대한민국과 일본국 간의 재산 및 청구권에 관한 문제의 해결과 경제협력에 관한 협정 제2조 제1항에 의하여 소멸되었는지 여부에 관한 한·일 양국 간 해석상 분쟁을 위 협정 제3조가 정한 절차에 따라 해결하지 아니하고 있는 대한민국 정부의 부작위는 위헌이다.

최저임금법 제6조 제5항 위헌확인(헌재 2011.8.30, 2008헌마477) : 기각
택시운전근로자들에게 생산고에 따른 임금을 제외한 임금만으로 최저임금액 이상을 지급하도록 한 것은 일반택시운송사업자들의 계약의 자유와 평등권을 침해하지 않고, 포괄임금지원칙에도 위반하지 않는다.

공직선거법 제60조의3 제2항 제1호 위헌확인(헌재 2011.8.30, 2010헌마259) : 기각
예비후보자의 선거운동에서 예비후보자 외에 독자적으로 명함을 교부하거나 지지를 호소할 수 있는 주체를 예비후보자의 배우자와 직계존비속으로 제한한 공직선거법 제60조의3 제2항 제1호는 헌법에 위반되지 않는다.

판례 063 의료기기법 제32조 제1항 제5호 등 위헌제청(헌재 2011.9.29, 2010헌가93) : **헌법불합치**

의료기기 판매업자에 대한 업무정지처분의 기간을 보건복지가족부(현행 : 보건복지부)령에 포괄위임하고 있는 의료기기법 제32조 제1항은 헌법에 위반된다.

> 주의 업무정지처분 자체가 위헌은 아니므로 입법자가 합헌적 법률을 입법할 때까지 위 법률조항을 계속 적용할 것을 명함

판례 064 형법 제298조 위헌소원(헌재 2011.9.29, 2010헌바66) : **합헌, 각하**

① '수사기관의 편파적인 수사행위' 및 '헌법 과목을 의무교육과정의 필수 과목으로 지정하도록 하지 아니한 입법부작위'에 대한 헌법소원 심판청구는 부적법하다.
② 폭행 또는 협박으로 사람에 대하여 추행한 자를 형사처벌하도록 하고 있는 형법 제298조(강제추행)는 명확성원칙 및 과잉금지원칙에 반하지 않는다.

판례 065 국가배상법 제8조 등 위헌소원(헌재 2011.9.29, 2010헌바116) : **합헌** ★★☆

소멸시효를 배제하는 등의 특별규정을 두지 아니함으로써 국가배상청구권에 대하여 민법 또는 그 외의 법률상의 소멸시효 규정이 적용되도록 한 것은 헌법에 위반되지 않는다.

🔍 선례 : 헌재 1997.2.20, 96헌바24

판례 066 형법 제69조 제2항 등 위헌소원(헌재 2011.9.29, 2010헌바188) : **합헌** ★★☆

벌금미납자에 대하여 노역장유치를 규정하고 있는 형법 규정은 과잉금지원칙 및 평등원칙에 반하지 않는다.

판례 067 민법 제1066조 제1항 위헌소원(헌재 2011.9.29, 2010헌바250) : **합헌** ★★☆

민법상 자필증서에 의한 유언의 유효요건으로 '주소의 자서'를 규정하고 있는 것은 헌법에 위반되지 않는다.

🔍 선례 : 헌재 2008.12.26, 2007헌바128

판례 068 형법 제337조 위헌소원(헌재 2011.9.29, 2010헌바346) : **합헌**

강도상해죄의 법정형 하한을 7년 이상의 징역으로 규정한 형법 제337조는 헌법 제37조 제2항의 과잉금지 원칙 및 헌법상 평등의 원칙에 위배되지 않는다.

판례 069 외국인근로자의 고용 등에 관한 법률 제25조 제4항 등 위헌확인(헌재 2011.9.29, 2007헌마1083) : 기각

① 직장 선택의 자유는 인간의 존엄과 가치 및 행복추구권과도 밀접한 관련을 가지는 만큼 단순히 국민의 권리가 아닌 인간의 권리로 보아야 할 것이므로 외국인도 제한적으로라도 직장 선택의 자유를 향유할 수 있다.
② 고용허가받은 외국인근로자의 사업장 변경 횟수를 3회로 제한하고 대통령령이 정하는 부득이한 사유가 있는 경우에는 1회에 한하여 추가 변경을 허용한 것은 헌법에 위반되지 않는다.

판례 070 외국인근로자의 고용 등에 관한 법률 제25조 제3항 위헌확인(헌재 2011.9.29, 2009헌마351) : 기각

고용허가받은 외국인근로자가 사업장 변경허가를 신청할 경우 신청일로부터 2개월 내에 허가받지 못할 경우 출국하도록 규정한 것은 헌법에 위반되지 않는다.

판례 071 공직선거법 제265조 위헌확인(헌재 2011.9.29, 2010헌마68) : 기각

배우자가 선거범죄로 300만원 이상의 벌금형을 선고받은 때 그 선거구 후보자의 당선을 무효로 하는 공직선거법 제265조는 헌법에 위반되지 않는다.

판례 072 주택법 제68조 제1항 제2호 위헌확인(헌재 2011.9.29, 2010헌마85) : 기각 ★★☆

국가 또는 지방자치단체에 등기를 신청하는 자에게 국민주택채권을 사도록 의무화하고 있는 주택법 규정은 계약체결의 자유 및 재산권 등을 침해하는 것이 아니다.

판례 073 독거실내 폐쇄 회로 텔레비전 설치 위헌확인(헌재 2011.9.29, 2010헌마413) : 기각 ★★☆

구치소에서 수형자의 거실에 폐쇄회로 텔레비전(CCTV)을 설치하여 계호한 행위는 수형자의 사생활의 비밀 및 자유를 침해하는 것이 아니다.

판례 074 구 도시 및 주거환경정비법 제86조 제7호 등 위헌제청(헌재 2011.10.25, 2010헌가29) : 위헌 ★★☆

재개발·재건축·도시환경정비사업을 시행하는 조합 등으로 하여금 중요한 회의가 있는 때에는 속기록·녹음 또는 영상자료를 만들도록 하고, 이를 위반한 경우 조합임직원 등을 처벌하는 규정은 죄형법정주의의 명확성의 원칙에 위반된다.

판례 075

아동·청소년의 성보호에 관한 법률 제12조 제1항 제2호 위헌제청(헌재 2011.10.25. 2011헌가1)
: 합헌 ★★☆

아동·청소년 성매매 영업알선행위를 7년 이상의 유기징역형에 처하도록 하고 있는 규정은 책임과 형벌 간의 비례원칙 및 평등원칙에 위배되지 않아 헌법에 위반되지 않는다.

판례 076

건축법 제80조 제1항 등 위헌소원(헌재 2011.10.25. 2009헌바140) **: 합헌**

건축허가권자인 행정관청에서 건축법을 위반한 건축주 등에 대하여 시정명령을 하였음에도 건축주 등이 이에 불응하는 경우, 위반사항을 시정할 때까지 건축주 등에게 반복적으로 이행강제금을 부과할 수 있도록 규정하고 있는 것은 재산권을 침해하지 않으며 이중처벌금지의 원칙에 위반되지 않는다.

판례 077

채무자회생 및 파산에 관한 법률 제625조 제2항 제4호 위헌소원(헌재 2011.10.25. 2009헌바234) **: 합헌**

개인회생절차에서 고의로 가한 불법행위로 인한 손해배상채무를 면책대상에서 제외하는 것은 명확성 원칙에 반하지 않고, 개인회생절차에서 면책결정을 받은 채무자의 재산권을 침해하지 않으며, 평등원칙에도 위배되지 않는다.

판례 078

공익사업을 위한 토지 등의 취득 및 보상에 관한 법률 제40조 등 위헌소원(헌재 2011.10.25. 2009헌바281) **: 각하, 합헌**

토지수용위원회가 재결로서 결정한 수용개시일까지 보상금을 지급하거나 공탁하면 사업시행자가 토지소유권을 취득할 수 있도록 한 것은 헌법에 위반되지 않는다.

판례 079

민사소송법 제290조 위헌소원(헌재 2011.10.25. 2010헌바64) **: 합헌**

민사소송에서 당사자가 신청한 증거에 대하여 사건을 담당하고 있는 재판부가 필요하지 아니하다고 인정한 때에는 증거조사하지 아니할 수 있도록 한 것은 재판청구권을 침해하지 않는다.

판례 080

제주특별자치도 설치 및 국제자유도시 조성을 위한 특별법 제202조 위헌소원(헌재 2011.10.25. 2010헌바126) **: 합헌** ★★☆

제주특별자치도 안에서 생산되는 감귤의 출하조정·품질검사 등에 관한 필요한 조치를 위반한 자에게 과태료를 부과하는 것은 직업수행의 자유를 침해하거나 평등원칙에 위배되지 않는다.

판례 081
국립묘지의 설치 및 운영에 관한 법률 제5조 제3항 제5호 위헌소원(헌재 2011.10.25, 2010헌바272) : **합헌** ★★☆

안장대상심의위원회가 국립묘지의 '영예성을 훼손'한다고 인정한 사람은 국립묘지에 안장될 수 없도록 한 것은 명확성의 원칙, 포괄위임입법금지원칙 등에 위배되지 않고, 평등권을 침해하지 않는다.

판례 082
구 관광진흥법 제80조 위헌소원(헌재 2011.10.25, 2010헌바307) : **위헌, 합헌** ★★☆

① "법인의 대리인·사용인 기타 종업원"이 그 법인의 업무에 관하여 위반행위를 한 때에는 그 법인에 대하여도 벌금형을 과하는 것은 책임주의원칙에 반한다.
② "법인의 대표자"가 그 법인의 업무에 관하여 위반행위를 한 때에는 그 법인에 대하여도 벌금형을 과하는 것은 헌법에 반하지 않는다.

판례 083
학교보건법 제6조 제1항 제13호 등 위헌소원(헌재 2011.10.25, 2010헌바384) : **합헌**

중학교 학교환경위생정화구역 안에서 여관과 관련한 행위의 금지 의무를 위반한 자를 처벌하는 것은 직업수행의 자유 및 재산권을 침해하지 않고, 책임과 형벌의 비례원칙에도 위반하지 않는다.

판례 084
민사집행법 제16조 제1항 위헌소원(헌재 2011.10.25, 2010헌바486) : **합헌**

집행관의 집행처분에 대한 집행법원의 이의 재판에 대하여 통상항고를 허용하지 않는 것은 헌법에 위반되지 않는다.

판례 085
구 도시 및 주거환경정비법 제84조 위헌소원(헌재 2011.10.25, 2011헌바13) : **합헌** ★★☆

주택재건축정비사업조합이나 도시환경정비사업조합의 임원을 형법상 뇌물죄의 적용에 있어서 공무원으로 의제하는 것은 헌법에 위반되지 않는다.

판례 086
국민주택기금전세자금 대출자격부적격자 결정 위헌확인(헌재 2011.10.25, 2009헌마588) : **기각**

은행연합회의 신용정보관리규약에 의한 신용관리대상자를 저소득가구 전세자금 대출대상에서 제외한 것은 평등권, 인간다운 생활을 할 권리를 침해하지 않는다.

판례 087
계호업무지침 제60조 등 위헌확인(헌재 2011.10.25. 2009헌마691) : **각하, 기각**

① 교도소 수용자가 없는 상태에서 거실이나 작업장을 검사하도록 하는 법무부훈령 조항은 교도관의 구체적인 검사행위 없이 바로 청구인의 기본권을 직접 제한하고 있다고 보기 어려우므로, 이 사건 훈령조항에 대한 심판청구는 기본권침해의 직접성 요건을 결여하여 부적법하다.

② 춘천교도소장이 2009.9.7. 및 2009.11.6. 수용자가 없는 상태에서 실시한 거실 및 작업장 검사행위는 청구인의 사생활의 비밀과 자유를 침해하지 않고, 적법절차원칙에도 위배되지 않는다.

판례 088
형사소송법 제262조 제4항 위헌확인 등(헌재 2011.10.25. 2010헌마243) : **각하, 기각**

재정신청이 이유 없는 때에 하는 기각결정이 확정된 사건에 대하여는 다른 중요한 증거를 발견한 경우를 제외하고는 소추할 수 없다고 규정하고 있는 형사소송법 제262조 제4항 후문 중 재정신청이 이유 없는 때에 하는 기각결정에 관한 부분은 재정신청인의 형사피해자 재판절차진술권 및 평등권을 침해하지 않는다.

판례 089
화물자동차 운수사업법 시행규칙 제3조 제2호 위헌확인(헌재 2011.10.25. 2010헌마482) : **기각**

밴형 화물자동차의 구조요건을 승차 정원이 3명 이하일 것으로 정한 것은 직업수행의 자유, 평등권을 침해하지 않는다.

판례 090
외국인근로자의 고용 등에 관한 법률 제27조의2 등 위헌확인(헌재 2011.10.25. 2010헌마661) : **각하, 기각**

외국인근로자의 고용에 관한 업무를 대행하는 대행기관의 지정요건에 관한 규정은 기존에 대행업무를 수행하던 행정사들의 직업수행의 자유, 평등권을 침해하지 않는다.

판례 091
당연퇴직처분취소(헌재 2011.10.25. 2011헌마85) : **기각**

① 청원경찰의 임면관계는 기본적으로 사법관계이지만, 청원경찰법은 일반 근로자와 달리 청원경찰을 공무원과 유사하게 처우하여 신분보장이나 사회보장 등에 있어 일반 사기업체에 근무하는 근로자보다 두터운 보호를 하고 있으므로, 이와 같이 그 신분에 있어 특별한 법적 보호를 받고 있는 청원경찰에게는 이에 부합하는 특별한 책임이 요구된다.

② 자격정지의 형을 선고받은 자를 청원경찰직에서 당연퇴직되도록 하는 것은 직업의 자유, 평등권을 침해하지 않는다.

판례 092
부정경쟁방지 및 영업비밀보호에 관한 법률 제18조 제2항 위헌제청(헌재 2011.11.24, 2010헌가42) : 합헌

기업의 영업비밀을 취득·사용하거나 제3자에게 누설한 자를 5년 이하의 징역 또는 그 재산상 이득액의 2배 이상 10배 이하에 상당하는 벌금에 처하도록 규정한 것은 헌법에 위반되지 않는다.

판례 093
도시 및 주거환경정비법 제38조 위헌제청(헌재 2011.11.24, 2010헌가95) : 합헌

토지 등 소유자가 도시환경정비사업을 시행하는 경우 정비사업을 시행하기 위하여 필요한 경우에는 토지 등을 수용할 수 있도록 한 것은 재산권을 침해하거나 평등원칙에 반하지 않는다.

판례 094
금융기관부실자산 등의 효율적 처리 및 한국자산관리공사의 설립에 관한 법률 제45조의2 제1항 등 위헌소원(헌재 2011.11.24, 2009헌바100) : 합헌

금융기관이 신청한 임의경매절차에서 통지 또는 송달을 발송송달에 의하여 진행할 수 있는 규정은 재판청구권과 평등권을 침해하지 않는다.

판례 095
구 소득세법 제89조 제3호 등 위헌소원(헌재 2011.11.24, 2009헌바146) : 헌법불합치 ★★☆

① 1세대 3주택 이상 보유자에 대하여 양도소득세를 중과세하는 것은 헌법에 합치되지 않는다.
② 혼인으로 새로이 1세대를 이루어 3주택 이상 보유하게 된 경우에 완화규정을 두지 않고 양도소득세를 중과세하는 것은 혼인의 자유를 침해하는 것이므로 위헌이지만, 단순위헌결정을 할 경우 일반적인 1세대 3주택 이상 보유자에 대한 양도소득세 중과세의 근거 규정이 사라져 법적 공백상태가 발생하게 될 것이어서, 헌법불합치결정을 하였다.

판례 096
일제강점하 반민족행위 진상규명에 관한 특별법 제2조 제7호 등 위헌소원(헌재 2011.11.24, 2009헌바292) : 합헌

① 러·일전쟁 개전시부터 1945년 8월 15일까지 친일반민족행위자가 취득한 재산을 친일행위의 대가로 취득한 재산으로 추정하는 것은 재판청구권을 침해한다거나 적법절차원칙에 반한다고 할 수 없다.
② 친일재산을 그 취득 원인 행위시에 국가의 소유로 하도록 규정한 것은 헌법에 위반되지 않는다.
③ 한일합방의 공으로 받은 작위를 계승한 행위를 친일반민족행위로 규정한 것, 상기 작위를 계승한 자를 친일반민족행위자로 규정한 것은 인격권을 침해하지 않는다.

판례 097
채무자 회생 및 파산에 관한 법률 제564조 제1항 위헌소원(헌재 2011.11.24. 2009헌바320) **: 합헌**

개인파산의 면책에 있어 채무자 측 사유를 중심으로 열거된 면책불허가사유가 없으면 반드시 면책을 허가하도록 하고, 파산채권자가 소액임차인이나 기초생활수급자인 경우에도 그 채권에 관하여 면책을 불허가할 여지를 두지 않고 있는 것은 파산채권자의 재산권을 과도하게 침해하지 않는다.

판례 098
민법 제1008조의2 제1항 위헌소원(헌재 2011.11.24. 2010헌바2) **: 합헌**

피상속인을 특별히 부양한 자에게만 기여분을 인정하는 민법 제1008조의2 제1항 중 '상당한 기간 동거·간호 그 밖의 방법으로 피상속인을 특별히 부양한 자'에 관한 부분은 헌법에 위반되지 않는다.

판례 099
구 병역법 제41조 제1항 제1의2호 등 위헌소원(헌재 2011.11.24. 2010헌바45) **: 합헌**

① 산업기능요원의 복무에 관한 위반사항이 중하지 않은 경우에는 편입취소 대신 연장복무의 대상으로 하기 위하여 연장복무의 사유 등에 관하여 대통령령에 위임한 것은 포괄위임입법 금지원칙에 위반되지 않는다.
② 편입당시 지정업체의 해당분야에 종사하지 아니함으로써 병역의무를 제대로 이행하지 아니한 산업기능요원에게 다시 병역의무를 이행하게 하는 조항은 헌법에 위반되지 않는다.

판례 100
구 임대주택법 제23조 제2호 위헌소원(헌재 2011.11.24. 2010헌바120) **: 합헌**

공공임대주택의 임대사업자가 임대보증금에 관한 보증가입의무를 이행하지 않는 경우 1년 이하의 징역 또는 1천만원 이하의 벌금에 처하도록 하는 것은 헌법에 위반되지 않는다.

판례 101
구 병역법 제36조 제1항 등 위헌소원(헌재 2011.11.24. 2010헌바254) **: 각하, 합헌**

전문연구요원이나 산업기능요원 또는 그 지정업체가 편입당시 지정업체의 해당분야에 종사하지 아니한 때에는 관할지방병무청장에게 통보하도록 한 규정에서 '해당분야' 부분은 명확성의 원칙에 위반되지 않는다.

판례 102
영유아보육법 제14조 위헌소원(헌재 2011.11.24. 2010헌바373) **: 합헌**

대통령령으로 정하는 일정 규모 이상의 사업장의 사업주는 직장보육지원을 하여야 한다는 규정 및 보육수당의 지급에 필요한 사항은 보건복지부령으로 정하도록 한 부분은 헌법에 위반되지 않는다.

판례 103
형법 제239조 제1항 등 위헌소원(헌재 2011.11.24, 2010헌바472) : **합헌**

서명을 위조한 경우 3년 이하의 징역에 처하도록 한 것은 헌법에 위반되지 않는다.

판례 104
총포·도검·화약류 등 단속법 제73조 제1호 위헌소원(헌재 2011.11.24, 2011헌바18) : **합헌**

수출 목적 이외의 목적으로 모의총포를 소지하는 행위를 처벌하는 것은 헌법에 위반되지 않는다.

판례 105
도로교통법 제63조 위헌소원(헌재 2011.11.24, 2011헌바51) : **합헌**

긴급자동차를 제외한 이륜자동차는 고속도로 등 통행을 금지하는 것은 일반적 행동의 자유와 평등권을 침해하지 않는다.

🔍 선례 : 헌재 2007.1.17, 2005헌마1111; 헌재 2008.7.31, 2007헌바90

판례 106
형사소송법 제262조 제4항 위헌확인(헌재 2011.11.24, 2008헌마578) : **한정위헌, 기각, 각하**

① 재정신청사건의 심리를 비공개원칙으로 하고 재정신청사건의 심리 중 관련 서류 및 증거물의 열람 또는 등사를 불허하는 형사소송법 규정들은 재판청구권을 침해하지 않는다.
② 재정신청 기각결정에 대한 불복불허규정의 '불복'에 재항고가 포함되는 것으로 해석하는 한, 재판청구권과 평등권을 침해한다.

판례 107
수산업법 시행령 제25조 위헌확인(헌재 2011.11.24, 2010헌마397) : **각하**

① 조합법인이 소속 조합원들의 기본권 침해를 이유로 하여 제기한 헌법소원심판청구는 자기관련성이 결여되어 부적법하다.
② 어업허가제가 시행되고, 허가를 받지 않은 종류의 연안어업이 금지됨으로써 허가를 받은 연안어업자가 얻을 수 있는 영업상 이익은 그 자신의 경제적 활동의 결과이고 법률상의 권리로서 보장되는 이익이 아니다.

판례 108
공무원연금법 제51조 등 위헌확인(헌재 2011.11.24, 2010헌마510) : **기각**

공무상 질병 또는 부상으로 폐질상태가 되어 퇴직하거나, 퇴직 후에 그 질병 또는 부상으로 폐질상태가 된 때에 한하여 장해급여를 지급하도록 한 규정은, 공무와 인과관계가 인정되지 않는 질병 또는 부상으로 폐질상태에 이른 퇴직공무원의 평등권과 인간다운 생활을 할 권리를 침해하지 않는다.

판례 109
구 병역법 제41조 제3항 등 위헌확인(헌재 2011.11.24, 2010헌마746) : **위헌, 각하**

산업기능요원 편입이 취소되어 입영하는 경우 1년 이상 종사한 사람으로 한정하여 복무기간을 단축할 수 있도록 한 규정 중 '1년 이상' 부분은 헌법에 위반된다.

> **주의** '1년 이상' 부분에 대하여만 위헌선언하였으므로, 추가적인 입법적 조치를 기다릴 필요 없이 1년 미만을 종사하다가 편입취소된 사람들도 복무기간을 단축받게 된다.

판례 110
기소유예처분취소(헌재 2011.11.24, 2008헌마627) : **인용**

① '구(뜸)사' 자격이 없다 하더라도 '침사' 자격을 갖고서 오랫동안 뜸 시술행위를 하여 온 청구인의 특별한 사정을 고려하여 청구인의 뜸 시술행위가 사회상규에 반하지 않는 정당행위로서 위법성이 조각된다.
② 그럼에도 불구하고 청구인의 행위를 유죄로 인정하여 기소유예처분을 한 것은 평등권과 행복추구권을 침해한 것이라고 할 것이다.

판례 111
공직선거법 제93조 제1항 등 위헌확인(헌재 2011.12.29, 2007헌마1001) : **한정위헌** ★★☆

선거일 전 180일부터 선거일까지 선거에 영향을 미치게 하기 위하여 정당 또는 후보자를 지지·추천하거나 반대하는 내용이 포함되어 있거나 정당의 명칭 또는 후보자의 성명을 나타내는 문서·도화의 배부·게시 등을 금지하고 처벌하는 공직선거법 규정 중 제93조 제1항의 각 '기타 이와 유사한 것'에, '정보통신망을 이용하여 인터넷 홈페이지 또는 그 게시판·대화방 등에 글이나 동영상 등 정보를 게시하거나 전자우편을 전송하는 방법'이 포함되는 것으로 해석하는 한 헌법에 위반된다.

> **주의** 헌재 2009.7.30, 2007헌마718 선례폐기

판례 112
검사징계법 제2조 제3호 등 위헌소원(헌재 2011.12.29, 2009헌바282) : **합헌** ★★☆

검사에 대해 "검사로서의 체면이나 위신을 손상하는 행위를 하였을 때"를 징계 사유로 삼고, "면직"처분을 징계의 한 종류로 인정하는 것은 명확성원칙에 위배되지 아니하며 공무담임권을 침해하지 않는다.

판례 113
형법 제314조 제1항 등 위헌소원(헌재 2011.12.29, 2010헌바54) : **합헌**

① 헌법이 보장하는 소비자보호운동이란 '공정한 가격으로 양질의 상품 또는 용역을 적절한 유통구조를 통해 적절한 시기에 안전하게 구입하거나 사용할 소비자의 제반 권익을 증진할 목적으로 이루어지는 구체적 활동'을 의미한다.
② 소비자불매운동이란, '하나 또는 그 이상의 운동주도세력이 소비자의 권익을 향상시킬 목적으로 개별 소비자들로 하여금 시장에서 특정 상품의 구매를 억지하거나 제3자로 하여금 그렇게 하도록 설득하는 조직화된 행위'를 의미한다.

③ 소비자보호운동의 일환으로서, 구매력을 무기로 소비자가 자신의 선호를 시장에 실질적으로 반영하려는 시도인 소비자불매운동은 모든 경우에 있어서 그 정당성이 인정될 수는 없고, 헌법이나 법률의 규정에 비추어 정당하다고 평가되는 범위에 해당하는 경우에만 형사책임이나 민사책임이 면제된다고 할 수 있다.

④ 집단적으로 이루어진 소비자불매운동 중 정당한 헌법적 허용한계를 벗어나 타인의 업무를 방해하는 결과를 가져오기에 충분한 집단적 행위를 처벌하는 형법 제314조 제1항 중 '제313조의 방법 중 기타 위계 또는 위력으로써 사람의 업무를 방해한 자' 부분, 형법 제30조 자체는 소비자보호운동을 보장하는 헌법의 취지에 반하지 않는다.

⑤ 정당한 헌법적 허용한계를 벗어나 상대방으로 하여금 공포심을 일으켜 의사결정에 영향을 미칠 수 있을 정도의 해악을 고지하여 의무없는 일을 강요하였거나 공갈하여 타인의 재산 또는 재산상의 이익을 취득하였다고 평가하기에 충분한 소비자불매운동행위를 처벌하는 형법 제324조 중 '협박으로 사람의 권리행사를 방해하거나 의무없는 일을 하게 한 자' 부분, 제350조 역시 소비자보호운동을 보장하는 헌법의 취지에 반한다고 할 수 없다.

판례 114
특정경제범죄 가중처벌 등에 관한 법률 제4조 제2항 등 위헌소원(헌재 2011.12.29, 2010헌바117) : 각하, 합헌

재산국외도피범죄에 대한 가중처벌규정인 특정경제범죄 가중처벌 등에 관한 법률 규정, 재산국외도피범이 도피시키거나 도피시키려고 한 재산을 필요적으로 몰수·추징하도록 한 같은 법률 규정, 법인의 대표자가 법인의 업무에 관하여 일정한 범죄행위를 할 경우 그 법인도 함께 처벌하는 구 외국환거래법 규정은 헌법에 위반되지 않는다.

판례 115
부동산 실권리자명의 등기에 관한 법률 제5조 제1항 등 위헌소원(헌재 2011.12.29, 2010헌바130) : 합헌 ★★☆

실명등기의무를 위반한 부동산 명의신탁자에 대하여 과징금을 부과하는 것은 헌법에 위반되지 않는다.

판례 116
지방세법 제106조 제2항 등 위헌소원(헌재 2011.12.29, 2010헌바191) : 합헌

국가, 지방자치단체, 지방자치단체조합에 귀속을 조건으로 취득하는 부동산 및 그 등기에 대하여 취득세 및 등록세를 비과세하는 것은 헌법에 위반되지 않는다.

판례 117

구 건축법 부칙 제9조 위헌소원(헌재 2011.12.29, 2010헌바343) : **합헌**

이행강제금의 불복절차가 과태료의 재판에서 행정소송으로 변경되었음에도, 개정된 건축법 시행 이전에 이행강제금이 부과되었으나 시행 이후에 다투는 경우에 이를 종전의 불복절차에 의하여 다투도록 규정한 것은 재판청구권을 침해하지 않고 평등원칙에 위배되지 않는다.

판례 118

주민소환에 관한 법률 제10조 제4항 위헌소원(헌재 2011.12.29, 2010헌바368) : **합헌**

주민소환투표청구를 위한 서명요청 활동을 '소환청구인서명부를 제시'하거나 '구두로 주민소환투표의 취지나 이유를 설명하는' 경우로만 엄격히 제한하고 이에 위반할 경우 형사처벌하는 것은 명확성원칙에 반하지 않으며, 표현의 자유를 침해하지도 않는다.

판례 119

노동조합 및 노동관계조정법 제42조의2 등 위헌소원(헌재 2011.12.29, 2010헌바385) : **합헌**
★★☆

필수공익사업 중 필수유지업무에 대해 쟁의행위를 금지하는 것은 헌법에 위반되지 않는다.

판례 120

공무원연금법 부칙 제4조 제1항 위헌소원(헌재 2011.12.29, 2011헌바41) : **합헌**

공무원연금수급에 필요한 재직기간합산과 관련하여 1996년 1월 1일부터 2005년 12월 31일까지 사이에 퇴직한 공무원의 경우 종전의 재직기간 또는 복무기간이 20년 미만인 자에 한해서만 재직기간 합산을 할 수 있도록 허용한 것은 헌법에 위반되지 않는다.

판례 121

민사소송법 제117조 제1항 등 위헌소원(헌재 2011.12.29, 2011헌바57) : **합헌**

외국인을 포함하여 국내에 주소 등을 두고 있지 아니한 원고에게 법원이 소송비용 담보제공명령을 하도록 한 구 민사소송법 제117조 제1항은 헌법에 위반되지 않는다.

판례 122

마약류 관리에 관한 법률 제58조 제2항 위헌소원(헌재 2011.12.29, 2011헌바122) : **합헌**

영리 목적의 마약류 제조범을 처벌하는 규정은 헌법에 위반되지 않는다.

판례 123

범죄피해자구조법 제2조 제1호 등 위헌확인(헌재 2011.12.29, 2009헌마354) : **기각** ★★☆

해외에서 발생한 범죄피해를 범죄피해자구조청구권의 대상이 되는 범죄피해의 범위에서 제외하고 있는 것과 범죄피해의 발생일로부터 5년이 경과한 경우에는 구조금의 지급신청을 할 수 없도록 한 것은 평등권을 침해하지 않는다.

판례 124
공직선거법 제250조 등 위헌확인(헌재 2011.12.29, 2009헌마476) : **기각**
① 선거범으로서 100만원 이상의 벌금형의 선고를 받은 경우 당선무효로 하고, 이를 전제로 한 비용반환조항도 헌법에 반하지 않는다.
② 선거범으로서 100만원 이상의 벌금형의 선고를 받고 그 형이 확정된 후 5년을 경과하지 아니한 자에 대하여 선거권 및 피선거권을 제한하는 것은 헌법에 위반되지 않는다.

판례 125
형의 집행 및 수용자의 처우에 관한 법률 제45조 제1항 위헌확인 등(헌재 2011.12.29, 2009헌마527) : **인용** ★★☆
구치소 내에서 실시하는 종교의식 또는 행사에 미결수용자의 참석을 금지한 행위는 종교의 자유를 침해한 것이다.

판례 126
행정부작위위헌확인(헌재 2011.12.29, 2009헌마621) : **각하**
국방부장관이 군사상 필요가 소멸한 징발재산인 토지를 청구인들에게 매각하여야 할 헌법에서 유래하는 어떠한 작위의무도 존재하지 않으므로 부작위의 위헌확인을 구하는 이 사건 심판청구는 부적법하다.

판례 127
지방교육자치에 관한 법률 제46조 제3항 위헌확인(헌재 2011.12.29, 2010헌마285) : **기각**
교육감선거운동과정에서 후보자의 당원경력 표시를 금지시키는 것은 정치적 표현의 자유 등 기본권을 침해하지 않는다.

판례 128
교육관련기관의 정보공개에 관한 특례법 제3조 제2항 등 위헌확인(헌재 2011.12.29, 2010헌마293) : **각하, 기각** ★★☆
① 부모는 자녀의 교육을 자유롭게 형성할 수 있는 자녀교육권을 가지고 그 교육에 필요한 정보를 얻을 알 권리가 있으므로, 교원의 교원단체 및 노동조합 가입에 관련된 정보에 대해 알 권리를 가진다.
② 교원의 개인정보 공개를 금지하고 있는 규정 및 교원의 "원단체 및 노동조합 가입 현황(인원수)"을 공시정보로 규정하고 있는 시행령조항은 학부모 등의 알 권리와 교원의 개인정보 자기결정권을 합리적으로 조화시킨 것으로서 알 권리를 침해하지 않는다.

판례 129
상고심절차에 관한 특례법 제4조 제1항 위헌확인 등(헌재 2011.12.29, 2010헌마344) : **기각**
심리불속행제도와 심리불속행시 판결에 이유를 적지 않을 수 있도록 한 것은 헌법에 위반되지 않는다.

2012년도 헌법재판소 판례

구 개별소비세법 제1조 제3항 제4호 등 위헌제청(헌재 2012.2.23, 2011헌가8) : **합헌**
골프장 입장행위에 대하여 1만2천원의 개별소비세를 부과하는 구 개별소비세법 규정 및 수도권 밖에 소재하는 회원제 골프장 입장행위에 대하여 한시적으로 개별소비세를 면제하는 구 조세특례제한법 규정은 재산권을 침해하거나 평등원칙에 반하지 않는다.

방송통신위원회의 설치 및 운영에 관한 법률 제21조 제4호 위헌제청(헌재 2012.2.23, 2011헌가13) : **합헌**
방송통신심의위원회의 직무의 하나로 '건전한 통신윤리의 함양을 위하여 필요한 사항으로서 대통령령이 정하는 정보의 심의 및 시정요구'를 규정하고 있는 것은 명확성 원칙, 포괄위임입법금지원칙이나 과잉금지원칙에 위배되지 않는다.

국회의원과 국회의장 간의 권한쟁의(헌재 2012.2.23, 2010헌라6) : **기각**
① 국회의원은 국회라는 합의체 의사결정기관의 구성원으로서, 의회민주주의의 원리, 헌법 제40조, 제41조 제1항, 제49조에 근거하여 법률안에 대한 심의·표결권을 가지는데, 국회의원이 갖는 이러한 심의·표결권은 예산안을 심의·확정하거나 국군의 외국에의 파견 등 국가의 중요정책에 대하여 동의권을 행사하는 등 국회가 의결의 형태로 권한을 행사하는 모든 경우에 당연히 존재한다.
② 2011년도 예산안, 국군부대의 아랍에미리트군 교육 훈련 지원 등에 관한 파견 동의안 외 4건의 법률안에 관하여 국회의장이 2010.12.8. 열린 제18대국회 제294회 제15차 국회본회의에서 안건을 처리한 후 가결을 선포한 행위는 헌법상 갖는 국회의원의 심의·표결권을 침해한 것이 아니다.

법관징계법 제2조 제2호 등 위헌소원(헌재 2012.2.23, 2009헌바34) : **합헌** ★★☆
법관에 대한 징계사유로 '법관이 그 품위를 손상하거나 법원의 위신을 실추시킨 경우'를 규정한 것과 법관에 대한 징계처분 취소청구소송을 대법원의 단심재판에 의하도록 한 것은 헌법에 위반되지 않는다.

판례 005
국민기초생활 보장법 제2조 제8호 등 위헌소원(헌재 2012.2.23, 2009헌바47) : **합헌**

개별가구의 소득평가액과 재산의 소득환산액을 합산하여 국민기초생활 보장법상 수급자격을 정하고 있는 것과 "소득환산액"의 범위에서 주거용 주택을 제외하지 아니한 채 구체적 기준을 하위법령에 위임하고 있는 것은 포괄위임입법 금지원칙에 위배되거나 인간다운 생활을 할 권리를 침해한다고 볼 수 없다.

판례 006
민법 제909조 위헌소원(헌재 2012.2.23, 2009헌바222) : **각하**

본안의 소가 항소심에 계속중 소를 취하하는 내용으로 화해가 성립하여 본안사건이 종결된 경우, 당해 사건이 법원에 계속중인 경우라 할 수 없어, 심판대상 법률조항의 위헌 여부가 당해 사건과의 관계에서 재판의 전제가 되지 못하여 부적법하다.

판례 007
자연공원법 제28조 위헌소원(헌재 2012.2.23, 2010헌바99) : **합헌**

자연공원 내 출입금지지역에 출입한 사람들에게 과태료를 부과하도록 한 규정은 공원 탐방객의 일반적 행동자유권을 침해하지 않는다.

판례 008
공익사업을 위한 토지 등의 취득 및 보상에 관한 법률 제77조 제1항 등 위헌소원(헌재 2012.2.23, 2010헌바206) : **합헌**

공익사업의 시행으로 인하여 영업을 폐지하거나 휴업함에 따른 영업손실에 대하여 그 보상액의 구체적인 산정 및 평가방법과 보상기준을 국토해양부(현행 : 국토교통부)령으로 정하도록 한 것은 포괄위임입법금지 원칙에 위반되지 않는다.

판례 009
관세법 제282조 제2항 등 위헌소원(헌재 2012.2.23, 2010헌바479) : **합헌**

다른 물품으로 신고하고 물품을 수출한 경우 이를 형사처벌의 대상으로 하고 그 대상 물품을 필요적으로 몰수·추징하는 것은 헌법에 위반되지 않는다.

판례 010
농업협동조합법 제172조 제3항 위헌소원(헌재 2012.2.23, 2010헌바480) : **합헌** ★★☆

지역농협의 임원선거와 관련하여 공연히 사실을 적시하여 후보자를 비방한 자에 대하여 500만원 이상 3천만 원 이하의 벌금에 처하도록 한 규정은 헌법에 위반되지 않는다.

판례 011
도시 및 주거환경정비법 제48조 제2항 제3호 위헌소원(헌재 2012.2.23, 2010헌바484) : **합헌**

정비사업 조합원 중 너무 좁은 토지를 취득한 자에 대하여는 시가보상을 하는 대신 현물분양권을 부여하지 않을 수 있다고 규정한 것은 재산권 등을 침해하지 않는다.

판례 012 구 공직선거법 제122조의2 제2항 제3호 위헌소원(헌재 2012.2.23, 2010헌바485) : 합헌
공직선거법에 위반되는 선거운동을 위하여 지출된 비용을 선거비용 보전지급액에서 제외하는 것은 헌법에 위반되지 않는다.

판례 013 사립학교법 제28조 제1항 위헌소원(헌재 2012.2.23, 2011헌바14) : 합헌
학교법인이 기본재산을 매도하고자 할 때 관할청의 허가를 받도록 규정하고 있는 사립학교법 규정은 헌법에 위반되지 않는다.

판례 014 구 농업협동조합법 제50조 제1항 제1호 등 위헌소원(헌재 2012.2.23, 2011헌바154) : 합헌
지역농협의 조합장 선거와 관련하여 금전제공행위를 금지하고 이를 형사처벌하는 것, 선거 관련 범죄의 공소시효를 해당 선거일 후 6개월로 규정하고 있는 것은 헌법에 위반되지 않는다.

판례 015 민사소송법 제216조 제1항 위헌소원(헌재 2012.2.23, 2011헌바356) : 합헌
확정된 종국판결의 주문 내용에 대하여 기판력을 인정하는 민사소송법 조항은 확정판결의 패소 당사자의 재판청구권을 침해하지 않는다.

판례 016 방송통신위원회의 설치 및 운영에 관한 법률 제21조 제4호 위헌확인 등(헌재 2012.2.23, 2008헌마500) : 기각
'범죄를 목적으로 하거나 교사 또는 방조하는 내용의 정보'의 유통을 금지하는 것은 명확성 원칙이나 과잉금지 원칙에 위배되지 않는다.

판례 017 중요한 표시·광고사항 고시 IV의 9. 나. 나-2 부분위헌확인(헌재 2012.2.23, 2009헌마318) : 기각
① 헌법이 인정하고 있는 위임입법의 형식은 예시적인 것으로 보아야 할 것이고, 법률이 어떤 사항을 행정규칙에 위임하더라도 그 행정규칙은 위임된 사항만을 규율할 수 있는 것이므로, 국회입법의 원칙과 상치되지 않는다.
② 상조업자의 표시·광고에 대하여 총 고객환급의무액 등을 표시하도록 하고, 이러한 사항들을 사업장 게시물(홈페이지), 상품설명서 및 계약서에 모두 표시하도록 규정한 것은 헌법에 위반되지 않는다.

판례 018

형의 집행 및 수용자의 처우에 관한 법률 제43조 제3항 등 위헌확인(헌재 2012.2.23, 2009헌마333) : **위헌** ★★☆

수용자가 밖으로 내보내는 서신에 대해 봉함하지 않은 상태로 제출하도록 한 것은 수용자의 통신비밀의 자유를 침해한다.

판례 019

서울특별시 서울광장 사용허가 불허처분 위헌확인(헌재 2012.2.23, 2009헌마403) : **각하**

헌법소원심판청구가 청구인들이 예정하고 있던 집회시각이 훨씬 지난 후에야 제기되었고, 이 사건 불허처분으로 서울광장을 사용하지 못하게 되자 청구인들이 계획하고 있던 추모제를 정동로타리에서 이미 개최한 이상, 이 사건 불허처분에 관한 청구인들의 주관적 권리보호의 이익은 소멸되었다.

판례 020

공직선거법 제155조 제2항 등 위헌확인(헌재 2012.2.23, 2010헌마601) : **헌법불합치, 기각** ★★☆

부재자 투표시간을 오전 10시부터 오후 4시까지로 정하고 있는 공직선거법 규정 중 '투표개시 시간인 오전 10시 부분'은 헌법에 합치되지 않으며, 2013.6.30.을 시한으로 입법자의 개선입법이 이루어질 때까지 잠정적으로 적용한다.

> **주의** 사전투표시간 : 오전 6시~오후 6시. 2014.2.13 공직선거법 개정

판례 021

G20 정상회의 경호안전을 위한 특별법 제5조 등 위헌확인(헌재 2012.2.23, 2010헌마660) : **각하**

① G20 정상회의를 앞두고 G20 정상회의 경호안전통제단장으로 하여금 경호안전구역을 지정할 수 있도록 한 경호안전구역 지정조항은 통제단장의 지정행위라는 집행행위를 예정하고 있어 직접 기본권을 침해한다고 할 수 없다.

② 경호안전구역 지정조항에 따라 통제단장이 경호안전구역을 지정하여 공고한 행위만으로 집회의 자유가 제한되는 것이 아니라 통제단장의 집회제한요청과 관할 경찰관서의 장의 제한조치를 기다려 비로소 집회가 제한되는 것이므로 그 공고만으로 기본권을 침해할 가능성이 생긴다고 할 수 없다.

③ 통제단장의 요청이 있으면 관할 경찰관서의 장으로 하여금 경호안전구역에서의 집회와 시위를 제한하도록 한 집회제한조항은 1회적으로 행해진 조치에 불과한 것으로서 반복가능성이 없는 이상, 그 위헌 여부의 해명이 향후의 헌법질서의 수호·유지에 기여한다고 할 수 없으므로 헌법적 해명의 필요성을 인정할 수 없어 부적법하다.

판례 022
무혐의처분취소(헌재 2012.2.23. 2010헌마750) : **인용**

가맹사업거래의 공정화에 관한 법률에서 정한 계약해지절차를 거치지 아니한 가맹본부의 가맹계약해지에 대하여 불공정거래행위에 해당하지 않는다고 판단하여 한 공정거래위원회의 무혐의처분은 현저히 정의에 반하는 조사 또는 잘못된 법률의 적용이나 증거판단에 따른 자의적 처분으로서, 청구인의 평등권을 침해한다.

판례 023
수용자 보험급여정지 위헌확인(헌재 2012.2.23. 2011헌마123) : **기각**

구치소와 치료감호시설에 수용 중인 자를 국민기초생활 보장법상 급여의 지급 대상에서 제외하는 것은 인간다운 생활을 할 권리, 보건권 및 평등권을 침해하지 않는다.

판례 024
근로기준법 제28조 제2항 등 위헌확인(헌재 2012.2.23. 2011헌마233) : **기각**

사용자로부터 부당해고를 당한 근로자가 노동위원회에 부당해고 구제신청을 할 수 있는 기간을 부당해고가 있었던 날로부터 3개월 이내로 규정한 근로기준법 조항은 재판청구권을 침해하지 않는다.

판례 025
예비전력관리 업무담당자 인사관리 훈령 제46조 제1항 제2호 등 위헌확인(헌재 2012.2.23. 2011헌마340) : **기각**

근무상한연령만을 정하고 있는 직장예비군중대장과 달리 직장예비군대대장에 대하여 근무상한연령과 함께 근속기간을 정하여 그 중 먼저 도래하는 기간에 퇴직하도록 규정한 것은 헌법에 위반되지 않는다.

판례 026
기소유예처분취소(헌재 2012.2.23. 2009헌마623) : **기각**

한의사가 초음파기기를 사용하여 성장판 검사를 한 후 한약을 처방해 주고 그 대가로 금원을 교부받은 '구 보건범죄 단속에 관한 특별조치법위반(부정의료업자)' 피의사건에 대해 검사가 한 기소유예처분은 헌법에 위반되지 않는다.

판례 027
의료법 제89조 등 위헌소원(헌재 2012.3.29. 2010헌바83) : **합헌** ★★☆

직접 진찰하거나 검안한 의료인이 아니면 진단서 등을 작성하여 교부할 수 없고 이를 위반한 경우 형사처벌을 하도록 한 규정은 죄형법정주의 명확성 원칙에 위배되지 않는다.

판례 028
형법 제328조 제1항 위헌소원(헌재 2012.3.29, 2010헌바89) **: 합헌**

가까운 친족(직계혈족, 배우자, 동거친족, 동거가족 또는 그 배우자) 간의 절도죄는 형을 면제하는 반면, 먼 친족 간의 절도죄는 고소가 있어야 공소를 제기할 수 있도록 한 것은 평등원칙에 위반되지 않는다.

판례 029
형법 제62조의2 제1항 위헌소원(헌재 2012.3.29, 2010헌바100) **: 합헌**

집행을 유예하면서 사회봉사를 명할 수 있도록 한 형법 제62조의2 제1항은 헌법에 위반되지 않는다.

판례 030
공익사업을 위한 토지 등의 취득 및 보상에 관한 법률 제70조 위헌소원(헌재 2012.3.29, 2010헌바411) **: 합헌**

수용된 토지에 대한 보상액 산정시 표준지의 공시지가를 기준으로 하고, 사업인정고시일 전의 시점을 공시기준일로 하는 공시지가를 손실보상액 산정의 기준이 되는 공시지가로 규정한 것은 헌법상 정당보상의 원칙에 위배되지 않는다.

판례 031
장애인고용촉진 및 직업재활법 제2조 제4호 등 위헌소원(헌재 2012.3.29, 2010헌바432) **: 각하, 합헌**

사업주에게 일정한 비율의 장애인을 고용할 의무를 부과하고 이를 지키지 못한 사업주에게 고용부담금을 부과하는 것은 직업의 자유 및 재산권을 침해하지 않는다.

판례 032
구 도시계획법 제4조 제1항 등 위헌소원(헌재 2012.3.29, 2010헌바470) **: 합헌**

도시계획시설부지 내 건축허가를 받은 가설건축물을 임차하여 영업을 해 온 경우, '도시계획시설부지 내 가설건축물 등을 소유자의 부담으로 원상회복하도록 하고 있는 규정'으로 인하여 도시계획시설사업 시행으로 인한 영업손실에 대하여 보상을 하지 않더라도 임차인의 재산권을 침해하였다거나 평등의 원칙에 위반된다거나 기타 거주·이전의 자유 등을 침해한 것이라고 할 수 없다.

판례 033
형사소송법 제194조의4 제1항 위헌소원(헌재 2012.3.29, 2011헌바19) **: 합헌**

민사소송에서 소송비용에 산입될 변호사 보수를 산정하는 기준과 달리 무죄판결이 확정된 피고인에 대한 변호인 보수의 보상은 국선변호인 보수를 기준으로 산정하도록 하는 것은 평등 원칙에 위배되지 않는다.

판례 034
노동조합 및 노동관계조정법 제12조 제3항 제1호 위헌소원(헌재 2012.3.29, 2011헌바53) : 합헌 ★★☆

노동조합을 설립할 때 행정관청에 그 설립신고서를 제출하게 하고 사전에 노동조합 설립 요건에 대한 심사를 하도록 하여 그 요건을 충족하지 못하는 경우 설립신고서를 반려하도록 하는 것은 헌법에 위반되지 않는다.

판례 035
산업재해보상보험법 제5조 제3호 등 위헌소원(헌재 2012.3.29, 2011헌바133) : 합헌

산업재해보상보험법상의 유족의 범위에 근로자의 직계혈족의 배우자를 포함하지 않은 것은 인간다운 생활을 할 권리를 침해하지 않는다.

판례 036
보험업감독규정 제7-62조 제6항 위헌확인(헌재 2012.3.29, 2009헌마613) : 각하

보험회사가 약관 등의 기초서류 변경시 금융위원회에 기초서류의 제출로 신고를 갈음할 수 있는 기준을 정한 보험업감독규정은, 보험회사의 기초서류 제출기준에 불과하므로 위 조항 자체로 인하여 전액보장보험의 판매와 가입이 금지되지 않고, 금융감독위원회의 수리거부처분을 통하여 비로소 기본권 침해 문제가 발생할 수 있으므로 위 조항에 대한 헌법소원 심판청구는 기본권침해의 가능성 및 직접성을 결여하여 부적법하다.

판례 037
법학전문대학원 설치 운영에 관한 법률 제8조 제1항 등 위헌확인(헌재 2012.3.29, 2009헌마754) : 각하, 기각 ★★☆

① 법학전문대학원을 두는 대학은 법학에 관한 학사학위과정을 둘 수 없도록 하여 법학에 관한 학술 박사학위과정에서 심화된 법학연구를 할 수 없게 되는 것은 단순한 간접적·사실적 불이익에 불과하다.
② 사법시험법이 폐지됨으로 인하여 각 대학들이 법학전문대학원을 설치할 수밖에 없고 그 결과 법학에 관한 학술 박사학위과정에서 심화된 법학연구를 할 수 없게 되더라도, 이는 단순한 간접적·사실적 불이익에 불과하다.
③ 일정한 심의사항에 관하여 의결절차를 거친 변호사시험 관리위원회의 의사는 단순히 법무부장관에 대한 권고에 불과하여 그 자체로서는 법적 구속력이나 외부효과가 발생하지 않으므로 헌법소원의 대상이 되는 공권력 행사로 볼 수 없다.
④ 변호사시험에 응시하려는 사람은 법학전문대학원의 석사학위를 취득하도록 한 것은 직업선택의 자유를 침해하지 않으며, 경제력에 따른 사실상의 차별이 존재하는 것은 별론으로 하고, 경제력에 따른 규범적인 차별은 존재하지 않으므로 평등권을 침해하지 않는다.

판례 038
선거관리위원회 공무원규칙 제233조 제3항 등 위헌확인(헌재 2012.3.29, 2010헌마97) : **각하, 기각** ★★☆

① 공무원도 기본권주체로서 기본권을 향유하지만 그 신분과 업무의 특수성상 일반 국민에 비해 보다 강한 기본권 제한이 가능하다.
② 선거관리위원회 공무원에 대해 특정 정당이나 후보자를 지지·반대하는 단체에 가입활동하는 행위 등 일정한 정치활동을 금지하는 것은 선관위 공무원의 정치적 표현의 자유 등 기본권을 침해하지 않는다.

판례 039
여객자동차운수사업법 제14조 등 위헌확인(헌재 2012.3.29, 2010헌마443) : **각하, 기각** ★★☆

신규면허에 관하여 개인택시운송사업의 양도 및 상속을 금지하는 것은 재산권이나 평등권을 침해하지 않으며, 신뢰보호원칙에 위배되지 않는다.

판례 040
공권력행사위헌확인(헌재 2012.3.29, 2010헌마475) : **인용(위헌확인)**

경북북부제O교도소장이 출정비용납부거부 또는 상계동의거부를 이유로 수용자의 행정소송 변론기일에 수용자의 출정을 각 제한한 행위는 재판청구권을 침해한 것이다.

판례 041
입법부작위위헌확인(헌재 2012.3.29, 2010헌마554) : **각하**

한국 전쟁 중 진안 경찰과 치안대가 공비토벌목적으로 마치부락 30여 가옥을 소각한 이른바 '마치부락 소각사건'과 관련하여, 사건에 관한 객관적인 기록이나 자료가 없는 한 청구인의 주장만으로 국회에게 보상입법을 마련하여야 할 헌법상 또는 헌법해석상의 작위의무가 도출된다고 할 수 없다.

판례 042
공판기록 폐기처분위헌확인 등(헌재 2012.3.29, 2010헌마599) : **기각**

속기록, 녹음물 또는 영상녹화물은 재판이 확정되면 폐기도록 한 것은 형사 피고인이었던 청구인의 알권리를 침해하지 않는다.

판례 043
공직선거법 제57조 제1항 등 위헌확인(헌재 2012.3.29, 2010헌마673) : **각하, 기각**

① 선거사무장, 선거사무원 등의 경우 예비후보자와 함께 다니면서 명함교부 등에 의한 선거운동을 할 수 있도록 한 규정은, 예비후보자가 경제적 형편 등을 이유로 선거사무장 등을 두지 못하여 그들에 의한 명함교부를 할 수 없게 되었다 하여도, 그러한 사실상의 불균형이 합리적 근거 없는 차별에 해당한다고 볼 수 없다.

② 지방자치단체의 의회의원 선거에서 후보자가 자기 선거운동을 위해 작성·제출하는 선거공보를 후보자등록마감일 후 일정기한까지 관할 선거관리위원회에 제출하도록 하고 이를 선거관리위원회가 부재자투표용지나 투표안내문을 발송하는 때에 동봉하여 발송하도록 하는 규정은 선거운동의 자유를 침해하지 않는다.

판례 044
재판취소 등(헌재 2012. 3. 29, 2010헌마693) : **기각**
재항고 등 사건에 대하여 심리불속행 조항을 준용하면서, 기각 사유를 일반 상고 사건에 비하여 확대하는 규정은 상고사건과 구별되는 재항고 등 사건의 특수성이 반영된 것으로서 합리적인 이유가 있으므로 헌법에 위반되지 않는다.

판례 045
학교급식법 제8조 제2항 등 위헌소원(헌재 2012. 4. 24, 2010헌바164) : **합헌** ★★☆
① 원칙적으로 의무교육 무상의 범위는 헌법상 교육의 기회균등을 실현하기 위해 필수불가결한 비용, 즉 모든 학생이 의무교육을 받음에 있어서 경제적인 차별 없이 수학하는 데 반드시 필요한 비용에 한한다.
② 의무교육대상인 중학생의 학부모들에게 급식관련 비용의 일부를 부담하도록 하는 것은, 급식활동 자체가 의무교육에 필수불가결한 내용이라 보기 어렵고, 국가나 지방자치단체의 지원으로 부담을 경감하는 조항이 마련되어 있으므로 헌법상 의무교육의 무상원칙에 반한다고 할 수 없다.

판례 046
관세법 제269조 제2항 등 위헌소원(헌재 2012. 4. 24, 2010헌바363) : **합헌**
당해 수입물품과 다른 물품으로 신고하여 수입하였으나, 결과적으로 관세의 포탈이 발생하지 아니한 사안에서 5년 이하의 징역 또는 관세액의 10배와 물품원가 중 높은 금액 이하의 벌금형에 처하도록 하고 필요적인 몰수·추징을 부과하는 것은 헌법상의 평등 및 비례원칙에 위배되지 않는다.

판례 047
형사소송법 제56조의2 제1항 등 위헌소원(헌재 2012. 4. 24, 2010헌바379) : **각하, 합헌**
공판조서의 절대적 증명력을 규정한 형사소송법 규정은 재판을 받을 권리를 침해하지 않는다.

판례 048
지방세법 제234조의15 제2항 등 위헌소원(헌재 2012. 4. 24, 2010헌바405) : **합헌**
종합토지세에 관한 구 지방세법 조항 및 토지분 재산세에 관한 구 지방세법 조항 중 별도합산과세대상인 건축물의 부속토지에 관하여 대통령령에 위임한 부분은, 조세법률주의 또는 포괄위임입법금지 원칙에 위반되지 않는다.

판례 049
민법 제766조 제1항 위헌소원(헌재 2012.4.24, 2011헌바31) : 합헌 ★☆☆
불법행위로 인한 손해배상청구권에 대하여 3년의 단기소멸시효기간을 정하고 있는 민법 규정은 헌법에 위반되지 않는다.

판례 050
구 변호사법 제111조 위헌소원(헌재 2012.4.24, 2011헌바40) : 합헌
공무원이 취급하는 사건 또는 사무에 관하여 청탁한다는 명목으로 금품을 수수하는 행위(이른바 '사건브로커'행위)를 형사처벌하는 것은 헌법에 위반되지 않는다.

판례 051
형법 제319조 제2항 위헌소원(헌재 2012.4.24, 2011헌바48) : 합헌
퇴거요구를 받고 응하지 아니한 자를 처벌하도록 규정한 형법 규정은 헌법 제12조 죄형법정주의의 명확성원칙 및 헌법 제37조 제2항의 과잉금지원칙에 위배되지 않는다.

판례 052
구 민사소송법 제706조 제2항 위헌소원(헌재 2012.4.24, 2011헌바109) : 합헌
가처분이 집행된 후 10년간 본안의 소가 제기되지 아니한 때에는 가처분을 취소할 수 있도록 하고 있는 구 민사소송법 규정은 가처분채권자의 재산권이나 평등권을 침해하지 않는다.

판례 053
변호사시험법 제5조 제1항 위헌확인(헌재 2012.4.24, 2009헌마608) : 기각 ★★☆
변호사시험의 응시자격을 법학전문대학원의 석사학위 취득자로 제한하는 것은 직업선택의 자유와 평등권을 침해하지 않는다.

판례 054
신문 등의 진흥에 관한 법률 제13조 제1항 제7호 위헌확인(헌재 2012.4.24, 2010헌마437) : 기각 ★★☆
신문 및 인터넷신문의 발행인 또는 편집인의 결격사유로 미성년자를 규정한 부분은 미성년자에 관한 행위능력제도의 취지 및 언론의 사회적 중요성에 비추어 미성년자의 언론·출판의 자유에 대한 과도한 제한이라고 할 수 없으므로 언론·출판의 자유를 침해하지 않는다.

판례 055
지방자치법 제35조 제1항 제5호 위헌확인(헌재 2012.4.24, 2010헌마605) : 기각 ★★☆
지방의회의원의 지방공사 직원 겸직을 금지하고 있는 것은 직업선택의 자유 및 평등권을 침해하지 않는다.

판례 056 　**외국기술사의 국내기술사 필기시험 면제거부위헌확인**(헌재 2012.4.24. 2010헌마649) **: 기각**
국내 기술사 자격검정에서 필기시험을 면제받아 왔던 미국 및 캐나다 기술사 자격 취득자에 대하여 2010.1. 이후부터 필기시험 면제대상에서 제외시킨 것은 직업의 선택의 자유와 평등권을 침해하지 않는다.

판례 057 　**교도소내 두발규제 위헌확인**(헌재 2012.4.24. 2010헌마751) **: 각하**
교도소 기동순찰팀 직원들이 수형자에 대해 행한 이발지도행위와 이발행위는 공권력의 행사라고 보기 어렵다.

판례 058 　**노동조합 및 노동관계조정법 제29조 제2항 등 위헌확인**(헌재 2012.4.24. 2011헌마338) **: 기각**
하나의 사업 또는 사업장에 2개 이상의 노동조합이 있는 경우 단체교섭에 있어 그 창구를 단일화하도록 하여 교섭대표가 된 노동조합에게만 단체교섭권을 부여하는 것은 단체교섭권을 침해하지 않는다.

판례 059 　**구 외국환거래법 제30조 위헌제청**(헌재 2012.5.31. 2010헌가97) **: 합헌**
거주자가 신고를 하지 아니하고 취득한 외국에 있는 부동산을 필요적으로 몰수·추징하도록 규정한 것은 헌법에 위반되지 않는다.

판례 060 　**구 조세감면규제법 부칙 제23조 위헌소원**(헌재 2012.5.31. 2009헌바123) **: 위헌**
① 유효한 법률조항의 불명확한 의미를 논리적·체계적 해석을 통해 합리적으로 보충하는 데에서 더 나아가, 해석을 통하여 전혀 새로운 법률상의 근거를 만들어 내거나, 기존에는 존재하였으나 실효되어 더 이상 존재한다고 볼 수 없는 법률조항을 여전히 유효한 것으로 해석한다면, 이는 법률해석의 한계를 벗어나 법률의 부존재로 말미암아 형벌의 부과나 과세의 근거가 될 수 없는 것을 법률해석을 통하여 창설해 내는 일종의 입법행위로서 헌법상의 권력분립원칙, 죄형법정주의, 조세법률주의의 원칙에 반한다.
② 전부개정법률의 시행에도 불구하고 개정전 법률 부칙 제23조가 실효되지 않은 것으로 해석하는 것은 헌법상 권력분립원칙과 조세법률주의의 원칙에 위배되어 헌법에 위반된다.

판례 061 　**민법 제908조의2 제1항 제3호 위헌소원**(헌재 2012.5.31. 2010헌바87) **: 합헌**
친양자 입양을 청구하기 위해서는 친생부모의 친권상실, 사망 기타 동의할 수 없는 사유가 없는 한 그의 동의를 반드시 요하도록 한 것은 헌법에 위반되지 않는다.

판례 062

약사법 제23조 제6항 단서 등 위헌소원(헌재 2012.5.31, 2010헌바90) : **합헌**

사실오인 또는 양형부당을 이유로 한 상고를 '사형, 무기 또는 10년 이상의 징역이나 금고가 선고된 사건'으로만 제한하고 있는 형사소송법 규정은 당사자의 재판받을 권리를 침해하지 않고, 평등원칙에 위배되지 않는다.

판례 063

형사소송법 제298조 등 위헌소원(헌재 2012.5.31, 2010헌바128) : **합헌**

형사항소심에서 공소장변경을 허용하는 것은 명확성의 원칙에 위반되지 않고, 재판청구권을 침해하지 않는다.

판례 064

성폭력범죄의 처벌 등에 관한 특례법 제3조 제1항 등 위헌소원(헌재 2012.5.31, 2010헌바401) : **합헌**

주거침입강간치상죄의 법정형을 무기징역 또는 10년 이상의 징역으로 규정한 것은 헌법상 형벌과 책임 간의 비례원칙 및 평등원칙에 위반되지 않는다.

판례 065

형사소송법 제295조 등 위헌소원(헌재 2012.5.31, 2010헌바403) : **각하, 합헌**

형사소송에서 증거채택 여부를 법원의 재량으로 결정할 수 있도록 규정한 것은 헌법에 위반되지 않는다.

판례 066

국민건강보험법 제53조 제1항 위헌소원(헌재 2012.5.31, 2011헌바127) : **합헌**

건강보험공단이 보험급여사유를 발생시켜 보험급여를 하게 한 제3자에 대하여 구상권을 취득할 수 있도록 규정한 것은 직업수행의 자유 및 재산권을 침해하지 않으며, 평등의 원칙에 위배되지 않는다.

판례 067

구 도시개발법 제21조 위헌소원(헌재 2012.5.31, 2011헌바170) : **각하**

헌법재판소법 제68조 제2항의 규정에 의한 헌법소원에 있어서 법률의 위헌 여부는 당해사건 재판의 전제가 되어야 하고, 이 경우 재판의 전제가 된다고 하려면, 우선 그 법률이 당해사건에 적용될 법률이어야 한다.

판례 068 ★★☆ 국민건강보험법 제33조 제2항 등 위헌확인(헌재 2012.5.31. 2009헌마299) : 각하, 기각

① 건강보험제도는 사회보장제도의 일종으로 입법자는 건강보험제도에 관하여 광범위한 입법형성권을 가진다고 할 것이므로, 보험료 부담의 평등원칙 위반 여부는 완화된 심사기준에 따라 판단되어야 한다.

② 직장가입자와 지역가입자의 재정을 통합하여 운영하도록 하는 것, 직장가입자와 지역가입자의 월별 보험료 부과대상소득을 실질적으로 달리 차별하는 것, 직장가입자와 지역가입자의 보험료 산정기준이 되는 소득을 달리 규정한 것은 직장가입자들의 평등권과 재산권을 침해하는 것이 아니다.

판례 069 ★★☆ 국가공무원 복무규정 제3조 제2항 등 위헌확인(헌재 2012.5.31. 2009헌마705) : 기각

공무원에 대해 국가 또는 지방자치단체의 정책에 집단적으로 반대·방해하는 행위를 금지하고, 정치적 주장을 표시·상징하는 복장 등을 착용하는 행위를 금지하는 것은, 공무원의 신분과 지위의 특수성을 고려할 때 그러한 제한은 공무원의 정치적 표현의 자유 등 기본권을 침해하지 않는다.

판례 070 정보통신망 이용촉진 및 정보보호 등에 관한 법률 제44조의2 제2항 위헌확인(헌재 2012.5.31. 2010헌마88) : 기각

정보통신망을 통하여 일반에게 공개된 정보로 말미암아 사생활 침해나 명예훼손 등 타인의 권리가 침해된 경우 그 침해를 받은 자가 삭제요청을 하면 정보통신서비스 제공자는 권리의 침해 여부를 판단하기 어렵거나 이해당사자 간에 다툼이 예상되는 경우에는 해당 정보에 대한 접근을 임시적으로 차단하는 조치를 하여야 한다고 규정한 것은 정보게재자의 표현의 자유를 침해하지 않는다.

판례 071 전라남도 교육청 공고 제2010-67호 위헌확인(헌재 2012.5.31. 2010헌마139) : 인용(위헌확인)

고졸검정고시에 합격한 자의 고졸검정고시 응시자격 및 고입검정고시에 합격한 자의 고입검정고시 응시자격을 제한한 전라남도 교육청 공고 제2010-67호는 헌법에 위반된다.

판례 072 ★★☆ 경찰공무원임용령 제39조 제1항 등 위헌확인(헌재 2012.5.31. 2010헌마278) : 각하, 헌법불합치

순경 공개채용시험의 응시연령의 상한을 "30세 이하"로 규정한 것, 소방사·지방소방사 공개경쟁채용시험 및 특별채용시험의 응시연령의 상한을 "30세 이하"로 규정한 것, 소방간부후보생 선발시험의 응시연령의 상한을 "30세 이하"로 규정한 것은 공무담임권을 침해하여 헌법에 합치되지 않는다.

판례 073 　**상고심절차에 관한 특례법 제4조 제1항 위헌확인**(헌재 2012.5.31. 2010헌마625) **: 각하, 기각**
① 일정한 상고이유를 포함하지 않는 경우 심리를 하지 않고 상고를 기각할 수 있도록 하는 것은 상고심재판을 받을 수 있는 객관적 기준을 정함에 있어 개별적 사건에서의 권리구제보다 법령해석의 통일을 더 우위에 둔 규정으로서 합리성이 있으므로 헌법에 위반되지 않는다.
② 위 심리불속행 기각 판결에 이유를 적지 않을 수 있도록 하는 것은 헌법에 위반되지 않는다.

판례 074 　**형사소송법 제212조 등 위헌확인**(헌재 2012.5.31. 2010헌마672) **: 기각** ★★☆
① 현행범인을 영장 없이 체포할 수 있도록 규정한 것은 헌법상 영장주의에 위반되지 않는다.
② 현행범인을 체포한 때부터 48시간 이내를 사후영장의 청구기간으로 정한 것은 헌법상 영장주의에 반하지 않는다.

판례 075 　**형사소송법 제101조 제3항 위헌제청**(헌재 2012.6.27. 2011헌가36) **: 위헌**
법원의 구속집행정지결정에 대한 검사의 즉시항고를 규정한 형사소송법 규정은 헌법상 영장주의와 적법절차 원칙 및 과잉금지원칙에 반하는 것이다.

판례 076 　**전통사찰의 보존 및 지원에 관한 법률 제14조 위헌소원**(헌재 2012.6.27. 2011헌바34) **: 합헌**
전통사찰의 전법용 경내지 건조물 등에 대하여 압류를 금지하는 것은 재산권과 평등권을 침해하지 않는다.

판례 077 　**군인연금법 제3조 제1항 제4호 가목 위헌소원**(헌재 2012.6.27. 2011헌바115) **: 합헌**
군인의 퇴직 후 61세 이후에 혼인한 배우자를 유족에서 제외하도록 규정한 것은, 군인의 재직 당시에 있었던 혼인관계가 도중에 이혼으로 중단되었다가 퇴직 후 61세 이후에 다시 혼인한 배우자인 청구인의 평등권을 침해하지 않는다.

판례 078 　**구 국가공무원법 제83조의2 제1항 위헌소원**(헌재 2012.6.27. 2011헌바226) **: 합헌**
공무원의 금품수수에 대한 징계시효를 3년으로 규정한 것은 명확성원칙에 위반되지 않으며, 평등권을 침해하지 않는다.

판례 079 게임산업진흥에 관한 법률 제46조 제3의2호 위헌확인(헌재 2012.6.27. 2011헌마288) : 기각
게임물의 정상적인 운영을 방해할 목적으로 게임물 관련사업자가 제공 또는 승인하지 아니한 컴퓨터프로그램이나 기기 또는 장치(자동게임 프로그램)를 배포하거나 배포할 목적으로 제작하는 행위를 금지하고, 이를 위반한 자에 대해서는 1년 이하의 징역 또는 1천만 원 이하의 벌금을 부과하도록 규정한 것은 직업수행의 자유를 침해하지 않는다.

판례 080 경기도와 국회 등 간의 권한쟁의(헌재 2012.7.26. 2010헌라3) : 각하
사립대학의 신설이나 학생정원 증원의 사무는 국가사무이지 지방자치단체의 사무가 아니므로, 수도권정비계획법 제18조 제1항에 근거한 국토해양부(현행 : 국토교통부)장관의 총량규제에 따라 수도권 소재 사립대학의 학생정원 증원을 제한하는 내용을 담은 교육과학기술부(현행 : 교육부)장관의 "2011학년도 대학 및 산업대학 학생정원 조정계획"은 경기도의 자치권한을 침해하거나 침해할 현저한 위험이 없다.

판례 081 민사소송법 제399조 위헌소원(헌재 2012.7.26. 2009헌바297) : 합헌
원심재판장이 지정한 인지보정기간 이내에 항소인이 항소장에 법률의 규정에 따른 인지를 붙이지 아니한 흠을 보정하지 아니한 경우 원심재판장이 명령으로 항소장을 각하하도록 한 것은 재판받을 권리를 침해하지 않는다.

판례 082 국가공무원법 제65조 제2항 등 위헌소원(헌재 2012.7.26. 2009헌바298) : 합헌
① 교원의 선거운동을 금지하고 있는 구 공직선거법 조항, ② 공무원의 투표권유운동 및 기부금모집을 금지하고 있는 국가공무원법 조항, ③ 교육감선거에 관하여 공직선거법의 시·도지사 선거에 관한 규정을 준용하도록 규정하고 있는 구 지방교육자치에 관한 법률 조항, ④ 단체의 이름으로 혹은 단체와 관련된 자금으로 정치자금을 기부하는 것을 금지하고 이를 위반한 경우 처벌하도록 규정하고 있는 정치자금법 조항은 헌법에 위반되지 않는다.

판례 083 형사소송법 제297조 제1항 위헌소원(헌재 2012.7.26. 2010헌바62) : 합헌
재판장은 증인이 피고인의 면전에서 충분한 진술을 할 수 없다고 인정한 때에는 피고인을 퇴정하게 하고 진술하게 할 수 있도록 한 형사소송법 조항은 공정한 재판을 받을 권리를 침해한다고 할 수 없다.

형법 제156조 위헌소원 등(헌재 2012.7.26, 2011헌바268) : 합헌, 각하
① 검사의 기소처분은 공소가 제기된 이후에는 법원의 재판절차에 흡수되고 그 적법성에 대하여 충분한 사법적 심사를 받을 수 있으므로 독자적인 합헌성 심사의 필요가 없어 독립하여 헌법소원의 대상이 될 수 없다.
② 헌법재판소법 제68조 제1항에서 규정한 '법원의 재판'은 소송법적 의미에 있어서의 재판뿐만 아니라 재판을 담당하는 법원이나 재판장이 소송절차의 파생적·부수적인 사항에 대하여 하는 공권적 판단, 사실행위 및 부작위 모두를 포함하는 포괄적 재판작용을 의미한다.
③ 타인으로 하여금 형사처분 또는 징계처분을 받게 할 목적으로 공무소 또는 공무원에 대하여 허위의 사실을 신고한 자를 처벌하는 형법상 무고죄 조항은 과잉금지원칙에 위반되지 아니하여 헌법에 위반되지 않는다.

공무원임용시험령 별표 5 위헌확인(헌재 2012.7.26, 2010헌마264) : 기각
7급 및 9급 전산직 공무원시험의 응시자격으로 전산관련 산업기사 이상의 자격증 소지를 요구하는 것은 공무담임권 및 평등권을 침해하지 않는다.

형의 실효 등에 관한 법률 제8조 제1항 등 위헌확인(헌재 2012.7.26, 2010헌마446) : 기각
수사경력자료의 보존 및 보존기간을 정하면서도 범죄경력자료의 삭제에 대해 규정하지 않은 것은 개인정보 자기결정권과 평등권을 침해하지 않는다.

검찰청법 제10조 제1항 위헌확인(헌재 2012.7.26, 2010헌마642) : 기소유예처분취소, 기각
① 검찰 내부의 상급기관에 의한 심사는 헌법과 법률이 정한 자격과 절차에 의하여 임명되고 물적 독립과 인적 독립이 보장된 법관에 의하여 행해질 것을 요하는 재판의 개념에 포함되지 않는다.
② 고소인·고발인만을 항고권자로 규정한 검찰청법 조항은 검찰청법상 항고를 통하여 불복할 수 없게 된 기소유예처분을 받은 피의자의 평등권을 침해하지 않는다.

소년법 제43조 위헌확인(헌재 2012.7.26, 2011헌마232) : 기각
소년심판절차에서는 사건 본인·보호자·보조인 또는 그 법정대리인에게 상소권이 인정되므로, 검사에게 상소권이 인정되지 않아 소년심판절차에서의 피해자도 상소 여부에 관하여 전혀 관여할 수 있는 방법이 없는 것은 평등권을 침해하지 않는다.

통·폐합 승인처분 취소(헌재 2012.7.26, 2011헌마601) : 각하 ★★☆
① 원행정처분을 심판의 대상으로 삼았던 법원의 재판이 예외적으로 헌법소원심판의 대상이 되어 그 재판 자체까지 취소되는 경우에 한하고, 이와는 달리 법원의 재판이 취소되지 아니하는 경우에는 확정판결의 기판력으로 인하여 원행정처분은 헌법소원 심판대상이 되지 않는다.
② 교육과학기술부(현행 : 교육부)장관이 학교법인 가천경원학원의 정관 변경에 대한 인가를 얻을 것을 조건으로 가천의과학대학교와 경원대학교의 통·폐합을 승인한 처분에 대한 헌법소원은 부적법하다.

재판취소 등(헌재 2012.7.26, 2011헌마728) : 각하, 기각
① 대법원 판결에 대한 심판청구는 헌법소원심판의 대상이 아니어서 부적법하다.
② 심리불속행 조항은 재판청구권을 침해하지 않는다.
③ 헌법재판소법상 재판소원금지 조항은 '법원의 재판'에 헌법재판소가 위헌으로 결정한 법령을 적용함으로써 국민의 기본권을 침해한 재판이 포함되는 것으로 해석하는 한도 내에서 헌법에 위반된다는 한정위헌결정과 달리 판단하여야 할 사정변경이 없으므로 재판청구권을 침해하지 않는다.
④ 인지액 환급 조항에 대해서는 인지액 환급 제도의 취지에 비추어 심리불속행 상고기각판결을 인지액 환급 대상에서 제외한 것은 평등권을 침해하지 않는다.

진정사건 기각결정 취소(헌재 2012.7.26, 2011헌마829) : 기각
국가인권위원회 소속 조사관이 학교를 방문하여 피해자를 조사하는 과정에서 진정취하서를 교부받은 사실이 인정될 뿐 달리 그 취하서 작성이 조사관의 강박행위로 말미암은 것임을 인정할 증거가 없으므로 위 조사관의 행위는 국가인권위원회법상의 현장조사·진술청취·합의권고 규정에 따른 적법한 행위라 할 것이고, 또한 국가인권위원회에 대한 진정취하는 의사능력 있는 피해자가 단독으로 할 수 있는바 이 사건 진정취하서 작성 당시 피해자는 만 16세 5개월의 고등학생이었으므로 이러한 연령과 지식수준의 피해자가 작성한 진정취하서는 유효하다 할 것이므로, 결국 국가인권위원회가 위 진정취하 과정에서 있었던 소속 조사관의 행위가 인권침해에 해당하지 아니한다고 판단하여 진정기각결정을 한 것은 자의적인 공권력 행사로 보기 어려워 청구인의 기본권을 침해하지 않았다.

> 주의 국가인권위원회가 진정사건의 조사방법으로 사용할 수 있는 현장조사·진술청취·합의권고의 내용과, 국가인권위원회에 대한 진정취하는 의사능력 있는 피해자가 법정대리인의 동의 없이 단독으로 할 수 있다.

판례 092

방송법 제100조 제1항 제1호 위헌제청(헌재 2012.8.23, 2009헌가27) : **위헌** ★★☆

① 법인도 법인의 목적과 사회적 기능에 비추어 볼 때 그 성질에 반하지 않는 범위 내에서 인격권의 한 내용인 사회적 신용이나 명예 등의 주체가 될 수 있고 법인이 이러한 사회적 신용이나 명예 유지 내지 법인격의 자유로운 발현을 위하여 의사결정이나 행동을 어떻게 할 것인지를 자율적으로 결정하는 것도 법인의 인격권의 한 내용을 이룬다.
② 방송사업자가 심의규정을 위반한 경우 방송통신위원회로 하여금 방송통신심의위원회의 심의를 거쳐 시청자에 대한 사과를 명할 수 있도록 규정한 것은 방송사업자의 인격권을 침해한다.

판례 093

노동조합 및 노동관계조정법 제93조 제2호 위헌제청(헌재 2012.8.23, 2011헌가22) : **합헌**

단체협약에 대한 행정관청의 시정명령을 위반한 자를 500만원 이하의 벌금으로 처벌하고 있는 노동조합 및 노동관계조정법 규정은 죄형법정주의 및 적법절차원칙에 위반되지 않는다.

판례 094

초·중등교육법 제30조의2 제2항 제2호 등 위헌소원(헌재 2012.8.23, 2010헌바220) : **각하, 위헌** ★★☆

① 학교운영지원비를 학교회계의 세입으로 하는 세입조항은 '국·공립중학교'에만 적용되는 것이지, '사립중학교'에서 징수하는 학교운영지원비에 대해서는 적용되는 것이 아니므로 사립중학교 학부모들의 청구 부분은 재판의 전제성을 갖추지 못하여 부적법하다.
② 학교운영지원비를 중학교 학생으로부터 징수하는 것에 관한 공립중학교 학부모들의 청구부분에서, 이 조항은 헌법 제31조 제3항에서 규정하는 의무교육의 무상원칙에 위배되어 헌법에 위반된다.

판례 095

형법 제269조 제1항 위헌소원(헌재 2019.4.11, 2017헌바127) : **위헌** ★★☆

① 형법상 자기낙태죄 조항은 임부의 자기결정권에 대한 과도한 제한으로 헌법죄에 위반된다.
② 조산사 등이 부녀의 촉탁 또는 승낙을 받아 낙태하게 한 때에는 2년 이하의 징역에 처하도록 한 형법 규정은 헌법에 위반된다.

판례 096

공무원연금법 제3조 제1항 제1호 등 위헌소원(헌재 2012.8.23, 2010헌바425) : **합헌**

① 법정요건을 갖춘 후 발생하는 공무원 퇴직연금수급권만이 경제적·재산적 가치가 있는 공법상의 권리로서 헌법 제23조 제1항이 보장하고 있는 재산권에 포함된다.
② 국가공무원법상 임용결격사유가 존재함에도 불구하고 공무원으로 임용되어 근무하거나 하였던 자를 공무원 퇴직연금수급권자에 포함시키지 않는 것은 재산권이 침해될 여지가 없으며, 인간다운 생활을 할 권리를 침해하지 않는다.

판례 097
변리사법 제8조 등 위헌확인(헌재 2012.8.23. 2010헌마740) : **각하, 기각**
특허권 등의 침해로 인한 민사소송에서 변리사의 소송대리권을 제한하는 변리사법 규정은 직업의 자유 및 평등권을 침해하지 않는다.

판례 098
공공기관의 운영에 관한 법률 제39조 제2항 위헌소원(헌재 2012.10.25. 2011헌바99) : **합헌**
공기업·준정부기관이 공정한 경쟁이나 계약의 적정한 이행을 해칠 것이 명백하다고 판단되는 법인 등에 대하여 2년의 범위 내에서 일정기간 입찰참가자격을 제한할 수 있도록 한 것은 명확성의 원칙에 위배되지 않고, 직업의 자유를 침해하지 않는다.

판례 099
구 소득세법 제96조 제1항 제6의2호 위헌소원(헌재 2012.10.25. 2011헌바312) : **합헌**
양도소득세에 대한 기준시가과세원칙 하에서 예외적으로 지정지역에 소재하는 일정한 부동산 양도시 실지거래가액을 기준으로 양도소득을 산정하도록 규정한 것은 재산권을 침해하지 않는다.

판례 100
공무원 보수규정 제5조 중 별표 13 등 위헌확인(헌재 2012.10.25. 2011헌마307) : **기각, 각하**
① 공무원이 국가 또는 지방자치단체에 대하여 어느 수준의 보수를 청구할 수 있는 권리는 단순한 기대이익에 불과하여 재산권의 내용에 포함된다고 볼 수 없다.
② 현역병의 보수를 규정한 병의 봉급월액 규정은 재산권과 평등권을 침해하지 않는다.

판례 101
공권력 행사 위헌확인(헌재 2012.10.25. 2011헌마429) : **각하**
수형자가 외부병원에서 진료를 받고 진료를 마친 후 구치소 환소를 기다리던 중 교도관들로부터 병원 밖 주차장 의자에 앉아 있을 것을 지시받았고, 이에 청구인은 위 지시행위로 인하여 청구인이 수형자라는 사정이 그 의사에 반하여 외부인들에게 노출되었으므로 그로 인하여 헌법상 보장된 인격권 등이 침해되었다며 헌법소원심판을 청구한 사건에서, 부산구치소 교도관들의 수형자에 대한 지시행위는 단순한 비권력적 사실행위에 불과하다고 보아 헌법소원의 대상이 되는 공권력 행사에 해당하지 않는다.

판례 102 가사소송법 제7조 등 위헌확인(헌재 2012.10.25. 2011헌마598) : **각하, 기각**

① 가정법원의 변론기일에 소환을 받은 당사자는 본인이 출석하여야 하고, 다만, 특별한 사정이 있을 때에는 재판장의 허가를 받아 대리인을 출석하게 할 수 있도록 한 부분에 대한 변호사인 소송대리인의 헌법소원심판청구의 경우 직업수행의 자유 또는 영업의 자유가 침해될 여지가 없으므로, 기본권침해의 가능성이 없어 부적법하다.

② 가정법원의 변론기일에 소환을 받은 당사자는 본인이 출석하여야 하고, 다만, 특별한 사정이 있을 때에는 재판장의 허가를 받아 대리인을 출석하게 할 수 있도록 한 것은 가사소송 당사자 본인의 일반적 행동의 자유를 과도하게 침해하지 않으며, 변호인의 조력을 받을 권리나 재판청구권이 침해될 여지도 없다.

③ 변호인의 조력을 받을 권리는 헌법상 신체의 자유에 관한 내용으로 규정되어 있고, 형사절차에서 국가권력의 수사나 공소에 대항하여 피의자나 피고인의 방어권 및 대등한 당사자의 지위를 보장하는 데에 의의가 있다. 가사소송에서 당사자가 변호사를 대리인으로 선임하여 소송절차 중 그 변호사의 조력을 받는 것은 헌법 제12조 제4항의 변호인의 조력을 받을 권리의 보호영역에 포함되지 않는다.

판례 103 형사소송법 제405조 위헌확인(헌재 2018.12.27. 2015헌바77)(판례변형 사례) : **위헌** ★★☆

형사소송법상 즉시항고기간을 3일로 제한하는 것은 재판청구권을 침해하는 것이다.

판례 104 형법 제69조 제2항 등 위헌확인(헌재 2012.10.25. 2012헌마107) : **각하**

노역장유치로 인한 청구인의 기본권제한은 심판대상조항들 자체가 아니라 노역장유치를 명한 법원의 판결과 그에 대한 집행처분에 의하여 발생하게 되므로 직접성의 요건을 갖추지 못하여 부적법하다.

판례 105 구 상속세 및 증여세법 제55조 제1항 제1호 위헌소원(헌재 2012.11.29. 2010헌바215) : **합헌**

배우자에게 명의신탁하여 증여로 의제되는 경우 배우자 증여재산 공제조항의 적용을 배제하는 것은 재산권을 침해하지 않으며, 조세평등주의에 위배되지 않는다.

판례 106 구 변호사법 제90조 제1항 제2호 등 위헌소원(헌재 2012.11.29. 2010헌바454) : **합헌**

변호사에 대한 징계의 종류를 규정한 구 변호사법 조항, 변호사에 대한 징계사유로 품위손상행위를 한 경우를 규정한 구 변호사법 조항, 대한변호사협회장이 변호사에 대한 징계개시를 청구하도록 한 구 변호사법 조항은 명확성의 원칙, 평등원칙에 위배되지 않는다.

판례 107
구 소득세법 제88조 제1항 위헌소원(헌재 2012.11.29. 2011헌바11) : 합헌

경제적 실질에 따라 양도를 규정하여 공익사업시행자로부터 손실보상을 받고 건물을 철거하는 경우도 건물 소유자에게 양도소득세를 부과하는 근거규정은 재산권과 계약의 자유를 침해하지 않는다.

판례 108
공익사업을 위한 토지 등의 취득 및 보상에 관한 법률 제91조 제6항 위헌소원(헌재 2012.11.29. 2011헌바49) : 합헌

토지의 협의취득 또는 수용 후 당해 공익사업이 다른 공익사업으로 변경되는 경우에 당해 토지의 원소유자 또는 그 포괄승계인의 환매권을 제한하고, 환매권 행사기간을 변환 고시일부터 기산하도록 한 것은 재산권을 침해하지 않는다.

판례 109
범죄단속에 관한 특별조치법 제3조 제2항 위헌소원(헌재 2012.11.29. 2011헌바103) : 합헌

판매 또는 판매목적으로 취득한 위조 의약품의 소매가격이 연간 1,000만 원 이상인 경우에 소매가격의 2배 이상 5배 이하에 상당하는 벌금을 필요적으로 병과하는 것은 비례원칙을 벗어난 과잉형벌이 아니며, 평등원칙에 위반되지 않는다.

판례 110
농업협동조합법 제172조 제3항 등 위헌소원(헌재 2012.11.29. 2011헌바137) : 합헌

지역농협의 임원선거와 관련하여 공연히 사실을 적시하여 후보자를 비방한 자에 대하여 벌금에 처하도록 한 것은 죄형법정주의 명확성원칙, 평등원칙에 위배되지 않고, 표현의 자유를 침해하지 않는다.

판례 111
민사소송법 제117조 등 위헌소원(헌재 2012.11.29. 2011헌바173) : 합헌

소장·준비서면, 그 밖의 소송기록에 의하여 청구가 이유 없음이 명백한 때에 담보제공을 명하도록 규정하고 있는 민사소송법 조항은 재판청구권을 침해하지 않는다.

판례 112
도시 및 주거환경정비법 제47조 위헌소원(헌재 2012.11.29. 2011헌바224) : 합헌

주택재건축사업에 있어서 관리처분계획에 의하여 분양대상에서 제외된 자에 대한 현금청산을 규정한 것은 평등원칙에 반하지 않으며, 재산권을 침해하지 않는다.

판례 113
구 조세특례제한법 부칙 제15조 제2항 위헌소원(헌재 2012.11.29. 2011헌바351) : 합헌

1999.1.1.에서 2006.12.31. 사이에 자경농민이 취득한 농지를 증여받은 영농자녀에 대해서는 증여세 면제의 혜택을 받을 수 없도록 한 조세특례제한법 규정은 과세요건 명확주의, 조세평등주의에 위배되지 않는다.

판례 114
구 도시계획법 제98조 제2항 위헌소원(헌재 2012.11.29, 2012헌바97) : 합헌 ★★☆

시·도지사의 권한은 시·도의 조례가 정하는 바에 따라 시장·군수 또는 구청장에게 위임할 수 있도록 한 구 도시계획법 규정은 명확성의 원칙에 위배되지 않으며, 시·도지사의 권한으로 정하고 있는 사무는 자치사무이지 국가사무 중 기관위임사무가 아니다.

판례 115
민사소송법 제268조 위헌소원(헌재 2012.11.29, 2012헌바180) : 합헌

민사소송의 양쪽 당사자가 변론기일에 2회 불출석하고 그로부터 1개월 이내에 기일지정신청을 하지 아니한 경우 소가 취하된 것으로 간주하는 민사소송법 규정은 재판청구권을 침해하지 않는다.

판례 116
형의 집행 및 수용자의 처우에 관한 법률 제66조 위헌확인(헌재 2012.11.29, 2011헌마318) : 기각 ★★☆

징역형 수형자는 형무소 내에 구치하여 정역에 복무하도록 한 규정은 신체의 자유 및 평등권을 침해하지 않는다.

> 📌 **주의** 헌법재판소가 직권으로 심판의 대상을 변경하여 심사한 결정

판례 117
국가유공자 등 예우 및 지원에 관한 법률 시행령 제48조 별표8 관련 입법부작위 위헌확인(헌재 2012.11.29, 2011헌마533) : 기각

국가기관 등의 취업지원 실시기관이 시행하는 공무원 채용시험의 가점 대상이 되는 공무원의 범위에서 기능직 공무원과 달리 계약직 공무원을 배제하도록 규정한 것은 평등권을 침해하지 않는다.

판례 118
형의 집행 및 수용자의 처우에 관한 법률 제73조 등 위헌확인(헌재 2012.11.29, 2011헌마584) : 각하

징역형 수형자인 청구인이 작업장려금 지급시기를 석방시로 제한하고 있는 형의 집행 및 수용자의 처우에 관한 법률 제73조 제3항 등에 대하여 제기한 헌법소원심판청구에서, 이미 징역형의 집행을 경험한 수형자는 새로운 수용기간 중 최초로 작업장려금 계산액 고지를 받았을 때 작업장려금의 사용이 석방시까지 제한된다는 기본권침해의 가능성을 알았다고 보아야 하므로, 그로부터 90일이 지난 이후 제기된 심판청구는 부적법하다.

판례 119

법원조직법 부칙 제1조 등 위헌확인(헌재 2012.11.29, 2011헌마786) : **한정위헌** ★★☆

사법연수원의 소정 과정을 마치면 바로 판사임용자격을 취득할 수 있었던 법원조직법이 2011.7.18. 개정되어 2013.1.1.부터는 일정 기간 이상의 법조경력을 갖추어야 판사로 임용될 수 있게 한 법원조직법 부칙조항은, 이 사건 법원조직법 개정 시점인 2011.7.18. 당시에 이미 사법연수원에 입소하여 사법연수생의 신분을 가지고 있었던 자가 사법연수원을 수료하는 해의 판사 임용에 지원하는 경우에 적용되는 한 신뢰보호원칙에 반하여 공무담임권을 침해한다.

판례 120

공인회계사법 제5조 제3항 등 위헌확인(헌재 2012.11.29, 2011헌마801) : **기각**

공인회계사 시험의 응시자격을 대학 등에서 일정과목에 대하여 일정학점을 이수하거나 학점인정을 받은 사람으로 제한하는 공인회계사법 규정은 직업선택의 자유 및 평등권을 침해하지 않는다.

판례 121

국민건강보험법 제79조 제1항 제1의2호 위헌확인(헌재 2012.11.29, 2011헌마814) : **기각**

과오납 보험료 환급청구권의 소멸시효기간을 3년으로 정하고 있는 구 국민건강보험법 규정은 재산권 및 평등권을 침해하지 않는다.

판례 122

초·중등교육법 제47조 제2항 등 위헌확인(헌재 2012.11.29, 2011헌마827) : **기각**

고등학교의 입학방법 등을 대통령령으로 정하도록 규정한 초·중등교육법 조항, 교육감이 추첨에 의하여 고등학교를 배정하도록 규정한 초·중등교육법 시행령 조항, 경기도교육감이 추첨에 의하여 고등학교를 배정하는 지역에 광명시를 포함하도록 규정하고 있는 '경기도교육감이 고등학교의 입학전형을 실시하는 지역에 관한 조례' 조항은 학교선택권을 침해하지 않는다.

판례 123

국민참여재판 피고인 의사확인 부작위 위헌확인 등(헌재 2012.11.29, 2012헌마53) : **각하**

청구인에 대한 형사재판에서 법원이 '국민의 형사재판 참여에 관한 규칙' 조항에 따른 안내서를 송달하지 않은 부작위에 대한 심판청구는, 법원의 소송행위를 문제 삼는 것으로서 법원의 재판절차를 통해 시정되어야 하므로, 결국 법원의 재판을 대상으로 한 심판청구에 해당한다고 볼 수밖에 없어 부적법하다.

판례 124

국회법 제123조 제1항 위헌확인(헌재 2012.11.29, 2012헌마330) : **기각**

국회에 청원을 하려고 하는 자는 의원의 소개를 얻어 청원서를 제출하도록 규정한 국회법 조항은 청원권과 평등권을 침해하지 않는다.

판례 125 상고심절차에 관한 특례법 제5조 제1항 등 위헌확인(헌재 2012.11.29, 2012헌마388) : 각하, 기각

심리불속행 기각 판결에 이유를 적지 않을 수 있도록 하는 것은 헌법에 위반되지 않는다.

판례 126 특정 범죄자에 대한 위치추적 전자장치 부착 등에 관한 법률 부칙 제2조 제1항 위헌제청(헌재 2012.12.27, 2010헌가82) : 합헌 ★★☆

전자장치 부착을 통한 위치추적 감시제도가 처음 도입되어 시행될 때 부착명령의 대상에서 제외되었던 2008.9.1. 이전에 제1심판결을 선고받은 사람들 중 구 특정 범죄자에 대한 위치추적 전자장치 부착 등에 관한 법률(2010.4.15. 개정되고, 2012.12.18. 개정되기 전의 것) 시행 당시 징역형 등의 집행 중이거나 집행이 종료, 가종료·가출소·가석방 또는 면제된 후 3년이 경과하지 아니한 자에 대하여도 위치추적 전자장치를 부착할 수 있도록 규정한 것은 형벌불소급의 원칙과 과잉금지원칙에 위배되지 않는다.

판례 127 구 인신구속 등에 관한 임시특례법 제2조 제1항 위헌제청(헌재 2012.12.27, 2011헌가5) : 위헌 ★★☆

① 수사기관의 피의자에 대한 강제처분에 관한 법률이 형식적으로 영장주의에 위배된다면 곧바로 헌법에 위반된다고 할 것이고, 나아가 형식적으로는 영장주의를 준수하였더라도 실질적인 측면에서 입법자가 합리적인 선택범위를 일탈하는 등 그 입법형성권을 남용하였다면 그러한 법률은 자의금지원칙에 위배되어 헌법에 위반된다.
② 국가보안법위반죄 등을 범한 자를 법관의 영장 없이 구속, 압수, 수색할 수 있도록 했던 것은 영장주의에 위배된다.

판례 128 특정강력범죄의 처벌에 관한 특례법 제3조 등 위헌소원(헌재 2012.12.27, 2010헌바187) : 합헌

특정강력범죄로 형을 받아 그 집행을 종료하거나 면제받은 후 3년 이내에 다시 특정강력범죄(주거침입강간죄, 흉기휴대강간죄)를 범한 때에는 그 죄에 정한 형의 장기 및 단기의 2배까지 가중하도록 한 것, 그리고 성폭력범죄를 2회 이상 범하여 습벽이 인정되고 재범의 위험성이 있는 자에게 검사의 청구에 따라 법원이 10년의 범위 내에서 위치추적 전자장치를 부착할 수 있도록 한 것은 헌법에 위반되지 않는다.

판례 129 특정 범죄자에 대한 위치추적 전자장치 부착 등에 관한 법률 제5조 등 위헌소원(헌재 2012.12.27, 2011헌바89) : 합헌

성폭력범죄를 2회 이상 범하여 그 습벽이 인정된 때에 해당하고 성폭력범죄를 다시 범할 위험성이 인정되는 자에 대해 검사의 청구와 법원의 판결로 3년 이상 20년 이하의 기간 동안 전자장치 부착을 명할 수 있도록 한 것, 법원이 부착기간 중 기간을 정하여 야간 외출제한 및 아동시설 출입금지 등의 준수사항을 명할 수 있도록 한 것은 헌법에 위반되지 않는다.

판례 130. 산림자원의 조성 및 관리에 관한 법률 제36조 제1항 등 위헌소원(헌재 2012.12.27, 2010헌바489) : 합헌

시장·군수·구청장이나 지방산림청장의 허가 없이 입목벌채 등을 한 자를 처벌하는 규정은 헌법에 위반되지 않는다.

판례 131. 민사소송법 제451조 제1항 위헌소원(헌재 2012.12.27, 2011헌바5) : 합헌

① 재심제도와 관련하여 인정되는 입법적 재량을 감안한다면, 민사소송법상 재심사유의 소극적 요건에 대하여 규정하고 있는 이 사건 법률조항의 위헌성에 대한 판단은, 입법자가 분쟁의 신속한 해결을 통한 법적 안정성의 확보에만 매몰되어 재판의 적정성이라는 법치주의의 또 다른 이념을 현저히 희생함으로써, 제반 기본권의 실현을 위한 기본권으로서의 재판청구권의 본질을 심각하게 훼손하는 등 입법형성권의 한계를 일탈하여 그 내용이 현저히 자의적인지 여부에 의하여 결정되어야 할 것이다.
② 재심사유를 상소심에서 주장한 경우 그 재심사유를 이유로 재심의 소를 제기할 수 없도록 규정한 민사소송법 규정은 재판청구권을 침해하지 않는다.

판례 132. 구 특정범죄가중처벌 등에 관한 법률 제2조 제1항 위헌소원 등(헌재 2012.12.27, 2011헌바117) : 한정위헌 ★★☆

① 헌법합치적 법률해석의 원칙상 한정적으로 위헌성이 있는 부분에 대한 한정위헌결정은 입법권에 대한 자제와 존중으로서 당연하면서도 불가피한 결론이고, 이러한 한정위헌결정을 구하는 한정위헌청구 또한 인정되는 것이 합당하다. 다만, 재판소원을 금지하는 헌법재판소법 제68조 제1항의 취지에 비추어 개별·구체적 사건에서의 단순히 법률조항의 포섭이나 적용의 문제를 다투거나, 의미있는 헌법문제에 대한 주장없이 단지 재판결과를 다투는 경우 등에는 여전히 허용될 수 없다.
② 헌법적 쟁점이 있는 경우 법원의 해석 또한 헌법재판소의 규범통제의 대상이다.
③ 형벌조항은 헌법상 규정된 죄형법정주의 원칙상 입법목적이나 입법자의 의도를 감안한 유추해석이 일체 금지되고, 법률조항의 문언의 의미를 엄격하게 해석하여야 하는바, 유추해석을 통하여 형벌법규의 적용범위를 확대하는 것은 '법관에 의한 범죄구성요건의 창설'에 해당하여 죄형법정주의 원칙에 위반된다.
④ 공무원 또는 중재인이 그 직무에 관하여 뇌물을 수수, 요구 또는 약속한 때에는 처벌하는 형법상 수뢰·사전수뢰죄 조항 중 "공무원"에 국가공무원법·지방공무원법에 따른 공무원이 아니고 공무원으로 간주되는 사람이 아닌 제주도 통합(환경·교통·재해)영향평가위원회 심의위원(제주자치도 위촉위원)이 포함되는 것으로 해석하는 것은 죄형법정주의 원칙의 유추해석금지에 위배되어 헌법에 위반된다.

판례 133
구 국세기본법 제26조의2 제3항 등 위헌소원(헌재 2012.12.27, 2011헌바132) : **합헌**

국세 부과제척기간의 기산일인 '국세를 부과할 수 있는 날'의 구체적인 내용을 대통령령에 위임한 것, 증여세의 부과제척기간을 15년까지 연장한 국세기본법 개정규정을 그 개정규정 시행 후 부과할 수 있는 날이 개시되는 증여세부터 적용하도록 규정한 것 및 배우자간 증여시 '300만 원에 결혼년수를 곱하여 계산한 금액에 3천만 원을 합한 금액'을 과세가액에서 공제하도록 규정한 것은 헌법에 위반되지 않는다.

판례 134
민법 제393조 제1항 등 위헌소원(헌재 2012.12.27, 2011헌바155) : **합헌**

① 제사주재자가 승계하는 재산에 관한 민법 조항 중 "금양임야" 부분은 명확성원칙에 반하지 않는다.
② 법원이 변론 전체의 취지와 증거조사의 결과를 참작하여 자유로운 심증으로 사회정의와 형평의 이념에 입각하여 논리와 경험의 법칙에 따라 사실주장이 진실한지 아닌지를 판단하도록 한 민사소송법 자유심증주의 조항 중 "변론 전체의 취지" 및 "자유로운 심증으로" 부분은 헌법 제27조 제1항의 법률에 의한 재판을 받을 권리를 침해하지 않는다.

판례 135
특정경제범죄 가중처벌 등에 관한 법률 제5조 제1항 등 위헌소원(헌재 2012.12.27, 2011헌바217) : **합헌**

① 금융기관 임·직원이 직무관련 수재 등 행위를 한 경우 처벌하는 규정에서 '금융기관 임직원의 직무'의 범위는 금융 또는 신용에 직접 관련된 직무에만 한정된다고 볼 수는 없으며, 이는 헌법에 위반되지 않는다.
② 금융기관 임·직원의 직무관련 수재 등 행위를 공무원의 수뢰죄와 같은 수준으로 가중처벌하도록 한 것에는 합리적 이유가 있으므로, 금융기관의 임·직원이 직무에 관하여 5천만 원 이상 1억 원 미만의 금품을 수수한 경우에 7년 이상의 유기징역에 처하는 것은 헌법에 위반되지 않는다. (공무원과 같은 수준으로 처벌하더라도, 변호사·공인회계사 등보다 중하게 처벌하더라도 합당함)

> **주의** 헌법재판소는 2005.6.30. 이 사건 법률 제5조 제4항과 같은 내용으로 개정되기 이전의 조항에 대하여 합헌결정을 한 바 있었는데(헌재 2005.6.30, 2004헌바4), 그 후 2006.4.27. 같은 조항 제1호, 제2호에 대하여 위헌결정을 하였다(헌재 2006.4.27, 2006헌가5). 이처럼 동일한 내용의 조항에 대하여 헌법재판소에서 합헌결정을 하였다가 위헌결정으로 종전의 결정을 번복한 주요한 이유는 2005.12.29. 뇌물죄에 대한 가중처벌 규정인 '특정범죄 가중처벌 등에 관한 법률' 제2조 제1항이 개정되면서 금융기관 임·직원의 직무관련 수재 행위가 공무원의 수뢰행위보다 중하게 처벌받는 상황이 발생하였기 때문이다. 이후 이 사건 법률 제5조 제4항이 공무원의 수뢰죄에 대한 가중처벌 규정인 '특정범죄 가중처벌 등에 관한 법률' 제2조 제1항과 같은 내용으로 개정됨으로써 선례에서 위헌결정을 하였던 중요한 사유가 해소되었다.

판례 136 　**형사소송법 제122조 단서 위헌소원**(헌재 2012.12.27. 2011헌바225) : **합헌** ★★☆

압수수색의 사전통지나 집행 당시의 참여권의 보장은 압수수색에 있어 국민의 기본권을 보장하고 헌법상의 적법절차원칙의 실현을 위한 구체적인 방법의 하나일 뿐 헌법상 명문으로 규정된 권리는 아니므로, 입법자는 그 절차적 권리를 배제할 합리적 근거가 있는 경우에, 그것이 합리성과 정당성을 상실하여 적법절차원칙 등 헌법상 포기할 수 없는 원리를 무시하거나, 헌법 제37조 제2항이 정하는 과잉금지원칙에 위배되는 내용의 것이 아닌 한 그 예외와 예외의 범위를 정할 수 있는 입법재량이 있다.

압수·수색영장을 집행함에는 미리 집행의 일시와 장소를 피의자 등에게 통지하여야 하지만, 급속을 요하는 때에는 예외로 한 형사소송법 규정은 명확성의 원칙과 적법절차의 원칙에 위배되지 않는다.

> **참고**
> ① 전자우편에 대한 압수수색에 있어 정보주체에 대한 통지절차의 헌법적 중요성을 확인하면서도, 실체적 진실의 발견이라는 다른 형사소송법의 이념과의 조화를 고려해 볼 때 '급속을 요하는 때', 즉 사전통지로 인해 압수수색의 목적을 달성할 수 없을 때에는 그 통지를 생략할 수 있도록 한 형사소송법 제122조 단서는 명확성원칙이나 적법절차원칙에 위배된다고 볼 수 없다고 판시한 결정이다.
> ② 한편, 이 사건 조항은 전자우편 압수수색에 관한 절차의 형성을 목적으로 한 규정은 아니며, 전자우편 압수수색 절차에 관하여 2009.5.28. 통신비밀보호법과 2011.7.28. 형사소송법의 개정으로 사전통지의 예외에 해당하는 경우라도 적어도 정보주체에 대한 사후통지는 생략할 수 없도록 입법적 개선이 이루어졌다.

판례 137 　**성매매알선 등 행위의 처벌에 관한 법률 제2조 제1항 제2호 다목 등 위헌소원**(헌재 2012.12.27. 2011헌바235) : **합헌** ★★☆

성매매에 제공되는 사실을 알면서 건물을 제공하는 행위를 처벌하는 것은 재산권을 침해하지 않고, 책임주의 및 평등원칙에 위반되지 않는다.

판례 138 　**수산업법 제61조 제1항 제2호 등 위헌소원**(헌재 2012.12.27. 2011헌바354) : **합헌**

행정관청의 근해어업에 대한 조업구역의 제한이나 금지를 위반하여 조업을 한 경우에 처벌하도록 하는 것은 헌법에 위반되지 않는다.

판례 139 　**농지법 제2조 제5호 위헌소원**(헌재 2012.12.27. 2011헌바380) : **각하**

심판대상 법률이 시행령 조항에서 인용됨으로써 그 시행령 조항의 내용을 구성하는 요소로 된 것에 불과한 경우 그 법률조항 자체가 독립하여 당해 사건과 직접적인 관련을 가진다고 보기는 어려우므로 심판대상 법률의 위헌 여부가 당해 사건 재판의 전제로 될 수는 없기 때문에, 헌법재판소법 제68조 제2항에 의한 헌법소원 심판청구는 부적법하다.

판례 140

도시 및 주거환경정비법 제39조 등 위헌소원(헌재 2012.12.27. 2012헌바27) : **합헌**

주택재건축사업에 있어 사업시행자에 대하여 매도청구권을 부여한 것은 재산권이나 평등권을 침해하지 않는다.

판례 141

공직선거법 제232조 제1항 제2호 위헌소원(헌재 2012.12.27. 2012헌바47) : **각하, 합헌**
★★☆

교육감선거와 관련하여 후보자를 사퇴한 데 대한 대가를 목적으로 후보자이었던 자에게 금전을 제공한 사람을 형사처벌하도록 하고 있는 공직선거법 관련규정은 헌법에 위배되지 않는다.

판례 142

구 교통사고처리특례법 제4조 제1항 위헌소원(헌재 2012.12.27. 2012헌바60) : **각하**

① 헌법재판소는 2009.2.26. 선고된 2005헌마764 등 결정에서 '업무상 과실 또는 중대한 과실로 인한 교통사고로 말미암아 피해자로 하여금 중상해에 이르게 한 경우에 공소를 제기할 수 없도록 규정한 부분'은 피해자의 재판절차진술권과 평등권을 침해하여 헌법에 위반된다는 결정을 한 바 있다. 이에 따라 위 결정 이후 심판대상 조항은 그 적용범위가 축소되어, 교통사고를 내어 피해자로 하여금 중상해에 미치지 아니하는 정도의 상해에 이르게 한 경우에 한하여 적용된다.

② 청구인이 이 사건 심판청구에 이른 진정한 의도는, 헌법재판소가 종전 결정을 번복하여 심판대상 조항에 존재하는 입법적 결함을 인정하도록 함으로써 당해사건에서 청구인에 대하여 공소권이 없다는 판결을 선고받기 위한 것이라고 볼 수 있다. 이러한 측면에서, 이 사건 심판청구는 부진정입법부작위를 다투는 청구로 볼 수 있고, 재판의 전제성을 부인할 것은 아니다.

③ 헌법재판소법은 위헌으로 결정된 법률 또는 법률조항은 원칙적으로 그 결정이 있는 날로부터 효력을 상실하도록 규정하고 있다(제47조 제2항, 제75조 제6항). 이에 따라 법률 또는 법률조항에 대한 위헌 결정은 일반적 기속력과 대세적·법규적 효력을 가진다. 즉, 법규범에 대한 헌법재판소의 위헌결정은 소송 당사자나 국가기관 이외의 일반 사인에게도 그 효력이 미치고, 일반 국민은 헌법재판소가 위헌으로 선언한 법규범이 적용되지 않는 것을 수인해야 한다.

④ 이 사건에서 청구인이 주장하는 입법의 결함은, 헌법재판소의 종전 결정에서 위헌으로 결정되어 효력을 상실한 법률조항 부분과 일치하는바, 이 사건 헌법소원심판청구는 종전의 위헌결정에 대한 불복이거나, 위헌으로 선언된 규범의 유효를 주장하는 것이어서 법률조항에 대한 위헌결정의 법규적 효력에 반하여 허용될 수 없다.

판례 143
접견 녹음파일 송부 요청 취소(헌재 2012.12.27. 2010헌마153) : **기각**

부산구치소장이 청구인과 배우자의 접견을 녹음하여 부산지방검찰청 검사장에게 그 접견녹음파일을 제공한 행위는 기본권을 침해하지 않는다.

판례 144
주택법 제55조의2 위헌확인(헌재 2012.12.27. 2011헌마44) : **기각**

주택관리사 등이 공동주택의 관리사무소장으로 근무하게 될 때 입주자에게 손해배상책임을 지도록 하고, 그 담보를 위한 보증보험 등의 가입이나 현금 공탁을 강제하며, 취업시 그 입증서류를 반드시 제출하도록 하고, 현금 공탁시 사임 등 후 3년간 공탁금을 회수하지 못하도록 규정한 것은 헌법에 위반되지 않는다.

판례 145
치료감호법 제2조 제1항 제1호 등 위헌확인(헌재 2012.12.27. 2011헌마276) : **기각**

① 마약류나 알코올 중독자 등에 대한 치료감호시설의 수용기간을 원칙적으로 2년으로 정해 놓은 것은 신체의 자유를 침해하지 않는다.
② 치료감호심의위원회의 구성 규정은 법관에 의한 재판을 받을 권리를 침해하지 않는다.

판례 146
치료감호법 제16조 제2항 제1호 등 위헌확인(헌재 2012.12.27. 2011헌마285) : **기각**

피치료감호자에 대한 치료감호가 가종료 되었을 때 필요적으로 3년간의 보호관찰이 시작되도록 규정한 것은 거듭처벌금지원칙 및 평등원칙에 반하지 아니하고, 일반적 행동의 자유를 침해하지 않는다.

판례 147
압수물품 폐기조치 취소 등(헌재 2012.12.27. 2011헌마351) : **각하, 인용(위헌확인)** ★★☆

① 임치물 폐기행위는 단순한 비권력적 사실행위에 불과할 뿐 헌법소원의 대상이 되는 공권력의 행사에 해당한다고 볼 수 없다.
② 경찰관이 위험발생의 염려가 없는 압수물임에도 사건종결 전에 임의로 이를 폐기한 행위는 적법절차원칙에 반하고, 공정한 재판을 받을 권리를 침해하는 것이다.

판례 148
농업협동조합법부칙 제11조 제1항 등 위헌확인(헌재 2012.12.27. 2011헌마562) : **기각**

2009년 3월 22일부터 2013년 3월 21일까지의 기간 동안 농협조합장의 임기가 개시되는 경우에는 해당 조합장의 임기를 2015년 3월 20일까지로 하고, 2015년 3월 20일에 만료되는 조합장 선거는 동시실시하도록 한 것은 결사의 자유 및 직업의 자유를 침해하지 않는다.

2013년도 헌법재판소 판례

판례 001 구 산업안전보건법 제68조 제2호 위헌제청(헌재 2013.2.28, 2012헌가3) : 합헌
동일한 장소에서 행하여지는 사업의 일부를 도급에 의하여 행하는 사업의 사업주로 하여금 그의 수급인이 사용하는 근로자가 산업재해 발생위험이 있는 장소에서 작업을 할 때에는 산업재해예방을 위한 조치를 하도록 규정하면서 그 장소 및 조치의 내용을 부령인 노동부(현행 : 고용노동부)령에 위임한 것은 포괄위임금지원칙에 위반되지 않는다.

판례 002 상속에 관한 구 관습법 부분 위헌소원(헌재 2013.2.28, 2009헌바129) : 각하 ★☆☆
민법 시행 이전의 분재청구권에 관한 구 관습법은 형식적 의미의 법률은 아니지만 실질적으로는 법률과 같은 효력을 갖는 것이므로 위헌심사의 대상은 되나, 분재청구권의 소멸시효가 이미 완성된 이상 다른 내용의 재판을 하게 되는 경우에 해당하지 아니하므로 심판청구는 각하한다.

판례 003 구 개발이익환수에 관한 법률 제9조 제1항 제1호 위헌소원(헌재 2013.2.28, 2010헌바431) : 합헌
토지 이용 계획 등이 변경된 경우 개발부담금의 부과 개시 시점을 개발사업인가 등을 받은 날 이전으로 예외를 정한 것은 포괄위임금지원칙과 평등원칙에 위배되지 않으며, 재산권을 침해하지 않는다.

판례 004 관광진흥법 제54조 제4항 등 위헌소원(헌재 2013.2.28, 2011헌바250) : 합헌 ★★☆
① 헌법 제23조 제3항은 정당한 보상을 전제로 하여 재산권의 수용 등에 관한 가능성을 규정하고 있지만, 수용의 주체를 한정하지 않고 있으므로, 위 조항의 핵심은 그 수용의 주체가 국가인지 민간개발자인지에 달려 있다고 볼 수 없다.
② 관광단지를 개발함에 있어 조성계획상의 조성 대상 토지면적 중 사유지의 3분의 2 이상을 취득한 경우 민간개발자에게 토지 등을 수용할 수 있도록 한 관광진흥법 규정은 헌법에 위반되지 않는다.

판례 005 의료법 제27조 제1항 등 위헌소원(헌재 2013.2.28, 2011헌바398) : 합헌
한의사라 하더라도 면허된 것 이외의 의료행위에 대해서는 이를 금지하면서 위반하는 경우 형사처벌하도록 하고 있는 의료법 규정은 헌법에 위반되지 않는다.

판례 006

도시개발법 제22조 제1항 위헌소원(헌재 2013.2.28. 2012헌바33) : **각하**

헌법소원의 대상이 된 법률조항이 헌법에 위반되는지 여부에 따라 당해사건 재판의 결론이나 재판의 내용 및 효력에 관한 법률적 의미에 영향을 미칠 수도 없을 경우 재판의 전제성이 인정되지 아니한다.

판례 007

구 변호사법 제34조 제2항 등 위헌소원(헌재 2013.2.28. 2012헌바62) : **합헌**

구 변호사법 규정 중 '변호사는 법률사건의 수임에 관하여 알선의 대가로 금품을 제공하거나 이를 약속하여서는 아니된다.'라는 부분은 죄형법정주의 명확성 원칙에 위반되지 아니하고, 변호사의 직업수행의 자유를 침해하지 않는다.

판례 008

국토의 계획 및 이용에 관한 법률 제124조의2 위헌소원(헌재 2013.2.28. 2012헌바94) : **합헌**

토지거래허가구역 내에서 허가받은 목적대로 토지를 이용할 의무를 이행하지 아니하는 자에게 이행강제금을 부과하는 내용의 국토의 계획 및 이용에 관한 법률 규정은 재산권을 침해하지 않는다.

> **주의** 토지거래허가제도의 실효성 확보를 위하여 입법자가 채택한 간접적 의무강제수단인 이행강제금 제도는 헌법 제22조에 의하여 용인되는 제한의 범위에 해당한다.

판례 009

산업입지 및 개발에 관한 법률 제22조 제3항 위헌소원(헌재 2013.2.28. 2012헌바198) : **합헌**

국가산업단지의 토지 등에 대한 재결신청을 함에 있어서 산업인정의 고시가 있은 날부터 1년 이내에 재결신청이 이루어지지 아니한 경우에 1년이 되는 날의 다음날에 사업인정의 효력이 상실되도록 규정한 것과 재결신청 기간을 공익사업법과 달리 산업단지개발계획에서 정하는 사업기간내에 재결신청을 할 수 있도록 규정한 것은 재산권을 침해하지 않으며, 평등원칙에 위배되지 않는다.

판례 010

부동산 실권리자 명의 등기에 관한 법률 제10조 제1항 위헌소원(헌재 2013.2.28. 2012헌바263) : **합헌** ★☆☆

장기미등기자에게 과징금을 부과하도록 하면서 과징금의 금액을 명의신탁의 경우와 동일하게 정하는 것은 재산권을 침해하거나 평등원칙에 위배되지 않는다.

판례 011
교원자격검정 실무편람 부분 위헌확인(헌재 2013.2.28, 2010헌마438) : **각하** ★☆☆

① 일반대학 졸업자가 교육대학원에서 초등교육을 전공하여 초등교사 자격증을 취득하는 것은 불가능하다는 내용의 교원자격검정 실무편람 부분은 교원자격검정 관련 법령과 고시의 내용을 종합한 사실을 설명 내지 안내해 주는 것에 불과하여 헌법소원의 대상이 되는 공권력의 행사에 해당하지 아니하므로 부적법하다.

② 초·중등교육법에 초등학교 정교사(2급) 자격기준의 하나로 교육대학원등에서의 석사학위과정이 열거되어 있으나 교육대학원등에 초등교사 양성과정 개설 등에 관한 입법을 대통령령에서 제정할 명시적 법률위임이 있다고 볼 수는 없으므로 관련 행정입법부작위의 위헌확인을 구하는 헌법소원 심판청구는 부적법하다.

판례 012
구 세종특별자치시 설치 등에 관한 특별법 부칙 제3조 제1항 등 위헌확인(헌재 2013.2.28, 2012헌마131) : **기각** ★★☆

① 새로운 지방의회를 구성함에 있어 즉시 선거를 실시할 것인지 아니면 종전에 선출되어 있던 지방의회의원을 통해 지방의회를 구성하고 그들의 임기가 종료된 후에 새로운 선거를 실시할 것인지 여부는 원칙적으로 입법자의 입법형성의 자유에 속하는 사항이다.

② 세종특별자치시의회를 신설하면서 지방의회의원선거를 실시하지 아니하고 연기군의회의원 등에게 세종특별자치시의회의원의 자격을 취득하도록 규정하고 있는 세종특별자치시 설치 등에 관한 특별법 부칙 조항은 선거권, 공무담임권, 평등권을 침해하지 않는다.

판례 013
민사소송법 제46조 제1항 위헌소원(헌재 2013.3.21, 2011헌바219) : **합헌**

민사소송의 당사자가 법관에 대하여 기피신청을 한 경우, 당해 법관의 소속 법원 합의부에서 기피재판을 하도록 규정한 민사소송법 규정은 공정한 재판을 받을 권리를 침해하지 않는다.

판례 014
민사소송법 제150조 제3항 위헌소원(헌재 2013.3.21, 2012헌바128) : **합헌**

공시송달의 방법으로 기일통지서를 송달받은 당사자가 변론기일에 출석하지 아니한 경우 자백간주 규정을 준용하지 않는 민사소송법 규정은, 그 상대방 당사자의 효율적이고 공정한 재판을 받을 권리를 침해하지 않는다.

판례 015
채무자 회생 및 파산에 관한 법률 제564조 제1항 등 위헌확인(헌재 2013.3.21, 2012헌마569) : **기각, 각하**

파산채권자에 대한 채무자의 책임을 면제하는 채무자 회생 및 파산에 관한 법률 규정은 채권자의 재산권이나 평등권을 침해하지 않는다.

기소유예처분취소(헌재 2013.3.21, 2012헌마110) : 인용(취소)

집단따돌림 피해학생의 어머니인 청구인이 가해학생에 대하여 모욕하였다는 피의사건에 대해 피청구인 검사가 한 기소유예처분은 청구인의 기본권을 침해하였다.

구 헌법 제53조 등 위헌소원(헌재 2013.3.21, 2010헌바132) : 위헌 ★★☆

① 일정한 규범이 위헌법률심판 또는 헌법재판소법 제68조 제2항에 의한 헌법소원심판의 대상이 되는 법률인지 여부는 그 제정 형식이나 명칭이 아니라 그 규범의 효력을 기준으로 판단하여야 한다. 따라서 헌법이 법률과 동일한 효력을 가진다고 규정한 긴급재정경제명령 및 긴급명령은 물론, 헌법상 형식적 의미의 법률은 아니지만 국내법과 동일한 효력이 인정되는 헌법에 의하여 체결·공포된 조약과 일반적으로 승인된 국제법규의 위헌 여부의 심사권한은 헌법재판소에 전속한다.
② 대통령긴급조치도 법률과 동일한 효력을 가지므로 이에 대한 위헌심사권한은 헌법재판소에 전속한다. ★★☆
③ 대통령긴급조치의 위헌성을 심사하는 준거규범은 원칙적으로 현행헌법이다. ★★☆
④ 원칙적으로는 헌법재판소법 제68조 제2항에 의한 헌법소원심판 청구인이 당해 사건인 형사사건에서 무죄판결을 받고 이것이 확정되면, 더 이상 재판의 전제성이 인정되지 아니한다. 그러나, 긴급조치 제1호에 대하여는 법률과 같은 효력이 있는 유신헌법에 따른 긴급조치의 위헌 여부를 심사할 권한은 본래 헌법재판소의 전속적 관할 사항인 점, 법률과 같은 효력이 있는 규범인 긴급조치의 위헌 여부에 대한 헌법적 해명의 필요성이 있는 점, 당해사건의 대법원판결은 대세적 효력이 없는데 비하여 형벌조항에 대한 헌법재판소의 위헌결정은 대세적 기속력을 가지고 유죄 확정판결에 대한 재심사유가 되는 점 등에 비추어 볼 때, 이 사건에서는 긴급조치 제1호, 제2호에 대하여 예외적으로 객관적인 헌법질서의 수호·유지 및 관련 당사자의 권리구제를 위하여 재판의 전제성을 인정하였다.
⑤ 원칙적으로는, 확정된 유죄판결에서 처벌의 근거가 된 법률조항은 '재심의 청구에 대한 심판', 즉 재심의 개시 여부를 결정하는 재판에서는 재판의 전제성이 인정되지 않는다. 그러나, 긴급조치 제9호에 대하여는 유신헌법 당시 긴급조치 위반으로 처벌을 받게 된 사람은 재심대상사건 재판절차에서 긴급조치의 위헌성을 다툴 수조차 없는 규범적 장애가 있었으므로, 그 재심청구에 대한 재판절차에서 긴급조치의 위헌성을 비로소 다툴 수밖에 없다는 이유로, 일반 형사재판에 대한 재심사건과는 달리 긴급조치 위반에 대한 재심사건에서는 예외적으로 형사재판 재심절차의 이원적 구조를 완화하여 재심 개시 여부에 관한 재판과 본안에 관한 재판 전체를 당해사건으로 보아 재판의 전제성을 인정하였다.
⑥ 우리 헌법의 전문과 본문의 전체에 담겨 있는 최고 이념은 국민주권주의와 자유민주주의에 입각한 입헌민주헌법의 본질적 기본원리에 기초하고 있고, 이는 헌법전을 비롯한 모든 법령 해석의 기준이 되고, 입법형성권 행사의 한계와 정책결정의 방향을 제시하며, 나아가 모든 국가기관과 국민이 존중하고 지켜가야 하는 최고의 가치규범이다.

⑦ 헌법을 개정하거나 폐지하고 다른 내용의 헌법을 모색하는 것은 주권자인 국민이 보유하는 가장 기본적인 권리로서, 가장 강력하게 보호되어야 할 권리 중의 권리에 해당한다. 무릇 집권세력의 정책과 도덕성, 혹은 정당성에 대하여 정치적인 반대의사를 표시하는 것은 헌법이 보장하는 정치적 자유의 가장 핵심적인 부분이다.
⑧ 모든 국민은 헌법의 개정논의를 포함하여 자신의 정치적 의견과 정치사상을 외부에 표현할 정치적 표현의 자유를 가지며, 이는 자유민주적 헌법의 근본가치이자 민주정치의 필수불가결한 요소이다.
⑨ 유신헌법을 부정·반대·왜곡 또는 비방하거나, 유신헌법의 개정 또는 폐지를 주장·발의·제안 또는 청원하는 일체의 행위, 유언비어를 날조·유포하는 행위 등을 전면적으로 금지하고, 이를 위반하면 비상군법회의 등에서 재판하여 처벌하도록 하는 것을 주된 내용으로 한, 유신헌법 제53조에 근거하여 발령된 대통령긴급조치 제1호, 제2호 및 제9호는 죄형법정주의에 위배되며, 참정권, 표현의 자유, 영장주의 및 신체의 자유, 재판을 받을 권리 등 기본권을 지나치게 제한하거나 침해하여 모두 헌법에 위반된다. ★★☆

판례 018
사립학교법 제24조의2 제4항 위헌소원(헌재 2013.5.30, 2010헌바292) : 합헌
사학분쟁조정위원회의 심의결과에 대하여 재심을 요청할 수 있는 권한을 관할청에게만 부여하는 것은 재산권과 재판청구권을 침해하지 않는다.

판례 019
구 임대주택법 제21조 제5항 등 위헌소원(헌재 2013.5.30, 2011헌바74) : 합헌
① 경매를 통한 임대주택 매각의 기대는 보장되는 것이 아니고, 설령 경매가액과 분양전환가격의 차액이 발생한다 하더라도 그 차액에 대한 권리는 단순한 반사적 이익 또는 재화 획득의 기회에 불과하여 헌법상 보장되는 재산권에 포함되지 않는다.
② 임대사업자가 부도 또는 파산이 발생한 후 1년 이상 분양전환승인을 신청하지 않는 경우 임차인이 직접 분양전환승인을 신청할 수 있도록 한 구 임대주택법 조항 및 분양전환승인을 받은 후 6개월 이상 임대사업자가 분양전환에 응하지 않는 경우 임차인이 임대사업자에 대하여 임대주택의 매도청구를 할 수 있도록 한 임대주택법 조항은 헌법에 위반되지 않는다.

판례 020
구 지방세법 제138조 제1항 제3호 위헌소원(헌재 2013.5.30, 2011헌바171) : 합헌 ★☆☆
등록세 중과 대상인 부동산을 업무용·사업용 부동산에 한하지 않고, 법인의 대도시 내에서의 설립 또는 대도시 내로의 본점 등의 전입 '이후'의 부동산등기에 대하여 세율을 통상 세율의 3배로 하여 등록세를 중과하도록 한 조항은, 조세법률주의 및 조세평등주의에 위배되지 않으며, 법인의 재산권, 직업수행의 자유 및 거주·이전의 자유를 침해하지 않는다.

판례 021
집합건물의 소유 및 관리에 관한 법률 제18조 위헌소원(헌재 2013.5.30. 2011헌바201) : **합헌**

집합건물에서 전 소유자가 체납한 관리비 중 공용부분에 관한 부분에 대해서 그 특별승계인에게 청구할 수 있도록 한 것은 명확성 원칙에 위배되지 않고, 재산권 등을 침해하지 않는다.

판례 022
학원의 설립·운영 및 과외교습에 관한 법률 제2조의2 등 위헌소원(헌재 2013.5.30. 2011헌바227) : **각하, 합헌** ★☆☆

① 헌법재판소법 제68조 제2항의 규정에 따른 헌법소원심판청구의 경우 그 심판의 대상은 재판의 전제가 되는 법률이며 대통령령은 심판대상이 될 수 없다.
② 학원의 종류에 대한 규정을 신설하면서 유아를 대상으로 교습하는 학원을 학교교과교습학원으로 분류한 구 의료법 조항은 헌법에 위반되지 않는다.

판례 023
구 교통세법 제17조 제8항 위헌소원(헌재 2013.5.30. 2011헌바360) : **합헌**

외국항행선박에서 사용된다는 이유로 교통세를 환급 또는 공제 받은 물품이 외국항행선박에 반입되지 아니한 사실이 확인된 때 반출자로부터 환급 또는 공제된 교통세를 징수하는 것은 헌법에 위반되지 않는다.

판례 024
일제강점하 반민족행위 진상규명에 관한 특별법 제2조 제13호 위헌소원(헌재 2013.5.30. 2012헌바19) : **합헌** ★★☆

러·일전쟁 개전시부터 1945년 8월 15일까지 사회·문화 기관이나 단체를 통하여 일본제국주의의 내선융화 또는 황민화운동을 적극 주도함으로써 일본제국주의의 식민통치 및 침략전쟁에 적극 협력한 행위를 친일반민족행위로 정의한 것은 명확성원칙에 위배되지 않으며, 후손들의 인격권을 침해하지 않는다.

판례 025
구 부가가치세법 제17조 제2항 제1의2호 위헌소원(헌재 2013.5.30. 2012헌바195) : **합헌**

재화 등을 공급받은 사업자가 교부받은 세금계산서에 재화 등을 공급하는 사업자의 등록번호와 성명 또는 명칭이 사실과 다르게 기재된 경우 당해 세금계산서상 매입세액을 공제하지 아니하는 구 부가가치세법 조항은 헌법에 위반되지 않는다.

판례 026
민법 제2조 제2항 등 위헌소원(헌재 2013.5.30. 2012헌바335) : **각하, 합헌**

① 권리남용금지를 규정한 민법 조항은 명확성원칙에 위반되지 않고, 재산권을 침해하지 않는다.
② 소송비용의 패소자 부담원칙을 규정한 민사소송법 조항은 재판청구권을 침해하지 않는다.

민법 제245조 제1항 위헌소원(헌재 2013.5.30, 2012헌바387) : **합헌** ★★☆

20년간 소유의 의사로 평온, 공연하게 부동산을 점유하는 자는 등기함으로써 그 소유권을 취득하게 하는 민법 조항은 헌법에 위반되지 않는다.

법학전문대학원 설치인가 중 입학전형계획 위헌확인 등(헌재 2013.5.30, 2009헌마514) : **각하, 기각** ★★☆

① 일반적으로 사립대학과 그 학생과의 관계는 사법상의 계약관계이므로 학교법인 이화학당을 공권력의 주체라거나 그 모집요강을 공권력의 행사라고 볼 수 없다. 따라서 학교법인 이화학당의 2010학년도 법학전문대학원 모집요강 중 여성만을 입학자격요건으로 한 이 사건 모집요강은 헌법소원심판의 대상이 되는 공권력의 행사라고 볼 수 없다.

② 교육부장관이 2008. 9. 1. 학교법인 이화학당에게 한 법학전문대학원 설치인가 중 여성만을 입학자격요건으로 하는 입학전형계획을 인정한 부분은 남성인 청구인의 직업선택의 자유 등을 침해하지 않는다.

약사법 제31조 제8항 등 위헌확인(헌재 2013.5.30, 2010헌마136) : **각하, 기각**

의약품의 판매를 위한 품목허가 신청시에 임상시험성적에 관한 자료를 포함한 안전성·유효성에 관한 시험성적서를 제출하도록 한 규정들에 대한, 의약품 소비자들의 청구는 자기관련성이 인정되지 아니하여 부적법하고, 자가유래 줄기세포치료제를 판매하고자 하는 회사의 청구는 직업수행의 자유 및 평등권을 침해하지 아니하므로 기각하였다.

변호사법 제29조 등 위헌확인(헌재 2013.5.30, 2011헌마131) : **각하, 기각**

변호인선임서를 공공기관에 제출할 때 소속 지방변호사회를 경유하도록 하는 것은 변호사의 직업수행의 자유 및 평등권을 침해하지 않는다.

입법부작위 위헌확인(헌재 2013.5.30, 2011헌마198) : **각하**

① 행정입법의 지체가 위법으로 되어 그에 대한 법적 통제가 가능하기 위하여는, 우선 행정청에게 시행명령을 제정(개정)할 법적 의무가 있어야 하고, 상당한 기간이 지났음에도 불구하고, 명령제정(개정)권이 행사되지 않아야 한다.

② 삼권분립의 원칙, 법치행정의 원칙을 당연한 전제로 하고 있는 우리 헌법 하에서 행정권의 행정입법 등 법집행의무는 헌법적 의무라고 보아야 할 것이다. 그런데 이는 행정입법의 제정이 법률의 집행에 필수불가결한 경우로서 행정입법을 제정하지 아니하는 것이 곧 행정권에 의한 입법권 침해의 결과를 초래하는 경우를 말하는 것이므로, 만일 하위 행정입법의 제정 없이 상위 법령의 규정만으로도 집행이 이루어질 수 있는 경우라면 하위 행정입법을 하여야 할 헌법적 작위의무는 인정되지 아니한다고 할 것이다.

판례 032
형법 제83조 등 위헌확인(헌재 2013.5.30, 2011헌마861) : **기각** ★☆☆

자유형의 형기를 역수에 따라 계산하도록 한 형법 제83조는, 형기에 윤달(2월이 29일)이 포함되어 윤달이 아닌 해보다 1일 더 복역하게 되더라도 이는 자유형의 형기를 '연월'로 정하고, 태양력의 오차시정을 위해 주기적으로 윤달이 발생하는 데 기인하는 것으로 신체의 자유를 침해하지 않는다.

판례 033
의료법 제82조 제1항 위헌제청(헌재 2013.6.27, 2011헌가39) : **합헌** ★★☆

시각장애인에 한하여 안마사 자격인정을 받을 수 있도록 한 의료법 제82조 제1항 중 "'장애인복지법'에 따른 시각장애인 중" 부분 및 동일한 내용의 구 의료법 제82조 제1항과 ② 안마사 자격인정을 받지 아니한 자는 안마시술소 또는 안마원을 개설할 수 없도록 한 의료법 제82조 제3항 중 '제33조 제2항 제1호를 준용'하는 부분은 비시각장애인의 직업선택의 자유와 평등권을 침해하지 않는다.

판례 034
보건범죄단속에 관한 특별조치법 제5조 등 위헌소원(헌재 2013.6.27, 2010헌바488) : **합헌**

무면허 의료행위를 금지 및 처벌하는 보건범죄단속에 관한 특별조치법 제5조는 비의료인의 직업선택의 자유를 침해하지 않는다.

판례 035
구 학교보건법 제6조 제1항 제19호 등 위헌소원(헌재 2013.6.27, 2011헌바8) : **합헌** ★☆☆

유치원 주변의 학교환경위생 정화구역 내에서 성기구 등 청소년유해물건을 취급하는 청소년유해업소 시설이나 그 영업을 예외 없이 금지하는 것은 헌법상 포괄위임금지 원칙 및 죄형법정주의의 명확성 원칙에 위반되지 않고, 이는 유아 단계의 청소년의 보호 및 건전한 성장을 위하여 필요·적절하고 제한구역도 200미터에 불과하여 관련 업소를 운영하는 자의 직업의 자유 등 기본권을 침해하지 않는다.

판례 036
공직선거법 제251조 위헌소원(헌재 2013.6.27, 2011헌바75) : **합헌** ★★☆

당선되거나 되게 하거나 되지 못하게 할 목적으로 공연히 사실을 적시하여 후보자 등을 비방한 자를 처벌하는 공직선거법 규정 중, 후보자가 되고자 하는 자에 대한 비방행위를 처벌하는 것은 죄형법정주의의 명확성원칙에 위배되지 않고, 선거운동의 자유나 정치적 표현의 자유를 침해하지 않는다.

판례 037 구 부가가치세법 제22조 제5항 제1호 위헌소원(헌재 2013.6.27. 2011헌바247) : 각하

① 헌법재판소법 제68조 제2항은 위헌법률심판의 제청신청이 기각된 때에는 그 신청을 한 당사자는 헌법재판소에 헌법소원심판을 청구할 수 있으나, 다만 이 경우 그 당사자는 당해 사건의 소송절차에서 동일한 사유를 이유로 다시 위헌법률심판의 제청신청을 할 수 없다고 규정하고 있다. 여기서 당해 사건의 소송절차란 당해 사건의 상소심 소송절차는 물론 대법원에 의해 파기환송되기 전후의 소송절차를 모두 포함하는 것이다.

② 파기환송 전 항소심에서 위헌법률심판 제청신청을 하였다가 기각되었음에도 위헌소원심판청구를 하지 않다가 파기환송 후 항소심에서 다시 동일한 사유를 이유로 위헌법률심판 제청신청을 제기하는 것은 파기환송 전의 항소심에서 승소판결을 받았다는 사정이 있다고 하더라도 헌법재판소법 제68조 제2항 후문의 규정에 위배되는 것으로 부적법하다.

판례 038 농지법 제6조 제1항 등 위헌소원(헌재 2013.6.27. 2011헌바278) : 합헌 ★☆☆

농업경영에 이용하지 않는 경우에 농지소유를 원칙적으로 금지하고 있는 농지법 규정에도 불구하고, 예외적인 경우에는 농지소유를 허용하면서, 그러한 예외에 종중은 포함하지 않고 있는 구 농지법 규정은 재산권을 침해하지 않는다.

판례 039 구 소득세법 제19조 제1항 제12호 위헌소원(헌재 2013.6.27. 2011헌바386) : 합헌

당해 연도에 발생한 "대통령령이 정하는 부동산매매업에서 발생하는 소득"을 사업소득으로 정하고 있는 구 소득세법 제19조 제1항 제12호는 과세요건명확주의나 포괄위임입법금지원칙에 위배되지 않는다.

판례 040 공유재산 및 물품관리법 제6조 제1항 등 위헌소원(헌재 2013.6.27. 2012헌바17) : 합헌

정당한 권원을 가지지 않고 행정재산을 사용하거나 수익한 사람을 처벌하는 것은 명확성원칙에 위반되지 않고, 평등원칙에 위배되지 않는다.

판례 041 형법 제311조 위헌소원(헌재 2013.6.27. 2012헌바37) : 합헌

형법상 모욕죄 규정은 명확성원칙에 위배되지 않으며, 표현의 자유를 침해하지 않는다.

판례 042 구 공무원의 노동조합 설립 및 운영 등에 관한 법률 제8조 제1항 등 위헌소원(헌재 2013.6.27. 2012헌바169) : 합헌

공무원노조의 비교섭대상으로 국가 또는 지방자치단체의 정책결정에 관한 사항이나 기관의 관리·운영에 관한 사항으로서 근무조건과 직접 관련되지 아니하는 사항을 정하고 있는 규정 중 '직접' 부분은 헌법에 위반되지 않는다.

판례 043 | 형법 제185조 위헌소원(헌재 2013.6.27. 2012헌바194) : 합헌 ★☆☆

① "육로를 불통하게 하거나 기타 방법으로 교통을 방해한 자"를 처벌하고 있는 형법 제185조는 헌법에 위반되지 않는다.

② 형법 제185조는 교통을 방해한 자를 처벌하는 것이지 집회의 자유와는 직접 상관이 없고, 다만 헌법상 보장되는 집회 또는 시위에서 불가피하게 발생하는 교통방해 행위는 사회상규에 반하지 않는 행위로서 이 조항에 의해 처벌할 수 없다고 볼 것이므로 결국 위 조항은 위헌이 아니다.

판례 044 | 총포·도검·화약류 등 단속법 제11조 제1항 위헌소원(헌재 2013.6.27. 2012헌바273) : 합헌 ★☆☆

수출 목적 이외의 목적으로 모의총포를 소지하는 행위를 처벌하는 것은 명확성 원칙 및 포괄위임입법금지원칙에 위반되지 않는다.

판례 045 | 형법 제64조 제2항 위헌소원(헌재 2013.6.27. 2012헌바345) : 합헌

보호관찰이나 사회봉사 또는 수강을 명한 집행유예를 받은 자가 준수사항이나 명령을 위반하고 그 정도가 무거운 때에 집행유예의 선고를 취소할 수 있도록 한 것은 명확성원칙이나 이중처벌금지원칙에 위반되지 아니하며, 신체의 자유를 침해하지 않는다.

판례 046 | 재판취소(헌재 2013.6.27. 2010헌마535) : 각하

헌법재판소법 제47조 제2항 본문이 정한 위헌결정의 장래효 원칙에도 불구하고 위헌결정의 계기를 부여한 당해사건, 동종사건, 병행사건 및 예외적으로 위헌결정 이후에 제소된 일반사건에도 위헌결정의 소급효를 인정할 필요가 있으나, 구체적 사안이 병행사건에 해당하는지 여부 및 일반사건에 해당하더라도 예외적으로 위헌결정의 소급효를 인정할 것인지 여부에 관한 법원의 판단은 최대한 존중되어야 하므로, 이 사건 판결이 위헌결정의 소급효를 인정하지 않았다고 하여 예외적으로 헌법소원심판의 대상이 되는 법원의 재판에 해당한다고 할 수 없으므로 이 사건 헌법소원 심판청구는 부적법하다.

판례 047 | 의료법 제27조 제1항 등 위헌확인(헌재 2013.6.27. 2010헌마658) : 기각, 각하

무면허 의료행위를 금지하고 있는 의료법 제27조 제1항은 명확성 원칙에 위반되지 않고, 직업선택의 자유를 침해하지 않는다.

판례 048 국민건강증진법 제9조 제4항 제23호 등 위헌확인(헌재 2013.6.27, 2011헌마315) : 기각 ★★☆

다수인이 이용하는 PC방과 같은 공중이용시설 전체를 금연구역으로 지정하고 이를 위반할 경우 과태료를 부과하며, 공포일로부터 2년이 경과한 날부터 시행하도록 한 것은 직업수행의 자유 및 재산권을 침해하지 않는다.

판례 049 병역법 시행령 제146조 제2항 등 위헌확인(헌재 2013.6.27, 2011헌마475) : 기각 ★☆☆

제1국민역의 경우 단기 국외여행 허가기간을 원칙적으로 27세까지로 제한한 것은 헌법상 거주·이전의 자유(해외여행의 자유)를 침해하지 않는다.

판례 050 고등법원 부의 지방법원 소재지에서의 사무처리에 관한 규칙 위헌확인(헌재 2013.6.27, 2012헌마1015) : 기각

재판업무의 수행상 필요가 있는 경우 고등법원 부로 하여금 그 관할구역 안의 지방법원 소재지에서 사무를 처리할 수 있도록 한 법원조직법 제27조 제4항, 고등법원 원외재판부의 재판사무 범위를 정한 고등법원 부의 지방법원 소재지에서의 사무처리에 관한 규칙 제4조 제1항 제1호 및 제2호는 재판받을 권리를 침해하지 않는다.

판례 051 학교용지 확보 등에 관한 특례법 제5조 제1항 제5호 위헌제청(헌재 2013.7.25, 2011헌가32) : 헌법불합치 ★☆☆

주택재건축사업의 경우 학교용지부담금 부과 대상에서 '기존 거주자와 토지 및 건축물의 소유자에게 분양하는 경우'에 해당하는 개발사업분만 제외하고, 매도나 현금청산의 대상이 되어 제3자에게 분양됨으로써 기존에 비하여 가구 수가 증가하지 않아서 새롭게 학교시설 확보의 필요성을 유발하지 않는 개발사업분을 제외하지 않는 것은 평등원칙에 위배되어 헌법에 합치하지 않는다.

> 💡 참고
> ① 개발사업지역에서 공동주택의 '수분양자'에게 학교용지부담금을 부과하는 것은, 학교시설 확보라는 부담금 부과의 목적과 납부의무자 사이에 밀접한 관련성이 없으므로 평등원칙에 위배된다(헌재 2005.3.31, 2003헌가20).
> ② 개발사업의 시행자에게 학교용지부담금을 부과하는 것은, 개발사업 시행자가 학교시설 확보의 필요성을 유발하였다는 측면에서 헌법에 위반되지 않는다(헌재 2008.9.25, 2007헌가1, 2007헌가9).

판례 052 수질 및 수생태계 보전에 관한 법률 제78조 제4호 등 위헌제청(헌재 2013.7.25, 2011헌가26) : 위헌

공공수역에 다량의 토사를 유출하거나 버려 상수원 또는 하천·호소를 현저히 오염되게 한 자를 처벌하는 「수질 및 수생태계 보전에 관한 법률」 조항 중 다량, 토사, 현저히 오염 부분은 명확성원칙에 위배된다.

판례 053
친일반민족행위자 재산의 국가귀속에 관한 특별법 제2조 제1호 나목 등 위헌제청(헌재 2013.7.25. 2012헌가1) : 합헌 ★☆☆

일제로부터 작위를 받거나 이를 계승한 자를 재산이 국가에 귀속되는 대상이 되는 친일반민족행위자로 정한 것은 소급입법금지원칙, 신뢰보호원칙에 반하지 아니하고, 재산권을 침해하지 아니하며, 차별취급에 합리적 이유가 있어 평등원칙에도 반하지 않는다.

판례 054
국민건강보험법 제5조 제1항 등 위헌소원(헌재 2013.7.25. 2010헌바51) : 합헌 ★☆☆

국민건강보험법에서 건강보험에 강제로 가입하도록 한 조항, 국민건강보험법과 노인장기요양보험법에서 지역가입자의 보험료를 산정할 때 직장가입자와는 다른 기준을 적용하도록 한 조항, 국민건강보험법과 노인장기요양보험법에서 보험료부과점수, 보험료율 등을 대통령령에 위임한 조항은 헌법에 위반되지 않는다.

판례 055
산업기술의 유출방지 및 보호에 관한 법률 제2조 등 위헌소원(헌재 2013.7.25. 2011헌바39) : 위헌

① 죄형법정주의의 명확성원칙에 있어 그 핵심적인 내용이 되는 '적절한 고지'는 성문의 제정법에 의하여 규범의 내용과 요건이 수범자에게 분명하게 전달될 수 있을 것을 전제로 한다.
② 법률조항의 '규율형식'이 불명확하고 애매모호하여 일반 국민이 이를 보고 자신의 행위를 결정할 수 없고 법 집행기관의 자의적인 해석 가능성을 허용하고 있다면, 그러한 법률은 '규율내용'의 위헌성과 관계없이 그 자체로 우리 헌법상의 법치주의원리와 죄형법정주의의 원칙에 비추어 합헌적이라고 할 수 없다.
③ 범죄구성요건에 해당하는 산업기술의 요건 중 하나로 규정한 '관계 중앙행정기관의 장이 법령에 따라 지정 또는 고시·공고한 기술' 부분은 그 문언만으로는 도저히 그에 해당하는 법령이 무엇인지 그리고 그 지정 또는 고시·공고의 주체가 누구인지를 구체적으로 확정할 수 없고, 그 지정 또는 고시·공고의 대상이나 여기에 산업기술유출방지법에 따른 국가핵심기술의 지정이 포함되는지 여부도 애매모호하여, 죄형법정주의의 명확성원칙에 위배된다.

판례 056
형법 제250조 제2항 위헌소원(헌재 2013.7.25. 2011헌바267) : 합헌 ★☆☆

자기의 직계존속을 살해한 자는 사형, 무기 또는 7년 이상의 징역에 처하도록 하여 일반적인 살인죄보다 존속살해죄를 가중처벌하는 것은 행위자인 비속의 패륜성에 비추어 고도의 사회적 비난가능성이 인정되기 때문이므로 차별취급에 합리적 이유가 있어 평등원칙에 반하지 않는다.

판례 057
공익사업을 위한 토지 등의 취득 및 보상에 관한 법률 제29조 제3항 등 위헌소원(헌재 2013.7.25, 2011헌바274) : **합헌**

수용 협의에 대해 공증을 받으면 간단한 절차로 협의성립의 확인을 받을 수 있도록 한 공익사업을 위한 토지 등의 취득 및 보상에 관한 법률 제29조 제3항을 준용하는 부분, 확인된 협의의 성립이나 내용을 다툴 수 없도록 한 공익사업을 위한 토지 등의 취득 및 보상에 관한 법률 제29조 제4항을 준용하는 부분은 적법절차원칙에 위반되지 않고, 재판청구권을 침해하지 않는다.

판례 058
구 파견근로자 보호 등에 관한 법률 제43조 제1호 등 위헌소원(헌재 2013.7.25, 2011헌바395) : **합헌** ★☆☆

법에서 정한 근로자파견대상업무 외에 근로자파견사업을 행한 자를 형사처벌하도록 한 규정은, 근로자파견에 관한 정의 규정, 법적 성질, 민법상 도급과의 구별 가능성 등을 종합할 때 '근로자파견' 부분이 죄형법정주의의 명확성원칙에 위반되지 않고, 근로자파견사업을 하려는 자의 직업의 자유를 제한하나 법상 그 허용범위가 넓고, 과태료 등 행정적 제재수단만으로는 입법목적을 달성하는 데에 충분하지 아니하다는 점을 고려할 때 과잉금지원칙에 위배되지 않는다.

판례 059
구 특정경제범죄 가중처벌 등에 관한 법률 제5조 제4항 제1호 위헌소원(헌재 2013.7.25, 2011헌바397) : **합헌** ★☆☆

금융기관의 임·직원이 직무에 관하여 1억 원 이상의 금품을 수수한 경우에 공무원의 수뢰죄와 같은 수준으로 가중처벌하도록 한 것은 책임과 형벌 간의 비례원칙이나 평등원칙 및 형벌체계상의 균형성에 위배되지 아니하여 헌법에 위반되지 않는다.

판례 060
구 임대주택법 부칙 제3조 위헌소원(헌재 2013.7.25, 2012헌바44) : **합헌** ★☆☆

임대주택의 분양전환가격 자율화 기준을 강화하는 법 개정을 하면서, 이 법 시행 당시 종전의 규정에 따라 분양전환계획서를 제출한 임대사업자에 대하여는 적용하지 않도록 한 것은 신뢰보호원칙에 위반되지 않는다.

판례 061
직업안정법 제19조 제6항 위헌소원(헌재 2013.7.25, 2012헌바54) : **합헌**

직업안정법에 따른 등록을 마친 유료직업소개사업자가 지켜야 할 준수사항의 내용을 대통령령에 위임한 직업안정법 규정은 법률유보원칙이나 포괄위임입법금지원칙에 위배되지 않는다.

판례 062
형의 집행 및 수용자의 처우에 관한 법률 제44조 등 위헌소원(헌재 2013.7.25, 2012헌바63) **: 합헌**

마약류사범인 수용자에 대하여는 시설의 안전과 질서유지를 위하여 필요한 범위 내에서 다른 수용자와의 접촉을 차단하거나 계호를 엄중히 하는 등 법무부령으로 정하는 바에 따라 다른 수용자와 달리 관리할 수 있다고 규정한 것은 포괄위임금지원칙, 무죄추정원칙 및 평등원칙에 위반되지 않는다.

판례 063
대부업 등의 등록 및 금융이용자 보호에 관한 법률 제9조 제2항 등 위헌소원(헌재 2013.7.25, 2012헌바67) **: 합헌** ★☆☆

대부업자가 대부조건 등에 관하여 광고하는 경우에 명칭, 대부이자율 등의 사항을 포함하지 않으면 과태료를 부과하도록 규정한 것은 명확성 원칙에 위배되지 않으며, 직업수행의 자유를 침해하지 않는다.

판례 064
공익사업을 위한 토지 등의 취득 및 보상에 관한 법률 제78조 위헌소원(헌재 2013.7.25, 2012헌바71) **: 합헌** ★☆☆

① 생활대책이라 함은 공익사업의 시행으로 인하여 생업의 근거를 상실한 자로 하여금 이주하는 곳에서 생계를 회복·유지하고 생활의 안정을 기할 수 있도록 배려하는 제반조치를 말한다.
② 생활대책은 정당한 보상에 포함되는 것이라기보다는 종전의 생활상태를 회복시키기 위한 생활보상의 일환으로서, 그러한 생활대책을 실시할 것인지 여부는 입법자의 입법정책적 재량의 영역에 속한다.
③ 공익사업으로 농업 등을 계속할 수 없는 사람들에 대한 보상에 관하여 규정하면서, 부수적 손실에 대한 보상이나 영업손실에 대한 보상금의 하한에 관하여서만 정하고 있을 뿐, 이러한 사람들에게 생계유지를 위한 상업용지 또는 상가분양권 등을 공급하는 내용의 생활대책에 관하여는 규정하지 않고 있는데, 그러한 내용의 생활대책 수립여부는 입법정책적 재량의 영역에 속하므로 이를 의무화하지 않는 것만으로는 재산권을 침해한다고 볼 수 없다.

판례 065
구 특별소비세법 제1조 제2항 제3호 등 위헌소원(헌재 2013.7.25, 2012헌바92) **: 합헌** ★☆☆

지프형 승용자동차를 특별소비세 과세물품으로 정하고 있는 것은 과세요건명확주의 내지 명확성원칙 및 포괄위임금지원칙에 위반되지 않는다.

판례 066
구 농업협동조합법 제50조 제3항 등 위헌소원(헌재 2013.7.25. 2012헌바112) : **합헌**

'지역농협의 임원 선거와 관련하여 거짓의 사실을 공표하거나 공연히 사실을 적시하여 후보자를 비방한 자'를 500만 원 이상 3천만 원 이하의 벌금에 처하는 것은, 공직선거와 구별되는 지역농협 임원 선거의 특수성 등을 고려할 때, 농업협동조합법이 공직선거법과 달리, 공공의 이익을 위하여 진실한 사실을 적시한 경우에 관한 위법성 조각사유를 두지 않고, 사실적시에 의한 후보자비방행위와 허위사실공표행위를 같은 법정형으로 규율한 것을 헌법에 반하는 자의적인 차별로 볼 수 없으므로 평등원칙에 위배되지 않는다.

판례 067
노동조합 및 노동관계조정법 제96조 제1항 제2호 등 위헌소원(헌재 2013.7.25. 2012헌바116) : **합헌**

노동조합으로 하여금 행정관청이 요구하는 경우에 결산결과와 운영상황을 보고하도록 하고 위반시 과태료에 처하도록 한 것은 노동조합의 단결권을 침해한 것이 아니다.

판례 068
민사소송법 제117조 제1항 등 위헌소원(헌재 2013.7.25. 2012헌바400) : **각하, 합헌**

① 법원이 한 위헌제청신청 기각 결정의 대상이 되지 아니한 규정에 대하여 헌법소원심판 청구를 추가한 경우 그 부분에 대한 심판청구는 헌법재판소법 제68조 제2항에 의한 헌법소원심판의 대상이 되지 아니하여 부적법하다.
② 소장·준비서면 등에 의하여 청구가 이유 없음이 명백한 때에 담보제공을 명하도록 규정하고 있는 민사소송법 규정은 헌법에 위반되지 않는다.

판례 069
국가공무원법 제69조 위헌소원(헌재 2013.7.25. 2012헌바409) : **합헌**

일반 국가공무원은 임용결격사유 중 금고 이상의 형의 선고유예를 받은 경우에 한하여 당연퇴직의 예외에 해당하되, 그 중에서도 수뢰죄를 범하여 금고 이상의 형의 선고유예를 받은 국가공무원은 당연퇴직하도록 규정하고 있는바, 이는 헌법에 위반되지 않는다.

판례 070
이동전화 식별번호 통합추진 위헌확인(헌재 2013.7.25. 2011헌마63) : **각하, 기각** ★★☆

① '010 이외의 번호 사용자들에 대하여 번호변경에 동의하는 경우 한시적 번호이동을 허용'하도록 하는 방송통신위원회의 2010. 10. 15.자 이행명령은, 구 전기통신사업법 제58조 제1항, 제3항에 근거한 것으로 법률유보원칙에 반하지 않고, 행복추구권을 침해하지 않아 청구를 기각한다.
② ㉠ '010번호 사용자에 한하여 번호이동을 허용'하는 구 통신위원회의 2006. 4. 17.자 의결, ㉡ '010번호로의 번호통합정책을 지속적으로 추진하고, 010 이외의 번호 사용자들에 대하여 번호변경에 동의하는 경우 한시적 번호이동을 허용'하는 방송통신위원회의 2010. 9. 15.

자 의결, ⓒ 방송통신위원회가 인터넷 홈페이지를 통하여 번호통합정책의 배경, 추진경과 등을 소개한 행위 및 ⓔ '010번호 사용자에 한하여 번호이동을 허용'하도록 한 구 통신위원회의 2006. 5. 1.자 이행명령에 대한 청구는 부적법하다.

판례 071
주민등록법 제29조 제1항 등 위헌확인(헌재 2013. 7. 25, 2011헌마364) : **기각** ★☆☆

자신의 주민등록표를 열람하거나 그 등·초본을 교부받는 경우 소정의 수수료를 부과하고 있는 것은, 수수료 부과 자체의 정당성이 인정되고 소요되는 비용에 비하여 그 수수료 액수가 과다하다고 볼 수 없으므로 개인정보자기결정권, 재산권, 평등권을 침해하지 않는다.

판례 072
주민투표법 제6조 제1항 위헌확인(헌재 2013. 7. 25, 2011헌마676) : **기각**

투표인명부 작성기준일을 투표일 전 19일로 규정한 주민투표법 제6조 제1항은 투표인명부의 확정절차 및 투표권자들의 확인절차에 소요되는 기간을 고려한 합리적인 것으로서, 투표일 전 19일 이후에 전입신고하여 주거지역에서 투표할 수 없게 된 주민의 평등권을 침해하지 않는다.

판례 073
특정 범죄자에 대한 위치추적 전자장치 부착 등에 관한 법률 시행령 제8조 제1항 등 위헌확인
(헌재 2013. 7. 25, 2011헌마781) : **기각** ★☆☆

전자장치 부착기간 동안 다른 범죄를 저질러 구금된 경우, 그 구금기간이 부착기간에 포함되지 않는 것으로 규정한 것은 과잉금지원칙에 위배되거나 평등권을 침해하지 않는다.

판례 074
도시 및 주거환경비법 제23조 제1항 제5호 위헌확인(헌재 2013. 7. 25, 2012헌마72) : **기각**

도시 및 주거환경정비법을 위반하여 벌금 100만 원 이상의 형을 선고받고 5년이 지나지 아니한 자를 조합임원의 결격사유로 정한 것은 직업선택의 자유를 침해하지 않고, 일반 형사범죄의 경우 금고 이상 형의 선고 또는 집행유예를 받을 것을 결격사유로 정한 것과 비교하여 평등권을 침해하지 않는다.

판례 075
불기소이유서 발급수수료 신청인부담 위헌확인(헌재 2013. 7. 25, 2012헌마167) : **기각**

형사사건의 피의자였던 청구인이 자신에 대한 기소유예처분의 불기소이유 발급신청에 대하여 수수료를 부과하도록 규정한 행정안전부 고시인 '민원사무처리기준표' 중 불기소이유 고지청구 수수료 규정은 알 권리를 침해하지 않는다.

판례 076
공직선거법 제15조 위헌확인(헌재 2013.7.25. 2012헌마174) : **기각** ★★☆

대통령 및 국회의원 선거에 있어서 선거권 연령을 19세 이상으로 정한 공직선거법 제15조 제1항은 19세 미만인 사람의 선거권 등을 침해하지 않는다. **개정** 현행: 만 18세 이상으로 개정

판례 077
재판취소 등(헌재 2013.7.25. 2012헌마656) : **기각**

민사소송 항소심의 양쪽 당사자가 변론기일에 2회 불출석하고 그로부터 1개월 이내에 기일지정 신청을 하지 아니하는 경우 항소가 취하된 것으로 간주하는 민사소송법 규정은 헌법에 위반되지 않는다.

판례 078
공직선거법 제155조 제1항 위헌확인(헌재 2013.7.25. 2012헌마815) : **각하, 기각** ★★☆

① 국회가 대통령 선거일을 유급휴일로 정하는 법률을 제정하지 아니한 입법부작위에 대한 위헌확인청구는, 헌법상 선거일을 유급휴일로 정하여야 할 입법의무가 인정되지 아니하므로 부적법하다.
② 투표소를 선거일 오후 6시에 닫도록 규정한 공직선거법 제155조 제1항은 선거권을 침해하지 않는다.

판례 079
약사법 제95조 제1항 제8호 위헌제청(헌재 2013.8.29. 2011헌가19) : **합헌**

보건복지부령으로 정하는 바에 따라 의약품등의 유통 체계 확립과 판매 질서 유지에 필요한 사항을 위반한 경우 형사처벌하는 것은 죄형법정주의나 포괄위임금지원칙에 위배되지 않는다.

판례 080
구 소득세법 제81조 제3항 위헌제청(헌재 2013.8.29. 2011헌가27) : **합헌**

종합소득세의 납부의무 위반에 대하여 미납기간을 고려하지 않고 일률적으로 미납세액의 100분의 10에 해당하는 가산세를 부과하도록 한 것은, 종합소득세의 성실납부의무의 위반 정도에 비추어 그에 대한 제재가 적정한 비례관계에 있지 않게 됨으로써 납세의무자의 재산권이 침해되거나, 서로 다른 경우를 합리적 이유 없이 같게 취급한다고 볼 수는 없다.

판례 081
공무원연금법 제64조 제1항 제1호 등 위헌소원(헌재 2013.8.29. 2010헌바354) : **위헌, 합헌**

① '직무와 관련 없는 과실로 인한 경우' 및 '소속상관의 정당한 직무상의 명령에 따르다가 과실로 인한 경우'를 제외하고 재직 중의 사유로 금고 이상의 형을 받은 경우, 퇴직급여 등을 감액하도록 규정한 공무원연금법 조항은 재산권과 인간다운 생활을 할 권리를 침해하지 않으며, 평등원칙에 위배되지 않는다.
② 2009. 12. 31. 개정된 이 사건 감액조항을 2009. 1. 1.까지 소급하여 적용하도록 규정한 공무원연금법 부칙 조항은 소급입법금지원칙에 위반하여 청구인들의 재산권을 침해한다.

판례 082
형법 제243조 등 위헌소원(헌재 2013.8.29. 2011헌바176) : 합헌 ★☆☆
음란물건의 판매 및 판매목적 소지를 처벌하는 형법 규정은 성기구 판매자의 직업수행의 자유 및 소비자의 사생활의 비밀과 자유를 침해하지 않는다.

판례 083
형사소송법 제295조 등 위헌소원(헌재 2013.8.29. 2011헌바253) : 각하, 합헌
① 재판장의 녹음불허가는 사법행정행위로서 이에 대한 이의신청이 재판절차라고 할 수 없다.
② 공판조서의 기재에 절대적 증명력을 부여하는 것은 재판을 받을 권리를 침해하지 않는다.
③ 법원은 증거신청에 대하여 결정을 하여야 하며 직권으로 증거조사를 할 수 있다고 규정하여 증거신청에 대하여 법원의 재량에 의하여 증거채택 여부를 결정할 수 있도록 한 것은, 공정한 재판을 받을 권리를 침해하지 않는다.
④ 형법상 무고죄 조항은 명확성원칙, 과잉금지원칙에 위반되지 않는다.

판례 084
특정범죄 가중처벌 등에 관한 법률 제2조 제1항 위헌소원(헌재 2013.8.29. 2011헌바364) : 합헌 ★☆☆
뇌물수수에 이르지 않고 뇌물요구에 그쳤다고 하더라도 그 요구액이 1억 원 이상인 경우 무기 또는 10년 이상의 징역으로 처벌하도록 규정한 것은 책임과 형벌 간의 비례원칙이나, 형벌체계상의 균형성에 위배되지 않는다.

판례 085
구 고용보험법 제35조 제1항 위헌소원(헌재 2013.8.29. 2011헌바390) : 위헌
노동부(현행 : 고용노동부)장관은 거짓이나 그 밖의 부정한 방법으로 고용안정·직업능력개발 사업의 지원을 받은 자 또는 받으려는 자에게 대통령령이 정하는 바에 따라 그 지원을 제한하거나 이미 지원된 것의 반환을 명하도록 규정한 구 고용보험법 조항은 포괄위임금지원칙에 위배된다.

판례 086
형사소송법 제194조의4 제1항 위헌소원(헌재 2013.8.29. 2012헌바168) : 합헌
무죄의 확정판결을 받은 피고인이 형사재판과정에서 지출한 변호인에 대한 보수를 국선변호인의 보수를 기준으로 보상하도록 규정한 것은 재판청구권을 침해하지 않는다.

판례 087
농업협동조합법 제46조 제4항 제3호 위헌확인(헌재 2013.8.29. 2010헌마562) : 위헌
① 농협 및 축협은 농업인·축산업인이 자율적으로 결성한 조합으로서 국가의 관여가 최대한 배제되어야 할 사경제주체에 해당한다는 점 등을 고려해 보면, 이 사건 법률조항들에 의한 기본권 제한이 과잉금지원칙에 위배되는 것인지 여부에 관하여는 엄격한 심사가 요구된다.
② 농협 및 축협 조합장이 금고 이상의 형을 선고받고 그 형이 확정되지 아니한 경우 이사가 그 직무를 대행하도록 규정한 것은 조합장의 직업수행의 자유 및 평등권을 침해하는 것이다.

판례 088
형의 집행 및 수용자의 처우에 관한 법률 제41조 등 위헌확인(헌재 2013.8.29, 2011헌마122) : **헌법불합치**

미결수용자의 변호인 접견이 아닌 한 수용자의 접견은 원칙적으로 접촉차단시설이 설치된 장소에서 하도록 하고 규정한 것은, 형사사건이 아닌 민사, 행정, 헌법소송 등 법률적 분쟁과 관련하여 변호사의 도움을 받는 경우에도 원칙적으로 접촉차단시설이 설치된 장소에서 접견을 하게 되어, 변호사로부터 효율적인 재판준비 도움을 받는 것을 방해하여 수용자의 재판청구권을 침해한다.

판례 089
형법 부칙 제2항 위헌확인(헌재 2013.8.29, 2011헌마408) : **기각**

무기징역의 집행 중에 있는 자의 가석방 요건을 종전의 '10년 이상'에서 '20년 이상' 형 집행 경과로 강화한 개정 형법 제72조 제1항을, 형법 개정 당시에 이미 수용 중인 무기수에게도 적용하는 형법 부칙 조항은, 신체의 자유를 침해하지 않는다.

판례 090
공직선거법 제16조 제2항 등 위헌확인(헌재 2013.8.29, 2012헌마288) : **기각** ★★☆

국회의원 선거 및 지방의회의원 선거에 있어서 피선거권 행사연령을 25세 이상으로 정한 공직선거법 규정은 25세 미만인 사람의 공무담임권 및 평등권을 침해하지 않는다.

판례 091
동시계표 투표함 수 무제한 허용 위헌확인(헌재 2013.8.29, 2012헌마326) : **기각**

동시계표 투표함 수를 제한하지 아니하는 공직선거법 제178조 제1항은 선거권을 침해하지 않는다.

판례 092
투표소 내 수화통역인 배치 부작위 위헌확인(헌재 2013.8.29, 2012헌마840) : **각하** ★☆☆

헌법에 국회의원선거의 투표소 내에 수화통역인을 배치하도록 하는 내용의 명시적인 입법위임이 존재한다고 볼 수 없고, 헌법해석상 그러한 입법의무가 새롭게 발생된다고도 볼 수 없으므로, 그러한 입법부작위의 위헌확인을 구하는 심판청구는 부적법하다.

판례 093
변호인의 조력을 받을 권리 침해 등 위헌확인(헌재 2013.8.29, 2012헌마886) : **각하**

청구인의 변호사 선임조치 요구에 대한 충주구치소장의 부작위에 대하여는 이러한 부작위가 있었다고 볼 수 없다는 이유로, 청구인의 독거수용 신청에 대한 대전교도소장의 거부행위에 대하여는 청구인에게 수용거실의 변경을 신청할 권리가 없다는 이유로, 청구인의 법률서적 대여 신청에 대한 대전교도소장의 부작위에 대하여는 도서대여가 지체된 기간동안 법률상담 등 다른 방법으로 재판 준비에 도움을 주어 헌법상 수용자의 재판 준비에 도움을 주어야 할 작위의무를 해태하였다고 볼 수 없다는 이유로, 이를 모두 각하하는 결정을 선고하였다.

판례 094
사립학교교직원 연금법 제42조 제1항 위헌제청(헌재 2013.9.26, 2010헌가89) : **합헌** ★☆☆

'직무와 관련 없는 과실로 인한 경우' 및 '소속상관의 정당한 직무상의 명령에 따르다가 과실로 인한 경우'를 제외하고 재직 중의 사유로 금고 이상의 형을 받은 경우, 퇴직급여 등을 감액하도록 규정한 것은 사립학교 교원의 재산권 및 인간다운 생활을 침해하지 않으며, 평등원칙에 위배되지 않는다.

> **주의** 교원의 직무와 관련이 없는 범죄라 할지라도 고의범의 경우에는 퇴직급여의 감액사유에서 제외하지 않더라도 위헌이 아님

판례 095
민법 제908조의2 제1항 제1호 위헌제청(헌재 2013.9.26, 2011헌가42) : **합헌** ★☆☆

혼인 중인 부부만 친양자 입양을 할 수 있도록 규정한 구 민법 조항은 독신자의 평등권 및 가족생활의 자유를 침해하지 않는다.

> **주의** 합헌 4인 : 위헌 5인

판례 096
교육과학기술부(현행 : 교육부)장관과 서울특별시교육감 간의 권한쟁의(헌재 2013.9.26, 2012헌라1) : **기각** ★☆☆

① 교육감의 재의요구 권한과 교육부장관의 재의요구 요청 권한은 별개의 독립된 권한이고, 조례안을 이송받고 20일이 경과하면 교육부장관이 서울특별시교육감에게 조례안 재의요구를 요청할 수 없다는 이유로, 서울특별시 학생 인권 조례안에 대한 서울특별시교육감의 재의요구 철회, 20일 경과 후의 교육부장관의 재의요구 요청을 받고도 재의요구를 하지 않은 서울특별시교육감의 부작위, 서울특별시교육감이 '서울특별시 학생 인권 조례'를 공포한 행위는, 교육부장관의 조례안 재의요구 요청 권한을 침해하지 않는다.

> **주의** '서울특별시 학생인권 조례'가 법령에 위반되는지 여부에 대한 실체적 판단을 한 것은 아님

② 지방의회의 의결에 대한 지방자치단체의 장(교육감)의 재의요구 권한과 중앙정부의 주무부장관(교육부장관)의 재의요구 요청 권한은 별도의 독립적인 것이다.
③ 지방의회의 의결에 대하여 지방자치단체의 장(교육감)이 재의요구를 하였다고 하더라도, 지방의회가 재의결을 하기 전까지 재의요구를 철회할 수 있고, 재의요구가 철회되면 처음부터 재의요구가 없었던 것과 같게 된다.

판례 097

군인연금법 제33조 제1항 제1호 등 위헌소원(헌재 2013.9.26, 2011헌바100) **: 각하, 합헌**

'직무와 관련 없는 과실로 인한 경우' 및 '소속상관의 정당한 직무상의 명령에 따르다가 과실로 인한 경우'를 제외하고 복무 중의 사유로 금고 이상의 형을 받은 경우, 퇴직급여 등을 감액하도록 규정한 구 군인연금법 제33조 제1항 제1호는 재산권 및 인간다운 생활을 침해하지 않으며, 평등원칙에 위배되지 않는다.

판례 098

산업재해보상보험법 제37조 제1항 위헌소원(헌재 2013.9.26, 2011헌바271) **: 합헌**

사업주가 제공한 교통수단이나 그에 준하는 교통수단을 이용하는 등 사업주의 지배관리하에서 출·퇴근 중 발생한 사고로 부상·질병 또는 장해가 발생하거나 사망한 경우만을 업무상 재해로 인정하는 산업재해보상보험법 제37조 제1항 제1호 다목은 평등원칙에 위배되지 않는다.

판례 099

공무원연금법 제33조 제1항 위헌소원(헌재 2013.9.26, 2011헌바272) **: 합헌**

다른 법령에 의하여 같은 종류의 급여를 받는 경우 공무원연금법상 급여에서 그 상당 금액을 공제하여 지급하도록 규정한 구 공무원연금법 제33조 제1항 중 '장해급여'에 관한 부분은 사회보장수급권 및 재산권을 침해하지 않고, 평등원칙에도 위배되지 않는다.

판례 100

공유수면 관리 및 매립에 관한 법률 제13조 제1항 위헌소원(헌재 2013.9.26, 2012헌바16) **: 합헌**
★☆☆

공유수면 점용료의 부과방법 등을 대통령령으로 정하도록 규정한 것은 포괄위임금지원칙에 위배되지 않는다.

판례 101

공익사업을 위한 토지 등의 취득 및 보상에 관한 법률 제85조 제2항 위헌소원(헌재 2013.9.26, 2012헌바23) **: 합헌**

① 보상금 증감소송에서 증명책임의 분배는 재산권의 보호영역에 해당하지 않는다.
② 보상금 증감소송의 피고를 사업시행자로 한정한 것은 공정한 재판을 받을 권리 등을 침해하지 않는다.

판례 102

형사소송법 제262조의2 등 위헌소원(헌재 2013.9.26, 2012헌바34) **: 합헌**

① 재정신청사건의 심리 중에는 관련 서류 및 증거물을 열람 또는 등사할 수 없도록 한 형사소송법 제262조의2 본문은 재정신청인의 재판청구권을 침해하지 않는다.
② 정보의 공개에 관하여는 다른 법률에 특별한 규정이 있는 경우를 제외하고는 공공기관의 정보공개에 관한 법률이 정하는 바에 의하도록 한 공공기관의 정보공개에 관한 법률 제4조 제1항은 명확성원칙에 위배되지 않는다.

판례 103 근로자퇴직급여 보장법 제8조 제1항 등 위헌소원(헌재 2013.9.26, 2012헌바186) : **합헌**

근로자 퇴직금제도를 설정하도록 규정한 '근로자퇴직급여 보장법' 제8조 제1항은 10인 미만의 영세사업자의 기본권을 침해하지 않는다.

판례 104 구 상속세 및 증여세법 제45조의2 제1항 등 위헌소원(헌재 2013.9.26, 2012헌바259) : **합헌**

등기 등을 요하는 재산에 있어서 실제소유자와 명의자가 다른 경우 그 재산의 가액을 명의자가 실제소유자로부터 증여받은 것으로 보는 명의신탁 증여의제 규정과 타인의 명의로 재산의 등기 등을 한 경우에는 조세회피목적이 있는 것으로 추정하는 조세회피목적 추정 규정은 평등원칙 등 헌법에 위반되지 않는다.

판례 105 형법 제62조 제1항 등 위헌소원(헌재 2013.9.26, 2012헌바275) : **합헌**

① 집행유예 결격사유를 규정한 형법 제62조 제1항 단서는 평등원칙과 책임주의원칙에 위배되지 않는다.
② 유가증권 위조·행사죄에 벌금형을 선택적으로 규정하지 아니하고 징역형만 규정한 형법 규정은 평등원칙에 위배되지 않는다.

판례 106 사립학교교직원 연금법 제42조 제1항 등 위헌소원(헌재 2013.9.26, 2013헌바170) : **위헌, 합헌**

① 직무와 관련 없는 과실로 인한 경우' 및 '소속상관의 정당한 직무상의 명령에 따르다가 과실로 인한 경우'를 제외하고 재직 중의 사유로 금고 이상의 형을 받은 경우, 퇴직급여 등을 감액하도록 규정한 것은 헌법에 위반되지 않는다.
② 직무와 관련 없는 과실로 인한 경우' 및 '소속상관의 정당한 직무상의 명령에 따르다가 과실로 인한 경우'를 제외하고 재직 중의 사유로 금고 이상의 형을 받은 경우, 퇴직급여 등을 감액하도록 한, 이 사건 감액조항을 2009.1.1.까지 소급하여 적용하도록 한 '사립학교교직원 연금법(2009.12.31.개정)' 부칙 제1조 단서규정은 소급입법금지원칙에 위반하여 재산권을 침해한다.

판례 107 보건복지가족부(현행 : 보건복지부)고시 위헌확인 등(헌재 2013.9.26, 2010헌마204) : **각하, 기각**

국민건강보험의 요양급여로 인조테이프를 이용한 요실금수술을 시행하기 위하여는 '요류역학검사'를 거칠 것을 정한 보건복지부고시 조항은 의사의 직업수행의 자유, 요실금 환자의 인간다운 생활을 할 권리와 보건권을 침해하지 않는다.

판례 108
접견교통권 방해 등 위헌확인(헌재 2013.9.26, 2011헌마398) **: 각하, 인용(위헌확인)**
수형자가 헌법소원 사건의 대리인인 변호사를 접견함에 있어서 교도소장이 그 접견내용을 녹음, 기록한 행위는 수형자의 재판을 받을 권리를 침해한 것이다.

판례 109
변호사시험 시험장 선정행위 위헌확인 등(헌재 2013.9.26, 2011헌마782) **: 기각** ★★☆
법무부장관이 제1회 및 제2회 변호사시험의 시험장을 서울 소재 4개 대학교로 선정한 행위는 지방 소재 법학전문대학원 응시자의 평등권을 침해하지 않는다.

판례 110
방송광고판매대행 등에 관한 법률 제5조 제2항 위헌확인(헌재 2013.9.26, 2012헌마271) **: 기각** ★★☆
① 방송문화진흥회가 최다출자자인 주식회사 문화방송은 방송사업의 업무수행과 관련해서나 사경제 주체로서 활동하는 경우에는 기본권 주체가 될 수 있다.
② 방송문화진흥회가 최다출자자인 방송사업자 주식회사 문화방송으로 하여금 한국방송광고진흥공사가 위탁하는 방송광고에 한해서만 방송광고를 할 수 있도록 한 것은 직업수행의 자유를 침해하지 않는다.

판례 111
변호사법 제5조 제2호 등 위헌확인(헌재 2013.9.26, 2012헌마365) **: 각하, 기각** ★★☆
① 금고 이상의 형의 집행유예를 선고받고 그 유예기간이 지난 후 2년이 지나지 아니한 자의 변호사시험 응시를 금지한 변호사시험법 제6조 제3호는 직업선택의 자유 및 평등권을 침해하지 않는다.
② 법학전문대학원 석사학위 취득 후 5년 이내로 제한된 변호사시험 응시기간에 병역의무의 이행기간만을 제외하도록 규정한 변호사시험법 제7조 제2항은 직업선택의 자유 및 평등권을 침해하지 않는다.

판례 112
치료감호법 제18조 위헌확인(헌재 2013.9.26, 2012헌마470) **: 각하**
치료감호와 형이 병과된 피치료감호자가 별도의 재판을 받고 있는 경우에도 치료감호를 선집행함으로 인하여 피치료감호자가 재판을 준비하는 데에 불이익이 발생한다 하더라도 이는 그 별도 재판의 관할이 치료감호소 소재지가 아닌 다른 지역의 법원에 있음으로 인하여 발생하는 사실적인 불이익이지, 치료감호를 선집행하도록 한 이 사건 법률조항으로 인한 법적인 불이익이 아니다.

판례 113
형사사건 판결문 송달 부작위 등 위헌확인(헌재 2013.9.26, 2012헌마631) : **각하**

법원의 판결서등본 송달행위는 단순한 사무집행으로서 법원행정상의 구체적인 사실행위에 불과할 뿐이므로, 송달부작위는 헌법소원의 대상이 되는 공권력의 불행사에 해당한다고 볼 수 없다.

판례 114
재판취소(헌재 2013.9.26, 2012헌마806) : **각하**

헌법재판소의 위헌결정에는 헌법불합치결정도 포함되고 헌법재판소가 헌법불합치결정을 하면서 계속 적용을 명하는 경우 모든 국가기관은 그에 기속되므로, 청구인들이 취소를 구한 이 사건 판결들이 헌법재판소가 2011. 6. 30. 선고한 2008헌바166·2011헌바35(병합) 결정의 심판 대상과 동일한 조항의 위헌 여부에 대하여 이미 법원에 그 위헌여부심판의 제청신청이 되어 있었던 사건에 대한 판결들이라 하더라도 모두 이 사건 불합치결정 이후 그리고 헌법재판소가 정한 개정 시한인 2012. 12. 31. 이전에 선고되었고, 이 사건 불합치결정에 따라 이 사건 체육시설조항을 적용하여 재판한 것이므로 헌법재판소 결정의 기속력에 반하는 재판이라고 할 수 없으므로 예외적으로 헌법소원심판의 대상이 되는 법원의 재판에 해당하지 않는다.

판례 115
비송사건절차법 제36조 등 위헌확인(헌재 2013.9.26, 2012헌마1005) : **기각**

민법상 비영리법인의 청산인을 해임하는 재판에 대한 불복신청을 할 수 없도록 규정한 것은 청산인 해임 재판에 의하여 해임된 청구인의 재판을 받을 권리를 침해하지 않는다.

판례 116
기소유예처분취소(헌재 2013.9.26, 2012헌마562) : **인용(취소), 각하**

① 검사의 기소유예처분에 대하여 피의자가 불복하여 법원의 재판을 받을 수 있는 절차를 마련하지 아니한 입법부작위에 대하여 헌법상 입법의무를 인정할 수 없다.

> **주의** 기소유예처분에 대하여 피의자로 하여금 검찰항고를 할 수 없도록 한 점에 대한 헌법소원에서도 마찬가지로 입법자의 재량사항이라고 판시한 바 있음(헌재 2012.7.26, 2010헌마642).

② 검사가 청구인에게 한 기소유예처분은 그 결정에 영향을 미친 중대한 법리오해 및 수사미진의 잘못이 있어 청구인의 평등권과 행복추구권을 침해한 것이므로 이를 취소한다.

판례 117
구 조세범처벌법 제3조 위헌제청(헌재 2013.10.24, 2013헌가18) : **합헌, 위헌**

① 법인의 대리인, 사용인, 기타의 종업원이 그 법인의 업무 또는 재산에 관하여 범칙행위를 한 때에는 그 법인에 대하여서도 벌금형에 처하도록 한 것은 책임주의원칙에 반하는 것이다.
② 법인의 대표자가 그 법인의 업무 또는 재산에 관하여 범칙행위를 한 때에는 그 법인에 대하여서도 벌금형에 처하도록 한 것은 헌법에 위반되지 않는다.

판례 118 | 형사소송법 제315조 제3호 위헌소원 등(헌재 2013.10.24, 2011헌바79) : 합헌

① '기타 특히 신용할 만한 정황에 의하여 작성된 문서'는 '굳이 반대신문의 기회 부여 여부가 문제되지 않을 정도로 고도의 신용성의 정황적 보장이 있는 문서'를 의미하는 것으로 합리적인 해석기준을 찾을 수 있으므로, '기타 특히 신빙할 수 있는 정황에 의하여 작성된 문서'를 당연히 증거능력 있는 문서로 규정하고 있는 형사소송법 제315조 제3호는 명확성원칙에 위배되지 않으며, 피고인의 공정한 재판을 받을 권리를 침해한다고 볼 수 없다.

② '특히 신빙할 수 있는 정황에 의하여 작성된 문서'를 당연히 증거능력 있는 문서로 규정하고 있는 형사소송법 제315조 제3호에 '다른 사건에서 공범의 피고인으로서의 진술을 기재한 공판조서'가 적용된다고 해석하는 것은 피고인의 공정한 재판을 받을 권리를 침해하지 않는다.

판례 119 | 아동·청소년의 성보호에 관한 법률 제38조 제1항 제1호 위헌소원(헌재 2013.10.24, 2011헌바106) : 합헌 ★★☆

① 아동·청소년 대상 성폭력범죄를 저지른 자에 대하여 신상정보를 공개하도록 하는 것은 인격권, 개인정보 자기결정권을 침해하지 않으며, 평등원칙에 위반되지 않는다.

② 특정한 범죄행위에 대하여 동일한 재판절차를 거쳐 형벌과 신상정보 공개명령을 함께 선고하는 것은 이중처벌금지원칙과 관련이 없다.

판례 120 | 인터넷주소자원에관한법률 제12조 제1항 등 위헌소원(헌재 2013.10.24, 2011헌바138) : 합헌

정당한 권원이 있는 자의 도메인이름 등의 등록을 방해하거나 정당한 권원이 있는 자로부터 부당한 이득을 얻는 등, 부정한 목적으로 도메인이름 등을 등록·보유 또는 사용하는 행위를 금지하고, 이를 위반한 자에 대하여 정당한 권원이 있는 자가 법원에 그 도메인이름 등의 등록 말소 또는 등록이전을 청구할 수 있도록 규정한 인터넷주소자원에 관한 법률 제12조 중 '정당한 권원이 있는 자' 부분은 명확성원칙에 위배되지 않는다.

판례 121 | 도시 및 주거환경정비법 제65조 제2항 등 위헌소원(헌재 2013.10.24, 2011헌바355) : 합헌

정비사업의 시행으로 인하여 용도가 폐지되는 국가 또는 지방자치단체 소유의 정비기반시설을 사업시행자가 새로이 설치한 정비기반시설의 설치비용에 상당하는 범위 안에서 사업시행자에게 무상으로 양도되도록 한 것은, 사업시행자의 재산권을 침해하거나 평등원칙에 반하지 않는다.

판례 122
구 관세법 제269조 제2항 제1호 등 위헌소원(헌재 2013.10.24, 2012헌바85) : 합헌
무신고수입행위에 대한 처벌과 필요적 몰수·추징 규정이 유세품, 무세품의 구별 없이 모든 수입품에 대한 무신고수입행위를 동일하게 처벌하고 있다고 하여 평등원칙에 위반된다고 할 수 없다.

판례 123
국토의 계획 및 이용에 관한 법률 제56조 제1항 제1호 등 위헌소원(헌재 2013.10.24, 2012헌바241) : 합헌
토지의 형질변경을 하기 위해서는 개발행위허가를 받도록 하고 있는 것은 명확성원칙, 포괄위임금지원칙에 위반되지 않고, 재산권을 침해하지 않는다.

판례 124
형법 제52조 제1항 위헌소원(헌재 2013.10.24, 2012헌바278) : 합헌 ★☆☆
자수를 형의 임의적 감면사유로 규정한 형법 제52조 제1항은 헌법상 평등원칙에 반하지 않는다.

판례 125
구 대도시권 광역교통관리에 관한 특별법 제11조의3 제1항 제1호 등 위헌소원(헌재 2013.10.24, 2012헌바368) : 합헌
광역교통시설부담금의 액수 산정을 위한 계산요소 중 '개발면적'의 기준을 대통령령에 위임한 것은 헌법상 포괄위임입법금지 원칙에 위반되었다고 볼 수 없다.

판례 126
도로법 제3조 위헌소원(헌재 2013.10.24, 2012헌바376) : 합헌
도로부지의 소유자의 사권을 제한한 것은, 토지 소유권의 행사를 어느 정도 제한하는 것은 도로의 기능 유지를 위해 필요한 점, 토지의 처분은 가능하고 토지를 점유·사용하지 못한 손해에 대한 부당이득 반환청구를 할 수 있는 점 등을 고려할 때 재산권을 침해한다고 볼 수 없다.

판례 127
형사소송법 제453조 제1항 위헌소원(헌재 2013.10.24, 2012헌바428) : 합헌
정식재판 청구기간을 '약식명령의 고지를 받은 날로부터 7일 이내'로 규정한 것은 피고인의 공정한 재판을 받을 권리를 침해하지 않는다.

판례 128. 야생동·식물보호법 제16조 제3항 위헌소원(헌재 2013.10.24, 2012헌바431) : 합헌 ★★☆

① 헌법 제35조 제1항에서는 동·식물계를 비롯하여, 공기, 물, 토양, 기후, 경관 등 자연적 생활근거, 즉 자연환경에 대한 권리로서 환경권을 기본권의 하나로 명시하고 국가와 국민 모두에게 환경보전의무를 부과하고 있다.
② 동물에 대한 재산권 행사는 일반적인 물건에 대한 재산권 행사에 비하여 사회적 연관성과 사회적 기능이 매우 크다 할 것이므로 이를 제한하는 경우 입법재량의 범위를 폭넓게 인정하여 심사기준을 완화하여 적용한다.
③ 반달가슴곰 등 수입·반입된 국제적 멸종위기종으로부터 증식된 종에 대하여 원칙적으로 수입·반입 목적 외 다른 용도의 사용을 금지한 것은 멸종위기종의 보호와 자연환경의 보전이라는 공익을 위하여 국제적 멸종위기종의 사적 이용을 규제한 것으로서 재산권 및 직업수행의 자유를 침해하지 않는다.

판례 129. 기간제 및 단시간근로자 보호 등에 관한 법률 제4조 위헌확인(헌재 2013.10.24, 2010헌마219) : 기각 ★☆☆

기간제근로자를 사용하는 경우 최장 2년까지만 사용할 수 있도록 정하고 있는 기간제 및 단시간근로자 보호 등에 관한 법률 규정은 기간제근로자들의 계약의 자유를 침해하지 않는다.

판례 130. 독립유공자예우에 관한 법률 제12조 제2항 등 위헌확인(헌재 2013.10.24, 2011헌마724) : 헌법불합치

독립유공자의 손자녀 1명에게만 보상금을 지급하도록 하면서, 독립유공자의 선순위 자녀의 자녀에 해당하는 손자녀가 2명 이상인 경우에는 나이가 많은 손자녀를 우선하도록 규정한 것은, 경제적인 형편에 대한 고려 없이 오로지 나이를 기준으로 우선순위를 정하여 보상금 수급권이 갖는 사회보장적 성격에도 배치되므로 평등권을 침해하여 헌법에 합치되지 않는다.

판례 131. 공직선거법 제79조 제1항 등 위헌확인(헌재 2013.10.24, 2012헌마311) : 기각 ★☆☆

비례대표국회의원후보자의 연설·대담을 허용하지 아니한 공직선거법 조항들은 비례대표국회의원선거가 기본적으로 전국을 하나의 선거구로 하는 정당에 대한 선거라는 점을 고려한 것으로서, 비례대표국회의원후보자의 선거운동의 자유 및 정당활동의 자유를 침해하지 않는다.

판례 132. 변호사법 제31조의2 제1항 위헌확인(헌재 2013.10.24, 2012헌마480) : 기각 ★★☆

법학전문대학원 출신 변호사는 6개월 이상 법률사무종사기관에서 의무종사 또는 의무연수를 마치지 않으면 사건을 단독 또는 공동으로 수임할 수 없도록 규정하고 있는 변호사법 규정은, 직업수행의 자유를 과도하게 침해하지 않고 평등권도 침해하지 않는다.

판례 133 학교폭력예방 및 대책에 관한 법률 제17조 제7항 등 위헌확인(헌재 2013.10.24, 2012헌마832) : 기각

① 학교폭력 가해학생 측에는 가해학생에 대한 조치 중 전학과 퇴학의 경우에만 재심을 허용하는 학교폭력예방 및 대책에 관한 법률 규정은, 가해학생 보호자의 자녀교육권을 지나치게 제한한다고 볼 수 없으며 가해학생의 평등권을 침해한다고 볼 수 없다.

② 가해학생이 특별교육을 이수할 경우 해당 학생의 보호자도 함께 특별교육을 받도록 한 규정은 가해학생 보호자의 일반적 행동자유권을 침해한다고 볼 수 없다.

판례 134 국민연금법 부칙 제8조 위헌확인(헌재 2013.10.24, 2012헌마906) : 기각

국민연금법 부칙 제8조가 조기노령연금의 수급개시연령을 59세에서 60세로 올린 것은 장래 조기노령연금을 받을 기대를 가진 청구인의 재산권과 평등권을 침해하지 않는다.

판례 135 군사법원법 제2조 제1항 제1호 등 위헌제청(헌재 2013.11.28, 2012헌가10) : 위헌 ★☆☆

평시 민간인에 대한 군사법원의 재판권 행사의 근거인 헌법 제27조 제2항이 규정한 '군용물에 관한 죄'의 범위에 '군사시설에 관한 죄'가 포함되지 아니하므로, '군사시설'에 항상 해당하는 '전투용에 공하는 시설'을 손괴한 일반 국민이 군사법원에서 재판받도록 규정한 것은, 비상계엄이 선포된 경우를 제외하고는 '군사시설'에 관한 죄를 범한 일반 국민은 군사법원의 재판을 받지 아니하도록 규정한 헌법 제27조 제2항에 위반되고, 일반 국민이 헌법과 법률이 정한 법관에 의한 재판을 받을 권리를 침해한다.

판례 136 사립학교법 제24조의2 제1항 등 위헌소원(헌재 2013.11.28, 2009헌바206) : 각하, 합헌

① 임시이사가 선임된 학교법인의 정상화를 위한 이사 선임에 관하여 사학분쟁조정위원회에 주도권을 부여한 사립학교법 규정들은 학교법인과 종전이사 등의 사학의 자유를 침해한다고 볼 수 없고, 설립자나 종전이사가 사립학교 운영에 대해 가지는 재산적 이해관계는 법률적인 것이 아니라 사실상의 것에 불과하므로, 재산권 침해 주장 역시 받아들일 수 없다.

② 사립학교법 시행일 이전부터 임시이사가 파견된 학교법인에 대하여 별도의 경과규정 없이 사학분쟁조정위원회의 설치와 기능에 관한 같은 법 제24조의2를 공포한 날부터 시행하도록 한 사립학교법 부칙 제1조는 신뢰보호원칙에 위반된다고 할 수 없다.

판례 137 구 부가가치세법 제17조 제2항 제5호 위헌소원(헌재 2013.11.28, 2011헌바168) : 합헌

면세사업자로 등록한 자가 과세사업자로 사업자등록을 정정한 경우, 부가가치세 매출세액에서 사업자 등록 전의 매입세액의 공제를 허용하지 않는 것은 재산권을 침해하지 않으며 평등원칙에 반하지도 않는다.

판례 138

국세징수법 제30조 위헌소원(헌재 2013.11.28, 2012헌바22) : **합헌**

사해행위 이후에 성립한 조세채권도 구 국세징수법 제30조가 규정하는 사해행위 취소권의 피보전채권이 될 수 있다고 해석하는 것은, 조세채권이 법적으로 성립하기 이전이라도 당사자가 이미 당해 조세채권의 성립을 확정적으로 예견할 수 있고, 이러한 경우 조세채권이 사해행위 당시 성립하지 않았다고 해서 사해행위 취소권을 행사할 수 없다고 하면 형평에 부합되지 않고, 또한 이 사건 법률조항은 법관의 법보충적 해석을 통해 그 의미가 충분히 구체화될 수 있기 때문에 헌법에 위반되지 않는다.

> **주의** 결정의 의의 : 민법상 채권자취소권과 관련하여 대법원은 일찍이 채권성립의 고도의 개연성 존재, 가까운 장래에 그러한 개연성의 현실화 등의 사정이 입증되면 사해행위 이후에 성립한 채권도 피보전채권이 될 수 있음을 인정하여 왔고(대판 1995.11.28, 95다27905), 또한 이러한 법리를 조세법률관계에 그대로 적용하여 왔다(대판 2001.3.23, 2000다37821). 본 결정은 위와 같은 대법원의 해석론이 형평에 부합하는 내용의 법보충작용으로서, 조세법률주의에 반하지 않는다고 판시한 헌법재판소의 최초 결정례이다.

판례 139

상표법 제7조 제5항 제3호 위헌소원(헌재 2013.11.28, 2012헌바69) : **합헌**

불사용 취소된 상표와 동일하거나 유사한 상표의 재출원을 3년간 금지하는 구 상표법 규정은 직업수행의 자유 및 평등권을 침해하지 않는다.

판례 140

제14조 제3항 등 위헌확인(헌재 2013.11.28, 2007헌마1189) : **각하, 기각** ★☆☆

① 개방이사제에 관한 같은 법 제14조 제3항, 제4항은 학교법인의 사학의 자유를 침해하지 않는다.
② 개방감사제에 관한 사립학교법 제21조 제5항은 학교법인의 사학의 자유나 평등권을 침해하지 않는다.
③ 임시이사 임기에 관한 같은 법 제25조 제3항은 학교법인의 사학의 자유를 침해하지 않는다.
④ 임시이사가 선임된 학교법인의 정상화를 위한 이사 선임에 관하여 사학분쟁조정위원회에 주도권을 부여한 같은 법 제25조의3 제1항은 학교법인과 종전이사 등의 사학의 자유를 침해하지 않는다.
⑤ 대학평의원회에 관한 같은 법 제26조의2 제1항은 학교법인의 사학의 자유를 침해하지 않는다.
⑥ 초·중등학교의 장의 중임회수를 1회로 제한한 사립학교법 제53조 제3항 단서는 학교법인의 사학의 자유나 초·중등학교의 장의 직업의 자유 및 평등권을 침해하지 않는다.
⑦ 학교법인의 이사장과 배우자, 직계존속 및 직계비속과 그 배우자의 관계에 있는 자가 당해 학교법인이 설치·경영하는 학교의 장에 임명되기 위해서는 이사 정수의 3분의 2 이상의 찬성과 관할청의 승인을 얻도록 한 같은 법 제54조의3 제3항은 이사장의 배우자 등의 직업의 자유나 학교법인의 사립학교 운영의 자유를 침해하지 않는다.

판례 141
공직선거법 제60조의3 제2항 제1호 등 위헌확인(헌재 2013.11.28, 2011헌마267) : 위헌 ★☆☆

공직선거법 제60조의3 제2항 제3호 중 예비후보자의 배우자가 그와 함께 다니는 사람 중에서 지정한 1명이 명함교부나 지지호소의 선거운동을 할 수 있도록 한 부분은 배우자 없는 예비후보자의 평등권을 침해한다.

🔍 예비후보자의 배우자와 직계존비속에게만 선거운동 인정 : 합헌

판례 142
입법부작위 위헌확인(헌재 2013.11.28, 2011헌마269) : 기각

의사 자격이 있는 사람으로서 인턴과 레지던트 과정을 마치고 자연계대학원에서 박사학위 과정을 수학 중인 사람에 한하여 전문연구요원으로 편입하는 것을 허용하는 것은 평등권을 침해하지 않는다.

판례 143
공무원보수규정 제39조의2 위헌확인(헌재 2013.11.28, 2011헌마282) : 기각 ★☆☆

국립대학 교원에 대하여 성과급적 연봉제를 규정한 것은 교원지위 법정주의에 반하여 학문의 자유를 침해한다고 볼 수 없다.

판례 144
연근해어업의 표준어구와 어법에 관한 해석 지침 등 위헌확인(헌재 2013.11.28, 2011헌마372) : 각하

① 법령이 시행된 후에 그 법령에 해당하는 사유가 발생하여 기본권의 침해를 받게 될 경우에는 그 사유가 발생하였음을 안 날로부터 90일 이내에, 그 사유가 발생한 날로부터 1년 이내에 청구하여야 한다. 여기서 청구기간의 기산점이 되는 '법령에 해당하는 사유가 발생한 날'이란 '법령의 규율을 구체적이고 현실적으로 적용받게 된 날'을 의미한다.
② 종래 합법적으로 영위하여 오던 직업의 행사를 유예기간 이후 금지 또는 제한하는 법규정의 경우, 이 법규정의 시행에 의하여 종래의 법적 지위가 유예기간의 종료 후에는 자동 소멸되어 당사자에게 불리하게 구체적으로 형성되는 것이기 때문에, 유예기간이 경과한 후에야 비로소 기본권에 대한 침해가 발생하는 것이 아니라 이미 법규정의 시행 당시에 기본권이 현실적·구체적으로 침해되는 것으로 보아야 한다.
③ 따라서 청구인들의 경우 비록 이 사건 법률조항 및 시행령조항 시행일인 2010. 4. 23.부터 1년 이내에는 종래와 같이 변형어구를 계속 사용, 적재할 수 있다 하더라도, 시행일로부터 1년 이후인 2011. 4. 23.부터는 변형어구를 사용, 적재할 수 없고 사용, 적재할 경우 처벌된다는 기본권 제한 내지 법적 강제는 이 사건 법률조항 및 시행령조항이 시행된 2010. 4. 23.에 이미 구체적이고 현실적으로 발생하였다고 봄이 타당하므로 이때를 이 사건 법률조항 및 시행령조항에 대한 헌법소원심판 청구기간의 기산점으로 보아야 한다.

판례 145. 지방공무원 보수규정 별표2 위헌확인(헌재 2013.11.28, 2011헌마437) : 기각

민간기업체 등 근무경력이 있는 사람의 경력 인정의 범위를 공무원 경력이 있는 사람 등과 달리 동일한 분야의 업무에 종사한 경력만으로 제한하는 것은 평등권을 침해하지 않는다.

판례 146. 출입국관리법 시행규칙 제9조의4 제2항 위헌확인(헌재 2013.11.28, 2011헌마520) : 각하
★☆☆

외국인의 결혼동거목적 사증발급 신청시 배우자인 초청인이 국제결혼 안내프로그램을 이수하였다는 증명서를 첨부하거나 초청장에 국제결혼 안내프로그램 이수번호를 기재하여야 한다는 출입국관리법 시행규칙 제9조의4 제2항 및 국제결혼 안내프로그램 이수 대상자를 구체적으로 정하고 있는 국제결혼 안내 프로그램 이수 대상 및 운영사항 중 이수대상자에 관한 부분은, 청구인이 위 프로그램을 이수하여야 하는지 여부는 이 사건 심판대상조항에 의하여 바로 확정되는 것이 아니므로, 직접성이 없다.

판례 147. 형의 집행 및 수용자의 처우에 관한 법률 제88조 위헌확인(헌재 2013.11.28, 2011헌마529) : 각하

미결수용자의 변호인 접견 시 접견내용을 청취 또는 녹취하지 못하도록 규정한 '형의 집행 및 수용자의 처우에 관한 법률' 제84조 제1항을 형사사건으로 수사 또는 재판을 받고 있는 수형자에 대해서 준용하도록 하고 있는 같은 법 제88조에 대한 청구인의 심판청구의 기본권침해의 효과는 교도소장의 접견내용에 대한 청취, 녹취라는 구체적인 집행행위에 의하여 발생하는 것이지 심판대상조항 자체로부터 직접 기인한 것이 아니므로 헌법소원의 직접성 요건을 갖추지 못하여 부적법하다.

판례 148. 지방공무원임용령 부칙 제4조 제1항 등 위헌확인(헌재 2013.11.28, 2011헌마565) : 기각

① 일반직공무원으로 우선 임용될 권리 내지 기회보장은 공무담임권의 보호영역에 속하지 아니하고, 심판대상조항으로 인하여 청구인들의 헌법상 공무담임권 침해 문제가 생길 여지가 없다.

② 지방공무원 중 사무직렬 기능직공무원의 정원 감축에 따라 증원되는 일반직공무원에 사무직렬 기능직공무원을 임용할 수 있도록 규정한 것은, 국가공무원은 조무직류가 사무직렬로 분류되어 있어 조무직류 기능직공무원들이 공무원임용령에 따라 일반직공무원으로 우선 임용될 기회가 인정되는 것과 달리, 지방공무원은 조무직류가 조무직렬로 분류되어 있어 조무직류 기능직공무원들이 일반직공무원으로 우선 임용 대상에서 제외되나, 심판대상조항은 사무직렬 기능직공무원의 정원 감축에 따라 신분불안이 야기되는 공무원들의 신분을 보장하고자 하는 데 목적이 있으므로 그 차별에는 합리적인 이유가 인정되어 평등권을 침해하지 않는다.

판례 149. 대한민국과 미합중국 간의 자유무역협정 위헌확인(헌재 2013.11.28, 2012헌마166) : 각하 ★☆☆

① 헌법 제72조의 국민투표권은 대통령이 어떠한 정책을 국민투표에 부의한 경우에 비로소 행사가 가능한 기본권이다. 한미무역협정에 대한 대통령의 국민투표 부의가 행해지지 않은 이상 헌법 제72조의 국민투표권의 침해 가능성은 인정되지 않는다.

② 성문헌법의 개정은 헌법의 조문이나 문구의 명시적이고 직접적인 변경을 내용으로 하는 헌법개정안의 제출에 의하여야 하고, 하위규범인 법률의 형식으로, 일반적인 입법절차에 의하여 개정될 수는 없다. 한미무역협정의 경우, 국회의 동의를 필요로 하는 조약의 하나로서 법률적 효력이 인정되므로, 규범통제의 대상이 됨은 별론으로 하고, 그에 의하여 성문헌법이 개정될 수는 없으며, 따라서 한미무역협정으로 인하여 청구인의 헌법 제130조 제2항에 따른 (헌법개정절차에서의) 국민투표권이 침해될 가능성은 인정되지 아니한다.

판례 150. 방위사업청 물품적격심사기준 부칙 제2조 등 위헌확인(헌재 2013.11.28, 2012헌마763) : 각하

방위사업청이 입찰을 통해 조달하는 물품의 제조·구매계약 낙찰자 결정에 적용되는 계약이행능력의 심사기준에 해당하는 방위사업청 지침인 ① '물품적격심사기준'과 ② '중소기업자간 경쟁제품 중 물품의 구매에 관한 계약이행능력심사 세부기준' 가운데 부정당업자 제재를 받은 사실이 있는 자에 대한 배점한도를 규정한 각 [별표1] 부분과 배점한도의 적용시기를 정한 각 부칙 제2호 부분은 헌법소원의 대상이 되는 공권력의 행사에 해당하지 않는다.

판례 151. 저작권법 부칙 제4조 위헌확인(헌재 2013.11.28, 2012헌마770) : 기각

① 저작인접권이 소멸된 음원을 이용하여 음반을 제작·판매한 자가 종래 음반을 제작함에 있어 누렸던 음원을 무상으로 사용할 수 있는 이익은 저작인접권자의 권리가 소멸함으로 인하여 얻을 수 있는 반사적 이익에 불과할 뿐 헌법이 보장하는 재산권이라 할 수 없다.

② 소멸된 저작인접권을 회복하여 잔여 보호기간 동안 존속시키도록 하는 저작권법 부칙 제4조 제2항은, 소멸된 저작인접권을 회복시키더라도 저작권법 개정 이전의 음반 제작행위를 문제 삼지 않는 이상 헌법이 금지하는 소급입법이라고 볼 수 없고, 저작인접권이 소멸한 점을 사업상 활용해 온 것은 재산권이 아니라 직업수행의 자유(영업의 자유)를 제한하는 것으로 볼 수 있지만, 투자 회수를 위한 유예기간을 둔 이상 구법에 대한 신뢰가 충분히 보호되어 직업수행의 자유를 침해하지 않는다.

판례 152
공직선거법 제150조 제3항 위헌확인(헌재 2013.11.28, 2013헌마17) : **기각** ★☆☆

투표용지의 후보자 게재순위를 정함에 있어서 정당·의석수를 기준으로 기호를 배정하는 공직선거법 제150조 제3항은 의석이 없는 정당 및 그 후보자의 평등권 등을 침해하지 않는다.

판례 153
공직선거법 제103조 제2항 등 위헌제청(헌재 2013.12.26, 2010헌가90) : **합헌** ★★☆

국민운동단체인 바르게살기운동협의회는 선거기간 중 모임을 개최할 수 없도록 하고, 이를 위반하면 처벌하는 것은, 국가나 지방자치단체로부터 예산을 지원받아 사용하는 정치적 성향의 국민운동단체가 선거기간 중 모임을 개최하는 행위는 선거에 영향을 미치는 것으로 보고 이를 금지한 것으로서, 모임 개최 금지기간이 짧고, 관권 개입 등의 위험성 차단이라는 공익이 큰 점 등에 비추어, 책임주의 원칙이나 과잉금지원칙, 평등원칙에 위반되지 않는다.

판례 154
전라북도교육감과 교육과학기술부(현행 : 교육부)장관 간의 권한쟁의(헌재 2013.12.26, 2012헌라3) : **각하**

교육감 소속 교육장·장학관 등에 대한 징계사무는 교육공무원법령 등에 의하여 교육감에게 위임된 국가사무이고 지방자치단체의 사무가 아니므로, 교육과학기술부(현행 : 교육부)장관이 교육감 소속 교육장·장학관 등에 대하여 징계의결을 요구한 행위는 교육감들의 권한을 침해하거나 침해할 현저한 위험이 없다.

판례 155
아동·청소년의 성보호에 관한 법률 제3조 등 위헌소원(헌재 2013.12.26, 2011헌바108) : **합헌** ★★☆

성폭력범죄 피해아동의 진술이 수록된 영상녹화물에 관하여 피해아동의 법정진술 없이도 증거능력을 인정할 수 있도록 규정한 아동·청소년의 성보호에 관한 법률 제18조의 2 제5항은 피고인의 공정한 재판을 받을 권리를 침해하지 않는다.

판례 156
공직선거법 제254조 제2항 등 위헌소원(헌재 2013.12.26, 2011헌바153) : **합헌**

① 선거운동이라 함은 특정 후보자의 당선 내지 이를 위한 득표에 필요한 모든 행위 또는 특정 후보자의 낙선에 필요한 모든 행위 중 당선 또는 낙선을 위한 것이라는 목적의사가 객관적으로 인정될 수 있는 능동적, 계획적 행위를 말하는 것으로 풀이할 수 있다. 즉, 단순한 의견개진 등과 구별되는 가벌적 행위로서의 선거운동의 표지로 당선 내지 득표(반대후보자의 낙선)에의 목적성, 그 목적성의 객관적 인식가능성, 능동성 및 계획성이 요구된다.
② 선거운동기간을 규정한 구 공직선거법 제59조 본문 및 선거운동기간 위배행위를 처벌하는 공직선거법 제254조 제2항 중 '그 밖의 집회의 방법으로 선거운동을 한 자'에 관한 부분은 명확성원칙에 위배되지 아니하고, 정치적 표현의 자유 및 선거운동의 자유를 침해하지 아니하며, 평등원칙에 위배되지 않는다.

판례 157 구 공익사업을 위한 토지 등의 취득 및 보상에 관한 법률 제70조 제1항 등 위헌소원(헌재 2013.12.26, 2011헌바162) : 각하, 합헌

공익사업을 위한 토지수용의 경우 '부동산 가격공시 및 감정평가에 관한 법률'이 정한 공시지가를 기준으로 보상하도록 하는 구 공익사업법 토지보상조항은 헌법 제23조 제3항이 규정한 정당보상의 원칙에 위배되지 않는다.

판례 158 민법 제651조 제1항 위헌소원(헌재 2013.12.26, 2011헌바234) : 위헌 ★★☆

임대차존속기간을 20년으로 제한하는 민법 제651조 제1항은 계약의 자유를 침해한다.

> 주의 민법의 채권법영역에서 헌법재판소의 이례적 위헌선언

판례 159 변호사법 제112조 제1호 위헌소원(헌재 2013.12.26, 2012헌바35) : 합헌

타인의 권리를 양수하여 소송·조정 또는 그 밖의 방법으로 그 권리를 실행함을 업으로 한 자를 형벌에 처하도록 한 변호사법 제112조 제1호는 직업선택의 자유를 침해하지 않으며, 명확성원칙이나 평등원칙에 위배되지 않는다.

판례 160 구 특정범죄 가중처벌 등에 관한 법률 제8조의2 제1항 제1호 등 위헌소원(헌재 2013.12.26, 2012헌바217) : 합헌 ★☆☆

영리의 목적으로 재화나 용역을 공급하거나 공급받지 아니하고 공급가액 합계액 30억 원 이상의 세금계산서를 수수하는 등의 행위를 가중처벌하고, 벌금형을 필요적으로 병과하는 것은 죄형법정주의의 명확성원칙, 형벌과 책임 간의 비례원칙 및 평등원칙에 위배되지 않는다.

판례 161 근로기준법 제23조 제1항 위헌소원(헌재 2013.12.26, 2012헌바375) : 합헌

정당한 이유 없는 해고 등을 제한하는 구 근로기준법 제30조 제1항 중 '정당한 이유' 부분은 다소 일반추상적인 개념을 사용하고 있다고 하더라도 오랜 기간 법원의 판례 등이 집적되어 보충적인 가치판단을 통하여 그 의미를 확인할 수 있고, 입법 기술상의 한계, 변화하는 사회에 대한 법규범의 적응력 확보 등의 관점에서도 부적절하다고 볼 수 없으므로 헌법상 명확성원칙에 위반되지 않는다.

판례 162 민법 제1113조 제1항 등 위헌소원(헌재 2013.12.26, 2012헌바467) : 합헌

유류분산정의 기초재산에 증여재산의 가액을 가산하도록 규정하고 있는 부분 및 특별수익을 얻은 공동상속인이 있는 경우에 있어서의 상속분에 관한 규정인 민법 제1008조를 유류분에 준용하는 부분은 헌법에 위반되지 않는다.

판례 163
집회 및 시위에 관한 법률 제16조 제4항 제3호 위헌소원(헌재 2013.12.26, 2013헌바24) : **합헌**

신고범위를 뚜렷이 벗어난 옥외집회를 금지 및 처벌하는 집회 및 시위에 관한 법률 제22조 제3항의 제16조 제3호 중 "뚜렷이" 부분은 명확성원칙에 위배되지 않는다.

판례 164
향토예비군 설치법 시행규칙 제17조 제3항 위헌확인(헌재 2013.12.26, 2010헌마789) : **각하**

① 일반적으로 수혜적 법령의 경우에는 수혜범위에서 제외된 자가 자신이 평등원칙에 반하여 수혜대상에서 제외되었다는 주장을 하거나, 비교집단에게 혜택을 부여하는 법령이 위헌이라고 선고되어 그러한 혜택이 제거된다면 비교집단과의 관계에서 자신의 법적 지위가 상대적으로 향상된다고 볼 여지가 있는 때에 그 법령의 직접적인 적용을 받는 자가 아니라고 할지라도 자기관련성을 인정할 수 있다.

② 각급학교 학생에게 예비군 교육훈련의 일부를 보류하는 내용의 국방부장관의 지침의 위헌 여부에 관한 헌법소원에 대하여, 학생이 아닌 청구인이 각급학교 학생에 대한 수혜적 규정을 다투면서도 자신도 동일한 혜택을 받아야 한다고 주장하고 있지 않고, 나아가 각급학교 학생에 대한 보류혜택이 제거된다 하더라도 예비군 교육훈련에 관한 청구인의 법적 지위가 상대적으로 향상될 여지가 있다고 보기 어려우므로, 결국 기본권 침해의 자기관련성이 인정되지 않아 부적법하다.

판례 165
유통산업발전법 제12조의2 등 위헌확인(헌재 2013.12.26, 2012헌마162) : **각하** ★★☆

① 법률 또는 법률조항 자체가 헌법소원의 대상이 될 수 있으려면 그 법률 또는 법률조항에 의하여 구체적인 집행행위를 기다리지 아니하고 직접, 현재 자기의 기본권을 침해받아야 하고, 당해 법률에 근거한 구체적인 집행행위를 통하여 비로소 기본권 침해의 법률효과가 발생하는 경우에는 직접성이 없다.

② 지방자치단체의 장이 대규모점포 등에 대하여 일정한 범위의 영업시간 제한 및 의무휴업을 명할 수 있도록 규정한 구 유통산업발전법 제12조의2에 대한 헌법소원심판 청구는 기본권 침해의 직접성이 인정되지 않아 부적법하다.

판례 166
전주시 대규모점포 등의 등록 및 조정 조례 제11조의2 제2호 위헌확인(헌재 2013.12.26, 2012헌마196) : **각하** ★★☆

전주시장이 전주시 내 대규모점포 등에 대하여 매월 두 번째, 네 번째 일요일에 의무휴업을 명하도록 한 구 '전주시 대규모점포 등의 등록 및 조정 조례' 제11조의2 제2호에 대한 헌법소원심판 청구는 권리보호이익이 인정되지 않아 부적법하다.

판례 167 공직선거법 제49조 제4항 제5호 등 위헌확인(헌재 2013.12.26, 2013헌마385) : 기각

공직선거 후보자등록을 신청하는 자에게 실효된 형을 포함하여 금고 이상의 형의 범죄경력을 관할선거구선거관리위원회에 제출하고, 선거기간 중 선거구민에게 공개하도록 규정하고 있는 공직선거법 제49조 제4항 제5호 등은 사생활의 비밀과 자유 및 개인정보자기결정권, 평등권 등을 침해하는 것이 아니다.

판례 168 기소유예처분취소(헌재 2013.12.26, 2009헌마747) : 인용(취소) ★☆☆

① 표현의 자유와 명예의 보호는 인간의 존엄과 가치, 행복을 추구하는 기초가 되고 민주주의의 근간이 되는 기본권이므로, 이 두 기본권을 비교형량하여 어느 쪽이 우위에 서는지를 가리는 것은 헌법적 평가 문제에 속한다.

② 명예훼손적 표현의 피해자가 공적 인물인지 아니면 사인인지, 그 표현이 공적인 관심 사안에 관한 것인지 순수한 사적인 영역에 속하는 사안인지의 여부에 따라 헌법적 심사기준에는 차이가 있어야 한다. 더욱이 공적 인물의 공적 활동에 대한 명예훼손적 표현은 그 제한이 더 완화되어야 하는 등 개별사례에서의 이익형량에 따라 그 결론도 달라지게 되나, 명백한 허위사실로서 악의적이거나 현저히 상당성을 잃은 공격은 제한되어야 한다.

③ 공직자의 자질·도덕성·청렴성에 관한 사실은 순수한 사생활의 영역에 있지 않고 사회적 활동에 대한 비판이나 평가의 자료가 되므로 이에 대한 문제제기나 비판은 허용되어야 한다.

④ 제3자의 표현물을 인터넷에 게시한 행위에 대해 명예훼손의 책임을 인정하기 위해서는 헌법상 자기책임의 원리에 따라 게시자 자신의 행위에 대한 법적 평가가 있어야 할 것이다. 제3자의 표현물을 게시한 행위가 전체적으로 보아 단순히 그 표현물을 인용하거나 소개하는 것에 불과한 경우에는 명예훼손의 책임이 부정되고, 제3자의 표현물을 실질적으로 이용·지배함으로써 제3자의 표현물과 동일한 내용을 직접 적시한 것과 다름없다고 평가되는 경우에는 명예훼손의 책임이 인정되어야 할 것이다.

⑤ 대통령의 전과나 토지소유 현황은 공인의 공적 관심 사안에 해당한다. 전과나 토지소유 적시사실 부분은 대통령선거 당시 언론기사 등을 기초로 한 것으로 보이며, 토지소유 적시사실의 구체적인 내용이 결여되어 있어 이로 인한 피해자의 명예가 훼손되는 정도가 그다지 크지 않아, 피해자의 공적 영향력을 현저히 악화시키는 정도라고 볼 수 없다.

⑥ 청구인의 구 정보통신망 이용촉진 및 정보보호 등에 관한 법률상 명예훼손 혐의를 인정한 피청구인의 기소유예처분은 자의적인 검찰권의 행사로 청구인의 평등권과 행복추구권을 침해한 것이므로 취소한다는 결정을 선고하였다. (위헌)

판례 169
기소유예처분취소(헌재 2013.12.26. 2011헌마592) : **인용(취소)**

우연한 승부에 재물을 거는 모든 노름행위를 형법상의 도박죄로 처벌함에 있어, 도박의 시간과 장소, 도박에 건 재물의 가액정도, 도박에 가담한 자들의 사회적 지위나 재산정도, 도박으로 인한 이득의 용도 등 여러 가지 객관적 사정을 검토하여 일시오락정도에 불과하여 죄가 되지 아니하는지를 판단하여야 한다. 서울중앙지방검찰청 검사가 2011. 7. 20. 청구인에 대하여 한 기소유예처분은 그 결정에 영향을 미친 중대한 법리오해의 잘못이 있어 청구인의 평등권과 행복추구권을 침해한 것이므로 이를 취소한다.

판례 170
기소유예처분취소(헌재 2013.12.26. 2011헌마651) : **인용(취소)** ★☆☆

청구인이 게시한 비교광고 부분은 의료행위에 관한 것이 아니어서 의료법에서 규제하는 의료광고에 해당하지 않고, 과장광고 부분은 과장된 내용의 의료광고라고 할 수 없으므로, 위 기소유예처분은 청구인의 평등권 및 행복추구권을 침해하였다. 따라서 청구인이 다른 의료기관·의료인의 기능 또는 진료 방법과 비교하는 내용의 의료광고와 과장된 내용의 의료광고를 하였다는 의료법위반 혐의에 대한 기소유예처분취소를 구하는 헌법소원을 인용하였다.

판례 171
기소유예처분취소(헌재 2013.12.26. 2012헌마551) : **인용(취소)** ★★☆

① 헌법재판소는 의료법상 '면허외 의료행위'는 국민의 건강을 보호하고 증진하고자 하는 의료법의 목적에 따라 보건의료상 위해의 우려가 없는 한 자격있는 의료인에게 사용권한을 부여하는 방향으로 해석되어야 하고, 형사처벌규정인 점에 비추어 죄형법정주의의 명확성 및 엄격해석원칙이 적용되어야 한다.
② 한의사가 안압측정기 등 의료기기를 사용하여 안질환 등을 진료한 행위에 대하여 검사가 청구인들에게 한 기소유예처분은 그 결정에 영향을 미친 중대한 법리오해의 잘못이 있어 청구인들의 평등권과 행복추구권을 침해한 것이므로 이를 취소한다.

2014년도 헌법재판소 판례

판례 001

백두대간 보호에 관한 법률 제7조 제1항 제6호 위헌소원(헌재 2014.1.28, 2010헌바251) : **각하**

당해사건에서 쟁송기간이 경과한 행정처분의 무효확인을 구하는 경우에 그 행정처분의 근거법률이 위헌임을 다투는 헌법소원심판청구에 대한 재판의 전제성은 인정되지 않으며, 제소기간이 경과한 뒤에는 행정처분의 근거 법률이 위헌임을 이유로 무효확인소송 등을 제기하더라도 행정처분의 효력에는 영향이 없음이 원칙이다.

판례 002

집회 및 시위에 관한 법률 제22조 제2항 등 위헌소원(헌재 2014.1.28, 2011헌바174) : **합헌** ★☆☆

① 집회에 대한 사전신고제도는 헌법 제21조 제2항의 사전허가금지에 위배되지 않는다.
② 긴급집회의 경우 신고가능성이 존재하는 즉시 신고하여야 하고, 신고 가능한 즉시 신고한 긴급집회의 경우 심판대상조항을 적용하여 처벌되지 않는다.
③ 신고조차 하지 않고 긴급집회를 한 경우에는 일응 미신고 옥외집회·시위 개최행위에 해당한다.
④ 미신고 옥외집회·시위 개최의 경우에도 48시간 이내에 신고를 할 수 없는 긴급한 사정이 있고, 옥외집회나 시위가 평화롭게 진행되어 타인의 법익이나 공공의 안녕질서에 대한 직접적인 위험이 명백하게 초래된 바가 없다면, 사회상규에 위배되지 아니하는 행위로서 위법성이 조각될 수 있고, 나아가 사안에 따라서는 적법행위에 대한 기대가능성이 없어 책임이 조각되는 경우도 있을 수 있다. 그리고 이는 구체적 사안을 전제로 법원이 판단하여야 할 개별사건에서의 법률의 해석·적용에 관한 문제이다.
⑤ 미신고 옥외집회의 주최는 신고제의 행정목적을 침해하고 공공의 안녕질서에 위험을 초래할 개연성이 높으므로, 이에 대하여 행정형벌을 과하도록 한 것은 집회의 자유를 침해한다고 할 수 없다.

판례 003

학원의 설립·운영 및 과외교습에 관한 법률 제9조 제2항 등 위헌소원(헌재 2014.1.28, 2011헌바252) : **위헌, 합헌** ★★☆

① '학원의 설립·운영 및 과외교습에 관한 법률'을 위반하여 벌금형을 선고받은 경우 등록의 효력을 잃도록 규정하고 있는 것은 직업선택의 자유를 침해하는 것이다.
② 학원법 제6조에 따른 등록을 하지 아니하고 학원을 '설립·운영한 자'를 처벌하도록 규정한 학원법 조항은 죄형법정주의 명확성원칙에 반하지 아니한다.

판례 004

도시 및 주거환경정비법 제38조 등 위헌소원(헌재 2014.1.28, 2011헌바363) : **합헌** ★☆☆

주택재개발사업과 달리 주택재건축사업의 경우 그 시행자에게 원칙적으로 수용권을 인정하지 않고, 천재·지변 그 밖의 불가피한 사유로 인하여 긴급히 정비사업을 시행할 필요가 있다고 인정되는 때에만 '공익사업을 위한 토지 등의 취득 및 보상에 관한 법률'에 의한 수용 또는 사용이 가능하도록 한 부분은 헌법에 위반되지 않는다.

판례 005

도로법 제48조 위헌소원(헌재 2014.1.28, 2012헌바111) : **합헌** ★☆☆

수용재결이 실효된 경우 다시 수용재결을 할 수 있도록 별다른 제한을 두지 않는 것과 도로공사의 사업시행기간 내에 수용재결의 신청을 할 수 있도록 한 것은 헌법에 위반되지 않는다.

판례 006

지방자치법 제91조 제2항 위헌소원(헌재 2014.1.28, 2012헌바216) : **합헌** ★★★

① 헌법상 권력분립의 원리는 지방자치단체 내 지방의회와 지방자치단체의 장 사이의 관계에서도 상호견제와 균형의 원리로서 실현되고 있다. 다만 그 구체적인 실현은, 국회와 중앙정부 사이의 원칙적인 권력분립과는 달리 현재 우리 사회 내 지방자치의 수준과 특성을 감안하여 국민주권·민주주의원리가 최대한 구현될 수 있도록 하는 효율적이고도 발전적인 방식이 되어야 한다.
② 지방의회 사무직원을 그 지방자치단체의 장이 임명하도록 규정하고 있는 지방자치법 제91조 제1항은 지방자치단체 내 지방의회와 지방자치단체의 장 사이의 상호견제와 균형의 원리를 침해한다거나 지방자치제도의 본질적 내용을 침해한다고 볼 수 없다.

판례 007

국민의 형사재판 참여에 관한 법률 제9조 제1항 제3호 등 위헌소원(헌재 2014.1.28, 2012헌바298) : **합헌** ★★☆

① 신분이 보장되고 독립된 법관에 의한 재판의 보장을 주된 내용으로 하는 우리 헌법상 재판청구권의 보호범위에는 배심재판을 받을 권리가 포함되지 않는다.
② 국민참여재판으로 진행하는 것이 적절하지 아니하다고 인정되는 경우 법원이 국민참여재판을 하지 아니하는 결정을 할 수 있도록 한 것은 무죄추정원칙, 적법절차원칙에 위배되지 아니하고, 형사피고인의 재판청구권을 침해하지 않는다.

판례 008

교육공무원 임용령 제9조의 4 위헌확인(헌재 2014.1.28, 2011헌마239) : **각하** ★★☆

대학교수에게 대학총장 후보자 선출에 참여할 권리가 있고, 이 권리는 대학의 자치의 본질적인 내용에 포함되므로 헌법상의 기본권으로 인정될 수 있으나, 단과대학장 선출에 참여할 권리는 헌법상 보장되는 대학의 자율에 포함된다고 볼 수 없다.

경찰공무원법 제2조 등 위헌확인(헌재 2014.1.28. 2012헌마267) : 기각 ★☆☆

① 공무원의 보수에 있어서의 차별취급은 헌법에서 특별히 평등을 요구하는 경우에 해당한다고 볼 수 없고 공무원 보수의 구체적 내용에 관하여는 광범위한 입법 재량이 부여되므로, 이 사건 시행령조항에 대한 평등심사는 완화된 심사기준인 자의금지원칙을 적용함이 타당하다.
② 경찰공무원의 봉급을 규정하고 있는 구 공무원보수규정 제5조에 의한 [별표 10] 중 '경위', '경사' 부분은, 봉급액만으로 경찰공무원의 보수가 직무의 특성에 맞지 않게 낮게 책정되어 경찰공무원을 차별하고 있다고 단정할 수 없으므로 평등권을 침해하는 것이 아니다.

공직선거법 제18조 제1항 제2호 위헌확인(헌재 2014.1.28. 2012헌마409) : 위헌, 헌법불합치 ★★☆

① 범죄자에게 형벌의 내용으로 선거권을 제한하는 경우에도 선거권 제한 여부 및 적용범위의 타당성에 관하여 보통선거원칙에 입각한 선거권 보장과 그 제한의 관점에서 헌법 제37조 제2항에 따라 엄격한 비례심사를 해야 한다.
② 집행유예자와 수형자의 선거권을 제한하는 법 조항은 선거권을 침해하고 헌법 제41조 제1항 및 제67조 제1항이 규정한 보통선거원칙에 위반하여 집행유예자와 수형자를 차별취급하는 것이므로 평등의 원칙에도 어긋난다.
③ 단, 수형자에 대한 선거권 제한은 헌법불합치, 집행유예자에 대한 선거권 제한은 위헌 결정을 내렸다.

정당법 제41조 제4항 위헌확인(헌재 2014.1.28. 2012헌마431) : 위헌 ★★☆

국회의원선거에 참여하여 의석을 얻지 못하고 유효투표총수의 100분의 2 이상을 득표하지 못한 정당에 대해 그 등록을 취소하도록 한 정당법 제44조 제1항 제3호와, 등록취소된 정당의 명칭과 동일한 명칭을 일정 기간 정당의 명칭으로 사용할 수 없도록 한 정당법 제41조 제4항 중 제44조 제1항 제3호는 정당설립의 자유를 침해한다.

사회복지사업법 제7조 제3항 제7호 가목 등 위헌확인(헌재 2014.1.28. 2012헌마654) : 기각 ★☆☆

사회복지법인에 대하여 외부추천이사와 외부감사를 요구하는 것은 사회복지법인의 운영의 자유를 침해하지 않는다.

광업법 제44조 제1항 제1호 위헌소원(헌재 2014.2.27. 2010헌바483) : 합헌

도로 등 영조물 주변 50m 범위 내에서는 관할관청의 허가 또는 소유자 등의 승낙이 없으면 광물을 채굴할 수 없도록 정하면서 보상의무를 따로 규정하지 않고 있는 것은, 비례의 원칙에 위배되지 않고 광업권자가 수인하여야 하는 사회적 제약의 범주 내에서 광업권을 제한하는 것이므로, 광업권자의 재산권을 침해하지 않는다.

판례 014 | 국토의 계획 및 이용에 관한 법률 제56조 제1항 제4호 위헌소원(헌재 2014.2.27. 2012헌바184) : 합헌

토지분할을 함에 있어 분할의 사유를 불문하고 원칙적으로 사전에 행정청의 허가를 받도록 하는 것은 재산권을 침해하지 않고, 명확성원칙에 위배되지 않는다.

판례 015 | 조세특례제한법 부칙 제1조 위헌소원(헌재 2014.2.27. 2012헌바424) : 합헌

대토감면에 있어 주거지역 등에 편입된 농지에 대한 양도소득세 감면 범위를 축소하는 규정을 신설하면서, 당해 규정의 시행 이전에 이미 주거지역 등에 편입된 농지의 소유자에게는 종전의 규정에 의하도록 하는 경과규정을 두지 않은 것은 신뢰보호원칙, 평등원칙에 위반되지 않고, 재산권을 침해하지 않는다.

판례 016 | 산업재해보상보험법 제91조의4 제2항 등 위헌소원(헌재 2014.2.27. 2012헌바469) : 합헌

① 진폐근로자의 유족에게 지급되는 진폐유족연금을 진폐보상연금과 같은 금액으로 하고, 종전의 유족보상연금을 초과할 수 없도록 한 산업재해보상보험법 조항은 인간다운 생활을 할 권리를 침해하지 않으며 평등원칙에도 위반되지 않는다.
② 유족급여 지급에 관한 경과조치를 규정한 산업재해보상보험법 부칙조항은, 신뢰보호원칙과 평등원칙에 위반되지 않는다.

판례 017 | 공직선거법 제112조 등 위헌소원(헌재 2014.2.27. 2013헌바106) : 합헌

후보자가 되고자 하는 자의 기부행위를 제한하는 것은 명확성원칙 및 포괄위임입법금지원칙에 위배되지 않으며, 행복추구권, 일반적 행동자유권, 선거운동의 자유를 침해한다고 볼 수 없다.

판례 018 | 가사소송법 제28조 위헌소원(헌재 2014.2.27. 2013헌바178) : 합헌

인지에 대한 이의의 소를 제기할 수 있는 "이해관계인"이 친생자관계 존재 확인의 소를 제기할 수 있다고 한 부분, 제3자가 친생자관계 존부 확인의 소를 제기할 때에는 부부를 상대방으로 하고 부부 중 어느 한쪽이 사망한 경우에는 그 생존자를 상대방으로 하도록 준용하는 부분은 헌법에 위반되지 아니한다.

| 병역법 제3조 제1항 위헌확인(헌재 2014.2.27. 2011헌마825) : 기각 ★★☆

대한민국 국민인 남성에 한하여 병역의무를 부과하는 병역법 제3조 제1항 전문은 남성의 평등권 등 기본권을 침해하지 않는다.

판례 020
검찰청법 제10조 제3항 위헌확인(헌재 2014.2.27. 2012헌마983) : **기각**

형사소송법 제260조에 따라 재정신청을 할 수 있는 자를 검사의 불기소처분에 관한 재항고권자에서 제외한 것은 평등권을 침해하지 않는다.

판례 021
헌법재판소법 제40조 제1항 등 위헌확인(헌재 2014.2.27. 2014헌마7) : **기각** ★★☆

① 정당해산심판절차에 민사소송에 관한 법령을 준용할 수 있도록 규정한 헌법재판소법 제40조 제1항 전문 중 '정당해산심판의 절차'에 관한 부분('준용조항')은 재판청구권을 침해하지 않는다.
② 헌법 제8조 제2항 및 헌법 제8조 제4항은 정당의 자유에 대한 한계를 정하고 있으므로, 정당활동의 자유 역시 헌법 제37조 제2항의 일반적 법률유보의 대상이 된다.
③ 가처분에 관한 근거규정인 같은 법 제57조('가처분조항')는 정당활동의 자유를 침해한다고 볼 수 없다.

판례 022
집회 및 시위에 관한 법률 제10조 등 위헌제청(헌재 2014.3.27. 2010헌가2) : **한정위헌** ★★☆

해가 뜨기 전이나 해가 진 후에는 시위를 하여서는 아니된다고 규정한 조문과 이에 위반하여 시위에 참가한 자를 처벌하는 부분은 각 '해가 진 후부터 같은 날 24시까지의 시위'에 적용하는 한 헌법에 위반된다.

판례 023
구 도시 및 주거환경정비법 제39조 제1호 등 위헌제청(헌재 2014.3.27. 2012헌가21) : **합헌**

주택재건축사업 시행자의 매도청구권 행사로 인하여 시가에 의한 매매계약이 성립하면 매도청구권 행사의 상대방은 부가가치세 약정 체결에 사실상 어려움이 생겨 상대방이 부가가치세를 부담하게 되더라도, 매도청구권 행사가 부가가치세 약정의 기회를 상실하게 한다고 볼 수는 없으며, 과잉금지원칙에 위반하여 매도청구권 행사 상대방의 계약의 자유를 침해한다고 볼 수 없기 때문에, 주택재건축사업 시행자의 매도청구권을 규정한 구 도시 및 주거환경정비법 조항은 헌법에 위반되지 않는다.

판례 024
서울특별시와 행정안전부장관 간의 권한쟁의(헌재 2014.3.27. 2012헌라4) : **각하**

① 지방세 과세권은 자치재정권의 일부로서 지방자치단체의 자치사무에 해당하는 지방자치단체의 권한이다.
② 행정안전부장관이 2012. 11. 19.자 대여용 차량에 대한 지방세(취득세) 과세권 귀속 결정은, 지방세 과세권의 귀속 여부 등에 대하여 관계 지방자치단체의 장의 의견이 서로 다른 경우에 행정안전부장관의 결정이라는 행정적 관여 내지 공적인 견해 표명을 규범화한 것에 불과할 뿐 법적 구속력이 없으므로, 행정안전부장관의 이 사건 과세권 귀속 결정이 서울특별시의 자치재정권 등 자치권한을 침해할 가능성이 없어, 이 사건 심판청구는 부적법하다.

판례 025
민법 제865조 제2항 위헌소원(헌재 2014.3.27, 2010헌바397) : **합헌** ★☆☆

이해관계인의 검사를 상대로 한 친생자관계부존재확인의 소는 당사자가 사망한 사실을 안 날로부터 2년 내에 제기하여야 한다고 정한 것은 인간의 존엄과 가치, 행복추구권, 재판청구권을 침해한다거나 혼인과 가족생활에 관한 기본권을 제한하여 헌법에 위반된다고 볼 수 없다.

판례 026
정당법 제22조 제1항 제1호 등 위헌소원(헌재 2014.3.27, 2011헌바42) : **합헌** ★☆☆

① 정당가입 금지조항이 초·중등학교 교원에 대해서는 정당가입의 자유를 금지하면서 대학의 교원에게 이를 허용한다 하더라도 이는 합리적인 차별이므로 평등원칙에 위배되지 않는다.
② 국회, 법원, 헌법재판소, 선거관리위원회, 행정부 등 소속 공무원에 대하여 금지하여야 할 정치행위의 내용을 개별적으로 구체화할 필요성이 있고, 그 내용을 일일이 법률로 규정하는 것은 입법기술상 매우 곤란하므로 그 위임의 필요성이 인정되며, 그 내용 또한 충분히 예상할 수 있으므로, 공무원의 정치행위 규제조항은 포괄위임금지원칙에 위배되지 않는다.
③ 결론적으로, 공무원의 정당가입 금지조항과 정치행위 규제조항은 헌법에 위반되지 않는다.

판례 027
형법 제315조 등 위헌소원(헌재 2014.3.27, 2011헌바126) : **합헌**

① 형법 제315조 입찰방해죄의 '입찰'은 협상에 의한 계약체결의 경우도 포함되는 것으로 해석될 수 있어 명확성원칙에 반하지 않고, 입찰의 공정성, 형벌에 관한 입법권자 입법형성의 자유 등에 비추어 과잉금지의 원칙에 위반되어 사적자치의 원칙을 침해한다고 볼 수 없다.
② 정치자금법 제45조 제2항 제6호 기부알선죄의 '알선'에 행위자가 기부행위의 수령자와 의사의 연락이 없이 고용, 업무 등의 관계에서 종속적 위치에 있는 기부행위자로 하여금 후원금을 입금할 정치인을 지정하고, 후원금 계좌를 알려주는 방법으로 정치자금을 입금하도록 한 행위도 포함되는 것으로 해석될 수 있으므로 명확성원칙에 반하지 않는다.

판례 028
도시 및 주거환경 정비법 제36조 제1항 위헌소원(헌재 2014.3.27, 2011헌바396) : **합헌**

주거환경개선사업 및 주택재개발사업의 시행으로 철거되는 주택의 소유자에 대해서는 임시수용시설의 설치 등을 사업시행자의 의무로 규정한 반면, 도시환경정비사업의 경우에는 위와 같은 규정을 두지 않은 것은 평등원칙, 헌법 제23조 제3항에 위반되지 않고, 인간다운 생활을 할 권리, 거주이전의 자유를 침해하지 않는다.

판례 029
보금자리주택건설 등에 관한 특별법 제6조 제1항 등 위헌소원(헌재 2014.3.27. 2012헌바29) **: 합헌** ★☆☆

① 국토해양부(현행 : 국토교통부)장관으로 하여금 보금자리주택지구를 지정할 수 있도록 한 조항은 명확성원칙에 위배되었다고 볼 수 없다.
② 주택지구 지정 등을 위한 사전협의 및 주민 의견청취절차를 규정하고 있는 조항은 보금자리주택지구의 지정에 주민과 이해관계기관의 절차적 참여를 보장해 주고 있을 뿐 아니라, 적법절차원칙에서 도출할 수 있는 절차적 요청은 당사자의 의견에 구속되는 것까지 요구되는 것은 아니므로, 적법절차원칙에 위배된다고 볼 수 없다.

판례 030
구 상표법 제7조 제1항 제4호 위헌소원(헌재 2014.3.27. 2012헌바55) **: 합헌** ★☆☆

공공의 질서 또는 선량한 풍속을 문란하게 할 염려가 있는 상표의 등록을 거절 또는 무효화하는 구 상표법 조항은 명확성 원칙에 반하지 않는다.

판례 031
구 주세법 제15조 제2항 위헌소원(헌재 2014.3.27. 2012헌바178) **: 합헌** ★★★

세금계산서 교부의무위반 등의 금액이 총 매출액의 100분의 10 이상인 때 주류판매업면허를 취소하도록 규정한 구 주세법 제15조 제2항 제4호가 직업선택의 자유를 침해하지 않는다.

판례 032
북한이탈주민의 보호 및 정착지원에 관한 법률 제9조 제1항 제1호 위헌소원(헌재 2014.3.27. 2012헌바192) **: 합헌** ★★☆

마약거래범죄자인 북한이탈주민을 보호대상자로 결정하지 않을 수 있도록 한 북한이탈주민의 보호 및 정착지원에 관한 법률 제9조 제1항 제1호 중 마약거래에 관한 부분은 헌법상의 명확성 원칙에 위배되지 않고 마약거래범죄자인 북한이탈주민의 인간다운 생활을 할 권리를 침해하지 않는다.

판례 033
구 법인세법 제67조 위헌소원(헌재 2014.3.27. 2012헌바290) **: 각하**

① 실질적 경영자가 법인의 재산을 횡령한 경우 그 횡령금의 사외유출 여부는 법원이 피해 법인과 횡령한 대표이사 사이의 실질적인 관계 등을 심리하여 피해 법인의 횡령금 회수 의사유무를 확정하는 법원의 고유권한인 사실인정의 문제에 불과하여 헌법소원의 대상이 될 수 없다.
② 소득처분조항은 익금 산입 또는 손금 불산입을 전제로 하여 그 소득의 귀속자와 소득의 종류를 확정할 뿐이어서 법인의 소득을 변동시키거나 확정하는 것이 아니므로, 법인세 부과처분의 위법을 다투는 당해 사건에서 소득처분조항이 헌법에 위반되는지 여부가 재판의 전제가 되지 않는다.

판례 034 | 의료법 제56조 제1항 위헌소원(헌재 2014.3.27. 2012헌바293) : 합헌

의료법인, 의료기관 또는 의료인이 아닌 자가 의료에 관한 광고를 할 경우에 이를 형사처벌하도록 규정한 의료법 조항은 헌법에 위반되지 않는다.

판례 035 | 경찰공무원 승진임용 규정 제7조 제5항 등 위헌소원(헌재 2014.3.27. 2012헌바373) : 합헌, 각하

① 대통령령인 경찰공무원 승진임용규정은 헌법재판소법 제68조 제2항에 의한 헌법소원심판의 대상이 되지 않는다.
② 인사관리에 관한 정보로서 공개될 경우 업무의 공정한 수행이나 연구·개발에 현저한 지장을 초래한다고 인정할 만한 상당한 이유가 있는 정보를 비공개대상정보로 정한 것은 명확성의 원칙에 반하지 않는다.

판례 036 | 구 수산업법 부칙 제11조 제2항 위헌소원(헌재 2014.3.27. 2013헌바97) : 합헌

어업권 원부 등록을 요건으로 입어를 허용하도록 수산업법을 개정하면서, 개정된 수산업법의 시행일부터 2년 이내의 등록기한을 정한 것은 진정소급입법에 해당하지 않으며, 신뢰보호의 원칙에 위반되지 않는다.

판례 037 | 상가건물임대차보호법 제2조 제1항 단서 등 위헌소원(헌재 2014.3.27. 2013헌바198) : 합헌 ★☆☆

① 주택임차인의 보호는 헌법 제34조 제1항 및 제2항에 의해 정당화되는 반면, 상가는 사적자치에 의해 규율되는 것이 원칙이고, 다만 상가임차인이 상가건물에 투자한 비용 및 영업활동으로 형성한 지명도나 고객 등의 경제적 이익이 임대인의 계약 해지 및 갱신 거절에 의해 침해될 수 있다는 점을 고려하여 공정한 경제질서의 회복을 위한 보충적 규제와 조정을 가하는 것이며, 이는 헌법 제119조 제2항에 의해 정당화될 수 있다.
② 상가임대차법의 적용 기준이 되는 보증금액과 차임액에 곱하게 될 비율을 대통령령으로 정하도록 한 것은 포괄위임입법금지원칙에 위반되지 않는다.
③ 보증금의 액수를 상가임대차법의 적용 기준으로 한 것은 입법자가 재산권 형성에 있어서 입법자에게 주어진 재량을 일탈하였다고 보기 어렵다.

판례 038
한국토지주택공사 이전방안 취소(헌재 2014. 3. 27. 2011헌마291) : **각하** ★☆☆

국토해양부(현행 : 국토교통부)장관이 2011. 5. 13. 언론을 통해 발표한 '한국토지주택공사 이전방안'은 한국토지주택공사와 각 광역시·도, 관련 행정부처 사이의 의견 조율 과정에서 행정청으로서 내부 의사를 밝힌 행정계획안에 불과하므로 국민의 권리의무 또는 법적지위에 어떠한 변동을 가져온다고 할 수 없어 헌법재판소법 제68조 제1항의 공권력의 행사에 해당하지 않는다.

판례 039
여신전문금융업법 제19조 제1항 위헌확인(헌재 2014. 3. 27. 2011헌마744) : **기각**

신용카드가맹점에 대하여 신용카드로 거래한다는 이유로 신용카드 결제를 거절하거나 신용카드회원을 불리하게 대우하는 것을 금지하는 것은 직업수행의 자유를 침해하지 않는다.

판례 040
사립학교교직원 연금법 제47조 제2항 등 위헌확인(헌재 2014. 3. 27. 2012헌마404) : **기각, 각하**

사립대학을 경영하는 학교법인이 사립학교교직원연금의 법인부담금을 학교회계 수입으로 충당하는 경우에 교육과학기술부(현행 : 교육부)장관의 승인을 받도록 한 것은 사립대학을 경영하는 학교법인의 사립학교 운영의 자유, 평등권을 침해하지 않는다.

판례 041
결혼중개업의 관리에 관한 법률 제24조의3 위헌확인(헌재 2014. 3. 27. 2012헌마745) : **기각** ★☆☆

국제결혼중개업의 등록요건으로 1억 원 이상의 자본금을 요구하는 결혼중개업법 제24조의3은 직업선택의 자유를 침해하지 않는다.

판례 042
공직선거법 제52조 제1항 제5호 등 위헌확인(헌재 2014. 3. 27. 2013헌마185) : **기각** ★☆☆

지방공무원이 국회의원재선거에 출마하는 경우 후보자등록신청 전까지 그 직에서 사퇴하도록 규정한 공직선거법 조항은 공무담임권 및 평등권을 침해하지 않는다.

형법 제35조 위헌확인(헌재 2014.3.27, 2013헌마189) : 각하

금고 이상의 형을 받아 그 집행을 종료하거나 면제를 받은 후 3년 내에 금고 이상에 해당하는 죄를 범한 자(누범)의 형을 그 죄에 정한 형의 장기의 2배까지 가중하도록 하는 형법 제35조는, 기본적으로 형사재판에 적용되는 재판규범으로서 그 자체로 청구인의 기본권에 직접 영향을 주는 것이 아니라 재판에 적용됨으로써 비로소 청구인의 법적 지위에 영향을 주게 되므로, 특정인의 기본권을 직접적으로 침해하는 법률규정이라 할 수 없으므로, 기본권침해의 직접성 요건을 갖추지 못하여 부적법하다.

변호사시험 합격자 결정기준 위헌확인(헌재 2014.3.27, 2013헌마523) : 각하 ★★☆

법무부장관의 2013. 4. 26.자 "2014년 제3회 변호사시험 합격자는 원칙적으로 입학정원 대비 75%(1,500명) 이상 합격시키는 것으로 한다."라는 공표는 헌법소원의 대상이 되는 '공권력 행사'에 해당하지 않는다.

피의사실 언론공표 등 위헌확인(헌재 2014.3.27, 2012헌마652) : 인용(위헌확인), 각하 ★☆☆

사법경찰관이 보도자료 배포 직후 기자들의 취재 요청에 응하여 피의자가 경찰서 조사실에서 양손에 수갑을 찬 채 조사받는 모습을 촬영할 수 있도록 허용한 행위는 과잉금지원칙에 위반되어 피의자의 인격권을 침해한 것이다.

구 집회 및 시위에 관한 법률 제10조 등 위헌제청(헌재 2014.4.24, 2011헌가29) : 한정위헌 ★★☆

① 헌법 제21조 제2항은 집회에 대한 허가제를 금지하고 있다. 이때의 '허가'는 '행정청이 주체가 되어 집회의 허용 여부를 사전에 결정하는 것'으로, 법률적 제한이 실질적으로 행정청의 허가 없는 옥외집회를 불가능하게 하는 것이라면 헌법상 금지되는 사전허가제에 해당하지만, 그에 이르지 아니하는 한 헌법 제21조 제2항에 반하는 것은 아니다.
② 일출시간 전, 일몰시간 후의 옥외집회 또는 시위를 금지하고, 예외적으로 관할경찰관서장이 옥외집회를 허용할 수 있도록 한 구 '집회 및 시위에 관한 법률' 제10조와, 이에 위반하여 옥외집회 또는 시위에 참가한 자를 처벌하는 '집회 및 시위에 관한 법률' 제20조 제3호 부분은 각 '일몰시간 후부터 같은 날 24시까지의 옥외집회 또는 시위'에 적용하는 한 헌법에 위반된다.

🔍 사전허가금지위반 ×, 집회의 자유침해 ○

판례 047
의료사고 피해구제 및 의료분쟁 조정 등에 관한 법률 제47조 제2항 등 위헌제청(헌재 2014.4.24, 2013헌가4) : **합헌**

① 헌법상 보장된 국민의 자유나 권리를 제한하는 때에는 그 제한의 본질적인 사항에 관한 한 입법자가 법률로써 스스로 규율하여야 한다.
② 한국의료분쟁조정중재원이 의료사고 피해자에게 대불한 손해배상금 대불 비용을 보건의료기관개설자 등이 부담하도록 하면서, 그 금액과 납부방법 및 관리 등에 관한 사항을 대통령령에 위임한 것은 법률유보원칙이나 포괄위임입법금지원칙에 위배되지 않는다.

판례 048
근로기준법 제109조 제1항 위헌제청(헌재 2014.4.24, 2013헌가12) : **합헌**

건설업 등록을 하지 않은 건설공사 하수급인이 근로자에게 임금을 지급하지 못한 경우에 그 직상 수급인에게 하수급인과 연대하여 임금을 지급할 의무를 부과하고 직상 수급인의 그 임금 지급의무 불이행을 처벌하는 근로기준법 제109조 제1항 중 제44조의2 제1항은 명확성원칙, 자기책임원칙, 과잉금지원칙에 위배되지 않는다.

판례 049
학교용지 확보 등에 관한 특례법 제5조 제1항 단서 제5호 위헌제청(헌재 2014.4.24, 2013헌가28) : **헌법불합치**

주택재개발사업의 경우 학교용지부담금 부과 대상에서 '기존 거주자와 토지 및 건축물의 소유자에게 분양하는 경우'에 해당하는 개발사업분만 제외하고, 현금청산의 대상이 되어 제3자에게 분양됨으로써 기존에 비하여 가구 수가 증가하지 아니하는 개발사업분을 제외하지 아니한 것은, 주택재개발사업의 시행자들 사이에 학교시설 확보의 필요성을 유발하는 정도와 무관한 불합리한 기준으로 학교용지부담금의 납부액을 달리 하는 차별을 초래하고, 따라서 평등원칙에 위배되어 헌법에 합치되지 않는다.

판례 050
청소년보호법 제23조의3 등 위헌확인(헌재 2014.4.24, 2011헌마659) : **기각, 각하** ★★☆

16세 미만 청소년에게 오전 0시부터 오전 6시까지 인터넷게임의 제공을 금지하는 이른바 '강제적 셧다운제'는, 청소년의 인터넷게임 이용률 및 중독성이 강한 인터넷게임의 특징을 고려할 때, 청소년의 건전한 성장과 인터넷게임 중독을 예방하기 위하여 16세 미만 청소년에 한하여 심야시간대만 그 제공을 금지하는 것이 청소년의 일반적 행동자유권, 부모의 자녀교육권 및 인터넷게임 제공자의 직업수행의 자유에 대한 과도한 제한이라고 보기는 어려우므로 헌법에 위반되지 않는다.

판례 051
공직선거법 제93조 제1항 등 위헌소원(헌재 2014.4.24. 2011헌바17) : **합헌** ★☆☆

① 선거운동 등 정치적 표현의 자유는 민주주의 사회를 구성하고 움직이게 하는 요소이므로 최대한 보장되어야 한다. 다만, 선거운동 등 정치적 표현의 자유는 선거의 공정성을 전제로 인정되는 것이므로, 선거의 공정성을 훼손하는 경우에는 이를 제한할 수 있다.

② 누구든지 선거일전 180일부터 선거일까지 선거에 영향을 미치게 하기 위하여 공직선거법 규정에 의하지 아니하고 정당 또는 후보자를 지지·추천하거나 반대하는 내용이 포함되어 있거나 정당의 명칭 또는 후보자의 성명을 나타내는 문서, 인쇄물의 배부·게시를 금지하고 처벌하는 공직선거법 조항은 선거운동의 자유 내지 정치적 표현의 자유를 침해하지 않는다.

판례 052
법원조직법 부칙 제3항 위헌소원(헌재 2014.4.24. 2011헌바56) : **각하** ★☆☆

① 헌법재판소법 제68조 제2항의 헌법소원의 경우 재판의 전제라 함은 문제된 법률 또는 법률조항이 당해 소송사건의 재판에 적용되는 것이어야 하며, 그 위헌 여부에 따라 재판의 주문이 달라지거나 재판의 내용과 효력에 관한 법률적 의미가 달라지는 경우를 말한다.

② 법원조직법 부칙(1981. 1. 29. 법률 제3362호) 제3항이 위헌으로 선고되더라도 이에 따라 행위한 공무원에게 귀책사유가 인정되지 않아 국가배상책임이 성립되지 않으므로, 심판대상조항의 위헌 여부에 따라 재판의 주문이나 재판의 내용과 효력에 관한 법률적 의미가 달라지는 경우로 볼 수 없어 재판의 전제성이 없다.

판례 053
개발이익환수에 관한 법률 제9조 제3항 제2호 등 위헌소원(헌재 2014.4.24. 2011헌바179) : **합헌**

① 개발부담금의 산정 요건인 부과종료시점, 기부채납토지의 가액 산정방법을 각 시행령에 위임하도록 규정한 것과 기부채납토지의 가액을 개발비용에 포함시켜 공제항목으로 규정하면서 단지 가액 산정에 관한 방법을 하위 법령에 위임한 것은 포괄위임입법금지원칙에 위배한다거나 제한되는 재산권의 침해가 과도하다고 볼 수 없다.

② 국가·지방자치단체로부터 매입한 토지는 실제 매입가액 등에 정상지가상승분을 더하거나 뺀 가액을 개시시점지가로 산정하도록 규정한 것은 객관적·합리성을 갖추면서 최대한 실체에 부합하는 개발이익을 산정할 수 있는 방법이라고 할 것이어서 평등원칙에 반한다고 볼 수 없다.

판례 054
고엽제후유의증 환자지원 등에 관한 법률 제2조 제4호 등 위헌소원(헌재 2014.4.24. 2011헌바228) : **합헌**

① 고엽제 2세로서 척추이분증에 걸린 사람들 중 고엽제후유증환자의 자녀만 고엽제법에 의하여 지원을 하는 것은 평등원칙에 위배되지 않으며, 인간다운 생활을 할 권리 및 행복추구권을 침해하지 않는다.

② 헌법 제10조의 행복추구권은 국민이 행복을 추구하기 위하여 필요한 급부를 국가에게 적극적으로 요구할 수 있는 것을 내용으로 하는 것이 아니라, 국민이 행복을 추구하기 위한 활동을 국가권력의 간섭 없이 자유롭게 할 수 있다는 포괄적 의미의 자유권으로서의 성격을 가진다.

판례 055
정치자금법 제45조 제2항 제5호 위헌소원(헌재 2014.4.24. 2011헌바254) : **합헌**

단체와 관련된 자금으로 정치자금을 수수하는 것을 금지 및 처벌하는 정치자금법 조항과, 공무원이 담당·처리하는 사무에 관하여 청탁하는 일과 관련하여 정치자금을 수수하는 것을 금지 및 처벌하는 같은 정치자금법 조항은 헌법에 위반되지 않는다.

판례 056
변호사법 제102조 위헌소원(헌재 2014.4.24. 2012헌바45) : **합헌** ★☆☆

변호사가 공소제기되어 그 재판 결과 등록취소될 가능성이 매우 크고, 장차 의뢰인이나 공공의 이익을 해칠 구체적인 위험성이 있는 경우 법무부장관이 업무정지를 명할 수 있도록 한 변호사법 조항은, 명확성의 원칙과 무죄추정의 원칙에 위반되지 않으며 직업수행의 자유를 침해하지 않는다.

🔍 형사 사건으로 공소제기된 변호사에 대하여 필요적으로 업무 정지 : 위헌

판례 057
도로법 제3조 위헌소원 등(헌재 2014.4.24. 2012헌바332) : **각하**

청구인의 주장이 외형상으로는 어떠한 법률조항의 위헌성을 다투고 있으나 실질적으로는 '법률의 부존재'를 주장한 것일 경우, '법률'의 위헌성을 적극적으로 다투는 제도인 헌법재판소법 제68조 제2항의 헌법소원에서는 허용될 수 없어 부적법하다.

판례 058
사립학교법 제53조의2 제7항 위헌소원(헌재 2014.4.24. 2012헌바336) : **합헌** ★☆☆

① 교원지위법정주의에는, 교원이 자주적·전문적·중립적으로 학생을 교육하기 위하여 필요한 중요한 사항으로서 교원의 신분이 부당하게 박탈되지 않도록 하는 최소한의 보호의무에 관한 사항이 포함된다.
② 교원 재임용의 심사요소로 학생교육·학문연구·학생지도를 언급하되 이를 모두 필수요소로 강제하지는 않는 사립학교법 조항은, 교원의 신분을 보호하되 그것이 대학의 자율성과 조화되어야 한다는 헌법 제31조의 취지 및 사립대학에서 학교법인과 교원의 관계는 기본적으로 사법관계인 점을 고려할 때, 학교법인은 여러 심사요소를 고려하여 다양한 교육수요에 적합한 강의전담교원과 연구전담교원을 재량적으로 임용할 수 있으므로 교원지위법정주의에 위반되지 않는다.

판례 059
재외동포의 출입국과 법적 지위에 관한 법률 제3조 등 위헌소원(헌재 2014.4.24, 2012헌바412) : 합헌 ★☆☆

① 외국국적동포들이 재외동포체류자격을 획득하여 누리게 되는 이익은 대부분 법률에 의해 형성되는 수익적 권리이므로, 이 경우 입법자에게 요구되는 직접적 규율의 정도는 상대적으로 약하다.
② 재외동포체류자격의 취득 요건을 대통령령으로 정하는 것은 법률유보원칙이나 포괄위임입법금지원칙에 위반된다고 볼 수 없다.

판례 060
건설산업기본법 제13조 제1항 제4호 등 위헌소원(헌재 2014.4.24, 2013헌바25) : 위헌 ★★☆

임원이 금고 이상의 형을 선고받은 경우 법인의 건설업 등록을 필요적으로 말소하도록 규정한 구 건설산업기본법 조항은 법인의 직업수행의 자유를 침해하는 것이다.

📖 **판례변경** 헌재 2010.4.29, 2008헌가8 선례변경

판례 061
구 가축전염병예방법 제48조 제1항 위헌소원(헌재 2014.4.24, 2013헌바110) : 합헌 ★★☆

① 살처분은 가축의 전염병이 전파가능성과 위해성이 매우 커서 타인의 생명, 신체나 재산에 중대한 침해를 가할 우려가 있는 경우 이를 막기 위해 취해지는 조치로서, 가축 소유자가 수인해야 하는 사회적 제약의 범위에 속한다고 보아야 한다.
② 가축 살처분 보상금을 대통령령으로 정하도록 한 것은 포괄위임금지원칙에 위반되지 않는다.

판례 062
교육공무원법 제11조의2 등 위헌확인(헌재 2014.4.24, 2010헌마747) : 기각, 각하 ★★☆

초등교사 임용후보자 선정경쟁시험 시행시 해당지역 교육대학 출신자에게 지역가산점을 부여하는 것은 헌법에 위반되지 않는다.

판례 063
출입국관리법 시행규칙 제76조 제1항 등 위헌확인(헌재 2014.4.24, 2011헌마474) : 기각 ★★☆

중국국적동포가 재외동포 사증 발급을 신청할 경우 '연간납세증명서, 소득증명서류 등 체류기간 중 단순노무행위 등의 취업활동에 종사하지 않을 것임을 소명하는 서류(법무부장관이 고시하는 불법체류가 많이 발생하는 국가의 외국국적동포에 한함)' 등의 일정한 첨부서류를 제출하도록 하는 것은 법률유보원칙에 위반되지 않고, 평등권을 침해하지 않는다.

판례 064 공직선거법 제218조의5 제2항 위헌확인(헌재 2014.4.24. 2011헌마567) : 기각 ★☆☆

재외선거인 등록신청 시 여권을 제시하도록 한 공직선거법 제218조의5 제2항은 선거권, 평등권을 침해하지 않는다.

판례 065 국립대학법인 서울대학교 설립·운영에 관한 법률 위헌확인(헌재 2014.4.24. 2011헌마612) : 기각, 각하 ★★☆

① 국립대학 서울대학교를 법인인 '국립대학법인 서울대학교'로 전환하고, 소속 교직원들을 공무원에서 퇴직시키거나 법인 서울대의 교직원으로 임용하는 내용 등을 담고 있는 규정에 대한 심판청구에 관하여, 다른 대학 교직원 및 일반시민은 위 법률의 수범자가 아니어서 기본권 침해 가능성 내지 자기관련성이 인정되지 않고, 서울대 재학생의 경우 공무담임권 제한이 발생하지 않을 뿐만 아니라, 대학의 자율에 있어 자기관련성이 인정되지 않는다.

② 국·공유재산을 서울대학교에 무상 양도하거나, 재정 지원 하도록 한 조항은, 서울대 교직원인 청구인들의 입장에서 보면 오히려 간접적·사실적 이익이 되는 조항이므로, 이로써 서울대 교직원들에게 불리한 차별이 발생한다고 볼 수 없어 평등권 침해 가능성이 인정되지 아니한다.

③ 서울대 교직원의 심판청구 중 이사회와 재경위원회에 외부인사를 포함하도록 한 조항은 다양한 이해관계자의 참여를 통해 개방적인 의사결정을 보장하고, 외부의 감시와 견제를 통해 대학의 투명한 운영을 보장하기 위한 것으로 정당성이 인정되므로, 대학의 자율의 본질적인 부분을 침해하였다고 볼 수 없다.

④ 이사회로 하여금 교직원이 참여하는 총장추천위원회에서 추천한 후보자 중에서 총장을 선출하도록 하는 총장의 간접선출 조항은, 단순 임명제와 달리 교직원의 의사가 반영되도록 하며, 총장추천위원회 운영에 관한 구체적 사항을 정관에 위임하여 직접선거와 유사한 방식의 채택 가능성을 열어두는 점 등을 고려할 때 대학의 자율을 침해하였다고 볼 수 없다.

⑤ 국립대학 서울대학교를 법인인 '국립대학법인 서울대학교'로 전환하면서 종전 교직원들을 각자 희망에 따라 공무원에서 퇴직시키고 법인 소속 교직원으로 새로 임용하거나, 일정기간을 정하여 그때까지만 공무원 신분을 보유하도록 한 공무원 지위와 관련한 조항의 경우, 공무담임권을 침해한다고 볼 수 없으며, 국립대학별로 법인화 필요성이 다르고, 교원과 직원 간에 다른 부처로의 전출 가능성에 차이가 있는 점 등에 비추어 보면 평등권을 침해한 것으로 볼 수 없다.

판례 066 방송통신위원회의 설치 및 운영에 관한 법률 제21조 제4호 위헌확인 등(헌재 2014.4.24. 2011헌마655) : 각하 ★☆☆

이 사건 규정들은 모두 직접적으로 청구인의 자유를 제한하거나 의무를 부과하거나 권리 또는 법적 지위를 박탈하는 것이 아니라, 피청구인의 시정요구라는 구체적인 집행행위를 매개로 하여야만 비로소 청구인의 권리의무에 영향을 미치는 것이므로, 그 자체로써 직접 기본권을 제한하지 않는다.

판례 067. 퇴임재판관 후임자선출 부작위 위헌확인(헌재 2014.4.24, 2012헌마2) : 각하 ★★☆

① 헌법 제27조가 보장하고 있는 재판청구권에는 공정한 헌법재판을 받을 권리도 포함된다.
② 헌법재판소법 제6조 제3항 내지 제5항은 공석이 된 재판관의 후임자 선출 기한을 규정하고 있으나, 헌법재판소법이 위 조항들을 위반한 국회의 재판관 선출행위를 무효로 하는 규정을 두고 있지 아니한 점 등에 비추어 볼 때, 위 조항들은 강행규정이 아닌 훈시규정으로 보는 것이 타당하다.
③ 국회가 공석인 재판관의 후임자를 선출함에 있어 준수하여야 할 기간은 헌법재판소법 제6조 제3항 내지 제5항이 규정하고 있는 기간이 아니라, 헌법 제27조, 제111조 제2항 및 제3항의 입법취지, 공석인 재판관 후임자의 선출절차 진행에 소요되는 기간 등을 고려한 '상당한 기간'이라 할 것이다.
④ 헌법 제27조, 제111조 제2항 및 제3항의 해석상, 국회가 선출하여 임명된 재판관 중 공석이 발생한 경우, 국회는 공정한 헌법재판을 받을 권리의 보장을 위하여 '상당한 기간' 내에 공석이 된 재판관의 후임자를 선출하여야 할 헌법상 작위의무를 부담한다.
⑤ 여러 정황을 봤을 때, 국회는 공석이 된 조대현 전 재판관의 후임자를 선출함에 있어 준수하여야 할 '상당한 기간'을 정당한 사유 없이 경과함으로써, 공석인 재판관의 후임자를 선출하여야 할 헌법상 작위의무의 이행을 지체하였다고 보아야 할 것이다. 다만, 헌법소원 심판청구가 적법하려면 심판청구 당시는 물론 결정 당시에도 권리보호이익이 있어야 하는데, 국회가 2012. 9. 19. 조대현 전 재판관의 후임자를 비롯한 3인의 재판관을 선출함으로써 작위의무 이행지체 상태가 해소되었고, 청구인이 제기한 헌법소원 심판청구(2011헌마850)에 대하여 2013. 11. 28. 재판관 9인의 의견으로 각하결정이 선고됨으로써 9인의 재판관으로 구성된 헌법재판소 전원재판부의 판단을 받고자 하였던 청구인의 주관적 목적도 달성되었으므로, 이 사건 심판청구의 권리보호이익은 소멸하였다 할 것이다.

판례 068. 공직선거법 제15조 제1항 등 위헌확인(헌재 2014.4.24, 2012헌마287) : 기각, 각하

① 25세 이상의 국민에게 국회의원 피선거권을 부여하고 있는 공직선거법 제16조 제2항, 25세 이상의 국민에게 지방의회의원 등 피선거권을 부여하고 있는 공직선거법 제16조 제3항은 피선거권, 공무담임권 등을 침해하지 않는다.
 지방의원, 국회의원, 지방자치단체장 피선거 연령 18세 이상
② 19세 이상의 국민에게 지방의회의원 등 선거권을 부여하고 있는 구 공직선거법 조항은 19세 미만인 사람의 선거권 등을 침해하지 않는다. 18세 이상
③ 19세 미만 미성년자는 선거운동을 할 수 없도록 규정하고 있는 구 공직선거법 조항은 19세 미만인 사람의 선거운동의 자유를 침해하지 않는다. 18세 이상
④ 국회의원 선거권이 있는 자만 정당의 발기인 및 당원이 될 수 있도록 규정하고 있는 정당법 조항은 19세 미만인 사람의 정당의 자유를 침해하지 않는다. 16세 이상

판례 069

상시·지속적 업무 담당자의 무기계약직 전환기준 등 공공부문 비정규직 고용개선 추진지침 위헌확인(헌재 2014.4.24, 2012헌마380) : **각하**

상시·지속적 업무 담당자의 무기계약직 전환기준 등 공공부문 비정규직 고용개선 추진지침 중 영어회화 전문강사를 무기계약직 전환 대상에서 제외하고 있는 부분은 관계법령의 규정에 의하여 확정된 내용을 확인한 것에 불과하여 청구인들의 법적 지위에 어떠한 영향을 미친다고 볼 수 없다. 따라서 이 사건 지침조항은 헌법소원의 대상이 되는 공권력 행사에 해당하지 않는다.

판례 070

국민건강보험법 제40조 제1항 위헌확인(헌재 2014.4.24, 2012헌마865) : **기각** ★☆☆

의료법에 따라 개설된 의료기관은 당연히 국민건강보험의 요양기관이 되도록 한 국민건강보험법 조항은, 의료기관 개설자로서의 직업수행의 자유와 평등권, 의료소비자로서의 자기결정권을 침해하지 않는다.

판례 071

약사법 제45조 제2항 제2호 위헌확인(헌재 2014.4.24, 2012헌마811) : **기각** ★☆☆

① 이 사건 법률조항들은 의약품 도매업의 개설·영업행위 자체를 전면적으로 금지하여 직업선택 자체를 제한하는 것은 아니고, 이미 선택한 직업을 영위하는 방식과 조건에 대한 규제로서 직업수행의 자유를 제한하는 성격을 지니고 있다. 따라서 이 사건 법률조항들로 인해 청구인이 제한받는 직업수행의 자유에 대한 위헌심사기준으로는 헌법 제37조 제2항에서 정한 과잉금지원칙을 적용하되, 좁은 의미의 직업선택의 자유에 비하여 다소 완화된 심사기준을 적용함이 상당하다.
② 의약품 도매상 허가를 받기 위해서는 264제곱미터 이상의 면적을 가진 창고를 갖추어야 하며, 기존의 허가를 받은 의약품 도매상의 경우에는 법 시행일인 2012. 3. 31.부터 2년 이내에 해당 시설을 갖추도록 규정한 것은 직업수행의 자유를 침해하지 않는다.
③ 식품, 먹는 물 또는 주류는 해당 법규정의 의미와 목적에 비추어 볼 때 의약품과 동일한 성질의 물품이라 할 수 없으므로, 이러한 물품을 매매하는 식품판매업자 등은 평등원칙을 심사함에 있어 의약품 도매상과 비교집단이 될 수 없으므로 양자 간에 차별취급이 존재한다고 볼 수 없다.
④ 이 사건 법률조항들의 입법취지는 중소기업을 대상으로 하여 그 영업을 규제 하려는 것이 아니며, 그 내용도 중소기업을 특정하여 이에 대해 제한을 가하는 규정이 아니므로 헌법 제123조 제3항에 규정된 국가의 중소기업 보호·육성의무를 위반하였다고 보기 어렵다.

판례 072

사법시험법 시행규칙 제7조 제1항 제2호 위헌확인(헌재 2014.4.24, 2013헌마341) **: 기각** ★☆☆

법무부장관이 사법시험 제1차 시험의 시험실 입실시간을 시험시작 5분전으로 정하고 이를 위반한 경우 시험응시를 제한한 것은 직업선택의 자유를 침해한 것이 아니다.

판례 073

기소유예처분취소(헌재 2014.4.24, 2012헌마594) **: 인용(취소)** ★★★

청구인이 체크카드 1매를 성명 불상자에게 양도하였다는 전자금융거래법위반 혐의를 인정한 기소유예처분은 자의적인 검찰권의 행사로서 청구인의 평등권과 행복추구권을 침해한 것이므로 취소한다.

판례 074

구 농어촌 등 보건의료를 위한 특별조치법 부칙 제1조 위헌제청(헌재 2014.5.29, 2012헌가4) **: 합헌**

공중보건의사에게 공무원 지위를 부여하는 규정의 시행일을 1992. 6. 1.로 정함으로써 1992. 5. 31. 이전에 공중보건의사 복무를 마친 사람에게는 그 규정의 적용을 배제하여 공무원 지위를 부여하지 않은 농어촌 등 보건의료를 위한 특별조치법 부칙 규정은 평등원칙에 위배되지 않는다.

판례 075

국민건강보험법 제6조 제2항 제4호 등 위헌소원(헌재 2014.5.29, 2011헌바384) **: 합헌**

① 무보수 사용자 및 이중가입자를 직장가입자에서 제외하고 있지 아니하고 이들을 직장가입자로서 가입을 강제한 구 국민건강보험법 조항은 청구인의 기본권을 침해하지 않는다.
② 무보수 사용자의 보수월액의 산정에 관한 사항을 대통령령에 위임한 구 국민건강보험법 규정은 포괄위임입법금지의 원칙을 위배하지 않는다.

판례 076

구 소득세법 제81조 제5항 위헌소원(헌재 2014.5.29, 2012헌바28) **: 합헌**

기타소득 등을 지급하는 자에게 지급조서 제출의무를 부담하게 하고 의무 불이행시 2%에 상당하는 가산세를 부과하는 구 소득세법 규정은 재산권을 침해하지 않는다.

판례 077

공직선거법 제268조 제1항 위헌소원(헌재 2014.5.29, 2012헌바383) **: 합헌** ★★☆

교육감 선거에 있어서 선거일 후 행해진 선거범죄의 공소시효 기산일을 '그 행위가 있는 날'로 규정한 것은, 자유선거원칙 중 후보자의 사퇴의 자유를 침해한다고 볼 수 없다.

도시 및 주거환경정비법 제85조 제5호 등 위헌소원(헌재 2014.5.29. 2012헌바390) : 합헌

① 총회의 의결을 거쳐야 하는 사항인 예산으로 정한 사항 외에 조합원의 부담이 될 계약을 총회의 의결을 거치지 아니하고 사업을 임의로 추진하는 조합의 임원에 대하여 2년 이하의 징역 또는 2천만 원 이하의 벌금에 처하도록 한 것은, 죄형법정주의 명확성 원칙에 위반되지 않는다.

② 형사처벌의 근거가 되는 것은 법률이지 판례가 아니고, 형법 조항에 관한 판례의 변경은 그 법률조항의 내용을 확인하는 것에 지나지 아니하여 이로써 그 법률조항 자체가 변경된 것으로 볼 수 없으므로, 행위 당시의 판례에 의하면 처벌대상이 되지 아니하는 것으로 해석되었던 행위를 판례의 변경에 따라 확인된 내용의 형법 조항에 근거하여 처벌한다고 하여 그것이 형벌불소급원칙에 위반된다고 할 수 없다.

구 지방세법 제187조 등 위헌소원(헌재 2014.5.29. 2012헌바432) : 합헌, 각하

시가표준액을 기준으로 토지와 건축물에 대한 재산세의 과세표준을 산정하면서, 보충적으로 시가를 기준으로 하는 규정을 두지 아니한 것은 재산권을 침해하지 않으며, 조세평등주의에 위배되지 않는다.

근로기준법 제33조 위헌소원(헌재 2014.5.29. 2013헌바171) : 합헌 ★☆☆

① 이행강제금은 과거의 일정한 법률위반 행위에 대한 제재로서의 형벌이 아니라 장래의 의무이행 확보를 위한 강제수단일 뿐이어서 국가가 형벌권을 실행한다고 하는 과벌에 해당하지 아니하여 헌법 제13조 제1항이 금지하는 이중처벌금지원칙이 적용될 여지가 없다.

② 구제명령을 이행하지 아니한 사용자에게 이행강제금을 부과하도록 하는 근로기준법 제33조 제1항 및 제5항은 재산권을 침해하지 않는다.

노동조합 및 노동관계조정법 제24조 제2항 등 위헌확인(헌재 2014.5.29. 2010헌마606) : 기각, 각하

노동조합의 전임자가 사용자로부터 급여를 지급받는 것을 금지하는 한편, 근로시간 면제 한도 내에서 임금의 손실 없이 근로자의 노동조합 업무를 보장하는 소위 타임오프제를 정한 '노동조합 및 노동관계조정법' 조항들에 대하여, 근로시간 면제의 구체적 한도를 법에서 직접 정하고 있지 않더라도 죄형법정주의원칙에 반하지 않고, 노동조합이 노조전임자에 대한 급여 지급 요구 및 근로시간 면제 한도를 초과하는 요구를 하고 이를 관철할 목적의 쟁의행위를 하는 것을 금지하는 것은 단체교섭권 및 단체행동권에 대한 과도한 제한으로 보기 어려우므로 헌법에 위반되지 않는다.

판례 082

한부모가족지원법 제20조 제4항 등 위헌확인(헌재 2014.5.29, 2011헌마363) : **기각** ★☆☆

① 사회복지법인 운영의 자유 제한도 헌법 제37조 제2항에 의거한 과잉금지원칙에 위배되어서는 아니 되나, 다만 국가는 헌법 제34조 제2항에 의하여 사회복지를 증진시킬 의무를 부담하고 있어 사회복지법인에 직·간접적인 지원을 하고 있으므로, 입법자는 사회복지법인의 운영에 있어서 자율성을 인정하면서도 비교적 폭넓은 감독과 법률상 규제를 부과할 수 있다.

② 입양기관이 '기본생활지원을 위한 미혼모자가족복지시설'을 함께 운영할 수 없도록 한 것은, 미혼모의 자녀양육권을 실질적으로 보장하고 입양기관의 부당한 입양권유를 방지하기 위한 것으로서 과잉금지의 원칙을 준수하였으므로, 사회복지법인 운영의 자유 등을 침해하지 않는다.

판례 083

의료기사 등에 관한 법률 제1조 등 위헌확인(헌재 2014.5.29, 2011헌마552) : **기각** ★★☆

의사 또는 치과의사의 지도하에서만 물리치료사가 업무를 할 수 있도록 제한하여, 의사와 달리 한의사에게 물리치료사에 대한 지도권한을 인정하지 않아 한의사가 의료기사인 물리치료사의 조력을 통해 물리치료행위 또는 한방물리치료행위를 할 수 없는 것은 한의사의 평등권을 침해한다고 볼 수 없고, 한의사의 직업수행의 자유에 대한 과도한 제한이라고 할 수 없다.

판례 084

형사소송법 제348조 위헌확인(헌재 2014.5.29, 2012헌마104) : **기각**

약식명령에 대한 정식재판청구권 회복청구시 재판의 임의적 집행정지를 규정한 형사소송법 조항은 신체의 자유를 침해하지 않는다.

판례 085

국민연금법 제77조 제1항 위헌확인(헌재 2014.5.29, 2012헌마248) : **기각**

경제적인 필요만으로는 반환일시금을 지급받을 수 없게 한 국민연금법 조항은 재산권을 침해하지 않는다.

판례 086

공무원연금법 제3조 제2항 등 위헌확인(헌재 2014.5.29, 2012헌마515) : **기각**

공무원의 사망 시 공무원연금의 유족이 되는 자녀의 범위에서 18세 이상인 자녀를 제외한 것은 18세 이상인 자녀의 평등권을 침해하지 않으며, 유족일시금을 받을 유족이 없는 경우 유족 아닌 직계존비속에게 그 유족일시금의 2분의 1 상당액을 지급하도록 한 것은 직계존비속의 재산권을 침해하지 않는다.

판례 087

공무원연금법 제30조 등 위헌확인(헌재 2014.5.29, 2012헌마555) : **기각** ★☆☆

공무원연금법상의 유족연금수급권자에서 형제자매를 제외하고 있는 것은 재산권 및 평등권 등을 침해하는 것이 아니다.

판례 088. 공직선거법 제65조 제4항 위헌확인(헌재 2014.5.29. 2012헌마913) : 기각 ★★☆

① 점자형 선거공보의 작성 여부를 후보자의 임의사항으로 규정하고 그 면수를 책자형 선거공보의 면수 이내로 한정하고 있다고 하더라도, 이와 같은 입법자의 선거제도 형성이 현저하게 불합리하고 불공정하여 시각장애인의 선거권을 침해한 것이라고 볼 수 없다.

② 헌법 제34조의 보장영역과 그 내용에 비추어 보면, 선거권의 제한이 생활능력 없는 국민에 대한 국가의 경제적·물질적 보호를 규정한 제34조 제5항의 보장영역에 해당한다고 보기는 어렵다.

판례 089. 법원조직법 부칙 제1조 단서 등 위헌확인(헌재 2014.5.29. 2013헌마127) : 기각 ★★☆

2013. 1. 1.부터 판사임용자격에 일정 기간 법조경력을 요구하는 법원조직법 부칙(2011. 7. 18. 법률 제10861호) 조항은 공무담임권, 평등권을 침해하지 않으며, 병역의무의 이행으로 사법연수원의 입소 및 수료가 늦어져 사법연수원 수료와 동시에 판사임용자격을 취득하지 못하였다고 하더라도 헌법 제39조 제2항에서 금지하는 병역의무의 이행을 이유로 한 불이익을 받은 것이라고 볼 수 없다.

> 주의) 헌법재판소는 2012.11.29. 2011헌마786등 결정에서 판사임용자격에 일정한 기간의 법조경력을 요구하는 법원조직법 부칙(2011. 7. 18. 법률 제10861호) 제1조 단서 중 제42조 제2항에 관한 부분 및 제2조가 '2011. 7. 18. 당시 사법연수생의 신분을 가지고 있었던 자가 사법연수원을 수료하는 해의 판사 임용에 지원하는 경우에 적용되는 한 헌법에 위반된다.'라는 한정위헌 결정을 내린 바 있다.

판례 090. 무혐의처분 취소 등(헌재 2014.5.29. 2013헌마263) : 기각 ★☆☆

공정거래위원회가 공급가격 차별 부분에 대하여 심의절차종료결정을, 배송방법 차별 부분에 대하여 무혐의결정을 행한 것은 평등권, 재판절차진술권을 침해하지 않는다.

판례 091. 영치품반입 제한 위헌확인 등(헌재 2014.5.29. 2013헌마280) : 기각, 각하

① '보내는 사람'과 '받는 사람'에 모두 수용자의 이름이 기재된 택배가 구치소로 우송되자, 보내는 사람을 확인할 수 없다는 이유로 이를 그대로 택배회사로 반송한 행위는, 교도소 등 다수의 수용자들이 구금되어 있는 곳에서 신속·정확하게 우편물을 관리하기 위한 내부적 업무처리 행위로서, 헌법소원의 대상이 되는 공권력의 행사라고 보기 어렵다.

② 수용자를 2014. 2. 4.부터 2013. 4. 8. 사이에 6차례에 걸쳐 서울북부지방검찰청으로 호송함에 있어 상체승의 포승과 수갑을 채우고 다른 수용자와 연승한 행위는 인격권 내지 신체의 자유를 침해하지 않는다.

판례 092. 채무자 회생 및 파산에 관한 법률 제566조 제7호 위헌제청(헌재 2014.6.26. 2012헌가22) : 합헌

개인파산절차에서 면책을 받은 채무자가 악의로 채권자목록에 기재하지 않은 청구권에 대해서만 면책의 예외를 인정하고, 파산채권자에게 채무자의 악의를 입증하도록 하는 것은 파산채권자의 재산권과 평등권을 침해하지 않는다.

판례 093
구 조세특례제한법 제70조 제1항 등 위헌소원(헌재 2014.6.26, 2012헌바299) : **합헌**

농지대토에 대한 양도소득세 감면을 위하여 농지소재지에서의 거주를 요건으로 규정한 구 조세특례제한법 조항은, 거주·이전의 자유, 직업의 자유, 재산권을 제한하지 않으며, 명확성원칙, 포괄위임입법금지원칙, 평등원칙에 위배되지 않는다.

판례 094
대한민국 정부와 홍콩 정부 간의 항공업무에 관한 협정 제9조 제2호 위헌소원 등(헌재 2014.6.26, 2012헌바333) : **합헌** ★★☆

행정심판법에서 '처분' 개념을 "행정청이 행하는 구체적 사실에 관한 법집행으로서의 공권력의 행사 또는 거부, 그 밖에 이에 준하는 행정작용"으로 규정하여 행정심판 대상을 한정하고 있는 것은, 국민의 권리 또는 이익을 침해하지 않는 행정작용에 대하여는 행정심판을 청구할 수 없도록 하지만 이는 불필요한 심판을 억제하여 행정청과 당사자의 부담을 경감시킴으로써 효율적인 행정심판제도를 구현하기 위한 것이므로 재판청구권, 평등권을 침해하지 않는다.

판례 095
의료법 제66조 등 위헌소원(헌재 2014.6.26, 2012헌바369) : **합헌**

침술행위는 의료행위와 한방의료행위의 구분이 모호한 영역이라거나 교차영역이라고 할 수 없고, 보건위생상 위험성이 낮은 의료행위로서 모든 의료인에게 허용되어야 하는 의료행위로 볼 수도 없으므로, 의료인은 면허된 이외의 의료행위를 할 수 없고 이를 위반한 사람을 처벌하도록 규정한 구 의료법 조항은 명확성의 원칙에 위반되지 않으며, 직업의 자유를 침해하지 않는다.

판례 096
산업재해보상보험법 제36조 제7항 등 위헌소원(헌재 2014.6.26, 2012헌바382) : **합헌**

① 2000년 최고보상제도 이전 산재근로자들의 산재보험수급권은 헌법상 보장되는 재산권의 범주에 속한다.
② 산재법상 최고보상제도 최초 도입 이전에 업무상 재해를 입어 종전 자신의 평균임금을 기초로 산정한 보상연금을 지급받아오던 자들에게 2년 6개월의 경과기간이 지난 후부터 최고보상제도를 적용하도록 한 구 산재법 부칙조항 중 '2002년 12월 31일까지는' 부분에 대하여 헌법상 신뢰보호원칙 위반을 이유로 위헌결정을 한 바 있으나(헌재 2009.5.28, 2005헌바20), 종전 방식에 의한 보상연금 지급에 대한 청구인들의 신뢰가 영구불변의 것이라 볼 수 없고, 최고보상제도가 도입된 이후 결과적으로 8년 동안 신뢰보호가 이루어진 것과 마찬가지인 반면, 최고보상제도를 통하여 달성되는 공익의 중대함 등을 비교형량할 때, 종전 방식에 따른 보상연금보다 최고보상기준금액을 한도로 산정된 보상연금의 차액만큼 감축된 보상연금을 지급받게 된다 하더라도, 신뢰보호원칙에 위배되지 않으며 인간다운 생활을 할 권리가 침해된다고 보기는 어렵다.

판례 097
도시개발법 제5조 제1항 제15호 등 위헌소원(헌재 2014.6.26, 2012헌바389) : **각하**

지정권자가 도시개발계획수립 및 실시계획을 인가한 경우 이를 일반에게 고시·공람하도록 규정한 도시개발법 조항은 도시개발계획수립 및 실시계획인가의 무효확인 및 후행처분인 경기도 지방토지수용위원회의 수용재결의 취소를 구하는 당해사건 재판의 전제가 되지 아니하여, 심판대상조항에 대한 청구는 부적법하다.

판례 098
민사집행법 제287조 제3항 위헌소원(헌재 2014.6.26, 2013헌바74) : **합헌**

제소명령에서 정한 기간 안에 본안의 소를 제기하였음을 증명하는 서류를 제출하지 아니한 경우 가압류를 취소하도록 한 민사집행법 조항은 재산권을 침해하거나 적법절차원칙에 위배되지 않는다.

판례 099
행정심판법 제49조 제1항 위헌소원(헌재 2014.6.26, 2013헌바122) : **합헌**

① 공권력의 행사자인 국가, 지방자치단체나 그 기관 또는 국가조직의 일부나 공법인은 기본권의 주체가 아니라 단지 국민의 기본권을 보호 내지 실현해야 할 책임과 의무를 지는 지위에 있을 뿐이다. 지방자치단체의 장은 기본권의 주체가 될 수 없다.
② 헌법 제101조 제1항과 헌법 제107조 제2항은 입법권 및 행정권으로부터 독립된 사법권의 권한과 심사범위를 규정한 것이다. 그리고 헌법 제107조 제3항은 사법절차의 심급제에 따른 불복할 권리까지 준용되어야 한다는 취지는 아니다.
③ 행정심판청구를 인용하는 재결의 기속력을 규정한 행정심판법 제49조 제1항은 헌법에 위반되지 아니한다.

판례 100
국토의 계획 및 이용에 관한 법률 제56조 제1항 제4호 등 위헌소원(헌재 2014.6.26, 2013헌바271) : **합헌**

토지분할을 하려는 자는 원칙적으로 사전허가를 받도록 하고, 개발행위허가권자는 토지분할의 신청 내용이 허가기준에 맞는 경우에만 허가를 하도록 하면서 그 허가기준에 관하여 필요한 세부사항은 대통령령에 위임한 것은 포괄위임금지원칙에 위배되지 않고, 재산권을 침해하지 않는다.

판례 101
교도소 내 화장실 창문 철망설치행위 위헌확인(헌재 2014.6.26, 2011헌마150) : **기각**
★★☆

교도소 수용자들의 자살을 방지하기 위하여 독거실 내 화장실 창문에 안전철망을 설치한 행위는 수형자의 환경권, 인간의 존엄과 가치 및 행복권 등 기본권을 침해하지 않는다.

국적법 제10조 제1항 등 위헌확인(헌재 2014.6.26. 2011헌마502) : 기각, 각하 ★☆☆

① 참정권과 입국의 자유에 대해 외국인의 기본권주체성이 인정되지 않고, 외국인의 복수국적을 제한하는 것으로 재산권이 제한되거나 우리 헌법상 행복추구권이 침해될 가능성은 없다.
② 국적에 관한 사항은 국가의 주권자의 범위를 확정하는 고도의 정치적 속성을 가지고 있어서 당해 국가가 역사적 전통과 정치·경제·사회·문화 등 제반사정을 고려하여 결정할 문제이다.
③ 대한민국 국민이 자진하여 외국 국적을 취득한 경우 대한민국 국적을 상실하도록 한 국적법 제15조 제1항은 거주·이전의 자유 및 행복추구권을 침해하지 않는다.

물포사용행위 위헌확인(헌재 2014.6.26. 2011헌마815) : 각하 ★☆☆

① 서울영등포경찰서장의 2011. 11. 10. 물포발사행위에 대한 헌법소원은 권리보호의 이익이 없어 부적법하다.
② 물포발사행위가 법령상의 한계를 위반하였다고 하더라도 이는 법원이 구체적인 사실관계를 확정하여 그에 따라 위법 여부를 판단할 문제이지, 헌법재판소가 헌법적으로 해명할 필요가 있는 사안이라고 보기도 어렵다. 따라서 예외적으로 헌법적 해명을 위한 심판의 이익도 인정되지 아니한다.

공직자윤리법 시행령 제3조 제4항 제15호 등 위헌확인(헌재 2014.6.26. 2012헌마331) : 기각 ★★☆

금융감독원의 4급 이상 직원에 대하여 공직자윤리법상 재산등록의무를 부과하고 퇴직일로부터 2년간 사기업체 등에의 취업을 제한하고 있는 공직자윤리법 조항들은, 헌법 제37조 제2항의 과잉금지 원칙을 준수하고 있으므로 사생활의 비밀과 자유, 직업선택의 자유 및 평등권을 침해하지 않는다.

입법부작위 위헌확인 등(헌재 2014.6.26. 2012헌마459) : 기각, 각하 ★☆☆

① 지방자치단체장을 위한 별도의 퇴직급여제도를 마련하지 않은 것은 진정입법부작위에 해당하는데, 지방자치단체장은 특정 정당을 정치적 기반으로 하여 선거에 입후보할 수 있고 선거에 의하여 선출되는 공무원이라는 점에서 헌법 제7조 제2항에 따라 신분보장이 필요하고 정치적 중립성이 요구되는 공무원에 해당한다고 보기 어려우므로 헌법 제7조의 해석상 지방자치단체장을 위한 퇴직급여제도를 마련하여야 할 입법적 의무가 도출된다고 볼 수 없고, 그 외에 헌법 제34조나 공무담임권 보장에 관한 헌법 제25조로부터 위와 같은 입법의무가 도출되지 않는다. 따라서 이 사건 입법부작위는 헌법소원의 대상이 될 수 없는 입법부작위를 그 심판대상으로 한 것으로 부적법하다.
② 현행 지방자치단체장은 특정 정당을 정치적 기반으로 할 수 있는 선출직 공무원으로 임기도 4년으로 정해져 있으므로, 지방자치단체장을 공무원연금법의 적용대상에서 제외한 것은 평등권을 침해하지 않는다.

판례 106
미결수용자 등 종교집회참석 불허 위헌확인(헌재 2014.6.26, 2012헌마782) : **인용(위헌확인)** ★☆☆

① 종교집회는 수형자의 교정교화뿐 아니라 교정시설의 안전과 질서유지에 기여하므로, 종교집회에 참석할 수 있는 기회는 형이 확정된 수형자뿐 아니라 미결수용자에게도 인정되어야 한다.

② 미지정 수형자(추가 사건이 진행 중인 자 및 잔형기가 3월 미만인 자)는 법령상 출력수(작업에 종사하는 수형자)와 구분 없이 '수형자'라고 규정되어 있으므로 출력수와 동일하게 종교의 자유를 보장받고 교정교화의 대상이 된다.

③ 출력수에게 매월 3~4회의 종교집회 참석 기회를 보장하는 반면, 미결수용자와 미지정 수형자에 대해서는 원칙적으로 매월 1회, 그것도 공간의 협소함과 관리 인력의 부족을 이유로 수용동별로 돌아가며 종교집회를 실시하여 실제 연간 1회 정도의 종교집회 참석 기회를 부여한 것은 미결수용자 및 미지정 수형자의 구금기간을 고려하면 사실상 종교집회 참석 기회가 거의 보장되지 않는 결과를 초래할 수도 있어, 부산구치소의 열악한 시설을 감안하더라도 종교의 자유를 과도하게 제한하는 것이다.

> 주의 헌재 2011.12.29, 2009헌마527: 미결수용자에게 원칙적으로 종교행사에 참석하는 것을 금지한 대구구치소장의 행위는 종교의 자유를 침해하는 것이다.
> 이 사건은 2009헌마527 결정에서 나아가 원칙적으로 미결수용자에게 종교집회 참석 기회를 보장하더라도 실제 참석 기회가 지나치게 적은 것 역시 종교의 자유를 침해하는 것이라고 판단한 것이다. 또한, 2009헌바527 결정의 판단 대상에 포함되지 아니하였던 미지정 수형자의 종교집회 참석 제한에 관해서도 판단하였다.

판례 107
의료법 제25조 등 위헌확인(헌재 2014.6.26, 2012헌마660) : **기각** ★☆☆

의료인에게 실태와 취업상황 등에 대한 신고의무를 부과하는 의료법 조항은 직업수행의 자유를 침해하지 않는다.

판례 108
입법부작위 위헌확인(헌재 2014.6.26, 2012헌마757) : **기각, 각하** ★☆☆

① 국가유공자법조항이 미귀환포로를 국가유공자로 인정하지 않는다 하여 미귀환포로나 그 자녀들의 사회적 평가에 부정적 영향을 미친다고 볼 수 없으므로, 이 사건 국가유공자법조항은 청구인들의 명예권을 침해하지 않는다.

② 국군포로를 국가유공자에 포함하지 않고 국군포로법을 제정·지원한 것은 평등권을 침해하지 않는다.

판례 109
기소유예처분취소(헌재 2014.6.26, 2013헌마96) : **인용(취소)**

청구인들이 공동하여 피해자에게 요치 3주간의 타박상을 가하였다는 폭력행위등처벌에관한법률위반(공동상해) 혐의를 인정한 검사의 기소유예처분은 자의적인 검찰권의 행사로서 청구인들의 평등권과 행복추구권을 침해한 것이므로 취소한다(인용).

판례 110 유료도로법 제18조 위헌소원(헌재 2014.7.24. 2012헌바104) : 합헌 ★☆☆
① 전국 고속국도를 하나의 도로로 간주하여 통행료를 부과하도록 한 구 유료도로법조항 중 '고속국도'에 관한 부분은 명확성 원칙에 위배되지 않는다.
② 유료도로법에 의한 고속국도 통행료는 부담금으로서의 성격을 가지나 기본적으로는 고속국도 통행에 대한 반대급부로서 징수하는 사용료라고 할 수 있다.
③ 전국 고속국도를 하나의 도로로 간주하여 통행료를 부과할 수 있도록 하여, 개별 노선의 통행료 징수기간 및 비용원리금 초과 여부에 관계없이 유료도로 이용자로 하여금 통행료를 납부하도록 하는 것은 재산권을 침해하지 않는다.

판례 111 형사소송법 제420조 제5호 위헌소원(헌재 2014.7.24. 2012헌바277) : 합헌
재심청구사유로서 '명백한 증거가 새로 발견된 때'라고 규정한 부분은 명확성의 원칙에 위배되지 않는다.

판례 112 구 법인세법 제72조 제5항 등 위헌소원(헌재 2014.7.24. 2012헌바105) : 위헌
① 진정소급입법은 헌법적으로 허용되지 않는 것이 원칙이며 특단의 사정이 있는 경우에만 예외적으로 허용될 수 있고, 이러한 예외사유에 해당하는지 여부는 엄격하게 판단하여야 한다.
② 결손금 소급공제 대상 중소기업에 해당하지 아니하는 법인이 법인세를 환급받은 경우 당해 환급세액을 반환받을 수 있는 근거규정으로 새로이 규정된 법인세법 제72조 제5항 제2호를 시행 후 최초로 환급세액을 징수하는 분부터 적용하도록 한 법인세법 부칙 제9조는, 개정법이 시행되기 전 환급세액을 수령한 부분까지 사후적으로 소급하여 적용되는 것으로서 진정소급입법에 해당하고, 진정소급입법을 예외적으로 허용할 수 있는 특단의 사정이 없으므로, 소급입법 과세금지원칙에 위반되는 것이다.

판례 113 구 건설산업기본법 제82조 제2항 위헌소원(헌재 2014.7.24. 2012헌바292) : 합헌
고의 또는 과실로 건설공사의 시공을 조잡하게 한 경우 당해 건설업자에게 과징금 부과처분 등을 할 수 있도록 하면서, 행정처분의 상대방에 하도급한 때의 수급인을 포함하도록 규정한 것은, 명확성원칙에 위배되지 않으며 자기책임원리에 위반된다고 볼 수 없다.

판례 114 국토의 계획 및 이용에 관한 법률 제2조 제6호 라목 등 위헌소원(헌재 2014.7.24. 2012헌바294) : 합헌, 각하 ★★☆
① 헌법불합치결정을 선고한 바 있는 법률조항의 위헌 여부는 더 이상 심판의 대상이 될 수 없으므로, 이 부분에 대한 심판청구는 부적법하다.
② 민간기업이 도시계획시설사업의 시행을 위하여 수용권을 행사할 수 있도록 규정한 것은 헌법에 위반되지 않는다.
③ '사업의 공공필요성'과 '사업시행자가 공익사업을 수행할 의사와 능력'을 토지수용위원회의 재결 사항으로 규정하지 않은 것은 헌법에 위반되지 않는다.

판례 115
구 상속세 및 증여세법 제35조 제1항 제1호 등 위헌소원(헌재 2014.7.24. 2012헌바370) : **합헌**

특수관계 없는 자간에 거래의 관행상 정당한 사유없이 시가보다 현저히 낮은 가액으로 재산을 양수한 경우에 양수인에게 증여세를 부과하는 것은 재산권을 침해하지 않는다.

판례 116
구 지방세법 제112조 제3항 위헌소원(헌재 2014.7.24. 2012헌바408) : **합헌**

법인이 과밀억제권역 내에 본점의 사업용 부동산으로 건축물을 신축하여 이를 취득하는 경우 취득세를 중과세하는 것은 거주·이전의 자유와 영업의 자유를 침해하지 않는다.

판례 117
구 폐기물관리법 제66조 제11호 위헌소원(헌재 2014.7.24. 2012헌바437) : **합헌** ★☆☆

신고를 하지 아니하고 재활용을 위한 폐기물의 중간처리시설(재활용중간처리시설)을 설치한 자를 처벌하는 것은 직업수행의 자유를 침해하지 않는다.

판례 118
학교안전사고 예방 및 보상에 관한 법률 제43조 제1항 단서 등 위헌소원(헌재 2014.7.24. 2013헌바127) : **각하**

당사자들의 의사에 따라 화해권고결정이 확정됨으로써 소송이 종결되었다면 구체적인 사건이 법원에 계속 중인 경우라고 할 수 없을 뿐 아니라, 위 화해권고결정에 심판대상조항이 적용된 바도 없으므로 심판대상조항에 대하여 위헌 결정이 있다 하더라도 청구인으로서는 당해 사건에 대하여 재심을 청구할 수 없어 종국적으로 당해 사건의 결과에 대하여 이를 다툴 수 없게 되었다 할 것이므로, 심판대상조항이 헌법에 위반되는지 여부는 당해 사건과의 관계에서 재판의 전제가 되지 못한다.

판례 119
정치자금법 제3조 제1호 등 위헌소원(헌재 2014.7.24. 2013헌바169) : **합헌** ★☆☆

① 정치자금 정의조항의 규율대상으로 '그 밖에 정치활동을 하는 자' 부분은 명확성 원칙에 위배되지 않는다.
② 교육감은 정치자금을 모금할 수 있는 주체인 "그 밖에 정치활동을 하는 자"에 해당한다고 볼 수는 없으며, 교육감선거의 후보자도 '그 밖에 정치활동을 하는 자'에 포함된다고 볼 수는 없다.
③ 지방교육자치법에 교육감 선거과정에서 생기는 '정치자금에 관한 사항'에 관하여 별도의 규정을 두지 않고 정치자금법의 시·도지사선거에 적용되는 규정을 포괄적으로 준용하도록 한 것은 명확성 원칙에 위배되지 않는다.
④ 교육의 정치적 중립성이라는 헌법상의 요청에 따라 교육감선거에서는 정당추천 등 정당의 선거관여행위가 일체 금지되므로, 정치자금법의 시·도지사선거에 적용되는 규정 가운데 정당추천후보자와 무소속후보자에게 적용되는 규정이 다른 경우에는 무소속후보자에게 적용되는 규정이 교육감선거에 준용된다는 점도 명확하다.

판례 120. 교통·에너지·환경세법 제2조 제1항 등 위헌소원(헌재 2014.7.24. 2013헌바177) : 합헌 ★☆☆

① 교통·에너지·환경세를 부과할 과세물품조항은 과세요건명확주의에 위배되지 않는다.
② 과세물품조항과 납세의무자조항이 유사석유제품 제조자와 석유제품 제조자 모두에게 교통·에너지·환경세를 과세하면서 동일하게 제조량을 과세표준으로 삼은 것은 조세평등주의에 위배되지 않으며, 재산권을 침해하지 않는다.
③ 과세물품의 세부적인 물품 및 종류를 대통령령에 위임한 것은 포괄위임금지원칙에 위배되지 않는다.
④ 교통·에너지·환경세 납부의무자인 대체유류를 제조하여 반출하는 자에 대하여 과세표준 신고의무를 지우는 것은 형사상 불이익한 사실의 진술을 강요한 것으로 볼 수 없으므로 진술거부권을 제한하지 아니한다.

판례 121. 구 조세특례제한법 제2조 제3항 위헌소원(헌재 2014.7.24. 2013헌바183) : 합헌

① 오늘날 의회의 입법독점주의에서 입법중심주의로 전환하여 일정한 범위 안에서 행정입법을 허용하게 된 동기가 사회적 변화에 대응한 입법수요의 급증과 종래의 형식적 권력분립주의로는 현대사회에 대응할 수 없다는 기능적 권력분립론에 있다는 사정을 감안하면, 헌법이 인정하고 있는 위임입법의 형식은 예시적인 것으로 보아야 한다. 다만, 행정규칙은 법규명령과 같은 엄격한 제정 및 개정절차를 필요로 하지 아니하므로, 기본권을 제한하는 내용의 입법을 위임할 때에는 법규명령에 위임하는 것이 원칙이고, 고시와 같은 형식으로 입법위임을 할 때에는 법령이 전문적·기술적 사항이나 경미한 사항으로서 업무의 성질상 위임이 불가피한 사항에 한정된다. 그리고 그러한 위임의 필요성이 인정되는 경우라 하더라도 포괄위임금지 원칙을 위반하여서는 안 되고, 반드시 구체적·개별적으로 한정된 사항에 대하여 행하여져야 한다.
② 업종의 분류를 통계청장이 고시하는 한국표준산업분류에 의하도록 한 것은 조세법률주의 또는 포괄위임금지 원칙에 위배되지 않는다.

판례 122. 구 국토의 계획 및 이용에 관한 법률 제2조 제6호 라목 등 위헌소원(헌재 2014.7.24. 2013헌바29) : 합헌, 각하 ★★☆

① 민간기업이 도시계획시설사업의 시행을 위하여 수용권을 행사할 수 있도록 규정한 것은 헌법에 위반되지 않는다.
② 도시계획시설사업의 실시계획인가를 사업인정으로 의제하는 것은 헌법에 위반되지 않는다.

판례 123 국토의 계획 및 이용에 관한 법률 부칙 제16조 제1항 위헌소원(헌재 2014.7.24, 2013헌바387) : 합헌

장기미집행 도시계획시설에 대한 실효제도를 도입하면서 경과규정을 두어 도시계획시설 중 2000. 7. 1. 이전에 결정된 시설에 대해서는 그 기산일을 2000. 7. 1.로 정한 국토의 계획 및 이용에 관한 법률 부칙 조항은 재산권 및 평등권을 침해하지 않는다.

판례 124 공직선거법 제218조의4 제1항 등 위헌확인(헌재 2014.7.24, 2009헌마256) : 헌법불합치, 기각, 각하 ★☆☆

①-1. 헌법 제72조의 중요정책 국민투표와 헌법 제130조의 헌법개정안 국민투표는 대의기관인 국회와 대통령의 의사결정에 대한 국민의 승인절차에 해당한다. 대의기관의 선출주체가 곧 대의기관의 의사결정에 대한 승인주체가 되는 것은 당연한 논리적 귀결이다.
2. 재외선거인은 대의기관을 선출할 권리가 있는 국민으로서 대의기관의 의사결정에 대해 승인할 권리가 있고, 국민투표권자에는 재외선거인이 포함된다.
3. 국민투표는 선거와 달리 국민이 직접 국가의 정치에 참여하는 절차이므로, 국민투표권은 대한민국 국민의 자격이 있는 사람에게 반드시 인정되어야 하는 권리이다.
4. 주민등록이 되어 있지 않고 국내거소신고도 하지 않은 재외국민인 재외선거인의 국민투표권을 제한하는 국민투표법 제14조 제1항의 관련부분은 재외선거인의 국민투표권을 침해하여 헌법에 합치되지 않는다.
② 재외선거인의 임기만료지역구국회의원선거권을 인정하지 않은 것은 선거권을 침해하거나 보통선거원칙에 위배된다고 볼 수 없다.
③ 재외선거인에게 국회의원재·보궐선거의 선거권을 인정하지 않은 것은 선거권을 침해하나 보통선거원칙에 위배된다고 볼 수 없다.
④ 재외선거권자로 하여금 선거를 실시할 때마다 재외선거인 등록신청을 하도록 규정한 것은 선거권을 침해한다고 볼 수 없다.
⑤ 재외선거 투표절차를 공관방문투표방법으로 정한 것은 선거권을 침해하지 않는다.

판례 125 무혐의처분취소 등(헌재 2014.7.24, 2012헌마180) : 기각

① 공정거래위원회가 기업경쟁적인 기업결합에 해당하지 않는다고 하여 한 무혐의결정에 대하여는 적대적인 기업결합이 아닌 경우 기업결합의 당사자인 취득회사나 피취득회사가 헌법소원을 제기할 가능성은 거의 없음에도, 기업결합 당사자의 경쟁업체의 자기관련성을 인정하지 않는다면 이를 다툴 방법이 사실상 없게 되므로, 경쟁업체인 청구인들의 자기관련성이 인정된다.
② 임대용 파렛트 생산업체인 ○○○와 임대용 파렛트 대여업체인 ○○○○○○의 기업결합은, 공정거래법이 금지하는 경쟁제한적인 기업결합에 해당하지 않는다는 공정거래위원회의 무혐의결정의 취소를 구하는 심판청구는 기각되었다.

판례 126 도시 및 주거환경정비법 제49조 제6항 위헌확인(헌재 2014.7.24, 2012헌마662) : 기각

관리처분계획의 인가고시가 있으면 정비구역 내 주거세입자들의 건축물에 대한 사용·수익을 정지시키되 그 단서에 의해 공익사업법에 따른 손실보상이 완료되기 전까지는 주거세입자의 사용·수익이 정지되지 않는다고 규정한 것은, 비록 세입자의 재산권을 세입자가 수인해야 하는 사회적 제약의 범주를 벗어날 정도로 제한하고 있지만 세입자의 부담을 완화하는 다양한 보상조치와 보호대책을 마련하고 있으므로 재산권을 침해하지 않는다.

판례 127 성폭력범죄의 처벌 등에 관한 특례법 제32조 제1항 위헌확인(헌재 2014.7.24, 2013헌마423) : 기각

형법상 강제추행죄로 유죄판결이 확정된 자는 신상정보 등록대상자가 되도록 규정한 것은 개인정보 자기결정권을 제한하는 조항이기는 하나 과잉금지원칙에 반하여 개인정보 자기결정권을 침해한다고 할 수 없다. 그러나 신상정보를 반드시 등록할 필요가 없는 특별한 사정이 있다고 인정되는 경우가 예외적으로 존재할 가능성이 있으므로, 입법자로서는 불복절차를 마련하는 등의 입법보완조치를 취하는 것이 바람직하다고 할 것이다.

판례 128 특정 범죄자에 대한 보호관찰 및 전자장치 부착 등에 관한 법률 부칙 제2조 제3항 제11호 위헌확인(헌재 2014.7.24, 2013헌마429) : 각하 ★☆☆

전자장치 부착명령결정에 대한 항고가 부착명령에 대한 집행정지 효력이 없다고 한 조항이 청구인의 기본권을 침해하는지 여부가 문제된 사건에서, 헌법소원 심판청구 후 청구인이 제기한 항고가 인용되어 부착명령이 해제되었고 향후 동종의 침해행위가 반복될 위험도 없어 이 사건 심판청구는 권리보호이익이 없어 부적법하다.

판례 129 서울특별시공고 제2013-1202호 여객자동차운송사업 개선명령 및 준수사항 공고 위헌확인(헌재 2014.7.24, 2013헌마715) : 각하 ★☆☆

'택시청결의무'와 '운수종사자 복장지정' 부분은 여객자동차 운수사업법 시행규칙의 내용을 그대로 확인하는 것에 지나지 아니하거나 대외적 구속력이 없는 행정관청 내부의 해석지침에 불과하여 공권력의 행사에 해당한다고 볼 수 없으므로, 이 부분 심판청구는 부적법하다.

판례 130 구 지방공무원법 제58조 제1항 등 위헌소원(헌재 2014.8.28, 2011헌바50) : 합헌

지방공무원이 공무 외의 일을 위한 집단 행위를 하여서는 안된다는 규정은 명확성원칙, 과잉금지원칙, 평등원칙에 위반되지 않는다.

도로교통법 제156조 등 위헌소원(헌재 2014.8.28, 2012헌바433) : 합헌

① 운전자의 교차로 통행방법 위반시 행정형벌을 과하는 벌칙조항은 책임과 형벌의 비례원칙에 반하지 않는다.

② 범칙금을 납부하지 아니한 사람에게 행정청에 대한 이의제기나 의견진술 등의 기회를 주지 않고 곧바로 즉결심판 절차에 회부하도록 한 것은 적법절차원칙에 위배되지 않는다.

상가건물 임대차보호법 제10조 제1항 단서 위헌소원(헌재 2014.8.28, 2013헌바76) : 합헌

임대인이 계약 갱신거절권을 행사할 수 있는 재건축 사유 및 재건축을 이유로 갱신거절권을 행사할 수 있는 시점에 대하여 어떠한 제한을 두지 않고 있는 것은 임차인의 재산권을 침해하지 않는다.

국가공무원법 제66조 제1항 등 위헌소원(헌재 2014.8.28, 2011헌바32) : 합헌 ★☆☆

① 공무원의 공무 외의 일을 위한 집단 행위를 금지하고 있는 국가공무원법 조항은 명확성원칙, 과잉금지원칙에 위반되지 않는다.

② 교원노조의 일체의 정치활동을 금지하고 있는 것은 명확성원칙, 과잉금지원칙, 평등원칙에 위반되지 않는다.

민법 제1003조 제1항 위헌소원(헌재 2014.8.28, 2013헌바119) : 합헌

사실혼 배우자에게 상속권을 인정하지 않는 민법 조항은 사실혼 배우자의 상속권 및 평등권을 침해하지 않고, 헌법 제36조 제1항에 위반되지 않는다.

근로기준법 제56조 위헌소원(헌재 2014.8.28, 2013헌바172) : 합헌

근로기준법에서 통상임금에 대한 직접적인 정의 규정을 두고 있지 않다 하더라도 근로기준법 제56조의 입법취지, 임금 및 근로시간 등에 관한 다른 규범과의 연관성 등을 종합하여 볼 때 통상임금의 의미를 충분히 도출할 수 있고, 법원이 무엇이 통상임금에 해당하는지에 대하여 구체적이고 합리적인 해석 기준을 확립하여 적용하고 있어 근로기준법상 통상임금은 헌법상 명확성의 원칙에 반하지 않는다.

판례 136

디엔에이 신원확인정보의 이용 및 보호에 관한 법률 부칙 제2조 제1항 위헌확인(헌재 2014. 8. 28. 2011헌마28) : 기각 ★☆☆

① 범죄 수사 및 예방을 위하여 특정범죄의 수형자로부터 디엔에이감식시료를 채취할 수 있도록 하는 것은 과잉금지원칙 및 평등원칙에 위반되지 않는다.
② 동의에 의한 디엔에이감식시료 채취를 규정하면서, 미리 채취대상자에게 채취를 거부할 수 있음을 고지하고 서면으로 동의를 받도록 하고, 동의가 없으면 반드시 법관이 발부한 영장에 의하여 채취하도록 한, 채취동의조항 자체가 영장주의를 회피하여 영장주의와 적법절차원칙에 반하는 것은 아니다.
③ 수형인등 또는 구속피의자 등이 사망한 경우에는 채취되어 데이터베이스에 수록된 디엔에이신원확인정보를 직권 또는 친족의 신청에 의하여 삭제하도록 한 것은, 특별한 사유가 없는 한 사망할 때까지 디엔에이신원확인정보를 데이터베이스에 수록·관리할 수 있도록 규정하고 있으므로 개인정보자기결정권의 제한이 문제되나, 과잉금지원칙을 위반하여 개인정보자기결정권을 침해한다고 볼 수는 없다.
④ 디엔에이신원확인정보의 검색·회보를 규정한 조항은 개인정보자기결정권을 침해한다고 볼 수 없다.
⑤ 디엔에이신원확인정보의 수집·이용은 비형벌적 보안처분으로서 소급입법금지원칙이 적용되지 않고, 소급적용으로 인한 공익적 목적이 당사자의 손실보다 더 크다고 할 것이므로, 법률 시행 당시 디엔에이감식시료 채취 대상범죄로 실형이 확정되어 수용 중인 사람들까지 법률을 적용한다고 하여 소급입법금지원칙에 위배되는 것은 아니다.

판례 137

형의 집행 및 수용자의 처우에 관한 법률 제108조 제10호 등 위헌확인(헌재 2014. 8. 28. 2012헌마623) : 기각 ★★☆

① 미결수용자에 대한 금치기간 중 집필제한 조항은 표현의 자유를 침해하지 않는다.

> **주의** 헌재 2005.2.24. 2003헌마289 결정에서 금치기간 중 집필을 전면 금지한 조항을 위헌으로 판단한 이후, 입법자는 집필을 허가할 수 있는 예외를 규정하였고, 금치처분 기간도 단축하였다.

② 금치기간 중 미결수용자의 서신수수를 금지하도록 한 것은 통신의 자유를 침해하지 않는다.

🔍 금치기간 중 운동금지 : 위헌

인신보호법 제2조 제1항 위헌확인(헌재 2014.8.28, 2012헌마686) : 기각

① 헌법 제12조 제6항은 모든 형태의 공권력행사기관이 체포 또는 구속의 방법으로 신체의 자유를 제한하는 사안에 대해서 적용된다.

② 인신보호법에 따른 구제청구를 할 수 있는 피수용자의 범위에서 출입국관리법에 따라 보호된 자를 제외하고 있는 인신보호법 조항은, 출입국관리법에 따라 보호된 청구인들이 행정소송이나 그 집행의 정지를 구하는 집행정지신청을 통해 보호 자체의 적법 여부를 다툴 수 있고, 출입국관리법이 여러 가지 사전적 절차규정 및 사후적 구제절차를 마련하여 행정소송절차를 통한 구제가 가지는 한계를 보완하고 있는 이상 위 조항은 헌법 제12조 제6항에 반하여 청구인들의 신체의 자유를 제한하지 아니하며, 출입국관리법상 보호가 신체의 자유 제한 자체를 목적으로 하는 행정절차나 행정상의 인신구속과는 목적이나 성질이 다르다는 점을 고려하여 출입국관리법상 보호된 자를 제외한 데에는 합리적 이유가 있으므로 청구인들의 평등권을 침해하는 것도 아니다.

통합진보당 당원 소환통지 취소(헌재 2014.8.28, 2012헌마776) : 각하 ★☆☆

① 당내경선과정의 부정이 있었다고 하더라도 정당은 법적인 책임이 아닌 정치적인 책임만을 부담할 뿐이다. 따라서 청구인 통합진보당은, '통합진보당 당내경선 수사와 관련하여 검사가 통합진보당 당원들에 대하여 출석을 요구한 행위'와 단지 간접적, 사실적 이해관계만이 있을 뿐이므로, 자기관련성이 인정되지 않는다.

② 당내 경선에서 대리투표가 허용되지 않는다는 점이 대법원 판결을 통하여 확인된 이상, 이러한 사안에서 피의자 출석요구의 위헌 여부를 판단하는 것은 헌법질서의 유지·수호를 위하여 긴요한 사항이어서 헌법적으로 그 해명이 중대한 의미가 있는 경우에 해당한다고 보기 어렵기 때문에 당원인 청구인들의 청구 역시 부적합하다.

의료법 제27조 등 위헌확인(헌재 2014.8.28, 2013헌마359) : 각하 ★☆☆

① 무면허 의료행위 금지조항이 제한하고 있는 직업의 자유는 국가자격제도정책과 국가의 경제상황에 따라 법률에 의하여 제한할 수 있는 국민의 권리에 해당한다. 국가 정책에 따라 정부의 허가를 받은 외국인은 정부가 허가한 범위 내에서 소득활동을 할 수 있는 것이므로, 외국인이 국내에서 누리는 직업의 자유는 법률에 따른 정부의 허가에 의해 비로소 발생하는 권리이다. 따라서 외국인은 자격제도의 기본권주체성이 인정되지 않는다.

② 외국국적동포가 누리는 이익은 법률에 의하여 형성된 수익적 권리이므로, 외국국적동포라는 사유만으로 헌법상 기본권주체성의 범위가 확장되는 것은 아니다.

③ 무면허 의료행위를 금지하고 처벌하는 조항의 직접적인 수범자는 무면허 의료행위자이고, 의료소비자는 무면허 의료행위의 금지·처벌과 직접적인 법률관계를 갖지 않아 직접적인 수범자가 아닌 제3자에 불과하다.

판례 141
청년고용촉진특별법 제5조 제1항 등 위헌확인(헌재 2014.8.28, 2013헌마553) : **각하, 기각**
★☆☆

공공기관 및 공기업으로 하여금 매년 정원의 3%이상씩 청년 미취업자를 채용하도록 한 것은 평등권, 공공기관 취업의 자유를 침해하지 않는다.

🔍 장애인 의무 고용 : 합헌

판례 142
국가보안법 제8조 제1항 등 위헌소원(헌재 2014.9.25, 2011헌바358) : **합헌**

① 국가보안법 제4조(목적수행)의 죄를 범하거나 범하려는 자라는 정을 알면서 금품 기타 재산상의 이익을 제공하거나 잠복·회합·통신·연락을 위한 장소를 제공하거나 기타의 방법으로 편의를 제공한 자를 처벌하는 것은 죄형법정주의의 명확성 원칙에 위배된다고 할 수 없다.
② 군사기밀보호법상 군사기밀의 의미는 명확성의 원칙에 위배되지 않으며, 군사기밀에 대한 탐지·수집을 금지하는 것은 국민의 알 권리를 침해하지 않는다.

판례 143
의료법 제56조 제2항 제2호 등 위헌소원(헌재 2014.9.25, 2013헌바28) : **합헌**

소비자를 현혹할 우려가 있는 내용의 의료광고를 금지하는 것은 죄형법정주의의 명확성원칙에 위배되지 않으며, 표현의 자유나 직업수행의 자유를 침해한다고 볼 수 없다.

🔍 의료광고 금지 : 위헌

판례 144
구 의료기기법 제43조 제1항 등 위헌소원(헌재 2014.9.25, 2013헌바162) : **합헌**

품목별로 제조허가를 받지 않거나 제조신고를 하지 않은 의료기기를 수여 또는 사용하거나 사용 등의 목적으로 제조하는 행위를 처벌하도록 규정한 것은 의료기기 제조업자 등의 직업수행의 자유를 침해하지 않는다. **주의** 의료광고금지 : 위헌

판례 145
정보통신망 이용촉진 및 정보보호 등에 관한 법률 제44조의7 제1항 제8호 등 위헌소원(헌재 2014.9.25, 2012헌바325) : **합헌**

① 어떤 행위가 국가의 안전을 위태롭게 하는 반국가활동에 해당하는가의 결정은 국민의 대표기관인 입법자의 판단에 맡겨져 있는 것인바, 입법기관이 국가의 안전을 위태롭게 하는 반국가활동을 규제함으로써 국가의 안전과 국민의 생존 및 자유를 확보할 목적으로 제정한 국가보안법에서 금지하는 행위를 수행하는 내용의 정보는 '그 자체로서 불법성이 뚜렷하고 사회적 유해성이 명백한 표현물'에 해당하므로 그러한 정보의 유통을 금지하는 것을 언론의 자유에 대한 과도한 제한이라고 할 수는 없다.
② '국가보안법에서 금지하는 행위를 수행하는 내용의 정보'에 대하여 정보통신망을 통한 유통을 금지하고, 방송통신위원회가 일정한 요건하에 서비스제공자 등에게 해당 정보의 취급거부·정지·제한을 명하도록 한 것은 언론의 자유를 침해하지 않으며, 명확성원칙 및 권력분립원칙에 위반되지 않는다.

판례 146
새마을금고법 제21조 제1항 제8호 등 위헌소원(헌재 2014.9.25, 2013헌바208) : **헌법불합치** ★☆☆

선거범죄로 인하여 100만 원 이상의 벌금형이 선고되면 임원의 결격사유가 됨에도, 선거범죄와 다른 죄가 병합되어 경합범으로 재판하게 되는 경우 선고범죄를 분리 심리하여 따로 선고하는 규정을 두지 않은 것은 새마을금고 임원이나 임원이 되고자 하는 사람의 직업선택의 자유를 침해하며, 평등의 원칙에도 위반되어 헌법에 합치되지 않는다.

판례 147
군인사법 제15조 제1항 위헌확인(헌재 2014.9.25, 2011헌마414) : **기각** ★☆☆

부사관으로 최초로 임용되는 사람의 최고연령을 27세로 정한 것은, 국가의 안전보장과 국토방위의 의무를 수행하기 위하여 강인한 체력과 정신력을 바탕으로 항시 전투력을 유지할 필요가 있고 위계질서의 확립과 기강확보가 어느 조직보다 중요시되는 군의 특수성을 고려할 때, 위 연령상한이 부사관 임용되기를 원하는 청구인들의 공무담임권을 침해하지 않는다.

 주의 헌법재판소는 임용연령상한 제도가 해당 공직에 취임하고자 하는 사람의 공무담임권을 직접적으로 제한한다는 점에서 헌법 제37조 제2항의 과잉금지원칙 위반 여부를 엄격히 심사하는 입장을 취해왔고, 이에 5급 공무원, 소방공무원 등의 임용연령상한을 정한 조항에 대하여 헌법불합치결정을 한 바 있다. 그러나 이 사건에서는 군의 특수성을 고려할 때, 과잉금지원칙에 따른 심사를 하더라도 부사관의 임용연령상한을 27세로 정한 조항이 공무담임권을 과도하게 제한하는 것은 아니라고 보았다.

판례 148
재판취소(헌재 2014.9.25, 2012헌마175) : **기각**

① 경찰서장이 고소장을 제출받고도 부적법하게 진정사건으로 접수하여 내사종결처분을 하였으므로 내사종결처분은 수사기관의 내부적 사건처리방식에 지나지 않는다고 할 수 없고, 헌법소원의 대상인 공권력의 행사에 해당한다.

② 경찰서장이 공소시효의 완성을 이유로 내사종결처분을 한 이 사건에서 청구인은 공소시효가 완성되지 않았다고 주장하면서 범죄의 성립여부를 판단하지 아니한 채 공소시효가 완성되었다고 판단한 경찰서장의 처분을 다투고 있으므로 권리보호이익을 인정함이 상당하다. 이와 달리 만일 공소시효의 완성 여부를 적법요건으로 본다면, 경찰서장이 실체를 판단하지 아니한 채 공소시효의 완성 여부만을 판단한 이 사건에서는 본안의 판단 대상이 없게 되므로 공소시효 완성여부는 적법요건이 아니라 본안 심판의 대상이 된다. 경찰서장이 처분대상으로 삼지도 아니한 범죄의 성립여부에 관한 실체가 본안이 되는 것이 아니다.

③ 청구인이 제기한 고소를 피청구인(경찰서장)이 진정사건으로 수리하여 공소시효 완성을 이유로 내사종결한 처분은 내사종결처분 시점 이전에 피고소인에 대한 고소사실의 공소시효가 모두 경과되었음이 명백하므로 청구인의 기본권을 침해하지 않는다.

판례 149 | 형의 집행 및 수용자의 처우에 관한 법률 제110조 위헌확인 등(헌재 2014.9.25, 2012헌마523) : 기각 ★☆☆

① 대전교도소장이 2012. 5. 21.부터 2012. 6. 4.까지 청구인을 조사실에 분리수용한 행, 위와 같은 기간 청구인의 작업, 교육훈련, 공동행사참가를 제한한 행위는 법률유보원칙, 적법절차원칙에 위반되지 않으며, 신체의 자유, 통신의 자유, 종교의 자유를 침해하지 않는다.
② 2012. 5. 23.과 2012. 6. 2. 청구인이 변호인 아닌 자와 접견할 당시 교도관이 참여하여 대화내용을 기록하게 한 행위는 사생활의 비밀과 자유를 침해하지 않는다.
③ 청구인이 제출한 소송서류의 발송일자 등을 소송서류 접수 및 전달부에 등재한 행위는 개인정보자기결정권을 침해하였다고 볼 수 없다.

판례 150 | 자동차관리법 제2조 제8호 등 위헌확인(헌재 2014.9.25, 2012헌마741) : 기각 ★☆☆

자동차의 부분도장을 업으로 하려는 자에게 자동차정비업의 등록을 하도록 한 것은 직업선택의 자유를 침해하지 않는다.

판례 151 | 게임산업진흥에 관한 법률 시행령 별표2 제7호 위헌확인(헌재 2014.9.25, 2012헌마1029) : 기각 ★★★

성인 아케이드 게임장을 운영하는 일반게임제공업자에게 게임점수의 기록·보관을 금지하도록 한 것은 일반게임제공업자의 직업수행의 자유와 평등권을 침해하지 않는다.

판례 152 | 민사집행법 제68조 위헌확인(헌재 2014.9.25, 2013헌마11) : 기각

민사집행법상 재산명시의무를 위반한 채무자에 대하여 법원이 결정으로 20일 이내의 감치에 처하도록 한 것은 헌법상 명확성원칙, 적법절차원칙에 위반되지 않으며, 신체의 자유를 침해하지 않는다. 또한 재산목록을 제출하고 그 진실함을 법관 앞에서 선서하는 것은 개인의 인격형성에 관계되는 내심의 가치적·윤리적 판단에 해당하지 않아 양심의 자유의 보호대상이 아니고, 감치의 제재를 통해 이를 강제하는 것이 형사상 불이익한 진술을 강요하는 것이라고 할 수 없으므로, 양심의 자유 및 진술거부권을 침해하지 않는다.

판례 153. 국민건강증진법 제9조 제4항 제23호 위헌확인(헌재 2014.9.25, 2013헌마411) : 기각, 각하 ★★☆

① 지방자치단체는 조례로 관할 구역 안의 일정한 장소를 금연구역으로 지정할 수 있다고 규정한 조항은 지방자치단체로 하여금 흡연으로 인한 피해 방지 등을 위하여 일정한 장소를 금연구역으로 지정할 수 있도록 권한을 부여하고 있으나, 어떤 장소를 금연구역으로 지정할 것인지 여부는 지방자치단체의 재량에 맡겨져 있다. 따라서 기본권 침해의 효과는 지방자치단체가 조례를 통하여 금연구역을 지정할 때 비로소 발생하므로, 지정조항에 대한 심판청구는 기본권 침해의 직접성 요건을 갖추지 못하여 부적법하다.

② 공중이용시설의 소유자 등은 해당 시설 전체를 금연구역으로 지정하여야 한다고 규정한 것은 명확성원칙 및 포괄위임금지원칙에 위반되지 않으며, 흡연자의 일반적 행동자유권을 침해하지 않는다.

판례 154. 변호사법 제21조의2 제1항 위헌확인 등(헌재 2014.9.25, 2013헌마424) : 기각, 각하 ★★☆

① 법무부가 변호사시험 합격자들의 실무수습 관련 문의사항에 대한 답변을 정리하여 인터넷에 게시한 법무부 질의답변은 어떠한 새로운 법적 권리의무를 부과하거나 일정한 작위나 부작위를 구체적으로 지시하는 내용이라고 볼 수 없으므로 헌법소원 심판청구의 대상이 되는 공권력 행사로 볼 수 없다.

② 변호사시험 합격자의 6개월 실무수습 기간 중 단독 법률사무소 개설과 수임을 금지한 변호사법 제21조의2 제1항 등이 변호사시험 합격자인 청구인들의 직업수행의 자유나 평등권 등 기본권을 침해하지 아니한다는 결정을 선고하였다.

판례 155. 지역균형개발 및 지방중소기업 육성에 관한 법률 제16조 제1항 제4호 등 위헌소원(헌재 2014.10.30, 2011헌바172) : 헌법불합치 ★☆☆

① 헌법 제23조 제3항에서 규정하고 있는 '공공필요'의 의미는 "국민의 재산권을 그 의사에 반하여 강제적으로라도 취득해야 할 공익적 필요성"으로 해석한다. 오늘날 공익사업의 범위가 확대되는 경향에 대응하여 '공공필요'의 요건 중 공익성은 추상적인 공익 일반 또는 국가의 이익 이상의 중대한 공익을 요구하므로 기본권 일반의 제한사유인 '공공복리'보다 좁게 보는 것이 타당하다.

② 행정기관이 개발촉진지구 지역개발사업으로 실시계획을 승인하고 이를 고시하기만 하면 고급골프장 사업과 같이 공익성이 낮은 사업에 대해서까지도 시행자인 민간개발자에게 수용권한을 부여하는 것은 헌법 제23조 제3항에 위반되어 헌법에 합치되지 않는다.

민사집행법 제130조 제7항 위헌소원(헌재 2014.10.30. 2013헌바368) : 합헌 ★☆☆

① 포괄위임금지원칙은 대통령령에 관한 규정인 헌법 제75조에서 그 근거를 찾을 수 있지만, 법률에서 위임하는 하위규범의 형식이 대통령령이 아니라 대법원 규칙인 경우에도 준수되어야 한다.

② 부동산 매각허가결정에 대한 즉시항고가 기각될 경우 공탁한 항고보증금 중 매각대금에 대한 대법원 규칙이 정하는 이율에 의한 금액은 돌려줄 것을 요구할 수 없다고 규정한 민사집행법 제130조 제7항은 재판청구권을 침해하지 않는다.

> **주의** 부동산 매각허부결정에 대한 즉시항고 제기 단계에서 항고인에게 공탁하게 하는 항고보증금 액수가 과도하여 위헌인지 여부를 다룬 헌법재판소의 결정은 여러 번 있었는데, 이 사건은 즉시항고를 제기하고 나서 그 즉시항고가 기각된 단계에서의 문제인 항고보증금 중 반환하지 않는 금액이 과도하여 재판청구권을 침해하는지 여부를 다룬 것임.

입법부작위 위헌확인 등(헌재 2014.10.30. 2012헌마138) : 각하 ★☆☆

공직선거법 제24조 제10항은 국회가 선거구획정위원회의 획정안을 "존중"하여야 한다고만 규정하고 있으나, 이는 국회가 선거구획정위원회의 선거구획정안을 참고하여야 한다는 의미일 뿐이어서 위 조항으로부터 국회가 획정안의 내용대로 국회의원지역선거구를 획정할 의무가 곧바로 도출되는 것은 아니며, 헌법상 명문으로나 해석으로나 그러한 의무를 인정하기 어려우므로, 이 사건 입법부작위의 위헌확인을 구하는 청구 부분은 부적법하다.

공직선거법 제25조 제2항 별표1 위헌확인(헌재 2014.10.30, 2012헌마192) : 헌법불합치 ★★☆

> ① 인구편차 상하 50%를 기준으로 국회의원지역선거구를 정하고 있는 공직선거법상 국회의원지역선거구구역표는 그 전체가 헌법에 합치되지 않는다.
> (선거구구역표 중 인구편차 상하 33⅓%를 넘어서는 선거구 위헌 ⇒ 한 부분에 위헌적인 요소가 있다면, 선거구구역표 전체가 위헌임)
> 🔍 문제된 선거구가 입법재량을 넘어선 자의적인 선거구획정은 아님.
> ② 국회의원지역선거구의 인구편차의 기준을 인구편차 상하 33⅓%, 인구비례 2:1을 넘어서지 않는 것으로 변경하는 것이 타당하다. 🔍 지방의원 : 인구비례 3:1

1. **이 사건 분할금지조항에 대한 청구에 관한 판단**

   이 사건 분할금지조항은 국회가 국회의원지역선거구를 획정할 때 행정구역 단위 중 자치구를 분할하여 다른 선거구로 편입하는 것만을 명시적으로 금지함으로써, 행정구의 분구 및 통합 가능성을 열어놓고 있을 뿐이다. 따라서 법률 조항 자체만으로는 어떠한 행정구가 분할되어 다른 선거구로 편입될 것인지를 전혀 예측할 수 없고, 국회가 위 조항에 근거하여 이 사건 선거구구역표를 편성한 이후에야 비로소 2012헌마262 사건의 청구인들이 주민등록을 두고 있는 천안시 서북구가 분할되어 다른 선거구와 통합될 것인지 여부가 결정되는 것이다. 이처럼 위 청구인들이 주장하는 기본권 침해가 이 사건 분할금지조항이 아니라 심판대상 선거구구역표에 의하여 비로소 발생하게 되는 이상, 이 사건 분할금지조항에 대하여 기본권침해의 직접성을 인정할 수 없으므로, 이 사건 분할금지조항에 대한 심판청구는 부적법하다.

2. **심판대상 선거구구역표가 투표가치의 평등을 침해하는지 여부**

   우리 재판소는 국회의원의 지역대표성, 도시와 농어촌 간의 인구편차, 각 분야에 있어서의 개발불균형 등을 근거로 국회의원지역선거구의 획정에 있어 인구편차의 허용기준을 인구편차 상하 50%로 제시한 바가 있다(헌재 2001.10.25, 2000헌마92등 참조). 그러나 다음의 점들을 고려할 때, 현재의 시점에서 헌법이 허용하는 인구편차의 기준을 인구편차 상하 33⅓%, 인구비례 2:1을 넘어서지 않는 것으로 변경하는 것이 타당하다.

   (1) 인구편차 상하 50%의 기준을 적용하게 되면 1인의 투표가치가 다른 1인의 투표가치에 비하여 세 배의 가치를 가지는 경우도 발생하는데, 이는 지나친 투표가치의 불평등이다. 더구나, 단원제 하에서는 인구편차 상하 50%의 기준을 따를 경우 인구가 적은 지역구에서 당선된 국회의원이 획득한 투표수보다 인구가 많은 지역구에서 낙선된 후보자가 획득한 투표수가 많은 경우가 발생할 가능성도 있는바, 이는 대의민주주의의 관점에서도 결코 바람직하지 아니하다.

   (2) 국회를 구성함에 있어 국회의원의 지역대표성이 고려되어야 한다고 할지라도 이것이 국민주권주의의 출발점인 투표가치의 평등보다 우선시 될 수는 없다. 특히 현재는 지방자치제도가 정착되어 지역대표성을 이유로 헌법상 원칙인 투표가치의 평등을 현저히 완화할 필요성 또한 예전에 비해 크지 않다.

⑶ 인구편차의 허용기준을 완화하면 할수록 과대대표되는 지역과 과소대표되는 지역이 생길 가능성 또한 높아지는데, 이는 지역정당구조를 심화시키는 부작용을 야기할 수 있다. 특히, 이러한 불균형은 같은 농·어촌 지역 사이에서도 나타나게 되는데, 같은 농·어촌 지역 간에 존재하는 이와 같은 불균형은 농·어촌 지역의 합리적인 변화를 저해할 수 있으며, 국토의 균형발전에도 도움이 되지 않는다.

⑷ 다음 선거까지 약 1년 6개월의 시간이 남아 있고, 국회가 국회의원지역선거구를 획정함에 있어 비록 상설기관은 아니지만 전문가들로 구성된 국회의원선거구획정위원회로부터 다양한 정책적 지원을 받을 수 있음을 고려할 때(공직선거법 제24조), 선거구 조정의 현실적인 어려움 역시 인구편차의 허용기준을 완화할 사유가 될 수는 없다.

⑸ 마지막으로 점차로 인구편차의 허용기준을 엄격하게 하는 것이 외국의 판례와 입법추세임을 고려할 때, 우리도 인구편차의 허용기준을 엄격하게 하는 일을 더 이상 미룰 수 없다.

⑹ 따라서 심판대상 선거구구역표 중, 인구편차 상하 33⅓%를 넘어서는 "경기도 용인시 갑선거구", "경기도 용인시 을선거구", "충청남도 천안시 갑선거구", "충청남도 천안시 을선거구", "서울특별시 강남구 갑선거구" 및 "인천광역시 남동구 갑선거구" 부분은 해당 선거구가 속한 지역에 거주하는 청구인들의 선거권 및 평등권을 침해한다.

3. 문제된 4개 선거구가 자의적인 선거구획정에 해당하는지 여부

국회가 문제된 4개 선거구를 획정함에 있어 행정구의 일부를 분할하여 다른 구와 합구하거나 통합한 주된 이유는 이러한 방법 외에 선거구 간의 인구편차를 줄일 수 있는 다른 방법을 찾기 어려웠기 때문이다. 또한, 분구된 지역은 행정구역도상으로 합구된 지역에 인접해 있어 양 지역 사이에 생활환경이나 교통, 교육환경에 큰 차이가 없고, 달리 국회가 특정 지역에 주소지를 두고 있는 선거인들의 정치참여 기회를 박탈하거나 특정 지역의 선거인을 차별하고자 하는 의도를 가지고 있었다고 볼 만한 사정이 없으며, 이들에 대한 실질적인 차별효과가 명백하게 드러났다고 볼 수도 없다.

2012헌마211 사건의 청구인들은 국회가 "경기도 용인시 갑선거구" 및 "경기도 용인시 을선거구" 부분을 획정함에 있어 국회의원선거구획정위원회의 선거구획정안에 따르지 아니한 것이 위 청구인들의 선거권 및 평등권을 침해한다고 주장하나, 국회는 국회의원선거구획정위원회의 선거구획정안을 참고하여야 할 뿐 선거구획정안에 따라야 할 의무를 가지는 것은 아니므로, 선거구획정안의 내용과 다르게 선거구를 획정하였다는 이유만으로 입법재량을 일탈하였다고 볼 수는 없다.

2013헌마325 사건 청구인들 중 청구인 봉○○은 심판대상 선거구구역표 중 "충청남도 천안시 갑선거구" 및 "충청남도 천안시 을선거구" 부분이 구 공직선거법(2010. 1. 25. 법률 제9974호로 개정되고, 2014. 2. 13. 법률 제12393호로 개정되기 전의 것) 제26조 제1항 별표2 '시·도의회의원지역선거구구역표'와 부합하지 않게 되었으므로, 이러한 선거구획정은 자의적인 것이라고 주장하나, 국회의원지역선거구구역표와 지방의회의원지역선거구구역표가 통일성을 가져야 할 특별한 이유가 없으며, 나아가 2014. 2. 13. 법률 제12393호로 개정된 현행 공직선거법 제26조 제1항 별표2 '시·도의회의원지역선거구구역표'에서는 서북구 쌍용2동을 동남구 신방동과 묶어 "천안시 제4선거구"로 획정하고 있으므로 더 이상 국회의원지역선거구와 시·도의회의원지역선거구 사이에 불일치가 있다고 볼 수도 없다.

따라서 문제된 4개 선거구구역표는 모두 합리적인 이유가 있는 것으로, 이를 입법재량의 범위를 벗어난 자의적인 선거구획정으로 볼 수 없다.

4. 위헌선언의 범위 및 헌법불합치 결정의 필요성

선거구구역표는 전체가 불가분의 일체를 이루는 것으로서 어느 한 부분에 위헌적인 요소가 있다면, 선거구구역표 전체가 위헌의 하자를 갖는 것이다. 따라서 원칙적으로 이 사건 선거구구역표 전체에 대하여 위헌결정을 하여야 할 것이나, 단순 위헌 결정을 할 경우 법적 공백이 발생할 우려가 큰 점 등을 고려하여, 입법자가 2015. 12. 31.을 시한으로 이 사건 선거구구역표 전체를 개정할 때까지 이 사건 선거구구역표 전체의 잠정적 적용을 명하는 헌법불합치결정을 하기로 한다.

판례 159 | 구 도로교통법 제116조 위헌제청(헌재 2014.11.27, 2014헌가14) : 위헌

구 도로교통법 제116조 중 '법인의 대리인, 사용인, 그 밖의 종업원이 그 법인의 업무에 관하여 제113조 제1호 중 제35조 제1항을 위반한 때에는 그 법인에 대하여도 해당 조항의 벌금 또는 과료의 형을 과한다.' 부분은 책임주의원칙에 반하므로 헌법에 위반된다.

판례 160 | 특정범죄 가중처벌 등에 관한 법률 제10조 위헌소원(헌재 2014.11.27, 2014헌바224) : 위헌 ★☆☆

형법 제207조에 규정된 죄를 범한 사람은 사형, 무기 또는 5년 이상의 징역에 처하는 특정범죄 가중처벌 등에 관한 법률 제10조는, 형법 제207조 제1항 및 제4항과 똑같은 구성요건을 규정하면서 법정형의 상한에 '사형'을 추가하고 하한을 2년에서 5년으로 올려놓음으로써 형사특별법으로서 갖추어야 할 형벌체계상의 균형을 잃은 것이 명백하므로 인간의 존엄성과 가치를 보장하는 헌법의 기본원리에 반하고 그 내용에 있어서도 평등원칙에 위반된다.

판례 161 | 공직선거법 제47조 등 위헌확인(헌재 2014.11.27, 2013헌마814) : 각하 ★☆☆

① 헌법 제25조가 보장하는 공무담임권은 입법부, 행정부, 사법부는 물론 지방자치단체 등 국가, 공공단체의 구성원으로서 그 직무를 담당할 수 있는 권리를 말한다.
② 정당의 내부경선에 참여할 권리는 헌법상 보장되는 공무담임권의 내용에 포함되지 않는다.
③ 정당의 공직후보자 추천을 위한 당내경선 실시 여부를 정당이 재량으로 결정할 수 있도록 한 공직선거법 제57조의2 제1항은 청구인의 공무담임권이나 평등권을 침해할 가능성이 없으므로 심판청구는 부적법하다.

통합진보당 해산 청구 사건(헌재 2014.12.19. 2013헌다1 통합진보당 해산, 헌재 2014.12.19. 2013헌사907 정당활동정지가처분신청) : **인용(해산)** ★★☆

> 피청구인 통합진보당이 북한식 사회주의를 실현한다는 숨은 목적을 가지고 내란을 논의하는 회합을 개최하는 등 활동을 한 것은 헌법상 민주적 기본질서에 위배되고, 이러한 피청구인의 실질적 해악을 끼치는 구체적 위험성을 제거하기 위해서는 정당해산 외에 다른 대안이 없으며, 피청구인에 대한 해산결정은 비례의 원칙에도 어긋나지 않고, 위헌정당의 해산을 명하는 비상상황에서는 국회의원의 국민 대표성은 희생될 수밖에 없으므로 피청구인 소속 국회의원의 의원직 상실은 위헌정당해산 제도의 본질로부터 인정되는 기본적 효력이다. 그러므로 피청구인 통합진보당을 해산하고 그 소속 국회의원은 의원직을 상실한다.

(1) 청구의 적법성 : 적법

대통령이 직무상 해외 순방 중인 경우에는 국무총리가 그 직무를 대행할 수 있으므로, 국무총리가 주재한 국무회의에서 이 사건 정당해산심판 청구서 제출안이 의결되었다고 하여 그 의결이 위법하다고 볼 수 없다.

국무회의에 제출되는 의안은 긴급한 의안이 아닌 한 차관회의의 심의를 거쳐야 하나, 의안의 긴급성에 관한 판단은 정부의 재량이므로, 피청구인 소속 국회의원 등이 관련된 내란 관련 사건이 발생한 상황에서 제출된 이 사건 정당해산심판청구에 대한 의안이 긴급한 의안에 해당한다고 본 정부의 판단에 재량의 일탈이나 남용이 있다고 단정하기 어렵다.

(2) 정당해산심판제도의 의의와 정당해산심판의 사유

① **정당해산심판제도의 의의**

정당해산심판제도는 정당 존립의 특권 특히 정부의 비판자로서 야당의 존립과 활동을 특별히 보장하고자 하는 헌법제정자의 규범적 의지의 산물로 이해되어야 한다. 그러나 이 제도로 인해서 정당 활동의 자유가 인정된다고 하더라도 민주적 기본질서를 침해해서는 안 된다는 헌법적 한계 역시 설정되어 있다.

② **정당해산심판의 사유**

정당의 목적이나 활동 중 어느 하나라도 민주적 기본질서에 위배되어야 한다.

헌법 제8조 제4항의 '민주적 기본질서'는, 개인의 자율적 이성을 신뢰하고 모든 정치적 견해들이 상대적 진리성과 합리성을 지닌다고 전제하는 다원적 세계관에 입각한 것으로서, 모든 폭력적·자의적 지배를 배제하고, 다수를 존중하면서도 소수를 배려하는 민주적 의사결정과 자유와 평등을 기본원리로 하여 구성되고 운영되는 정치적 질서를 말한다. 민주적 기본질서를 부정하지 않는 한 정당은 다양한 스펙트럼의 이념적 지향을 자유롭게 추구할 수 있다.

민주적 기본질서 위배란 민주적 기본질서에 대한 단순한 위반이나 저촉을 의미하는 것이 아니라 정당의 목적이나 활동이 민주적 기본질서에 대한 실질적 해악을 끼칠 수 있는 구체적 위험성을 초래하는 경우를 가리킨다.

강제적 정당해산은 핵심적인 정치적 기본권인 정당 활동의 자유에 대한 근본적 제한이므로 헌법 제37조 제2항이 규정하고 있는 비례의 원칙을 준수해야만 한다.

(3) 피청구인의 목적이나 활동이 민주적 기본질서에 위배되는지 여부 : 위배

① 피청구인의 목적

정당의 강령은 그 자체로 다의적이고 추상적으로 규정되는 것이 일반적이고, 피청구인이 지도적 이념으로 내세우는 진보적 민주주의 역시 그 자체로 특정한 내용을 담고 있다고 보기 어렵다. 진보적 민주주의는 이른바 자주파에 의해 피청구인 강령에 도입되었다.

자주파는 이른바 민족해방(National Liberation, NL) 계열로 우리 사회를 미 제국주의에 종속된 식민지 반(半)봉건사회 또는 반(半)자본주의사회로 이해하고 민족해방 인민민주주의 혁명이 필요하다고 주장하고 있다. 이들은 한국 사회를 신식민지 국가독점자본주의 사회로 파악하고 계급적 지배 체제의 극복을 중시했던 민중민주(People's Democracy, PD) 계열 또는 평등파와 구별된다.

진보적 민주주의 실현을 추구하는 경기동부연합, 광주전남연합, 부산울산연합의 주요 구성원 및 이들과 이념적 지향점을 같이하는 당원 등 피청구인 주도세력은 자주파에 속하고 그들의 방침대로 당직자 결정 등 주요 사안을 결정하며 당을 주도하여 왔다.

피청구인 주도세력은 과거 민혁당 및 영남위원회, 실천연대, 일심회, 한청 등에서 자주·민주·통일 노선을 제시하면서 북한의 주장에 동조하거나 북한과 연계되어 활동하고, 북한의 주체사상을 추종하였다. 이들은 북한 관련 문제에서는 맹목적으로 북한을 지지하고 대한민국 정부는 무리하게 비판하고 있으며, 이석기가 주도한 내란 관련 사건에도 다수 참석하였고 이 사건 관련자를 적극 옹호하고 있다.

피청구인 주도세력은 우리나라를 미국과 외세에 예속된 천민적 자본주의 또는 식민지 반자본주의 사회로 인식하고 있고, 자유민주주의 체제가 자본가 계급의 정권으로서 자본가 내지 특권적 지배계급이 국가권력을 장악하여 민중을 착취 수탈하고 민중의 주권을 실질적으로 강탈한 구조적 불평등사회로 인식하고 있다. 피청구인 주도세력은 이러한 자유민주주의 체제의 모순을 해소하기 위해 민중이 주권을 가지는 민중민주주의 사회로 전환하여야 하는데 민족해방문제가 선결과제이므로 민족해방 민중민주주의혁명을 하여야 한다고 주장한다. 그런데 피청구인 주도세력은 자유민주주의 체제에서 사회주의로 안정적으로 이행하기 위한 과도기 정부로서 진보적 민주주의 체제를 설정하였다. 한편, 피청구인 주도세력은 연방제 통일을 추구하고 있는데, 낮은 단계 연방제 통일 이후 추진할 통일국가의 모습은 과도기 진보적 민주주의 체제를 거친 사회주의 체제이다.

피청구인 주도세력은 우리 사회가 특권적 지배계급이 주권을 행사하는 거꾸로 된 사회라는 인식 아래 대중투쟁이 전민항쟁으로 발전하고 저항권적 상황이 전개될 경우 무력행사 등 폭력을 행사하여 자유민주주의 체제를 전복하고 헌법제정에 의한 새로운 진보적 민주주의 체제를 구축하여 집권한다는 입장을 가지고 있다. 이들의 이러한 입장은 이석기 등의 내란 관련 사건으로 현실로 확인되었다.

② 피청구인의 활동

이석기를 비롯한 내란 관련 회합 참가자들은 경기동부연합의 주요 구성원으로서 북한의 주체사상을 추종하고, 당시 정세를 전쟁 국면으로 인식하고 이석기의 주도 아래 전쟁 발발 시 북한에 동조하여 대한민국 내 국가기간시설의 파괴, 무기 제조 및 탈취, 통신 교란 등 폭력 수단을 실행하고자 회합을 개최하였다.

내란 관련 회합의 개최 경위, 참석자들의 피청구인 당내 지위 및 역할, 이 회합이 피청구인의 핵심 주도세력에 의하여 개최된 점, 회합을 주도한 이석기의 경기동부연합의 수장으로서의 지위 및 이 사건에 대한 피청구인의 전당적 옹호 및 비호 태도 등을 종합하면, 이 회합은 피청구인의 활동으로 귀속된다.

그 밖에 비례대표 부정경선, 중앙위원회 폭력 사태 및 관악을 지역구 여론 조작 사건 등은 피청구인 당원들이 토론과 표결에 기반하지 않고 비민주적이고 폭력적인 수단으로 지지하는 후보의 당선을 관철시키려고 한 것으로서 선거제도를 형해화하여 민주주의 원리를 훼손하는 것이다.

③ 피청구인의 진정한 목적과 활동

피청구인 주도세력은 폭력에 의하여 진보적 민주주의를 실현하고 이를 기초로 통일을 통하여 최종적으로 사회주의를 실현한다는 목적을 가지고 있다. 피청구인 주도세력은 북한을 추종하고 있고 그들이 주장하는 진보적 민주주의는 북한의 대남혁명전략과 거의 모든 점에서 전체적으로 같거나 매우 유사하다.

피청구인 주도세력은 민중민주주의 변혁론에 따라 혁명을 추구하면서 북한의 입장을 옹호하고 애국가를 부정하거나 태극기도 게양하지 않는 등 대한민국의 정통성을 부정하고 있다. 이러한 경향은 이석기 등 내란 관련 사건에서 극명하게 드러났다.

이러한 사정과 피청구인 주도세력이 피청구인을 장악하고 있음에 비추어 그들의 목적과 활동은 피청구인의 목적과 활동으로 귀속되는 점 등을 종합하여 보면, 피청구인의 진정한 목적과 활동은 1차적으로 폭력에 의하여 진보적 민주주의를 실현하고 최종적으로는 북한식 사회주의를 실현하는 것으로 판단된다.

④ 피청구인의 목적이나 활동이 민주적 기본질서에 위배되는지 여부

북한식 사회주의 체제는 조선노동당이 제시하는 정치 노선을 절대적인 선으로 받아들이고 그 정당의 특정한 계급노선과 결부된 인민민주주의 독재방식과 수령론에 기초한 1인 독재를 통치의 본질로 추구하는 점에서 우리 헌법상 민주적 기본질서와 근본적으로 충돌한다.

피청구인은 진보적 민주주의를 실현하기 위해서는 전민항쟁이나 저항권 등 폭력을 행사하여 자유민주주의체제를 전복할 수 있다고 하는데, 이는 모든 폭력적·자의적 지배를 배제하고, 다수를 존중하면서도 소수를 배려하는 민주적 의사결정을 기본원리로 하는 민주적 기본질서에 정면으로 저촉된다.

내란 관련 사건, 비례대표 부정경선 사건, 중앙위원회 폭력 사건 및 관악을 지역구 여론 조작 사건 등 피청구인의 활동들은 내용적 측면에서는 국가의 존립, 의회제도, 법치주의 및 선거제도 등을 부정하는 것이고, 수단이나 성격의 측면에서는 자신의 의사를 관철하기 위해 폭력·위계 등을 적극적으로 사용하여 민주주의 이념에 반하는 것이다.

피청구인이 북한식 사회주의를 실현한다는 숨은 목적을 가지고 내란을 논의하는 회합을 개최하고 비례대표 부정경선 사건이나 중앙위원회 폭력 사건을 일으키는 등 활동을 하여 왔는데 이러한 활동은 유사상황에서 반복될 가능성이 크다. 더구나 피청구인 주도세력의 북한 추종성에 비추어 피청구인의 여러 활동들은 민주적 기본질서에 대해 실질적 해악을 끼칠 구체적 위험성이 발현된 것으로 보인다. 특히 내란 관련 사건에서 피청구인 구성원들이 북한에 동조하여 대한민국의 존립에 위해를 가할 수 있는 방안을 구체적으로 논의한 것은 피청구인의 진정한 목적을 단적으로 드러낸 것으로서 표현의 자유의 한계를 넘어 민주적 기본질서에 대한 구체적 위험성을 배가한 것이다.

이상을 종합하면, 피청구인의 위와 같은 진정한 목적이나 그에 기초한 활동은 우리 사회의 민주적 기본질서에 대해 실질적 해악을 끼칠 수 있는 구체적 위험성을 초래하였다고 판단되므로, 우리 헌법상 민주적 기본질서에 위배된다.

⑤ 비례의 원칙에 위배되는지 여부

피청구인은 적극적이고 계획적으로 민주적 기본질서를 공격하여 그 근간을 훼손하고 이를 폐지하고자 하였으므로, 이로 인해 초래되는 위험성을 시급히 제거하기 위해 정당해산의 필요성이 인정된다.

대남혁명전략에 따라 대한민국 체제를 전복하려는 북한이라는 반국가단체와 대치하고 있는 대한민국의 특수한 상황도 고려하여야 한다.

위법행위가 확인된 개개인에 대한 형사처벌이 가능하지만 그것만으로 정당 자체의 위헌성이 제거되지는 않으며, 피청구인 주도세력은 언제든 그들의 위헌적 목적을 정당의 정책으로 내걸어 곧바로 실현할 수 있는 상황에 있다. 따라서 합법정당을 가장하여 국민의 세금으로 상당한 액수의 정당보조금을 받아 활동하면서 민주적 기본질서를 파괴하려는 피청구인의 고유한 위험성을 제거하기 위해서는 정당해산결정 외에 다른 대안이 없다.

정당해산결정으로 민주적 기본질서를 수호함으로써 얻을 수 있는 법익은 정당해산결정으로 초래되는 피청구인의 정당활동 자유의 근본적 제약이나 민주주의에 대한 일부 제한이라는 불이익에 비하여 월등히 크고 중요하다.

결국, 피청구인에 대한 해산결정은 민주적 기본질서에 가해지는 위험성을 실효적으로 제거하기 위한 부득이한 해법으로서 헌법 제8조 제4항에 따라 정당화되므로 비례의 원칙에 어긋나지 않는다.

(4) 피청구인 소속 국회의원의 의원직 상실 여부 : 상실

① 국회의원의 국민대표성과 정당 기속성

국회의원은 국민 전체의 대표자로서 활동하는 한편, 소속 정당의 이념을 대변하는 정당의 대표자로서도 활동한다. 공직선거법 제192조 제4항은 비례대표 국회의원에 대하여 소속 정당의 해산 등 이외의 사유로 당적을 이탈하는 경우 퇴직된다고 규정하고 있는데, 이 규정의 의미는 정당이 자진 해산하는 경우 비례대표 국회의원은 퇴직되지 않는다는 것으로서, 국회의원의 국민대표성과 정당기속성 사이의 긴장관계를 적절히 조화시켜 규율하고 있다.

② 정당해산심판제도의 본질적 효력과 의원직 상실 여부

엄격한 요건 아래 위헌정당으로 판단하여 정당 해산을 명하는 것은 헌법을 수호한다는 방어적 민주주의 관점에서 비롯된 것이므로, 이러한 비상상황에서는 국회의원의 국민 대표성은 부득이 희생될 수밖에 없다.

해산되는 위헌정당 소속 국회의원이 의원직을 유지한다면 위헌적인 정치이념을 정치적 의사 형성과정에서 대변하고 이를 실현하려는 활동을 허용함으로써 실질적으로는 그 정당이 계속 존속하는 것과 마찬가지의 결과를 가져오므로, 해산 정당 소속 국회의원의 의원직을 상실시키지 않는 것은 결국 정당해산제도가 가지는 헌법 수호 기능이나 방어적 민주주의 이념과 원리에 어긋나고 정당해산결정의 실효성을 확보할 수 없게 된다.

이와 같이 헌법재판소의 해산결정으로 해산되는 정당 소속 국회의원의 의원직 상실은 위헌정당해산 제도의 본질로부터 인정되는 기본적 효력이다.

※ 재판관 김이수의 반대의견의 요지

이 사건 심판청구의 적법성, 그리고 정당해산심판제도의 의의와 정당해산심판의 사유에 대하여는 법정의견과 의견을 같이함.

(1) 정당해산요건의 엄격한 해석, 적용의 요구

정당해산요건을 해석함에 있어서는 그 문언적 의미를 제한적으로 이해하여야 하고, 정당의 목적이나 활동의 내용을 판단할 수 있는 자료 내지 근거를 선별함에 있어서는 당해 정당과의 관련성을 정밀하게 살펴야 한다.

정당의 목적이나 활동의 판단자료는 대부분 표현행위이므로 그 의미는 가능한 한 객관적이고 보편적으로 수용 가능한 해석 방법론에 의하여 확정되어야 한다. 또 정당해산의 요건을 해석하고 적용함에 있어서는 어떤 논리적 오류나 비약도 있어서는 안 된다. 피청구인에게 '은폐된 목적'이 있다는 점 자체가 엄격하게 증명되어야 할 사항 가운데 하나임에도 불구하고, 청구인의 논증은 이를 당연한 것으로 전제하고 있다.

피청구인은 당비를 납부하는 진성 당원의 수만 3만 여명에 이르는 정당인데, 그 대다수 구성원의 정치적 지향이 어디에 있는지 논증하는 과정에서 구성원 중 극히 일부의 지향을 피청구인 전체의 정견으로 간주하여서는 안 된다. 피청구인의 일부 구성원이 민주적 기본질서에 위배되는 사상을 가지고 있으므로 나머지 구성원도 모두 그러할 것이라는 가정은 부분에 대하여 말할 수 있는 것을 전체에 부당하게 적용하는 것으로서 성급한 일반화의 오류이다.

자주파가 주축이 된 피청구인의 목적이 1차적으로 폭력에 의하여 진보적 민주주의를 실현하고 최종적으로 북한식 사회주의를 실현하는 데 있다는 법정의견의 판단이 정당해산심판 사유를 엄격하게 해석, 적용한 결과인지 의문이다.

(2) 피청구인의 목적 : 민주적 기본질서에 위배되지 않음

피청구인의 강령이나 이를 구체화하는 문헌들을 종합해 볼 때, "일하는 사람이 주인되는 자주적 민주정부를 세우고, 민중이 정치경제 사회 문화 등 사회생활 전반의 진정한 주인이 되는 진보적인 민주주의 사회를 실현하겠다."는 피청구인의 선언은, 일

하는 사람, 민중에 해당하는 계급과 계층의 이익을 중심으로 우리 사회의 모순들을 극복해 실질적 민주주의를 구현하겠다는 것이라고 볼 수 있다.

피청구인의 강령상 '진보적 민주주의'의 구체적인 내용은 이른바 진보적 정치세력들에 의하여 수십 년에 걸쳐 주장되고 형성된 여러 논리들과 정책들을 선택적으로 수용하고 조합한 것으로서 실질적으로 광의의 사회주의 이념으로 평가될 수 있으나, 민주적 기본질서에 위배되는 내용을 담고 있지는 않다. 또 법정의견이 보는 것처럼 피청구인이 북한식 사회주의 추구를 위한 전제조건으로서 '진보적 민주주의'를 도입하였다고 볼 수 있는 증거도 없다.

한편 자주파의 대북정책이나 입장이 우리 사회의 다수 인식과 동떨어진 측면이 있고 자주파가 친북적 성향을 가지고 있었다고 할지라도, 자주파 전체가 북한을 무조건 추종하고 북한식 사회주의를 추구한다고 볼 수 있는 증거는 없다. 민주노동당에서 피청구인에 이르는 분당과 창당 및 재분당 과정을 통하여 피청구인은 민주노동당보다 인적으로 축소된 상태이고 자주파나 이에 우호적인 사람들의 비중이 커졌다고 볼 수 있으나, 민주노동당 구성원 가운데 종북 성향을 가진 사람만이 피청구인에 남았다고 볼 수도 없다.

청구인은 민혁당 잔존세력이 피청구인을 장악하였다고 주장하나, 피청구인 구성원 가운데 민혁당 조직원이나 하부 조직원 또는 관계자였던 것으로 인정할 수 있는 사람은 직접 유죄판결을 받았거나 판결에서 조직원으로 언급된 단지 몇 명에 불과하고, 경기동부연합이 과거 민혁당 또는 민혁당 조직원 등에 의하여 의사결정이 좌우되는 상태에 있었다는 점이나, 경기동부연합, 광주전남연합, 부산울산경남연합이 어떤 이념을 공유하거나 지지하여, 통일적으로, 단결하여 활동하고 있다는 점도 입증되었다고 볼 수 없다.

피청구인이 우리 사회의 문제를 구조적인 것으로 인식하여 구조적이고 급진적인 변혁을 추구하고 있다고 하더라도, 단순히 확립된 질서에 도전한다는 것만으로는 민주국가에서 금지되는 행위가 되지 않는다. 피청구인이 표방하는 '일하는 사람들이 주인이 되는 사회'나 외세로부터 자유로운 '자주적 정부'는 오래된 정치철학적 전통 속에 있는 주장으로 각국의 다양한 진보정당들이 같은 취지의 주장을 개진하고 있으며 피청구인이 독창적으로 구성하여 제기한 것이 아니다. 피청구인이 현존하는 정치·경제 질서에 부정적 의사를 표시하고, 선거를 통한 집권 이외에 예외적으로 헌법질서가 중대하게 침해받는 경우에는 저항권에 의한 집권이 가능하다고 언급하고 있다는 사정만으로, 폭력적 수단이나 민주주의 원칙에 반하는 수단으로 변혁을 추구하거나 민주적 기본질서의 전복을 추구하고 있다는 점이 구체적으로 입증되었다고 볼 수 없다.

피청구인이 사회주의적 요소를 내포하는 강령을 내세우고 있고, 북한도 적어도 대외적·공식적으로는 사회주의 이념을 내세우고 있으므로, 피청구인의 주장이 북한의 주장과 일정 부분 유사한 것은 자연스런 현상이다. 피청구인이 북한을 추종하기 때문에 위와 같은 유사성이 나타났다고 보는 것은 지나치게 단순한 해석이다. 정부와 권력에 대한 비판적 정신과 시각이 북한과의 연계나 북한에 대한 동조라는 막연한 혐의로

좌절되는 일이 재발하지 않도록 하기 위해서는 북한의 주장과 유사하다는 점만으로 북한 추종성이 곧바로 증명될 수 있다고 보아서는 안 된다.

(3) 피청구인의 활동 : 민주적 기본질서에 위배되지 않음

피청구인의 지역조직인 경기도당이 주최한 2013. 5. 10. 및 5. 12. 모임에서 이루어진 이석기 등의 발언은, 전쟁이 벌어졌을 때 남의 자주세력과 북의 자주세력이 힘을 합쳐서 적인 미국과 싸운다거나 대한민국의 국가기간시설을 공격한다는 발상을 담고 있어 국민의 보편적 정서에 어긋나는 것일 뿐만 아니라, 이러한 모임을 되풀이하거나 구체적 실행으로 나아갈 개연성 등을 고려하면 민주적 기본질서에 위배된다. 그러나 피청구인의 지역조직인 경기도당 행사에서 이루어진 위와 같은 활동은 비핵평화체제와 자주적 평화통일을 추구하는 피청구인 전체의 기본노선에 반하여 이루어진 것으로서, 피청구인이 이를 적극적으로 옹호하거나 그로부터 기본노선에 영향을 받고 있다고 인정하기에는 부족하므로 이를 피청구인의 책임으로 귀속시킬 수 없다. 즉, 이석기 등의 그와 같은 발언은 피청구인의 기본노선과 현저하게 다르고, 이 사건 모임 참석자들이 피청구인 전체를 장악하였다고 할 수 없으며, 나아가 피청구인이 이 사건 모임 또는 모임에서의 발언을 승인하였다고 볼 수도 없으므로, 이 사건 모임이나 그 모임에서 이루어진 구체적 활동으로 인한 민주적 기본질서 위배의 문제를 피청구인 정당 전체의 책임으로 볼 수는 없다.

비례대표 부정경선 사건이나 중앙위원회 폭력 사건, 야권단일화 여론조작 사건과 같은 피청구인 일부 구성원의 개별 활동이 당내 민주주의를 훼손하거나, 민주적 의사결정원리를 존중하지 않았거나, 실정법을 위반한 사실은 인정된다. 그러나 피청구인 전체가 민주적 기본질서에 위배되는 목적을 위하여 조직적, 계획적, 적극적, 지속적으로 위와 같은 활동을 한 것은 아니다.

위와 같은 활동들을 제외하면 피청구인은 다른 정당들과 마찬가지로 일상적인 정당 활동을 영위하여 온 점, 그간 우리 사회가 산발적인 선거부정 행위나 정당 관계자의 범죄에 대하여는 행위자에 대한 형사처벌과 당해 정당의 정치적 책임의 문제로 해결하여 온 점 등을 고려하면, 위와 같은 활동들이 피청구인의 정치적 기본노선에 입각한 것이거나 거꾸로 피청구인의 기본노선에 중대한 영향을 미치는 것으로서 민주적 기본질서에 실질적 해악을 끼칠 구체적 위험이 있다고 보기에는 부족하다.

또한 피청구인이 민주적 기본질서에 위배되는 목적의 추구를 위하여 적극적, 의도적으로 국가보안법 위반 전력자를 기용하였다고 볼 수도 없다.

결국 피청구인의 활동은 민주적 기본질서에 위배되지 아니한다.

(4) 비례원칙 충족 여부 – 해산의 필요성 인정되지 않음

피청구인에 대한 해산결정은 그것을 통해 달성할 수 있는 사회적 이익이 통상적인 관념에 비해 크지 않을 수 있다. 그 반면 피청구인의 해산결정으로 인해 초래될 사회적 불이익은 민주 사회의 순기능에 장애를 줄 만큼 크다. 강제적 정당해산은 민주주의 체제의 가장 중요한 요소인 정당의 자유 및 정치적 결사의 자유에 대한 중대한 제약을 초래한다. 피청구인에 대한 해산결정은 우리 사회가 추구하고 보호해야 할 사상의 다양성을 훼손하고, 특히 소수자들의 정치적 자유를 심각하게 위축시킬 수 있다. 나아가 피청구인에 대한 해산결정은 우리 사회의 진정한 통합과 안정에도 심각한 영향을 준다. 민주노동당 시절부터 지금까지 피청구인이 한국 사회에 제시했던 여러 진보적 정책들이 우리 사회를 변화하게 만든 부분이 있음을 부인하기 어렵고, 이는 피청구인에 소속된 대다수 당원들이 이 당의 당원이 되고자 결심하도록 만든 큰 이유가 되었을 것이다. 그럼에도 불구하고 이석기 등 일부의 당원들이 보여준 일탈 행위를 이유로 피청구인을 해산해 버린다면, 이 노선과 활동을 지지해 온 대다수 일반 당원들(피청구인 전체 당원 수는 10만여 명에 이른다)의 정치적 뜻을 왜곡하고 그들을 위헌적인 정당의 당원으로 만듦으로써 그들에게 사회적 낙인 효과를 가하게 될 것이다. 이는 피청구인 자체를 반국가단체로, 그리고 당원 전체를 반국가단체의 구성원으로, 피청구인을 지지한 국민을 반국가단체 지지자로 규정하는 것이다. 과거 독일에서 공산당 해산심판이 청구되고 해산 결정이 이루어진 후 다시 독일공산당이 재건되기까지, 12만 5천여 명에 이르는 공산당 관련자가 수사를 받았고, 그 중 6천~7천 명이 형사처벌을 받았으며, 그 과정에서 직장에서 해고되는 등 사회 활동에 제약을 받는 문제가 발생하였던 것에 비추어 보면, 이 결정으로 우리 사회에서 그러한 일이 나타나지 않으리란 보장이 없다.

피청구인 소속 당원들(이석기 등 내란 관련 사건의 관련자들) 중 북한의 대남혁명론에 동조하여 대한민국의 민주적 기본질서를 전복하려는 세력이 있다면, 형법이나 국가보안법 등을 통해 그 세력을 피청구인의 정책결정과정으로부터 효과적으로 배제할 수 있다. 그 세력 중 일부가 국회의원이고 그 지위를 활용하여 국가질서에 대한 공격적인 시도를 더욱 적극적으로 행하고 있다면, 국회는 이를 스스로 밝혀내어 자율적인 절차를 통해 그들을 제명할 수 있는 길도 열려 있다(헌법 제64조 제3항).

정당해산제도는 비록 그 필요성이 인정된다고 하더라도 최대한 최후적이고 보충적인 용도로 활용되어야 하므로 정당해산 여부는 원칙적으로 정치적 공론(선거 등)의 장에 맡기는 것이 적절하며, 2014. 6. 4. 치러진 제6회 지방선거 결과(광역 비례대표 정당득표율 4.3%)와 최근 여론조사 결과에서도 알 수 있듯이 우리 사회의 정치적 공론 영역에서 피청구인에 대한 실효적인 비판과 논박이 이미 이루어지고 있다.

위와 같은 사정들을 종합적으로 고려할 때, 피청구인에 대한 해산은 정당해산의 정당화 사유로서의 비례원칙 준수라는 헌법상 요청을 충족시키지 못한다.

따라서 이 사건 심판청구는 기각되어야 한다. 이는 피청구인의 문제점들에 대해 면죄부를 주고 피청구인을 옹호하기 위해서가 아니라, 바로 우리가 오랜 세월 피땀 흘려 어렵게 성취한 민주주의와 법치주의의 성과를 훼손하지 않기 위한 것이고, 또한 대한민국 헌정질서에 대한 의연한 신뢰를 천명하기 위한 것이며, 헌법정신의 본질을 수호하기 위한 것이다.

2015년도 헌법재판소 판례

판례 001 구 도로법 제86조 위헌제청(2015.1.29. 2014헌가24) : 위헌

개인의 대리인·사용인 기타의 종업원이 그 개인의 업무에 관하여 위반행위를 한 때에는 그 개인에 대하여도 해당 조의 벌금형을 과하도록 한 구 도로법 조항은 책임주의원칙에 위배된다.

판례 002 형사소송법 제260조 등 위헌소원(2015.1.29. 2012헌바434) : 각하

법원이 재정신청이 이유 있는 경우 공소제기결정을 하도록 규정한 형사소송법 제262조 제2항 제2호 중 공소제기 부분은 당해사건인 공소제기기각결정에 대한 재항고 사건에서 재판의 전제가 되지 아니하므로 부적법하다.

판례 003 구 도시 및 주거환경정비법 제4조 제1항 위헌소원(2015.1.29. 2013헌바136) : 각하

시장·군수로 하여금 정비계획을 14일 이상 주민에게 공람하고 지방의회의 의견을 들은 후 시·도지사에게 정비구역지정을 신청하도록 한 구 '도시 및 주거환경정비법' 제4조 제1항은, 정비구역 지정결정의 무효확인을 구하는 당해 사건 재판의 전제성이 인정되지 아니하므로 부적법하다.

※ 결정의 의의

종래 헌법재판소는, 당해 사건에서 쟁송기간이 경과한 행정처분의 무효확인을 구하는 경우에 그 행정처분의 근거법률이 위헌임을 다투는 헌법소원심판청구에 대하여 재판의 전제성을 부인하여 왔고(2009헌바101, 2005헌바71, 2003헌바113, 2010헌바251 등 다수 결정례), 두 개 이상의 행정처분이 연속적으로 행하여지는 경우 선행처분과 후행처분이 서로 독립하여 별개의 법률효과를 목적으로 하는 때에는 원칙적으로 선행처분의 하자를 이유로 후행처분의 효력을 다툴 수 없어 재판의 전제성을 부정하였는바(2009헌바429), 이 사건에서도 선례의 입장을 유지한 것이다.

판례 004 도로교통법 제80조 위헌소원(2015.1.29. 2013헌바173) : 합헌 ★☆☆

제1종 특수면허 없이 특수자동차를 운전한 경우 무면허운전죄로 처벌하면서 제1종 특수면허로 운전할 수 있는 차의 종류를 행정안전부령에 위임하고 있는 도로교통법 조항은 포괄위임금지원칙에 위배되지 않는다.

형법 제241조 위헌소원(헌재 2015.2.26. 2009헌바17) : 위헌 ★★★

간통 및 상간행위에 대하여 2년 이하의 징역에 처하도록 규정한 형법 제241조는 헌법에 위반된다.
🔍 혼인빙자간음죄 : 위헌

(1) 재판관 박한철, 재판관 이진성, 재판관 김창종, 재판관 서기석, 재판관 조용호의 위헌의견

심판대상조항은 선량한 성풍속 및 일부일처제에 기초한 혼인제도를 보호하고 부부간 정조의무를 지키게 하기 위한 것으로서, 헌법상 보장되는 성적 자기결정권 및 사생활의 비밀과 자유를 제한한다.

그런데 사회 구조 및 결혼과 성에 관한 국민의 의식이 변화되고, 성적 자기결정권을 보다 중요시하는 인식이 확산됨에 따라, 간통행위에 대하여 이를 국가가 형벌로 다스리는 것이 적정한지에 대해서는 이제 더 이상 국민의 인식이 일치한다고 보기 어렵게 되었다. 또한 비록 비도덕적인 행위라 할지라도 본질적으로 개인의 사생활에 속하고 사회에 끼치는 해악이 그다지 크지 않거나 구체적 법익에 대한 명백한 침해가 없는 경우에는 국가권력이 개입해서는 안 된다는 것이 현대 형법의 추세이고, 이에 따라 전세계적으로 간통죄는 폐지되고 있다. 혼인과 가정의 유지는 당사자의 자유로운 의지와 애정에 맡겨야지, 형벌을 통하여 타율적으로 강제될 수 없는 것이다.

현재 간통행위가 처벌되는 비율, 간통행위에 대한 사회적 비난의 정도에 비추어 보아 형사정책상 일반예방 및 특별예방의 효과를 거두기는 어렵게 되었다. 부부 간 정조의무 및 여성 배우자의 보호는 간통한 배우자를 상대로 한 재판상 이혼 청구(민법 제840조 제1호), 손해배상 청구(민법 제843조, 제806조), 자(子)의 양육, 면접교섭권의 제한·배제 등의 결정에서의 불이익 부여(민법 제837조, 837조의2), 재산분할청구(민법 제839조의2) 등에 의하여 보다 효과적으로 달성될 수 있다. 오히려 간통죄가 유책의 정도가 훨씬 큰 배우자의 이혼수단으로 활용되거나 일시 탈선한 가정주부 등을 공갈하는 수단으로 악용되고 있기도 하다.

이상을 종합해 보면, 심판대상조항은 그 수단의 적절성과 침해최소성을 갖추지 못하였다고 할 것이다.

그리고 위와 같이 혼인제도 및 부부 간 정조의무 보호라는 공익이 더 이상 심판대상조항을 통하여 달성될 것으로 보기 어려운 반면, 심판대상조항은 국민의 성적 자기결정권 등의 기본권을 지나치게 제한하고 있으므로 법익 균형성도 상실하였다.

결국 심판대상조항은 과잉금지원칙에 위배하여 국민의 성적 자기결정권 및 사생활의 비밀과 자유를 침해하는 것으로서 헌법에 위반된다.

(2) 재판관 김이수의 위헌의견

간통죄의 본질은 자유로운 의사에 기하여 혼인이라는 사회제도를 선택한 자가 의도적으로 배우자에 대한 성적 성실의무를 위배하는 성적 배임행위를 저지른데 있다.

간통행위자 및 배우자 있는 상간자에 대한 형사처벌은 부부 간의 성적 성실의무에 기초한 혼인제도에 내포되어 있는 사회윤리적 기본질서를 최소한도로 보호하려는 정당한 목적 하에 이루어지는 것으로서, 개인의 성적 자기결정권에 대한 과도한 제한이라고 하기 어렵다. 또한 이에 대한 형벌적 규제가 아직도 필요하다는 것이 상당수 일반 국민들의 법의식으로 보인다. 그러나, 현실적으로 간통 및 상간 행위 중에는 사실상 혼인관계의 회복이 불가능한 파탄상태로 인해 배우자에 대한 성적 성실의무를 더 이상 부담하지 아니하는 간통행위자 및 배우자 있는 상간자의 간통 및 상간 행위와 같이 비난가능성 내지 반사회성이 없는 경우가 있다. 또한 미혼인 상간자의 경우 애당초 배우자에 대한 성적 성실의무의 존재 및 그 위배라는 개념을 상정할 여지가 없으므로, 미혼인 상간자의 성적 자기결정권의 행사인 상간행위에 대하여는 윤리적·도덕적 비난, 민사상 불법행위책임의 추궁 등을 통하여 그에 상응하는 적절한 책임을 묻는 것이 바람직하고, 국가가 형벌로 규제할 대상이 아니다. 다만 미혼인 상간자가 적극적 도발 내지 유혹을 함으로써 간통을 유발한 경우, 그의 상간행위는 반사회적이고 비난가능성이 현저히 크므로 예외적으로 국가형벌권의 행사가 정당화된다.

그럼에도 불구하고, 심판대상조항이 행위자의 유형 및 구체적 행위태양 등에 따른 개별성과 특수성을 고려할 가능성을 아예 배제한 채 일률적으로 모든 간통행위자 및 상간자를 형사처벌하도록 규정한 것은 형벌 본래의 목적과 기능을 달성함에 있어 필요한 정도를 일탈하여 개인의 성적 자기결정권을 과도하게 제한하는 국가형벌권의 과잉행사로서 헌법에 위반된다.

(3) 재판관 강일원의 위헌의견

배우자 있는 사람의 간통은 일부일처주의에 대한 중대한 위협이자 배우자와 가족구성원의 유기 등 심각한 사회문제를 야기하기 때문에 간통 및 상간행위가 내밀한 사생활의 영역에 속하는 것이라고 해도 법적 규제의 필요성이 인정된다. 그러나 배우자의 종용이나 유서가 있는 경우 간통죄로 고소할 수 없는데, 소극적 소추조건인 종용이나 유서의 개념이 명확하지 않아 수범자인 국민이 국가 공권력 행사의 범위와 한계를 확실하게 예측할 수 없다. 따라서 심판대상조항은 명확성 원칙에 위배된다.

또한 간통 및 상간행위에는 행위의 태양에 따라 죄질이 현저하게 다른 수많은 경우가 존재함에도 심판대상조항이 간통 및 상간행위에 대하여 선택의 여지 없이 반드시 징역형으로만 응징하도록 한 것은 구체적 사안의 개별성과 특수성을 고려할 수 있는 가능성을 배제 또는 제한하여 책임과 형벌간 비례의 원칙에 위배되어 헌법에 위반된다.

※ 재판관 이진성의 다수의견에 대한 보충의견

간통행위는 행위 유형이 다양하여 법정형으로 징역형만 규정한 것이 책임과 형벌 사이에 균형을 잃을 가능성은 있지만, 재산형인 벌금형이나 명예형인 자격형이 배우자에 대한 정조의무를 저버리고 혼인제도의 문란을 가져오는 비윤리적 범죄인 간통죄에 유효하고 적절한 수단이라고 보기 어렵다. 부부 일방의 부정행위로 인한 민사, 가사 문제 해결수단을 간통죄를 유지시켜 형사사건에서 찾을 것도 아니다. 실질적 위하력을 발휘하지 못하고 있는 간통죄를 폐지하는 한편, 간통행위로 인한 가족의 해체 사태에서 손해배상, 재산분할청구, 자녀양육, 면접 등에 관한 재판실무관행을 개선하고 배우자와 자녀를 위해 필요한 제도를 새로 강구해야 한다.

판례 006
특정범죄 가중처벌 등에 관한 법률 제5조의4 제1항 위헌제청(헌재 2015. 2. 26. 2014헌가16)
: 위헌 ★★☆

상습절도범과 상습장물취득범을 가중처벌한 특정범죄 가중처벌 등에 관한 법률 제5조의4 제1항, 4항 등 관련 조항은 형법 조항과 똑같은 구성요건을 규정하면서 법정형만 상향 조정하여 형사특별법으로서 갖추어야 할 형벌 체계상의 정당성과 균형을 잃어 헌법에 위반된다.

판례 007
구 도로교통법 제87조 제1항 등 위헌소원(헌재 2015. 2. 26. 2012헌바268) **: 합헌**

제2종 운전면허를 받은 사람과는 달리, 제1종 운전면허를 받은 사람에게만 정기적성검사를 받도록 하고 정기적성검사 기간 내에 적성검사를 받지 아니한 경우 행정형벌을 과할 수 있도록 규정한 것은 평등원칙이나 책임과 형벌의 비례원칙에 위반되지 않는다.

판례 008
구 소득세법 제94조 제1항 제3호 가목 등 위헌소원(헌재 2015. 2. 26. 2012헌바355) **: 합헌**

① 대주주가 상장주식을 양도한 경우에 양도소득세를 부과하는 구 소득세법 제94조 제1항 제3호 가목 전단 중 "대통령령이 정하는 대주주"에 관한 부분은 조세법률주의 및 포괄위임입법금지원칙에 위배되지 않는다.
② 양도소득세를 미납한 경우 납부불성실가산세를 부과하는 것은 재산권을 침해하지 않는다.

판례 009
지방공무원법 제69조의2 제1항 등 위헌소원(헌재 2015. 2. 26. 2012헌바435) **: 합헌 ★☆☆**

공무원의 징계 사유가 공금의 횡령인 경우 공금 횡령액의 5배 내의 징계부가금을 부과하도록 한 것은 이중처벌금지원칙·무죄추정원칙·과잉금지원칙에 위배되지 않는다.

판례 010
부정경쟁방지 및 영업비밀보호에 관한 법률 제18조 제3항 제1호 위헌소원(헌재 2015. 2. 26. 2013헌바73) **: 합헌**

국내에 널리 인식된 다른 사람의 영업표지와 동일하거나 유사한 것을 사용하여 타인의 영업상의 시설 또는 활동과 혼동하게 하는 행위를 처벌하도록 규정한 구 부정경쟁방지법 및 영업비밀보호에 관한 법률 조항은 죄형법정주의의 명확성원칙에 위배되지 않는다.

판례 011
아동·청소년의 성보호에 관한 법률 제7조 제5항 등 위헌소원(헌재 2015. 2. 26. 2013헌바107)
: 합헌 ★☆☆

위력으로써 여자 아동·청소년을 간음한 자를 여자 아동·청소년을 강간한 자에 준하여 처벌하도록 하고 있는 부분은 명확성원칙 및 과잉금지원칙, 평등원칙에 위배되지 않아 헌법에 위반되지 않는다.

판례 012 정치자금법 제49조 제2항 제3호 등 위헌소원(헌재 2015.2.26, 2013헌바176) : 합헌

회계책임자에 의하지 아니한 선거비용 수입·지출행위를 처벌함에 있어 공직선거법상 선거범죄와 달리 단기 공소시효의 특칙을 규정하지 아니한 정치자금법 제49조는 평등권이나 공무담임권을 침해하지 않는다.

> **주의** 법률에 관련규정이 없는 입법부작위의 문제에 있어, 새마을금고법상 위반행위에 대해 단기의 공소시효를 두지 않은 것과 관련하여 입법의 흠결을 다투는 진정입법부작위에 대한 주장으로 보고 부적법 각하한 선례(헌재 2010.10.28, 2008헌마612)와는 달리, 이 사건에서는 입법의 불충분·불완전함을 다투는 부진정입법부작위에 대한 주장으로 보고 본안판단을 함.

판례 013 도시 및 주거환경정비법 제84조 등 위헌소원(헌재 2015.2.26, 2013헌바200) : 합헌 ★☆☆

① 주택재개발 정비사업조합의 임원을 형법상 뇌물죄의 적용에 있어 공무원으로 의제하도록 한 구 도시 및 주거환경정비법 조항은 지나치게 무겁게 처벌하는 것이라고 볼 수 없다.
② 수뢰액이 1억 원 이상인 때에는 가중처벌하도록 한 구 특정범죄 가중처벌 등에 관한 법률 조항은 과잉금지원칙이나 평등원칙에 위배되지 않는다.

> **주의** 주택재건축 정비사업조합 및 도시환경 정비사업조합의 각 임원, 정비사업전문관리업자의 대표자를 형법상 뇌물죄의 적용에 있어서 공무원으로 의제하는 조항 대한 합헌결정 한 바 있음(헌재 2011.10.25, 2011헌바13, 헌재 2007.10.25, 2006헌마30).

판례 014 의료법 제23조의2 제1항 등 위헌소원(헌재 2015.2.26, 2013헌바374) : 합헌

소위 '의약품 리베이트 쌍벌제'를 규정한 의료법 조항은 헌법에 위반되지 않는다.

판례 015 국민연금과 직역연금의 연계에 관한 법률 부칙 제2조 위헌소원(헌재 2015.2.26, 2013헌바419) : 합헌

국민연금과 직역연금의 연계에 관한 법률의 공포일 전에 공무원연금 등 직역연금에서 국민연금으로 이동한 경우를 소급적인 연계신청의 허용대상에 포함시키지 않은 국민연금과 직역연금의 연계에 관한 법률 부칙 조항은 평등권과 인간다운 생활을 할 권리를 침해하지 않는다.

판례 016 특정경제범죄 가중처벌 등에 관한 법률 제3조 제1항 위헌소원(헌재 2015.2.26, 2014헌바99) : 합헌

업무상 배임죄를 이득액에 따라서 단계적으로 가중처벌하는 구 특정경제범죄 가중처벌 등에 관한 법률 조항 및 업무상 배임행위를 처벌하는 형법 조항은 죄형법정주의의 명확성원칙 및 책임과 형벌 사이 비례원칙, 그리고 평등원칙과 과잉금지의 원칙에 위배되지 않는다.

판례 017 구 주택건설촉진법 제33조 제8항 위헌소원(헌재 2015.2.26, 2014헌바177) : 합헌

행정청이 아닌 사업주체가 새로이 설치한 공공시설이 그 시설을 관리할 관리청에 무상으로 귀속되도록 하는 것은 재산권을 침해하지 않으며, 평등원칙에 위배되지 않는다.

공직선거법 제273조 위헌소원(헌재 2015.2.26, 2014헌바181) : **합헌**

판례 018
① 후보자가 아닌 고발인에 대하여 재정신청권을 인정하지 아니하고 공직선거법 제243조(투표함 등에 관한 죄)를 재정신청 대상범죄에 포함시키지 않은 것은 헌법에 위반되지 않는다.
② 선거범죄에 대한 재정신청 절차에서 검찰항고를 거치도록 한 것은 신속한 재판을 받을 권리를 침해한다고 보기 어렵다.

판례 019
변호사시험법 제11조 위헌확인(헌재 2015.2.26. 2012헌마251) : **각하** ★★☆
변호사시험 합격자명단의 익명처리가 이루어지지 않은 제1, 2회 변호사시험의 합격자공고로 인한 기본권침해는 종료되어 주관적 권리보호이익이 소멸하였고, 법무부는 제3회 변호사시험의 합격자공고부터 합격자의 성명을 공개하지 않고 있고 법무부의 이러한 조치가 변경되리라는 사정도 없으므로, 심판의 이익도 인정되지 아니하므로, 이 사건 심판청구는 권리보호이익이 없어 부적법하다.

판례 020
국가유공자 등 예우 및 지원에 관한 법률 제31조 등 위헌확인(헌재 2015.2.26. 2012헌마400) : **기각**
채용시험 가점 대상자의 범위에서 보국수훈자의 자녀를 배제한 국가유공자 등 예우 및 지원에 관한 법률을 시행하면서 시행 전 보국수훈자의 자녀로 등록된 사람에 대하여만 계속하여 종전의 규정에 따라 채용시험의 가점을 받을 수 있도록 경과조치를 규정한 국가유공자 등 예우 및 지원에 관한 법률 부칙 조항은 신뢰보호원칙에 위배되지 않고, 평등권을 침해하지 않는다.

판례 021
공직선거법 제264조 등 위헌확인(헌재 2015.2.26. 2012헌마581) : **기각**
공직선거의 당선인이 징역형의 선고를 받은 때에는 당선을 무효로 하도록 규정한 공직선거법 제264조와, 이 경우 반환받은 기탁금 및 보전받은 선거비용을 반환하도록 규정한 공직선거법 제265조의2 제1항은 헌법에 위반되지 않는다.

판례 022
기소유예처분취소(헌재 2015.2.26. 2013헌마789) : **인용(취소), 위헌**
① 헌법재판소법 제68조 제1항에 의한 헌법소원을 인용하는 경우 행정청 행위의 위헌성이 위헌적인 법률에 기인한다고 판단된다면, 헌법재판소는 행정청 행위의 근거가 되는 법률조항의 위헌성을 확인함으로써 이를 적용한 행정청 행위의 위헌성을 확인할 수 있다.
② 개인이 고용한 종업원 등이 일정한 범죄행위를 저지른 경우 곧바로 그를 고용한 영업주 개인도 종업원 등과 똑같이 처벌하도록 규정하고 있는 구 정신보건법 조항은 책임주의원칙에 위반되어 헌법에 위반된다.
③ 위헌결정으로 소급하여 효력을 상실한 위 구 정신보건법 조항에 근거한 기소유예처분은 취소한다.
국가보위에 관한 특별조치법 제9조 등 위헌제청(헌재 2015.3.26. 2014헌가5) : **위헌** ★☆☆

(1) 국가긴급권은 평상시의 헌법질서에 따른 권력 행사방법만으로는 대처할 수 없는 중대한 위기상황에 대비하기 위한 비상수단이므로 헌법이 정한 요건 및 한계는 엄격히 준수되어야 할 것인데, (2) 국가비상사태의 선포를 규정한 구 국가보위에 관한 특별조치법 제2조는 헌법에 한정적으로 열거된 국가긴급권의 실체적 발동요건 중 어느 하나에도 해당되지 않은 것으로서 '초헌법적 국가긴급권'의 창설에 해당되나, 그 제정 당시의 국내외 상황이 이를 정당화할 수 있을 정도의 '극단적 위기상황'이라 볼 수 없고, (3) 국가비상사태의 해제를 규정한 특별조치법 제3조는 국회에 의한 민주적 사후통제절차를 규정하고 있지 아니하며, 이에 따라 본질적으로 임시적·잠정적 성격을 지녀야 할 국가비상사태의 선포가 장기간 유지되었음을 고려할 때, (4) 특별조치법 제2조 및 제3조는 헌법이 인정하지 아니하는 초헌법적 국가긴급권을 대통령에게 부여하는 법률로서 헌법이 요구하는 국가긴급권의 실체적 발동요건, 사후통제 절차, 시간적 한계에 위반되어 위헌이고, 이를 전제로 한 특별조치법상 그 밖의 규정들도 모두 위헌이라 할 것이므로, 결국 심판대상조항도 헌법에 위반된다.

※ **국가보위에 관한 특별조치법 제정배경**

1971.12.6. 대통령은 '국가비상사태'를 선언하고 '국가비상사태 선언에 즈음한 특별담화문'을 발표하여, 한반도를 둘러싼 국제 및 국내정세의 위기상황을 극복하기 위하여 최악의 경우 국민의 기본권도 일부 유보할 결의를 해야 한다고 선언하였다. 그러나 당시에는 이러한 선언을 구체화할 실정법적 근거가 없었으므로 국회에서 이를 뒷받침하기 위하여 1971.12.27. '국가보위에 관한 특별조치법'을 제정하였는데, 이와 같은 상황에서 제정된 특별조치법은 헌법이 예정하지 아니한 '초헌법적 국가긴급권'을 대통령에게 부여한다는 측면에서 문제가 있었다.

※ **결정의 의의**

헌법재판소의 이 사건 결정은 헌법이 예정하지 아니한 초헌법적 국가긴급권의 원칙적 위헌성 및 이를 예외적으로 정당화할 수 있는 '극단적 위기상황'의 존재 여부에 대한 2단계 판단구조를 처음으로 설시하고, 국가긴급권에 대한 위헌법률심판의 구체적 판단요소로 '실체적 발동요건, 사후통제 절차, 시간적 한계' 등을 제시함으로써, 이에 위반되는 국가긴급권의 창설 및 그 행사는 헌법에 위반된다는 점을 분명하게 확인한 사건이다.

1. 특별조치법의 위헌성

(1) 국가긴급권은 국가의 존립이나 헌법질서를 위태롭게 하는 비상사태가 발생한 경우에 국가를 보전하고 헌법질서를 유지하기 위한 헌법보장의 한 수단이지만, 평상시의 헌법질서에 따른 권력 행사방법만으로는 대처할 수 없는 중대한 위기상황에 대비하여 헌법이 중대한 예외로서 인정한 비상수단이므로, 헌법이 정한 국가긴급권의 발동요건·사후통제 및 국가긴급권에 내재하는 시간적 한계는 엄격히 준수되어야 함.

(2) 헌법은 국가긴급권을 긴급재정경제처분·명령권, 긴급명령권, 계엄선포권으로 규정함으로써(제76조, 제77조) 국가긴급권의 '실체적 발동요건'을 한정적으로 열거함.

그런데 특별조치법 제2조는 "국가안전보장에 대한 중대한 위협에 효율적으로 대처하고 사회의 안녕질서를 유지하여 국가를 보위하기 위하여 신속한 사태 대비조치를 취할 필요가 있을 경우 대통령은 국가안전보장회의의 자문과 국무회의의 심의를 거쳐 국가비상사태를 선포할 수 있다."라고 규정하고 있는데, 이는 헌법 제76조 및 제77조에 한정적으로 규정된 국가긴급권의 실체적 발동요건 중 어느 하나에도 해당하지 않는 것이므로 헌법이 예정하지 아니한 '초헌법적인 국가긴급권'의 창설에 해당함. 또한 특별조치법 제정 당시의 국내외 상황을 이러한 초헌법적 국가긴급권 창설을 예외적으로 정당화할 수 있을 정도의 '극단적 위기상황'으로 볼 수도 없음.

그러므로 대통령의 국가비상사태 선포를 규정한 특별조치법 제2조는 헌법이 요구하는 국가긴급권의 실체적 발동요건에 위반됨.

(3) 헌법은 대통령이 긴급재정경제처분·명령권 또는 긴급명령권을 발동한 경우에는 지체 없이

국회에 보고하여 그 승인을 얻어야 하되 만약 그 승인을 얻지 못하면 그 처분 또는 명령이 그때부터 효력을 상실하도록 규정하고(제76조 제3항, 제4항), 대통령이 계엄을 선포한 경우에도 지체 없이 국회에 통고하되 만약 국회가 재적의원 과반수의 찬성으로 계엄의 해제를 요구하면 계엄을 해제하도록 규정함으로써(제77조 제4항, 제5항) 국회에 의한 민주적 '사후통제 절차'를 정하고 있음. 또한 국가긴급권은 비상적인 위기상황을 극복하고 헌법질서를 수호하기 위해 헌법질서에 대한 예외를 허용하는 것이기 때문에 그 본질상 일시적·잠정적으로만 행사되어야 한다는 '시간적 한계'가 내재되어 있음.

그런데 특별조치법 제3조는 "국가안보에 대한 중대한 위협이 제거 또는 소멸되었을 때에는 대통령은 지체 없이 비상사태선포를 해제하여야 한다. 국회는 비상사태선포의 해제를 대통령에게 건의할 수 있으며, 대통령은 특별한 사유가 없는 한 이를 해제하여야 한다."라고 규정하고 있는데, 이에 따르면 대통령은 자신의 판단에 의해서 비상사태선포의 해제 여부를 결정하면 될 뿐 국회의 승인을 받아야 할 의무도 없고, 국회의 해제 건의에 대통령은 특별한 사유가 있음을 이유로 이를 해제하지 아니할 수 있도록 함으로써, 헌법이 예정한 '민주적 사후통제 절차'를 배제하고 있음. 나아가 국가긴급권의 일시적·잠정적 성격을 고려할 때, 국가비상사태 해소 이후에는 바로 헌법이 예정하는 통상적인 절차로의 복귀가 요구됨에도 특별조치법에 따른 국가비상사태 선포는 약 10년에 이를 정도로 장기간 유지되었는바, 이는 특별조치법상 대통령의 국가비상사태 선포에 구속력 있는 사후통제 장치가 전무함으로 인하여 국가긴급권에 내재하는 시간적 한계마저 유명무실해진 상황을 방증함.

그러므로 대통령의 국가비상사태 해제를 규정한 특별조치법 제3조는 헌법이 요구하는 국가긴급권의 사후통제 절차 및 시간적 한계에 위반됨.

(4) 결국 특별조치법은 헌법이 인정하지 아니하는 초헌법적 국가긴급권을 대통령에게 부여하고 있으나, 국가비상사태의 선포 및 해제를 규정한 특별조치법 제2조 및 제3조는 헌법이 요구하는 국가긴급권의 실체적 발동요건, 사후통제 절차, 시간적 한계에 위반되어 위헌이고, 이를 전제로 한 특별조치법상의 그 밖의 규정들도 모두 위헌이라 할 것이므로, 심판대상조항도 헌법에 위반됨.

2. 심판대상조항 자체의 위헌성

헌법은 원칙적으로 모든 근로자에게 단결권·단체교섭권·단체행동권을 부여하되(헌법 제33조 제1항), 예외적으로 '공무원인 근로자' 또는 '법률이 정하는 주요방위산업체에 종사하는 근로자'에 한하여 이러한 근로3권이 인정되지 아니할 수 있음을 규정하고 있음(헌법 제33조 제2항). 따라서 공무원인 근로자 또는 법률이 정하는 주요방위산업체에 종사하는 근로자가 아닌 근로자의 경우에는 헌법상 근로3권이 철저하게 보장되어야 하고, 비록 국가안전보장·질서유지·공공복리를 위하여 필요한 경우에 법률로써 일부 제한될 수 있다고 하더라도(헌법 제37조 제2항 전단), 근로자의 근로3권을 사실상 전면적으로 부정하는 등 그 본질적인 내용을 침해하는 것은 헌법상 허용되지 아니함(헌법 제37조 제2항 후단).

한편 심판대상조항은 "비상사태 하에서 근로자의 단체교섭권 또는 단체행동권의 행사는 미리 주무관청에 조정을 신청하여야 하며, 그 조정결정에 따라야 한다. 이에 위반한 자는 1년 이상

7년 이하의 징역에 처한다."라고 규정하고 있음. 그런데 이처럼 단체교섭권·단체행동권이 제한되는 근로자의 범위를 공무원 등으로 구체적으로 제한함이 없이, 단체교섭권·단체행동권의 행사요건 및 한계 등에 관한 기본적 사항조차 법률에서 규정하지 아니한 채, 그 허용 여부를 주무관청의 조정결정에 포괄적으로 위임하고, 이에 위반하는 경우에는 형사처벌하도록 규정하는 것은, 모든 근로자의 단체교섭권·단체행동권의 행사를 사실상 자의적·전면적으로 제한할 수 있도록 함으로써 헌법이 정하고 있는 근로3권의 본질적인 내용을 침해하는 것임.
따라서 심판대상조항은 그 자체로도 헌법에 위반됨.

판례 024 특정경제범죄 가중처벌 등에 관한 법률 제3조 제1항 위헌소원(헌재 2015.3.26, 2012헌바297) : 합헌

사기죄를 이득액에 따라서 단계적으로 가중처벌하는 것은 죄형법정주의의 명확성 원칙 및 책임과 형벌 사이 비례원칙에 위배되지 아니한다.

판례 025 민법 제847조 제1항 위헌소원(헌재 2015.3.26, 2012헌바357) : 합헌 ★☆☆

친생부인의 소의 제척기간을 '친생부인의 사유가 있음을 안 날부터 2년 내'로 제한한 민법 조항은 헌법에 위반되지 않는다.

> 주의 친생부인의 소의 제척기간을 '출생을 안 날로부터 1년 내'로 제한한 구 민법 제847조 제1항이 헌법불합치로 결정되어(헌재 1997.3.27, 95헌가14), '친생부인의 사유가 있음을 안 날부터 2년'으로 개정됨.

판례 026 구 교통세법 제9조 제1항 등 위헌소원(헌재 2015.3.26, 2012헌바381) : 합헌

정유회사의 농업용 면세유에 관한 신고 내용에 오류 또는 탈루가 있는 때 과세당국이 경정결정할 수 있도록 한 것은 자기책임원리에 위반되지 않으며, 납세의무자인 정유회사에 대해 환급한 '본세' 외에 '가산세'까지 부과될 수 있도록 하는 것은 과잉금지원칙에 위반되지 않는다.

판례 027 형법 제125조 위헌소원(헌재 2015.3.26, 2013헌바140) : 합헌

경찰에 관한 직무를 행하는 자 또는 이를 보조하는 자가 그 직무를 행하며 형사피의자 또는 기타 사람에 대하여 폭행을 가한 때의 법정형을 폭행죄나 공무집행방해죄의 법정형보다 무겁게 정하였다고 하여 형벌체계의 정당성과 균형을 잃어 평등원칙에 위반된 것이라고 볼 수 없다.

판례 028 지방공무원법 제20조의2 등 위헌소원(헌재 2015.3.26, 2013헌바186) : 합헌

지방공무원의 면직처분에 불복하는 경우에는 행정소송 제기 전에 반드시 소청심사위원회의 심사를 거치도록 한 조항 및 그 소청심사 청구기간을 면직처분사유 설명서 교부일부터 30일 이내로 정한 조항은 재판청구권을 침해하거나 평등원칙에 위반되지 않는다.

판례 029
구 국토의 계획 및 이용에 관한 법률 제65조 제2항 위헌소원(헌재 2015.3.26. 2014헌바15)
: 합헌

개발행위로 용도폐지되는 공공시설을 사업주체에게 무상양도할 수 있도록 규정하고 있는 구 주택법 조항은 명확성원칙이나 평등원칙에 위배되지 아니하고, 행정청이 아닌 사업주체의 재산권 등도 침해하지 않는다.

판례 030
상법 제399조 위헌소원 등(헌재 2015.3.26. 2014헌바202) **: 합헌, 각하**

이사가 고의 또는 과실로 법령 또는 정관에 위반한 행위를 하거나 그 임무를 게을리한 경우 회사에 대하여 연대하여 손해를 배상하도록 규정한 상법조항은 재산권을 침해하지 않는다.

판례 031
행정사법 제6조 제3호 위헌확인 등(헌재 2015.3.26. 2013헌마131) **: 기각**

금고 이상의 실형을 선고받고 그 집행이 끝나거나 집행이 면제된 날로부터 3년이 지나지 아니한 사람은 행정사가 될 수 없도록 규정한 행정사법 조항은 직업선택의 자유 및 평등권을 침해하지 않는다.

판례 032
선거권행사 관련 호송조치 부작위 위헌확인(헌재 2015.3.26. 2013헌마152) **: 각하**

피청구인 서울구치소장이 부재자신고기간이 지난 후 벌금 미납으로 노역장에 유치된 청구인을 2012.12.19. 제18대 대통령선거에서 선거권을 행사할 수 있도록 수용 전 주소지를 관할하는 투표소까지 호송하지 아니한 부작위에 대한 심판청구는 권리보호이익이 없어 부적법하다.

판례 033
진정사건 각하결정 취소(헌재 2015.3.26. 2013헌마214) **: 각하** ★★☆

각하 또는 기각결정을 받지 아니하였다면 국가인권위원회의 권고조치 등을 통해 침해된 권리에 대해 구제받을 가능성이 있었을 것이라는 이익은 단순한 간접적인 이익이 아니라 국가인권위원회법이 정한 절차 및 그에 따른 효과를 향유할 수 있는 법률상 이익이다. 그러므로 국가인권위원회가 한 진정에 대한 각하 또는 기각결정은 항고소송의 대상이 되는 행정처분이므로, 헌법소원심판을 청구하기 전에 먼저 행정심판이나 행정소송을 통해 다투어야 하므로, 그러한 사전 구제절차 없이 청구된 헌법소원심판은 보충성 요건을 충족하지 못하여 부적법하다.

판례 034
청소년보호법 제16조 제1항 등 위헌확인(헌재 2015.3.26. 2013헌마354) **: 기각** ★☆☆

청소년유해매체물을 제공하려는 자에게 상대방의 나이 및 본인 여부를 확인하도록 의무를 부과하고, 그 본인 확인 방법으로 공인인증서, 아이핀, 휴대전화 등을 통한 인증방법을 정하고 있는 것은 헌법에 위반되지 않는다.

판례 035
석유 및 석유대체연료 사업법 제11조의2 위헌확인(헌재 2015.3.26, 2013헌마461) **: 기각**

가짜석유제품을 제조·판매한 이유로 석유판매업 등록이 취소된 경우 그 사유가 있은 후 2년이 지나기 전에는 그 영업에 사용하였던 시설을 이용하여 석유판매업 등록을 할 수 없도록 한 것은 재산권, 직업수행의 자유 등을 침해하지 않는다.

판례 036
게임산업진흥에 관한 법률 제12조의3 제1항 제1호 등 위헌확인(헌재 2015.3.26, 2013헌마517) **: 기각**

게임물 관련 사업자에게 게임물 이용자의 회원가입 시 본인인증을 할 수 있는 절차를 마련하도록 하면서 인증방법에 대하여 구체적으로 정하고 있는 것과 청소년의 회원가입 시 법정대리인의 동의를 확보하도록 하면서 동의확보의 방법에 대하여 구체적으로 정하고 있는 것은 일반적 행동의 자유 및 개인정보자기결정권을 침해하지 않는다.

판례 037
품질경영 및 공산품안전관리법 시행규칙 제2조 제3항 별표3 제2호 마목 등 위헌확인(헌재 2015.3.26, 2014헌마372) **: 기각**

하·배수용 PVC관을 안전·품질표시대상공산품으로 규정하고, 6개월의 유예기간이 경과한 이후 출고되거나 통관되는 하·배수용 PVC관에 대하여 안전기준을 적용하도록 한 것은 직업수행의 자유와 평등권을 침해하지 않는다.

판례 038
기소유예처분취소 등(헌재 2015.3.26, 2014헌마1089) **: 인용(취소), 위헌 ★☆☆**

① 개인이 고용한 사용인 등이 일정한 범죄행위를 저지른 경우 곧바로 그를 고용한 영업주 개인도 사용인 등과 똑같이 처벌하도록 규정하고 있는 정신보건법 조항은 헌법상 법치국가의 원리 및 죄형법정주의로부터 도출되는 책임주의원칙에 위반되어 헌법에 위반된다.
② 위 정신보건법 규정에 근거한 기소유예처분은 취소한다.

국가보안법 제7조 제1항 등 위헌소원(헌재 2015.4.30. 2012헌바95) : 각하, 합헌

① 국가의 존립·안전이나 자유민주적 기본질서를 위태롭게 한다는 정을 알면서 찬양·고무·선전 또는 이에 동조한 자를 처벌하는 국가보안법상 이적행위 조항은, 죄형법정주의 명확성원칙에 위배되지 않으며, 우리나라가 처한 특수한 안보현실에 비추어 볼 때, 구체적 위험이 현존하지는 않더라도 그 위험성이 명백한 단계에서 이적행위를 규제하는 것은 결코 표현의 자유에 대한 지나친 제한이라 볼 수 없으므로 표현의 자유를 침해하지도 않는다.

② 이적행위를 목적으로 하는 단체를 구성하거나 이에 가입한 자를 처벌하는 국가보안법상 이적단체가입 조항은 표현의 자유 및 결사의 자유를 침해하지 않는다.

③ 이적행위를 목적으로 문서·도화 기타의 표현물을 제작·소지·반포·취득한 자를 처벌하는 국가보안법상 이적표현물 조항은, 죄형법정주의 명확성원칙 및 형벌과 책임 간의 비례원칙에 위배되지 않으며, 표현의 자유 및 양심의 자유를 침해하지 않는다.

※ 결정의 의의

헌법재판소는 1991.5.31. 개정 이전의 구 국가보안법 제7조 제1항, 제3항, 제5항에 대하여 '국가의 존립·안전을 위태롭게 하거나 자유민주적 기본질서에 위해를 줄 명백한 위험이 있을 경우에만 적용되는 것으로 축소 해석하는 한 헌법에 위반되지 아니한다'는 한정합헌 결정을 한 바 있다(89헌가113 결정, 90헌가11 결정, 89헌가8 결정, 92헌바6 결정). 1991.5.31. 개정된 국가보안법 제7조 제1항에서는 "국가의 존립·안전이나 자유민주적 기본질서를 위태롭게 한다는 정을 알면서"라는 주관적 구성요건이 추가되었다. 헌법재판소는 위 주관적 구성요건이 추가됨으로써 법문의 다의성과 적용범위의 광범성이 대부분 제거되었다는 이유로, 개정된 국가보안법 제7조 제1항과 이를 전제로 한 같은 조 제3항, 제5항이 헌법에 위반되지 않는다는 결정을 선고하였다(95헌가2 결정, 92헌바6등 결정, 98헌바66 결정, 99헌바27등 결정, 2003헌바85등 결정).

이 사건에서 헌법재판소는 개정된 국가보안법 제7조 제1항, 제3항, 제5항 중 제청신청인들 및 청구인들과 관련되는 부분에 대하여 합헌 결정을 선고함으로써 위 95헌가2 결정 등 선례의 결론을 유지하였다. 그러나 종전의 선례들이 주로 죄형법정주의 명확성원칙 위반 여부를 중심으로 하여 다른 기본권들의 침해 여부를 함께 판단한 데 반하여, 이 사건에서 헌법재판소는 표현의 자유 및 양심의 자유의 침해 여부에 대하여 본격적으로 과잉금지원칙 위반여부를 심사하였다.

형사소송법 제194조의3 제2항 위헌소원(헌재 2015.4.30. 2014헌바408) : 합헌 ★☆☆

① 형사소송법상 인정되는 무죄판결의 확정에 따른 비용보상청구권은 법률로 형성된 권리이다.

② 비용보상청구권의 행사기간을 판결확정일로부터 6개월이라고 규정한 구 형사소송법 조항은 재판청구권 및 재산권을 침해하지 않으며, 평등원칙에 위배되지 않는다.

> 주의 2014.12.30. 형사소송법 당해 규정은 무죄판결이 확정된 사실을 안 날부터 3년, 무죄판결이 확정된 때부터 5년 이내로 개정됨

판례 041 공직선거법 제90조 제1항 등 위헌소원(헌재 2015.4.30, 2011헌바163) : 합헌

① 공직선거법상 사전선거운동금지조항은 명확성의 원칙 및 평등원칙에 위배되지 않으며, 정치적 표현의 자유 및 선거운동의 자유를 침해하지 않는다.
② 투표 전에 특정후보자에 대한 지지 또는 반대의사를 표명하는 서명·날인을 금지하는 선거운동을 위한 서명·날인운동을 제한한 공직선거법 조항은, 정치적 표현의 자유를 침해하지 않는다.
③ 선거일 전 180일부터 선거일까지 선거에 영향을 미칠 목적으로 이루어지는 '선거운동에 준하는 내용의 표현행위'만을 규제하고 있다는 점 등을 고려하면, 인쇄물배부금지조항이 선거운동 등 정치적 표현의 자유를 침해한다고 볼 수 없다.
④ 선거일 전 180일부터 선거일까지 선거에 영향을 미치게 하기 위한 간판·현판·현수막 설치 등의 설치를 금지하는 시설물설치금지조항은 정치적 표현의 자유 등을 침해하지 않는다.

판례 042 구 상속세 및 증여세법 제14조 제2항 위헌소원(헌재 2015.4.30, 2011헌바177) : 합헌

외국 법원의 확정판결에 기초하여 이루어진 가압류의 피보전채무를 상속재산가액에서 차감되는 채무에 포함시키지 아니한 것은 과잉금지원칙 및 평등원칙에 위배되지 않는다.

판례 043 구 조세특례제한법 제97조 제2항 등 위헌소원(헌재 2015.4.30, 2011헌바269) : 합헌

2000.12.31. 이전에 임대 개시하여 5년 이상 임대할 것 등의 요건을 갖춘 임대주택에만 1세대 1주택 비과세 혜택을 적용할 수 있도록 한 것은 조세평등주의에 위배되지 않는다.

판례 044 구 상속세 및 증여세법 제16조 제4항 위헌소원(헌재 2015.4.30, 2012헌바284) : 합헌

상속세과세가액에 불산입하는 공익법인 등에 대한 상속재산의 출연방법을 대통령령에 위임하는 것은 조세법률주의 및 포괄위임입법금지원칙에 위배되지 않는다.

판례 045 방송법 제8조 제8항 위헌소원(헌재 2015.4.30, 2012헌바358) : 합헌

방송문화진흥회가 최다출자자인 지상파방송사업자(문화방송)가 계열관계에 있는 다른 지상파방송사업자의 주식 또는 지분을 소유하는 경우 예외적으로 소유 제한의 범위를 적용하지 않도록 규정하고 있는 것은 지역시청자들의 표현의 자유 중 언론매체접근권이나 자기결정권을 침해하지 않으며, 헌법 제23조 제2항, 헌법 제119조 제2항 및 제123조 제2항 등을 위반한 것으로 볼 수 없다.

판례 046

공직선거법 제135조 제3항 등 위헌소원(헌재 2015. 4. 30, 2013헌바55) : **합헌** ★☆☆

선거사무장 등 선거사무관계자에게 선거운동과 관련하여 법률 소정의 실비와 수당을 제외한 일체의 금품제공행위를 처벌하는 것은 죄형법정주의 포괄위임입법금지원칙에 위배되지 않는다.

판례 047

특정강력범죄의 처벌에 관한 특례법 제3조 위헌소원(헌재 2015. 4. 30, 2013헌바103) : **합헌**

특정강력범죄로 형을 선고받고 그 집행이 끝나거나 면제된 후 3년 이내에 다시 특정강력범죄인 특가법상 상습특수강도죄를 범한 경우에 그 죄에 정한 형의 장기뿐만 아니라, 단기의 2배까지 가중하여 처벌하도록 한 것은, 책임에 비해 지나치게 가혹한 형벌을 규정하여 책임과 형벌 간의 비례성을 갖추지 못하였다고 볼 수 없다.

판례 048

구 상속세 및 증여세법 제73조 제1항 위헌소원(헌재 2015. 4. 30, 2013헌바137) : **합헌**

비상장주식을 증여세 물납대상에서 제외하는 것은 평등원칙에 위배되지 않는다.

판례 049

우편법 제42조 위헌소원(헌재 2015. 4. 30, 2013헌바383) : **합헌**

우편법상의 손해배상을 청구할 수 있는 자를 발송인의 승인을 받은 수취인으로 규정한 것은 재산권을 침해하지 않는다.

판례 050

국가배상법 제2조 제1항 위헌소원(헌재 2015. 4. 30, 2013헌바395) : **합헌**

국가배상책임의 성립요건으로서 공무원의 고의 또는 과실을 규정한 것은 국가배상청구권을 침해하지 않는다.

판례 051

건설기술관리법 제45조 제1호 위헌소원(헌재 2015. 4. 30, 2014헌바30) : **합헌**

건설기술의 진흥·개발·활용 등에 관한 사항을 심의하기 위하여 지방자치단체에 설치한 지방위원회의 위원 중 공무원이 아닌 위원을 형법 제129조(수뢰, 사전수뢰) 제1항의 규정을 적용함에 있어 공무원으로 의제하는 것은 과잉처벌에 해당하지 않으며, 평등원칙에 위배되지 않는다.

판례 052

건설기술관리법 제45조 제2호 위헌소원(헌재 2015. 4. 30, 2014헌바32) : **각하** ★☆☆

발주청의 설계자문위원회의 위원 중 공무원이 아닌 위원을 형법상 뇌물죄를 적용함에 있어 공무원으로 의제하는 구 건설기술관리법 제45조 제2호의 '설계자문위원회의 위원'에 설계심의분과위원회 위원이 포함된다고 해석하는 한 헌법에 위반된다는 한정위헌청구 취지의 헌법소원심판청구는 부적법한 한정위헌청구에 해당하여 각하한다.

판례 053
구 건설기술관리법 제45조 제2호 위헌소원(헌재 2015.4.30, 2014헌바179) **: 합헌**

발주청의 설계자문위원회의 위원 중 공무원이 아닌 위원을 형법상 뇌물죄를 적용함에 있어 공무원으로 의제하는 것은 헌법에 위반되지 않는다.

판례 054
담배사업법 위헌확인(헌재 2015.4.30, 2012헌마38) **: 기각, 각하** ★☆☆

① 담배의 제조 및 판매에 대하여 규정한 담배사업법이 국민의 생명·신체의 안전에 대한 국가의 보호의무에 관한 과소보호금지 원칙을 위반하였다고 볼 수는 없다.

② 간접흡연으로 인한 폐해는 타인의 흡연으로 인하여 발생한 담배연기를 흡입함으로써 발생하는 것이므로 담배의 제조 및 판매와 비흡연자의 관계는 간접적이고 사실적인 이해관계를 형성할 뿐, 직접적 혹은 법적인 이해관계를 형성하지는 못한다.

판례 055
소득세법 시행령 제17조 제1항 제1호 위헌확인(헌재 2015.4.30, 2012헌마391) **: 기각**

'생산직 및 그 관련 직에 종사하는 근로자' 중 야간근로 수당 등에 대한 비과세혜택을 받는 근로자의 범위를 정하도록 위임받은 소득세법 시행령 제17조 제1항 제1호가 생산직근로자 가운데 '공장'에서 근로를 제공한 자로 한정한 것은 법률유보원칙에 반하지 않으며 재산권을 침해하지 않는다.

판례 056
공통과학교사 선발방법 위헌확인(헌재 2015.4.30, 2012헌마620) **: 기각** ★☆☆

서울특별시교육감 등 15개 시·도교육감이 '2013학년도 공립 중등학교교사 임용후보자 선정경쟁시험 시행 사전예고'를 통하여 선발예정과목에서 공통과학을 제외한 것이 공무담임권을 침해한다고 볼 수 없다.

판례 057
언론중재 및 피해구제 등에 관한 법률 제32조 등 위헌확인(헌재 2015.4.30, 2012헌마890) **: 기각**

언론보도의 피해자가 아닌 자의 시정권고 신청권을 규정하지 아니한 것은 표현의 자유를 침해하지 않는다.

판례 058
가축전염병예방법 제17조의3 등 위헌확인(헌재 2015.4.30, 2013헌마81) **: 기각**

구제역 등 가축전염병 예방 및 확산 방지를 위해 축산관계시설에 출입하는 차량의 소유자에게 차량무선인식장치 장치 및 유지의무를 부과한 것은 개인정보자기결정권 등 기본권을 침해하지 않는다.

교도소 내 부당처우행위 위헌확인(헌재 2015.4.30, 2013헌마190) : 각하, 기각 ★★☆

청구인이 미결수용자의 신분으로 대구구치소에 수용되었던 2012.12.21.부터 2013.4.5.까지 피청구인 대구구치소장이

① 청구인을 수용거실의 창문을 통해서만 일광욕을 할 수 있도록 한 행위, 10여 명의 수용자를 15.2㎡ 넓이의 수용거실에 수용하고 면회, 운동시간을 제외하고 활동 공간을 수용거실로 제한하여 과밀수용한 행위, 10여 명의 수용자에게 29.6㎡ 넓이의 협소한 운동공간을 제공한 행위, 수용거실 배식구를 통해 급식한 행위, 인터넷 사용을 금지한 행위에 대한 심판청구는 청구기간을 도과하여 부적법하다는 이유로 각하하였다.
② 전화 사용을 금지한 행위에 대한 심판청구는 헌법소원의 대상이 되는 공권력의 행사를 특정할 수 없으므로 부적법하다는 이유로 각하하였다.
③ 미결수용자를 대상으로 한 개신교 종교행사를 4주에 1회, 일요일이 아닌 요일에 실시한 행위는 종교의 자유를 침해하지 않는다.

군인연금법 제23조 위헌확인(헌재 2015.4.30, 2013헌마435) : 기각

① 군인연금법상 연금수급권은 사회보장수급권으로서 그 구체적 내용을 형성하는 입법자의 결정이 현저히 자의적이거나, 사회적 기본권의 최소한도의 내용마저 보장하지 않은 경우에 헌법에 위반된다.
② 상이연금 지급대상을 1급부터 7급까지로 정하고 있는 구 군인연금조항은 군인연금법의 전체적인 급여체계 및 다른 사회보장체계와의 관계를 고려할 때 인간다운 생활을 할 권리 및 평등권을 침해하지 않는다.

재판연구원 등 임용기준 차등적용 위헌확인(헌재 2015.4.30, 2013헌마504) : 각하 ★☆☆

법학전문대학원 졸업예정자에 한하여 필기전형을 실시하도록 정한 법원행정처장의 '재판연구원 신규 임용 계획' 및 법학전문대학원 졸업예정자에 한하여 실무기록평가를 실시하도록 정한 법무부장관의 '검사 임용 지원안내'는 사법연수원과 법학전문대학원의 교육 제도 및 평가 과정의 차이를 반영한 것일 뿐이고 법학전문대학원 졸업예정자에게 어떠한 특혜를 부여하기 위한 것이 아니므로, 각각 사법연수원 수료자들의 공무담임권 및 평등권을 침해할 가능성이 없어 부적법하다.

민법 제844조 제2항 등 위헌확인(헌재 2015.4.30, 2013헌마623) : 헌법불합치 ★★☆

혼인 종료 후 300일 이내에 출생한 자녀를 예외없이 전남편의 친생자로 추정하는 것은, 입법재량의 한계를 일탈하여 모(母)가 가정생활과 신분관계에서 누려야 할 인격권, 혼인과 가족생활에 관한 기본권을 침해하여 헌법에 합치되지 않는다.

판례 063 ★☆☆
대한민국헌정회 육성법 제2조의2 제1항 제2호 위헌확인(헌재 2015.4.30, 2013헌마666) : **기각**

헌법개정 또는 국회의 해산으로 인하여 국회의원의 임기가 단축되거나 종료된 경우를 제외하고 국회의원 재직기간이 1년 미만인 사람에 대하여 연로회원지원금을 지급하지 않도록 규정한 대한민국헌정회 육성법 조항은 평등권을 침해하지 않는다.

판례 064
공직선거법 제108조 제3항 제4호 등 위헌확인(헌재 2015.4.30, 2014헌마360) : **기각**

시·군·구를 보급지역으로 하는 신문사업자 및 일일 평균 이용자 수 10만 명 미만인 인터넷언론사가 선거일 전 180일부터 선거일의 투표마감시각까지 선거여론조사를 실시하려면 여론조사의 주요 사항을 사전에 관할 선거관리위원회에 신고하도록 한 공직선거법 조항은 언론·출판의 자유 및 평등권을 침해하지 않는다.
🔍 헌법 제21조 제2항의 검열금지원칙 위반 ×

판례 065
국회법 제29조 제2항 제3호 위헌확인(헌재 2015.4.30, 2014헌마621) : **기각** ★★☆

사립대학 교원이 국회의원으로 당선된 경우 임기개시일 전까지 그 직을 사직하도록 규정한 국회법 조항은 공무담임권, 직업선택의 자유를 침해하지 않는다.

구 도로교통법 제93조 제1항 단서 제11호 위헌제청(헌재 2015.5.28, 2013헌가6) : **위헌**

① 운전면허를 받은 사람이 자동차등을 이용하여 살인 또는 강간 등 행정안전부령이 정하는 범죄행위를 한 때 필요적으로 운전면허를 취소하도록 하는 구 도로교통법 제93조 제1항 제11호는, 입법목적이 정당하고 이를 달성하기 위한 적정한 수단이기는 하나, 구체적 사안의 개별성과 특수성을 고려할 수 있는 여지를 일체 배제하고 침해의 최소성 원칙 및 법익의 균형성 원칙에도 위배되어 직업의 자유 및 일반적 행동의 자유를 침해하여 헌법에 위반된다.
② 의회유보원칙(법률유보원칙)과 포괄위임금지원칙에는 위배되지 않는다.

판례 067
학원의 설립·운영 및 과외교습에 관한 법률 제9조 제1항 제4호 등 위헌확인(헌재 2015.5.28, 2012헌마653) : **위헌**

① 법인의 임원이 학원의 설립·운영 및 과외교습에 관한 법률을 위반하여 벌금형을 선고받은 경우 법인의 등록이 효력을 잃도록 규정한 것은 법인의 직업수행의 자유를 침해한다.
② 학원법을 위반하여 벌금형을 선고받은 후 1년이 지나지 아니한 자는 학원설립·운영의 등록을 할 수 없도록 한 것은 벌금형을 선고받은 자의 직업선택의 자유를 침해하지 않는다.

판례 068 교원의 노동조합 설립 및 운영 등에 관한 법률 제2조 위헌확인 등(헌재 2015. 5. 28, 2013헌마671) : 합헌, 각하

① 교원도 기본적으로 근로자에 해당하므로, 교원의 단결권을 제한하는 법률은 헌법 제37조 제2항의 과잉금지원칙을 준수하여야 한다.
② 교원의 노동조합 설립 및 운영 등에 관한 법률 제2조에서 교원의 노동조합을 설립하거나 그 활동의 주된 주체가 되는 조합원 자격을 초·중등학교의 재직 중 교원으로 제한하는 것은 합리적 이유가 있고, 다만 이미 설립신고를 마친 교원의 노동조합의 법상 지위를 박탈할 것인지 여부는 교원의 노동조합 설립 및 운영 등에 관한 법률 시행령 조항의 해석 내지 법집행의 운용에 달린 문제이므로 결국 위 법률조항이 교원의 노동조합 및 교원의 단결권을 침해하지 않으므로 헌법에 위반되지 않는다.
③ 전국교직원노동조합에 대한 법외노조통보의 근거가 된 교원의 노동조합 설립 및 운영 등에 관한 법률 시행령 조항 및 고용노동부장관의 전국교직원노동조합에 대한 2013. 9. 23.자 시정요구에 대한 심판청구 부분은 각하 결정하였다.

판례 069 의료법 제77조 제3항 위헌확인(헌재 2015. 5. 28, 2013헌마799) : 위헌 ★☆☆

전문과목을 표시한 치과의원은 그 표시한 전문과목에 해당하는 환자만을 진료하여야 한다고 규정한 의료법 제77조 제3항은 치과전문의들의 직업수행의 자유와 평등권을 침해한다.

> **주의** 직업수행의 자유 침해에 있어서 신뢰보호원칙 및 명확성원칙 위반 ×, 과잉금지원칙 위반 ○

판례 070 도시 및 주거환경정비법 제43조 제3항 위헌제청(헌재 2015. 5. 28, 2012헌가6) : 합헌

현지개량방식에 의한 주거환경개선사업의 경우 공익사업법 제78조 제4항(이주정착지의 생활기본시설 설치비용은 사업시행자의 부담으로 한다)의 적용을 배제하도록 하여 '현지개량방식에 의한 이주대책대상자'를 '여타 공익사업으로 인한 이주대책대상자'와 달리 취급하는 것에는 합리적인 이유가 있으므로 평등원칙에 위배되지 아니한다.

판례 071 공인중개사의 업무 및 부동산 거래신고에 관한 법률 제38조 제1항 제3호 위헌제청(헌재 2015. 5. 28, 2013헌가7) : 합헌

공인중개사의 업무 및 부동산 거래신고에 관한 법률 위반행위로 벌금형을 선고받고 3년이 경과되지 않은 경우, 중개사무소 개설등록을 필요적으로 취소하도록 정한 것은 공인중개사의 직업의 자유와 평등권을 침해하지 않아 헌법에 위반되지 아니한다.

판례 072 여객자동차운수사업법 제85조 제1항 제37호 등 위헌소원(헌재 2015. 5. 28, 2013헌바29) : 합헌 ★☆☆

개인택시운송사업자의 운전면허가 취소된 경우 개인택시운송사업면허를 임의적으로 취소할 수 있도록 규정한 것은 직업의 자유와 재산권을 침해하지 아니한다.

판례 073
특정경제범죄 가중처벌 등에 관한 법률 제5조 제4항 제1호 등 위헌소원(헌재 2015.5.28. 2013헌바35) **: 합헌**

금융기관 임직원이 직무에 관하여 1억 원 이상 수재한 경우 무기 또는 10년 이상 징역에 처하고, 수수액의 2배 이상 5배 이하 벌금을 필요적으로 병과하도록 정한 특정경제범죄 가중처벌 등에 관한 법률 조항은 헌법에 위반되지 않는다.

판례 074
상법 제360조의2 등 위헌소원(헌재 2015.5.28. 2013헌바82) **: 합헌**

주식의 포괄적 교환제도를 규정하고 있는 상법 조항들 및 주권상장법인의 포괄적 주식교환의 요건·방법을 대통령령에 위임하고 있는 구 '자본시장과 금융투자업에 관한 법률' 조항은 헌법에 위반되지 아니한다.

판례 075
구 소득세법 제135조 제4항 위헌소원(헌재 2015.5.28. 2013헌바84) **: 합헌**

법인세법에 따라 상여처분된 근로소득의 지급시기를 '대통령령으로 정하는 날'에 지급한 것으로 보는 것은 조세법률주의와 포괄위임입법금지원칙에 위배되지 않는다.

판례 076
형법 제7조 위헌소원(헌재 2015.5.28. 2013헌바129) **: 헌법불합치**

① 형사판결은 국가주권의 일부분인 형벌권 행사에 기초한 것으로서, 외국의 형사판결은 원칙적으로 우리 법원을 기속하지 않으므로 동일한 범죄행위에 관하여 다수의 국가에서 재판 또는 처벌을 받는 것이 배제되지 않는다. 따라서 이중처벌금지원칙은 동일한 범죄에 대하여 대한민국 내에서 거듭 형벌권이 행사되어서는 안 된다는 뜻으로 새겨야 할 것이다.
② 헌법상 일사부재리원칙은 외국의 형사판결에 대하여는 적용되지 않는다.
③ 외국에서 형의 집행을 받은 자에게 어떠한 요건 아래, 어느 정도의 혜택을 줄 것인지에 대하여 입법자에게는 일정 부분 재량권이 인정된다. 그러나 신체의 자유는 정신적 자유와 더불어 헌법이념의 핵심인 인간의 존엄과 가치를 구현하기 위한 가장 기본적인 자유로서 모든 기본권 보장의 전제조건이므로 최대한 보장되어야 하는바, 외국에서 실제로 형의 집행을 받았음에도 불구하고 우리 형법에 의한 처벌 시 이를 전혀 고려하지 않는다면 신체의 자유에 대한 과도한 제한이 될 수 있으므로 그와 같은 사정은 어느 범위에서든 반드시 반영되어야 하고, 이러한 점에서 입법형성권의 범위는 다소 축소될 수 있다.
④ 동일한 범죄사실로 외국에서 형의 전부 또는 일부의 집행을 받은 자에 대하여 임의적으로 형을 감경 또는 면제할 수 있도록 규정한 형법 제7조는 입법재량의 범위를 일탈하여 신체의 자유를 침해하므로 헌법불합치결정을 하면서 2016.12.31.을 개정시한으로 계속 적용한다.

판례 077
구 경범죄처벌법 제1조 제13호 위헌소원(헌재 2015.5.28, 2013헌바385) : **합헌**

다른 사람 또는 단체의 집이나 그 밖의 공작물에 함부로 광고물 등을 붙이거나 거는 행위를 처벌하도록 규정한 구 경범죄처벌법 조항은 죄형법정주의 명확성원칙에 위배되지 아니한다.

판례 078
구 조세특례제한법 제70조 제1항 위헌소원(헌재 2015.5.28, 2014헌바262) : **합헌**

① 조세평등주의는 헌법 제11조 제1항 평등원칙의 조세법적 표현이다. 농지대토에 대한 양도소득세를 감면하는 수혜적 규정의 조세평등주의 위반 여부를 판단함에 있어 자의금지원칙에 따라 심사한다.
② 농지대토의 양도소득세 감면요건으로 직접 경작을 요구하는 구 조세특례제한법 조항은 조세평등주의 및 헌법 제39조 제2항에 위반되지 않는다.

판례 079
주민등록법 시행령 별지 제30호 서식 위헌확인(헌재 2015.5.28, 2011헌마731) : **기각** ★☆☆

주민등록증 발급신청서에 열 손가락 지문을 날인하도록 한 규정은 법률유보원칙에 위배되지 않고, 개인정보자기결정권을 침해하지 않는다.

판례 080
관공서의 공휴일에 관한 규정 제2조 위헌확인(헌재 2015.5.28, 2013헌마343) : **기각** ★☆☆

근로자의 날을 관공서의 공휴일에 포함시키지 않고 있는 관공서의 공휴일에 관한 규정 제2조는 공무원들의 평등권과 인간으로서의 존엄과 가치를 침해하지 않는다. 또한 행복추구권은 포괄적인 의미의 자유권으로서의 성격을 갖는 것인데, 심판대상조항은 휴일 보장에 관한 것으로서 자유권의 제한 영역에 관한 규정이 아니므로, 공무원들의 행복추구권을 침해한다고도 할 수 없다.

판례 081
입법부작위 위헌확인(헌재 2015.5.28, 2013헌마619) : **기각** ★☆☆

계속근로기간 1년 이상인 근로자가 근로연도 중도에 퇴직한 경우 중도퇴직 전 1년 미만의 근로에 대하여 유급휴가를 보장하지 않는 근로기준법 제60조 제2항 중 '계속하여 근로한 기간이 1년 미만인 근로자' 부분은 근로의 권리, 평등권을 침해하지 않는다.

> **주의** 근로기준법 제60조(연차 유급휴가) ② 사용자는 계속하여 근로한 기간이 1년 미만인 근로자 또는 1년간 80퍼센트 미만 출근한 근로자에게 1개월 개근 시 1일의 유급휴가를 주어야 한다.

판례 082
소득세법 제21조 제1항 제4호 등 위헌확인(헌재 2015.5.28, 2013헌마831) : **기각**

승마투표권의 단위투표금액당 환급금이 단위투표금액의 100배 이하인 경우 기타소득세를 납부하지 않도록 규정한 소득세법 제84조 제1호는 평등권과 재산권을 침해하지 않는다.

판례 083
아동·청소년의 성보호에 관한 법률 제2조 제5호 등 위헌제청(헌재 2015. 6. 25. 2013헌가17) : **합헌** ★☆☆

아동·청소년이용음란물 가운데 "아동·청소년으로 인식될 수 있는 사람이나 표현물이 등장하여 그 밖의 성적 행위를 하는 내용을 표현하는 것" 부분, 즉 가상의 아동·청소년이용음란물 배포 등을 처벌하는 부분은 죄형법정주의의 명확성원칙에 위반되지 아니하고, 표현의 자유를 과도하게 제한하지 아니하므로 헌법에 위반되지 않는다.

판례 084
변호사시험법 제18조 제1항 위헌확인(헌재 2015. 6. 25. 2011헌마769) : **위헌** ★★☆

변호사시험 성적 공개를 금지한 변호사시험법 제18조 제1항 본문은 알 권리(정보공개청구권)를 침해하여 헌법에 위반된다.

판례 085
구 군인연금법 부칙 제1항 등 위헌소원(헌재 2015. 6. 25. 2013헌바17) : **합헌** ★☆☆

① 현역병 등으로 복무한 기간을 군인으로서의 복무기간에 산입하는 조항의 시행일을 대통령령에 위임한 군인연금법 부칙 조항은 포괄위임입법금지원칙에 위반되지 않는다.
② 1982년 개정 군인연금법상의 복무기간 산입조항의 시행 전에 퇴직한 군인들에 대해서 복무기간 산입조항을 적용하지 아니하도록 한 같은 법 부칙 조항은 평등원칙에 위반되지 않는다.

판례 086
도시 및 주거환경정비법 제49조 제6항 위헌소원(헌재 2015. 6. 25. 2013헌바86) : **합헌**

① 청구인은 도시정비법 제38조 부분에 대하여 위헌법률심판제청신청을 하지는 않았으나, 그 신청 취지는 묵시적으로 도시정비법 제38조 부분을 다투는 것이었고, 법원도 도시정비법 제38조 부분과 제49조 제6항에 관하여 종합적으로 판단하였는바, 도시정비법 제38조 부분은 예외적으로 헌법재판소법 제68조 제2항에 의한 헌법소원심판청구의 대상이 될 수 있다.
② '도시 및 주거환경정비법' 제38조 중 주택재건축사업의 경우에는 일정한 사업에 한정하여 '공익사업을 위한 토지 등의 취득 및 보상에 관한 법률'에 의한 수용 또는 사용이 가능하도록 한 부분은 헌법에 위반되지 않는다.

판례 087
관세법 제106조 제4항 위헌소원(헌재 2015. 6. 25. 2013헌바193) : **합헌**

특허보세구역에 장치되어 있을 때와 달리, 수입신고가 수리된 물품이 그 수리 후 계속 지정보세구역에 장치되어 있는 중에 재해로 인하여 멸실되거나 변질 또는 손상으로 인하여 그 가치가 감소된 때에는 관세의 전부 또는 일부를 환급할 수 있도록 한 구 관세법 제106조 제4항은 헌법에 위반되지 않는다.

판례 088
민법 제482조 제2항 제5호 제1문 위헌소원(헌재 2015.6.25, 2013헌바201) : **합헌**

물상보증인과 보증인 간에 인원수에 비례하여 변제자대위비율을 정한 제482조 제2항 제5호 제1문은 평등원칙에 위배되지 않는다.

판례 089
민사소송 등 인지법 제1조 위헌소원(헌재 2015.6.25, 2014헌바61) : **합헌**

민사소송법상 자력이 부족한 자를 위한 소송구조 제도가 마련되어 있고, 민사소송비용은 패소한 당사자가 최종적으로 부담하게 되며, 다종·다양한 소송사건을 계량화·표준화하여 인지액의 상한을 규정하기는 용이하지 아니하고, 같은 법 제2조에서 소송목적의 값이 증가할수록 첨부할 인지의 비율을 낮추고 있는 점 등을 고려하면, 민사소송절차의 소장에 인지를 첨부하도록 하면서 인지액의 상한을 규정하지 아니하고 있는 것은 재판청구권을 침해하거나 평등원칙에 위배되지 아니하여 헌법에 위반되지 않는다.

판례 090
소득세법 제104조 제1항 제2호 위헌소원(헌재 2015.6.25, 2014헌바256) : **합헌**

보유기간이 1년 이상 2년 미만인 자산이 공용수용으로 양도된 경우에도 중과세하는 구 소득세법 제104조 제1항 제2호는 재산권을 침해하지 않는다.

판례 091
산업재해보상보험법 제37조 제1항 제1호 등 위헌소원(헌재 2015.6.25, 2014헌바269) : **합헌**

업무상 질병으로 인한 업무상 재해에 있어 업무와 재해 사이의 상당인과관계에 대한 입증책임을 이를 주장하는 근로자 또는 그 유족에게 부담시키는 산업재해보상보험법 제37조 제1항 제2호는 사회보장수급권을 침해한다고 보기 어렵다.

판례 092
민법 제245조 제1항 등 위헌소원(헌재 2015.6.25, 2014헌바404) : **합헌** ★☆☆

① 국가가 공권력의 주체로서가 아니라 사법상 재산권의 주체로서 국민을 대하는 사법관계에 있어서는 사인과 국가가 본질적으로 다르다고 할 수 없으므로, 국가를 부동산 점유취득시효의 주체로 인정한다고 하여 이를 본질적으로 다른 것을 자의적으로 같게 취급하는 것이라고 할 수 없다.
② 국가를 부동산 점유취득시효의 주체에서 제외하지 않은 민법 제245조 제1항은 평등권을 침해하지 아니한다.

판례 093
교육공무원법 제29조의3 제4항 등 위헌확인(헌재 2015.6.25, 2012헌마494) : **각하, 기각** ★☆☆

① 수석교사에게 승진규정의 적용을 배제한 '교육공무원 승진규정' 제2조 제2항과 수석교사에게 연구활동비 외에 다른 수당의 지급에 대하여 규정하지 아니한 교육공무원임용령 제9조의8 제2항은 기본권침해가능성이 없어서 부적법하다.
② 수석교사 임기 중에 교장 등의 자격을 취득할 수 없도록 한 것과 직급보조비의 지급대상에서 수석교사를 제외하고 있는 것은 평등권을 침해하지 아니하므로 헌법에 위반되지 않는다.

판례 094
해양환경관리법 시행규칙 제12조 제1항 별표6 위헌확인 등(헌재 2015.6.25, 2013헌마198) : 기각

분뇨 및 분뇨오니를 해양배출 가능 폐기물에서 제외한 구 해양환경관리법 시행규칙 제12조 제1항 중 별표6 제1호에 관한 부분과 이 규정의 시행일에 관한 해양환경관리법 시행규칙 부칙 제1조는 주위적으로 청구인의 직업의 자유를 침해하지 않고 예비적으로 재산권 침해와 영업손해에 대한 손실보상을 규정하지 않는 입법부작위가 헌법에 위반되지 않는다.

판례 095
정보통신망 이용촉진 및 정보보호 등에 관한 법률 제23조의2 제1항 제1호 위헌확인(헌재 2015.6.25, 2014헌마463) : 기각

정보통신서비스 제공자가 이용자의 주민등록번호를 수집·이용하는 것을 원칙적으로 금지한 후, 정보통신서비스 제공자가 본인확인기관으로 지정받은 경우 예외적으로 이를 허용하는 정보통신망 이용촉진 및 정보보호 등에 관한 법률 제23조의2 제1항 제1호는 개인정보자기결정권을 침해하지 않는다.

판례 096
고용상 연령차별금지 및 고령자고용촉진에 관한 법률 제19조 위헌확인(헌재 2015.6.25, 2014헌마674) : 기각

정년을 60세 이상으로 의무화하는 개정조항의 시행일을 규정한 고용상 연령차별금지 및 고령자고용촉진에 관한 법률 부칙 단서 제2호는 위 개정조항의 혜택을 받지 못하는 청구인의 평등권을 침해하는지 않는다.

판례 097
국가유공자 등 예우 및 지원에 관한 법률 시행규칙 제8조의3 별표4 위헌확인(헌재 2015.6.25, 2013헌마128) : 기각

이명에 대한 상이등급 판정기준을 정한 국가유공자 등 예우 및 지원에 관한 법률 시행규칙은, 국가보훈처장의 상이등급판정이라는 집행행위를 예정하고 있으나 상이등급판정은 국가보훈처장으로서는 재량의 여지없이 심판대상조항을 기계적으로 적용한 결과에 지나지 않고, 결국 청구인의 지위는 심판대상조항에 의하여 이미 확정되었으므로 심판대상조항은 기본권침해의 직접성이 인정되며, 이는 사회보장수급권을 침해하지 않는다.

판례 098
공직선거법 제8조의3 제3항 등 위헌제청(헌재 2015.7.30, 2013헌가8) : 위헌 ★★☆

선거기사심의위원회가 불공정한 선거기사를 게재하였다고 판단한 언론사에 대하여 사과문 게재 명령을 하도록 한 것과, 언론사가 사과문 게재 명령을 지체 없이 이행하지 않을 경우 그 발행인 등을 형사처벌하는 것은 언론사의 인격권을 침해하는 것이다.

학교안전사고 예방 및 보상에 관한 법률 제37조 등 위헌제청(헌재 2015.7.30. 2014헌가7) : 위헌, 합헌 ★☆☆

① 학교안전공제회는 공법인적 성격과 사법인적 성격을 겸유하고 있는데, 학교안전공제회가 조직법상 국가로부터 독립한 고유 업무를 수행하는 등의 경우에는 기본권 주체가 될 수 있다.
② 학교안전공제회의 공제급여 결정에 대하여 학교안전공제보상재심사위원회가 재결을 행한 경우 재심사청구인이 공제급여와 관련된 소를 제기하지 아니하거나 제기한 소를 취하한 경우에는 학교안전공제회와 재심사청구인 간에 당해 재결 내용과 동일한 합의가 성립된 것으로 간주하는 것은 학교안전공제회의 재판청구권을 침해한다. (위헌)
③ 학교안전사고에 대하여 국가배상법을 준용하여 노동능력상실률에 따른 일실수입 전액을 지급하도록 하고 있는 것은 평등원칙에 반하지 않는다. (합헌)

수상레저안전법 제13조 제1항 제3호 위헌제청(헌재 2015.7.30. 2014헌가13) : 위헌

수상레저안전법상 조종면허를 받은 사람이 동력수상레저기구를 이용하여 범죄행위를 하는 경우에 구체적 사안의 개별성과 특수성을 고려할 수 있는 여지를 배제한 채 조종면허를 필요적으로 취소하도록 규정한 것은 직업의 자유 및 일반적 행동의 자유를 침해한다.

🔍 운전면허를 받은 사람이 자동차 등을 이용하여 범죄행위를 한 때에 운전면허를 필요적으로 취소하도록 한 도로교통법 조항을 위헌결정한 바 있음(헌재 2005.11.24. 2004헌가28)

홍성군과 태안군 등 간의 권한쟁의(헌재 2015.7.30. 2010헌라2) : 각하, 권한확인, 무효확인, 기각

① 천수만 내에 있는 일부 해역(이하 '이 사건 쟁송해역')에 대하여 홍성군이 태안군을 상대로 자치권한이 침해되었음을 이유로 관할권한의 확인 및 어업면허처분의 무효 확인을 구한 권한쟁의 심판사건에서 지방자치단체의 해상경계에 관한 명시적인 법령이 없고 이 사건에서 불문법상 해상경계선도 부재하므로, 형평의 원칙에 따라 등거리 중간선 원칙, 죽도리의 관할이 종래 서산군에서 홍성군으로 변경된 점 등을 고려하여 이 사건 공유수면의 해상경계선을 획정하고 어업면허처분 중 청구인 홍성군의 관할구역에 대해서 이루어진 부분이 무효임을 확인한다.
② 공유수면의 해상경계선에 관한 분쟁에서 종래 재판소는 국가기본도상의 해상경계선을 불문법상 해상경계선으로 인정하여 이 해상경계선을 토대로 지방자치단체의 관할구역을 확정하였음. 그러나 이 사건에서는 위와 같은 선례의 법리를 변경하여, 형평의 원칙에 따라 공유수면의 해상경계선을 확정하여야 한다고 보면서, 등거리 중간선 원칙, 관련 법령의 현황, 연혁적인 상황, 행정권한 행사 내용, 사무 처리의 실상, 주민의 사회·경제적 편익 등을 종합적으로 고려하여 합리적이고 공평하게 해상경계선을 획정해야 한다고 판시하였다.

판례 102 공직선거법 제82조의6 제1항 등 위헌확인(헌재 2021.12.8. 2018헌마456) : 위헌 ★★☆

선거운동기간 중 인터넷언론사 게시판 등에 정당·후보자에 대한 지지·반대의 정보를 게시하려고 할 경우 실명확인을 받도록 한 것은 게시판 이용자의 정치적 익명표현의 자유, 개인정보자기결정권 및 인터넷언론사의 언론의 자유를 침해한다.

판례 103 조세범처벌법 제15조 제1항 위헌소원(헌재 2015.7.30. 2013헌바56) : 합헌

고소득 전문직 사업자 등 현금영수증 의무발행업종 사업자에게 건당 30만 원 이상 현금거래 시 현금영수증 발급의무를 부과하고 위반 시 미발급액의 50%에 상당하는 과태료를 부과하는 것은 직업수행의 자유를 침해하지 않는다. (청구인들은 과태료 부과에 의한 재산권 침해도 주장했으나 과태료 부과 및 과태료 제재의 획일성 내지 과중성에 대한 문제는 직업수행의 자유 침해 여부를 판단할 때 그 내용이 포함되어 고려되므로 별도로 판단하지 않음)

판례 104 민사소송법 제390조 제1항 위헌소원(헌재 2015.7.30. 2013헌바120) : 합헌

자백간주로 인한 피고 패소판결을 항소의 대상에서 제외하는 규정을 두지 않은 민사소송법 제390조 제1항은, 신속한 재판을 받을 권리를 침해한다고 볼 수 없으며 체계정당성의 원리에도 위반되지 않는다.

판례 105 구 소득세법 제98조 위헌소원(헌재 2015.7.30. 2013헌바204) : 합헌

자산의 양도차익을 계산함에 있어서 그 취득시기 및 양도시기에 관하여 대통령령으로 정하도록 규정한 구 소득세법 조항은 조세법률주의와 포괄위임입법금지원칙에 위배되지 않는다.

판례 106 소득세법 제104조의3 제1항 제1호 나목 위헌소원(헌재 2015.7.30. 2013헌바207) : 합헌

도시지역 안의 농지를 비사업용 토지로 규정하여 양도소득세 중과세율이 적용되도록 한 구 소득세법 조항은 재산권을 침해하지 않는다.

판례 107 구 방문판매 등에 관한 법률 제51조 제1항 제1호 등 위헌소원(헌재 2015.7.30. 2013헌바275) : 합헌 ★☆☆

① 다단계판매업자에 대하여 등록의무를 부과하고, 그 의무를 불이행한 자를 처벌하는 것은 직업선택의 자유를 침해하지 않으며, 평등원칙에도 위배되지 않는다.
② 다단계판매업자에 대하여 등록의무를 부과하고, 그 의무를 불이행한 자를 처벌하는 조항에서 '다단계판매' 또는 '다단계판매조직' 등의 개념들은 죄형법정주의 명확성원칙에 반한다고 볼 수 없다.

판례 108
구 수산자원관리법 제23조 제1항 등 위헌소원(헌재 2015.7.30, 2013헌바416) **: 합헌**

어구의 규모·형태·사용량 및 사용방법의 제한에 관하여 대통령령으로 정하도록 한 부분과 위와 같은 과제한규정에 위반한 자를 형사처벌하도록 한 부분은 포괄위임입법금지원칙에 위배되지 않는다.

판례 109
구 약사법 제23조 제4항 위헌소원(헌재 2015.7.30, 2013헌바422) **: 합헌**

입원환자에 대하여 의약분업의 예외를 인정하면서도 의사로 하여금 조제를 직접 담당하도록 하는 것은, 직업수행의 자유를 침해하지 않으며 의사를 약사와 차별하는 규정이라고 할 수 없고 또한 체계정당성의 원리에 위배된다고 볼 수 없다.

판례 110
소득세법 제94조 제1항 제3호 가목 위헌소원(헌재 2015.7.30, 2013헌바460) **: 합헌**

대주주가 상장주식을 양도한 경우에 그 양도차익에 대하여 양도소득세를 부과하는 것은 조세법률주의 및 포괄위임입법금지원칙, 평등원칙에 위배되지 아니하고, 재산권을 침해하지 않는다.

판례 111
구 의료기기법 제14조 제2항 등 위헌소원(헌재 2015.7.30, 2014헌바6) **: 합헌**

수리·판매·임대·수여 또는 사용의 목적으로 품목허가를 받지 아니한 의료기기의 수입을 금지하고 이를 처벌하도록 한 것은, 명확성원칙에 위배되지 않으며 의료기기 수입업자의 직업수행의 자유를 침해하지 않는다.

판례 112
구 산지관리법 제36조 제2항 위헌소원(헌재 2015.7.30, 2014헌바15) **: 합헌**

국유림 내 산림청장과 광업권자의 석재매매계약이 해제되는 경우 해당 산지 안의 매각된 석재는 국가에 귀속한다고 규정한 것은 재산권인 광업권을 침해하지 않는다.

판례 113
구 아동·청소년의 성보호에 관한 법률 제34조 제2항 위헌소원(헌재 2015.7.30, 2014헌바257) **: 합헌** ★★☆

아동·청소년대상 성범죄자에 대하여 신상정보 등록 후 1년마다 새로 촬영한 사진을 관할경찰관서의 장에게 제출하도록 규정한 것과 사진제출의무 위반에 대하여 형사처벌을 하도록 규정한 것은 일반적 행동의 자유를 침해한다고 볼 수 없다.

구 국민건강보험법 제57조 제1항 등 위헌소원(헌재 2015.7.30. 2014헌바298) : **합헌**

사무장병원의 개설명의자인 의료인이 지급받은 요양급여비용 및 의료급여비용을 부당이득금으로 징수하도록 한 것은, (1) 입법취지·입법연혁·체계적구조 등을 고려할 때 심판대상조항들의 부당이득금 징수처분의 대상에 사무장병원의 개설명의자인 의료인이 포함되는 것으로 충분히 해석될 수 있으므로 명확성원칙에 위반되지 않고, (2) 사무장병원의 의료인은 의료법상 의료기관 개설자격이 없는 자에게 고용되어 자신의 명의로 의료기관을 개설하도록 함으로써 부당한 급여비용 청구의 외관을 스스로 형성한 책임이 있으므로 해당 의료인에 대하여 부당이득금을 징수하도록 한 것이 자기책임원리에 위반되지 않으며, (3) 심판대상조항들은 금액의 '전부 또는 일부'를 부당이득금으로 징수하도록 함으로써 구체적 사안에 따라 금액의 전부 징수가 부당한 경우에는 일부만 징수하도록 규정하여 의료인의 피해를 최소화하고 있으므로 재산권을 침해하지 않는다.

> 주의 사무장병원 - 의료법상 의료기관을 개설할 수 없는 자(사무장)가 의료인(고용의사)의 명의로 개설한 의료기관

 군인연금법 제21조의2 제1항 위헌소원(헌재 2015.7.30. 2014헌바371) : **합헌**

퇴역연금 수급자가 군인연금법·공무원연금법 및 사립학교교직원 연금법의 적용을 받는 군인·공무원 또는 사립학교교직원으로 임용된 경우 그 재직기간 중 해당 연금 전부의 지급을 정지하도록 하고 있는 것은 연금수급권자의 재산권을 침해하지 않으며, 평등원칙에 위배되지 않는다.

 국민의 형사재판 참여에 관한 법률 제5조 제1항 제1호 위헌소원(헌재 2015.7.30. 2014헌바447) : **합헌** ★☆☆

① 국민참여재판의 대상사건을 제한하는 이 사건 법률조항은 헌법에서 특별히 평등을 요구하고 있다거나, 차별적 취급으로 인하여 관련 기본권에 대한 중대한 제한을 초래하는 경우라고 보기 어려우므로 비례의 원칙이 아닌 자의금지 원칙에 의하여 심사한다.
② 국민참여재판의 대상사건을 합의부 관할사건으로 한정한 국민의 형사재판 참여에 관한 법률 제5조 제1항 제1호는 평등권을 침해하지 않는다.

🔍 배심원 연령 : 20세 이상 (합헌)

 공직선거법 제60조의2 제2항 위헌확인(헌재 2015.7.30. 2012헌마402) : **기각** ★☆☆

대통령선거 예비후보자등록을 신청하는 사람에게 대통령선거 기탁금의 100분의 20인 6,000만 원을 기탁금으로 납부하도록 정한 공직선거법 조항은 공무담임권을 침해하지 않는다.

조세범 처벌법 제15조 제1항 위헌소원(헌재 2015.7.30. 2014헌바420) : 각하

① 헌법재판소는, 행정처분에 대한 제소기간이 지난 뒤 그 처분에 대한 무효확인소송이나 그 처분의 효력 유무를 선결문제로 하는 민사소송에서 당해 행정처분의 근거 법률이 위헌인지 여부가 재판의 전제가 되는지에 관하여, "행정처분의 근거 법률이 헌법에 위반된다는 사정은 헌법재판소의 위헌결정이 있기 전에는 객관적으로 명백한 것이라고 할 수 없으므로 특별한 사정이 없는 한 그러한 하자는 행정처분의 취소사유에 해당할 뿐 당연무효사유는 아니고, 제소기간이 경과한 뒤에는 행정처분의 효력 유무를 선결문제로 하는 민사소송 등을 제기하더라도 행정처분의 효력에는 영향이 없음이 원칙이다. 따라서 이미 제소기간이 경과하여 불가쟁력이 발생한 행정처분의 근거 법률의 위헌 여부에 따라 당해 사건 재판의 주문이 달라지거나 재판의 내용과 효력에 관한 법률적 의미가 달라진다고 볼 수 없으므로 재판의 전제성이 인정되지 아니한다."라고 판단하였다.

② 과태료 부과처분의 당부는 질서위반행위규제법에 정해진 절차에 따라 해당 행정청에 대한 이의제기를 거쳐 과태료 재판절차에서 판단되어야 하므로, 과태료 부과처분은 행정소송의 대상이 되는 행정처분이라고 할 수 없다.(과태료 부과처분의 처분성 그 자체를 부정한 것은 아님.)

③ 고소득 전문직 사업자 등 현금영수증 의무발행업종 사업자의 현금영수증 발급의무 위반 시 미발급액의 50%에 상당하는 과태료를 부과하는 조항은, 부당이득 반환을 구하는 당해사건 재판의 전제성이 인정되지 아니하므로 부적법하다.

체포영장 열람·등사신청 거부처분 위헌확인(헌재 2015.7.30. 2012헌마610) : 각하

서울지방경찰청 사법경찰관이 2012.7.5. 피체포자 변호인들의 체포영장 등사신청을 거부한 행위에 관한 심판청구에 대하여, 헌법재판소가 수사절차와 공판절차에서 변호인의 수사기록에 대한 열람·등사신청을 거부한 처분이 피의자 또는 피고인과 변호인인 청구인들의 기본권을 침해하여 위헌임을 확인하였고 이를 변경할 사정이 없으므로, 설사 이러한 기본권 침해가 앞으로 반복될 가능성이 있다고 하더라도 같은 판단을 반복하여 밝힐 만큼 헌법적 해명이 중대한 의미를 지닌다고 보기 어렵다고 보아 각하하였다.

사회복지사업법 제35조의2 위헌확인(헌재 2015.7.30. 2012헌마1030) : 기각

사회복지사업과 관련한 횡령죄 등을 범하여 형의 집행유예를 선고받고 그 형이 확정된 후 7년이 지나지 아니한 사람은 사회복지시설의 종사자가 될 수 없도록 규정한 사회복지사업법 조항은 직업선택의 자유와 평등권을 침해하지 않는다.

판례 121 부동산 가격공시 및 감정평가에 관한 법률 시행령 제81조 제1항 위헌확인(헌재 2015.7.30. 2013헌마536) : 기각

국토교통부장관으로부터 표준지공시지가의 조사·평가 등 업무 위탁을 받을 수 있는 감정평가법인을 50인 이상 감정평가사를 둔 법인으로 제한하는 것은 직업수행의 자유를 침해하지 않는다.

판례 122 석유 및 석유대체연료 사업법 시행규칙 제45조 제1항 별표8 등 위헌확인(헌재 2015.7.30. 2014헌마13) : 기각

주유소인 석유판매업자의 거래상황기록부 보고기한을 '매월 15일'에서 '매주 화요일'로 변경한 것은 직업수행의 자유를 침해하지 않는다.

판례 123 성폭력범죄의 처벌등에 관한 특례법 제42조 제1항 등 위헌확인(헌재 2015.7.30. 2014헌마340) : 헌법불합치, 기각 ★★☆

① 카메라등이용촬영·카메라등이용촬영미수죄로 유죄가 확정된 자는 신상정보 등록대상자가 되도록 규정한 것은 개인정보자기결정권이나 평등권을 침해하지 않는다.
② 등록대상자의 등록정보를 20년 동안 보존·관리하는 것은 정당한 목적을 위한 적합한 수단이기는 하나, 법익의 균형성이 인정되지 않아서 개인정보자기결정권을 침해하는 것으로 헌법에 합치되지 않는다.

판례 124 수산업법 시행령 제45조의3 제2항 별표3의3 위헌확인(헌재 2015.7.30. 2014헌마364) : 기각

연안선망어업에 대하여, 7월 한 달 동안 충청남도에서 세목망 사용을 금지한 부분은 연안선망어업인들의 직업수행의 자유를 침해하지 않는다.

판례 125 수산업법 시행령 제45조의3 제2항 별표3의3 위헌확인(헌재 2015.7.30. 2014헌마491) : 기각

동해구외끌이중형저인망어업에 대하여, 경상북도, 경상북도와 울산광역시의 경계와 해안선의 교점에서 방위각 107도의 연장선 이북해역에서 5월 한 달 동안 조업을 금지한 부분은 동해구외끌이중형저인망어업인들의 직업수행의 자유를 침해하지 않는다.

판례 126 수산업법 시행령 제45조의3 제2항 별표 3의3 위헌확인(헌재 2015.7.30. 2014헌마500) : 기각

소형선망어업에 대하여, 제주 및 서해의 일정한 연안 해역에서 조업하는 것을 금지하고, 7월 한 달 동안 충청남도와 전라북도에서 세목망 사용을 금지한 부분은 소형선망어업인들의 직업수행의 자유를 침해하지 않는다.

판례 127 **수산업법 시행령 제24조 제1항 제5호 등 위헌확인**(헌재 2015.7.30. 2014헌마653) : **기각**
서남해구쌍끌이중형저인망어업의 포획대상 수산동물에서 멸치를 제외한 부분은 서남해구쌍끌이중형저인망어업인들의 직업수행의 자유를 침해하지 않는다.

판례 128 **수산업법 시행령 제45조의3 제2항 별표3의3 위헌확인**(헌재 2015.7.30. 2015헌마178) : **기각**
연안자망어업에 대하여, 인천광역시, 경기도, 전라남도 해역을 제외한 전국해역에서 뻗침대를 붙인 자망의 사용을 연중 금지한 부분은 연안자망어업인들의 직업수행의 자유를 침해하지 않는다.

판례 129 **인신보호법 제15조 위헌제청**(헌재 2015.9.24. 2013헌가21) : **위헌**
인신보호법상 '피수용자인 구제청구자'의 즉시항고 제기기간을 '3일'로 정한 부분은 재판청구권을 침해한다.

판례 130 **폭력행위 등 처벌에 관한 법률 제3조 제1항 등 위헌제청**(헌재 2015.9.24. 2014헌가1) : **합헌**
흉기 기타 위험한 물건을 휴대하여 형법상 상해죄를 범한 사람을 가중처벌하는 구 '폭력행위 등 처벌에 관한 법률' 조항은, 죄형법정주의 명확성원칙에 반하지 아니하고, 책임과 형벌의 비례원칙에 위배되지 아니하며, 형벌체계상의 균형을 잃은 자의적인 입법이라거나 평등원칙에 반한다고 볼 수 없다.

※ 비고
- 흉기 기타 위험한 물건을 휴대하여 형법상 상해죄를 범한 사람을 가중처벌하는 것 – 합헌
- 흉기 기타 위험한 물건을 휴대하여 형법상 폭행죄, 협박죄, 재물손괴죄를 범한 사람을 가중처벌하는 것 – 위헌(2014헌바154 결정)

판례 131 **폭력행위 등 처벌에 관한 법률 제3조 제1항 등 위헌소원**(헌재 2015.9.24. 2014헌바154) : **위헌**
① 별도의 가중적 구성요건의 표지를 규정하지 않은 채 형법조항들과 똑같은 구성요건을 규정하면서 법정형만 상향 조정한 심판대상조항은 형사특별법으로서 갖추어야 할 형벌체계상의 정당성과 균형을 잃어 평등원칙에 위반된다.
② 흉기 기타 위험한 물건을 휴대하여 형법상 폭행죄, 협박죄, 재물손괴죄를 범한 사람을 가중처벌하는 폭력행위 등 처벌에 관한 법률 조항은 형벌체계상의 균형을 상실하여 평등원칙에 반하므로 모두 헌법에 위반된다. 주의 명확성원칙 위반은 아님

주의 흉기 기타 위험한 물건을 휴대하여 형법상 상해죄를 범한 사람을 가중처벌하는 것은 헌법에 위반되지 않는다고 결정하였는데, 상해죄의 경우 폭행죄, 협박죄, 재물손괴죄와 달리 형법에서 위험한 물건을 휴대하여 상해죄를 범한 경우를 가중처벌하는 규정을 별도로 두고 있지 않으므로, 이 사건과 논의구조 및 결론이 달라지게 되었다.

판례 132
구 상속세 및 증여세법 제41조의3 제2항 위헌제청(헌재 2015.9.24. 2012헌가5) : **합헌**

기업의 내부정보를 가진 최대주주등이 주식등을 상장하기 전에 미리 특수관계인에게 증여하거나 취득하게 한 후 가까운 장래에 상장하여 상장이익이 발생한 경우 그 상장이익에 부과하는 증여세에 관하여 규정한 구 '상속세 및 증여세법' 조항과 그 경우 상장이익을 산정하는 기준시기를 규정한 조항 및 유상증자에 의한 신주로 인한 상장이익에 대하여도 증여세를 과세할 수 있게 하는 조항은 모두 청구인들의 재산권을 침해하지 않고 조세평등원칙에도 위배되지 않는다.

판례 133
자동차관리법 제13조 제3항 제1호 등 위헌제청(헌재 2015.9.24. 2012헌가20) : **합헌**

'여객자동차 운수사업법' 및 '화물자동차 운수사업법'에 따라 면허 등이 실효, 취소된 후 자동차의 소유자가 그러한 사유가 발생한 자동차에 대해 말소등록을 신청하지 않으면, 시·도지사가 자동차등록을 직권으로 말소할 수 있도록 정한 자동차관리법 조항은 자동차 저당권자의 재산권을 침해하지 않으며 평등원칙에도 위반되지 않는다.

판례 134
출입국관리법 제4조 제1항 제1호 위헌소원(헌재 2015.9.24. 2012헌바302) : **합헌**

형사재판에 계속 중인 사람에 대하여 출국을 금지할 수 있다고 규정한 출입국관리법 조항은, ① 법무부장관의 출국금지결정은 형사재판에 계속 중인 국민의 출국의 자유를 제한하는 행정처분일 뿐이고 영장주의가 적용되는 신체에 대하여 직접적으로 물리적 강제력을 수반하는 강제처분이라고 할 수는 없고, ② 출국금지 대상자에게 사전통지를 하도록 규정하지 아니하거나 청문의 기회를 부여하고 있지 아니한 것만으로 적법절차원칙에 위배된다고 보기 어렵고, ③ 해외도피의 우려가 있는 피고인이 일정 기간 동안 출국이 금지되는 불이익을 받더라도 이를 두고 무죄추정의 원칙에서 금지하는 유죄 인정의 효과로서의 불이익 즉, 유죄를 근거로 형사재판에 계속 중인 사람에게 사회적 비난 내지 응보적 의미의 제재를 가하려는 것이라고 보기 어려우므로 무죄추정의 원칙에 위배되지 않고, ④ 과잉금지원칙을 위반되지 않으므로 출국의 자유를 침해하지 않고, ⑤ 피고인의 공격·방어권 행사와 직접 관련이 있다고 할 수 없고, 공정한 재판을 받을 권리에 외국에 나가 증거를 수집할 권리가 포함된다고 보기도 어렵기 때문에 피고인의 공격·방어권 행사를 제한하여 청구인의 공정한 재판을 받을 권리를 침해한다고 볼 수 없다.

판례 135
국회에서의 증언·감정 등에 관한 법률 제14조 제1항 위헌소원(헌재 2015.9.24. 2012헌바410) : **합헌**

① 진술거부권은 적극적으로 허위의 진술을 할 권리를 보장하는 것은 아니므로, 청구인이 허위의 진술을 하였다는 이유로 위증죄의 처벌을 받은 만큼 진술거부권이 제한된 것은 아니다.
② 국회에서 허위의 진술을 한 증인에 대하여 위증죄로 처벌하는 구 국회에서의 증언·감정 등에 관한 법률 조항이, 국회증언감정법상 증인과 형사소송법상 증인을 차별취급하는 데에는 합리적 이유가 있으며 형벌체계상의 정당성이나 균형성을 상실하고 있지 아니하므로 평등원칙에 위반된다고 할 수 없다.

판례 136

자본시장과 금융투자업에 관한 법률 제336조 제1항 제1호 등 위헌소원(헌재 2015.9.24. 2013헌바102) : 합헌

1년 이내에서 대통령령으로 정하는 기간 이내에 만기가 도래하는 어음의 발행·할인·매매·중개·인수 및 보증업무와 그 부대업무로서 대통령령으로 정하는 업무(이하 "단기금융업무")를 영위하려는 자는 금융위원회의 인가를 받아야 하고, 이를 위반하는 경우 처벌하도록 규정한 것은 죄형법정주의 명확성 원칙에 위배되지 않는다.

판례 137

중소기업제품 구매촉진 및 판로지원에 관한 법률 제11조 제3항 위헌소원(헌재 2015.9.24. 2013헌바393) : 합헌

직접생산 확인을 받은 제품을 하청 생산하는 경우 그 중소기업자가 받은 모든 제품에 대하여 필요적으로 직접생산 확인을 취소하도록 규정한 것은 직업수행의 자유를 침해하지 않는다.

판례 138

사회보호법 폐지법률 부칙 제2조 위헌소원(헌재 2015.9.24. 2014헌바222) : 합헌

사회보호법 부칙 제2조가 사회보호법을 폐지하면서 그 전에 이미 판결이 확정된 보호감호를 종전의 사회보호법에 따라 집행하도록 한 것은 이중처벌금지원칙이나 과잉금지원칙, 평등원칙에 위배되지 아니하고, 보호감호의 관리와 집행에 관한 사항을 치료감호심의위원회가 결정하도록 한 것은 법관의 재판을 받을 권리를 침해하거나 적법절차원칙에 위배되지 아니하여, 청구인의 신체의 자유 등 기본권을 침해하지 아니한다.

판례 139

도로교통법 제63조 위헌소원(헌재 2015.9.24. 2014헌바291) : 합헌 ★☆☆

긴급자동차를 제외한 이륜자동차 운전자의 자동차전용도로 통행을 금지하는 것은 일반적 행동의 자유를 침해한다거나 평등원칙에 위반되지 않는다.

판례 140

성폭력범죄의 처벌 등에 관한 특례법 제5조 제1항 등 위헌소원(헌재 2015.9.24. 2014헌바453) : 합헌 ★☆☆

사실상의 관계를 포함하여 4촌 이내의 인척 관계에 의한 강간을 가중처벌하는 것은 책임과 형벌 간의 비례원칙에 위배되지 아니한다.

판례 141

국적법 제21조 등 위헌소원(헌재 2015.9.24. 2015헌바26) : 합헌

법무부장관으로 하여금 거짓이나 그 밖의 부정한 방법으로 귀화허가를 받은 자에 대하여 그 허가를 취소할 수 있도록 규정하면서도 그 취소권의 행사기간을 따로 정하고 있지 않은 국적법 조항은 거주·이전의 자유 및 행복추구권을 침해하지 아니한다.

판례 142. 구 특정성폭력범죄자에 대한 위치추적 전자장치 부착에 관한 법률 제5조 제1항 제3호 등 위헌소원(헌재 2015.9.24, 2015헌바35) : 합헌 ★☆☆

① 성폭력범죄자에 대해 전자장치 부착명령을 청구할 수 있도록 한 조항에서, '습벽이 인정된 때' 부분은 명확성원칙에 위반되지 않으며, 전자장치 부착명령의 법적성격은 형벌이 아닌 '보안처분'에 해당되므로, 이중처벌금지원칙에 위반되지 아니한다.

② 보안처분이라 하더라도 형벌적 성격이 강한 경우에는 헌법 제13조 제1항 전단의 소급처벌금지원칙이 적용되는데 전자장치 부착명령은 '비형벌적 보안처분'에 해당되므로 범죄행위 당시에 없었던 부착명령을 출소예정자에게 소급 적용할 수 있도록 한 부칙 경과조항은 소급처벌금지원칙에 위반되지 아니하며 또한 인격권 등을 침해하지 아니한다.

판례 143. 독립유공자예우에 관한 법률 제8조 위헌소원(헌재 2015.9.24, 2015헌바48) : 합헌

독립유공자예우에 관한 법률 제8조가 독립유공자의 유족으로서 보상받을 권리가 유족등록을 신청한 날이 속하는 달부터 발생하도록 정한 것은, 독립유공자 등의 파악의 용이성, 국가의 재정 형편, 독립유공자의 유족 등의 상당수는 이미 다른 법률에 의해 보호받고 있던 점 등을 이유로 한 것으로서 자의적인 기준에 의한 것이 아니므로 헌법에 위반되지 않는다. 한편 '5·18민주화운동 관련자 보상 등에 법률'과 '독립유공자예우에 관한 법률'은 입법목적이나 적용대상이 다르고, 보상금의 성격도 다르므로, 두 법률의 적용을 받는 자들을 동일한 비교대상으로 볼 수는 없다.

판례 144. 형사소송법 제383조 제1호 위헌확인(헌재 2015.9.24, 2012헌마798) : 기각

항소심에서 심판대상이 된 사항에 한하여 법령위반의 상고이유로 삼을 수 있도록 상고를 제한하는 형사소송법 조항은 합리적인 입법재량의 한계를 일탈하여 재판청구권을 침해한다고 볼 수 없다.

판례 145. 치과의사전문의의 수련 및 자격 인정 등에 관한 규정 제18조 제1항 위헌확인(헌재 2015.9.24, 2013헌마197) : 헌법불합치 ★★☆

치과전문의 자격 인정 요건으로 '외국의 의료기관에서 치과의사 전문의 과정을 이수한 사람'을 포함하지 아니한 치과의사전문의의 수련 및 자격 인정 등에 관한 규정 조항은, 그 입법목적이 정당하고 수단도 적합하나 침해의 최소성 원칙에 위반되고 법익의 균형성을 충족하지 못하여 직업수행의 자유를 침해하며, 평등권도 침해한다.

판례 146
축산법 제22조 등 위헌확인(헌재 2015.9.24. 2013헌마384) : **기각** ★☆☆
① 국가로서는 건강하고 위생적이며 쾌적한 시설에서 가축이 서식할 수 있도록 필요한 적절하고도 효율적인 조치를 취함으로써, 소비자인 국민의 생명·신체의 안전에 관한 기본권을 보호할 구체적인 헌법적 의무가 있다.
② 이 사건의 가축사육업 허가를 받거나 등록을 할 때 갖추어야 하는 가축사육시설기준만으로 곧바로 가축들의 건강상태가 악화되어 결과적으로 청구인들의 생명·신체의 안전이 침해되었다고 보기는 어렵다. 또한, 국가는 이 사건 기준뿐만 아니라 축산법 기타 많은 관련법령들에서 국민의 생명·신체에 대한 안전이 침해받지 않도록 여러 가지 조치를 취하고 있으므로 이 사건 기준이 국민의 생명·신체의 안전에 대한 국가의 보호의무에 관한 과소보호금지 원칙을 위반하였다고 볼 수는 없다.

판례 147
구 형법 제104조의2 위헌제청(헌재 2015.10.21. 2013헌가20) : **위헌** ★☆☆
대한민국 또는 헌법상 국가기관에 대하여 모욕, 비방, 사실 왜곡, 허위사실 유포 또는 기타 방법으로 대한민국의 안전, 이익 또는 위신을 해하거나 해할 우려가 있는 표현이나 행위에 대하여 형사처벌 하도록 규정한 구 형법 제104조의2(국가모독죄 조항)는, 국가의 안전, 이익, 위신 보전이 위 조항의 진정한 입법목적인지 의문이고, 형사처벌을 통한 일률적 표현행위 규제에 수단의 적합성을 인정할 수 없는 점, 의미내용이 불명확할 뿐만 아니라, 적용범위가 지나치게 광범위하고, 기본권 침해 정도가 큰 형사처벌을 통해 표현의 자유를 지나치게 제한하는 점 등에 비추어 볼 때, 과잉금지원칙에 위반하여 표현의 자유를 침해한다.

> **주의** 심판대상조항은 정치적 표현을 억압하기 위하여 악용될 우려가 있다는 등의 이유로 1988년 개정 형법에서 이미 삭제되었으나, 민주주의 사회에서 국민의 표현의 자유가 갖는 가치를 재확인했다는 점에서 결정의 의의를 찾을 수 있다.

판례 148
구 조세특례제한법 제99조의4 제1항 제1호 가목2 위헌소원(헌재 2015.10.21. 2014헌바355) : **합헌**
'도시 지역'인 읍·면 지역에 위치한 주택을 1세대 1주택 비과세 특례가 적용되는 농어촌주택에서 제외하고 있는 구 조세특례제한법 조항은 조세평등주의에 위배되지 않는다.

판례 149
정보통신망 이용촉진 및 정보보호 등에 관한 법률 제44조의7 제1항 제8호 등 위헌소원(헌재 2015.10.21. 2012헌바415) : **합헌**
① 형사처벌과 밀접한 관련이 있고, 동시에 언론의 자유를 제한하고 있는 법률조항의 경우 엄격한 의미의 명확성원칙이 적용된다.
② '국가보안법에서 금지하는 행위를 수행하는 내용의 정보'에 대하여 정보통신망을 통한 유통을 금지하고, 방송통신위원회가 일정한 요건에 해당하는 경우에는 서비스제공자 등에게 해당 정보의 취급거부 등을 명하도록 하며, 그 명령을 이행하지 아니한 자를 처벌하도록 규정한 것은 명확성의 원칙에 위반되지 않으며 언론의 자유를 침해한다고 볼 수 없다.

판례 150
가축전염병예방법 부칙 제2조 제3항 위헌소원(헌재 2015.10.21. 2012헌바367) : **합헌** ★☆☆

① 도축장 사용정지·제한명령은 공익목적을 위하여 이미 형성된 구체적 재산권을 박탈하거나 제한하는 헌법 제23조 제3항의 수용·사용 또는 제한에 해당하는 것이 아니라 헌법 제23조 제1항의 재산권의 내용과 한계에 해당한다. 따라서 보상금은 도축장 사용정지·제한명령으로 인한 경제적인 부담을 완화하고 그러한 명령의 준수를 유도하기 위하여 지급하는 시혜적인 입법조치에 해당한다.
② 도축장 사용정지·제한명령에 대하여 보상금을 지급하는 가축전염병 예방법 제48조 제1항 제5호를 개정 법률 공포 후 6개월이 지난 날부터 적용하도록 한 가축전염병 예방법 부칙 제2조 제3항은 현저히 자의적인 차별이라고 할 수 없으므로 평등원칙에 위배되지 않는다.

판례 151
구 공익사업을 위한 토지 등의 취득 및 보상에 관한 법률 제78조 제1항 등 위헌소원(헌재 2015.10.21. 2013헌바10) : **합헌**

이주대책에 대하여 규정한 구 공익사업을 위한 토지 등의 취득 및 보상에 관한 법률의 이주대책 조항이 특별공급에서의 공급가액을 구체적으로 정하고 있지 않았다 하더라도 이를 명확성원칙에 위배된다고 보기는 어려우며, 생활기본시설조항에서 사업시행자가 설치비용을 부담하여야 하는 생활기본시설로서 '도로·급수시설·배수시설'을 열거하고 그 외의 일반규정으로 '그 밖의 공공시설 등 당해 지역조건에 따른 생활기본시설'이라고 규정하고 있는 것 역시 명확성원칙에 위배되지 않는다.

판례 152
구 건축법 제80조 제1항 등 위헌소원(헌재 2015.10.21. 2013헌바248) : **합헌**

이행강제금제도 도입 전의 위법건축물이라 하더라도 이행강제금을 부과함으로써 위법상태를 치유하여 건축물의 안전, 기능, 미관을 증진하여야 한다는 공익적 필요는 중대하다 할 것이므로, 이행강제금 부과에 대하여 별도의 예외규정을 두지 아니한 건축법 부칙 조항은 신뢰보호원칙에 위배된다고 볼 수는 없다.

판례 153
관세법 제241조 제1항 등 위헌소원(헌재 2015.10.21. 2013헌바388) : **합헌, 각하**

① 관세법상 몰수는 범죄행위로 인한 이득의 박탈을 주목적으로 하는 형법상의 몰수와 달리 범죄공용물의 훼기 또는 징벌적 목적의 달성을 주목적으로 하는 징벌적 성질의 처분이다.
② 신고하지 않고 물품을 수입한 경우 해당 물품을 필요적으로 몰수하도록 규정한 관세법 제282조 제2항은 책임과 형벌과의 비례원칙에 위배되지 않는다.

판례 154 형법 제315조 위헌소원(헌재 2015.10.21. 2014헌바59) : **합헌**

경매방해죄를 처벌하는 형법 제315조 중 '경매'에 관한 부분은 죄형법정주의의 명확성원칙에 위반되지 않는다.

판례 155 습지보전법 제20조의2 제1항 위헌소원(헌재 2015.10.21. 2014헌바170) : **합헌**

환경부장관 또는 해양수산부장관이 습지보호지역 등에서 광업권자로부터 광업권을 매수할 수 있도록 한 것은 재산권을 침해하지 않는다.

판례 156 아동복지법 제17조 제5호 등 위헌소원(헌재 2015.10.21. 2014헌바266) : **합헌** ★☆☆

아동의 정신건강 및 발달에 해를 끼치는 정서적 학대행위를 한 자를 형사처벌하도록 규정한 아동복지법 조항은 죄형법정주의의 명확성원칙에 위배되지 않으며, 범죄의 죄질 및 행위자의 책임에 비하여 지나치게 가혹하다고 보기 어려우므로 과잉금지원칙에 위반된다고 할 수 없다.

판례 157 원자력안전법 시행령 제2조 제4호 별표1 위헌확인 등(헌재 2015.10.21. 2012헌마89) : **각하, 기각**

① 원자력안전위원회 위원장이 연간 최대 개인피폭 예상량이 일반인 선량한도에 미치지 아니하고 긴급 이전이 필요하지 아니한 폐아스콘에 대하여 철거 후 임시 보관하여 일반인 접근 방지조치를 취하고 종국적으로 경주방사성폐기물처분시설로 이전한 이상, 방사선재해가 발생할 경우 국민을 보호하기 위한 적절한 조치를 하여야 할 의무를 게을리하였다고 할 수 없고, 폐아스콘을 즉시 수거·이전하지 않았다고 하여 위 작위의무를 위반하였다고 볼 수 없다.
② 식품의약품안전청장이 일본산 수산물에 대하여 전면 수입금지조치를 하지 아니하였다고 하여 작위의무를 위반하였다고 볼 수 없으므로 헌법소원의 대상이 되는 공권력의 불행사가 있다고 볼 수 없다.
③ 일반인의 방사선 피폭선량 한도를 정한 시행령 별표는 그 기준이 지나치게 낮다거나 자의적이라고 볼 수 없으므로, 방사능으로부터 국민을 보호하기 위하여 필요한 최소한의 보호조치를 취하지 않은 것이라고 보기 어렵다.
④ 식품의 방사능 기준을 정한 고시의 기준이 지나치게 낮다거나 불합리하다고 볼 수 없으므로 국민의 생명·신체의 안전을 보호하기 위하여 필요한 최소한의 조치를 취하지 않은 것이라고 보기 어렵다.

숙련기술장려법 시행령 제27조 제1항 등 위헌확인(헌재 2015.10.21. 2013헌마757) : 헌법불합치 ★☆☆

전국기능경기대회 입상자의 국내기능경기대회 참가를 제한할 필요성이 어느 정도 있기는 하나 전면적으로 허용하지 않는 것은 국내기능경기대회 의미를 훼손시킬 수 있으며, 또한 전국기능경기대회 입상자 중 해당 종목 '1, 2위 상위 득점자'가 아닌 나머지 입상자는 국제기능올림픽 대표선발전에도 출전할 수 없으므로 전국기능경기대회 입상자의 국내기능경기대회 재도전 금지는 결국 국제기능올림픽 대표선발전에 출전할 기회까지 봉쇄하는 결과가 된다. 따라서 전국기능경기대회 입상자의 국내기능경기대회 재도전을 전면적, 일률적으로 금지하는 것은 행복추구권을 침해하는 것인데, 다만 숙련기술인의 사기 진작이나 저변확대라는 이 사건 시행령조항의 목적을 저해하지 않으면서 전국기능경기대회 입상자 중 어느 범위에서 국내기능경기대회 참가 기회를 부여할 것인지는 이에 대한 행정입법권한을 가진 기관의 재량에 속하므로 헌법불합치결정을 선고한다.

강제징집 등 위헌확인(헌재 2015.10.21. 2014헌마456) : 각하

① 국방부장관이 1950년 8월경 청구인들을 입대시킨 행위에 대한 헌법소원심판은 청구기간을 준수하지 못하여 부적법하다.
② 6·25 참전 소년병들에 대한 피해배상에 대하여 헌법 제10조 제2문으로부터 손해배상을 해주어야 할 국가의 작위의무가 도출된다고 볼 수 있으나 국가는 이미 국가배상제도를 마련하고 있고, 비록 국방부가 이 사건 징집행위의 위법성을 부정하고 국회의원들이 배상입법을 약속하여 특별법 제정에 대한 기대가 청구인들에게 있었다고 하더라도, 이러한 기대만으로는 소년병만을 위한 피해배상 특별법의 제정의무가 국가에게 발생하였다고 볼 수는 없고, 더욱이 청구인들의 희생과 공헌을 보상하기 위한 법률들도 존재하므로 기존의 입법 외에 소년병들만을 위한 특별법을 제정할 의무가 헌법해석상 새로 발생하였다고 볼 수는 없다. 다만, 헌법상 또는 헌법해석상 소년병만 대상으로 하는 입법의무를 도출하기는 어렵다 하더라도, 입법자가 그 입법재량으로서 별도의 특별법을 제정하거나 기존 법률을 개정함으로써 소년병의 특수한 희생과 공헌에 따른 보상 내지 배상을 도모하는 것이 금지된 것은 아니다. 오히려 재정 여건이 허락된다면 소년병들의 희생을 기리고 피해를 보상 내지 배상하는 방법을 강구하는 것이 바람직하다.

전국대학생 토론대회 공모 공고 위헌확인(헌재 2015.10.21. 2015헌마214) : 각하

① 헌법재판소법 제68조 제1항에서 공권력이란 입법권·행정권·사법권을 행사하는 모든 국가기관·공공단체 등의 고권적 작용을 말하고, 그 행사 또는 불행사가 국민의 권리·의무에 직접적인 효과를 발생시켜 청구인의 법률관계를 불리하게 변화시키는 것이어야 한다. 그러나 국가기관·공공단체의 행위라고 하더라도 공법상의 행정처분이 아니라 사법상의 법률행위에 불과할 때에는 헌법소원심판의 대상이 되는 공권력의 행사라고 볼 수 없다.
② 구청장이 "4·19혁명 ○○○○○ 2015 전국 대학생 토론대회" 공모를 공고하면서 참가대상을 대학교 재학생 및 휴학생으로 한정한 것은, 사법상 법률행위에 불과하다고 할 것이고 공권력 행사의 주체라는 우월적 지위에서 한 공권력의 행사라고 볼 수 없다.

판례 161. 기소유예처분취소(헌재 2015.10.21. 2014헌마916) : 인용(취소)

청구인이 아동·청소년이용음란물을 배포하였다는 이유로 아동·청소년의 성보호에 관한 법률 위반(음란물제작·배포등) 혐의를 인정한 검찰의 기소유예처분은 자의적인 검찰권의 행사로서 청구인의 평등권과 행복추구권을 침해한 것이므로 취소한다(인용).

판례 162. 국회의원과 대통령간의 권한쟁의(헌재 2015.11.26. 2013헌라3) : 각하

대통령이 'WTO 정부조달협정 개정의정서'의 체결·비준에 대한 동의를 요구하지 않은 부작위가 국회의 조약 체결·비준 동의권 및 국회의원들의 조약 체결·비준 동의안 심의·표결권을 침해하였다고 주장하면서 제기한 권한쟁의심판 청구는, '제3자 소송담당'이 허용되지 않는 현행법 체계하에서 국회의 구성원인 국회의원이 국회의 조약 체결·비준 동의권 침해를 주장하는 권한쟁의심판을 청구할 수 없으며, 국회의 동의권이 침해되었다고 하여 동시에 국회의원의 심의·표결권이 침해된다고 할 수 없고, 국회의원의 심의·표결권은 국회의 대내적인 관계에서 행사되고 침해될 수 있을 뿐 다른 국가기관과의 대외적인 관계에서는 침해될 수 없으므로 모두 부적법하다.

판례 163. 구 사립학교법 제24조의2 제1항 등 위헌소원(헌재 2015.11.26. 2012헌바300) : 합헌

① 사학분쟁조정위원회는 행정·입법·사법부에서 추천한 인사들로 구성되고, 정치적 중립성을 엄격하게 지켜야 할 대법원장의 지위에 비추어 대법원장이 더 많은 위원을 추천하고, 대법원장이 추천한 위원 중에서 위원장을 호선하도록 한 것은 오히려 중립성이 강조되는 조정위원회의 성격을 반영한 것이므로, 조정위원회의 설치·기능 조항 및 구성 조항은 권력분립의 원칙을 위반한다고 볼 수 없다.

② 사학분쟁조정위원회의 설치·기능 조항이 학교구성원에게 조정위원회의 심의결과나 심의과정 중 절차상 하자에 대하여 다툴 수 있는 별도의 이의제기절차를 마련하고 있지 않고 정상화 조항이 임시이사가 선임된 학교법인의 정상화에 관하여 조정위원회에 주도적인 역할을 부여하면서, 학교구성원들이 정상화 과정에 참여할 수 있는 절차를 마련하고 있지 않았다 하더라도 이는 입법자가 입법형성의 한계를 넘는 자의적인 입법을 하여 대학의 자율성의 본질적인 부분을 침해한다고 볼 수는 없다.

판례 164 특정범죄 가중처벌 등에 관한 법률 제5조의4 제6항 위헌소원(헌재 2015.11.26, 2013헌바343) : 위헌 ★☆☆

위헌결정이 내려진 법률조항은 법전에서 외형적으로 삭제되지 않았더라도 법질서에서 더 이상 아무런 작용과 기능을 할 수 없으므로, 위헌결정 내려진 바 있는 특가법 제5조의4 제1항 중 형법 제329조에 관한 부분은, 특가법 제5조의4 제1항을 인용하고 있는 같은 조 제6항의 구성요건으로 기능할 수 없으며, 특가법 제5조의4 제6항의 법정형 역시 불명확하므로 특정범죄 가중처벌 등에 관한 법률 제5조의4 제6항 중 '제1항 또는 제2항의 특정범죄 가중처벌 등에 관한 법률 위반의 상습절도죄로 두 번 이상 실형을 선고받고 그 집행이 끝나거나 면제된 후 3년 이내에 다시 제1항 중 형법 제329조의 상습절도죄를 범한 경우에는 그 죄에 대하여 정한 형의 단기의 2배까지 가중한다.'라는 부분은 죄형법정주의의 명확성 원칙에 위배된다.

판례 165 시체 해부 및 보존에 관한 법률 제12조 제1항 위헌확인(헌재 2015.11.26, 2012헌마940) : 위헌 ★★☆

인수자가 없는 시체를 생전의 본인의 의사와는 무관하게 해부용 시체로 제공될 수 있도록 규정한 것은, 그 입법목적의 정당성과 수단의 적합성은 인정되나, 침해의 최소성 원칙과 법익 균형성을 충족했다고 보기 어려우므로 과잉금지원칙을 위반하여 시체의 처분에 대한 자기결정권을 침해하여 헌법에 위반된다.

> 주의 사후에 무연고 시신이 되더라도 해부용 시체로 제공되는 것에 반대한 경우에는 본인의 의사를 존중해서 해부용 시체로 제공되지 않도록 해야 한다는 점을 명시한 최초의 사례

판례 166 2014년도 충남삼성고등학교 신입생 입학전형요강 승인 위헌확인(헌재 2015.11.26, 2014헌마145) : 기각, 각하 ★☆☆

① 충남소재 중학교를 졸업한 학생들과 그들의 학부모들은, 홈페이지에서 충남삼성고가 신입생 모집정원의 10%만을 일반전형으로 선발하는 내용을 확인하고 충남삼성고에 지원하지 아니하였다고 주장하므로, 늦어도 원서접수 마감일인 2013.10.24.경까지는 충남교육감이 충남삼성고의 '2014학년도 충남삼성고등학교 신입생 입학전형요강'을 승인한 행위가 있었던 사실을 알았을 것이므로 위 청구인들의 심판청구는 청구기간을 준수하지 못하여 부적법하다.
② 2015년도에 충남소재 중학교를 졸업할 예정인 학생들의 학부모들의 심판청구는 기본권침해 가능성이 없어서 부적법하다.
③ 2015년도에 충남소재 중학교를 졸업할 예정인 학생들은 충남교육감이 위 입학전형요강을 승인하였음을 확인하고 입시계획을 세우는 데에 어려움을 겪게 되어 기본권을 침해하였다고 주장하는데, 충남교육감이 충남삼성고의 '2014학년도 충남삼성고등학교 신입생 입학전형요강'을 승인한 행위로 인한 차별은 충남삼성고가 기업형 자사고로서 갖는 특성에 기인한 것으로서 합리적인 이유가 있으므로, 충남삼성고등학교 신입생 입학전형요강에 대한 충남교육감의 승인행위는 평등권을 침해하지 않는다.

판례 167. 지방교육자치에 관한 법률 제43조 위헌확인(헌재 2015.11.26. 2014헌마662) : 각하

교육감을 주민의 보통·평등·직접·비밀선거에 따라 선출한다고 규정한 '지방교육자치에 관한 법률' 제43조는 청구인들의 기본권을 침해할 가능성이 없거나 기본권침해의 자기관련성이 인정되지 않는다.

① 고등학생과 그 학부모, 교사 및 교원인 청구인들은 교육을 받을 권리, 자녀교육권, 직업수행의 자유 등 기본권을 침해한다고 주장하는데, 교육감을 선출하는 방식에 관한 규정으로서 지방교육자치제도를 보장하는 하나의 방편으로 교육감 선출에 주민의 직접 참여를 규정할 뿐, 그 자체로써 위 청구인들에게 어떠한 의무의 부과, 권리 또는 법적 지위의 박탈이라는 불이익을 초래하고 있다고 보기 어렵기 때문에 위 청구인들의 교육을 받을 권리, 자녀교육권, 직업수행의 자유 등을 침해할 가능성이 있다거나 기본권침해의 자기관련성이 있다고 보기 어렵다.

② 학부모인 청구인들은 학부모가 아닌 주민을 교육감 선거에 참여할 수 있도록 하는 것이 '본질적으로 다른 것을 같게 취급하는 것'이어서 자신들의 평등권을 침해한다고 주장하는데, 교육감선거에 학부모인지를 불문하고 참여하게 하는 것은 지역공동체의 지속적인 유지와 발전을 담보할 미래세대의 교육과 관련하여 공동의 관심사인 교육정책에 공동체 전체의 주민이 참여할 기회를 보장하기 위한 것이므로 학부모인 주민과 학부모가 아닌 주민 사이에 교육감 선거에 있어 그 지위에 차이가 있다고 볼 수 없으므로 학부모들의 평등권을 침해할 가능성은 없다.

③ 교육자 및 교육전문가인 청구인들은 교육감으로 선출될 수 있는 기회를 박탈하여 공무담임권을 침해한다고 주장하는데, 위 조항은 공무담임권을 제한하는 내용은 전혀 담고 있지 않고, 오히려 주민의 선거에 따라 교육감을 선출하도록 함으로써 공직취임의 기회를 넓게 보장하여 교육감으로 선출되고자 하는 자들의 공무담임권을 보호하는 측면이 강하다. 입후보 결격사유가 없는 이상 교육감으로 선출될 기회 자체는 법적으로 동일하게 주어지므로 심판대상조항이 교육자 및 교육전문가인 청구인들의 공무담임권을 침해할 가능성이 있다거나 기본권침해의 자기관련성이 있다고 보기는 어렵다.

판례 168. 구 법인세법 제93조 제7호 위헌소원(헌재 2015.11.26. 2012헌바403) : 합헌

외국법인의 국내원천소득 중 양도소득 과세대상인 국내 부동산과다보유법인 주식의 요건을 대통령령에 위임한 것은 조세법률주의 및 포괄위임입법금지원칙에 위배되지 않는다.

판례 169 도시 및 주거환경정비법 제49조 제6항 위헌소원(헌재 2015.11.26. 2013헌바415) : 합헌

관리처분계획의 인가고시가 있으면 정비구역 내 소유자 등 권리자의 사용·수익을 정지시키는 이 사건 법률조항 본문이 비록 현금청산대상자 등 일부 소유자의 재산권을 사회적 제약의 범주를 벗어날 정도로 제한하고 있지만, 이 사건 법률조항 단서는 사용·수익이 정지되기에 앞서 보상적 조치가 완료될 것을 요구함으로써 현금청산대상자 등 소유자의 부담을 완화하는 보상조치와 보호대책을 마련하고 있으므로 침해최소성의 원칙에 위배되지 않고, 도시환경을 개선하고 주거생활의 질을 높인다는 주택재개발사업의 목적이나 이 사건 법률조항이 추구하는 주택재개발사업의 신속하고 원활한 진행이라는 공익과의 형량에 있어서도 법익 간의 비례관계를 유지하고 있다고 볼 수 있으므로, 재산권을 침해하지 않는다.

판례 170 구 국적법 부칙 제7조 제1항 위헌소원(헌재 2015.11.26. 2014헌바211) : 합헌

1978.6.14.부터 1998.6.13. 사이에 태어난 모계출생자에 대하여 대한민국 국적을 취득할 수 있는 특례를 규정하면서 국적을 취득하기 위해서 2004년 12월 31일까지 법무부장관에게 국적취득신고를 하도록 한 것은, 특례의 적용을 받는 모계출생자와 개정 국적법 시행 이후에 태어난 모계출생자를 합리적 이유 없이 차별하고 있다고 볼 수 없으므로 평등원칙에 위반되지 않는다.

판례 171 구 부가가치세법 제17조 제2항 제2호 위헌소원(헌재 2015.11.26. 2014헌바267) : 합헌

세금계산서의 작성연월일이 사실과 다르게 기재된 경우 그에 해당하는 매입세액을 공제하지 아니하는 구 부가가치세법 조항은 재산권을 침해하지 않는다.

판례 172 의료법 제23조의2 제2항 등 위헌소원(헌재 2015.11.26. 2014헌바299) : 합헌

비급여대상인 의료기기와 관련하여 리베이트를 수수한 의료인에 대하여 요양급여 대상인 의료기기의 경우와 마찬가지로 징역형으로 처벌할 수 있도록 한 것에는 합리적 이유가 있으므로 평등에 원칙에 위반되지 않으며, 직업수행의 자유를 침해한다고 할 수 없다.

판례 173 개발제한구역의 지정 및 관리에 관한 특별조치법 제12조 제1항 등 위헌소원(헌재 2015.11.26. 2014헌바359) : 합헌

개발제한구역 내에서 원칙적으로 죽목의 벌채를 금지하고 예외적으로 대통령령으로 정하는 일정 규모 이상의 죽목의 벌채에 대해서는 허가를 받아 이를 할 수 있도록 규정한 것은 포괄금지원칙에 위반되지 않으며 재산권을 침해하지 않는다.

판례 174 임대주택법 제21조 제4항 등 위헌소원(헌재 2015.11.26. 2014헌바416) : 합헌

건설임대주택을 임차인에게 우선분양전환하는 경우 분양전환가격을 대통령령에 위임하도록 한 임대주택법 조항은 포괄위임입법금지원칙에 위배되지 않는다.

판례 175. 성폭력범죄의 처벌 등에 관한 특례법 제8조 제1항 위헌소원(헌재 2015.11.26, 2014헌바436) : 합헌 ★☆☆

주거침입강제추행치상죄에 대하여 무기징역 또는 10년 이상의 징역에 처하도록 한 것은 비례원칙과 평등원칙에 위반되지 않는다.

판례 176. 보안관찰법 제27조 제2항 등 위헌소원(헌재 2015.11.26, 2014헌바475) : 합헌

① 보안관찰법상 보안관찰처분의 요건과 절차를 규정한 근거조항은 적법절차의 원칙, 법관에 의한 정당한 재판을 받을 권리를 보장하고 있는 헌법 제27조 제1항 및 이중처벌금지원칙에 위반되지 않는다. 또한 보안관찰처분은 보안관찰처분대상자의 내심의 작용을 문제 삼는 것이 아니라, 보안관찰처분대상자가 보안관찰해당범죄를 다시 저지를 위험성이 내심의 영역을 벗어나 외부에 표출되는 경우에 재범의 방지를 위하여 내려지는 특별예방적 목적의 처분이므로, 보안관찰처분 근거규정에 의한 보안관찰처분이 양심의 자유를 침해한다고 할 수 없다.
② 피보안관찰자의 신고의무 위반행위에 대한 처벌조항은 명확성 원칙과 평등원칙에 위반되지 않으며, 피보안관찰자의 사생활의 비밀과 자유를 제한하기는 하나 과잉금지원칙에 위반된다고 볼 수는 없다.

판례 177. 변호인접견불허 위헌확인(헌재 2015.11.26, 2012헌마858) : 헌법불합치

수형자의 접견 시간 및 횟수를 제한하는 것은 목적의 정당성이 인정되고, 소송대리인인 변호사와의 접견을 일반 접견에 포함시켜 그 시간 및 횟수를 제한하는 것은 이러한 입법목적의 달성에 기여하므로 수단의 적절성 또한 인정된다. 수형자가 소송대리인인 변호사와 서신수수, 전화통화를 하는 것이 가능하다 하더라도, 그 재판청구권을 실효적으로 보장하기 위해서는 소송대리인인 변호사와의 접견 시간 및 횟수를 적절하게 보장하는 것이 필수적이다. 그런데 소송대리인인 변호사와의 접견 시간 및 횟수에 대한 별도의 규정을 두지 않고 일반 접견에 포함시켜 이를 제한하는 것은 침해최소성의 원칙과 법익의 균형성 원칙에 위반된다. 따라서 수형자와 소송대리인인 변호사와의 접견을 시간은 일반 접견과 동일하게 회당 30분 이내로, 횟수는 다른 일반 접견과 합하여 월 4회로 제한하는 것은 수형자의 재판청구권을 침해하여 헌법에 합치되지 않는다.

> 주의 수형자의 일반 접견에 대해 시간 및 횟수를 제한하는 것 자체는 위헌 아님

판례 178. 국적법 제12조 제2항 위헌확인(헌재 2015.11.26, 2013헌마805) : 기각 ★☆☆

복수국적자에 대하여 제1국민역에 편입된 때부터 3개월 이내에 대한민국 국적을 이탈하지 않으면 병역의무를 해소한 후에야 대한민국 국적을 이탈할 수 있도록 한 국적법 조항은 국적이탈의 자유와 평등권을 침해하지 않는다.

대한민국과 일본국 간의 재산 및 청구권에 관한 문제 해결과 경제협력에 관한 협정 제2조 제1항 등 위헌소원(헌재 2015. 12. 23, 2009헌바317) : 합헌

① 국외강제동원자지원법의 미수금 지원금은 인도적 차원의 시혜적인 금전 급부에 해당하며, 인도적 차원의 시혜적 급부를 받을 권리는 헌법 제23조에 의하여 보장된 재산권이라고 할 수 없으나, 이 지원금 산정방식은 입법자가 자의적으로 결정해서는 안 되고 미수금의 가치를 합리적으로 반영하는 것이어야 한다는 입법적 한계를 가진다.

② 일제에 의하여 군무원으로 강제동원되어 그 노무 제공의 대가를 지급받지 못한 미수금피해자에게 당시의 일본국 통화 1엔에 대하여 대한민국 통화 2천 원으로 환산한 미수금 지원금을 지급하도록 한 구 태평양전쟁 전후 국외 강제동원희생자 등 지원에 관한 법률 조항은 헌법에 위반되지 않는다.

대한민국과 일본국 간의 재산 및 청구권에 관한 문제해결과 경제협력에 관한 협정 제2조 제2항 (a)호 등 위헌소원(헌재 2015. 12. 23, 2011헌바55) : 합헌, 각하 ★☆☆

① 일제에 의하여 국외로 강제동원되어 부상으로 장해를 입은 희생자 또는 그 유족에게 대일항쟁기 강제동원 피해조사 및 국외강제동원 희생자 등 지원에 관한 특별법상 지급되는 위로금은 인도적 차원의 시혜적인 금전 급부에 해당한다.

② 1965년 체결된 '대한민국과 일본국 간의 재산 및 청구권에 관한 문제의 해결과 경제협력에 관한 협정'의 적용대상에서 '1947. 8. 15.부터 1965. 6. 22.까지 계속하여 일본에 거주한 사람'은 배제되는 점, 2000년 제정된 일본국의 '평화조약 국적이탈자 등인 전몰자 유족 등에 대한 조위금 등의 지급에 관한 법률'에 따라 위로금 내지 조위금을 지급받을 수 있었던 점 등을 종합하면, 일제에 의하여 국외로 강제동원되어 부상으로 장해를 입은 희생자 또는 그 유족에게 위로금을 지급함에 있어서 1947년 8월 15일부터 1965년 6월 22일까지 계속하여 일본에 거주한 사람을 지급대상에서 제외하고 있는 대일항쟁기 강제동원 피해조사 및 국외강제동원 희생자 등 지원에 관한 특별법 조항은 평등원칙에 위반되지 않는다.

대일항쟁기 강제동원 피해조사 및 국외강제동원 희생자 등 지원에 관한 특별법 제7조 제4호 위헌소원(헌재 2015. 12. 23, 2011헌바139) : 합헌

① 국가가 개인에게 특정한 이유로 시혜적 급부를 하는 경우 이러한 급부는 국민이 낸 세금 등을 재원으로 하는 것이므로 특별한 사정이 없는 한 그 나라의 국민을 급부의 대상으로 하는 것이 원칙이다.

② 대한민국 국적을 갖고 있지 아니한 국외강제동원 희생자의 유족을 위로금 지급대상에서 제외하는 것은 현저히 자의적이거나 불합리한 것으로서 평등원칙에 반한다고 볼 수 없다.

판례 182
대일항쟁기 강제동원 피해조사 및 국외강제동원 희생자 등 지원에 관한 특별법 제2조 제3호 다목 등 위헌소원(헌재 2015.12.23, 2013헌바11) : **합헌**

① 사할린 지역 강제동원 피해자의 경우 1938년 4월 1일부터 1990년 9월 30일까지의 기간 중 또는 국내로 돌아오는 과정에서 사망하거나 행방불명된 사람에 한하여 국외강제동원 희생자에 포함된다고 규정한 것은, 평등원칙이나 '정의·인도와 동포애로써 민족의 단결을 공고히' 할 것을 규정한 헌법 전문의 정신 또는 헌법상 재외국민 보호의무에 위반된다고 할 수 없다.

② 대한민국의 국적을 갖고 있지 아니한 국외강제동원 희생자의 유족을 위로금 지급대상에서 제외한다고 규정한 것은, 평등원칙이나 헌법 전문의 정신 또는 헌법상 재외국민 보호의무에 위반된다고 할 수 없다.

판례 183
주민등록법 제7조 제3항 등 위헌소원(헌재 2015.12.23, 2013헌바68) : **헌법불합치** ★★☆

주민등록번호 변경이 필요한 경우가 있음에도 그 변경에 관하여 규정하지 아니한 채 일률적으로 주민등록번호를 부여하는 제도는 과잉금지원칙을 위반하여 개인정보자기결정권을 침해하여 헌법에 합치되지 아니하고, 위 조항은 2017.12.31.을 시한으로 입법자가 개정할 때까지 계속 적용된다.

판례 184
대일항쟁기 강제동원 피해조사 및 국외강제동원희생자 등 지원에 관한 특별법 제4조 위헌확인(헌재 2015.12.23, 2010헌마620) : **각하**

위로금의 액수를 국외강제동원 희생자 1명당 2천만 원으로 정한 대일항쟁기 강제동원 피해조사 및 국외강제동원 희생자 등 지원에 관한 특별법 조항에 규정된 위로금은 인도적 차원의 시혜적인 금전 급부로서 국외강제동원 희생자 유족의 재산권의 대상에 포함되지 않는 등 위 위로금에 대한 헌법소원심판청구는 부적법하다.

판례 185
성폭력범죄자의 성충동 약물치료에 관한 법률 제4조 제1항 등 위헌제청(헌재 2015.12.23, 2013헌가9) : **헌법불합치, 합헌**

① 성폭력범죄를 저지른 성도착증 환자로서 성폭력범죄를 다시 범할 위험성이 있다고 인정되는 19세 이상의 사람에 대한 검사의 약물치료명령 청구에 관한 조항은 치료대상자의 기본권을 침해한다고 볼 수 없다. (성폭력범죄를 저지른 성도착증환자로서 성폭력범죄를 다시 범할 위험성이 있다고 인정되는 19세 이상의 사람에 대하여 성충동 약물치료를 하는 것 자체는 합헌)

② 법원의 판결로 약물치료명령을 선고하는 조항은, 장기형의 선고로 법원의 치료명령 선고시점(유죄판결 시점)과 성충동 약물치료가 행해지는 집행시점(형집행 종료 2개월 전) 사이에 상당한 시간적 간극이 존재하여 집행시점에서 치료의 필요성이 달라진 때에 불필요한 치료를 배제할 수 있는 절차가 없는 상태에서 선고시점에서 치료명령청구가 이유 있는 경우 치료

명령을 선고하도록 한 점에서 과잉금지원칙을 위배하여 치료대상자의 기본권을 침해하여 헌법에 위반되는데, 다만 위와 같은 위헌적인 부분은 치료명령의 선고시점에서 현실화되는 것이 아니라 집행시점에서 구체적으로 문제되고, 그 때까지 개선입법을 하여 제거될 수 있으므로 헌법불합치 결정을 선고한다.

> **주의** 검사의 약물치료명령 청구조항과 법원의 약물치료명령 선고조항은 신체의 안전성이 훼손당하지 아니할 자유를 포함하는 신체의 자유와 그 밖에 사생활의 자유, 자기결정권, 인격권 등 기본권을 제한하는데, 이 중 검사의 약물치료명령 청구조항은 과잉금지원칙에 위배되지 않으며, 법원의 약물치료명령 선고조항은 과잉금지원칙에 위배된다.

판례 186
성폭력범죄의 처벌 등에 관한 특례법 제42조 제1항 위헌제청(헌재 2015.12.23, 2015헌가27) : 각하 ★☆☆

성폭력범죄자의 신상정보 등록에 관한 성폭력범죄의 처벌 등에 관한 특례법 제42조 제1항은 유죄판결이 확정되기 전 단계인 당해사건 재판에서는 적용되지 아니하고, 법원이 피고인에게 신상정보 등록대상자가 된 사실 및 신상정보 제출의무가 있음을 고지하는 것은 재판의 내용과 효력에 관한 법률적 의미를 달라지게 하지 아니하므로, 재판의 전제성이 인정되지 아니하므로 법원의 위헌제청을 각하한다.

판례 187
근로기준법 제35조 제3호 위헌소원(헌재 2015.12.23, 2014헌바3) : 위헌 ★★☆

① 근로기준법에 마련된 해고예고제도는 근로자의 인간 존엄성을 보장하기 위한 합리적 근로조건에 해당하고, 근로의 권리의 내용에 포함된다.
② 월급근로자로서 6개월이 되지 못한 자를 해고예고제도의 적용예외 사유로 규정하고 있는 근로기준법 조항은 근무기간이 6개월 미만인 월급근로자의 근로의 권리를 침해하고 평등원칙에도 위배되어 위헌이다.

> **판례변경** 헌법재판소는 헌재 2001.7.19, 99헌마663 결정에서 위 내용에 대하여 헌법에 위반되지 않는다고 선고하였으나, 이번 결정에서 위헌이라고 변경함.

> **주의** 3개월 미만의 일용근로자 해고 예고 배제 : 합헌

의료법 제56조 제1항 등 위헌소원(헌재 2015.12.23, 2015헌바75) : 위헌

① 언론·출판의 자유의 보호를 받는 표현에 대해서는 사전검열이 예외 없이 금지되는 것으로 보아야 하며, 상업광고의 성격을 가지고 있는 의료광고에도 사전검열금지원칙이 적용된다.
② 민간심의기구가 사전심의를 담당하는 경우에도 행정권의 개입 때문에 그 사전심의에 자율성이 보장되지 않는다면 행정기관의 사전검열에 해당한다.
③ 사전심의를 받지 아니한 의료광고를 금지하고 이를 위반한 경우 처벌하는 의료법 조항은 헌법이 금지하는 사전검열에 해당하므로 표현의 자유를 침해한다.

강원대학교 법학전문대학원 2015학년 모집정지처분 등 취소(헌재 2015.12.23, 2014헌마1149) : 인용(위헌확인), 인용(취소) ★☆☆

① 국립대학도 헌법상 학문의 자유 및 대학의 자율권으로 보호되는 영역에서는 독립된 기본권의 주체가 되므로, 교육부장관의 공권력 행사가 국립대학의 대학의 자율권을 침해하는 경우에는 해당 기본권이 형해화(形骸化)되는 것을 막기 위하여 헌법소원심판의 청구인능력이 인정된다.
② 청구인 국립 강원대학교는 이 사건 모집정지에 대하여 행정소송을 제기하지 아니한 채 바로 헌법소원심판을 청구하였으나, 법인화되지 않는 국립대학 및 국립대총장은 행정소송의 당사자능력이 인정되지 않는다는 것이 법원의 확립된 판례이므로, 이 사건 심판청구는 보충성의 예외에 해당된다.
③ 헌법상 기본권인 대학의 자율권도 기본권제한의 일반적 법률유보원칙을 규정한 헌법 제37조 제2항에 의하여 제한될 수 있으나, 그 제한의 방법은 원칙적으로 법률로만 가능하다. 여기서 기본권 제한에 관한 법률유보원칙은 법률에 근거한 공권력 행사를 요청하는 것이므로, 법률의 근거가 없는 공권력 행사를 통한 기본권 제한은 법률유보원칙에 위반된다.
④ 교육부장관이 강원대학교 법학전문대학원의 2015학년도 및 2016학년도 신입생 각 1명의 모집을 정지한 행위는, 목적의 정당성 및 수단의 적절성은 인정되나 그 목적 달성을 위하여 필요한 범위를 넘어선 지나친 제한이고 법익 균형성도 인정되지 않아 과잉금지원칙에 반하여 헌법 제31조 제4항이 정하는 대학의 자율권을 침해한다.

> **주의** 법률유보원칙에 반하여 대학의 자율권을 침해하는 것이 아님

구 상속세 및 증여세법 제31조 제4항 위헌소원(헌재 2015.12.23, 2013헌바117) : 합헌

증여계약의 합의해제에 따라 신고기한 이내에 증여받은 재산을 반환하는 경우 처음부터 증여가 없었던 것으로 보는 대상에서 금전을 제외함으로써 증여세를 부과하는 것은 계약의 자유 및 재산권을 침해하지 아니하고, 평등원칙에 위배되지 아니한다.

판례 191

정치자금법 제45조 제1항 등 위헌소원(헌재 2015.12.23. 2013헌바168) : **헌법불합치** ★★☆

① 정당에 대한 정치자금 기부는 개체로서의 국민이 자신의 정치적 견해를 표명하는 매우 효과적인 수단일 뿐만 아니라 정당에 영향력을 행사하는 중요한 방법의 하나가 되며, 정당이 당원 내지 후원자들로부터 정당의 목적에 따른 활동에 필요한 정치자금을 모금하는 것은 정당의 조직과 기능을 원활하게 수행하는 필수적인 요소이자 정당활동의 자유를 보장하기 위한 필수불가결한 전제로서 정당활동의 자유의 내용에 당연히 포함된다.

② 정당에 대한 후원을 금지하고 위반시 형사처벌하는 것은, 입법목적의 정당성은 인정되나 수단의 적합성과 침해최소성 원칙에 위배되고 법익 균형성도 충족되었다고 보기 어려우므로 과잉금지원칙에 위배하여 정당의 정당활동의 자유와 국민의 정치적 표현의 자유를 침해하여 헌법에 합치되지 아니하되, 위 각 조항은 2017.6.30.을 시한으로 입법자가 개정할 때까지 계속 적용한다.

(헌법재판소는 보론으로 불법 정치자금의 수수와 정경유착의 폐해가 다시 발생하지 않도록 기부내역을 완전히 그리고 상시적으로 공개하는 것이 필요하며, 과도한 국고보조에 의존하는 정당 수입구조도 함께 개선해 나가야 함을 밝혔다.)

> **주의** 정당에 대한 후원 제도는 1965년부터 2006.3.12.까지 약 40년간 존재하다가 2002년 불법 대선자금 사건의 여파로 2006.3.13. 폐지되었으나, 이 사건 결정으로 인해 앞으로 국회의 입법에 의하여 다시 부활할 수 있게 됨

판례 192

행정소송법 제34조 제1항 위헌소원(헌재 2015.12.23. 2013헌바194) : **각하**

행정청이 거부처분취소판결에 따른 재처분을 하지 않는 경우 법원이 당사자의 신청에 의하여 결정으로써 상당한 기간을 정하고 행정청이 그 기간 내에 이행하지 아니한 때에는 지연기간에 따라 배상을 명할 수 있도록 규정한 행정소송법 제34조 제1항에 대한 심판청구는, 이 사건 법률조항이나 이 사건 법률조항에 대한 해석 부분의 위헌성을 다투는 것이 아니라, 법원의 간접강제결정 이후 발생한 배상금의 법적 성격에 대한 법원의 해석이나 재판 결과를 다투는 것에 불과하므로, 헌법재판소법 제68조 제2항의 헌법소원으로 부적법하다.

판례 193

구 공무원연금법 제46조 제1항 제1호 등 위헌소원(헌재 2015.12.23. 2013헌바259) : **합헌**

공무원의 퇴직연금 지급개시연령을 제한한 구 공무원연금법 조항 및 부칙 조항은 신뢰보호원칙, 평등원칙에 위반된다고 볼 수 없으며, 직업선택의 자유를 제한하는 내용을 담고 있지 않으며 설령 다소 부정적인 영향이 발생할 수 있다고 하더라도, 이는 퇴직연금의 지급개시연령의 제한에 따른 간접적인 효과 내지 반사적 불이익에 지나지 않으므로, 직업선택의 자유가 침해된다고 볼 수도 없다. **주의** 재산권 침해문제 없음

판례 194
채무자 회생 및 파산에 관한 법률 제34조 제2항 제1호 가목 등 위헌소원(헌재 2015.12.23. 2014헌바149) : **합헌** ★☆☆

채무자인 회사 자본의 10분의 1 이상에 해당하는 채권을 갖는 채권자가 회생절차개시신청을 할 수 있도록 하는 것은 재산권을 침해하지 않는다. 　주의　평등원칙 위배여부 판단 안 함

판례 195
학원의 설립·운영 및 과외교습에 관한 법률 제14조의2 제1항 등 위헌소원(헌재 2015.12.23. 2014헌바294) : **합헌**

개인과외교습자에게 신고의무를 부과하고 신고의무를 이행하지 않은 경우 형사처벌을 하도록 규정한 것은 직업수행의 자유를 침해하지 않고 평등원칙에도 위반되지 않는다.

판례 196
여객자동차 운수사업법 제24조 제3항 제1호 다목 등 위헌소원(헌재 2015.12.23. 2014헌바446) : **헌법불합치**

마약류 관리에 관한 법률을 위반하여 금고 이상의 실형을 선고받고 그 집행이 끝나거나 면제된 날부터 20년이 지나지 아니한 것을 택시운송사업의 운전업무 종사자격의 결격사유 및 취소사유로 정한 것은, 입법목적이 정당하고 입법목적을 달성하기 위한 방법도 적절하다. 그러나 구체적 사안의 개별성과 특수성을 고려할 수 있는 여지를 일체 배제하고 그 위법의 정도나 비난의 정도가 미약한 경우까지도 획일적으로 20년이라는 장기간 동안 택시운송사업의 운전업무 종사자격을 제한하는 것은 침해의 최소성 원칙과 법익균형성의 원칙에 위배되어 직업의 자유를 침해하는 것으로 헌법에 합치되지 않으며, 위 각 조항은 2017.6.30.을 시한으로 입법자가 이를 개정할 때까지 잠정 적용된다.

판례 197
구 부가가치세법 제17조 제2항 제4호 위헌소원(헌재 2015.12.23. 2014헌바467) : **합헌**

비영업용 소형승용자동차의 구입 등에 관한 매입세액을 공제하지 않도록 규정한 것은 재산권을 침해하지 않으며 조세평등주의에도 위배되지 않는다.

판례 198
도시 및 주거환경정비법 제46조 제1항 등 위헌소원(헌재 2015.12.23. 2015헌바66) : **합헌**

① 적극적으로 새로운 정보의 생성을 구하는 것은 알 권리의 보호대상에 포함된다고 볼 수 없고, 구체적 부담금내역을 통지받을 경우 얻을 수 있었던 재산상 이익의 기대는 재산권 보장의 대상이 아니다.
② 정비사업 시행자로 하여금 토지 등 소유자에게 개략적인 부담금내역을 통지하도록 한 도시 및 주거환경정비법 조항 중 '개략적인 부담금내역' 부분은 명확성원칙에 위배되지 않는다.

판례 199
특정범죄 가중처벌 등에 관한 법률 제8조 제2항 등 위헌소원(헌재 2015.12.23, 2015헌바244) : 합헌

조세포탈범을 가중처벌 하는 경우 포탈세액 등의 2배 이상 5배 이하에 상당하는 벌금을 필요적으로 병과하도록 한 조항 및 허위 세금계산서 교부 등을 처벌하는 경우 공급가액 등의 합계액에 부가가치세율을 적용하여 계산한 세액의 2배 이상 5배 이하의 벌금을 필요적으로 병과하도록 한 조항은 형벌과 책임 간의 비례원칙에 위배되거나 평등원칙에 위배되지 않는다.

판례 200
구 특정범죄 가중처벌 등에 관한 법률 제8조의2 제1항 등 위헌소원(헌재 2015.12.23, 2015헌바249) : 합헌

재화 또는 용역을 공급하거나 공급받지 아니하고 영리를 목적으로 일정한 공급가액 등의 합계액 이상의 세금계산서를 발급하는 행위 등을 처벌하는 조항 및 위 조항으로 처벌하는 경우 벌금을 필요적으로 병과하도록 한 조항은 헌법에 위반되지 않는다.

판례 201
민사소송법 제451조 제1항 단서 위헌소원(헌재 2015.12.23, 2015헌바273) : 합헌

재심사유를 알고도 주장하지 아니한 때에는 재심의 소를 제기할 수 없도록 규정한 민사소송법 조항은, 재판청구권의 본질을 심각하게 훼손하는 등 입법형성권의 한계를 일탈하여 그 내용이 현저히 자의적이지 아니하므로 재판청구권을 침해하지 아니한다.

판례 202
의료법 제89조 위헌확인 등(헌재 2015.12.23, 2012헌마685) : 기각

의료인 등은 거짓이나 과장된 내용의 의료광고를 하지 못하게 하고, 이를 위반한 자를 처벌하는 것은 명확성원칙에 위반되지 않으며 표현의 자유 및 직업수행의 자유를 침해하지 않는다.

판례 203
형의 집행 및 수용자의 처우에 관한 법률 제82조 위헌확인(헌재 2015.12.23, 2013헌마712) : 헌법불합치, 기각 ★☆☆

① 형사재판에 피고인으로 출석하는 수형자에 대하여 사복착용을 불허하는 것은 공정한 재판을 받을 권리, 인격권, 행복추구권을 침해하므로 헌법에 합치되지 아니한다.
② 민사재판에 당사자로 출석하는 수형자에 대하여 사복착용을 불허하는 것은 공정한 재판을 받을 권리, 인격권, 행복추구권을 침해하지 않는다.

판례 204

군사법원 판결문 인터넷 비공개 위헌확인(헌재 2015.12.23, 2014헌마185) **: 기각**

① 어떤 새로운 제도를 도입할 때에는 그에 따른 사회적 비용도 함께 고려하여 부분적인 개선 방식을 취할 수도 있으므로, 입법자는 현실적인 조건들을 감안해서 판결서 열람·복사에 관한 개정법의 적용 범위를 일정 부분 제한할 수 있다.

② 인터넷 등 전자적 방법에 의한 판결서 열람·복사의 범위를 개정법 시행 이후 확정된 사건의 판결서로 한정하고 있는 군사법원법 부칙 제2조는 정보공개청구권을 침해하지 않는다.

판례 205

도시 및 주거환경정비법 부칙 제2조 단서 위헌확인(헌재 2015.12.23, 2014헌마303) **: 기각**

정비사업조합의 해산신청의 유효기간을 연장하지 않도록 규정한 것은, 관리처분계획 인가 후 건축법에 따라 철거신고를 한 조합의 경우 정비사업이 답보상태에 있거나 추진이 지연·중단된 경우와 달리 간이한 조합해산신청을 인정할 필요성이 인정되지 않는다는 점에서 조합해산신청 조항의 유효기간을 연장하지 아니한 것에 합리적 이유가 있으므로 평등권을 침해한다고 볼 수 없다.

판례 206

소년법 제32조 등 위헌확인(헌재 2015.12.23, 2014헌마768) **: 기각**

1심 결정에 의한 소년원 수용기간을 항고심 결정에 의한 보호기간에 산입하는 규정을 두지 아니한 소년법 제33조는 무죄추정원칙과는 관련이 없으므로, 이 사건 법률조항은 무죄추정원칙에 위반되지 않으며, 신체의 자유와 평등권을 침해하지 않는다.

판례 207

심의절차종료 결정 위헌확인(헌재 2015.12.23, 2014헌마814) **: 기각**

공정거래위원회가 청구인과 ○○ 주식회사 사이의 거래가 하도급거래 공정화에 관한 법률 제2조 제6항의 제조위탁의 요건을 갖추지 못하였다는 이유로 2014.8.19. 내린 심의절차종료결정은 청구인의 기본권을 침해하지 않는다.

2016년도 헌법재판소 판례

통신제한조치 허가 위헌확인 등(헌재 2016.2.25, 2011헌마165) : **기타** ★★☆

① 인터넷 회선에서 오가는 전자신호를 정보전달 경로의 중간에서 개입하여 지득하는 방법으로 감청하는 이른바 패킷감청과 관련하여, 통신제한조치에 대한 서울중앙지방법원의 허가, 국가정보원장의 전기통신 회선에 대한 감청의 집행행위, 감청을 정의한 통신비밀보호법 제2조 제7호, 범죄수사를 위한 통신제한조치의 허가요건과 절차를 규정한 통신비밀보호법 제5조 제2항, 제6조가 사생활의 비밀과 자유, 통신의 자유를 침해한다고 주장하는 헌법소원심판청구가 청구인의 사망으로 2015.9.28. 종료되었음을 확인하였다.

② 통신의 비밀과 자유, 사생활의 비밀과 자유는 성질상 일신전속적인 것이어서 승계되거나 상속될 수 없다.

교육과학기술부(현행 : 교육부) 고시 제2012-31호 Ⅱ 위헌확인(헌재 2016.2.25, 2013헌마838) : **기각** ★★☆

① 초등학교 영어교육에 관하여 교육과정의 기준과 내용에 관한 기본적인 사항을 교육부장관이 정하도록 규정하도록 한 것 자체는 교육제도 법정주의에 반한다고 보기 어렵다.

② 초·중등교육법 제23조 제3항의 위임에 따라 '학교의 교과'에 관하여 규정한 동법 시행령 제43조 제1항 제1호가 초등학교의 교과를 나열하면서 '외국어(영어)'를 포함하고 있음에도 불구하고, 이 사건 고시 부분이 초등학교 1, 2학년의 교과에서 영어 과목을 배제하고 있는 것은 위임 범위를 벗어났다고 볼 수 없으므로 교육제도 법정주의에 반하지 않는다.

③ 사립학교에게 그 특수성과 자주성이 인정된다고 하더라도, 자율적인 교육과정의 편성은 국가 수준의 교육과정 내에서 허용될 수 있는 것이지, 이를 넘어 허용한다면 교육의 기회에 불평등을 조장하는 결과를 초래하여, 종국에는 사회적 양극화를 초래하는 주요한 요소가 될 것이므로, 초등학교 1, 2학년의 정규교과에서 영어과목을 배제하고, 3~6학년의 영어교육을 일정한 시수로 제한한 고시 부분은 과잉금지원칙을 위반하였다고 볼 수 없다.

④ 국제학교 또는 영어특화학교는 초·중등교육법상 근거가 없는 시설로 현행법령상 초등학교로 보기 어렵고, 외국인학교는 일반 초등학교와는 설립목적, 교육과정, 수업연한, 학력인정 등에 차이가 존재하므로, 양 학교 사이에 영어교육의 여부 및 밀도에 차이가 존재한다고 하여 이를 두고 합리적 이유 없는 차별이라고 보기 어려우므로 이 사건 고시 부분은 평등원칙을 위반하였다고 보기 어렵다.

판례 003
도로교통법 제2조 제26호 위헌제청(헌재 2016. 2. 25. 2015헌가11) : 합헌

음주운전에 도로 외의 곳에서 운전하는 것도 포함하도록 한 도로교통법 조항은 명확성원칙에 위배되지 않으며, 일반적 행동의 자유를 침해하지 않고, 평등원칙에도 반하지 않는다.

판례 004
사립학교교직원 연금법 제31조 제2항 위헌제청(헌재 2016. 2. 25. 2015헌가15) : 헌법불합치

1991년 개정 농어촌의료법이 시행되기 이전에 공중보건의사로 복무한 사람도 병역의무의 이행으로써 보건의료업무에 종사한 것임에도, 군의관(재직기간 합산, 사학연금법 제32조) 또는 현역병 등(재직기간 산입, 심판대상조항)으로 복무한 사람들과 달리 그 복무기간을 사립학교 교직원의 재직기간에 산입하도록 규정하지 않은 것은 합리적 이유가 없는 차별로서 평등원칙에 위반되어 헌법에 합치되지 않는다.

판례 005
정보통신망 이용촉진 및 정보보호 등에 관한 법률 제70조 제1항 위헌소원(헌재 2016. 2. 25. 2013헌바105) : 합헌

비방할 목적으로 정보통신망을 이용하여 공공연하게 사실을 드러내어 다른 사람의 명예를 훼손한 자를 처벌하고 있는 구 정보통신망 이용촉진 및 정보보호 등에 관한 법률조항은 명확성 원칙에 위배되지 않고 표현의 자유를 침해하지 않는다.

판례 006
군형법 제64조 제2항 위헌소원(헌재 2016. 2. 25. 2013헌바111) : 합헌 ★★☆

군인의 대통령에 대한 모욕행위를 상관모욕죄로 처벌하는 군형법 제64조 제2항의 상관 중 "명령복종 관계에서 명령권을 가진 사람"에 관한 부분은 명확성원칙에 위배되지 않으며, 군인의 표현의 자유를 침해하지 않는다.

판례 007
특정범죄 가중처벌 등에 관한 법률 제5조의3 제1항 위헌소원(헌재 2016. 2. 25. 2013헌바113) : 합헌

업무상과실치상죄를 범하고도 피해자를 구호하지 아니한 채 도주한 전기자전거 운전자를 처벌하는 특정범죄 가중처벌 등에 관한 법률 제5조의3 제1항 제2호 중 '원동기장치자전거' 가운데 '도로교통법 제2조 제19호 나목의 정격출력 0.59킬로와트 미만의 원동기를 단 차' 부분이, 일반자전거의 도주행위를 도로교통법상 사고후미조치죄가 5년 이하의 징역 또는 1천 500만원 이하의 벌금형으로 처벌하는 것과 비교하여 전기자전거의 도주행위를 1년 이상의 징역 또는 500만원 이상 3천만원 이하의 벌금형으로 처벌하는 것은 합리적인 이유가 있는 것으로 평등원칙에 위배되지 않는다.

판례 008 | 구 법인세법 제93조 제7호 위헌소원(헌재 2016.2.25. 2013헌바175) : 합헌

외국법인의 국내원천소득에 해당하는 부동산관련 주식등 양도소득의 과세대상에 관하여 소득세법 제94조 제1항 제4호를 인용하고 있는 구 법인세법 조항은 조세법률주의에 위배되지 않는다.

판례 009 | 장애인복지법 제87조 제8호 등 위헌소원(헌재 2016.2.25. 2013헌바260) : 합헌

의지·보조기 제조업자로 하여금 의지·보조기 기사를 1명 이상 두도록 하고, 이를 위반한 경우 형사처벌하고 있는 장애인복지법 조항은 명확성원칙에 위배되지 않으며, 직업수행의 자유를 침해하지 않는다.

판례 010 | 상호저축은행법 제37조 제1항 등 위헌소원(헌재 2016.2.25. 2013헌바367) : 합헌

상호저축은행으로 하여금 대주주 등과 일정한 관계에 있는 자에 대하여 신용공여 등을 하지 못하게 하고 이를 위반할 경우 형사처벌하는 것은 포괄위임금지원칙에 반하지 않는다.

판례 011 | 국가공무원법 제63조 등 위헌소원(헌재 2016.2.25. 2013헌바435) : 합헌 ★★☆

공무원은 직무의 내외를 불문하고 품위손상행위를 하여서는 아니 된다고 규정하고 직무의 내외를 불문하고 체면이나 위신을 손상하는 행위를 한 때를 공무원의 징계사유로 규정한 국가공무원법 조항은 명확성원칙 및 과잉금지원칙에 위반되지 않는다.

판례 012 | 상속세 및 증여세법 제63조 제1항 제1호 가목 및 나목 위헌소원(헌재 2016.2.25. 2014헌바363) : 합헌

코스닥상장법인의 주식을 평가기준일 이전·이후 각 2월간에 공표된 매일의 한국증권선물거래소 최종시세가액의 평균액에 따라 평가하도록 한 것은 재산권을 침해하지 않으며 조세평등주의에 위배되지 않는다.

판례 013 | 민사소송법 제117조 제2항 등 위헌소원(헌재 2016.2.25. 2014헌바366) : 합헌

법원 직권으로 원고에게 담보제공명령을 할 수 있도록 하고, 원고가 담보를 제공하지 않을 경우 변론 없이 소를 각하할 수 있다고 규정한 민사소송법 조항들은 원고의 재판을 받을 권리가 제한되긴 하나 과잉금지원칙에 위배되지 않으므로 재판청구권을 침해하지 않는다.

판례 014
지방세법 제107조 제1항 제3호 등 위헌소원(헌재 2016.2.25, 2015헌바185) : **합헌, 각하**

신탁재산에 대한 재산세 납세의무자를 위탁자에서 수탁자로 변경한 지방세법 제107조 제1항 제3호는 재산권을 침해하지 않으며, 지방세법 개정 전에 체결한 신탁계약에 의한 신탁재산에 대하여는 종전 규정을 적용하도록 하는 경과조치를 두지 아니한 부칙 제17조 제1항은 신뢰보호원칙에 위반되지 않는다.

판례 015
국가유공자 등 예우 및 지원에 관한 법률 제16조의3 제1항 단서 위헌소원(헌재 2016.2.25, 2015헌바189) : **합헌**

① 1998.1.1. 이후 유족 중 1명이 보상금을 받은 사실이 있는 6·25전몰군경의 자녀에게는 6·25전몰군경자녀수당을 지급하지 아니한다고 규정한 것은 평등권과 인간다운 생활을 할 권리를 침해하지 않는다.

② 심판대상조항은 일정한 요건 아래 6·25전몰군경자녀 중 일부를 자녀수당의 지급대상에서 제외하는 것으로 자유권이나 자유권의 제한영역에 관한 규정이 아니므로, 심판대상조항이 행복추구권을 침해한다고 할 수는 없다.

> **주의** 헌법 제11조 제1항이 규정하는 평등의 원칙은 국가가 언제 어디에서 어떤 계층을 대상으로 하여 기본권에 관한 상황이나 제도의 개선을 시작할 것인지를 선택하는 것을 방해하지는 아니한다.

> **주의** 헌법 제10조의 행복추구권은 국민이 행복을 추구하기 위하여 필요한 급부를 국가에게 적극적으로 요구할 수 있는 것을 내용으로 하는 것이 아니라, 국민이 행복을 추구하기 위한 활동을 국가권력의 간섭 없이 자유롭게 할 수 있다는 포괄적인 의미의 자유권으로서의 성격을 가진다.

판례 016
기초연금법 제2조 제4호 등 위헌소원(헌재 2016.2.25, 2015헌바191) : **합헌**

기초연금을 소득인정액이 보건복지장관이 정하여 고시하는 금액 이하인 사람에게 지급하도록 한 부분은 포괄위임금지 원칙에 위반되거나 인간다운 생활을 할 권리를 침해한다고 보기는 어렵다.

판례 017
민법 제245조 제2항 등 위헌소원(헌재 2016.2.25, 2015헌바257) : **합헌**

① 부동산의 소유자로 등기한 자가 10년간 소유의 의사로 평온, 공연하게 선의이며 과실 없이 그 부동산을 점유한 때에는 소유권을 취득하도록 한 민법상 등기부취득시효 규정은 재산권을 침해하지 않는다.

② 상속재산도 등기부취득시효의 대상으로 삼고, 점유취득시효에 관하여 규정한 민법 제245조 제1항에 비하여 취득시효기간을 짧게 규정한 것에는 합리적인 이유가 있으므로, 평등원칙에 위배된다고 할 수도 없다.

판례 018
행정사법 제9조 제2항 등 위헌확인(헌재 2016.2.25, 2013헌마626) **: 기각**

일정한 경력을 갖춘 공무원에 대하여 행정사 자격시험의 전부 또는 일부를 면제하도록 한 것은 일반 응시자들의 평등권 및 직업선택의 자유를 침해하지 않는다.

판례 019
사립학교법 제29조 제4항 제1호 등 위헌확인(헌재 2016.2.25, 2013헌마692) **: 합헌, 각하** ★☆☆

① 사립대학 회계의 예·결산 절차에 등록금심의위원회의 심사·의결을 거치도록 한 사립학교법 조항은 명확성원칙에 위배되지 않으며, 사학운영의 자유 및 평등권을 침해하지 않는다.
② 사립대학 결산 시 독립한 공인회계사의 감사증명서 등을 첨부하도록 한 외부감사조항은 사학 운영의 자유를 침해한다고 볼 수 없다.

판례 020
아동·청소년의 성보호에 관한 법률 제10조 제1항 등 위헌확인(헌재 2016.2.25, 2013헌마830) **: 합헌**

아동·청소년 성매수죄로 유죄가 확정된 자는 신상정보 등록대상자가 되도록 규정한 것은 개인정보자기결정권 및 평등권을 침해하지 않는다.

판례 021
세무사법 시행령 제4조 제2항 위헌확인 등(헌재 2016.2.25, 2014헌마338) **: 각하**

시험 실시기관의 출제 및 채점행위는 응시자들이 개별적으로 받은 점수를 산출하는 과정에 불과하여 그 자체로는 응시자들의 권리의무에 영향을 미치지 아니하는 공권력 작용의 준비행위 또는 부수적 행위에 해당하므로 헌법소원 심판청구의 대상이 되는 헌법재판소법 제68조 제1항 소정의 공권력의 행사에 해당한다고 보기 어렵다.

판례 022
성매매알선 등 행위의 처벌에 관한 법률 제21조 제1항 위헌제청(헌재 2016.3.31, 2013헌가2) **: 합헌** ★★☆

① 개인의 성행위 그 자체는 사생활의 내밀영역에 속하고 개인의 성적 자기결정권의 보호대상에 속한다고 할지라도, 그것이 외부에 표출되어 사회의 건전한 성풍속을 해칠 때에는 마땅히 법률의 규제를 받아야 한다.
② 성매매를 형사처벌하여 성매매 당사자(성판매자와 성구매자)의 성적 자기결정권, 사생활의 비밀과 자유 및 성판매자의 직업선택의 자유를 제한하고 있으나 과잉금지원칙에 위반되지 않으며, 불특정인에 대한 성매매만을 금지대상으로 규정하고 있는 것이 평등권을 침해한다고 볼 수도 없다.

구 고용보험법 제35조 제1항 부분 위헌제청(헌재 2016.3.31, 2014헌가2) : 위헌, 합헌 ★☆☆

① 거짓이나 그 밖의 부정한 방법으로 고용안정·직업능력개발 사업의 지원을 받은 자 등에 대하여 지원을 제한하도록 하면서 제한의 범위나 기간 등에 관한 기본적 사항을 법률에 규정하지 아니한 채 대통령령에 포괄적으로 위임한 것은 포괄위임금지원칙에 위반된다.

② '대통령령으로 정하는 바에 따라 거짓이나 그 밖의 부정한 방법으로 고용안정·직업능력개발 사업의 지원받은 금액을 반환하도록 명할 수 있다.' 부분은 포괄위임금지원칙에 위반되지 않는다.

구 도로법 제86조 위헌제청(헌재 2016.3.31, 2016헌가4) : 위헌 ★☆☆

① 형벌에 관한 책임주의는 형사법의 기본원리로서, 헌법상 법치국가의 원리에 내재하는 원리인 동시에 헌법 제10조의 취지로부터 도출되는 원리이고, 법인의 경우도 자연인과 마찬가지로 책임주의원칙이 적용된다.

② 법인의 종업원인 차량의 운전자가 적재량 재측정을 요구받았음에도 이에 응하지 아니한 경우 법인도 처벌하도록 규정한 것은, 다른 사람의 범죄에 대하여 그 책임 유무를 묻지 않고 형벌을 부과하는 것으로서, 헌법상 법치국가의 원리 및 죄형법정주의로부터 도출되는 책임주의원칙에 반하므로 헌법에 위반된다.

구 아동·청소년의 성보호에 관한 법률 제44조 제1항 등 위헌확인(헌재 2016.3.31, 2013헌마585) : 위헌, 합헌 ★★☆

① 아동·청소년대상 성범죄 또는 성인대상 성범죄(이하 "성범죄"라 한다)로 형을 선고받아 확정된 자로 하여금 그 형의 집행을 종료한 날부터 10년 동안 의료기관을 개설하거나 위 기관에 취업할 수 없도록 한 조항은, 10년 동안 일률적으로 의료기관에 대한 취업을 금지하여 과도한 제한으로서 직업선택의 자유를 침해한다.

> 주의 취업제한 제재 자체가 위헌은 아님

② "성인대상 성범죄" 부분은 불명확하다고 볼 수 없어 헌법상 명확성 원칙에 위배되지 않는다.

③ 의료인의 취업제한제도가 시행된 후 형이 확정된 자부터 적용되도록 규정하였는데, 취업제한은 형벌이 아니므로 헌법 제13조 제1항 전단의 형벌불소급 원칙이 적용되지 않으며, 과도하게 기본권을 제약한다고 보기 어렵다.

성폭력범죄의 처벌 등에 관한 특례법 제42조 제1항 위헌확인(헌재 2016.3.31, 2015헌마688) : 위헌 ★★☆

통신매체이용음란죄로 유죄판결이 확정된 자는 신상정보 등록대상자가 된다고 규정한 조항은 목적의 정당성 및 수단의 적합성은 인정되나, 통신매체이용음란죄로 유죄의 확정판결을 받은 자에 대하여 개별 행위 유형에 따른 죄질 및 재범의 위험성을 고려하지 않고 모두 신상정보 등록대상자가 되도록 하여 개인정보자기결정권을 침해하여 헌법에 위반된다.

정당법 제37조 제3항 단서 위헌제청(헌재 2016.3.31. 2013헌가22) : 합헌 ★★☆

① 대중정당을 지향할 것인지, 원내정당을 강화할 것인지 여부에 관한 선택은 법적인 문제라기 보다는 헌법의 테두리 안에서 입법자가 합목적적으로 판단할 문제로서, 그 선택의 재량을 갖는다고 할 수 있다.
② 지구당을 폐지하거나 당원협의회 사무소 설치를 금지하여 대중정당적인 성격이 줄어드는 결과가 발생한다 하더라도 그것이 헌법의 테두리를 벗어나지 않는 한, 이는 당·부당의 문제에 그치고 합헌·위헌의 문제로까지 되는 것은 아니다.
③ 정당의 당원협의회 사무소 설치를 금지하고 위반시 처벌하는 내용의 정당법 조항들은, 정당의 조직 중 시·도당의 하부조직에 속하는 국회의원지역구나 자치구·시·군, 읍·면·동별로 당원협의회를 설치할 수는 있으나 그 활동을 위한 공간적 거점인 사무소 등을 일체 둘 수 없도록 함으로써 정당활동의 자유를 제한하고 있기는 하나, 과잉금지원칙에 반하여 정당활동의 자유를 침해하지는 않는다.

구 특정범죄 가중처벌 등에 관한 법률 제5조의4 제1항 위헌제청(헌재 2016.3.31. 2016헌가2) : 합헌

재심의 절차는 '재심의 청구에 대한 심판'과 '본안사건에 대한 심판'이라는 두 단계 절차로 구별된다. 이에 따라 확정된 유죄판결에서 처벌의 근거가 된 법률조항은 '재심의 청구에 대한 심판' 즉 재심의 개시 여부를 결정하는 재판에서는 재판의 전제성이 인정되지 않고, 재심의 개시 결정 이후의 '본안사건에 대한 심판'에 있어서만 재판의 전제성이 인정되므로, 재심개시결정 없이 위헌제청된 경우 원칙적으로 재판의 전제성이 부정된다.
다만, 피고인이 재심대상사건의 재판절차에서 그 처벌조항의 위헌성을 다툴 수 없는 규범적 장애가 있는 등 특수한 상황이었다면, 일반 형사재판에 대한 재심사건과 달리 예외적으로 재심절차의 이원적 구조를 완화하여 재심개시여부에 관한 재판과 본안에 관한 재판 전체를 당해사건으로 보아 재판의 전제성을 인정될 수 있다.

구 폭력행위 등 처벌에 관한 법률 제3조 제1항 위헌제청(헌재 2016.3.31. 2015헌가36) : 각하

확정된 유죄판결에서 처벌의 근거가 된 법률조항은 재심의 개시 여부를 결정하는 재판에서는 재판의 전제성이 인정되지 않고, 재심의 개시 결정 이후의 '본안사건에 대한 심판'에 있어서만 재판의 전제성이 된다. 따라서 이 사건 제청법원은 당해사건인 재심사건에서 재심개시결정을 하지 아니한 채 심판대상조항(형사처벌의 근거조항)에 대해 위헌제청을 하였으므로, 이 사건 위헌법률심판제청은 재판의 전제성이 인정되지 아니하여 부적법하다.

공직선거법 제170조 위헌확인 등(헌재 2016.3.31, 2015헌마1056) : 기각, 각하 ★★☆

① 개표 행위는 선거일의 지정, 선거인명부의 작성, 후보자 등록, 투·개표 관리, 당선인 결정 등 여러 행위를 포괄하는 집합적 행위인 선거관리라는 일련의 과정에서 하나의 행위에 불과한 것이어서, 그 자체로는 국민의 권리의무에 영향을 미치지 아니하는 공권력 작용의 준비행위 또는 부수적 행위이다. 따라서 개표 행위는 투표 결과를 집계하기 위한 단순한 사실행위에 불과하여 그 자체 헌법소원심판의 대상이 되는 공권력행사에 해당한다고 볼 수 없다.
② 선거권은 유권자가 자유롭게 후보자를 투표할 뿐 아니라, 투표를 통해 표출된 국민의 의사가 공정한 개표절차에 의해 정확한 선거결과로 반영될 때에만 제대로 보장된다.
③ 공직선거의 개표사무를 보조하기 위하여 투표지를 구분하거나 계산에 필요한 기계장치 등을 이용할 수 있도록 한 것이 현저히 불합리하거나 불공정하여 선거권을 침해하였다고 볼 수 없다.

공직선거법 제93조 제1항 위헌소원(헌재 2016.3.31, 2013헌바26) : 합헌

탈법방법에 의한 광고의 배부를 금지하고 이를 위반한 경우 처벌하는 공직선거법 조항은 헌법에 위반되지 않는다.

전투경찰대 설치법 제5조 등 위헌소원(헌재 2016.3.31, 2013헌바190) : 합헌 ★★☆

① 헌법 제12조 제1항의 적법절차원칙은 형사소송절차에 국한되지 않고 모든 국가작용 전반에 대하여 적용되므로, 전투경찰순경의 인신구금을 내용으로 하는 영창처분에 있어서도 적법절차원칙이 준수되어야 하는데, 전투경찰순경에 대한 징계처분으로 영창을 규정하고 있는 조항이 헌법에서 요구하는 수준의 절차적 보장 기준을 충족하지 못했다고 볼 수 없으므로 적법절차원칙에 위배되지 아니한다.
② 전투경찰순경에 대한 징계처분으로 영창을 규정하고 있는 것은 과잉금지원칙에 위배되어 전투경찰순경의 신체의 자유를 침해하지 않는다.

> 주의 헌법상 영장주의가 징계절차에는 적용되지 않는다고 보아 헌법 제12조 제1항의 적법절차원칙 및 제37조 제2항의 과잉금지원칙 위배 여부를 판단함

> 주의 군인에 대한 영창규정 : 위헌

구 상속세 및 증여세법 제41조의5 등 위헌소원(헌재 2016.3.31, 2013헌바372) : 합헌

① 헌법재판소법 제68조 제2항에 의한 헌법소원은 법원에 법률에 대한 위헌여부심판의 제청신청을 하여 그 신청이 각하 또는 기각된 때에만 청구할 수 있는 것이므로, 법원의 위헌제청신청기각결정의 대상이 되지 아니한 규정에 대하여 헌법소원심판청구를 추가한 경우 그 부분에 대한 심판청구는 헌법재판소법 제68조 제2항에 의한 헌법소원심판의 대상이 되지 아니하여 부적법하다. 그러나 당사자가 위헌법률심판제청신청의 대상으로 삼지 않았고 또한 법

원이 기각 또는 각하결정의 대상으로도 삼지 않았음이 명백한 법률조항이라 하더라도, 예외적으로 위헌제청신청을 기각 또는 각하한 법원이 당해 조항을 실질적으로 판단하였거나 당해 조항이 명시적으로 위헌제청신청을 한 조항과 필연적 연관관계를 맺고 있어서 법원이 위 조항을 묵시적으로 판단한 것으로 볼 수 있는 경우에는 이러한 법률조항에 대한 심판청구도 적법하다.
② 기업의 내부정보를 가진 최대주주 등이 주식 등을 특수관계인에게 증여하거나 취득하게 한 후 일정한 기간 내에 상장법인과 합병을 실시하여 상장이익이 발생한 경우, 그 합병에 따른 상장이익에 증여세를 과세하도록 규정한 것은 재산권을 침해하지 않으며, 조세평등주의와 과세요건 명확주의에 위배되지 않는다.

판례 034

구 도시 및 주거환경정비법 제11조 제1항 위헌소원(헌재 2016.3.31, 2014헌바382) : **합헌**

정비사업의 시공자 선정방법에 관한 구 도시 및 주거환경정비법 제11조 제1항이 경쟁입찰의 실시를 위한 절차 등 세부적 내용을 국토해양부장관이 정하도록 규정한 것은, 법률유보원칙이나 포괄위임금지원칙에 위배되지 않고, 또한 과잉금지원칙에 위배하여 계약의 자유를 침해한다고 볼 수 없다.

판례 035

성폭력범죄의처벌등에관한특례법 제13조 위헌소원(헌재 2016.3.31, 2014헌바397) : **합헌**

통신매체를 이용하여 성적 수치심이나 혐오감을 일으키는 말, 음향, 글, 그림, 영상 또는 물건을 상대방에게 도달하게 한 사람은 2년 이하의 징역 또는 500만 원 이하의 벌금에 처하도록 한 것은 명확성의 원칙이나 형벌의 체계균형성 내지 평등원칙에 위반되지 않으며, 표현의 자유를 침해하지 않는다.

판례 036

공무원연금법 제23조 제2항 등 위헌소원(헌재 2016.3.31, 2015헌바18) : **각하, 합헌** ★☆☆

퇴직한 공무원·군인 또는 사립학교교직원이 공무원으로 임용된 경우에는 본인이 원하는 바에 따라 종전의 해당 연금법에 따른 재직기간 또는 복무기간을 공무원연금법상 재직기간에 합산할 수 있도록 한 조항은 명확성 원칙에 위반되지 않으며, 위 조항이 재직 중인 공무원에게만 재직기간 합산신청을 할 수 있도록 하였다 하더라도 재산권으로서 공무원연금 수급권이나 평등권을 침해한 것은 아니다.

판례 037

특정경제범죄 가중처벌 등에 관한 법률 제7조 위헌소원(헌재 2016.3.31, 2015헌바197) : **합헌**

금융회사등 임직원의 직무에 관한 알선수재를 형사처벌함으로써 이를 금지하는 조항은, 죄형법정주의의 명확성 원칙에 위배되지 않고, 과잉금지원칙에 위배되어 일반적 행동자유권 또는 직업수행의 자유를 침해하지 않으며, 평등원칙에도 위배되지 않는다.

판례 038
산지관리법 제29조 제3항 위헌소원(헌재 2016.3.31. 2015헌바201) : **합헌**

채석단지의 세부지정기준을 대통령령에 위임하도록 한 산지관리법(2010.5.31. 법률 제10331호로 개정된 것) 제29조 제3항이 법률유보원칙, 포괄위임입법금지원칙에 위배되지 않아 합헌이라는 결정을 선고하였다.

판례 039
제품안전기본법 제11조 제1항 제1호 위헌소원(헌재 2016.3.31. 2015헌바227) : **합헌**

안전성조사 결과 제품에 위해성이 확인된 경우 해당 제품의 사업자에 대하여 수거 등을 명령하도록 한 것은 명확성원칙에 위반되지 않으며, 직업의 자유 및 재산권을 침해하지 않는다.

판례 040
특정경제범죄 가중처벌 등에 관한 법률 제3조 제1항 위헌소원(헌재 2016.3.31. 2016헌바25) : **합헌**

사기죄를 범한 사람에 대하여 이득액이 5억 원 이상 50억 원 미만인 때에 가중처벌하는 것은 명확성원칙 및 책임과 형벌 사이의 비례원칙에 반하지 않는다.

판례 041
보건복지가족부(현행 : 보건복지부) 고시 제2009-216호 위헌확인(헌재 2016.3.31. 2013헌마386) : **각하** ★☆☆

의사인력확보수준에 따라 입원료 차등제를 규정하면서 입원료 가산기준이 되는 전문의 수에 산부인과 전문의를 제외하고 있는 보건복지가족부(현행 : 보건복지부) 고시 조항의 직접적인 수범자는 요양병원이고, 산부인과 전문의인 청구인들은 이 사건 고시조항의 직접적인 수범자가 아니며 단순히 간접적, 사실적, 경제적 이해관계만 있을 뿐이고 직접적이고 법적으로 관련되었다고 볼 수 없으므로, 기본권침해의 자기관련성을 인정할 수 없다.

판례 042
외국인근로자의 고용 등에 관한 법률 제13조 제3항 등 위헌확인(헌재 2016.3.31. 2014헌마367) : **기각** ★★☆

① 헌법상 근로의 권리는 '일할 자리에 관한 권리'만이 아니라 '일할 환경에 관한 권리'도 의미하는데, '일할 환경에 관한 권리'는 인간의 존엄성에 대한 침해를 방어하기 위한 권리로서 외국인에게도 인정되며, 건강한 작업환경, 일에 대한 정당한 보수, 합리적인 근로조건의 보장 등을 요구할 수 있는 권리 등을 포함한다. 여기서의 근로조건은 임금과 그 지불방법, 취업시간과 휴식시간 등 근로계약에 의하여 근로자가 근로를 제공하고 임금을 수령하는 데 관한 조건들이고, 출국만기보험금은 퇴직금의 성질을 가지고 있어서 그 지급시기에 관한 것은 근로조건의 문제이므로 외국인인 청구인들에게도 기본권 주체성이 인정된다.
② 고용 허가를 받아 국내에 입국한 외국인근로자의 출국만기보험금을 출국 후 14일 이내에 지급하도록 한 것은 근로의 권리와 평등권을 침해하지 않는다.

성폭력범죄의 처벌 등에 관한 특례법 제42조 등 위헌확인(헌재 2016.3.31, 2014헌마457) : 기각, 각하 ★☆☆

① 강제추행죄로 유죄판결이 확정된 자는 신상정보 등록대상자가 된다고 규정한 것은 개인정보자기결정권을 침해하여 헌법에 위반된다고 할 수 없다.
② 제출해야 하는 신상정보의 종류와 제출 기한을 정한 것은 개인정보자기결정권을 침해하지 않는다.
③ 신상정보 진위와 변경 여부 확인을 위한 대면확인의무를 규정한 대면확인조항은, 재범 방지를 위해 등록대상자들이 관할경찰관서의 장과 정기적으로 직접 대면하게 하고, 재범 발생시 효율적이고 정확한 수사를 위하여 신상정보의 진위 및 변경 여부를 정기적으로 확인하는 것으로, 과잉금지원칙을 위반하여 일반적 행동자유권 및 개인정보자기결정권을 침해하지 않는다.
④ 신상정보 배포 목적 및 대상을 정한 배포조항은, 등록정보를 보존·관리하는 법무부장관에게 수사를 담당하는 검사 또는 각급 경찰관서의 장에게 등록정보를 배포할 수 있는 권한을 부여함으로써, 등록대상 성범죄와 관련한 재범을 예방하고 재범이 발생할 경우 수사의 효율성을 제고하고자 하는 것으로 과잉금지원칙을 위반하여 개인정보자기결정권을 침해하지 않는다.
⑤ 범죄자를 조속히 검거하고 범죄예방의 효과를 높이기 위하여 강제추행죄로 형의 선고를 받아 확정된 사람으로부터 디엔에이감식시료를 채취하는 것은 과잉금지원칙을 위반하여 신체의 자유를 침해하지 않는다.

군무원인사법 부칙 제3조 등 위헌확인(헌재 2016.3.31, 2014헌마581) : 기각

① 예비전력관리 군무원이 법 공포 후 3개월이 지난 후에야 별정군무원에서 일반군무원으로 전환되도록 한 시행일조항 및 전환조항은, 국가재정 상태 등의 현실적인 측면을 고려하여 별정군무원에서 일반군무원으로 전환되는 대상을 법 공포 후 3개월이 지난 2014.8.21. 현재 재직 중인 별정군무원에 한정한 것으로 볼 수 있으므로, 합리적 이유 없이 일반군무원으로 전환되기 전에 퇴직한 자들을 차별 취급한다고 보기 어려우므로 평등권을 침해하지 않는다.
② 별정군무원에서 전환된 자들의 정년은 2020년이 되어야 60세가 되도록 단계적으로 연장하도록 한 것은, 국가로 하여금 일반군무원으로의 전환에 필요한 준비를 할 수 있도록 하기 위하여 그 정년을 단계적으로 연장하도록 한 것이므로 평등권을 침해하지 않는다.

판례 045
성폭력범죄의 처벌 등에 관한 특례법 제42조 제1항 등 위헌확인(헌재 2016.3.31, 2014헌마785) : 기각, 각하 ★☆☆

가상의 아동·청소년이용음란물 배포행위로 유죄판결이 확정된 자는 신상정보 등록대상자가 된다고 규정한 것은 개인정보자기결정권을 과도하게 제한하지 아니하므로 헌법에 위반되지 않는다.

> **주의** 재판관 5인은, 실제 아동·청소년에게 직접 피해가 없는 가상의 아동·청소년이용음란물 배포행위를 일률적으로 등록대상으로 규율한다는 점에서 위헌이라는 반대의견, 재범의 위험성을 고려하지 않고 등록대상자를 정한 점에서 위헌이라는 반대의견을 내었다.

판례 046
법학전문 대학원 설치·운영에 관한 법률 제22조 위헌확인(헌재 2016.3.31, 2014헌마1046) : 기각 ★☆☆

학사학위를 취득한 자에 한하여 법학전문대학원의 입학자격을 부여하고 있는 법학전문대학원법 제22조는 직업선택의 자유를 침해하지 않는다.

판례 047
옥외광고물 표시제한 특정구역 지정고시 위헌확인(헌재 2016.3.31, 2014헌마794) : 기각 ★★☆

특정구역 안에서 업소별로 표시할 수 있는 옥외광고물의 총수량을 1개로 제한하고, 세로형간판, 옥상간판, 현수막 등을 설치할 수 없도록 하며, 건물의 2층 이하에 입주한 업소에 한하여 가로형 간판을, 지하층 및 3층 이상에 입주한 업소에 한하여 돌출간판을 각 설치하도록 하면서, 창문이용광고물은 1층에 입주한 업소에 한하여 설치할 수 있도록 하는 조항들은, 표현의 자유, 직업수행의 자유 및 평등권을 침해하지 않는다.

판례 048
지방대학 및 지역균형인재 육성에 관한 법률 제2조 제1호 위헌확인(헌재 2016.3.31, 2015헌마872) : 각하 ★☆☆

지방대학 및 지역균형인재 육성에 관한 법률법의 적용을 받는 지방대학에서 경인지역 대학을 제외한 것이 평등권 등을 침해한다며 청구한 헌법소원심판에서, 경인지역 대학이 지방대육성법의 지원 대상에서 배제되는 효과는 기본계획의 수립 여부와 관계없이 지방대육성법의 시행일에 발생하였고, 교수인 청구인들은 시행일 이전부터 교수의 지위에 있었으므로, 심판대상조항의 시행과 동시에 기본권의 침해를 받았다.

판례 049 · 국회의원과 행정자치부(현행 : 행정안전부)장관 간의 권한쟁의(헌재 2016.4.28, 2015헌라5) : 각하 ★☆☆

① 국회의원의 법률안 심의·표결권 등은 성질상 일신전속적인 것으로서 승계되거나 상속될 수 있는 것이 아니므로, 권한쟁의심판절차가 계속 중 국회의원인 청구인이 국회의원직을 상실한 경우 당해 심판청구는 위 청구인의 국회의원직 상실과 동시에 당연히 그 심판절차가 종료된다.
② 행정자치부(현행 : 행정안전부)장관이 국민안전처와 인사혁신처를 세종시 이전대상기관에 포함하는 내용의 고시를 발령한 행위에 대하여 국회의원들이 국회의 입법권이나 국회의원의 법률안 심의·표결권 침해를 주장하는 것은 청구인적격이나 권한침해가능성이 없어 부적법하다.

판례 050 · 출입국관리법 제63조 제1항 위헌소원(헌재 2016.4.28, 2013헌바196) : 각하

강제퇴거명령을 받은 사람을 즉시 대한민국 밖으로 송환할 수 없으면 송환할 수 있을 때까지 보호시설에 보호할 수 있도록 규정한 구 출입국관리법 제63조 제1항에 대한 심판청구는 각하한다.

판례 051 · 상속에 관한 관습법 위헌소원(헌재 2016.4.28, 2013헌바396) : 합헌 ★☆☆

① 비록 형식적 의미의 법률은 아니지만 실질적으로는 법률과 같은 효력을 가지므로 관습법도 헌법소원심판의 대상이 되고, 단지 형식적 의미의 법률이 아니라는 이유로 그 예외가 될 수는 없다.
② 헌법 시행 이전에 성립된 평등원칙에 어긋나는 구 관습법이 헌법 제정과 동시에 모두 위헌이 되고 소급하여 실효된다고 볼 수는 없다.
③ 민법(1958.2.22. 제정된 것) 시행 이전의 구 관습법 중 "여호주가 사망하거나 출가하여 호주상속인 없이 절가된 경우, 유산은 그 절가된 가(家)의 가족이 승계하고 가족이 없을 때는 출가녀(出家女)가 승계한다."라는 부분은 합리적 이유 없이 출가한 여성을 그 가적에 남아 있는 가족과 차별하여 평등원칙에 위배되었다고 볼 수 없다.

판례 052 · 구 독점규제 및 공정거래에관한법률 제21조 등 위헌소원(헌재 2016.4.28, 2014헌바60) : 합헌

① 입찰담합행위를 한 사업자에게 시정조치를 명할 수 있도록 규정한 독점규제 및 공정거래에관한법률 시정조치조항은 직업의 자유 및 일반적 행동자유권을 침해하지 않는다.
② 입찰담합·공급제한행위를 한 사업자에게 매출액의 10% 이내에서 과징금을 부과할 수 있도록 규정한 과징금부과조항은, 재산권을 침해하지 않으며, 법률유보원칙 및 포괄위임금지원칙과 적법절차원칙에 위배되지 않는다.

판례 053
참전유공자 예우 및 단체설립에 관한 법률 제19조 단서 위헌소원(헌재 2016. 4. 28. 2014헌바442) : 합헌 ★☆☆

대한민국고엽제전우회의 회원으로 가입한 사람은 대한민국월남전참전자회의 회원이 될 수 없도록 규정한 참전유공자예우 및 단체설립에 관한 법률 제19조 단서는 명확성원칙, 과잉금지원칙, 평등원칙을 위반하지 않는다.

판례 054
구 채무자 회생 및 파산에 관한 법률 제348조 제1항 위헌소원(헌재 2016. 4. 28. 2015헌바25) : 합헌

파산선고에 의해 파산선고 전에 행하여진 강제집행은 효력을 잃는다고 정하고, 파산폐지결정으로 인해 실효되었던 강제집행이 부활하는지 여부에 대해서는 명시적으로 규정하지 않은 것은 명확성원칙 및 과잉금지원칙에 위배되지 아니한 것으로, 재산권을 침해하지 아니한다.

판례 055
석유 및 석유대체연료 사업법 제39조 제1항 제8호 등 위헌소원(헌재 2016. 4. 28. 2015헌바123) : 합헌

① 심판대상조항이 처벌법규의 구성요건이 되므로 헌법상 죄형법정주의원칙을 고려하여 위임의 필요성과 예측가능성 기준을 보다 엄격하게 해석·적용하도록 한다.
② 석유 및 석유대체연료의 건전한 유통질서를 해치는 행위로서 대통령령으로 정하는 행위를 금지하고 처벌하는 것은 포괄위임금지원칙에 위반되지 않는다.

판례 056
형사소송법 제448조 등 위헌소원(헌재 2016. 4. 28. 2015헌바184) : 합헌

① 공판절차의 예외로서 약식명령절차를 둔 것은 재판청구권을 침해한다거나 약식절차의 피고인을 공판절차의 피고인에 비하여 합리적인 이유없이 차별 취급하여 평등원칙에 위배된다고 할 수 없다.
② 피고인이 약식명령의 고지를 받은 날로부터 7일 이내에 정식재판의 청구를 할 수 있도록 한 것은 불복기회를 박탈할 만큼의 단기라고 할 수 없다는 점에서 헌법에 위반되지 않는다.

판례 057
헌법재판소법 제47조 제3항 단서 위헌소원(헌재 2016. 4. 28. 2015헌바216) : 합헌 ★★☆

종전에 합헌으로 결정한 사건이 있는 형벌조항에 대하여 위헌결정이 선고된 경우 그 합헌결정이 있는 날의 다음 날로 소급하여 효력을 상실하도록 한 헌법재판소법 제47조 제3항 단서는 헌법에 위반되지 않는다.

판례 058
구 영유아보육법 제40조 등 위헌소원(헌재 2016.4.28, 2015헌바247) : **합헌** ★☆☆

어린이집 운영자 등이 거짓이나 그 밖의 부정한 방법으로 보조금을 교부받은 때, 그 전부 또는 일부의 반환을 명할 수 있게 하는 것, 어린이집의 폐쇄를 명할 수 있게 하는 것, 어린이집 원장의 자격을 정지시킬 수 있게 하는 것은 과잉금지원칙에 위배되지 않는다.

판례 059
학교생활기록 작성 및 관리지침 제7조 제3항 등 위헌확인(헌재 2016.4.28, 2012헌마630) : **기각, 각하**

학교폭력 관련 조치사항을 학교생활기록의 '행동특성 및 종합의견'에 입력하도록 규정한 것과 이렇게 입력된 조치사항을 졸업과 동시에 삭제하도록 규정한 것은 법률유보원칙이나 과잉금지원칙에 반하여 개인정보자기결정권을 침해하지 않는다.

판례 060
입법부작위 위헌확인(헌재 2016.4.28, 2013헌마266) : **각하** ★☆☆

'북한주민 등에 대한 인권유린의 증거조사 및 기록보존을 위한 제도적 장치를 마련하고, 인권유린의 중단 및 예방조치를 강구하기 위한 법률', 이른바 '북한인권법'을 제정하지 아니한 입법부작위의 위헌확인을 구하는 헌법소원심판청구에 대하여, 심판 계속 중 국회가 북한인권법을 제정하였으므로 권리보호의 이익이 없어 부적법하다는 이유로 각하 결정을 선고하였다.

판례 061
형의 집행 및 수용자의 처우에 관한 법률 제112조 제3항 위헌확인(헌재 2016.4.28, 2012헌마549) : **기각** ★☆☆

① 금치의 징벌처분을 받은 미결수용자에 대하여 금치기간 중 서신수수·접견·전화통화·자비구매도서열람을 금지하도록 한 것은 통신의 자유를 침해하지 아니한다.
② 금치의 징벌처분을 받은 미결수용자에 대하여 금치기간 중 집필을 금지하는 것은 표현의 자유를 과도하게 침해한다고 보기 어렵다.
③ 미결수용자의 규율위반행위 등에 대한 제재로서 금치처분과 함께 금치기간 중 신문과 자비구매도서의 열람을 제한하는 것은 알 권리를 과도하게 침해한다고 보기 어렵다.
④ 금치의 징벌처분을 받은 미결수용자를 CCTV를 사용하여 계호한 행위는 사생활의 비밀과 자유를 과도하게 제한하는 것으로 볼 수 없다.
⑤ 금치의 징벌처분을 받은 미결수용자에 관한 양형참고자료 통보행위는, 법률의 근거 없이 개인정보자기결정권을 제한한 것이라고 보기 어려우며, 과잉금지원칙에 위배하여 청구인의 개인정보자기결정권을 침해하였다고 할 수 없다.

> **주의** 양형참고자료 통보행위 : 위헌 5인, 기각 2인, 각하 2인 ⇒ 기각

기본권 침해 위헌확인(헌재 2016.4.28, 2015헌마98) : 위헌
아동·청소년대상 성범죄로 형 또는 치료감호를 선고받아 확정된 자에 대하여 형 또는 치료감호의 집행이 종료·면제·유예된 때부터 10년 동안 일률적으로 아동·청소년 관련기관 등을 개설하거나 위 기관 등에 취업할 수 없도록 한 것은, 입법목적이나 수단의 적합성은 인정되나 직업선택의 자유를 과도하게 제한하고 있어 법익의 균형성 원칙에 위반되어 직업선택의 자유를 침해한다. 🔍 주의 성범죄자에 대한 취업제한 제도 자체 위헌 ×

접견실내 CCTV 감시·녹화행위 등 위헌확인(헌재 2016.4.28, 2015헌마243) : 기각 ★☆☆
① 구치소 내의 변호인접견실에 CCTV를 설치하여 미결수용자와 변호인 간의 접견을 관찰한 행위는 법률유보원칙에 위반되지 않으며 변호인의 조력을 받을 권리를 침해하지 않는다.
② 교도관이 미결수용자와 변호인 간에 주고받는 서류를 확인하고, 소송관계서류처리부에 그 제목을 기재하여 등재한 행위는 법률유보원칙에 위반되지 않으며, 변호인의 조력을 받을 권리와 개인정보자기결정권을 침해하지 않는다.

입법부작위 위헌확인(헌재 2016.4.28, 2015헌마1177) : 각하
헌법은 명시적으로 선거구를 입법할 의무를 국회에게 부여하였고, 국회는 이러한 입법의무를 상당한 기간을 넘어 정당한 사유 없이 이행하지 아니함으로써 헌법상 입법의무의 이행을 지체하였으나, 이후 국회가 선거구를 획정함으로써 획정된 선거구에서 국회의원후보자로 출마하거나 선거권자로서 투표하고자 하였던 청구인들의 주관적 목적이 달성되었으므로, 헌법불합치결정에서 정한 입법개선시한이 경과한 후에도 선거구를 획정하지 아니한 입법부작위의 위헌확인을 구하는 심판청구는 권리보호의 이익이 없어 부적법하다.

형의 집행 및 수용자의 처우에 관한 법률 제43조 제5항 제4호 등 위헌소원(헌재 2016.5.26, 2013헌바98) : 합헌 ★☆☆
수용자의 처우 또는 교정시설의 운영에 관하여 명백하게 거짓 사실을 포함하고 있거나, 타인의 사생활의 비밀이나 자유를 침해하거나 교정시설의 안전과 질서를 해치고 수형자의 교정교화와 건전한 사회복귀를 저해할 우려가 있는 내용을 포함하는 집필문의 외부반출을 불허하고 영치처분 하는 것은, 작성된 집필문의 외부 반출도 원칙적으로 허용되고 예외적으로 금지되는 사유도 구체적이고 한정되어 있으므로 과잉금지원칙에 위반되어 통신의 자유를 침해하지 않으며, 심판대상 중 "우려가 있는 때"라는 표현은 명확성 원칙에 위배되지 않는다.
🔍 통신의 자유 제한 ○, 표현의 자유 제한 ×

판례 066 | 통합진보당 해산(재심)(헌재 2016.5.26, 2015헌아20) : 각하 ★★☆

① 정당해산심판절차에서는 재심을 허용하지 아니함으로써 얻을 수 있는 법적 안정성의 이익보다 재심을 허용함으로써 얻을 수 있는 구체적 타당성의 이익이 더 크므로 재심을 허용하여야 한다.
② 정당해산심판 재심절차에서는 원칙적으로 민사소송법의 재심에 관한 규정이 준용된다.
③ 내란음모 등 형사사건에서 내란음모 혐의에 대한 유·무죄 여부는 재심대상결정의 심판 대상이 아니었고 논리적 선결문제도 아니다. 따라서 이석기 등에 대한 내란음모 등 형사사건에서 대법원이 지하혁명조직의 존재와 내란음모죄의 성립을 모두 부정하였다 해도, 재심대상결정에 민사소송법 제451조 제1항 제8호의 재심사유가 있다고 할 수 없다.
④ 재심청구인의 주장은 모두 적법한 재심사유에 해당하지 아니하고 그 밖에 재심대상결정에 재심사유가 있다고 볼 수 있는 사정이 없으므로, 이 사건 재심청구는 부적법하다.

판례 067 | 구 아동·청소년의 성보호에 관한 법률 제38조 제1항 등 위헌소원(헌재 2016.5.26, 2014헌바164) : 합헌 ★★☆

① 아동·청소년대상 성폭력범죄자에 대한 신상정보 공개하고 신상정보를 고지하도록 규정한 것은, 인격권, 개인정보자기결정권을 침해한다고 볼 수 없으며, 적법절차원칙에 위반되거나 재판을 받을 권리를 침해한다고 볼 수도 없고 또한 평등원칙을 위반하지 않는다.
② 신상정보 공개·고지명령은 형벌과는 목적이나 심사대상 등을 달리하는 보안처분에 해당하므로 동일한 범죄행위에 대하여 형벌과 병과된다고 하여 이중처벌금지의 원칙에 위반된다고 할 수 없다.
③ 19세 미만의 미성년자에 대하여 성폭력범죄를 저지른 자 중 재범의 위험성이 있는 자에 대한 전자장치 부착기간의 하한을 2배 가중하는 것은, 과잉금지원칙을 위반하여 피부착자의 사생활의 비밀과 자유, 개인정보자기결정권, 신체의 자유, 인격권을 침해한다고 볼 수 없으며, 법관에 의한 재판을 받을 권리를 침해한다고 볼 수도 없다.

판례 068 | 구 조세특례제한법 제38조의2 제3항 제2호 위헌소원(헌재 2016.5.26, 2015헌바176) : 합헌

기존 보유주식을 지주회사에 현물출자하고 지주회사 주식을 취득한 사람이 지주회사 주식을 증여한 경우에 과세를 이연받았던 양도소득세를 납부하도록 정한 것은 재산권을 침해하지 않는다.

판례 069 | 도시 및 주거환경정비법 제43조 제3항 위헌소원(헌재 2016.5.26, 2015헌바263) : 합헌, 각하

이주정착지의 생활기본시설 비용은 사업시행자의 부담으로 한다고 규정한 조항을 현지개량방식에 의한 주거환경개선사업의 경우에는 적용하지 않도록 한 것은 평등원칙, 신뢰보호원칙에 위배되지 않으므로 헌법에 위반되지 않는다.

판례 070 성폭력범죄의 처벌 등에 관한 특례법 제47조 제1항 등 위헌소원(헌재 2016.5.26. 2015헌바212) : 합헌 ★☆☆

① 성인대상 성폭력범죄자에 대한 신상정보 공개 및 신상정보 고지를 규정한 것은, 과잉금지원칙을 위반하여 인격권, 개인정보 자기결정권을 침해한다고 볼 수 없다.
② 신상정보 공개·고지명령은 형벌과는 목적이나 심사대상 등을 달리하는 보안처분에 해당하므로 동일한 범죄행위에 대하여 형벌과 병과된다고 하여 이중처벌금지의 원칙에 위반된다고 할 수 없다.

판례 071 구 사회보호법 제42조 위헌소원(헌재 2016.5.26. 2015헌바378) : 합헌 ★☆☆

피보호감호자에 대하여 '형의 집행 및 수용자의 처우에 관한 법률'상 징벌 조항을 준용하는 구 사회보호법 조항은 신체의 자유나 재판을 받을 권리를 침해하지 않으며, 평등원칙 및 적법절차원칙에 위배되지 않는다.

판례 072 공직선거법 제188조 제1항 위헌확인(헌재 2016.5.26. 2012헌마374) : 기각 ★★☆

① 국회의원선거제도는 법률이 정하는 바에 의하여 구체적으로 결정되는 것이므로(헌법 제41조 제3항), 입법자가 국회의원선거제도를 형성함에 있어 헌법 제41조 제1항에 명시된 보통·평등·직접·비밀선거의 원칙과 자유선거 등 국민의 선거권을 부당하게 제한하지 않는 한 헌법에 위반된다고 할 수 없다.
② 국회의원선거의 모든 선거권자들에게 헌법상의 선거원칙이 모두 구현되므로, 이에 더하여 국회의원선거에서 사표를 줄이기 위해 소선거구 다수대표제를 배제하고 다른 선거제도를 채택할 것까지 요구할 수는 없다.
③ 지역구국회의원선거에 있어서 선거구선거관리위원회가 당해 국회의원지역구에서 유효투표의 다수를 얻은 자를 당선인으로 결정하도록 한 공직선거법 조항이 소선거구 다수대표제를 규정하여 다수의 사표가 발생한다 하더라도 그 이유만으로 헌법상 요구된 선거의 대표성의 본질이나 국민주권원리를 침해하고 있다고 할 수 없고, 평등권과 선거권을 침해한다고 할 수 없다.

국회의원과 국회의장 등 간의 권한쟁의(국회선진화법 사건)(헌재 2016.5.26. 2015헌라1) : 각하
★★☆

① 법률의 제·개정 행위를 다투는 권한쟁의심판의 경우에는 국회가 피청구인적격을 가지므로, 청구인 국회의원들이 국회의장 및 기재위 위원장에 대하여 제기한 국회법 개정행위에 대한 심판청구는 피청구인적격이 없는 자를 상대로 한 청구로서 부적법하다.

②-1. 국회법 제85조 제1항의 직권상정권한은 국회의 수장이 국회의 비상적인 헌법적 장애상태를 회복하기 위하여 가지는 권한으로 국회의장의 의사정리권에 속하고, 의안 심사에 관하여 위원회 중심주의를 채택하고 있는 우리 국회에서는 비상적·예외적 의사절차에 해당한다. 국회법 제85조 제1항 각 호의 심사기간 지정사유는 국회의장의 직권상정권한을 제한하는 역할을 할 뿐 국회의원의 법안에 대한 심의·표결권을 제한하는 내용을 담고 있지는 않다.

②-2. 국회법 제85조 제1항의 지정사유가 있다 하더라도 국회의장은 직권상정권한을 행사하지 않을 수 있다. 따라서 이 사건 심사기간 지정 거부행위로 말미암아 청구인들의 법률안 심의·표결권이 직접 침해당할 가능성은 없다.

③ 의장이 각 교섭단체대표의원과 합의하는 경우 의장이 법률안에 대하여 심사기간 지정을 요청할 수 있도록 한 국회법 제85조 제1항 제3호가 다수결의 원리 등에 반하여 위헌이 되더라도, 법률안에 대한 심사기간 지정 여부는 여전히 국회의장의 권한이라는 점에서 피청구인 국회의장에게 법률안에 대한 심사기간 지정 의무가 곧바로 발생하는 것은 아니다. 따라서 국회법 제85조 제1항 제3호의 위헌 여부는 이 사건 심사기간 지정 거부행위의 효력에 아무런 영향도 미칠 수 없다.

④-1. 국회법 제85조 제1항에 국회 재적의원 과반수가 의안에 대하여 심사기간 지정을 요청하는 경우 국회의장이 그 의안에 대하여 의무적으로 심사기간을 지정하도록 규정하지 아니한 입법부작위는 진정입법부작위에 해당하며, 이 사건 입법부작위의 위헌 여부와 국회법 제85조 제1항은 아무런 관련이 없고, 그 위헌 여부가 이 사건 심사기간 지정 거부행위에 어떠한 영향도 미칠 수 없다.

④-2. 헌법실현에 관한 1차적 형성권을 갖고 있는 정치적·민주적 기관인 국회와의 관계에서 헌법재판소가 가지는 기능적 한계에 비추어 보더라도, 헌법재판소가 근거규범도 아닌 이 사건 입법부작위의 위헌 여부에 대한 심사에까지 나아가는 것은 부적절하므로 그 심사를 최대한 자제하여 의사절차에 관한 국회의 자율성을 존중하는 것이 바람직하다.

⇒ 새누리당 소속 국회의원들이 국회의장 등을 상대로 법률안 심의·표결권을 침해당하였다며 제기한 권한쟁의 심판사건에서, 피청구인 국회의장이 2014.12.17. 및 2016.1.6. 법률안에 대한 심사기간 지정요청을 거부한 행위는 청구인들의 법률안 심의·표결권을 침해하거나 침해할 위험성이 없으며, 그 근거조항인 국회법 제85조 제1항 제3호나 국회 재적의원 과반수가 의안에 대하여 심사기간 지정을 요청하는 경우 국회의장이 그 의안에 대하여 의무적으로 심사기간을 지정하도록 규정하지 아니한 입법부작위의 위헌성을 이유로 이 사건 심사기간 지정 거부행위가 청구인들의 법률안 심의·표결권을 침해할 가능성 또한 인정되지 않는다.

판례 074

통행제지행위 관련 공권력행사 위헌확인(헌재 2016. 5. 26, 2013헌마879) : **각하**

① 2013. 11.경 세 차례에 걸쳐 밀양 송전탑 건설공사 현장 인근에서 피청구인 경찰청장이 청구인들의 통행을 제지한 행위에 대한 헌법소원심판청구는, 통행제지행위가 이미 종료하여 권리보호이익이 없으며, 통행제지 당시의 제반 사정을 종합할 때 규범적 평가를 동일시할 수 있는 공권력 행사의 반복가능성이나 헌법적 해명의 필요성도 인정되지 않으므로 부적법하다.

② '침해행위가 반복될 위험성'이란 단순히 추상적이거나 이론적인 가능성이 아니라 구체적인 위험성이 있는 것을 의미한다.

③ 청구인들은 변호사이거나 변호사의 자격을 가진 자들로서 이들의 기본권 침해에 대한 헌법적 해명의 필요성 유무가 문제되나, 피의자나 피고인이 아닌 단순히 시위 현장에 있는 주민들에게 변호사가 법률적 조언을 할 수 있는 권리까지 변호사의 헌법상 기본권에 해당한다고 볼 수는 없고, 변호사 직무의 공공성이나 사회적 책임과 직접 관련이 없는 일반적 행동자유권 등이 제한된다는 점만으로 이 사건 통행제지행위가 특별히 헌법적 해명이 필요한 경찰권 행사라는 징표를 찾을 수도 없다.

판례 075

학원의 설립·운영 및 과외교습에 관한 법률 제16조 제2항 등 위헌확인(헌재 2016. 5. 26, 2014헌마374) : **기각** ★★☆

학교교과교습학원 및 교습소의 심야교습을 제한하고 있는 서울특별시 조례조항, 경기도 조례조항, 대구광역시 조례조항, 인천광역시 조례조항은 학생의 인격의 자유로운 발현권, 학부모의 자녀교육권 및 학원운영자의 직업수행의 자유를 침해하였다고 할 수 없고, 청구인들의 평등권을 침해하지 않는다.

판례 076

형의 집행 및 수용자의 처우에 관한 법률 제108조 위헌확인(헌재 2016. 5. 26, 2014헌마45) : **위헌, 기각** ★★☆

① 수용시설 내의 규율을 위반하고 그 위반의 정도가 중한 것으로 판단되어 금치의 징벌을 받은 사람에 대해 금치처분의 집행과 함께 금치기간 동안 공동행사 참가를 할 수 없도록 한 것은 통신의 자유, 종교의 자유를 침해하지 않는다.

② 금치의 징벌을 받은 사람에 대해 금치처분의 집행과 함께 금치기간 동안 텔레비전 시청을 제한한 것은 알 권리를 침해하지 않는다.

③ 금치기간 중 신문·도서·잡지 외 자비구매물품 사용을 제한한 것은 일반적 행동의 자유를 침해하지 않는다.

④ 금치처분을 받은 사람에 대하여 실외운동을 원칙적으로 금지하고 다만 소장의 재량에 의하여 이를 예외적으로 허용하는 것은, 목적의 정당성 및 수단의 적합성은 인정되나, 침해의 최소성 원칙에 위배되고 법익의 균형성 요건도 갖추지 못하였으므로 신체의 자유를 침해한다.

판례 077
법원조직법 부칙 제2조 위헌확인(헌재 2016.5.26, 2014헌마427) : **기각** ★★☆

10년 미만의 법조경력을 가진 사람의 판사임용을 위한 최소 법조경력요건을 2013년부터 2017년까지는 3년, 2018년부터 2021년까지는 5년, 2022년부터 2025년까지는 7년으로 정하여 단계적으로 법조일원화가 진행되도록 하는 법원조직법 부칙 제2조는 공무담임권을 침해하지 않는다.

판례 078
독도 안전시설 설치 등 부작위 위헌확인(헌재 2016.5.26, 2014헌마1002) : **각하** ★★☆

헌법 제10조 및 제12조 제1항 전문의 해석상, 그리고 '독도의 지속가능한 이용에 관한 법률' 등의 법령에 기하여서는 피청구인 대한민국 정부에게 독도에 대피시설 등의 특정 시설을 설치하여야 할 구체적인 작위의무가 있다고 보기 어려우므로, 독도에 대피시설 등을 설치하지 아니한 피청구인의 부작위가 있다 하더라도 이는 헌법소원의 대상이 될 수 없다.

판례 079
공인중개사법 제32조 제3항 등 위헌확인(헌재 2016.5.26, 2015헌마248) : **기각, 각하**

① 개업공인중개사로 하여금 법령에 따른 중개보수 한도를 초과하여 금품을 받을 수 없도록 규정한 중개보수 한도조항은 과잉금지원칙, 포괄위임금지원칙 등에 위반되어 직업수행의 자유 및 평등권을 침해하지 아니하고, 중개보수 한도조항 위반 시 형사처벌을 규정한 형사처벌조항은 책임과 형벌 간의 비례원칙에 위반된다거나 형벌체계상의 정당성과 균형성을 상실하고 있다고 할 수 없다.
② 중개보수 지급시기를 대통령령에 위임한 중개보수 지급시기조항은 포괄위임금지원칙에 위반되어 기본권을 침해한다고 볼 수 없다.

판례 080
교도소내 부당처우행위 위헌확인(헌재 2016.6.30, 2015헌마36) : **기각** ★☆☆

경주교도소장이 경주교도소 수용자의 동절기 취침시간을 21:00로 정한 행위는 일반적 행동자유권을 침해하지 않는다.

판례 081
공무원보수규정 제8조 제2항 별표16 위헌확인(헌재 2016.6.30, 2014헌마192) : **기각**

① 공무원의 초임호봉 획정에 있어 경력인정 여부는 헌법에서 특별히 평등을 요구하는 영역이 아니고, 군 경력 중 일부를 공무원 경력에 포함시켜 공무원 초임호봉 획정에 산입하도록 하는 것은 군 복무를 마친 자에 대해 일종의 혜택을 부여하는 수혜적 성격의 규정으로 입법부 내지 입법부로부터 위임을 받은 행정부에게 광범위한 형성의 자유가 인정되는 영역이라 할 것이어서 그 내용이 명백하게 불합리하거나 불공정하지 않는 한 입법부 내지 행정부의 판단은 존중되어야 하므로, 심판대상조항으로 인한 평등권 침해 여부는 자의금지원칙에 따라 심사함이 상당하다.
② 공무원의 초임호봉 획정시 인정되는 경력에 산업기능요원의 경력을 반영하지 않도록 한 것은 평등권을 침해하지 않는다.

형의 실효 등에 관한 법률 제8조의2 위헌확인(헌재 2016.6.30, 2015헌마828) : 기각

① 수사경력자료에 수록된 개인정보는 개인의 명예와 관련되어 인격주체성을 특징짓는 사항으로서 그 개인의 동일성을 식별할 수 있게 하는 정보이므로, 이러한 정보의 이용을 전제로 보존 등에 관한 사항을 규정하고 있는 심판대상조항은 청구인의 개인정보자기결정권을 제한한다.

② 범죄혐의로 수사를 받은 피의자가 검사로부터 기소유예의 불기소처분을 받은 경우 혐의 대상 범죄의 법정형에 따라 일정기간 피의자의 지문정보와 함께 인적사항, 죄명, 입건관서, 입건일자, 처분결과 등 개인정보를 보존하도록 규정한 것은 과잉금지원칙을 위반하여 개인정보자기결정권을 침해하지 않는다.

공직선거법 제60조 제1항 제5호 위헌제청(헌재 2016.6.30, 2013헌가1) : 위헌 ★★☆

① 언론인의 선거운동을 금지하는 것은 포괄위임금지원칙에 위반된다.

② 언론인의 선거운동을 금지하고 위반 시 처벌하도록 규정한 공직선거법 조항은, 정치적 중립성이 요구되지 아니하고 정당 가입이 전면 허용되는 언론인에게 언론매체를 이용하지 아니하고 업무 외적으로 개인적인 판단에 따라 선거운동을 하는 것까지 전면적으로 금지할 필요는 없고, 언론매체를 통한 활동의 측면에서는 이미 다른 조항들에서 충분히 규율하고 있으므로, 언론인의 선거운동의 자유를 침해한다.

> **주의** 여전히 언론기관은 특정 정당이나 후보자에 대한 지지·반대의사를 표방할 수 없다.

🔍 한국철도공사직원 선거운동 금지 : 위헌

가족관계의 등록 등에 관한 법률 제75조 등 위헌확인(헌재 2016.6.30, 2015헌마894) : 기각, 각하

① 협의이혼의사확인신청서 대리제출을 금지한 실무편람에 대한, 청구인 노○태의 협의이혼신청 대리인 변호사의 법률사무소 직원인 청구인 이○의의 심판청구는 기본권 침해의 자기관련성 요건을 갖추지 못하였다.

② 창원지방법원의 협의이혼의사확인신청서 접수담당 공무원이 2015.8.31. 청구인 이○의가 제출한 청구인 노○태의 협의이혼의사확인신청서를 반려한 행위는 단순한 사무집행으로서 법원행정상 사실행위에 불과할 뿐, 헌법소원의 대상이 되는 공권력의 행사에 해당한다고 볼 수 없다.

③ 협의이혼의사확인신청서 대리제출을 금지한 실무편람은 대외적 구속력 없는 법원공무원의 사무처리 지침에 불과하고 그 자체로 국민에 대해 어떤 권리를 설정하거나 의무를 부과하고 있다고 볼 수 없다. 따라서 이 부분 심판청구도 헌법소원의 대상이 될 수 없는 것을 대상으로 한 것으로 부적법하다.

④ 협의이혼의사확인신청을 할 때 부부 쌍방으로 하여금 직접 법원에 출석하여 신청서를 제출하도록 한 규칙조항은 과잉금지원칙에 반하여 일반적 행동자유권을 침해하지 않는다.

판례 085 가족관계의 등록 등에 관한 법률 제14조 제1항 위헌확인(헌재 2016.6.30, 2015헌마924) : 위헌

개인정보가 수록된 가족관계등록법상 각종 증명서를 본인의 동의 없이도 형제자매가 발급받을 수 있도록 하는 것은 과잉금지원칙을 위반하여 개인정보자기결정권을 침해한다.(청구인은 이 사건 법률조항에 의하여 인간의 존엄과 가치 및 행복추구권, 사생활의 비밀과 자유가 침해된다고 주장하나, 위 기본권들은 모두 개인정보자기결정권의 헌법적 근거로 거론되는 것으로서 청구인의 개인정보에 대한 공개와 이용이 문제되는 이 사건에서 개인정보자기결정권 침해 여부를 판단하는 이상 별도로 판단하지 않는다.)

판례 086 경상남도 교육청과 경상남도 간의 권한쟁의(헌재 2016.6.30, 2014헌라1) : 각하 ★☆☆

① 지방자치단체 '상호간'의 권한쟁의심판에서 말하는 '상호간'이란 '서로 상이한 권리주체간'을 의미한다.
② '지방교육자치에 관한 법률'은 교육감을 명시적으로 시·도의 교육·학예에 관한 사무의 '집행기관'으로 규정하여, 교육감을 지방자치단체 그 자체라거나 지방자치단체와 독립한 권리주체로 볼 수 없다.
③ '국가기관'의 경우에는 헌법 자체에 의하여 그 종류나 범위를 확정할 수 없고 달리 헌법이 법률로 정하도록 위임하지도 않았기 때문에 예시적으로 해석할 필요가 있었던 것과는 달리, '지방자치단체'의 경우에는 지방자치단체 상호간의 권한쟁의심판을 규정하고 있는 헌법재판소법 제62조 제1항 제3호를 예시적으로 해석할 필요성 및 법적 근거가 없다.
④ 경상남도 교육감이 경상남도를 상대로 학교급식에 관한 감사권한을 침해당하였다며 제기한 권한쟁의심판 사건에서, 교육감은 해당 지방자치단체의 교육·학예에 관한 집행기관일 뿐 독립한 권리주체로 볼 수 없으므로, 교육감이 해당 지방자치단체를 상대로 제기한 심판청구는 헌법재판소가 관장하는 지방자치단체 상호간의 권한쟁의심판청구로 볼 수 없어 부적법하다.

판례 087 군사법원법 제348조의2 위헌소원 등(헌재 2016.6.30, 2013헌바27) : 합헌

① 군인신분이던 청구인이 전역함에 따라 당해사건에서 청구인에 대하여 적용되는 법률이 군사법원법에서 형사소송법으로 바뀌었으므로, 이 사건의 심판대상은 형사소송법 제292조의3이 헌법에 위반되는지 여부이다.
② 위임입법이 대법원규칙인 경우에도 수권법률에서 포괄위임금지원칙을 준수하여야 하는 것은 마찬가지이다. 다만, 법원의 축적된 지식과 실제적 경험의 활용, 규칙의 현실적 적응성과 적시성의 확보라는 측면에서 수권법률에서의 위임의 구체성·명확성의 정도는 다른 규율 영역에 비해 완화될 수 있을 것이다.
③ 컴퓨터용디스크 등에 증거조사방식에 관하여 필요한 사항을 대법원규칙으로 정하도록 한 형사소송법 제292조의3은 포괄위임금지원칙에 위반되지 아니한다.

민사소송법 제109조 제1항 위헌소원(헌재 2016.6.30. 2013헌바370) : 합헌

① 소송을 대리한 변호사에게 당사자가 지급하였거나 지급할 보수는 대법원규칙이 정하는 금액의 범위 안에서 소송비용으로 인정한다고 규정한 민사소송법 제109조 제1항은 명확성의 원칙이나 포괄위임금지원칙에 위반되지 않는다.

①-1. 국회가 입법권을 행사함에 있어서 그 내용은 물론 그 규율의 형식 또한 선택할 수 있고, 헌법이 위임입법의 형태로 제75조와 제95조에서 열거하고 있는 대통령령, 총리령 또는 부령 등의 행정입법은 예시적인 것으로 보아야 한다.

①-2. 법률은 헌법 제108조에서 열거하고 있는 사항은 물론, 열거하고 있지 않은 사항에 대해서도 이를 대법원규칙에서 정하도록 위임할 수 있으므로, 소송비용에 관한 사항이 소송에 관한 절차에 관련된 사항인지와 관계없이 소송을 대리한 변호사에게 당사자가 지급하였거나 지급할 보수는 대법원규칙이 정하는 금액의 범위 안에서 소송비용으로 인정한다고 규정한 심판대상조항이 이를 대법원규칙에 위임하였다 하여 헌법 제108조에 위반된다고 볼 수는 없다.

①-3. 대법원규칙으로 규율될 내용은 소송에 관한 절차와 같이 법원의 전문적이고 기술적인 사무에 관한 것이 대부분일 것인바, 법원의 축적된 지식과 실제적 경험의 활용, 규칙의 현실적 적응성과 적시성의 확보라는 측면에서 수권법률에서의 위임의 구체성·명확성의 정도는 다른 규율 영역에 비해 완화될 수 있을 것이다.

② 소송을 대리한 변호사에게 당사자가 지급하였거나 지급할 보수는 대법원규칙이 정하는 금액의 범위 안에서 소송비용으로 인정한다고 규정한 민사소송법 제109조 제1항은 패소한 당사자의 재판청구권을 침해한다고 할 수 없다.

구 소득세법 제4조 제1항 등 위헌소원(헌재 2016.6.30. 2014헌바62) : 각하

① 소득세법상 소득구분조항의 위헌 여부가 곧바로 당해 사건에 직접 적용되는 이 사건 소득과세조항의 위헌 여부나 의미에 영향을 미친다고 보기도 어려우므로 재판의 전제성을 갖추지 못하여 부적법하다.

② 청구인은 자신만의 특수한 상황에서 부과된 이 사건 처분의 취소를 구하기 위하여 그 근거된 상장주식의 장내 매매 중 대주주 요건을 갖춘 경우만을 양도소득세의 부과대상으로 하는 이 사건 소득과세조항에 대한 위헌성을 주장하면서, 이 사건 소득과세조항 자체의 위헌성보다는 당해 사건에서 청구인의 소득이 소득세법에 규정된 소득종류 중 어느 것에 해당하는가의 문제에 관한 법원의 사실관계 판단 및 법률의 해석·적용의 부당함을 주장하고 있는바, 이는 사실상 법원의 재판을 심판대상으로 삼고 있는 것이므로 이 부분 심판청구는 헌법소원의 대상이 되지 않는 것을 심판대상으로 삼는 것으로서 부적법하다.

판례 090

개발이익환수에 관한 법률 제22조 제2항 위헌소원(헌재 2016.6.30. 2013헌바191) : **합헌**

① 어떤 공과금이 조세인지 아니면 부담금인지는 단순히 법률에서 그것을 무엇으로 성격 규정하고 있느냐를 기준으로 할 것이 아니라, 그 실질적인 내용을 결정적인 기준으로 삼아야 한다.
② 개발부담금은 '국가 또는 지방자치단체가 재정수요를 충족시키기 위하여 반대급부 없이 법률에 규정된 요건에 해당하는 모든 자에 대하여 일반적 기준에 의하여 부과하는 금전급부'라는 조세로서의 특징을 지니고 있으므로, 실질적인 조세로 보아야 한다.
③ 개발부담금을 개발부담금 납부 고지일 후에 저당권 등으로 담보된 채권에 우선하여 징수할 수 있도록 한 것은 담보권자의 재산권을 침해하지 않는다.

판례 091

공직선거법 제254조 제2항 등 위헌소원(헌재 2016.6.30. 2014헌바253) : **합헌** ★☆☆

① 사전선거운동금지조항은 죄형법정주의 명확성원칙에 반하지 아니하고, 선거운동 등 정치적 표현의 자유를 침해하지 않는다.
② 누구든지 선거일 전 180일부터 선거일까지 선거에 영향을 미치게 하기 위하여 공직선거법의 규정에 의하지 아니하고는 후보자의 성명을 나타내는 문서·도화, 인쇄물을 배부할 수 없다고 규정한 인쇄물배부금지조항은 선거운동 등 정치적 표현의 자유를 침해하지 않는다.

판례 092

공직선거법 제112조 제1항 등 위헌소원(헌재 2016.6.30. 2014헌바300) : **기타**

청구인에 대한 유죄 확정판결에 대하여 재심을 청구할 수 있는 그 배우자 및 직계비속은 수계의사가 없음을 통지하였고, 나아가 이 사건에서 청구인의 이익을 위하여 종국결정을 해야 할 필요성도 인정되지 아니하므로, 후보자가 되고자 하는 자는 선거기간 전 당해 선거에 관하여 자신을 위하여 일체의 기부행위를 할 수 없도록 하고 이를 위반할 경우 형사처벌하는 공직선거법 조항들의 위헌 여부를 다투는 헌법소원심판절차는 청구인의 사망으로 2015.4.9. 종료되었음을 확인하였다. [심판절차종료선언]

판례 093

채무자 회생 및 파산에 관한 법률 제247조 제4항 등 위헌소원(헌재 2016.6.30. 2014헌바456) : **합헌, 각하**

① 헌법재판소법 제68조 제2항에 의한 헌법소원심판의 대상이 되는 것은 재판의 전제가 되는 법률이지 대통령령이나 규칙은 그 대상이 될 수 없다. 따라서 이 사건 규칙조항에 대한 심판청구는 헌법재판소법 제68조 제2항에 의한 심판청구의 대상이 될 수 없는 규칙을 대상으로 한 것이므로 부적법하다.
② 회생계획 불인가결정에 대한 재항고시 항고보증금을 공탁하도록 규정하고 있는 것은 포괄위임금지원칙이나 평등원칙에 위배되지 않으며 과잉금지원칙을 위반하지 않는다.

구 상속세 및 증여세법 제39조 제1항 제1호 등 위헌소원(헌재 2016. 6. 30. 2014헌바468) : **합헌**
① 법인의 증자에 따른 이익의 증여에 대하여 증여세를 부과하는 것은 과잉금지원칙을 위반하여 재산권을 침해한다고 할 수 없고, 또한 증권거래법령상 유가증권의 모집방법을 거친 경우와 그렇지 않은 경우를 달리 취급함에는 합리적 이유가 있으므로 조세평등주의에도 위반되지도 아니한다.
② 증자이익을 계산함에 있어서 소액주주가 2인 이상인 경우에 소액주주 1인이 이익을 증여한 것으로 보는 것은 과잉금지원칙을 위반하여 재산권을 침해한다고 할 수 없다.

판례 095
노인복지법 제32조 제1항 제1호 위헌소원(헌재 2016. 6. 30. 2015헌바46) : **합헌**
국가 또는 지방자치단체 외의 자가 양로시설을 설치하고자 하는 경우 신고하도록 한 노인복지법 조항으로 인하여, 종교시설에서 운영하는 양로시설이라고 하더라도 일정 규모 이상이라면 설치시 신고하도록 규정한 것은 죄형법정주의의 명확성원칙에 반하지 아니하고, 과잉금지원칙에 위배되어 종교의 자유를 침해하지 아니한다. (거주·이전의 자유나 인간다운 생활을 할 권리의 제한 ×)

구 국가를 당사자로 하는 계약에 관한 법률 제27조 제1항 위헌소원(헌재 2016. 6. 30. 2015헌바125) : **합헌**
각 중앙관서의 장이 경쟁의 공정한 집행 또는 계약의 적정한 이행을 해칠 염려가 있는 자 등에 대하여 2년 이내의 범위에서 대통령령이 정하는 바에 따라 입찰참가자격을 제한하도록 한 것은 법률유보원칙 및 포괄위임금지원칙에 위배되지 않고, 직업의 자유를 침해하지 않으며 평등원칙 및 자기책임원칙에도 위배되지 않는다.

군형법 제48조 제2호 위헌소원(헌재 2016. 6. 30. 2015헌바132) : **합헌**
상관을 폭행한 사람을 5년 이하의 징역으로 처벌하도록 규정한 군형법 조항은 책임과 형벌 간의 비례원칙 및 평등원칙에 위배되지 않는다.

판례 098
구 법인세법 제93조 제7호 위헌소원(헌재 2016. 6. 30. 2015헌바224) : **합헌**
외국법인의 국내원천소득 중 양도소득 과세대상인 국내 부동산과다보유법인 주식의 요건을 대통령령에 위임한 것은 조세법률주의 및 포괄위임금지원칙에 위배되지 않는다.

판례 099
구 도시 및 주거환경정비법 제81조 제1항 위헌소원(헌재 2016.6.30, 2015헌바329) : **합헌**

정비사업시행에 관한 자료의 공개의무를 부과하고, 이를 위반하면 형사처벌을 하면서 공개기한에 관하여 명시적으로 규정하지 아니한 조항은, 조합원 등의 알권리를 충족시키고 투명한 정비사업의 추진을 도모하고자 하는 입법취지와 공개대상의 목록 등을 매 분기가 끝나는 달의 다음 달 15일까지 조합원 등에게 서면으로 통지하여야 한다고 규정한 관련 규정을 종합하면, 매 분기가 끝나는 달의 다음 달 15일까지는 서류 등을 공개하여야 하는 것으로 해석할 수 있으므로, 명확성원칙에 위배되지 않는다.

판례 100
방문판매 등에 관한 법률 제31조 위헌소원(헌재 2016.6.30, 2015헌바371) : **합헌**

계속거래계약의 소비자에게 일방적 해지권을 부여한 방문판매 등에 관한 법률 조항은 계약의 자유를 침해하지 않으며, 포괄위임금지원칙에 위배되지 않는다.

판례 101
공무원연금 급여비용 지급 및 책임준비금 적립 부작위 위헌확인(헌재 2016.6.30, 2015헌마296) : **각하**

① 국가 등이 공무원연금공단에 청구인들이 주장하는 급여비용을 지급하지 아니한 부작위에 대한 헌법소원심판청구는, 구 공무원연금법상 국가 등에게 위 각 급여비용 지급과 관련한 작위의무가 인정된다거나 국가 등이 이러한 작위의무를 게을리 한 사실이 있다고 보기 어려우므로, 헌법소원의 대상이 되는 공권력의 불행사라고 볼 수 없다.

② 국가 등이 반드시 책임준비금을 고려하여 예산을 편성하여야 한다거나, 예산의 일부를 반드시 책임준비금으로 적립해야 한다고 볼 수 없으므로 책임준비금 적립부작위는 헌법소원의 대상이 되는 공권력의 불행사라고 볼 수 없다.

판례 102
국민건강증진법제9조 제4항 제24호 등 위헌확인(헌재 2016.6.30, 2015헌마813) : **기각** ★☆☆

음식점 시설 전체를 금연구역으로 지정하여 운영하도록 한 것은 직업수행의 자유를 침해하지 않는다. (재산권 제한 ×)

부정청탁 및 금품등 수수의 금지에 관한 법률 제2조 제1호 마목 등 위헌확인(헌재 2016. 7. 28, 2015헌마236) : 기각, 각하 ★★☆

> ### 참고
>
> ※ 심판대상조항 내용
> [부정청탁금지조항] '부정청탁 및 금품 등 수수의 금지에 관한 법률'상 언론인 및 사립학교 관계자를 공직자등에 포함시켜 이들에 대한 부정청탁을 금지하고, 사회상규에 위배되지 아니하는 것으로 인정되는 행위는 이 법을 적용하지 아니하는 조항
> [금품수수금지조항] 대가성 여부를 불문하고 직무와 관련하여 금품 등을 수수하는 것을 금지할 뿐만 아니라, 직무관련성이나 대가성이 없더라도 동일인으로부터 1회 100만 원 또는 매 회계연도 300만 원을 초과하는 금품 등을 수수한 경우 처벌하는 조항
> [위임조항] 언론인 및 사립학교 관계자가 받을 수 있는 외부강의 등의 대가 및 음식물·경조사비·선물 등의 가액을 대통령령에 위임하도록 하는 조항
> [신고조항·제재조항] 배우자가 언론인 및 사립학교 관계자의 직무와 관련하여 수수 금지 금품 등을 받은 사실을 안 경우 언론인 및 사립학교 관계자에게 신고의무를 부과하고, 미신고시 형벌 또는 과태료의 제재를 하도록 규정한 조항

① 청구인 사단법인 한국기자협회는 민법상 비영리 사단법인으로서 언론중재 및 피해구제에 관한 법률에 따른 언론사에는 해당하나, 심판대상조항은 언론인 등 자연인을 수범자로 하고 있을 뿐이어서 청구인 사단법인 한국기자협회는 심판대상조항으로 인하여 자신의 기본권을 직접 침해당할 가능성이 없다. 또 사단법인 한국기자협회가 그 구성원인 기자들을 대신하여 헌법소원을 청구할 수도 없으므로, 위 청구인의 심판청구는 기본권 침해의 자기관련성을 인정할 수 없어 부적법하다.
② 부정청탁금지조항에서, '부정청탁', '법령', '사회상규'라는 용어는 법관의 보충적 해석으로 충분히 그 의미내용을 확인할 수 있으므로, 죄형법정주의의 명확성원칙에 위배된다고 보기 어렵다. ★
③ 부정청탁금지조항과 금품수수금지조항이 과잉금지원칙을 위반하여 일반적 행동자유권을 침해한다고 보기 어렵다.
④ 사립학교 관계자 및 언론인이 외부강의등의 대가로 대통령령으로 정하는 금액을 초과하는 사례금을 받고 신고 및 반환조치를 하지 않는 경우, 또는 동일인으로부터 1회에 100만 원 또는 매 회계연도에 300만 원 이하의 금품등을 수수하더라도 직무관련성이 있는 경우에는 과태료가 부과되는데, 과태료는 행정질서벌에 해당할 뿐 형벌이 아니므로 죄형법정주의의 규율대상에 해당하지 아니한다. ★
⑤ 신고조항과 제재조항은 배우자가 위법한 행위를 한 사실을 알고도 공직자 등이 신고의무를 이행하지 아니할 때 비로소 그 의무위반 행위를 처벌하는 것이므로, 헌법 제13조 제3항에서 금지하는 연좌제에 해당하지 아니하며 자기책임 원리에도 위배되지 않는다.
⑥ 신고조항과 제재조항이 과잉금지원칙을 위반하여 일반적 행동자유권을 침해한다고 보기 어렵다.
⑦ 부정청탁금지조항과 금품수수금지조항 및 신고조항과 제재조항은 전체 민간부문을 대상으로 하지 않고 사립학교 관계자와 언론인만 '공직자 등'에 포함시켜 공직자와 같은 의무를 부담시키고 있다. 그런데 이들 조항이 청구인들의 일반적 행동자유권 등을 침해하지 않는 이상, 민간부문 중 우선 이들만 '공직자 등'에 포함시킨 입법자의 결단이 자의적 차별이라 보기는 어렵다. 따라서 사립학교 관계자와 언론인 못지않게 공공성이 큰 민간분야 종사자에 대해서 청탁금지법이 적용되지 않는다는 이유만으로 부정청탁금지조항과 금품수수금지조항 및 신고조항과 제재조항이 청구인들의 평등권을 침해한다고 볼 수 없다. ★★

1. 청구인 사단법인 한국기자협회의 심판청구의 적법 여부

청구인 사단법인 한국기자협회는 전국의 신문·방송·통신사 소속 현직 기자들 1만여 명을 회원으로 두고 있는 민법상 비영리 사단법인으로서, '언론중재 및 피해구제에 관한 법률' 제2조 제12호에 따른 언론사에는 해당한다. 그런데 심판대상조항은 언론인 등 자연인을 수범자로 하고 있을 뿐이어서 청구인 사단법인 한국기자협회는 심판대상조항으로 인하여 자신의 기본권을 직접 침해당할 가능성이 없다. 또 사단법인 한국기자협회가 그 구성원인 기자들을 대신하여 헌법소원을 청구할 수도 없으므로, 위 청구인의 심판청구는 기본권 침해의 자기관련성을 인정할 수 없어 부적법하다.

2. 제한되는 기본권

(1) 심판대상조항은 금지명령의 형태로 청구인들에게 특정 행위를 금지하거나 법적 의무를 부과하여 청구인들이 하고 싶지 않은 일을 강요하고 있으므로, 청구인들의 일반적 행동자유권을 제한한다.

(2) 심판대상조항은 언론인과 취재원의 통상적 접촉 등 정보의 획득은 물론 보도와 논평 등 의견의 전파에 이르기까지 자유로운 여론 형성과정에서 언론인의 법적 권리에 어떤 제한도 하고 있지 않다. 또 사립학교 관계자의 교육의 자유나 사립학교 운영의 법적 주체인 학교법인만이 향유할 수 있는 사학의 자유를 제한하고 있지도 아니하다. 청구인들 주장과 같이 국가권력에 의해 청탁금지법이 남용될 경우 언론의 자유나 사학의 자유가 일시적으로 위축될 소지는 있다. 하지만 이 문제는 취재 관행과 접대 문화의 개선, 그리고 의식 개혁이 뒤따라가지 못함에 따른 과도기적인 사실상의 우려에 불과하며, 심판대상조항에 의하여 직접적으로 언론의 자유와 사학의 자유가 제한된다고 할 수는 없다.

(3) 신고조항과 제재조항은 배우자가 수수 금지 금품등을 받거나 그 제공의 약속 또는 의사표시를 받았다는 객관적 사실, 즉 배우자를 통해 부적절한 청탁을 시도한 사람이 있다는 것을 고지할 의무를 부과할 뿐이므로, 청구인들의 양심의 자유를 직접 제한한다고 볼 수 없다.

3. 부정청탁금지조항의 명확성원칙 위배 여부

(1) 부정청탁이라는 용어는 형법 등 여러 법령에서 사용되고 있고, 대법원은 부정청탁의 의미에 관하여 많은 판례를 축적하고 있으며, 입법과정에서 부정청탁의 개념을 직접 정의하는 대신 14개 분야의 부정청탁 행위유형을 구체적으로 열거하는 등 구성요건을 상세하게 규정하게 되었다. 한편, 부정청탁금지조항은 통상적 의미의 법령뿐만 아니라 조례와 규칙도 법령에 포함된다고 명시적으로 규정하고 있다. 사회상규라는 개념도 형법 제20조에서 사용되고 있으며, 대법원이 그 의미에 관해 일관되게 판시해 오고 있으므로, 부정청탁금지조항의 사회상규도 이와 달리 해석할 아무런 이유가 없다.

(2) 부정청탁금지조항이 규정하고 있는 '부정청탁', '법령', '사회상규'라는 용어는 부정청탁금지조항의 입법배경 및 입법취지와 관련 조항 등을 고려한 법관의 보충적 해석으로 충분히 그 의미내용을 확인할 수 있으므로, 죄형법정주의의 명확성원칙에 위배된다고 보기 어렵다.

4. 부정청탁금지조항과 금품수수금지조항의 과잉금지원칙 위배 여부

(1) 입법목적의 정당성 및 수단의 적정성

부패를 없애고 공정한 사회를 만들기 위해서는 공직부문뿐 아니라 민간부문에서도 직무수행에서 청렴성이 높아져야 한다. 우리나라가 가입하고 있는 주요 국제기구에서도 공공부문과 민간부문을 포괄하여 사적 이익을 위해 권한을 남용하는 부패행위를 없애기 위한 국제적 협력방안을 논의하고 있다.

교육과 언론이 국가나 사회 전체에 미치는 영향력이 크고, 이들 분야의 부패는 그 파급효가 커서 피해가 광범위하고 장기적인 반면 원상회복은 불가능하거나 매우 어렵다는 점에서 사립학교 관계자와 언론인에게는 공직자에 맞먹는 청렴성 및 업무의 불가매수성이 요청된다. 그래야만 교육은 학생에게 올바른 가치관과 공동체 의식을 심어줄 수 있게 되고, 언론은 정확하게 사실을 보도하고 정치·경제·사회의 모든 권력과 세력을 견제할 수 있게 되어 사회통합에 효율적으로 이바지할 수 있게 된다.

부패와 비리 문제가 계속 발생하고 있는 교육과 언론 부문의 현실, 사립학교 관계자 및 언론인이 사회 전체에 미치는 영향, 부정청탁 관행을 없애고자 하는 청탁금지법의 목적, 교육 및 언론의 공공성과 이를 근거로 한 국가와 사회의 각종 지원 등 여러 사정을 종합하여 보면, 사립학교 관계자 및 언론인을 '공직자등'에 포함시켜 이들에게 부정청탁하는 것을 금지하고 이들이 정당한 이유 없이 금품등을 수수하는 것도 금지한 입법자의 선택은 수긍할 수 있다. 부정청탁 및 금품수수 관행을 근절하여 공적 업무에 종사하는 사립학교 관계자 및 언론인의 공정한 직무수행을 보장함으로써 국민의 신뢰를 확보하고자 하는 부정청탁금지조항과 금품수수금지조항의 입법목적은 그 정당성이 인정되고, 사립학교 관계자와 언론인을 청탁금지법상 '공직자등'에 포함시켜 이들이 법령과 사회상규 등에 위배하여 금품등을 수수하지 않도록 하고 누구든지 이들에게 부정청탁하지 못하도록 하는 것은 입법목적을 달성하기 위한 적정한 수단이다.

(2) 침해의 최소성

부정청탁금지조항은 부패가 빈발하는 직무영역에서 금지되는 행위를 구체적으로 열거하여 부정청탁의 유형을 제한하고 있고, 부정청탁의 행위 유형에 해당하더라도 법질서 전체와의 관계에서 정당시되는 행위는 예외를 인정하여 제재대상에서 제외하고 있으며, 언론인이나 사립학교 관계자가 부정청탁을 받고 그에 따라 직무를 수행한 경우에만 처벌하고 있다. 한편, 대가관계 증명이 어려운 부정청탁행위나 금품등 수수행위는 배임수재죄로 처벌할 수 없어 형법상 배임수재죄로 처벌하는 것만으로는 충분하지 않고, 교육계와 언론계에 부정청탁이나 금품등 수수 관행이 오랫동안 만연해 왔고 크게 개선되고 있지 않다는 각종 여론조사결과와 국민 인식 등에 비추어 볼 때, 교육계와 언론계의 자정노력에만 맡길 수 없다는 입법자의 결단이 잘못된 것이라고 단정하기도 어렵다.

금품수수금지조항은 직무관련성이나 대가성이 없더라도 동일인으로부터 1회 100만 원 또는 매 회계연도 300만 원을 초과하는 금품등을 수수한 경우 처벌하도록 하고 있다. 이는 사립학교 관계자나 언론인에게 적지 않은 금품을 주는 행위가 순수한 동기에서 비롯될 수 없고 일정한 대가관계를 추정할 수 있다는 데 근거한 것으로 볼 수 있다. 우리 사회에서 경제적 약자가 아닌 사립학교 관계자와 언론인에게 아무런 이유 없이 1회 100만 원 또는 매 회계연도에 300만 원을 초과하는 금품등을 준다는 것은 건전한 상식으로는 이해할 수 없는 일이다. 또 사립학교 관계자와 언론인이 직무와 관련하여 아무리 적은 금액이라도 정당한 이유 없이 금품등을 받는 것을 금지하는 것이 부당하다고 할 수 없다. 시행되기 전 법률의 위헌 여부를 심판하면서 국가가 당해 법률의 입법목적을 무시하고 권력을 남용하여 법률을 부당하게 집행할 것을 예상하고 이를 전제로 당해 법률의 위헌성을 심사할 수는 없다.

이런 사정을 모두 종합하여 보면 부정청탁금지조항과 금품수수금지조항이 침해의 최소성 원칙에 반한다고 보기도 어렵다.

(3) 법익의 균형성

사립학교 관계자나 언론인은 금품수수금지조항에 따라 종래 받아오던 일정한 금액 이상의 금품이나 향응 등을 받지 못하게 되는 불이익이 발생할 수는 있으나 이런 불이익이 법적으로 보호받아야 하는 권익의 침해라 보기 어렵다. 국가권력이 청탁금지법을 남용할 것을 두려워하여 사학의 자유나 언론의 자유가 위축될 우려도 있으나, 이러한 염려나 제약에 따라 침해되는 사익이 부정청탁금지조항이 추구하는 공익보다 크다고 볼 수는 없다. 우리 사회의 청렴도를 높이고 부패를 줄이는 과정에서 일시적으로 어려움을 겪는 분야가 있을 수 있다는 이유로 부패의 원인이 되는 부정청탁 및 금품수수 관행을 방치할 수도 없다. 부정청탁금지조항과 금품수수금지조항이 추구하는 공익이 매우 중대하므로 법익의 균형성도 충족한다.

(4) 부정청탁금지조항과 금품수수금지조항이 과잉금지원칙을 위반하여 청구인들의 일반적 행동자유권을 침해한다고 보기 어렵다.

5. 위임조항의 기본권 침해 여부

(1) 죄형법정주의 위반 여부

사립학교 관계자와 언론인이 동일인으로부터 1회 100만 원 또는 매 회계연도 300만 원을 초과하는 금품등을 수수한 경우에는 직무 관련 여부나 명목에 관계없이 처벌되므로(청탁금지법 제8조 제1항), 이 경우 위임조항의 '대통령령으로 정하는 가액'이 소극적 범죄구성요건으로 작용할 여지가 없다. 따라서 죄형법정주의 위배 문제는 발생하지 않는다.

한편, 사립학교 관계자 및 언론인이 외부강의등의 대가로 대통령령으로 정하는 금액을 초과하는 사례금을 받고 신고 및 반환조치를 하지 않는 경우, 또는 동일인으로부터 1회에 100만 원 또는 매 회계연도에 300만 원 이하의 금품등을 수수하더라도 직무관련성이 있는 경우에는 과태료가 부과된다. 그런데 과태료는 행정질서벌에 해당할 뿐 형벌이 아니므로 죄형법정주의의 규율대상에 해당하지 아니한다. 따라서 위임조항이 죄형법정주의에 위반된다는 주장은 더 나아가 살펴볼 필요 없이 받아들일 수 없다.

(2) 명확성원칙 위배 여부

'사교', '의례', '선물'은 사전적으로 그 의미가 분명할 뿐만 아니라 일상생활에서 흔히 사용되는 용어들이며, 위임조항의 입법취지, 청탁금지법 제2조 제3호의 금품등의 정의에 관한 조항 등 관련 조항들을 종합하여 보면, 위임조항이 규정하고 있는 '사교·의례 목적으로 제공되는 선물'은 다른 사람과 사귈 목적 또는 예의를 지킬 목적으로 대가없이 제공되는 물품 또는 유가증권, 숙박권, 회원권, 입장권 그 밖에 이에 준하는 것을 뜻함을 충분히 알 수 있다. 따라서 위임조항이 명확성원칙에 위배되어 청구인들의 일반적 행동자유권을 침해한다고 볼 수 없다.

(3) 포괄위임금지원칙 위배 여부

청탁금지법상 수수가 허용되는 외부강의등의 사례금이나 사교·의례 목적의 경조사비·선물·음식물 등의 가액은 일률적으로 법률에 규정하기 곤란한 측면이 있으므로, 사회통념을 반영하고 현실의 변화에 대응하여 유연하게 규율할 수 있도록 탄력성이 있는 행정입법에 위임할 필요성이 인정된다. 위임조항이 추구하는 입법목적 및 관련 법조항을 유기적·체계적으로 종합하여 보면, 결국 위임조항에 의하여 대통령령에 규정될 수수허용 금품등의 가액이나 외부강의등 사례금은, 직무관련성이 있는 경우이므로 100만 원을 초과하지 아니하는 범위 안에서 누구나 납득할 수 있는 정도, 즉 일반 사회의 경조사비 지출 관행이나 접대·선물 관행 등에 비추어 청탁금지법상 공공기관의 청렴성을 해하지 아니하는 정도의 액수가 될 것임을 충분히 예측할 수 있다. 이와 같이 금지되는 행위가 어떤 것이라고 예측할 수 있을 정도의 내용이 법률에 정해지고 이에 따르는 제재가 법률에 명백히 규정된 이상 위임조항이 포괄위임금지원칙에 위배된다고 볼 수 없다.

6. 신고조항과 제재조항의 기본권 침해 여부

(1) 죄형법정주의 명확성원칙 위배 여부

배우자를 통한 금품등 수수의 우회적 통로를 차단하는 한편, 신고라는 면책사유를 부여하여 사립학교 관계자나 언론인을 보호하고자 하는 신고조항과 제재조항의 입법취지, 형법 제13조 등 관련 법조항을 유기적·체계적으로 종합하여 보면, 사립학교 관계자나 언론인은 자신의 직무와 관련하여 배우자가 수수 금지 금품등을 받거나 그 제공의 약속 또는 의사표시를 받은 사실에 대한 인식이 있어야 신고조항과 제재조항에 따라 처벌될 수 있음을 충분히 알 수 있다. 따라서 신고조항과 제재조항이 죄형법정주의 명확성원칙에 위배되어 청구인들의 일반적 행동자유권을 침해한다고 볼 수 없다.

(2) 자기책임 원리와 연좌제금지원칙 위반 여부

사립학교 관계자나 언론인 본인과 경제적 이익 및 일상을 공유하는 긴밀한 관계에 있는 배우자가 사립학교 관계자나 언론인의 직무와 관련하여 수수 금지 금품등을 받은 행위는 사실상 사립학교 관계자나 언론인 본인이 수수한 것과 마찬가지라고 볼 수 있다. 청탁금지법은 금품등을 받은 배우자를 처벌하는 규정을 두고 있지는 않다. 신고조항과 제재조항은 배우자가 위법한 행위를 한 사실을 알고도 공직자등이 신고의무를 이행하지 아니할 때 비로소 그 의무위반 행위를 처벌하는 것이므로, 헌법 제13조 제3항에서 금지하는 연좌제에 해당하지 아니하며 자기책임 원리에도 위배되지 않는다.

(3) 과잉금지원칙 위반 여부

신고조항과 제재조항은 공적 업무에 종사하는 사립학교 관계자와 언론인이 배우자를 통하여 금품등을 수수한 뒤 부정한 업무수행을 하거나 이들의 배우자를 통하여 사립학교 관계자 및 언론인에게 부정한 영향력을 끼치려는 우회적 통로를 차단함으로써 공정한 직무수행을 보장하고 이들에 대한 국민의 신뢰를 확보하고자 함에 입법목적이 있으며, 이러한 입법목적은 정당하고 수단의 적정성 또한 인정된다.

청탁금지법은 금품등 수수 금지의 주체를 가족 중 배우자로 한정하고 있으며, 사립학교 관계자나 언론인의 직무와의 관련성을 요구하여 수수 금지의 범위를 최소화하고 있고, 배우자에 대하여는 어떠한 제재도 가하지 않는다. 사립학교 관계자나 언론인은 배우자가 수수 금지 금품등을 받은 사실을 알고도 신고하지 않은 자신의 행위 때문에 제재를 받게 되는 것이고, 그러한 사실을 알고 소속기관장에게 신고하거나, 본인 또는 배우자가 수수 금지 금품등을 제공자에게 반환 또는 인도하거나 거부의 의사를 표시한 경우에는 면책되도록 하여 사립학교 관계자와 언론인을 보호하고 있다. 한편, 사립학교 관계자나 언론인은 배우자의 금품등 수수 사실을 알게 된 경우에만 신고의무가 생기므로, 신고조항과 제재조항이 사립학교 관계자나 언론인에게 배우자의 행동을 항상 감시하도록 하는 등의 과도한 부담을 가하고 있다고 보기도 어렵다. 청탁금지법의 적용을 피하기 위한 우회적 통로를 차단함으로써 공정한 직무수행을 보장하기 위해서는, 배우자가 자신의 직무와 관련하여 금품등을 수수한 사실을 알고도 신고하지 아니한 사립학교 관계자나 언론인을 본인이 직접 금품 등을 수수한 경우와 같이 처벌하도록 하는 이외에 달리 입법목적을 달성할 수 있는 효과적인 수단을 상정하기도 어렵다. 신고조항과 제재조항은 침해의 최소성 원칙에 반한다고 보기 어렵다.

신고조항과 제재조항으로 달성하려는 공익은 배우자를 이용한 수수 금지 금품등 제공의 우회적 통로를 차단함으로써 공정한 직무수행을 보장하고 사립학교 및 언론에 대한 국민의 신뢰를 확보하고자 하는 것으로 매우 중대하다. 반면 신고조항과 제재조항에 의해 제한되는 사익은 배우자의 금품등 수수사실을 알게 된 경우 신고하여야 한다는 것으로서 위와 같은 공익에 비해 더 크다고 보기 어렵다. 따라서 신고조항과 제재조항은 법익의 균형성도 충족한다. 신고조항과 제재조항이 과잉금지원칙을 위반하여 청구인들의 일반적 행동자유권을 침해한다고 보기 어렵다.

7. 부정청탁금지조항과 금품수수금지조항 및 신고조항과 제재조항의 평등권 침해 여부

공무원에 버금가는 정도의 공정성·청렴성 및 직무의 불가매수성이 요구되는 각종 분야에 종사하는 사람 중 어느 범위까지 청탁금지법의 적용을 받도록 할 것인지는 업무의 공공성, 청탁 관행이나 접대문화의 존재 및 그 심각성의 정도, 국민의 인식, 사회에 미치는 파급효 등 여러 요소를 고려하여 입법자가 선택할 사항으로 입법재량이 인정되는 영역이다. 공공적 성격의 업무를 수행하는 모든 분야를 동시에 파악하여 일괄적으로 제도 정비를 도모하는 것은 사실상 불가능하다.

부정청탁금지조항과 금품수수금지조항 및 신고조항과 제재조항은 전체 민간부문을 대상으로 하지 않고 사립학교 관계자와 언론인만 '공직자등'에 포함시켜 공직자와 같은 의무를 부담시키고 있다. 그런데 이들 조항이 청구인들의 일반적 행동자유권 등을 침해하지 않는 이상, 민간부문 중 우선 이들만 '공직자등'에 포함시킨 입법자의 결단이 자의적 차별이라 보기는 어렵다. 교육과 언론은 공공성이 강한 영역으로 공공부문과 민간부문이 함께 참여하고 있고 참여 주체에 따른 차별을 두기 어려운 분야이다. 국회가 민간부문의 부패 방지를 위한 제도 마련의 첫 단계로 교육과 언론을 선택한 것이 자의적 차별이라고 단정할 수 있는 자료도 없다. 따라서 사립학교 관계자와 언론인 못지않게 공공성이 큰 민간분야 종사자에 대해서 청탁금지법이 적용되지 않는다는 이유만으로 부정청탁금지조항과 금품수수금지조항 및 신고조항과 제재조항이 청구인들의 평등권을 침해한다고 볼 수 없다.

판례 104

군형법 제92조의5 위헌소원(헌재 2016.7.28, 2012헌바258) : **합헌**

계간에 이르지 아니한 그 밖의 추행을 형사처벌하도록 한 구 군형법 제92조의5 중 '그 밖의 추행'에 관한 부분은, 죄형법정주의의 명확성원칙과 평등원칙에 위반되지 않으며 과잉금지원칙에 반하여 군인의 성적자기결정권, 사생활의 비밀과 자유, 신체의 자유를 침해하지 않는다.

> **주의** 군대 내에서의 동성애('계간')에 대한 형사처벌의 위헌성 문제를 직접 다룬 사안은 아님.

판례 105

지방공무원법 제31조 제5호 위헌소원(헌재 2016.7.28, 2014헌바437) : **합헌**

금고 이상의 형의 선고유예를 받고 그 기간 중에 있는 자를 임용결격사유로 삼고, 위 사유에 해당하는 자가 임용되더라도 이를 당연무효로 하는 구 국가공무원법 조항은 공무담임권을 침해하지 않는다.

판례 106

공직선거법 제85조 제1항 등 위헌소원(헌재 2016.7.28, 2015헌바6) : **위헌, 합헌** ★☆☆

공무원이 지위를 이용하여 선거에 영향을 미치는 행위를 금지하는 공직선거법 제85조 제1항 중 "공무원이 지위를 이용하여 선거에 영향을 미치는 행위" 부분은 죄형법정주의의 명확성원칙에 위배되지 않아 헌법에 위반되지 않으나(합헌), 그에 관한 처벌규정인 공무원이 그 지위를 이용하여 선거에 영향을 미치는 행위를 한 경우 "1년 이상 10년 이하의 징역 또는 1천만 원 이상 5천만 원 이하의 벌금"에 처하도록 한 것은 공직선거법상 다른 조항과의 상호 관련성 및 형벌체계상의 균형에 대한 진지한 고민 없이 중한 법정형을 규정하여 형의 불균형 문제를 야기하고 있으므로, 형벌체계상의 균형을 현저히 상실하여 헌법에 위반된다(위헌).

판례 107

구 아동·청소년의 성보호에 관한 법률 제44조 제1항 위헌확인(헌재 2016.7.28, 2013헌마436) : **위헌** ★★☆

성인대상 성범죄로 형을 선고받아 확정된 자는 그 형의 집행을 종료한 날부터 10년 동안 아동·청소년 관련 기관을 운영하거나 위 기관에 취업할 수 없도록 한 것은, 입법목적이 정당하고 적절한 수단이 될 수 있으나, 10년 동안 일률적인 취업제한을 부과하는 것은 침해의 최소성 원칙과 법익의 균형성 원칙에 위배되어 직업선택의 자유를 침해한다.

> **주의** 성인대상 성범죄 의료인의 의료기관에 대한 취업제한 위헌사건(헌재 2016.3.31, 2013헌마585)과 동일한 취지임. 또한 10년이라는 현행 취업제한기간을 기간의 상한으로 두고 법관이 대상자의 취업제한기간을 개별적으로 심사하는 방식도 하나의 대안이 될 수 있음을 언급함.

판례 108
아동·청소년의 성보호에 관한 법률 제56조 제1항 위헌확인(헌재 2016.7.28, 2015헌마359) : 위헌 ★★☆

성인대상 성범죄로 형을 선고받아 확정된 자는 그 형의 집행을 종료한 날부터 10년 동안 아동·청소년 관련 학원을 개설하거나 위 기관에 취업할 수 없도록 한 것은, 입법목적이 정당하고 적절한 수단이 될 수 있으나, 10년 동안 일률적인 취업제한을 부과하는 것은 침해의 최소성 원칙과 법익의 균형성 원칙에 위배되어 직업선택의 자유를 침해한다.

판례 109
아동·청소년의 성보호에 관한 법률 제56조 제1항 위헌확인(헌재 2016.7.28, 2015헌마914) : 위헌 ★★☆

성인대상 성범죄로 형을 선고받아 확정된 자는 그 형의 집행을 종료한 날부터 10년 동안 아동·청소년 관련 학원이나 교습소를 개설하거나 위 기관에 취업할 수 없도록 한 것은 입법목적이 정당하고 적절한 수단이 될 수 있으나, 10년 동안 일률적인 취업제한을 부과하는 것은 침해의 최소성 원칙과 법익의 균형성 원칙에 위배되어 직업선택의 자유를 침해한다.

판례 110
장애인복지법 제59조의3 제1항 위헌확인(헌재 2016.7.28, 2015헌마915) : 위헌

성폭력범죄의 처벌 등에 관한 특례법 제2조 제1항에 따른 성폭력범죄로 형을 선고받아 확정된 자는 그 형의 집행을 종료한 날부터 10년 동안 장애인복지시설을 개설하거나 위 기관에 취업할 수 없도록 한 장애인복지법 조항은, 입법목적이 정당하고 적절한 수단이 될 수 있으나, 10년 동안 일률적인 취업제한을 부과하는 것은 침해의 최소성 원칙과 법익의 균형성 원칙에 위배되어 직업선택의 자유를 침해한다.

판례 111
구 아동·청소년의 성보호에 관한 법률 제44조 제1항 제9호 위헌소원(헌재 2016.7.28, 2013헌바389) : 위헌 ★★☆

성인대상 성범죄로 형을 선고받아 확정된 자는 그 형의 집행을 종료한 날부터 10년 동안 아동복지시설을 개설하거나 위 기관에 취업할 수 없도록 한 것은, 입법목적이 정당하고 적절한 수단이 될 수 있으나, 10년 동안 일률적인 취업제한을 부과하는 것은 침해의 최소성 원칙과 법익의 균형성 원칙에 위배되어 직업선택의 자유를 침해한다.

판례 112 | 주택법 제43조 제7항 위헌소원(헌재 2016.7.28. 2014헌바158) : 합헌 ★☆☆

① 입주자대표회의는 공법상의 단체가 아닌 사법상의 단체로서, 이러한 특정 단체의 구성원이 될 수 있는 자격을 제한하는 것이 재산권 혹은 참정권 등과 비교해 볼 때 국가적 차원에서 형식적 법률로 규율되어야 할 본질적 사항이라고 보기 어렵다.

② 입주자대표회의의 구성원인 동별 대표자가 될 수 있는 자격이 반드시 법률로 규율하여야 하는 사항이라고 볼 수 없으므로 아파트 입주자대표회의의 구성에 관한 사항을 대통령령에 위임하도록 한 것은 법률유보원칙에 위반되지 않으며, 입주자대표회의 구성원의 결격사유가 대통령령에 규정될 것이라는 사실을 수범자가 예측할 수 있으므로 아파트 입주자대표회의의 구성에 관한 사항을 대통령령에 위임하도록 한 것은 포괄위임금지원칙에 위반되지 아니한다.

판례 113 | 부가가치세법 제35조 제2항 제2호 등 위헌소원(헌재 2016.7.28. 2014헌바372) : 합헌

① 세관장이 불성실한 신고를 발견하여 과세표준 등을 경정하거나 관세조사 등이 이루어져 과세표준 등이 경정될 것을 미리 알고 수정신고하는 경우에는 일정한 요건을 충족하는 경우에만 수정수입세금계산서를 발급받을 수 있도록 규정한 이 사건 법률조항은 과잉금지원칙이나 평등원칙에 위반되지 않는다.

② 이 사건 법률조항 시행 후 최초로 경정하거나 수정신고한 분부터 이 사건 법률조항을 적용하도록 한 이 사건 부칙조항은, 진정소급입법에 해당된다고 볼 수 없어서 소급입법에 의한 재산권 침해는 문제될 여지가 없고, 헌법상 신뢰보호원칙에 위반된다고 볼 수도 없다.

판례 114 | 공익사업을 위한 토지 등의 취득 및 보상에 관한 법률 제85조 제1항 등 위헌소원(헌재 2016.7.28. 2014헌바206) : 합헌

보상금증감청구소송의 제소기간을 재결서를 받은 날부터 60일로 제한하는 것은 보상금증감청구소송을 제기하려는 토지소유자의 재판청구권을 침해한다고 볼 수 없다.

판례 115 | 구 부가가치세법 제13조 제1항 제2호 위헌소원(헌재 2016.7.28. 2014헌바423) : 합헌

재화 또는 용역의 공급에 대한 대가를 받기로 약정하여 그 공급에 대한 매출채권이 발생하면 "대가를 받는 경우"에 해당하여 부가가치세 납세의무를 부담하게 되고, 사후에 그 매출채권을 실제로 수령하였는지는 부가가치세 납세의무 성립에 영향을 미치지 못하므로, "대가를 받는 경우"의 의미는 '대가를 실제로 받은 경우' 뿐만 아니라, '대가를 받기로 약정하였으나 실제로는 받지 못한 경우'도 포함하는 것이라고 확정하는 것이 어렵지 않으므로, 과세요건명확주의에 위배되지 않는다.

판례 116 | 국적법 제5조 제3호 위헌소원(헌재 2016.7.28. 2014헌바421) : 합헌

외국인이 귀화 허가를 받기 위하여서는 '품행이 단정할 것'이라는 요건을 갖추도록 규정한 국적법 제5조 제3호는 명확성원칙에 위배되지 않는다.

판례 117 군인연금법 제33조 제2항 위헌소원(헌재 2016. 7. 28. 2015헌바20) : **헌법불합치**
'수사가 진행 중이거나 형사재판이 계속 중이었다가 그 사유가 소멸한 경우'에는 잔여 퇴직급여 등에 대해 이자를 가산하는 규정을 두면서, '재심으로 무죄판결을 받아 그 사유가 소멸한 경우'에는 이자 가산 규정을 두지 않은 군인연금법 제33조 제2항은 평등원칙에 위반되므로 헌법에 합치되지 않는다.

판례 118 민사소송법 제128조 제3항 위헌확인(헌재 2016. 7. 28. 2015헌마105) : **기각**
소송구조에 대한 재판을 소송기록을 보관하고 있는 법원이 하도록 한 민사소송법 제128조 제3항은 공정한 재판을 받을 권리와 평등권을 침해하지 않는다.

판례 119 연안사고 예방에 관한 법률 제2조 제3호 등 위헌확인(헌재 2016. 7. 28. 2015헌마923) : **기각**
수중형 체험활동 운영자에게 연안체험활동 안전관리 계획서를 작성하여 신고하도록 하는 부분, 수중형 체험활동 참가자에게 발생한 생명·신체의 손해를 배상하기 위하여 보험에 가입하도록 하는 부분은 직업수행의 자유와 계약의 자유를 침해하지 않는다.

판례 120 호적법 제49조 제3항 등 위헌확인(헌재 2016. 7. 28. 2015헌마964) : **기각** ★☆☆
출생신고시 자녀의 이름에 사용할 수 있는 한자를 '통상 사용되는 한자'로 제한하고 있는 것은 자녀의 이름을 지을 권리를 침해하지 않는다.

판례 121 성폭력범죄의 처벌 등에 관한 특례법 제43조 등 위헌확인(헌재 2016. 7. 28. 2016헌마109) : **기각, 각하** ★★☆
① 신상정보 등록대상자로 하여금 신상정보가 변경된 때마다 그 사유와 변경내용을 수시로 제출하도록 하고 변경정보 제출의무 위반 시 형사처벌하는 것은 일반적 행동의 자유를 침해하지 않는다.
② 신상정보 등록대상자는 1년마다 사진촬영에 응하여야 하며, 사진촬영의무 위반 시 형사처벌하는 것은 일반적 행동의 자유를 침해하지 않는다.

판례 122 구 집회 및 시위에 관한 법률 제3조 제1항 제3호 위헌제청(헌재 2016. 9. 29. 2014헌가3) : **위헌**
재판에 영향을 미칠 염려가 있거나 미치게 하기 위한 집회 또는 시위와 헌법의 민주적 기본질서에 위배되는 집회 또는 시위를 금지하고 위반시 처벌하도록 한 것은 불명확한 용어를 사용하였을 뿐 아니라 기본권 제한의 한계를 설정할 수 있는 구체적 기준을 설정하지 아니함으로써 과잉금지원칙에 위배하여 집회의 자유를 침해한다.

판례 123 공직선거법 제93조 제1항 제1호 위헌확인(헌재 2016.9.29, 2016헌마287) : 위헌, 기각
★★☆

① 후보자의 선거운동에서 독자적으로 후보자의 명함을 교부할 수 있는 주체를 후보자의 배우자와 직계존비속으로 제한한 공직선거법 제93조 제1항 제1호 중 제60조의3 제2항 제1호에 관한 부분은 선거운동의 자유와 평등권을 침해하지 않는다.

② 후보자의 배우자가 그와 함께 다니는 사람 중에서 지정한 1명도 명함교부를 할 수 있도록 한 공직선거법 제93조 제1항 제1호 중 제60조의3 제2항 제3호 가운데 '후보자의 배우자가 그와 함께 다니는 사람 중에서 지정한 1명' 부분은 배우자의 유무라는 우연적인 사정에 근거하여 합리적 이유 없이 배우자 없는 후보자와 배우자 있는 후보자를 차별 취급함으로써 배우자 없는 청구인의 평등권을 침해한다.

> 🔖 주의 │ 헌재 2013.11.28, 2011헌마267 결정에서, 예비후보자의 배우자가 함께 다니는 사람 중에서 지정한 자도 선거운동을 위하여 명함교부 및 지지호소를 할 수 있도록 한 공직선거법 제60조의3 제2항 제3호가 배우자가 없는 예비후보자의 평등권을 침해한다고 보아 위헌 결정한 바 있다.

판례 124 구 주세법 제21조 제2항 등 위헌소원(헌재 2016.9.29, 2014헌바114) : 합헌

① 수입주류의 과세표준을 규정한 구 주세법 제21조 제2항 중 '수입신고를 하는 때의 가격' 부분은 과세요건명확주의에 위반되지 아니한다.

② 주세법 제21조 제4항 중 수입주류 가격의 계산에 필요한 사항을 대통령령으로 정하도록 한 부분은 과세요건법정주의 및 포괄위임금지원칙에 위배된다고 할 수 없다.

판례 125 형법 제337조 위헌소원(헌재 2016.9.29, 2014헌바183) : 합헌

강도상해죄 또는 강도치상죄를 무기 또는 7년 이상의 징역에 처하도록 규정한 형법 제337조는 형벌체계상 균형을 상실하여 평등원칙에 위반된다고 할 수 없다.

판례 126 산업재해보상보험법 제37조 제1항 제1호 다목 등 위헌소원(헌재 2016.9.29, 2014헌바254) : 헌법불합치

사업주가 제공한 교통수단을 이용하는 등 사업주의 지배관리 아래 출퇴근하다가 발생한 사고만 업무상 재해로 인정하는 산업재해보상보험법 조항은, 합리적 이유 없이 비혜택근로자에게 경제적 불이익을 주어 자의적으로 차별하는 것이므로, 헌법상 평등원칙에 위배되어 헌법에 합치되지 않는다.

판례 127
민법 제637조 제2항 위헌소원(헌재 2016.9.29. 2014헌바292) : **합헌**

임차인의 파산관재인이 임대차계약을 해지한 경우 임대인의 손해배상청구를 제한하고 있는 민법 조항은 재산권을 침해하지 않으며, 평등원칙에 위배되지 않는다.

판례 128
구 법인세법 제67조 위헌소원(헌재 2016.9.29. 2014헌바332) : **합헌**

상여처분의 귀속자에 관련된 과세요건을 대통령령에 위임하고 있는 구 법인세법 조항은 포괄위임금지원칙 내지 과세요건법정주의에 위배되지 않는다.

판례 129
공익사업을 위한 토지 등의 취득 및 보상에 관한 법률 제48조 등 위헌소원(헌재 2016.9.29. 2014헌바400) : **합헌**

토지의 가격이 취득일 당시에 비하여 현저히 상승한 경우 환매금액에 대한 협의가 성립하지 아니한 때에는 사업시행자로 하여금 환매금액의 증액을 청구할 수 있도록 한 것은 재산권을 침해하지 않는다.

판례 130
구 지방세법 제273조의2 위헌소원(헌재 2016.9.29. 2014헌바406) : **합헌**

취득세 및 등록세가 경감되는 '주택'에 관한 별도의 정의규정이 없다고 하더라도 과세요건명확주의에 위반되지 않으며, 취득세 및 등록세가 경감되는 '주택'에 기숙사를 포함하지 않은 것은 조세평등주의에 위반되지 않는다.

판례 131
집회 및 시위에 관한 법률 제24조 제5호 위헌소원(헌재 2016.9.29. 2014헌바492) : **합헌**

① 신고하지 아니한 시위에 대하여 관할경찰관서장이 해산명령을 발한 경우에, 시위 참가자가 해산명령을 받고도 지체 없이 해산하지 아니한 경우, 6개월 이하의 징역 또는 50만 원 이하의 벌금·구류 또는 과료에 처하도록 한 것은 죄형법정주의의 법률주의에 위반되지 아니한다.
② 미신고 시위에 대한 해산명령에 불응하는 자를 처벌하도록 규정한 것은 집회의 자유를 침해하지 않는다.

판례 132
채무자 회생 및 파산에 관한 법률 제119조 제1항 등 위헌소원(헌재 2016.9.29. 2015헌바28) : **합헌**

채무자에 대하여 회생절차가 개시된 경우에 채무자의 관리인에게 쌍방 미이행 쌍무계약을 해제할 수 있도록 정하고 있는 것은 계약의 자유를 침해하지 않는다.

판례 133 성매매알선 등 행위의 처벌에 관한 법률 제19조 제2항 제1호 등 위헌소원(헌재 2016.9.29. 2015헌바65) : 합헌

성매매 영업알선행위를 처벌하는 것은 직업선택의 자유를 침해하지 않으며, 성매매 영업알선 범죄로 인하여 얻은 재산을 몰수·추징하는 것은 죄형법정주의 명확성원칙에 위배되지 않는다.

판례 134 공중위생관리법 제2조 제1항 제2호 등 위헌소원(헌재 2016.9.29. 2015헌바121) : 합헌

숙박업을 하고자 하는 자에게 신고의무를 부과하고 이를 이행하지 아니한 자를 형사처벌하도록 규정하고 있는 것은 명확성 원칙과 평등원칙에 위반되지 않으며, 직업선택의 자유를 침해하지 않는다.

판례 135 정치자금법 제6조 등 위헌소원(헌재 2016.9.29. 2015헌바228) : 합헌 ★☆☆

① 대통령은 국가의 원수이자 행정권을 총괄하는 행정부의 수반으로서 국민 전체에 대하여 봉사함으로써 공익을 실현하고 사회공동체를 통합시켜야 할 중차대한 책무를 지는 헌법기관이고, 국회의원은 비록 일정한 지역구를 단위로 선출되더라도 국민 전체를 대표하여 국정 전반에 걸쳐 국민의 추정적 의사를 대변할 책임을 지는 대의기관이다. 반면 기초자치단체장은 한정된 일부 지역(구·시·군)에서 주민의 복리에 관한 자치사무를 집행하는 행정 담당기관으로서 관내 인·허가권, 용도변경권 등 각종 권한을 가지며, 지역 주민들과 가까운 위치에서 잦은 접촉을 하는 지위에 있다. 이와 같이 기초자치단체장은 그 지위나 성격, 기능, 활동범위, 수행하는 정치활동의 양과 질 등에서 대통령이나 국회의원과는 본질적으로 차이가 있고, 그 정치적 역할 또한 상대적으로 작기 때문에 기초자치단체장선거에 소요되는 선거비용을 비롯한 정치자금에서도 차이가 발생한다. 공직선거법도 해당 선거별로 예비후보자로서 선거운동을 할 수 있는 기간(제60조의2), 선거기간(제33조), 선거비용제한액(제121조) 등에 차이를 두고 있다.

② 이러한 차이를 후원회를 둘 수 있는 자의 범위와 관련하여 입법에 어느 정도 반영할 것인가 하는 문제와 어떤 범죄를 어떻게 처벌할 것인가 하는 문제는 결국 입법자가 결정할 국가의 입법정책에 관한 사항으로서 광범위한 입법재량 내지 형성의 자유가 인정된다.

③ 기초자치단체장선거의 예비후보자를 후원회지정권자에서 제외하여 후원회를 통한 정치자금의 모금을 할 수 없도록 하고, 이를 위반하면 형사처벌하는 정치자금법 조항이, 기초자치단체장선거의 예비후보자를 대통령선거 및 지역구국회의원선거의 예비후보자와 달리 취급하는 것에는 합리적인 이유가 있으므로, 평등권을 침해하지 아니한다.

판례 136 집회 및 시위에 관한 법률 제24조 제5호 위헌소원(헌재 2016.9.29. 2015헌바309) : 합헌

신고범위를 뚜렷이 벗어난 집회·시위에 대한 해산명령에 불응하는 자를 처벌하도록 규정한 것은 과잉금지원칙을 위반하여 집회의 자유를 침해한다고 볼 수 없다.

판례 137 의료법 제82조 제3항 위헌소원(헌재 2016.9.29, 2015헌바325) : 합헌
'의료행위'는 불명확한 개념이 아니므로 비의료인에게 의료에 관한 광고를 금지하고 위반시 이를 처벌하는 것은 죄형법정주의 명확성원칙에 위배되지 않으며, 국민의 생명권, 건강권을 보호하기 위한 필요최소한도 내의 제한을 가하고 있는 것이므로 비의료인의 표현의 자유, 직업수행의 자유나 인간으로서의 존엄과 가치를 침해하는 것도 아니다.

판례 138 구 법원조직법 제45조의2 제2항 제2호 등 위헌소원(헌재 2016.9.29, 2015헌바331) : 합헌 ★☆☆
① 판사의 근무성적평정에 관한 사항을 대법원규칙에 정하도록 위임한 구 법원조직법 제44조의2 제2항은 포괄위임금지원칙에 위배되지 않는다.
② 근무성적이 현저히 불량한 판사로서 정상적인 직무를 수행할 수 없는 경우 연임 발령을 하지 않도록 규정한 구 법원조직법 제45조의2 제2항 제2호는 명확성원칙에 위배되거나 사법의 독립을 침해하지 않는다.

판례 139 특정범죄 가중처벌 등에 관한 법률 제5조의4 제5항 위헌소원(헌재 2016.9.29, 2016헌바44) : 합헌
반복적인 절도죄의 누범을 가중처벌하는 것은 죄형법정주의 명확성원칙에 위반되지 않는다.

판례 140 변호사시험법 부칙 제1조 등 위헌확인(헌재 2016.9.29, 2012헌마1002) : 기각 ★☆☆
사법시험법을 폐지하도록 한 변호사시험법 부칙 제2조는 직업선택의 자유를 침해하지 않는다.

판례 141 정신보건법 제24조 제1항 등 위헌제청(헌재 2016.9.29, 2014헌가9) : 헌법불합치
보호의무자 2인의 동의 및 정신과전문의 1인의 진단을 요건으로 정신질환자를 정신의료기관에 보호입원시켜 치료를 받도록 하는 것은, 목적의 정당성 및 수단의 적절성은 인정되나 입원의 필요성에 대한 판단에 있어 객관성과 공정성을 담보할 만한 장치를 두고 있지 않고, 보호입원 대상자의 의사 확인이나 부당한 강제입원에 대한 불복제도도 충분히 갖추고 있지 아니하여, 보호입원 대상자의 신체의 자유를 과도하게 제한하고 있어, 침해의 최소성에 반하므로 과잉금지원칙을 위반하여 신체의 자유를 침해한다.

판례 142 구 도로교통법 제116조 위헌제청(헌재 2016.10.27, 2016헌가10) : 위헌
종업원 등이 화물적재 시 고정조치의무를 위반하여 운전한 경우 그를 고용한 법인을 면책사유 없이 형사처벌하도록 규정한 구 도로교통법 조항은 헌법상 법치국가원리 및 죄형법치주의로부터 도출되는 책임주의원칙에 반하여 헌법에 위반된다.

구 국세기본법 제45조의2 제1항 위헌소원(헌재 2016.10.27. 2015헌바195) : 합헌
① 경정청구기간을 법정신고기한이 지난 후 3년 이내로 정하고 있는 구 국세기본법 조항은 재판청구권을 침해하지 않는다.
② 법 개정으로 경정청구기간이 5년으로 연장되었음에도 불구하고 2015.1.1. 이전에 이미 3년의 기간이 경과한 분에 대해서는 종전 규정을 적용한다고 정하고 있는 국세기본법 부칙조항은 평등원칙에 위배되지 않는다.

의료법 제80조 제1항 위헌확인(헌재 2016.10.27. 2016헌마262) : 각하
전문대학의 간호조무 관련 학과 졸업자를 간호조무사 국가시험 응시자격 대상에서 제외하고 있는 의료법 제80조 제1항에 대한 전문대학을 설립·운영하는 학교법인과 일반 고등학교에 재학 중인 학생들인 청구인들의 심판청구는 기본권침해의 자기관련성 요건을 갖추지 못하여 부적법하다.

민법 부칙 제12조 제2항 위헌소원(헌재 2016.10.27. 2015헌바203) : 합헌
실종기간이 구법 시행기간 중에 만료되는 때에도 그 실종이 개정민법 시행일 후에 선고된 때에는 상속에 관하여는 개정민법의 규정을 적용하도록 한 민법 부칙 조항은 신뢰보호원칙이나 평등원칙에 위반되지 않는다.

원자력이용시설 방사선환경영향평가서 작성 등에 관한 고시 제5조 제1항 별표1 등 위헌확인(헌재 2016.10.27. 2012헌마121) : 기각 ★☆☆
① 원자력발전소 건설허가 신청시 필요한 방사선환경영향평가서 및 그 초안을 작성하는 데 있어 '중대사고'에 대한 평가를 제외하는 것이 곧바로 청구인들에게 불이익을 초래하거나 어떤 부담을 지우는 것은 아니므로, 청구인들이 내세우는 기본권을 직접 침해하지는 않는다. 그러나 원전 사고로 인한 방사능오염은 일단 발생하면 피해 규모가 크고 광범위할 뿐만 아니라 치명적이고, 나아가 사후 회복이나 구제가 불가능한 경우가 대부분일 것이므로, 국가로서는 이와 관련하여 국민의 생명·신체의 안전을 보호하는 데 필요한 적절하고 효율적인 조치를 취하여 그 침해의 위험을 방지할 헌법상 의무가 있다. 따라서 이 사건 각 고시조항에서 방사선환경영향평가 시 '중대사고'를 제외하도록 한 것이 국민의 생명·신체의 안전을 보호하기 위한 적절하고도 효율적인 조치로서 미흡하다면, 이는 국가가 국민의 기본권을 보호할 의무를 위반하여 이 사건 원전의 인근 주민인 청구인들의 생명·신체의 안전에 관한 기본권을 침해하는 것이라고 볼 수 있다.
② 원자력발전소 건설허가 신청시 필요한 방사선환경영향평가서 및 그 초안을 작성하는 데 있어 '중대사고'에 대한 평가를 제외하고 있는 것이 국가가 국민의 생명·신체의 안전을 보호하는 데 적절하고 효율적인 최소한의 조치조차 취하지 않은 것은 아니므로 헌법에 위반되지 않는다.

전원개발촉진법 제2조 제1호 등 위헌소원(헌재 2016.10.27. 2015헌바358) : 합헌, 각하

①-1. 원자력발전소 건설을 내용으로 하는 전원개발사업 실시계획에 대한 승인권한을 산업통상자원부장관에게 부여하는 이 사건 승인조항은 전원개발사업자를 수범자로 하여 전원개발사업 시행을 위한 요건을 설정한 규정으로, 청구인들이 주장하는 생명권, 건강권, 환경권, 재산권 등의 기본권이 위 조항에 의하여 직접 제한되는 것은 아니다. 그러나 원전 사업자가 위 조항에 의하여 전원개발사업 실시계획 승인을 받아 원전을 건설·운영하는 경우에 있어서는 인근 주민들의 생명·신체의 안전에 위험이 발생할 수도 있으므로, 원전 건설을 내용으로 하는 전원개발사업 실시계획에 대한 승인권한을 산업통상자원부장관에게 부여하는 것이 국가의 기본권 보호의무를 위반하는 것은 아닌지를 살펴 볼 필요가 있다.

①-2. 원자력발전소 건설을 내용으로 하는 전원개발사업 실시계획에 대한 승인권한을 산업통상자원부장관에게 부여하는 전원개발촉진법 조항 국민의 생명·신체의 안전에 관한 국가의 기본권 보호의무를 위반하였다고 볼 수 없다.

②-1. 국민의 생명·신체의 안전 등 기본권을 보호할 의무를 어떠한 절차를 통하여 실현할 것인가에 대하여도 국가에게 폭 넓은 형성의 자유가 인정된다 할 것인바, 객관성과 공정성 담보에 특별한 문제가 없다면, 이해관계인의 의견을 수렴함에 있어 그 주체를 반드시 행정기관이나 독립된 제3의 기관으로 해야 하는 것이 헌법의 적법절차 원칙상 필수적으로 요구되는 것이라고는 할 수 없다.

②-2. 주민 등으로부터의 의견청취 주체를 전원개발사업자로 규정하고 있는 구 전원개발촉진법 조항은 적법절차 원칙에 위반되지 않는다.

학교보건법 제6조 제1항 제19호 등 위헌소원(헌재 2016.10.27. 2015헌바360) : 합헌

① 법률이 일정한 사항을 고시 등 행정규칙에 위임하더라도 그 행정규칙은 위임된 사항만을 규율할 수 있으므로 국회입법의 원칙과 상치되지 않고, 다만 고시와 같은 형식으로 입법위임을 할 때에는 법령이 전문적·기술적 사항이나 경미한 사항으로서 업무의 성질상 위임이 불가피한 사항에 한정된다.

② 학교경계선(학교설립예정지경계선)으로부터 200미터 이내의 학교환경위생 정화구역 안에서 성매매업이나 이에 유사한 신·변종의 유사 성매매업으로 이어질 우려가 있는 영업으로서 여성가족부장관이 고시한 영업을 절대적으로 금지하고 위반시 형사처벌하는 것은, 헌법에서 정한 위임입법의 형식을 갖추지 못하여 헌법에 위반된다고 할 수 없고, 포괄위임금지원칙에 위배되지 않으며, 직업수행의 자유를 침해한다고 할 수 없다.

형법 제332조 위헌소원(헌재 2016.10.27. 2016헌바31) : 합헌

상습으로 절도죄를 범한 자를 가중처벌하는 형법 조항은, 죄형법정주의의 명확성원칙에 위반되지 않으며, 형벌에 관한 입법재량이나 형성의 자유를 현저히 일탈하여 책임과 형벌의 비례원칙에 위반된다고 할 수 없다.

판례 150 수산자원관리법 제18조 등 위헌확인(헌재 2016.10.27. 2013헌마450) : 기각

비어업인이 잠수용 스쿠버장비를 사용하여 수산자원을 포획·채취하는 것을 금지하는 수산자원관리법 시행규칙조항은 일반적 행동의 자유를 침해하지 않는다.

판례 151 2012년도 대학교육역량강화사업 기본계획 취소 등(헌재 2016.10.27. 2013헌마576) : 각하

① 2012년도 대학교육역량강화사업 기본계획 중 총장직선제 개선을 국공립대 선진화 지표로 규정한 부분('2012년도 계획 부분') 및 2013년도 대학교육역량강화사업 기본계획 중 총장직선제 개선 규정을 유지하지 않는 경우 지원금 전액을 삭감 또는 환수하도록 규정한 부분('2013년도 계획 부분')은 행정계획일 뿐, 헌법소원의 대상이 되는 공권력의 행사에 해당하지 아니한다.

② 위 제외조치의 상대방은 이 사건 대학들이며, 이 사건 대학들에 근무하는 교수나 교수회는 제3자에 불과하므로 이 사건 제외조치를 다툴 기본권 침해의 자기관련성이 있다고 볼 수 없다.

판례 152 공직선거법 제191조 제3항 등 위헌확인(헌재 2016.10.27. 2014헌마797) : 기각 ★☆☆

① 지방자치단체의 대표인 단체장은 지방의회의원과 마찬가지로 주민의 자발적 지지에 기초를 둔 선거를 통해 선출되어야 한다는 것은 지방자치제도의 본질에서 당연히 도출되는 원리이다.

② 지방자치단체의 장 선거권 역시 다른 선거권과 마찬가지로 헌법 제24조에 의해 보호되는 헌법상의 권리이다.

③ 대통령 선거에 참여하는 선거권자와 지방자치단체의 장 선거에 참여하는 선거권자는 본질적으로 같은 비교집단이 된다고 보기 어려우므로 차별취급 여부를 논할 수 없다.

④ 지방자치단체의 장 선거에서 후보자등록 마감시간까지 후보자 1인만이 등록한 경우 투표를 실시하지 않고 그 후보자를 당선인으로 결정하도록 하는 공직선거법 조항은 지방자치단체의 장 선거권을 침해하지 않는다.

판례 153 국가유공자 등 예우 및 지원에 관한 법률 시행령 제48조 별표8 위헌확인(헌재 2016.10.27. 2014헌마254) : 기각

지도직 공무원 채용시험에 응시한 경우 국가유공자 가점을 주지 않도록 규정한 것은, 전문성을 기준으로 임용되고 그러한 전문성을 즉시 활용할 필요가 있는 지도직 공무원의 특수성을 반영한 것이므로, 평등권을 침해하지 않으며 입법재량의 한계를 일탈하여 국가유공자에 대한 근로기회 우선보장 의무를 규정한 헌법 제32조 제6항을 위반하였다고 볼 수도 없다.

교도소내 부당처우행위 위헌(헌재 2016.10.27, 2014헌마626) : 각하 ★☆☆

① 교도소 수용자가 허가 없이 다른 색으로 물들여 소지하고 있던 러닝셔츠를 교도소장이 폐기한 행위는, 피청구인의 공권력 행사에 대한 위헌성 판단의 문제가 아니라, 법률에 의하여 부여받은 피청구인 권한의 범위와 한계를 정하는 것으로서 단순히 법률의 해석과 적용의 문제, 즉 위법성의 문제에 불과하므로, 설사 이 사건 폐기행위와 같은 기본권 침해가 앞으로 반복될 가능성이 있다고 하더라도, 그 위헌 여부를 확인할 실익이 없어 심판청구의 이익이 인정되지 않는다.

② 수용자가 외부인으로부터 연예인 사진을 교부받을 수 있는지를 문의하자 교도소장이 불허될 수 있다고 고지한 행위는 헌법소원의 대상이 되는 '공권력의 행사'로 볼 수 없다.

성폭력범죄의 처벌 등에 관한 특례법 제42조 제1항 등 위헌확인(헌재 2016.10.27, 2014헌마709) : 위헌, 기각, 각하 ★★☆

① 의료기관 취업제한조항이 헌법에 위반된다고 이미 결정하여 위 조항은 효력을 상실하였으므로 더 이상 헌법소원심판의 대상이 될 수 없다.

② 성적목적공공장소침입죄로 형을 선고받아 확정된 사람은 그 형의 집행을 종료한 날부터 10년 동안 의료기관을 제외한 아동·청소년 관련기관 등을 운영하거나 위 기관에 취업할 수 없도록 한 것은, 입법목적이 정당하고 수단의 적합성도 인정된다. 그러나 상대적으로 경미한 범죄인 성적목적공공장소침입죄에 대하여 처벌에 그치지 않고 취업제한이라는 기본권의 제한을 가하기 위해서는 신중한 접근이 필요하나 과도하게 제한하여 직업선택의 자유를 침해한다.

🔍 "성인대상 성범죄" 부분 : 명확성원칙 위반 ×

③ 위 범죄 전과자는 신상정보 등록대상자가 되도록 한 것은 개인정보자기결정권을 침해하지 않는다.

의료기사 등에 관한 법률 제4조 제1항 제1호 위헌확인(헌재 2016.10.27, 2014헌마1037) : 기각, 각하

① 대학·산업대학 또는 전문대학에서 의무기록사 면허에 관한 학문을 전공한 사람에 대해서만 의무기록사 국가시험에 응시할 수 있도록 하고, 사이버대학에서 같은 학문을 전공하는 경우 의무기록사 국가시험에 응시할 수 없도록 한 것은 청구인 대학생의 평등권을 침해하지 않는다.

② 청구인 대학교는 사립학교법 및 고등교육법을 근거로 설립된 교육을 위한 시설에 불과하여, 헌법소원심판을 제기할 청구인능력이 있다고 할 수 없다.

판례 157
예비전력관리 업무담당자 선발 규칙 제5조 제2항 등 위헌확인(헌재 2016.10.27. 2015헌마734) : 기각, 각하

군인을 전역한 날부터 3년 이내에 군무원으로 채용하는 경우 특별채용시험으로 채용할 수 있도록 한 구 군무원인사법 제7조 제2항 중 '전역한 날부터 3년 이내' 부분과, 임용예정일을 기준으로 전역 후 3년 이내인 자를 예비전력관리 업무담당자로 선발하도록 하는 예비전력관리 업무담당자 선발 규칙 제5조 제2항은 공무담임권을 침해하지 않는다.

판례 158
신문 등의 진흥에 관한 법률 제2조 제2호 등 위헌확인(헌재 2016.10.27. 2015헌마1206) : 위헌, 기각, 각하 ★☆☆

① 인터넷신문의 취재 및 편집 인력 5명 이상을 상시 고용하고, 이를 확인할 수 있는 서류를 제출할 것을 규정한 고용조항은 인터넷신문사업자인 청구인들의 언론의 자유를 침해한다.
　🔍 법무사 사무실 사무원 수 제한·근로기준법 적용 5인 이상 사업장 : 합헌
② 기존에 등록된 인터넷신문사업자에 대하여 위 고용조항을 적용한다는 부칙조항은 더 나아가 살펴 볼 필요 없이 헌법에 위반된다.
③ 인터넷신문의 정의조항은 명확성원칙과 포괄위임금지원칙에 위배되지 않는다.
④ 인터넷신문의 등록조항은 명확성원칙과 포괄위임금지원칙에 위배되지 않으며, 사전허가금지원칙에 위배되지 않는다.

판례 159
병역법 제33조 제2항 제2호 위헌확인(헌재 2016.10.27. 2016헌마252) : 기각

사회복무요원이 선거운동을 할 경우 경고처분 및 연장복무를 하게 하는 병역법 조항은 사회복무요원이 병역의무를 이행하고 공무를 수행하는 사람으로서 공무원에 준하는 공적 지위를 가진다는 점을 고려하여 사회복무요원의 선거운동의 자유를 침해하지 않는다.

판례 160
구 토양환경보전법 제10조의3 제3항 제4호 등 위헌제청(헌재 2016.11.24. 2013헌가19) : 합헌

2002.1.1. 이후 민사집행법에 의한 경매절차에 따라 토양오염관리대상시설을 인수한 자가 오염원인자로 간주되어 오염토양의 정화에 대한 책임을 지고 위반시 징역이나 벌금형에 처하되 토양오염사실에 대한 선의·무과실을 입증하면 면책될 수 있도록 한 것은, 신뢰보호원칙에 반하지 않으며, 재산권을 침해하지 않는다.

판례 161
구 식품위생법 제97조 제6호 위헌제청(헌재 2016.11.24. 2014헌가6) : 위헌

식품접객영업자 등 대통령령으로 정하는 영업자와 그 종업원은 영업의 위생관리와 질서유지, 국민의 보건위생 증진을 위하여 총리령으로 정하는 사항을 지켜야 한다고 규정한 것은 포괄위임금지원칙에 위반된다.

판례 162
구 파견근로자 보호 등에 관한 법률 제42조 제1항 위헌제청(헌재 2016.11.24. 2015헌가23) **: 위헌**

공중도덕상 유해한 업무에 취업시킬 목적으로 근로자파견을 한 사람을 처벌하도록 규정한 것은 죄형법정주의 명확성원칙에 위배된다.

판례 163
구 중소기업협동조합법 제137조 제2항 위헌제청(헌재 2016.11.24. 2015헌가29) **: 위헌** ★☆☆

① 중소기업중앙회 임원 선거와 관련하여 정관으로 정하는 기간에 선거운동을 위하여 정회원에 대한 호별방문 등의 행위를 한 경우 이를 형사처벌하도록 한 것은 죄형법정주의에 위배된다.
② 누구든지 임원 선거와 관련하여 정관으로 정하는 선전 벽보의 부착, 선거 공보와 인쇄물의 배부 및 합동 연설회 또는 공개 토론회 개최 외의 행위를 할 수 없다고 규정한 것은, 죄형법정주의와 명확성의 원칙에 위배된다.

판례 164
경범죄 처벌법 제3조 제1항 제33호 위헌제청(헌재 2016.11.24. 2016헌가3) **: 위헌** ★☆☆

여러 사람의 눈에 뜨이는 곳에서 공공연하게 알몸을 지나치게 내놓거나 가려야 할 곳을 내놓아 다른 사람에게 부끄러운 느낌이나 불쾌감을 준 사람을 10만 원 이하의 벌금, 구류 또는 과료(科料)의 형으로 처벌하는 것은 죄형법정주의의 명확성원칙에 위배된다.

판례 165
기부금품의 모집 및 사용에 관한 법률 제16조 제1항 제1호 등 위헌소원(헌재 2016.11.24. 2014헌바66) **: 합헌**

1천만 원 이상의 기부금품을 모집하려는 자에 대하여 행정청에 등록하도록 하고, 이를 위반할 경우 형사처벌하는 것은 명확성원칙에 위배되지 않으며, 기부금품을 모집할 일반적 행동의 자유를 침해하지 아니한다.

판례 166
변호사법 제58조 제1항 위헌소원(헌재 2016.11.24. 2014헌바203) **: 합헌**

법무법인 구성원변호사에 관하여, 합명회사 사원의 무한연대책임을 정한 상법 제212조, 신입사원에게 동일한 책임을 부과하는 상법 제213조, 퇴사한 사원에게 퇴사등기 후 2년 내에 동일한 책임을 부과하는 상법 제225조 제1항을 준용하는 것은 재산권을 침해하지 않는다. (평등원칙 위반 문제 발생 ×)

판례 167
정치자금법 제45조 제1항 등 위헌소원(헌재 2016.11.24. 2014헌바252) **: 합헌**

'이 법에 정하지 아니한 방법으로 정치자금을 기부하거나 기부받은 자(정당·후원회·법인 그 밖에 단체에 있어서는 그 구성원으로서 당해 위반행위를 한 자를 말한다. 이하 같다)는 5년 이하의 징역 또는 1천만원 이하의 벌금에 처한다.'라는 조문에서 "당해 위반행위를 한 자" 부분은 불명확한 표현이라 보기 어렵고, 책임주의원칙에 위배된다고 볼 수도 없다.

판례 168 형의 집행 및 수용자의 처우에 관한 법률 제41조 제2항 등 위헌소원(헌재 2016.11.24. 2014헌바401) : 합헌, 각하

교도소장은 법이 정하는 사유가 있으면 교도관으로 하여금 미결수용자의 접견내용을 녹음 또는 녹화할 수 있게 한 것은 사생활의 비밀과 자유를 침해하지 않으며, 영장주의와 평등원칙에 위배되지 않는다.

판례 169 형사소송법 제232조 제1항 위헌소원(헌재 2016.11.24. 2014헌바451) : 합헌

반의사불벌죄에서 처벌희망의사표시 철회의 효력을 인정하여 공소기각판결사유로 삼는 대신 그 시한을 제1심 판결선고 전까지로 제한한 것은 평등원칙에 위배되지 않는다.

판례 170 구 농업협동조합법 제50조 제4항 등 위헌소원(헌재 2016.11.24. 2015헌바62) : 위헌

지역농협 이사 선거와 관련하여 선거 공보의 배부를 통한 선거운동만을 허용하고 전화·컴퓨터 통신을 이용한 지지 호소의 선거운동을 금지하며 이를 위반하여 선거운동을 한 자를 처벌하는 것은 결사의 자유 및 표현의 자유를 침해한다.

판례 171 성폭력범죄의 처벌 등에 관한 특례법 제6조 제4항 위헌소원(헌재 2016.11.24. 2015헌바136) : 합헌

정신적 장애를 원인으로 한 항거불능 혹은 항거곤란 상태를 이용하여 장애인을 간음한 사람을 형법상 준강간죄나 장애인위계등간음죄(성폭력처벌법 제6조 제5항)의 법정형보다 무거운 '무기 또는 7년 이상의 징역'에 처하는 것은 헌법에 위반되지 않는다.

판례 172 집회 및 시위에 관한 법률 제13조 제1항 위헌소원(헌재 2016.11.24. 2015헌바218) : 합헌

① 집회의 자유는 현대사회에서 의사표현의 통로가 봉쇄되거나 제한된 소수집단에게도 의사표현의 수단을 제공한다는 점에서 대의제 자유민주국가의 필수적 구성요소가 된다. 그러나 집회의 자유의 행사는 다수인의 집단적인 행동을 수반하므로, 의사표현의 수단으로서 공공의 안녕질서나 법적 평화와 마찰을 빚을 가능성이 크므로, 집회의 자유와 다른 법익을 조화시킬 수 있는 제도적 장치가 필요하다.
② 옥외집회시 질서유지선의 설정 범위인 "최소한의 범위"는 죄형법정주의 명확성원칙에 위배된다고 볼 수 없다.

판례 173
구 성폭력범죄의 처벌 등에 관한 특례법 제6조 등 위헌소원(헌재 2016.11.24. 2015헌바297) **: 합헌**

'정신적인 장애가 있는 사람에 대하여 항거불능 상태를 이용하여' 준강간·준강제추행죄를 범한 사람을 처벌하는 구 성폭력범죄의 처벌 등에 관한 특례법 조항 중 '정신적인 장애가 있는 사람에 대하여 항거불능 상태를 이용하여' 부분은 명확성원칙에 위배되지 않는다.

판례 174
근로기준법 제2조 제1항 제1호 위헌소원(헌재 2016.11.24. 2015헌바413) **: 각하**

특수형태근로종사자의 지위, 노무제공의 방법, 성격 및 사업주에 대한 경제적 종속의 정도는 매우 다양하여, 이들에게 근로기준법이 그대로 적용될 수 없다. 결국 특수형태근로종사자는 이들의 특성을 고려한 별도의 특별법에 의한 보호가 필요한 영역이다. 따라서 이 사건 심판청구는 성질상 근로기준법이 전면적으로 적용되지 못하는 특수형태근로종사자의 노무조건·환경 등에 대하여 근로기준법과 동일한 정도의 보호를 내용으로 하는 새로운 입법을 하여 달라는 것에 다름 아니어서, 실질적으로 진정입법부작위를 다투는 것에 해당하고, 헌법재판소법 제68조 제2항에 의한 헌법소원에서 진정입법부작위를 다투는 것은 그 자체로 허용되지 않으므로 부적법하다.

판례 175
토양환경보전법 제10조의4 제2항 단서 위헌소원(헌재 2016.11.24. 2016헌바11) **: 합헌**

1996.1.6. 이후에 토양오염발생자 등에게 토지사용을 허용한 토지소유자에게 공법상의 무과실책임을 일정한 범위 내에서 부담시켜 정화책임을 부과하는 것은 재산권을 침해하지 않으며, 토지소유자 중 1996.1.5. 이전까지 자신의 토지사용을 허용한 경우와 구별하여 1996.1.6. 이후에 토양오염발생자 등에게 토지사용을 허용한 경우에는 정화책임자에서 제외되지 않도록 규정하고 있다 하더라도, 여기에는 토양환경보전법의 제정과 시행으로 인한 예측가능성의 측면에서 명백한 차이가 있으므로 이를 두고 자의적인 차별로서 평등권을 침해한다고 보기 어렵다.

판례 176
국어기본법 제3조 등 위헌확인(헌재 2016.11.24. 2012헌마854) **: 기각, 각하** ★★☆

① 공공기관 등의 공문서는 한글로 작성하도록 한 것은 행복추구권을 침해하지 않는다.
② 초중등교육과정에서 한자를 국어과목의 일환으로 가르치지 않고, 한자 내지 한문을 필수과목으로 하지 않았다고 하여 학생들의 자유로운 인격발현권 및 부모의 자녀교육권을 침해한다고 볼 수 없다.

도서대출 및 열람실 이용 불허행위 등 위헌확인(헌재 2016.11.24, 2014헌마977) : 기각, 각하
① 도서관장의 일반인에 대학도서관 도서 대출 및 열람실 이용 승인거부 회신에 따라 비로소 도서관 이용이 제한된 것이므로 대학구성원이 아닌 사람에 대하여 대학도서관의 관장이 승인 또는 허가하는 경우에 도서 대출을 하거나 열람실을 이용할 수 있도록 규정한 도서관규정은 기본권 침해의 직접성이 인정되지 아니하므로 이에 대한 헌법소원심판청구는 부적법하다.
② 도서관장들이 청구인의 도서 대출 또는 열람실 이용을 승인하지 아니한 승인거부 회신이 도서 대출 또는 열람실 이용을 제한하는 것이 현저히 불합리하거나 자의적인 차별이라고 할 수 없다.

공권력행사 위헌확인(헌재 2016.11.24, 2015헌마11) : 각하
① 행정권력의 부작위에 대한 헌법소원은 공권력의 주체에게 헌법에서 유래하는 작위의무가 특별히 구체적으로 규정되어 이에 의거하여 기본권의 주체가 행정행위 내지 공권력의 행사를 청구할 수 있음에도 공권력의 주체가 그 의무를 해태하는 경우에 한하여 허용된다.
② 구치소장에게는 '수용자에게 적절한 치료 등 의료조치를 제공할 의무'가 있을 뿐, 반드시 수용자가 원하는 특정한 의약품을 제공하여야 할 의무가 법령에 구체화되어 있다고 볼 수 없으므로, 피청구인인 구치소장이 청구인 수용자에게 특정 의약품을 지급해주지 않은 행위는 헌법에서 유래하는 작위의무가 없는 행정청의 단순한 부작위에 대한 헌법소원으로서 부적법하다.

헌법재판소법 제24조 제4항 위헌확인(헌재 2016.11.24, 2015헌마902) : 기각
당사자로 하여금 동일한 사건에서 2명 이상의 재판관을 기피할 수 없도록 규정한 헌법재판소법 제24조 제4항은 공정한 헌법재판을 받을 권리를 침해하지 아니한다.

지방공무원 수당 등에 관한 규정 제6조의2 제7항 위헌확인(헌재 2016.11.24, 2015헌마1191) : 기각
성과상여금을 균등하게 재분배하는 것을 금지하는 것은 법률유보원칙에 위반되지 않으며, 재산권 및 일반적 행동자유권을 침해하지 아니한다.

신상정보 등록 고지 취소 등(헌재 2016.11.24, 2016헌마194) : 기각
강제추행죄로 유죄판결이 확정된 자를 신상정보 등록대상자로 규정한 등록조항에는 약식명령이 확정된 자도 포함되므로 명확성원칙에 위배되지 않으며, 강제추행죄를 범하였다는 점에 있어서는 공판절차에 의하여 판결이 확정된 자와 약식명령이 확정된 자가 동일하므로, 등록조항은 개인정보자기결정권 등을 침해하지 않는다.

판례 182
영유아보육법 시행규칙 제12조 제1항 별표4 중 2. 대면교과목 부분 위헌확인(헌재 2016.11.24. 2016헌마299) : **기각**

보육교사 2급 자격을 취득하기 위해 이수해야 하는 보육 관련 교과목 중 일부를 대면 교과목으로 지정하면서 대면 교과목은 8시간 이상 출석 수업과 1회 이상 출석 시험을 실시한다고 규정한 것은 직업의 자유를 침해하지 않는다.

판례 183
수산업법 제97조 제1항 제2호 등 위헌소원(헌재 2016.12.29. 2013헌바436) : **각하**

이 사건 행정관습법은 형벌의 구성요건을 정하고 그에 상응하는 형벌의 종류와 범위를 규정하는 처벌의 근거조항이 아니라 청구인의 조업구역을 확인하는 고려요소에 불과하므로, 이 사건 행정관습법은 당해 사건에서 적용되는 법률이라고 보기 어렵다.

당해 사건의 법원이 이 사건 행정관습법을 고려했다 하더라도, 이는 당해 사건에 적용되는 처벌규정인 수산업법 조항의 해석과 적용에 관한 사항이고, 이를 다투는 것은 결국 재판의 당부를 다투는 것과 다르지 않다.

따라서 이 사건 행정관습법은 당해 사건에서 직접적으로 적용되는 법률이 아니고, 설사 당해 사건에서 고려되는 측면이 있다 하더라도 이는 당해 사건의 법원이 행한 재판작용에 포함되므로 이에 대한 심판청구는 부적법하다.

판례 184
중소기업제품 구매촉진 및 판로지원에 관한 법률 제8조의2 제1항 제2호 위헌소원(헌재 2016.12.29. 2014헌바419) : **합헌**

대기업과 같은 종류의 사업을 영위하고 그 대기업과 대통령령으로 정하는 지배 또는 종속의 관계에 있는 기업들의 집단에 포함되는 중소기업이 중소기업자간 경쟁입찰에 참여하는 것을 제한하는 것은 포괄위임금지원칙에 위반되지 않는다.

판례 185
정보통신망의 이용촉진 및 정보보호 등에 관한 법률 제74조 제1항 제3호 등 위헌소원(헌재 2016.12.29. 2014헌바434) : **합헌**

누구든지 정보통신망을 이용하여 '공포심이나 불안감을 유발하는 문언을 반복적으로 상대방에게 도달하도록 하는 내용의 정보'를 유통할 수 없으며, 이를 위반하여 '공포심이나 불안감을 유발하는 문언을 반복적으로 상대방에게 도달하게 한 자'를 처벌하는 것은, 죄형법정주의의 명확성원칙에 위배되지 아니하고, 과잉금지원칙에 위반하여 표현의 자유를 침해하였다고 보기 어렵다.

법원조직법 제32조 제1항 제3호 위헌소원(헌재 2016.12.29. 2015헌바63) : 합헌 ★★☆

① 국민주권주의는 모든 국가권력이 국민의 의사에 기초해야 한다는 의미로, 사법권의 민주적 정당성을 위한 국민참여재판을 도입한 근거가 되고 있으나, 그렇다고 하여 국민주권주의 이념이 곧 사법권을 포함한 모든 권력을 국민이 직접 행사하여야 하고 이에 따라 모든 사건을 국민참여재판으로 할 것을 요구한다고 볼 수 없다. 따라서 국민참여재판의 대상을 제한하는 심판대상조항이 국민주권주의에 위배될 여지는 없다.

② 헌법 제27조 제1항의 재판을 받을 권리는 신분이 보장되고 독립된 법관에 의한 재판의 보장을 주된 내용으로 하므로 국민참여재판을 받을 권리는 헌법 제27조 제1항에서 규정하는 재판받을 권리의 보호범위에 속하지 아니한다.

③ 법원조직법 제32조 제1항 제3호 다목이 폭력행위 등 처벌에 관한 법률 중 폭행, 상해죄를 가중하는 범죄에 해당하는 사건들을 합의부의 심판권에서 제외함으로써 국민참여재판을 받지 못하게 한 것은 평등권을 침해하지 아니한다.

국민연금법 제64조 위헌소원(헌재 2016.12.29. 2015헌바182) : 헌법불합치 ★★☆

① 분할연금제도는 재산권적인 성격과 사회보장적 성격을 함께 가진다.

② 분할연금제도 그 자체가 위헌인 것은 아니며, 배우자의 국민연금 가입기간 중의 혼인 기간이 5년 이상인 자에게 분할연금 수급권을 부여하면서, 분할연금을 산정함에 있어 법률혼 관계에 있었지만 별거·가출 등으로 실질적인 혼인관계가 존재하지 않았던 기간을 전혀 고려하지 않고 일률적으로 혼인기간에 포함시키도록 하여 노령연금 수급권자가 구체적 사정에 따라 그 분할연금액을 다툴 수 있는 예외 규정을 두고 있지 않았다는 점에 그 위헌성이 있었다.

③ 개정된 국민연금법은 제64조의2를 신설하여 민법상 재산분할청구제도에 따라 연금의 분할에 관하여 별도로 결정된 경우에는 그에 따르도록 하였으나, 재산분할청구권을 행사할지 여부는 임의적인 것에 불과함에도 위 조항이 신설되었다 하여 심판대상조항을 그대로 둔다면 이는 사실상 노령연금 수급권자로 하여금 먼저 재산분할청구권을 행사하도록 강제하게 되고, 국민연금법 제64조의2의 적용조차 받지 못하는 노령연금 수급권자는 배우자가 가출·별거 등으로 연금 형성에 실질적인 기여를 하지 못하였다는 구체적 사정을 연금분할에 반영시킬 수 없으므로 재산권이 침해된다.

④ 따라서 국회는 실질적인 혼인관계가 존재하지 않았던 기간을 고려하여 혼인기간에 반영하는 개선입법을 할 의무가 있다.

성폭력범죄의 처벌 등에 관한 특례법 부칙 제7조 제1항 등 위헌소원(헌재 2016.12.29. 2015헌바196) : 합헌 ★☆☆

① 신상정보 공개·고지제도는 사회방위를 목적으로 하면서 행위자의 '재범의 위험성'도 고려하고 있으므로 그 실질에 있어서는 형벌이 아니라 보안처분으로서 어떠한 형벌적 효과나 신체의 자유를 박탈하는 효과를 가져오지 아니하므로 소급처벌금지원칙이 적용되지 아니한다.

따라서 성폭력처벌법 시행 당시 신상정보 공개·고지명령의 대상에 포함되지 않았던 사람들을 이후 소급하여 신상정보 공개·고지명령의 대상이 되도록 하였더라도 소급처벌금지원칙에 위배되는 것은 아니다.
② 비교적 중한 성인 대상 성폭력범죄자들 중에서 2008.4.16.부터 2011.4.15. 사이에 유죄판결이 확정된 사람을 신상정보 공개·고지명령 대상자로 한정한 것은 과잉금지원칙에 위배되어 인격권 및 개인정보자기결정권을 침해하지 아니한다.
③ 아동·청소년대상 성폭력범죄와는 다르게 성인 대상 성폭력범죄에 대하여는 2008.4.16.부터 2011.4.15.까지 사이에 성폭력범죄를 저지르고 형이 확정된 자에 대하여 신상정보 공개·고지명령 대상에 포함함으로써, 성인 대상 성폭력범죄자를 아동·청소년 대상 성폭력범죄자들과 달리 취급하고 있는 것이 자의적이라거나 합리성이 없다고 보기 어려우므로 평등원칙을 위반한다고 볼 수 없다.
④ 동일한 범죄행위에 대하여 형벌이 부과된 이후 다시 신상정보 공개·고지명령이 선고 및 집행된다고 하여 이중처벌금지의 원칙에 위반된다고 할 수 없다.
⑤ 신상정보 공개·고지명령은 성범죄자의 신상정보를 대상으로 하는 것으로 연좌제금지원칙에 위배되는 것이라고 볼 수 없다.

판례 189
근로자직업능력 개발법 제55조 제2항 등 위헌소원(헌재 2016.12.29, 2015헌바198) **: 합헌**

근로자훈련비용을 부정수급한 사업주에 대하여 부정수급액 상당의 추가징수 및 지원·융자의 제한을 병과하여 명할 수 있도록 규정한 것은 재산권을 침해하지 않으며, 자기책임원리에 위반되지 않는다.

판례 190
국민건강보험법 제72조 위헌소원(헌재 2016.12.29, 2015헌바199) **: 합헌** ★☆☆

국민건강보험법상 직장가입자와 지역가입자의 보험료 산정기준 및 방식을 달리 정하여, 지역가입자에 대한 보험료 산정·부과 시 소득 외에 재산 등의 요소를 추가적으로 고려하는 것은 헌법상 평등원칙에 위반된다고 할 수 없다.

판례 191
구 군인연금법 제23조 제1항 등 위헌소원(헌재 2016.12.29, 2015헌바208) **: 헌법불합치**

헌법재판소가 "공무상 질병 또는 부상으로 퇴직 이후에 폐질상태가 확정된 군인에 대하여 상이연금 지급에 관한 규정을 두지 아니한 것은 헌법에 합치되지 않는다"라는 취지의 헌법불합치결정을 한 후, 개정된 군인연금법 조항은 '군인이 퇴직 후에 공무상 질병 또는 부상으로 인하여 폐질 또는 장애 상태가 된 때'에도 상이연금을 지급하도록 하고 있으나, 신법 조항을 소급하여 적용한다는 경과규정을 두지 않아 퇴직 후 신법 조항 시행일 전에 장애 상태가 확정된 군인에 대하여 상이연금을 지급하지 않은 것은 평등원칙에 위반되어 헌법에 합치되지 않는다. (개선입법이 있을 때까지 계속 적용)

판례 192
형사소송법 제165조의2 제3호 위헌소원(헌재 2016.12.29, 2015헌바221) : **합헌**

법원이 범죄의 성질, 증인의 연령, 심신의 상태, 피고인과의 관계, 그 밖의 사정으로 인하여 피고인 등과 대면하여 진술하는 경우 심리적인 부담으로 정신의 평온을 현저하게 잃을 우려가 있다고 인정되는 자를 증인으로 신문하는 경우 상당하다고 인정하는 때에는 검사와 피고인 또는 변호인의 의견을 들어 차폐시설을 설치하고 신문할 수 있도록 한 것은 공정한 재판을 받을 권리 및 변호인의 조력을 받을 권리를 침해한다고 할 수 없다.

판례 193
공공기관의 운영에 관한 법률 제53조 위헌소원(헌재 2016.12.29, 2015헌바225) : **합헌** ★★☆

공기업의 모든 직원을 형법상 뇌물죄 적용에 있어서 공무원으로 의제하는 것은 과잉금지원칙이나 평등원칙에 위배되지 않으며, 형법상 뇌물죄 적용에 있어서 공무원으로 의제되는 범위를 특가법 제4조와 달리 규정하고 있는 것일 뿐, 특가법 제4조에 대한 가중처벌을 정하고 있는 것이 아니므로 형벌체계상의 정당성과 균형성이 문제될 소지가 없다.
(다만 위 심판대상조항과 특가법 제4조가 동시에 적용되는 기관인 경우 양 법률에서 공무원으로 의제되는 범위를 달리 규정하고 있는 것은 체계상 문제가 있으므로, 입법론적으로는 특가법 및 같은 법 시행령 개정을 통해 중첩되는 기관을 삭제하는 것이 바람직하다.)

판례 194
국세기본법 제56조 제2항 등 위헌소원(헌재 2016.12.29, 2015헌바229) : **합헌**

주세법에 따른 의제주류판매업면허의 취소처분에 관하여 필요적 행정심판전치주의를 채택한 것은 일반적인 국세에 관한 처분에 관하여 필요적 행정심판전치주의를 채택한 것과 같은 정당성, 합리성이 인정되므로 재판청구권을 침해하지 않으며 평등원칙에도 위배되지 않는다.

판례 195
구 산업단지 인·허가 절차 간소화를 위한 특례법 제9조 제2항 등 위헌소원(헌재 2016.12.29, 2015헌바280) : **합헌, 각하**

① 지역주민인 청구인들은 의견청취동시진행조항과 환경기준참고조항으로 인하여 자신들의 행복추구권, 평등권, 재산권, 환경권 등이 침해된다고 주장하나, 의견청취동시진행조항은 산업단지계획의 지정권자를 수범자로 하여 산업단지계획의 승인을 위한 절차로서 환경영향평가 중 주민의견청취에 관한 사항을 규정한 것이고, 환경기준참고조항은 산업단지 조성사업의 시행자를 수범자로 하여 산업단지계획의 승인 전에 환경영향평가를 실시하기 위한 절차에 관한 사항을 규정한 것으로서, 청구인들이 주장하는 기본권이 위 법률조항들에 의하여 직접 제한되는 것은 아니다.
② 그런데 민간기업이 의견청취동시진행조항 및 환경기준참고조항에 따라 환경영향평가를 거쳐 지정권자로부터 산업단지계획의 승인을 받아 일반산업단지를 조성·운영할 경우 그 사업지구 인근 지역의 환경오염으로 인하여 주민들의 생명·신체의 안전에 위험이 발생할 수 있으므로, 국가로서는 이와 관련하여 국민의 생명·신체의 안전을 보호하는 데 필요한 적절하고 효율적인 조치를 취하여 그 침해의 위험을 방지할 헌법상 의무가 있는바, 청구인들이 주

장하는 기본권의 침해 여부는 아니더라도, 의견청취동시진행조항과 환경기준참고조항이 과연 산업단지계획의 승인 및 그에 따른 산업단지의 조성·운영과 관련하여 국민의 생명·신체의 안전을 위한 국가의 기본권 보호의무를 위반하는 것은 아닌지를 살펴볼 필요가 있다
③ 종래 산업단지의 지정을 위한 개발계획 단계와 산업단지 개발을 위한 실시계획 단계에서 각각 개별적으로 진행하던 산업단지개발계획안과 환경영향평가서 초안에 대한 주민의견청취절차 또는 주민의견수렴절차를 산업단지 인·허가 절차의 간소화를 위하여 한 번의 절차에서 동시에 진행하도록 한 의견청취동시진행조항은, 국가가 산업단지계획의 승인 및 그에 따른 산업단지의 조성·운영으로 인하여 초래될 수 있는 환경상 위해로부터 지역주민을 포함한 국민의 생명·신체의 안전을 보호하기 위하여 필요한 최소한의 보호조치를 취하지 아니한 것이라고 보기는 어려우므로, 국가의 기본권 보호의무를 위반하였다고 할 수 없고, 의견청취동시진행조항이 환경영향평가서 초안에 대한 주민의견청취를 산업단지계획안에 대한 주민의견청취와 동시에 진행하도록 규정하고 있다고 하더라도, 헌법상의 적법절차원칙에 위반된다고 할 수도 없다.
④ 환경기준참고조항이 사업자로 하여금 환경영향평가를 실시함에 있어 환경기준을 준수하도록 의무를 부과하지 않고 환경보전목표를 설정함에 있어 참고하여야 할 기준으로 삼도록 한 것은 산업단지 조성사업 등 환경영향평가 대상사업의 사업계획 등에 대한 승인 및 그 시행으로 인하여 초래될 수 있는 환경상 위해로부터 국민의 생명·신체의 안전을 보호하기 위하여 필요한 최소한의 보호조치를 취하지 아니한 것이라고 보기 어려우므로, 국가의 기본권 보호의무를 위반하였다고 할 수 없다.

판례 196 최저임금법 제6조 제5항 위헌소원(헌재 2016.12.29, 2015헌바327) : 합헌
택시운전근로자의 최저임금에 산입되는 임금의 범위에 사납금을 제외한 초과수입금, 즉 '생산고에 따른 임금'을 제외하도록 한 것은 택시운전근로자들이 받는 임금 중 고정급의 비율을 높이도록 함으로써, 택시 운송수입이 적은 경우에도 최저임금액 이상의 임금을 받을 수 있도록 보장하는 것으로서 일반택시운송사업자들의 계약의 자유 및 평등권을 침해하지 않으며, 헌법 제119조 제1항에 위반되지도 않는다.

판례 197 건설산업기본법 제83조 단서 제6호 위헌소원(헌재 2016.12.29, 2015헌바429) : 합헌
건설업자가 국가기술자격증을 대여하여 건설업 등록기준을 충족시킨 경우 그 건설업 등록을 필요적으로 말소하도록 규정한 것은 직업의 자유를 침해하지 않는다.

판례 198 민사소송법 제451조 제1항 제9호 위헌소원(헌재 2016.12.29, 2016헌바43) : 합헌
판결에 영향을 미칠 중요한 사항에 관하여 판단을 누락한 때를 확정된 종국판결에 대하여 재심의 소를 제기할 수 있는 사유로 규정한 것은 명확성원칙에 위배되지 않으며, '판단이유의 누락'이 아니라 '판단누락'을 재심사유로 규정하였다 하여도 재판의 적정성을 현저히 희생하였다고 보기 어려우므로 재판청구권을 침해하지 않는다.

판례 199 사립학교법 제28조 제1항 본문 위헌소원(헌재 2016.12.29. 2016헌바144) : 합헌

학교법인의 물적 기반이 되는 기본재산의 매도에 있어 관할청의 허가를 받도록 한 것은 과잉금지원칙에 위반하여 재산권과 신속한 재판을 받을 권리를 침해하지 아니한다.

판례 200 성폭력범죄의 처벌 등에 관한 특례법 제14조 제2항 등 위헌소원(헌재 2016.12.29. 2016헌바153) : 합헌 ★★☆

① '성적 욕망 또는 수치심을 유발할 수 있는 다른 사람의 신체' 촬영이 촬영 당시에는 촬영대상자의 의사에 반하지 아니하는 경우에도 사후에 그 의사에 반하여 촬영물을 반포·판매·임대·제공 또는 공공연하게 전시·상영한 자를 처벌하는 조항에서 '성적 욕망 또는 수치심을 유발할 수 있는 다른 사람의 신체' 부분은 죄형법정주의 명확성원칙에 위배되지 않는다.

② 법원이 카메라등이용촬영죄를 범한 성폭력범죄자에 대하여 선고유예를 제외한 유죄판결을 선고하는 경우에 성폭력 치료프로그램의 이수명령을 병과하는 것은, 과잉금지원칙에 위배하여 일반적 행동자유권을 침해한다고 볼 수 없고 이중처벌금지원칙에도 위반되지 않는다.

판례 201 구 성폭력범죄의 처벌 및 피해자보호 등에 관한 법률 제5조 제2항 위헌소원(헌재 2016.12.29. 2016헌바258) : 합헌

흉기휴대 또는 2인 이상의 합동에 의한 특수강도죄를 범한 자가 강제추행의 죄를 범한 때에는 사형·무기 또는 10년 이상의 징역에 처하도록 한 것은, 비례원칙과 평등원칙에 위반되지 않는다.

판례 202 국가유공자 등 예우 및 지원에 관한 법률 제4조 제1항 제6호 등 위헌소원(헌재 2016.12.29. 2016헌바263) : 합헌

'공상군경'을 '군인이나 경찰·소방 공무원으로서 국가의 수호·안전보장 또는 국민의 생명·재산 보호와 직접적인 관련이 있는 교육훈련 또는 직무수행 중 상이(질병 포함. 이하 같다)를 입은 자'로 정한 것은 평등원칙과 명확성원칙에 위반되지 않고, 그 판단기준과 세부적인 유형 등의 범위를 대통령령에 위임한 것은 포괄위임금지원칙에 위반되지 않는다.

판례 203 상속세 및 증여세법 제78조 제2항 위헌소원(헌재 2016.12.29. 2016헌바268) : 합헌

'납부하여야 할 세액에 미달하게 납부한 때'에 납부불성실 가산세를 규정한 것은 재산권을 침해하지 않는다.

구치소내 과밀수용행위 위헌확인(헌재 2016.12.29. 2013헌마142) : 인용(위헌확인) ★☆☆

① 헌법 제10조에서 규정한 인간의 존엄과 가치는 헌법이념의 핵심으로, 국가는 헌법에 규정된 개별적 기본권을 비롯하여 헌법에 열거되지 아니한 자유와 권리까지도 이를 보장하여야 하며, 이를 통하여 개별 국민이 가지는 인간으로서의 존엄과 가치를 존중하고 확보하여야 한다는 헌법의 기본원리를 선언한 것이다. 따라서 자유와 권리의 보장은 1차적으로 헌법상 개별적 기본권규정을 매개로 이루어지지만, 기본권 제한에 있어서 인간의 존엄과 가치를 침해하거나 기본권 형성에 있어서 최소한의 필요한 보장조차 규정하지 않음으로써 결과적으로 인간으로서의 존엄과 가치를 훼손한다면 헌법 제10조에서 규정한 인간의 존엄과 가치에 위반된다.

② 인간의 존엄과 가치는 모든 인간을 그 자체로서 목적으로 존중할 것을 요구하고, 인간을 다른 목적을 위한 단순한 수단으로 취급하는 것을 허용하지 아니한다. 그러므로 인간의 존엄과 가치는 국가가 형벌권을 행사함에 있어 사람을 국가행위의 단순한 객체로 취급하거나 비인간적이고 잔혹한 형벌을 부과하는 것을 금지하고, 행형(行刑)에 있어 인간 생존의 기본조건이 박탈된 시설에 사람을 수용하는 것을 금지한다. 특히 수형자의 경우 형벌의 집행을 위하여 교정시설에서 강제적인 공동생활을 하게 되는바, 구금의 목적 달성을 위하여 필요최소한의 범위 내에서는 수형자의 기본권에 대한 제한이 불가피하다 하더라도, 국가는 어떠한 경우에도 수형자의 인간의 존엄과 가치를 훼손할 수 없다.

③ 구치소내 과밀수용행위는 인간으로서의 존엄과 가치를 침해하여 헌법에 위반된다.

공직선거법 제56조 제1항 제2호 등 위헌확인(헌재 2016.12.29. 2015헌마1160) : 헌법불합치, 기각 ★★☆

① 비례대표국회의원선거 기탁금조항은 그 입법목적이 정당하고, 기탁금 요건을 마련하는 것은 그 입법목적을 달성하기 위한 적합한 수단에 해당된다. 그러나 정당에 대한 선거로서의 성격을 가지는 비례대표국회의원선거는 인물에 대한 선거로서의 성격을 가지는 지역구국회의원선거와 근본적으로 그 성격이 다르고, 비례대표 기탁금조항은 공직선거법상 허용된 선거운동을 통하여 선거의 혼탁이나 과열을 초래할 여지가 지역구국회의원선거보다 훨씬 적다고 볼 수 있음에도 지역구국회의원선거에서의 기탁금과 동일한 고액의 기탁금을 설정하고 있어 최소성원칙과 법익균형성원칙에도 위반되어 공무담임권을 침해한다.(헌법불합치)

② 비례대표국회의원후보자가 공개장소에서 연설·대담하는 것을 허용하지 않는 것은 선거운동의 자유 등을 침해하지 않는다.

③ 호별방문금지조항은 헌법에 위반되지 않는다.

④ 지역구국회의원선거에서의 기탁금 조항 및 기탁금반환 조항은 공무담임권을 침해하지 않는다.

⑤ 탈법방법에 의한 문서, 인쇄물의 배부·게시를 금지하는 것은 선거운동의 자유 내지 정치적 표현의 자유 등을 침해하지 않는다.

판례 206 공직선거법 제65조 제4항 위헌확인(헌재 2016.12.29. 2016헌마548) : 기각 ★★☆
점자형 선거공보의 작성면수를 제한하고, 음성변환 방식에 의한 정보제공으로 점자형 선거공보의 작성을 대체할 수 있도록 한 것은 시각장애인의 선거권과 평등권을 침해하지 않는다.

판례 207 법학전문대학원 설치·운영에 관한 법률 제23조 제2항 위헌확인(헌재 2016.12.29. 2016헌마550) : 기각 ★★☆
법학전문대학원으로 하여금 필수적으로 외국어능력을 입학전형자료로 활용하도록 규정한 것은 직업선택의 자유를 침해하지 않는다.

판례 208 수산업법 시행령 제45조의3 제2항 별표 3의3 1.근해어업 나.소형선망 중 조업금지 부분 위헌확인(헌재 2016.12.29. 2016헌마599) : 기각
수산자원의 번식·보호 및 영세한 연안어업인들의 보호를 위하여 소형선망어업에 대하여 서해 및 제주의 일정한 연안 해역에서의 조업을 금지한 것은 직업수행의 자유를 침해하지 않는다.

판례 209 기소유예처분취소(헌재 2016.12.29. 2014헌마296) : 인용(취소)
사립유치원의 운영권과 함께 학교교육에 직접 사용되는 토지 및 건물 등을 일체로 매도하는 경우는 사립학교법 제28조 제2항의 금지되는 매도행위의 범위에서 제외되므로, 청구인들의 행위는 유아교육법위반에도 해당하지 아니한다. 검사의의 기소유예처분은 법리오해에 기초하여 이루어진 자의적인 처분에 해당하며, 그로 말미암아 청구인들의 평등권과 행복추구권을 침해한 것이라 할 것이다.

판례 210 기소유예처분취소 등(헌재 2016.12.29. 2015헌마880) : 인용(취소), 기각
① 변호사는 공무원으로서 직무상 취급하거나 취급하게 된 사건의 수임을 기간의 제한 없이 또는 공익 목적으로 수임하는 경우에도 제한하는 것은 직업수행의 자유와 평등권을 침해하지 않는다.
② 변호사인 청구인이 2009년 6월경 공무원으로서 직무상 취급했던 사건의 형사 재심사건을 수임함으로써 처벌조항의 구성요건은 즉시 충족되었다. 그런데, 이 사건 기소유예처분은 그로부터 5년이 경과한 2015.7.14. 이루어졌으므로 형사 재심사건을 수임한 행위에 대한 공소시효는 이미 완성되었다. 따라서 형사 재심사건 수임행위에 대한 부분은 공소권이 없으므로 이 부분 기소유예처분은 법리 오해에 따른 자의적 검찰권 행사에 해당하고 그로 인해 청구인의 평등권과 행복추구권이 침해되었다 할 것이므로 취소되어야 한다.
③ 청구인은 공무원으로서 취급한 ○○○ 사건과 분쟁의 실체가 동일한 민사사건을 수임하였으므로 처벌조항의 구성요건을 충족한다. 따라서 이 부분 기소유예로 말미암아 청구인 주장의 기본권이 침해되었다고 볼 수 없다.

2017년도 헌법재판소 판례

대통령(박근혜) 탄핵(헌재 2017.3.10, 2016헌나1) : **인용(파면)** ★★☆

(1) 소추사유의 특정 여부(적극)

탄핵소추사유는 그 대상 사실을 다른 사실과 명백하게 구분할 수 있을 정도의 구체적 사실이 기재되면 충분하다. 이 사건 소추의결서의 헌법 위배행위 부분은 소추사유가 분명하게 유형 별로 구분되지 않은 측면이 있지만, 소추사유로 기재된 사실관계는 법률 위배행위 부분과 함께 보면 다른 소추사유와 명백하게 구분할 수 있을 정도로 충분히 구체적으로 기재되어 있다.

(2) 국회 의결절차의 위법 여부(소극)

가. 국회의 의사절차에 헌법이나 법률을 명백히 위반한 흠이 있는 경우가 아니면 국회 의사 절차의 자율권은 권력분립의 원칙상 존중되어야 하고, 국회법 제130조 제1항은 탄핵소 추의 발의가 있을 때 그 사유 등에 대한 조사 여부를 국회의 재량으로 규정하고 있으므로, 국회가 탄핵소추사유에 대하여 별도의 조사를 하지 않았다거나 국정조사결과나 특별검사의 수사결과를 기다리지 않고 탄핵소추안을 의결하였다고 하여 그 의결이 헌법이나 법률을 위반한 것이라고 볼 수 없다.

나. 국회법에 탄핵소추안에 대하여 표결 전에 반드시 토론을 거쳐야 한다는 명문 규정은 없다. 또 이 사건 소추의결 당시 토론을 희망한 의원이 없었기 때문에 탄핵소추안에 대한 제안 설명만 듣고 토론 없이 표결이 이루어졌을 뿐, 의장이 토론을 희망하는 의원이 있었는데도 토론을 못하게 하거나 방해한 사실은 없다.

다. 탄핵소추안을 각 소추사유별로 나누어 발의할 것인지, 아니면 여러 소추사유를 포함하여 하나의 안으로 발의할 것인지는 소추안을 발의하는 의원들의 자유로운 의사에 달린 것이고, 표결방법에 관한 어떠한 명문규정도 없다.

라. 탄핵소추절차는 국회와 대통령이라는 헌법기관 사이의 문제이고, 국회의 탄핵소추의결에 따라 사인으로서 대통령 개인의 기본권이 침해되는 것이 아니다. 국가기관이 국민에 대하여 공권력을 행사할 때 준수하여야 하는 법원칙으로 형성된 적법절차의 원칙을 국가기관에 대하여 헌법을 수호하고자 하는 탄핵소추절차에 직접 적용할 수 없다.

(3) 8인 재판관에 의한 탄핵심판 결정 가부(적극) ★★☆

헌법재판은 9인의 재판관으로 구성된 재판부에 의하여 이루어지는 것이 원칙이다. 그러나 현실적으로는 일부 재판관이 재판에 참여할 수 없는 경우가 발생할 수밖에 없다. 이에 헌법과 헌법재판소법은 재판관 중 결원이 발생한 경우에도 헌법재판소의 헌법 수호 기능이 중단되지 않도록 7명 이상의 재판관이 출석하면 사건을 심리하고 결정할 수 있음을 분명히 하고 있다. 그렇다면 헌법재판관 1인이 결원이 되어 8인의 재판관으로 재판부가 구성되더라도 탄핵심판을 심리하고 결정하는 데 헌법과 법률상 아무런 문제가 없다.

(4) 탄핵의 요건

헌법 제65조는 대통령이 '그 직무집행에 있어서 헌법이나 법률을 위배한 때'를 탄핵사유로 규정하고 있다. 여기에서 '직무'란 법제상 소관 직무에 속하는 고유 업무와 사회통념상 이와 관련된 업무를 말하고, 법령에 근거한 행위뿐만 아니라 대통령의 지위에서 국정수행과 관련하여 행하는 모든 행위를 포괄하는 개념이다. 또 '헌법'에는 명문의 헌법규정뿐만 아니라 헌법재판소의 결정에 따라 형성되어 확립된 불문헌법도 포함되고, '법률'에는 형식적 의미의 법률과 이와 동등한 효력을 가지는 국제조약 및 일반적으로 승인된 국제법규 등이 포함된다. 헌법재판소법 제53조 제1항은 '탄핵심판 청구가 이유 있는 경우' 피청구인을 파면하는 결정을 선고하도록 규정하고 있다. 대통령을 탄핵하기 위해서는 대통령의 법 위배 행위가 헌법질서에 미치는 부정적 영향과 해악이 중대하여 대통령을 파면함으로써 얻는 헌법 수호의 이익이 대통령 파면에 따르는 국가적 손실을 압도할 정도로 커야 한다. 즉, '탄핵심판청구가 이유 있는 경우'란 대통령의 파면을 정당화할 수 있을 정도로 중대한 헌법이나 법률 위배가 있는 때를 말한다.

(5) 최○원의 국정개입을 허용하고 권한을 남용한 행위가 공익실현의무에 위배되는지 여부(적극)

헌법 제7조 제1항은 국민주권주의와 대의민주주의를 바탕으로 공무원을 '국민 전체에 대한 봉사자'로 규정하고 공무원의 공익실현의무를 천명하고 있고, 헌법 제69조는 대통령의 공익실현의무를 다시 한 번 강조하고 있다. 대통령은 '국민 전체'에 대한 봉사자이므로 특정 정당, 자신이 속한 계급·종교·지역·사회단체, 자신과 친분 있는 세력의 특수한 이익 등으로부터 독립하여 국민 전체를 위하여 공정하고 균형 있게 업무를 수행할 의무가 있다. 대통령의 공익실현의무는 국가공무원법 제59조, 공직자윤리법 제2조의2 제3항, '부패방지 및 국민권익위원회의 설치와 운영에 관한 법률'(다음부터 '부패방지권익위법'이라 한다) 제2조 제4호 가목, 제7조 등 법률을 통해 구체화되고 있다.

피청구인은 최○원이 추천한 인사를 다수 공직에 임명하였고 이렇게 임명된 일부 공직자는 최○원의 이권 추구를 돕는 역할을 하였다. 피청구인은 사기업으로부터 재원을 마련하여 재단법인 미르와 재단법인 케이스포츠(다음부터 '미르'와 '케이스포츠'라고 한다)를 설립하도록 지시하였고, 대통령의 지위와 권한을 이용하여 기업들에게 출연을 요구하였다. 이어 최○원이 추천하는 사람들을 미르와 케이 스포츠의 임원진이 되도록 하여 최○원이 두 재단을 실질적으로 장악할 수 있도록 해 주었다. 그 결과 최○원은 자신이 실질적으로 운영하는주식회사 플레이그라운드커뮤니케이션즈와 주식회사 더블루케이(다음부터 '더블루케이'라고 한다)를 통해 위 재단을 이권 창출의 수단으로 활용할 수 있었다. 피청구인은 기업에 대하여 특정인을 채용하도록 요구하고 특정 회사와 계약을 체결하도록 요청하는 등 대통령의 지위와 권한을 이용하여 사기업 경영에 관여하였다. 그 밖에도 피청구인은 스포츠클럽 개편과 같은 최○원의 이권과 관련된 정책 수립을 지시하였고, 롯데그룹으로 하여금 5대 거점 체육인재 육성사업을 위한 시설 건립과 관련하여 케이스포츠에 거액의 자금을 출연하도록 하였다.

피청구인의 이러한 일련의 행위는 최○원 등의 이익을 위해 대통령으로서의 지위와 권한을 남용한 것으로서 공정한 직무수행이라 할 수 없다. 피청구인은 헌법 제7조 제1항, 국가공무원법 제59조, 공직자윤리법 제2조의2 제3항, 부패방지권익위법 제2조 제4호 가목, 제7조를 위반하였다.

(6) 최○원의 국정개입을 허용하고 권한을 남용한 행위가 기업의 자유와 재산권을 침해하는지 여부 (적극) ★★☆

피청구인은 직접 또는 경제수석비서관을 통하여 대기업 임원 등에게 미르와 케이스포츠에 출연할 것을 요구하였다. 대통령의 재정·경제 분야에 대한 광범위한 권한과 영향력, 비정상적 재단 설립 과정과 운영 상황 등을 종합하여 보면, 피청구인의 요구는 임의적 협력을 기대하는 단순한 의견제시나 권고가 아니라 사실상 구속력 있는 행위라고 보아야 한다. 공권력 개입을 정당화할 수 있는 기준과 요건을 법률로 정하지 않고 대통령의 지위를 이용하여 기업으로 하여금 재단법인에 출연하도록 한 피청구인의 행위는 해당 기업의 재산권 및 기업경영의 자유를 침해한 것이다.

피청구인은 롯데그룹에 최○원의 이권 사업과 관련 있는 하남시 체육시설 건립 사업 지원을 요구하였고, 안○범으로 하여금 사업 진행 상황을 수시로 점검하도록 하였다. 피청구인은 현대자동차그룹에 최○원의 지인이 경영하는 회사와 납품계약을 체결하도록 요구하였고, 주식회사 케이티에는 최○원과 관계있는 인물의 채용과 보직 변경을 요구하였다. 그 밖에도 피청구인은 기업에 스포츠팀 창단 및 더블루케이와의 계약 체결을 요구하였고, 그 과정에서 고위공직자인 안○범이나 김○을 이용하여 영향력을 행사하였다. 피청구인의 이와 같은 일련의 행위들은 기업의 임의적 협력을 기대하는 단순한 의견제시나 권고가 아니라 구속적 성격을 지닌 것으로 평가된다. 아무런 법적 근거 없이 대통령의 지위를 이용하여 기업의 사적 자치 영역에 간섭한 피청구인의 행위는 해당 기업의 재산권 및 기업경영의 자유를 침해한 것이다.

(7) 최○원의 국정개입을 허용하고 권한을 남용한 행위가 비밀엄수의무에 위배되는지 여부(적극)

피청구인의 지시와 묵인에 따라 최○원에게 많은 문건이 유출되었고, 여기에는 대통령의 일정·외교·인사·정책 등에 관한 내용이 포함되어 있다. 이런 정보는 대통령의 직무와 관련된 것으로, 일반에 알려질 경우 행정 목적을 해할 우려가 있고 실질적으로 비밀로 보호할 가치가 있으므로 직무상 비밀에 해당한다. 피청구인이 최○원에게 위와 같은 문건이 유출되도록 지시 또는 방치한 행위는 국가공무원법 제60조의 비밀엄수의무를 위반한 것이다.

(8) 공무원 임면권 남용 여부(소극)

피청구인이 문화체육관광부 소속 공무원인 노○강과 진○수에 대하여 문책성 인사를 하도록 지시한 이유가 이들이 최○원의 사익 추구에 방해가 되기 때문이었다고 볼 증거가 부족하고, 피청구인이 유○룡을 면직한 이유나 대통령비서실장이 1급 공무원 6인으로부터 사직서를 제출받도록 지시한 이유도 분명하지 않다.

(9) 언론의 자유 침해 여부(소극)

피청구인의 청와대 문건 유출에 대한 비판 발언 등을 종합하면 피청구인이 세계일보의 정○회 문건 보도에 비판적 입장을 표명하였다고 볼 수 있으나, 이러한 입장 표명만으로 세계일보의 언론의 자유를 침해하였다고 볼 수는 없고, 조○규의 대표이사직 해임에 피청구인이 관여하였다고 인정할 증거가 부족하다.

⑩ 생명권 보호의무 위반 여부(소극) ★★☆

피청구인은 행정부의 수반으로서 국가가 국민의 생명과 신체의 안전 보호의무를 충실하게 이행할 수 있도록 권한을 행사하고 직책을 수행하여야 하는 의무를 부담한다. 하지만 국민의 생명이 위협받는 재난상황이 발생하였다고 하여 피청구인이 직접 구조 활동에 참여하여야 하는 등 구체적이고 특정한 행위의무까지 바로 발생한다고 보기는 어렵다. 세월호 참사에 대한 피청구인의 대응조치에 미흡하고 부적절한 면이 있었다고 하여 곧바로 피청구인이 생명권 보호의무를 위반하였다고 인정하기는 어렵다.

⑪ 불성실한 직책수행이 탄핵심판절차의 판단대상이 되는지 여부(소극) ★★☆

대통령의 '직책을 성실히 수행할 의무'는 헌법적 의무에 해당하지만, '헌법을 수호해야 할 의무'와는 달리 규범적으로 그 이행이 관철될 수 있는 성격의 의무가 아니므로 원칙적으로 사법적 판단의 대상이 되기는 어렵다. 세월호 참사 당일 피청구인이 직책을 성실히 수행하였는지 여부는 그 자체로 소추사유가 될 수 없어, 탄핵심판절차의 판단대상이 되지 아니한다.

⑫ 피청구인을 파면할 것인지 여부(적극)

피청구인은 최ㅇ원에게 공무상 비밀이 포함된 국정에 관한 문건을 전달했고, 공직자가 아닌 최ㅇ원의 의견을 비밀리에 국정 운영에 반영하였다. 피청구인의 이러한 위법행위는 피청구인이 대통령으로 취임한 때부터 3년 이상 지속되었다. 피청구인은 국민으로부터 위임받은 권한을 사적 용도로 남용하여 적극적·반복적으로 최ㅇ원의 사익 추구를 도와주었고, 그 과정에서 대통령의 지위를 이용하거나 국가의 기관과 조직을 동원하였다는 점에서 법 위반의 정도가 매우 중하다. 대통령은 공무 수행을 투명하게 공개하여 국민의 평가를 받아야 한다. 그런데 피청구인은 최ㅇ원의 국정 개입을 허용하면서 이 사실을 철저히 비밀에 부쳤고, 그에 관한 의혹이 제기될 때마다 이를 부인하며 의혹 제기 행위만을 비난하였다. 따라서 권력분립원리에 따른 국회 등 헌법기관에 의한 견제나 언론 등 민간에 의한 감시 장치가 제대로 작동될 수 없었다. 이와 같은 피청구인의 일련의 행위는 대의민주제의 원리와 법치주의의 정신을 훼손한 것으로서 대통령으로서의 공익실현의무를 중대하게 위반한 것이다.

결국 피청구인의 이 사건 헌법과 법률 위배행위는 국민의 신임을 배반한 행위로서 헌법수호의 관점에서 용납될 수 없는 중대한 법 위배행위라고 보아야 한다. 그렇다면 피청구인의 법 위배행위가 헌법질서에 미치게 된 부정적 영향과 파급 효과가 중대하므로, 피청구인을 파면함으로써 얻는 헌법수호의 이익이 대통령 파면에 따르는 국가적 손실을 압도할 정도로 크다고 인정된다.

※ 재판관 김이수, 재판관 이진성의 보충의견

피청구인은 생명권 보호의무를 위반하지는 않았지만, 헌법상 성실한 직책수행의무 및 국가공무원법상 성실의무를 위반하였다. 다만 그러한 사실만으로는 파면 사유를 구성하기 어렵다.

※ 재판관 안창호의 보충의견

이 사건 탄핵심판은 보수와 진보라는 이념의 문제가 아니라 헌법질서를 수호하는 문제로, 정치적 폐습을 청산하기 위하여 파면결정을 할 수밖에 없다.

가축전염병예방법 제43조 제3항 제3호 등 위헌소원(헌재 2017.4.27. 2014헌바405) : 합헌

① 보관관리인이 화주에게 비용을 징수할 경우 그 금액에 대해서 동물검역기관의 장의 승인을 받도록 규정하고, 보관관리인이 승인받지 않은 비용을 징수하는 경우 필요적으로 보관관리인 지정을 취소하도록 한 것은 직업선택의 자유를 침해한다고 볼 수 없다.
② 보관관리인이 지정검역물을 관리하는 데 필요한 비용을 화주로부터 징수할 수 있고 그 금액은 동물검역기관의 장의 승인을 받도록 한 비용조항에서 '지정검역물을 관리하는 데 필요한 비용' 부분은 명확성원칙에 위배되지 않는다.

민법 제1008조 등 위헌소원(헌재 2017.4.27. 2015헌바24) : 합헌, 각하

① 특별수익자가 배우자인 경우에 특별수익 산정에 관한 예외규정을 두지 않은 민법 제1008조는 배우자인 상속인의 재산권을 침해한다고 볼 수 없다.
② 가사비송 조항이 상속재산분할에 관한 사건을 가사비송사건으로 규정하였다고 하여도 이것이 입법재량의 한계를 일탈하여 상속재산분할에 관한 사건을 제기하고자 하는 자의 공정한 재판을 받을 권리를 침해한다고 볼 수 없다.
③ 위헌법률심판제청을 신청하지 않은 법률조항에 대한 헌법재판소법 제68조 제2항 헌법소원 심판청구는 부적법하다.

치료감호법 제16조 제2항 제1호 등 위헌소원(헌재 2017.4.27. 2016헌바452) : 합헌, 각하
★☆☆

정신성적 장애인이 치료감호시설에 수용될 수 있는 기간의 상한을 15년으로 정하고 있는 것은, 신체의 자유를 침해하지 않으며, 약물·알코올 중독자와 달리 취급하더라도 합리적인 이유가 있는 것으로 평등권을 침해하지 않는다.

🔍 치료감호 청구권자 : 검사규정(합헌)
　치료감호 기간 : 2년(합헌)
　치료감호 후 보호관찰 기간 : 3년(합헌)

치료감호법 제16조 제2항 제1호 위헌확인(헌재 2017.4.27. 2015헌마989) : 기각, 각하
★★☆

① '치료감호대상자'를 정의하고 있는 치료감호대상자 조항 자체로는 자유의 제한, 의무의 부과, 권리 또는 법적 지위의 박탈이 이루어지지 않으며, 전자장치 부착에 따른 행동자유권 제한도 치료감호심의위원회가 가종료되는 피치료감호자에 대하여 전자장치 부착을 결정함에 따라 비로소 발생하는 것이지, 치료감호심의위원회의 전자장치 부착결정의 근거가 되는 전자장치 부착조항 자체에 의하여 발생하는 것이 아니다. 따라서 치료감호대상자 조항 및 전자장치 부착조항에 대한 심판청구는 직접성 요건을 갖추지 못하여 부적법하다.
② 정신성적 장애인이 치료감호시설에 수용될 수 있는 기간의 상한을 15년으로 정하고 있는 것은, 신체의 자유를 침해하지 않으며, 약물·알코올 중독자와 달리 취급하더라도 합리적인 이유가 있는 것으로 평등권을 침해하지 않는다.

판례 006
기소유예처분취소(헌재 2017.4.27. 2016헌마160) : **인용(취소)**
부부가 공동으로 사용한 가재도구라고 하더라도, 부부의 일방이 혼인 전 자신의 비용으로 구매한 것은 그 일방의 특유재산이라 할 것이므로, 그 일방이 가재도구를 망가뜨렸다고 하더라도 형법상 재물손괴죄가 성립하지 않는다.

판례 007
구 도로교통법 제93조 제1항 제12호 위헌제청(헌재 2017.5.25. 2016헌가6) : **위헌**
'다른 사람의 자동차등을 훔친 경우'를 필요적 운전면허 취소사유로 규정하며 자동차 절취행위에 이르게 된 경위, 행위의 태양, 당해 범죄의 경중이나 그 위법성의 정도, 운전자의 형사처벌 여부 등 제반사정을 고려할 여지를 전혀 두지 아니한 도로교통법 조항은 운전면허 소지자의 직업의 자유 및 일반적 행동의 자유를 침해한다.

판례 008
민법 제78조 위헌소원(헌재 2017.5.25. 2015헌바260) : **합헌** ★☆☆
총사원 4분의 3 이상의 동의가 있으면 사단법인을 해산할 수 있도록 규정한 민법 조항은 과잉금지원칙을 위반하여 결사의 자유를 침해하지 아니한다.

판례 009
민사소송법 제215조 제2항 위헌소원(헌재 2017.5.25. 2014헌바360) : **합헌**
가집행선고가 실효되는 경우 가집행을 한 자에 대하여 원상회복의무와 손해배상의무를 인정한 것은, 자기가 결정하지 아니한 것이나 결정할 수 없는 것에 대하여 책임을 지게 한 것이라고 할 수 없고, 책임부담의 범위도 스스로 결정한 결과 내지 그와 상관관계에 있는 부분을 넘지 아니하므로 자기책임원리에 위반된다고 볼 수 없다.

판례 010
자본시장과 금융투자업에 관한 법률 제49조 제2호 등 위헌소원(헌재 2017.5.25. 2014헌바459) : **합헌**
금융투자업자가 투자권유를 함에 있어서 불확실한 사항에 대하여 단정적 판단을 제공하거나 확실하다고 오인하게 할 소지가 있는 내용을 알리는 행위를 할 경우 처벌하는 것은, 죄형법정주의의 명확성원칙과 과잉금지원칙에 위배되지 않는다.

판례 011
문화재수리 등에 관한 법률 제9조 위헌소원(헌재 2017.5.25. 2015헌바373) : **합헌** ★☆☆
문화재수리법위반으로 집행유예를 선고받은 문화재수리기술자에 대해서 그 자격을 필요적으로 취소하도록 한 것은 직업선택의 자유를 침해하지 않는다.

판례 012 · 민법 제379조 등 위헌소원(헌재 2017.5.25, 2015헌바421) : 합헌 ★☆☆

① 민사법정이율을 연 5%로 정한 것은 채무자의 재산권을 침해한다고 볼 수 없다.
② 계약 해제에 따라 금전을 원상회복으로 반환하는 경우 그 받은 날로부터 이자를 지급하도록 한 것은 원상회복의무자의 재산권을 침해한다고 볼 수 없다.

판례 013 · 소득세법 제101조 제1항 등 위헌소원(헌재 2017.5.25, 2016헌바269) : 합헌

① 특수관계에 있는 자에게 시가보다 낮은 가격으로 자산을 양도한 때에 소득금액계산에 있어 부당하다고 인정되는 부분에 한하여 재계산하여 과세하는 것은 재산권 및 평등권을 침해하지 않는다.
② 부당행위계산 부인제도 중 '특수관계에 있는 자의 범위' 및 '그 밖에 부당행위계산에 필요한 사항'을 대통령령으로 정하도록 한 것은 포괄위임금지원칙에 위배되지 않는다.

판례 014 · 재조선 미국육군사령부 군정청 법령 제57호 위헌소원(헌재 2017.5.25, 2016헌바388) : 각하

자연인이나 법인이 소유 또는 점유하고 있는 일본은행권과 대만은행권을 금융기관에 예치할 것을 명하고 예입 후 인출 및 거래를 금지한다는 것을 주요내용으로 하는 재조선 미국육군사령부 군정청 법령 제57호를 미합중국 소속 미군정청이 제정한 행위는, 제2차 세계대전 직후 일본은행권을 기초로 한 구 화폐질서를 폐지하고 북위 38도선 이남의 한반도 일대에서 새로운 화폐질서를 형성한다는 목적으로 행한 고도의 공권적 행위로서 국제관습법상 재판권이 면제되는 주권적 행위에 해당한다. 따라서 이 사건 법령이 위헌임을 근거로 한 미합중국에 대한 손해배상 또는 부당이득반환 청구는 그 자체로 부적법하다.

판례 015 · 화장품법 제37조 제1항 등 위헌소원(헌재 2017.5.25, 2016헌바408) : 합헌

비매품인 샘플 화장품의 판매를 금지하고 그 위반자에 대하여 형사처벌을 규정한 화장품법 조항은 직업수행의 자유를 침해하거나 책임과 형벌 간 비례원칙에 위반되지 아니한다.

판례 016 · 조세범 처벌법 제15조 제1항 본문 위헌소원(헌재 2017.5.25, 2017헌바57) : 합헌

현금영수증 의무발행 사업자로서 현금영수증가맹점으로 가입한 사업자가 거래건당 30만 원 이상의 고액 현금거래에 대하여 현금영수증을 발급하지 않은 경우에 현금영수증 미발급액의 50%라는 과태료를 부과하는 것은 직업수행의 자유를 침해하지 않으며, 평등원칙에도 위반되지 않는다.

판례 017
이동통신단말장치 유통구조 개선에 관한 법률 제4조 제1항 등 위헌확인(헌재 2017.5.25. 2014헌마844) : 기각 ★★☆

① 이동통신단말장치 지원금 상한 조항이 상한액의 구체적인 기준 및 한도를 방송통신위원회가 정하도록 위임한 것은 포괄위임금지원칙에 위배되지 않는다.
② 이동통신단말장치 지원금 상한 조항은 계약의 자유를 침해하지 않는다.

판례 018
양곡관리법 제20조의4 등 위헌확인(헌재 2017.5.25. 2015헌마869) : 기각

수입 쌀과 국산 쌀, 생산연도가 서로 다른 쌀을 혼합하여 유통하거나 판매하는 것을 금지하는 것은 직업수행의 자유를 침해하지 않는다.

판례 019
입법부작위 위헌확인 등(헌재 2017.5.25. 2015헌마933) : 기각

공무원연금법이 개정되면서 퇴직연금의 수급요건이 재직기간 20년에서 10년으로 변경되었으나, 같은 법 부칙 제6조가 연금수급요건 완화에 관한 특례는 이 법 시행일인 2016.1.1. 당시 재직 중인 공무원부터 적용한다고 규정하여 시행일인 2016.1.1. 이전에 퇴직한 사람과 그 후에 퇴직한 사람을 차별취급하고 있으나 이는 합리적인 이유가 있는 것으로서 평등권을 침해한다고 볼 수 없다.

판례 020
여객자동차 운수사업법 제14조 제2항 위헌확인(헌재 2017.5.25. 2015헌마1110) : 기각

여객자동차 운수사업법은 2009.11.28. 이후 면허를 받은 개인택시운송사업의 상속을 금지하고 있었으나, 2015.6.22. 개정·시행으로 관할 지방자치단체가 조례로 허용하는 경우에 한하여 그 상속이 가능하도록 하였다. 이러한 위임에 근거하여 고양시는 2015.11.10. 조례를 제정하여 2009.11.28. 이후 면허를 받은 개인택시운송사업의 상속을 허용하되 2015.6.22. 이후 최초로 개인택시운송사업의 상속이 성립하는 경우부터 적용하도록 소급범위를 제한하고 있는 바 이는 평등권을 침해하지 않는다.

판례 021

예산편성 부작위 위헌확인(헌재 2017.5.25. 2016헌마383) : 각하 ★★☆

예산편성 행위는 국무회의의 심의, 대통령의 승인 및 국회의 예산안 심의·확정을 위한 전 단계의 행위로서 국가기관 간의 내부적 행위에 불과하고, 국민에 대하여 직접적인 법률효과를 발생시키는 행위라고 볼 수 없으므로 헌법소원의 대상이 되는 '공권력의 행사'에 해당하지 않는다.

판례 022 건축법 제25조 제2항 본문 등 위헌확인(헌재 2017.5.25, 2016헌마516) : 기각, 각하

소규모 건축물로서 건축주가 직접 시공하는 건축물의 경우 허가권자가 해당 건축물의 설계에 참여하지 아니한 자 중에서 공사감리자를 지정하도록 한 것은 기본권을 침해하지 않는다.

판례 023 공직선거법 제18조 제1항 제2호 등 위헌확인(헌재 2017.5.25, 2016헌마292) : 기각

① 선거권을 제한하는 입법을 심사함에 있어서는 선거권 제한 여부 및 적용범위의 타당성에 관하여 보통선거원칙에 입각한 선거권 보장과 그 제한의 관점에서 헌법 제37조 제2항에 따라 엄격한 비례심사를 하여야 한다.
② 1년 이상 징역의 형의 선고를 받고 그 집행이 종료되지 아니한 사람에 대하여 선거권을 제한하는 것은 선거권을 침해하지 않는다. ★★☆

판례 024 기본권 침해 위헌확인(헌재 2017.5.25, 2016헌마640) : 기각 ★★☆

① 근로의 권리에는 일할 자리에 관한 권리 뿐 아니라 일할 환경에 관한 권리도 포함되고, 일할 환경에 관한 권리는 인간의 존엄성에 대한 침해를 막기 위한 것으로 건강한 작업환경, 정당한 보수, 합리적 근로조건의 보장 등을 요구할 수 있는 권리까지 이에 포함된다.
② 해고예고제도는 근로관계 종료 전 사용자에게 근로자에 대한 해고예고를 하게 하는 것이어서 근로조건을 이루는 중요한 사항에 해당하고 근로의 권리의 내용에 포함된다.
③ 근로조건의 결정은 근로조건 개선을 위한 법제의 정비 등 국가의 적극적인 급부와 배려를 통하여 비로소 이루어지는 것이어서 해고예고제도의 구체적 내용인 적용대상 근로자의 범위, 예고기간의 장단 등에 대해서는 입법형성의 재량이 인정된다.
④ 근속기간 3월 미만의 일용근로자에 대하여 해고예고의 적용을 제외한 것은 근로의 권리를 침해하지 않는다.

> 주의 6개월 미만 근로자 해고예고 배제 : 위헌

판례 025 성폭력범죄의 처벌 등에 관한 특례법 제42조 등 위헌확인(헌재 2017.5.25, 2016헌마786) : 기각

주거침입준강제추행죄로 유죄판결이 확정된 자를 신상정보 등록대상자로 정한 것은 개인정보자기결정권을 침해하지 않는다.

판례 026 기소유예처분취소(헌재 2017.5.25, 2017헌마1) : 인용(취소)

영어표현이 가지는 다양한 해석가능성 중 그 표현이 이루어진 구체적 상황 및 경위를 종합하여 의미를 판단하여야 함을 전제로, 청구인이 혼잣말로 "you are fucking crazy"라고 말한 것이 당시의 상황에 비추어 볼 때 모욕죄의 경멸적 표현에 해당하지 않으므로, 피청구인인 검사의 기소유예처분은 법리오해에 기초하여 이루어진 자의적인 처분으로 그로 말미암아 청구인의 평등권과 행복추구권이 침해되었다.

판례 027
공공단체 등 위탁선거에 관한 법률 제66조 제1호 등 위헌제청(헌재 2017. 6. 29. 2016헌가1) : **합헌** ★☆☆

직선제 조합장선거의 경우 후보자가 아닌 사람의 선거운동을 전면 금지하고, 이를 위반하면 형사처벌하는 것은 결사의 자유 등 기본권을 침해하지 않는다.

판례 028
구 지방공무원법 제73조 제2항 등 위헌소원(헌재 2017. 6. 29. 2015헌바29) : **합헌**

징계시효 연장을 규정하면서 수사중인 사건에 대하여 징계절차를 진행하지 아니함을 통보하지 아니한 경우에는 징계시효가 연장되지 않는다는 예외규정을 두지 아니한 구 지방공무원법 조항이 헌법에서 요구하는 수준의 절차적 보장이 이루어지지 않았다고 볼 수 없으므로 적법절차원칙에 위반되지 않는다.

판례 029
구 성폭력범죄의 처벌 등에 관한 특례법 제13조 제1항 위헌소원(헌재 2017. 6. 29. 2015헌바243) : **합헌** ★☆☆

'카메라 등을 이용하여 성적 욕망 또는 수치심을 유발할 수 있는 다른 사람의 신체를 그 의사에 반하여 촬영하는 행위'를 처벌하는 것은, 죄형법정주의 명확성원칙에 위배되지 않으며, 일반적 행동자유권을 침해하지 않고 평등원칙에 위배되지 않는다.

판례 030
자본시장과 금융투자업에 관한 법률 제170조 제1항 등 위헌소원(헌재 2017. 6. 29. 2015헌바376) : **합헌**

선의의 투자자에 대한 감사인의 손해배상책임은 그 청구권자가 당해 사실을 안 날로부터 1년 이내 또는 감사보고서를 제출한 날로부터 3년 이내에 청구권을 행사하지 아니한 때에는 소멸한다고 규정한 것은 재산권을 침해하지 않는다.

판례 031
의료법 제65조 제1항 단서 등 위헌소원(헌재 2017. 6. 29. 2016헌바394) : **합헌, 각하**

허위로 진료비를 청구하여 환자나 진료비 지급 기관 등을 속임으로써 사기죄로 금고 이상의 형을 선고받고 그 형의 집행이 종료되지 아니하였거나 집행을 받지 아니하기로 확정되지 아니한 의료인에 대하여 필요적으로 면허를 취소하도록 정하고 있는 것은, 직업의 자유를 침해하지 않으며, 권력분립원칙 및 평등원칙에 위배되지 않는다.

판례 032 — 4·16세월호참사 피해구제 및 지원 등을 위한 특별법 제6조 제3항 등 위헌확인(헌재 2017.6.29, 2015헌마654) : 위헌, 기각, 각하 ★★☆

① 집행행위를 예정하고 있는 법률조항은 그 자체에서 직접 청구인들의 자유를 제한하거나 의무를 부과한다고 볼 수 없으므로 이에 대한 심판청구는 기본권침해의 직접성 요건을 갖추지 못하여 부적법하다.

② 신청인이 배상금 등 지급결정에 동의한 경우 재판상 화해와 같은 효력을 부여한 것은 재판청구권을 지나치게 제한하는 것이라고 보기 어렵다.

③-1. 세월호피해지원법 시행령 조항 가운데 배상금 등을 받은 경우 재판상 화해와 같은 효력이 있음에 동의한다는 표현을 넘어서 '4·16세월호참사에 관하여 어떠한 방법으로도 일체의 이의를 제기하지 않을 것임을 서약합니다.'라는 부분은, 헌법소원의 대상이 되는 공권력의 행사로 보아야 한다.

③-2. 배상금 등을 지급받으려는 신청인으로 하여금 '세월호참사에 관하여 일체의 이의를 제기하지 않을 것을 서약한다'라는 취지가 기재된 동의서를 제출하도록 규정하고 있는 것은 법률유보원칙에 위반하여 일반적 행동의 자유를 침해한다.

판례 033 — 공직선거법 제60조의3 제1항 제1호 등 위헌확인(헌재 2017.6.29, 2016헌마110) : 각하

현직 국회의원인지 여부를 불문하고 예비후보자가 선거사무소를 설치하고 그 선거사무소에 간판·현판 또는 현수막을 설치·게시할 수 있도록 한 공직선거법 조항에 따라, 현직 국회의원이 예비후보자로 등록할 경우 국회의원 상설사무소와 선거사무소를 중복하여 두고 양쪽에 간판 등을 설치함으로써 사실상 홍보 효과를 누리게 된다고 하더라도, 이는 관련 공직선거법령상 다른 직업과 마찬가지로 현직 국회의원의 경우에도 선거의 공정을 해치지 않는 범위 내에서 그 직무수행을 보호하는 결과 발생하는 사실적이고 반사적인 불이익에 불과하므로, 현직 국회의원이 아닌 예비후보자인 청구인의 평등권을 침해할 가능성이 없다.

판례 034 — 노인장기요양보험법 제35조의2 제1항 본문 등 위헌확인(헌재 2017.6.29, 2016헌마719) : 기각

개정된 노인장기요양보험법 중 재가장기요양기관의 장이 보건복지부령으로 정하는 재무·회계 기준에 따라 재가장기요양기관을 운영하도록 규정한 것과, 재가장기요양기관이 지급받은 장기요양급여비용 중 보건복지부장관이 정하여 고시하는 비율을 장기요양요원에 대한 인건비로 지출하도록 규정한 것은, 과잉금지원칙 및 신뢰보호원칙을 위반하여 직업수행의 자유를 침해하지 않는다.

판례 035
교육공무원법 제29조의4 제4항 위헌확인(헌재 2017.7.27. 2017헌마599) : **기각, 각하**

2012.3.1.부터 2016.3.1.까지 사이에 수석교사로 임용된 청구인들의 심판청구는 청구기간을 준수하지 못하여 부적법하고, 수석교사 임기 중에 교장 등의 자격을 취득할 수 없도록 한 교육공무원법 제29조의4 제4항은 2017.3.1. 수석교사로 임용된 청구인들의 평등권을 침해하지 않는다.

판례 036
방청불허처분취소(헌재 2017.7.27. 2016헌마53) : **각하** ★☆☆

부산광역시 기장군의회 운영행정위원장이 청구인들의 기장군의회 운영행정위원회 임시회 방청을 불허한 행위는 권리보호이익이 인정되지 않는다.

판례 037
임업 및 산촌 진흥촉진에 관한 법률 제32조 제4호 등 위헌제청(헌재 2017.7.27. 2017헌가8) : **합헌**

생산자·수입자 또는 판매자로 하여금 산양삼 유통·판매 또는 통관을 하는 경우 품질표시를 하도록 하고, 이를 위반하면 형사처벌하는 것은 산양삼 생산자·수입자 또는 판매자의 직업수행의 자유를 침해하지 않는다.

판례 038
조세범 처벌법 제5조 위헌소원(헌재 2017.7.27. 2012헌바323) : **합헌**

유사석유제품을 제조하여 조세를 포탈한 자를 처벌하도록 규정한 것은 이중처벌금지원칙과 죄형법정주의의 명확성원칙에 위배되지 않으며, 진술거부권을 침해하지 않는다.

판례 039
민사소송법 제114조 등 위헌소원(헌재 2017.7.27. 2015헌바1) : **합헌**

① 소취하간주의 경우 소송비용을 원칙적으로 원고가 부담하도록 한 민사소송법 조항은 재판청구권을 침해하지 않는다.
② 소취하간주의 경우에도 변호사보수를 소송비용에 산입하도록 한 민사소송법 조항은 재판청구권을 침해하지 않는다.

판례 040
공직선거법 제250조 제1항 위헌소원(헌재 2017.7.27. 2015헌바219) : **합헌**

당선되거나 되게 할 목적으로 후보자에게 유리하도록 허위사실을 공표하여 선거인의 공정한 판단에 영향을 미치는 일체의 행위를 처벌하는 공직선거법 제250조 제1항의 '경력등' 중 '경력'부분은, 비록 공직선거법이 '경력'의 정의규정을 두고 있지 않지만 죄형법정주의의 명확성원칙에 위배되지 않는다. 공직선거에서 후보자의 체납사실은 선거인의 투표권 행사에 있어 공정한 판단에 영향을 미치는 후보자의 이력에 관한 중요한 사항으로서 경력에 당연히 포함되는 것이다.

판례 041 | 할부거래에 관한 법률 제50조 제1항 제1호 등 위헌소원(헌재 2017.7.27. 2015헌바240) : 합헌

① 선불식 할부거래업자에게 개정 법률이 시행되기 전에 체결된 선불식 할부계약에 대하여도 소비자피해보상보험계약 등을 체결할 의무를 부과한 것은 소급입법금지원칙 및 신뢰보호원칙에 위배되지 않는다.

② 선불식 할부거래업자로 하여금 위 보험계약 등을 체결하거나 유지함에 있어 허위의 자료를 제출하지 못하도록 하고, 이를 위반하면 처벌하는 것은 형벌불소급원칙에 위배되지 않는다.

판례 042 | 전파법 제58조의2 제1항 등 위헌소원(헌재 2017.7.27. 2015헌바278) : 합헌

방송통신기자재등을 제조·판매·수입하려는 자에 대하여 해당 기자재의 적합성평가를 받도록 한 것 및 적합성평가를 받지 않고 방송통신기자재등을 판매하거나 판매할 목적으로 제조·수입한 사람을 처벌하도록 한 것은 직업수행의 자유를 침해하지 않는다.

판례 043 | 구 국세기본법 제51조 제2항 제2호 위헌소원(헌재 2017.7.27. 2015헌바286) : 합헌

국세환급금을 체납 국세 등에 충당하도록 한 국세기본법 조항은 명확성원칙에 위배되지 않으며, 재산권을 침해하지 않는다.

판례 044 | 철도안전법 제49조 제2항 등 위헌소원(헌재 2017.7.27. 2015헌바471) : 합헌 ★☆☆

폭행·협박으로 철도종사자의 직무집행을 방해한 자를 5년 이하의 징역 또는 5천만 원 이하의 벌금으로 처벌하도록 규정한 것은 죄형법정주의의 명확성원칙 및 책임과 형벌 간의 비례원칙에 위반되지 않으며, 형벌체계의 균형성을 상실하여 평등원칙에 위반된다고 볼 수도 없다.

판례 045 | 구 폭력행위 등 처벌에 관한 법률 제3조 제1항 위헌소원(헌재 2017.7.27. 2015헌바450) : 합헌

단체나 다중의 위력으로써 형법상 상해죄를 범한 사람을 가중 처벌하는 것은 죄형법정주의의 명확성원칙, 책임과 형벌의 비례원칙, 평등원칙에 위반되지 아니한다.

판례 046 | 도시개발법 제2조 제1항 제2호 등 위헌소원(헌재 2017.7.27. 2016헌바41) : 합헌, 각하

도시개발사업은 국토계획법에 따른 광역도시계획이나 도시·군기본계획의 규율 하에 일정 지역을 도시의 기능을 갖추도록 계획적·체계적으로 개발함으로써, 주거, 산업 등의 기능을 단일하게 또는 복합적으로 갖춘 단지 또는 시가지를 조성하는 사업 일체를 뜻하는 것으로서, 적어도 건전한 상식과 통상적인 법감정을 가진 사람으로서는 이와 같은 이 사건 정의조항의 의미를 충분히 예측할 수 있으므로, 도시개발사업에 대하여 정의하고 있는 조항이 명확성원칙에 위배된다고 할 수 없다.

판례 047 특정범죄 가중처벌 등에 관한 법률 제2조 제2항 위헌소원(헌재 2017.7.27. 2016헌바42) : 합헌
형법 제129조 제1항의 수뢰죄를 범한 사람에게 수뢰액의 2배 이상 5배 이하의 벌금을 병과하도록 규정한 것은 형벌과 책임 간의 비례원칙에 위배되었다고 볼 수 없다.

판례 048 구 소득세법 제4조 등 위헌소원(헌재 2017.7.27. 2016헌바290) : 합헌
집합투자기구(펀드)로부터의 이익에 대한 소득금액을 계산할 때 손익 통산을 허용하지 않는 것은 종합적 정책판단의 산물로서 입법재량의 한계를 벗어나 납세의무자의 재산권을 침해한다고 볼 수 없다.

판례 049 공공단체등 위탁선거에 관한 법률 제24조 위헌소원 등(헌재 2017.7.27. 2016헌바372) : 합헌
★☆☆
직선제 조합장선거의 경우 선거운동기간을 후보자등록마감일의 다음 날부터 선거일 전까지로 한정하면서 예비후보자제도를 두지 아니한 것과 법정된 선거운동방법만을 허용하면서 합동연설회 또는 공개토론회의 개최나 언론기관 및 단체가 주최하는 대담·토론회를 허용하지 아니하는 것은 후보자 및 선거인인 조합원의 결사의 자유 등 기본권을 침해하지 아니한다.

판례 050 공유재산 및 물품 관리법 제81조 제1항 본문 위헌소원(헌재 2017.7.27. 2016헌바374) : 합헌
사용·수익허가나 대부계약 없이 지방자치단체 소유의 공유재산을 사용·수익 또는 점유를 한 자에 대하여 사용료 또는 대부료의 100분의 120에 해당하는 금액을 징수하도록 하면서, 그 예외 사유를 규정한 '공유재산 및 물품 관리법' 조항이, 의무교육 실시와 같은 공익 목적 내지 공적 용도로 공유재산을 무단점유한 경우를 사익추구의 목적으로 무단점유한 경우와 동일하게 변상금을 부과하고, 공익 목적 내지 공적 용도로 공유재산을 무단점유한 경우를 이미 변상금 부과의 예외로 규정하고 있는 사유와 같게 볼 수 있음에도 달리 취급하더라도 평등원칙에 위반되지 아니한다.

판례 051 채무자 회생 및 파산에 관한 법률 제569조 위헌소원(헌재 2017.7.27. 2016헌바212) : 합헌
개인회생절차에서의 면책취소신청 기각결정에 대한 즉시항고권을 규정하고 있지 않은 것은 개인회생채권자의 재판청구권을 침해한다고 볼 수 없다.

판례 052 공무원연금법 제47조 제1항 제2호 위헌확인(헌재 2017.7.27. 2015헌마1052) : 기각 ★★☆
공무원연금법상 퇴직연금수급자가 지방의회의원에 취임한 경우 그 재직기간 중 퇴직연금 전부의 지급을 정지하도록 규정한 것은 과잉금지원칙 및 신뢰보호원칙에 반하여 재산권을 침해한다고 볼 수 없다.

판례 053

2015년 인구주택총조사 위헌확인(헌재 2017.7.27. 2015헌마1094) : **기각**

피청구인 통계청장이 2015.11.1.부터 2015.11.15.까지 2015 인구주택총조사의 방문 면접조사를 실시하면서, 담당조사원을 통해 청구인에게 피청구인이 작성한 2015 인구주택총조사 조사표의 조사항목들에 응답할 것을 요구한 행위는 법률유보원칙, 포괄위임금지원칙, 과잉금지원칙을 위반하지 않으므로 개인정보자기결정권을 침해하지 않는다.

판례 054

구 중소기업제품 구매촉진 및 판로지원에 관한 법률 제33조 제1항 위헌제청(헌재 2017.7.27. 2016헌가9) : **합헌**

'국가유공자 등 단체설립에 관한 법률'에 따라 설립된 단체 중 상이를 입은 자들로 구성된 단체(이하 '상이단체'라 한다)가 수익사업을 운영하면서 하청생산 납품 등 부당한 방법으로 직접 생산하지 아니한 제품을 납품한 경우에 상이단체가 받은 직접생산 확인을 전부 취소하도록 정하고 있는 것은 직업수행의 자유를 침해하지 않는다.

판례 055

공무원수당 등에 관한 규정 제15조 제2항 등 위헌확인(헌재 2017.8.31. 2016헌마404) : **기각**

① 공무원 역시 통상적인 근로자의 성격을 갖지만, 국민전체에 대하여 봉사하고 책임을 져야 하는 특별한 지위에 있는 자로서 일반 근로자와 달리 특별한 근무관계에 있다. 따라서 공무원의 근무조건은 공무원 근로관계의 특수성과 예산상 한계를 고려하여 독자적인 법률 및 하위법령으로 규율하고 있으며, 이는 근로기준법보다 우선적으로 적용된다.
② 공무원의 시간외·야간·휴일근무수당의 산정방법을 정하고 있는 규정이 근로기준법보다 적은 액수의 수당을 지급한다 하여 이를 불합리한 차별이라고 보기 어려우므로 평등권을 침해하지 않는다.

판례 056

북한이탈주민의 보호 및 정착지원에 관한 법률 제33조 제3항 위헌제청(헌재 2017.8.31. 2015헌가22) : **합헌** ★☆☆

'거짓이나 그 밖의 부정한 방법으로' 북한이탈주민의 보호 및 정착지원에 관한 법률에 따른 보호 또는 지원을 받아 재물이나 재산상의 이익을 받은 경우 이를 필요적으로 몰수·추징하도록 규정하고 있는 것은 과잉금지원칙에 위배된다고 볼 수 없다.

판례 057

형법 제227조의2 위헌제청(헌재 2017.8.31. 2015헌가30) : **합헌**

사무처리를 그르치게 할 목적으로 공무원 또는 공무소의 전자기록등 특수매체기록을 위작한 자를 10년 이하의 징역에 처하도록 정한 것은 책임과 형벌 간 비례원칙과 평등원칙에 위반되지 않는다.

판례 058

금융지주회사법 제70조 제1항 제8호 등 위헌제청(헌재 2017.8.31. 2016헌가11) : **합헌**

금융지주회사의 임·직원이 업무상 알게 된 공개되지 아니한 정보 또는 자료를 다른 사람에게 누설하는 것을 금지하는 것은 죄형법정주의의 명확성원칙에 위배되지 않고, 표현의 자유를 침해하지 않는다.

판례 059

구 소득세법 제64조 위헌소원(헌재 2017.8.31. 2015헌바339) : **합헌**

부동산매매업자가 1세대 3주택 또는 비사업용 토지를 양도한 경우 사업자로서의 종합소득산출세액과 양도소득세율을 적용한 산출세액을 비교하여 그 중 많은 것을 종합소득산출세액으로 계산하는 구 소득세법 조항은 재산권을 침해하지 않으며, 조세평등주의에 위반되지 않는다.

판례 060

항만운송사업법 제26조의3 제1항 위헌소원(헌재 2017.8.31. 2016헌바386) : **합헌**

선박급유업을 항만별로 지방해양항만청장에게 등록하도록 하고, 등록한 사항을 위반하여 선박급유업을 한 자를 처벌하도록 하는 것은 선박급유업자의 직업수행의 자유를 침해한다고 볼 수 없다.

판례 061

정치자금법 제45조 제1항 등 위헌소원(헌재 2017.8.31. 2016헌바45) : **합헌**

정치인에게 직접 정치자금을 기부한 경우 해당 후원회가 기부받은 것으로 의제하면서도, 무상대여의 방법으로 기부한 경우는 제외하도록 한 정치자금법 조항 및 정치인에게 직접 정치자금을 무상대여한 경우 처벌하는 정치자금법 조항은 정치활동 내지 정치적 의사표현의 자유를 침해하지 않는다.

판례 062

민사소송 등 인지법 제8조 제1항 위헌소원(헌재 2017.8.31. 2016헌바447) : **합헌**

항소심 확정판결에 대한 재심소장에 붙일 인지액을 항소장에 붙일 인지액과 같게 정한 것은 재판청구권을 침해하지 않으며 평등원칙에 위반되지 않는다.

판례 063

주택임대차보호법 제3조 제4항 위헌소원(헌재 2017.8.31. 2016헌바146) : **합헌**

임차주택의 양수인이 임대인의 지위를 승계하도록 규정한 것은 과잉금지원칙에 위반된다고 볼 수 없다.

공공기관의 운영에 관한 법률 제39조 제2항 등 위헌소원(헌재 2017.8.31. 2015헌바388) : 합헌

① 공기업·준정부기관으로 하여금 '공정한 경쟁이나 계약의 적정한 이행을 해칠 것이 명백하다고 판단'되는 사람·법인 또는 단체에 대하여 2년의 범위 내에서 일정기간 입찰참가자격을 제한할 수 있도록 하는 것은 명확성원칙에 위배되지 않으며, 과잉금지원칙에 위배되어 직업수행의 자유를 침해하지 않는다.

② 입찰참가자격의 제한기준 등에 관하여 필요한 사항은 기획재정부령으로 정하도록 한 것은 의회유보원칙 및 포괄위임금지원칙에 위배되지 않는다.

구 총포·도검·화약류 등 단속법 제72조 제6호 등 위헌제청(헌재 2017.9.28. 2016헌가20) : 합헌

화약류의 발파와 연소에 관한 기술상의 기준을 대통령령에 위임하는 것 및 위 기준을 따르지 아니한 경우 형사처벌하는 것은 포괄위임금지원칙에 위배되지 않는다. 다만 입법론적으로는 하위법령에 규정될 기술상 기준의 내용을 예시적으로 열거하거나 기술상의 기준의 범위에 관하여 구체적으로 설명하는 등의 방식으로 법률을 정비하여 위임의 범위를 보다 명확하게 하는 것이 바람직하다.

개발제한구역의 지정 및 관리에 관한 특별조치법 제24조 제2항 [별표] 제7호 다목 위헌소원(헌재 2017.9.28. 2016헌바76) : 합헌 ★☆☆

공익사업의 시행으로 인해 철거된 건축물을 취락지구가 아닌 지역으로 이축하는 경우 개발제한구역보전부담금을 100분의 100 비율로 부과하는 것은 재산권을 침해하지 않고, 취락지구와 취락지구가 아닌 지역은 개발 허용 수준이 다르므로 서로 다른 비율로 개발보전부담금을 부과한다고 해서 합리적 이유 없는 차별이라고 볼 수 없으므로 평등원칙에 위배되지 않는다.

축산물 위생관리법 제45조 제4항 제1호 등 위헌소원(헌재 2017.9.28. 2016헌바140) : 합헌

식품의약품안전처장이 공중위생상 필요한 경우 고시하는 축산물 가공방법의 기준을 준수하도록 규정한 것과 이러한 기준을 위반한 자를 처벌하는 것은 헌법에서 정한 위임입법의 형식을 갖추지 못하여 헌법에 위반된다고 할 수 없으며, 포괄위임금지원칙·책임과 형벌 간의 비례원칙·평등원칙에 위배되지 않는다.

구 지방세법 제11조 제1항 제8호 등 위헌소원(헌재 2017.9.28. 2016헌바143) : 합헌

유상거래로 취득한 주택의 공유지분에 대한 취득세의 과세표준 및 표준세율을 규정하고 있는 것은 과세요건명확주의 및 조세평등주의에 위반되지 않는다.

판례 069
민사소송법 제472조 제1항 위헌소원(헌재 2017.9.28, 2017헌바22) **: 각하**

채권자가 지급명령을 신청하였으나 법원으로부터 채무자의 주소를 보정하라는 명령을 받아 소제기신청을 한 경우, 지급명령을 신청한 때 소가 제기된 것으로 본다고 규정한 조항에 대한 헌법소원심판은 심판대상조항의 위헌 여부에 따라 당해 사건의 주문이 달라지거나 재판의 내용과 효력에 관한 법률적 의미가 달라진다 할 수 없어 재판의 전제성이 인정되지 아니한다.

판례 070
여객자동차 운수사업법 제87조 제1항 제3호 등 위헌소원(헌재 2017.9.28, 2016헌바339) **: 합헌**

여객자동차운송사업 중 대통령령으로 정하는 여객자동차운송사업의 운전자격을 취득한 자가 도주차량죄를 범하여 금고 이상의 형의 집행유예를 선고받고 그 집행유예기간 중에 있는 경우 그 운전자격을 취소하도록 규정한 것은 직업선택의 자유를 침해하지 않는다.

판례 071
성매매알선 등 행위의 처벌에 관한 법률 제2조 제1항 제2호 가목 등 위헌소원(헌재 2017.9.28, 2016헌바376) **: 합헌**

성매매를 권유하는 행위를 처벌하는 것은 죄형법정주의의 명확성원칙에 위반되지 않으며, 형벌체계상 균형을 상실하여 평등원칙에 위반되는 것은 아니다.

판례 072
청원경찰법 제5조 제4항 등 위헌확인(헌재 2017.9.28, 2015헌마653) **: 헌법불합치** ★★☆

① 청원경찰은 일반근로자일 뿐 공무원이 아니므로 원칙적으로 헌법 제33조 제1항에 따라 근로3권이 보장되어야 한다. 청원경찰은 제한된 구역의 경비를 목적으로 필요한 범위에서 경찰관의 직무를 수행할 뿐이며, 그 신분보장은 공무원에 비해 취약하다. 또한 국가기관이나 지방자치단체 이외의 곳에서 근무하는 청원경찰은 근로조건에 관하여 공무원뿐만 아니라 국가기관이나 지방자치단체에 근무하는 청원경찰에 비해서도 낮은 수준의 법적 보장을 받고 있으므로, 이들에 대해서는 근로3권이 허용되어야 할 필요성이 크다.

> **판례변경** 청원경찰의 복무에 관하여 국가공무원법 제66조 제1항을 준용함으로써 노동운동을 금지하는 청원경찰법 조항은 국가기관이나 지방자치단체 이외의 곳에서 근무하는 청원경찰들의 근로3권을 침해한다.

판례 073
특정범죄자에 대한 보호관찰 및 전자장치 부착 등에 관한 법률 제5조 제1항 제3호 등 위헌확인 (헌재 2017.9.28, 2016헌마964) **: 기각**

① 주거침입강간상해 및 강간의 범죄로 유죄판결이 확정된 자를 신상정보 등록대상자로 규정한 것은 개인정보자기결정권을 침해하지 않는다.
② 등록대상자는 신상정보를 자신의 주소지를 관할하는 경찰관서의 장에게 제출하여야 한다고 규정한 것은 개인정보자기결정권을 침해하지 않는다.

> **주의** 사생활의 비밀과 자유, 행복추구권은 그 보호영역이 개인정보자기결정권의 보호영역과 중첩되는 범위에서 관련되어 있고, 특별한 사정이 없는 이상 개인정보자기결정권에 대한 침해 여부를 판단함으로써 그 침해 여부에 대한 판단이 함께 이루어지는 것으로 볼 수 있으므로 별도로 판단하지 않음.

판례 074 구 소득세법 제97조 제3항 위헌소원(헌재 2017.9.28, 2016헌바181) : 합헌

양도소득의 필요경비를 계산할 때 양도자산 보유기간에 그 자산에 대한 감가상각비로서 각 과세기간의 사업소득금액을 계산하는 경우 필요경비에 산입하였거나 산입할 금액이 있을 때에는 이를 취득가액에서 공제하도록 규정한 것은 재산권을 침해하지 않는다.

판례 075 국세기본법 제12조 제1항 단서 위헌제청(헌재 2017.10.26, 2016헌가19) : 합헌

① 헌법 제12조 제1항에 따른 적법절차원칙은 형사소송절차에 국한되지 않고 모든 국가작용 전반에 대하여 적용되므로, 국민에게 부담을 주는 행정작용인 과세절차에 있어서도 적법절차원칙이 준수되어야 한다.
② 국세정보통신망에 저장하는 방법에 의한 전자송달의 효력발생시점을 송달할 서류가 국세정보통신망에 저장된 때로 정하고 있는 국세기본법 조항은 제청신청인의 재판청구권을 침해하거나 적법절차원칙에 위반되지 않는다.

판례 076 형법 부칙 제2조 제1항 위헌소원(헌재 2017.10.26, 2015헌바239) : 합헌, 위헌

① 선고하는 벌금이 1억 원 이상 5억 원 미만인 경우에는 300일 이상, 5억 원 이상 50억 원 미만인 경우에는 500일 이상, 50억 원 이상인 경우에는 1,000일 이상의 유치기간을 정하도록 노역장유치기간의 하한을 정한 형법 제70조 제2항은 신체의 자유를 침해하지 않는다.
② 형벌불소급원칙에서 의미하는 '처벌'은 단지 형법에 규정되어 있는 형식적 의미의 형벌 유형에 국한되지 않으며, 범죄행위에 따른 제재의 내용이나 실제적 효과가 형벌적 성격이 강하여 신체의 자유를 박탈하거나 이에 준하는 정도로 신체의 자유를 제한하는 경우에는 법적 안정성, 예측 가능성 및 국민의 신뢰를 보호하기 위하여 형벌불소급원칙이 적용되어야 한다.
③ 노역장유치는 벌금형에 부수적으로 부과되는 환형처분으로서, 그 실질은 신체의 자유를 박탈하여 징역형과 유사한 형벌적 성격을 가지고 있으므로, 형벌불소급원칙의 적용대상이 된다.
④ 위 형법 제70조 제2항을 시행일 이후 최초로 공소제기되는 경우부터 적용하도록 한 형법 부칙 제2조 제1항은, 범죄행위 당시 보다 불이익한 법률을 소급 적용하도록 하는 것으로서 헌법상 형벌불소급원칙에 위반된다.

판례 077 신상등록 위헌확인 등(헌재 2017.10.26. 2016헌마656) : 기각, 각하 ★☆☆

아동·청소년이 등장하는 아동·청소년이용음란물 배포 및 소지 행위로 유죄판결이 확정된 자는 신상정보 등록대상자가 된다고 규정한 것은 개인정보자기결정권을 과도하게 제한하지 아니하므로 헌법에 위반되지 않는다.

판례 078 도시 및 주거환경정비법 제19조 제1항 등 위헌소원(헌재 2017.10.26. 2016헌바301) : 합헌 ★☆☆

① 재건축 조합설립에 부동의한 토지등 소유자를 매도청구의 상대방으로 규정한 것은 재산권을 침해하지 않는다.
② 재건축 조합원의 자격을 토지등 소유자로 제한하고 토지만 소유한 자를 매도청구의 상대방으로 규정한 것은 재산권을 침해하지 않는다.

판례 079 독점규제 및 공정거래에 관한 법률 제22조의2 제3항 위헌소원(헌재 2017.10.26. 2017헌바58) : 합헌

부당한 공동행위에 관하여 자진신고 또는 조사협조한 자에 대한 과징금 감면의 범위와 그 기준 등을 대통령령으로 정하도록 위임하고 있는 것은 법률유보원칙이나 포괄위임금지원칙에 위반되지 않는다.

판례 080 산업안전보건법 제71조 본문 등 위헌소원(헌재 2017.10.26. 2017헌바166) : 합헌

① 산업안전보건법상 안전조치의무를 위반한 사업주를 형사처벌하는 것은 과잉형벌에 해당되지 않으므로 헌법에 위반되지 않는다.
② 불법의 결과 발생에 관하여 독자적인 책임이 없는 법인은, "법인 또는 개인이 그 위반행위를 방지하기 위하여 해당 업무에 관하여 상당한 주의와 감독을 게을리하지 아니한 경우에는 그러하지 아니하다."라는 내용의 이 사건 양벌규정조항 단서에 의해 형사처벌의 대상에서 제외된다. 이와 같이 '법인의 대리인, 사용인, 그 밖의 종업원이 그 법인의 업무에 관하여 법을 위반한 때에는 그 법인에게도 해당 조문의 벌금형을 과한다.'라는 이 사건 양벌규정조항에 의한 형사처벌 여부가 법인의 독자적인 책임 유무에 따라 결정되므로 이 사건 양벌규정조항은 책임주의 원칙에 어긋나지 않는다.

판례 081 대부업 등의 등록 및 금융이용자 보호에 관한 법률 제14조 제3호 위헌소원(헌재 2017.10.26. 2015헌바338) : 합헌

대부업자가 금고 이상의 형의 집행유예를 선고받고 그 유예기간 중에 있음을 이유로 대부업 등록이 취소된 경우에도 기존에 체결한 대부계약에 따른 거래를 종결하는 범위에서 대부업자로 본다고 규정한 것은 명확성원칙, 과잉금지원칙, 평등원칙에 위반되지 않는다.

판례 082
형법 제298조 위헌소원(헌재 2017.11.30. 2015헌바300) **: 합헌**

폭행 또는 협박으로 사람에 대하여 추행을 한 자를 10년 이하의 징역 또는 1천500만 원 이하의 벌금에 처하도록 규정한 형법 조항은 죄형법정주의의 명확성원칙, 책임과 형벌의 비례원칙, 평등원칙에 위배되지 않는다.

판례 083
특정범죄 가중처벌 등에 관한 법률 제5조의10 제1항 등 위헌소원(헌재 2017.11.30. 2015헌바336) **: 합헌** ★☆☆

운행 중인 자동차의 운전자를 폭행하거나 협박하여 사람을 상해에 이르게 한 경우에는 3년 이상의 유기징역에 처하도록 규정한 것은 죄형법정주의의 명확성원칙과 평등원칙에 위반되지 않는다.

판례 084
문화재수리 등에 관한 법률 제25조 제1항 위헌소원(헌재 2017.11.30. 2015헌바377) **: 합헌** ★☆☆

전문문화재수리업자에 대하여 하도급을 금지하고 이를 위반하는 경우 형벌을 부과하도록 한 것은 직업수행의 자유를 침해하지 않는다.

판례 085
제대혈 관리 및 연구에 관한 법률 제5조 제1항 제1호 위헌소원(헌재 2017.11.30. 2016헌바38) **: 합헌**

제대혈의 매매행위를 금지하는 것은 청구인의 계약의 자유 및 재산권을 침해하지 아니한다.

판례 086
형사소송법 제253조 제3항 위헌소원(헌재 2017.11.30. 2016헌바157) **: 합헌**

범인이 형사처분을 면할 목적으로 국외에 있는 경우 그 기간 동안 공소시효가 정지되도록 정한 형사소송법 제253조 제3항은 평등원칙에 위반되지 않는다.

판례 087
의료법 부칙 제4조 위헌확인(헌재 2017.11.30. 2016헌마725) **: 기각**

의료인에 대한 자격정지처분의 사유가 발생한 날로부터 5년이 지난 경우 처분을 할 수 없도록 시효규정을 신설하면서, 이미 자격정지처분이 있었던 경우에는 시효규정의 적용대상에서 제외한 의료법 부칙 제4조는 평등권을 침해하지 않는다.

판례 088
구 총포·도검·화약류 등 단속법 제71조 제4호 등 위헌소원(헌재 2017.11.30. 2016헌바245) **: 합헌**

화약류관리보안책임자가 수행하여야 할 안전상의 감독업무를 대통령령에 위임하는 조항과 위 조항을 위반하여 안전상의 감독업무를 게을리 한 자를 처벌하는 조항은 포괄위임금지원칙에 위반되지 않는다.

판례 089
공무원연금법 부칙 제5조 위헌확인(헌재 2017.11.30. 2016헌마101) : **기각** ★☆☆

연금인 급여를 전국소비자물가변동률에 따라 매년 증액 또는 감액하도록 하는 공무원연금법 제43조의2를 2016.1.1.부터 2020.12.31.까지 적용하지 않도록 한 공무원연금법 부칙 제5조 연금동결조항은 재산권과 평등권을 침해하지 않는다.

판례 090
국민기초생활보장법 제15조 위헌확인(헌재 2017.11.30. 2016헌마448) : **기각, 각하** ★☆☆

생계급여를 지급함에 있어 자활사업 참가조건의 부과를 유예할 수 있는 대상자에 '대학원 재학생'과 '고아'를 포함시키지 않은 국민기초생활 보장법 시행령 제8조 제2항 제1호는 평등권과 인간다운 생활을 할 권리를 침해하지 않는다.

판례 091
변호인 참여신청서 요구행위 등 위헌확인(헌재 2017.11.30. 2016헌마503) : **인용(위헌확인), 각하**

1-① 검찰수사관인 피청구인이 피의자신문에 참여한 변호인인 청구인에게 피의자 후방에 앉으라고 요구한 행위는 권력적 사실행위로서 헌법소원의 대상이 되는 공권력의 행사에 해당한다.
② 검찰수사관이 피의자신문에 참여한 변호인에게 피의자 후방에 앉으라고 요구한 행위는 형사소송법 제417조의 준항고로 다툴 수 있는지 여부가 불명확하므로, 보충성 원칙의 예외가 인정된다. ★★☆
③ 형사절차에서 피의자신문의 중요성을 고려할 때, 변호인이 피의자신문에 자유롭게 참여할 수 있는 권리는 헌법상 기본권인 변호인의 변호권으로서 보호되어야 한다.
④ 피의자신문 시 변호인이 피의자의 옆에서 조력하는 것은 변호인의 피의자신문참여권의 주요 부분이므로, 수사기관이 피의자신문에 참여한 변호인에 대하여 후방착석을 요구하는 행위는 변호인의 피의자신문참여를 제한함으로써 헌법상 기본권인 변호인의 변호권을 제한하고, 변호인인 청구인의 변호권을 침해한 것이다.
2. 검찰수사관이 피의자신문에 참여한 변호인에게 변호인 참여신청서의 작성을 요구한 것은 검찰 내부 절차를 수행하는 과정에서 이루어진 비권력적 사실행위에 불과하므로, 헌법소원의 대상이 되는 공권력의 행사에 해당한다고 보기 어렵다.

판례 092
구 법인세법 제55조의2 제6항 위헌소원(헌재 2017.11.30. 2016헌바182) : **합헌**

법인의 토지 등 양도소득을 계산함에 있어 양도가액에서 양도 당시의 장부가액만을 차감하도록 규정하는 구 법인세법 조항은 재산권을 침해하지 않으며, 평등원칙에 위배되지 않는다.

판례 093
의료법 제82조 제1항 등 위헌제청(헌재 2017.12.28. 2017헌가15) : **합헌**

① 시각장애인에게만 안마사자격을 부여하는 의료법 조항은 비시각장애인을 시각장애인에 비하여 비례의 원칙에 반하여 차별하는 것이라고 할 수 없고, 비시각장애인의 직업선택의 자유를 과도하게 침해하여 헌법에 위반된다고 보기도 어렵다. ★☆☆

② 안마사가 아니면 안마시술소 등을 개설할 수 없도록 한 의료법 조항은 과잉금지원칙에 위배되어 안마시술소 등을 개설하여 운영하고자 하는 비시각장애인의 직업선택의 자유 및 평등권을 침해하지 않는다.

③ 위 개설금지 조항을 위반한 자를 처벌하는 구 의료법 조항은 책임과 형벌 사이의 비례원칙에 위반되어 헌법에 위반되지 않는다.

판례 094
화성시와 국방부장관 간의 권한쟁의(헌재 2017.12.28. 2017헌라2) : **각하**

① 이전건의권의 법적 성격에 대하여, 군공항이전법상 예비이전후보지 선정사무가 국가사무임을 전제로 이전건의권이 군 공항 이전사업에 대한 국가권한의 행사를 촉구하고 그에 대한 국방부장관의 검토 결과를 통보받을 수 있는 권한에 불과하지만, 절차적 참여를 보장받는다는 의미도 있다고 보았다. 다만 군공항이전법의 전체 체계에 비추어 보면, 복수의 지방자치단체에 걸쳐 있는 군 공항에 대해 일부 지방자치단체만의 이전건의권 행사도 가능하고, 이를 기초로 예비이전후보지를 선정하더라도 이전건의권을 행사하지 않은 지방자치단체의 이전건의권을 침해하는 것이 아니라고 보았다.

② 국방부장관이 수원 군 공항 예비이전후보지를 화성시 ☆☆지구일대로 선정한 행위가 화성시의 자치권 및 군 공항 이전건의권을 침해하여 무효라는 권한쟁의심판청구는, 화성시의 자치권 및 군 공항 이전건의권을 침해하였거나 침해할 현저한 위험이 있다고 볼 수 없어 부적법하다.

판례 095
공직선거법 제250조 제1항 등 위헌소원(헌재 2017.12.28. 2015헌바232) : **합헌** ★☆☆

후보자가 중퇴학력을 표시할 경우 수학기간을 의무적으로 기재하도록 하는 것은, 비례원칙 내지 과잉금지원칙에 반하여 선거운동의 자유를 침해하지 않으며, 평등원칙에 위배되지도 않는다.

판례 096
국세징수법 제85조 제2항 단서 위헌소원(헌재 2017.12.28. 2016헌바160) : **합헌**

체납처분의 목적물인 재산의 추산가액이 체납처분비와 우선채권금액에 충당하고 남을 여지가 없더라도, 다른 과세관청의 교부청구가 있는 경우에는 체납처분을 중지하지 아니할 수 있도록 한 국세징수법 조항은 재산권을 침해하지 않는다.

판례 097
영유아보육법 제44조 위헌소원(헌재 2017.12.28. 2016헌바249) : **합헌**

어린이집이 시·도지사가 정한 수납한도액의 범위를 넘어 필요경비를 수납한 경우 시정 또는 변경을 명할 수 있도록 한 조항은, 명확성원칙에 위배되지 않으며 과잉금지원칙에 위배되어 직업의 자유나 재산권을 침해하지 않는다.

판례 098
도로교통법 제82조 제2항 제4호 위헌소원(헌재 2017.12.28. 2016헌바254) : **합헌** ★☆☆

교통사고로 사람을 사상한 후 필요한 조치 및 신고를 하지 아니하여 벌금 이상의 형을 선고받고 운전면허가 취소된 사람은 4년간 운전면허를 받을 수 없도록 한 도로교통법 조항은 직업의 자유 및 일반적 행동의 자유를 침해하지 않는다.

판례 099
구 특정경제범죄 가중처벌 등에 관한 법률 제5조 제4항 제1호 위헌소원(헌재 2017.12.28. 2016헌바281) : **합헌**

금융기관 임직원이 직무와 관련하여 1억 원 이상의 금품수수 등을 하면 가중처벌하는 것은 책임과 형벌간의 비례원칙에 위배되지 아니하고, 형벌체계상의 균형성이나 평등원칙에 위배되지 않는다.

판례 100
의료법 제27조 제3항 위헌소원(헌재 2017.12.28. 2016헌바311) : **합헌**

본인부담금 할인방식의 환자유인행위를 금지하고 처벌하는 것은 죄형법정주의의 명확성원칙과 과잉금지원칙에 위배되지 않는다.

판례 101
사립학교교직원 연금법 제54조 제1항 위헌소원(헌재 2017.12.28. 2016헌바341) : **합헌**

① 소멸시효 제도는 진정한 권리관계의 실현과 지속된 사실관계의 인정이라는 양면적인 의의를 가지고 있어 그 필요성은 권리의 성질이나 내용 및 행사 방법 등에 따라 다른 것이므로, 입법자가 입법재량의 범위 내에서 정책적으로 결정할 사항이라는 점을 고려하여야 할 것이다.
② 급여의 사유가 발생한 사실을 인식하지 못한 경우를 소멸시효에서 제외하는 규정을 두지 아니한 사립학교교직원 연금법 조항은 재산권이나 사회보장수급권을 침해하여 헌법 제37조 제2항의 기본권 제한의 한계를 벗어난 것이라고 할 수 없다.

판례 102
파견근로자보호 등에 관한 법률 제5조 제1항 등 위헌소원(헌재 2017.12.28. 2016헌바346) : **합헌** ★☆☆

제조업의 직접생산공정업무를 근로자파견의 대상업무에서 제외하고, 이에 관하여 근로자파견의 역무를 제공받는 것을 금지하며, 위반 시 처벌하는 것은 사용사업주의 직업수행의 자유를 침해하지 않는다.

※ 비교(헌재 2013.7.25. 2011헌바395)
  법에서 정한 근로자파견의 대상 업무 외에 근로자파견사업을 행한 자를 행정상 제재가 아닌 형사처벌하도록 규정한 것은 파견사업주의 직업의 자유를 침해하지 않는다.

판례 103
성폭력범죄의 처벌 등에 관한 특례법 제7조 제3항 위헌소원(헌재 2017.12.28. 2016헌바368) : **합헌** ★☆☆

폭행 또는 협박으로 13세 미만의 사람에 대하여 추행을 한 자는 징역 또는 벌금형으로 처벌하도록 하는 것은, 명확성원칙, 책임과 형벌 간의 비례원칙, 평등원칙에 위반되지 않는다.

판례 104
특정경제범죄 가중처벌 등에 관한 법률 제5조 제1항 등 위헌소원(헌재 2017.12.28. 2017헌바193) : **합헌**

① 금융회사 등 임직원의 직무에 관한 수재 등 행위를 처벌하도록 규정한 특정경제범죄 가중처벌 등에 관한 법률조항은 헌법에 위반되지 않는다.
② 수수액이 5천만 원 이상인 때에는 가중처벌하도록 규정한 특정경제범죄 가중처벌 등에 관한 법률조항은 헌법에 위반되지 않는다.

판례 105
열람·등사신청 거부행위 위헌확인(헌재 2017.12.28. 2015헌마632) : **인용(위헌확인)**

법원의 수사서류 열람·등사 허용 결정에도 불구하고 해당 수사서류의 등사를 거부한 검사의 행위는 피고인인 청구인들의 신속하고 공정한 재판을 받을 권리 및 변호인의 조력을 받을 권리를 침해한다.

판례 106
영유아보육법 제15조의4 제1항 제1호 등 위헌확인(헌재 2017.12.28. 2015헌마994) : **기각**

① 어린이집에 폐쇄회로 텔레비전(CCTV) 설치를 원칙적으로 의무화하는 것은, 어린이집 설치·운영자의 직업수행의 자유, 어린이집 보육교사(원장 포함) 및 영유아의 사생활의 비밀과 자유, 부모의 자녀교육권을 침해하지 않는다.
② CCTV 설치·관리자인 어린이집 원장은 보호자의 CCTV 영상정보 열람청구에 원칙적으로 응하도록 한 것은 과잉금지원칙에 위반하여 어린이집 원장의 직업수행의 자유를 침해하지 않는다.
③ 보호자가 영유아의 보육환경·보육내용 등 어린이집의 운영실태를 확인하기 위하여 어린이집 원장에게 어린이집 참관을 요구할 수 있고, 이 경우 어린이집 원장은 특별한 사유가 없으면 이에 따르도록 한 것은, 과잉금지원칙에 위반하여 어린이집 원장의 직업수행의 자유를 침해하지 않는다.

판례 107 액화석유가스의 안전관리 및 사업법 제28조 등 위헌확인(헌재 2017.12.28. 2015헌마997) : 기각

액화석유가스를 연료로 사용하는 자동차 또는 그 사용자의 범위를 제한하는 것은 일반적 행동자유권 및 재산권을 침해하지 않는다.

판례 108 변리사법 제3조 제2호 등 위헌확인(헌재 2017.12.28. 2015헌마1000) : 기각 ★★☆

① 변리사의 대한변리사회 가입의무를 규정한 것은 소극적 결사의 자유 및 직업수행의 자유를 침해하지 않는다.
② 위 가입조항이 변리사시험에 합격한 사람과 변호사 자격을 가진 사람 모두 변리사회에 가입하도록 규정한 것은 변리사 업무를 수행함에 있어서 근본적으로 같은 것을 같게 취급하는 것이므로, 가입조항은 청구인의 평등권도 침해하지 않는다.
③ 변리사 업무를 하고자 등록한 자에게 연수교육을 받을 의무를 부과하는 것은 직업수행의 자유 및 평등권을 침해하지 않는다.

판례 109 환경정책기본법 제12조 제2항 등 위헌확인(헌재 2017.12.28. 2016헌마45) : 각하

환경권의 내용과 행사는 법률에 의해 구체적으로 정해지는데(헌법 제35조 제2항), 환경권은 헌법적으로 요청되는 환경보호의 수준에 관한 기준을 구체적으로 제시하고 있지는 않으므로, 입법자는 환경권의 구체적인 실현에 있어 광범위한 형성의 자유를 가진다. 정온을 요하는 사업장의 실내소음 규제기준을 마련할 것인지 여부나 소음을 제거·방지할 수 있는 다양한 수단과 방법 중 어떠한 방법을 채택하고 결합할 것인지 여부는 당시의 기술 수준이나 경제적·사회적·지역적 여건 등을 종합적으로 고려하지 않을 수 없으므로, 독서실과 같이 정온을 요하는 사업장의 실내소음 규제기준을 만들어야 할 입법의무가 헌법의 해석상 곧바로 도출된다고 보기도 어렵다.

판례 110 주택법 시행령 제50조 제8항 위헌확인(헌재 2017.12.28. 2016헌마311) : 기각

공동주택의 동별 대표자의 중임을 한 번으로 제한하는 것은 결사의 자유와 평등권을 침해하지 않고 법률유보원칙 등에도 위배되지 않는다.

판례 111
서울교육대학교 등 2017학년도 수시모집 입시요강 위헌확인(헌재 2017.12.28, 2016헌마649) : **인용(위헌확인)** ★☆☆

① 헌법 제31조 제1항의 평등권으로서 교육을 받을 권리는 '취학의 기회균등', 즉 각자의 능력에 상응하는 교육을 받을 수 있도록 학교 입학에 있어서 자의적 차별이 금지되어야 한다는 차별금지원칙을 의미한다.
② 헌법 제22조 제1항이 보장하고 있는 학문의 자유와 헌법 제31조 제4항에서 보장하고 있는 대학의 자율성에 따라 대학이 학생의 선발 및 전형 등 대학입시제도를 자율적으로 마련할 수 있다 하더라도, 이러한 대학의 자율적 학생 선발권을 내세워 국민의 '균등하게 교육을 받을 권리'를 침해할 수 없으며, 이를 위해 대학의 자율권은 일정부분 제약을 받을 수 있다.
③ ○○교육대학교 등 11개 대학교의 '2017학년도 신입생 수시모집 입시요강'이 검정고시로 고등학교 졸업학력을 취득한 사람들의 수시모집 지원을 제한하는 것은 교육을 받을 권리를 침해한다.
④ 따라서 이 사건 수시모집요강은 헌법에 위반되므로 취소하여야 하나, 이 사건 수시모집요강에 따른 2017년도 신입생 합격자 발표가 이미 종료되었으므로 선언적 의미에서 이에 대한 위헌확인을 한다.

판례 112
구 성폭력범죄의 처벌 등에 관한 특례법 제42조 제1항 위헌확인(헌재 2017.12.28, 2016헌마1124) : **기각** ★☆☆

공중밀집장소추행죄로 유죄판결이 확정된 자를 신상정보 등록대상자가 된다고 규정한 것은 개인정보자기결정권과 평등권을 침해하지 않는다.

판례 113
변호사시험법 부칙 제2조 위헌확인(헌재 2017.12.28, 2016헌마1152) : **기각** ★★☆

사법시험법을 2017.12.31.자로 폐지하기로 한 변호사시험법 부칙(2009.5.28. 법률 제9747호) 제2조는 직업선택의 자유를 침해한다고 볼 수 없다.

2018년도 헌법재판소 판례

판례 001
구 소년법 제67조 위헌제청(헌재 2018.1.25, 2017헌가7) : **헌법불합치** ★☆☆

소년범 중 형의 집행이 종료되거나 면제된 자에 한하여 자격에 관한 법령의 적용에 있어 장래에 향하여 형의 선고를 받지 아니한 것으로 본다고 규정한 것은 집행유예를 선고받은 소년범을 합리적 이유 없이 차별하여 평등원칙에 위반된다.

판례 002
공직선거법 제57조 위헌확인(헌재 2018.1.25, 2016헌마541) : **헌법불합치** ★★☆

지역구국회의원 예비후보자의 기탁금 반환 사유를 예비후보자의 사망, 당내경선 탈락으로 한정하고 있는 공직선거법 조항이 정한 기탁금 반환 대상이 불완전·불충분하여 예비후보자가 정당 공천관리위원회의 심사에서 탈락하여 본선거의 후보자로 등록하지 아니한 경우에 그가 납부한 기탁금 전액을 반환하지 아니하도록 하는 것은 헌법에 위반된다.

판례 003
구 지방세특례제한법 제94조 위헌소원(헌재 2018.1.25, 2015헌바277) : **합헌**

농업협동조합이 취득한 부동산을 2년 이상 해당 용도로 직접 사용하지 아니하고 매각하는 경우 감면된 취득세를 추징하도록 한 것은 명확성원칙에 위반되지 아니하고 재산권을 침해하지 아니한다.

판례 004
군사기밀 보호법 제13조의2 제1항 등 위헌소원(헌재 2018.1.25, 2015헌바367) : **합헌**

① 군사기밀탐지·수집죄를 범한 자가 금품이나 이익을 공여한 경우 그 죄에 해당하는 형의 2분의 1까지 가중처벌한다고 규정한 것은 책임과 형벌 간의 비례원칙에 위배되지 않는다.
② 외국인을 위하여 군사기밀을 누설한 경우 군사기밀누설죄에 정한 형의 2분의 1까지 가중처벌하도록 한 것은 명확성원칙과 책임과 형벌 간의 비례원칙에 위배되지 않는다.

판례 005
구 의료기기법 제12조 제3항 등 위헌소원(헌재 2018.1.25, 2016헌바201) : **합헌** ★★☆

① 의료기기 거래와 관련하여 리베이트를 주고받은 의료기기업자와 의료인을 처벌하는 것은 직업의 자유를 침해하지 않는다.
② 법인인 의료기기업자의 대표자 등이 리베이트를 제공한 경우 법인에 대해서도 벌금을 부과하는 구 의료기기법 제46조는 평등원칙에 반하지 않는다.

행정소송법 제23조 제1항 등 위헌소원(헌재 2018.1.25. 2016헌바208) : 합헌

① 취소소송 등의 제기시 집행부정지원칙을 규정한 행정소송법 제23조 제1항 및 집행정지의 요건을 규정한 행정소송법 제23조 제2항은 과잉금지원칙에 위반되지 않으므로 재판청구권을 침해하지 않는다.
② 집행정지 요건 조항에서 집행정지 요건으로 규정한 '회복하기 어려운 손해'와 '긴급한 필요'는 법관의 법 보충작용을 통한 판례에 의하여 합리적으로 해석할 수 있고 자의적인 법해석의 위험이 있다고 보기 어려우므로 명확성 원칙에 위배되지 않는다.

민사집행법 제130조 제3항 등 위헌소원(헌재 2018.1.25. 2016헌바220) : 합헌

매각허가결정에 대한 즉시항고시 보증으로 매각대금의 10분의 1에 해당하는 금전 또는 유가증권을 공탁하도록 하고, 이를 증명하는 서류를 제출하지 않은 경우 결정으로 각하하도록 규정한 민사집행법 조항은, '이해관계인의 권리보장'과 '신속한 집행절차의 구현'을 조화시키기 위한 것으로서 재판청구권을 침해하는 정도에 이르지 않아 헌법에 위반되지 않는다.

> **주의** 헌법재판소는 과거 경매절차에 있어 항고보증 공탁비율을 매각대금의 5/10로 정한 법률조항에 대하여 위헌으로 결정하였고(헌재 1989.5.24. 89헌가37), 이후 법률의 제·개정으로 매각대금의 2/10를 거쳐, 오늘날 매각대금의 1/10에 이르고 있다.

형사소송법 제383조 제4호 등 위헌소원(헌재 2018.1.25. 2016헌바272) : 합헌 ★★☆

① 사실오인 또는 양형부당을 이유로 원심판결에 대한 상고를 할 수 있는 경우를 "사형, 무기 또는 10년 이상의 징역이나 금고가 선고된 사건"의 경우로만 제한한 것은 재판청구권을 침해하지 아니하고, 평등원칙에 위반되지도 않는다.
② 위력으로써 13세 미만의 사람을 추행한 경우 강제추행한 것에 준하여 처벌하도록 규정한 것은 형벌체계의 정당성이나 균형성을 상실하여 평등원칙에 위반된다고 볼 수는 없다.

농업협동조합법 제29조 제3항 위헌소원(헌재 2018.1.25. 2016헌바315) : 합헌 ★☆☆

지역축협 조합원이 조합원 자격이 없는 경우 당연히 탈퇴되고, 이사회는 그 사유를 확인하여야 한다고 규정하고 있는 것은 명확성원칙 및 과잉금지원칙에 위배되지 않는다.

산업재해보상보험법 제6조 단서 위헌소원(헌재 2018.1.25. 2016헌바466) : 합헌

산재보험 적용제외사업의 범위를 대통령령에 위임하는 것은 포괄위임금지원칙에 반하지 아니하고, 평등원칙에 위배되지 아니하며, 헌법 제34조에 위배된다고 볼 수 없다.

판례 011. 공직선거법 제18조 제1항 제3호 등 위헌확인(헌재 2018.1.25. 2015헌마821) : 기각 ★☆☆

① 벌금 100만 원 이상의 형을 선고받은 경우 일정기간 선거권과 선거운동을 제한하는 것은 선거권과 선거운동의 자유를 침해하지 않는다.
② 피선거권을 제한하는 공직선거법 제19조 제1호는 선거권을 침해하지 않는다.
③ 당선이 무효로 된 사람과 당선되지 아니한 사람으로서 당선무효에 해당하는 형이 확정된 사람은 기탁금과 선거비용을 반환하도록 규정한 공직선거법 제265조의2 제1항 전문은 재산권을 침해하지 않는다.

판례 012. 보건복지부지침 2015년도 보육사업안내 부록 2 위헌확인(헌재 2018.1.25. 2015헌마1047) : 위헌 ★☆☆

대한민국 국적을 가지고 있는 영유아 중에서도 재외국민인 영유아를 보육료·양육수당 지원대상에서 제외하는 보건복지부지침은 국내에 거주하면서 재외국민인 영유아를 양육하는 부모들의 평등권을 침해한다.

판례 013. 독립유공자예우에 관한 법률 제12조 제2항 등 위헌확인(헌재 2018.1.25. 2016헌마319) : 기각 ★☆☆

'애국지사' 및 '독립유공자의 유족'에 대한 보상금 지급기준을 규정한 구 독립유공자법 시행령 조항이, 같은 서훈 등급임에도 순국선열의 유족보다 애국지사 본인에게 높은 보상금 지급액 기준을 두었다거나 순국선열의 유족과 애국지사의 유족을 구별하여 규정하지 아니하였다고 하여 순국선열의 유족의 평등권을 침해하는 것은 아니다.

판례 014. 자원의 절약과 재활용촉진에 관한 법률 제29조 등 위헌확인(헌재 2018.1.25. 2016헌마323) : 각하 ★☆☆

① 재활용의무생산자는 재활용사업공제조합에 분담금을 내야 하므로, 분담금 산정기준과 납부절차 등을 어떻게 정하는가 하는 것은 재활용의무생산자의 재산권과 관련이 있다.
② 재활용의무생산자에 해당한다는 소명자료를 제출하지 않고 있고, 한국환경공단이사장에 대한 사실조회결과에 따르더라도 재활용의무생산자로서 분담금 납부의무를 부담하는지 여부를 확인할 수 없는 청구인들은, 재활용사업공제조합 및 유통지원센터로 하여금 분담금의 산정기준, 납부절차 등을 심의·결정하기 위하여 공동운영위원회를 구성·운영하도록 한 심판대상조항으로 인한 기본권 침해의 자기관련성이 있다고 볼 수 없다.
③ 비료·사료 포장재 제조업자나 수입업자가 자원의 절약과 재활용촉진에 관한 법률에 따라 설립한 한국농수산재활용사업공제조합은 자원의 절약과 재활용촉진에 관한 법률 제28조의2 제1항에 따른 유통지원센터를 설립한 바 없고, 설립할 계획도 가지고 있지 않다. 유통지원센터가 설립된 경우에 적용되는 심판대상조항은 비료나 사료 포장재 관련 재활용의무생산자들에게 간접적으로라도 적용될 여지가 없으므로, 위 청구인들도 심판대상조항으로 인한 기본권 침해의 자기관련성을 인정할 수 없다.

판례 015
청원경찰법 제10조의6 제1호 위헌제청(헌재 2018.1.25, 2017헌가26) : **위헌** ★★☆

청원경찰이 금고 이상의 형의 선고유예를 받은 경우 당연 퇴직되도록 규정한 것은 직업의 자유를 침해한다.

> 🔍 **주의** 지방공무원(2001헌마788), 군무원(2003헌마293), 국가공무원(2002헌마684), 경찰공무원(2004헌가12), 향토예비군 지휘관(2004헌마947), 군무원(2007헌가13)이 선고유예를 받은 경우 당연히 그 직을 상실하도록 규정한 조항들이 과잉금지원칙에 반하여 공무담임권을 침해한다고 위헌결정한 바 있다.

판례 016
출입국관리법 제63조 제1항 위헌제청(헌재 2018.2.22, 2017헌가29) : **합헌**

강제퇴거명령을 받은 사람을 즉시 대한민국 밖으로 송환할 수 없으면 송환할 수 있을 때까지 보호시설에 보호할 수 있도록 규정한 것은, 과잉금지원칙에 위배되어 신체의 자유를 침해하지 않으며 적법절차원칙에도 위반되지 않는다.

판례 017
2018학년도 수능시행기본계획 위헌확인(헌재 2018.2.22, 2017헌마691) : **기각, 각하** ★★☆

① 2018학년도 수능시험의 문항 수 기준 70%를 EBS 교재와 연계하여 출제한다는 2018학년도 대학수학능력시험 시행기본계획은 학생들의 자유로운 인격발현권을 침해하지 않는다.
② 2018학년도 수능시험의 문항 수 기준 70%를 EBS 교재와 연계하여 출제한다는 2018학년도 대학수학능력시험 시행기본계획에 대한 헌법소원심판청구에서 고등학교 교사 또는 학부모인 청구인들의 심판청구는 기본권 침해 가능성이 없어 부적법하다.

판례 018
응급의료에 관한 법률 제51조 제1항 위헌소원(헌재 2018.2.22, 2016헌바100) : **합헌, 기타** ★★☆

허가받은 지역 밖에서 응급환자이송업의 영업을 하면 처벌하는 것은, 명확성 원칙과 평등원칙에 위배되지 않으며 과잉금지원칙에 위반되어 직업수행의 자유를 침해하지 않는다.

판례 019
새마을금고법 제22조 제3항 위헌소원(헌재 2018.2.22, 2016헌바364) : **합헌** ★★☆

새마을금고 임원 선거와 관련하여 선거운동의 방법을 제한하고, 그 외의 방법으로 선거운동을 한 사람을 처벌하도록 정하고 있는 것은 결사의 자유 및 표현의 자유를 침해하지 않는다.

판례 020
농업협동조합법 제50조의2 제6항 등 위헌소원(헌재 2018.2.22, 2016헌바370) : **합헌**

농업협동조합 조합장의 재임 중 기부행위를 처벌하는 것은 과잉금지원칙 및 평등원칙에 반하지 아니한다.

판례 021
약사법 제20조 제5항 제3호 위헌소원(헌재 2018.2.22. 2016헌바401) **: 합헌**
의료기관의 시설 또는 부지의 일부를 분할·변경 또는 개수(改修)하여 약국을 개설하는 경우 약국의 개설등록을 받지 않는다고 규정한 약사법 조항은 명확성원칙에 위배되지 않고 직업수행의 자유를 침해하지 않는다.

판례 022
구 지방세특례제한법 제94조 제2호 위헌소원(헌재 2018.2.22. 2016헌바420) **: 합헌**
농업회사법인이 취득한 부동산을 해당 용도로 직접 사용한 기간이 2년 미만인 상태에서 매각하거나 다른 용도로 사용하는 경우 감면된 취득세를 추징하도록 규정한 것은 재산권을 침해하지 않는다.

판례 023
국가재정법 제96조 제1항 등 위헌소원(헌재 2018.2.22. 2016헌바470) **: 합헌**
국가에 대한 금전채권의 소멸시효를 5년으로 제한하는 국가재정법 조항은 명확성원칙과 평등원칙에 위배되지 않으며 과잉금지원칙에 위반되지 않는다.

판례 024
민법 제1000조 제1항 제2호 위헌소원(헌재 2018.2.22. 2017헌바59) **: 합헌**
피상속인에 대한 부양의무를 이행하지 않은 직계존속의 경우를 상속결격사유로 규정하지 않은 민법 제1004조는 재산권을 침해하지 않는다.

판례 025
해운법 부칙 제3조 위헌확인(헌재 2018.2.22. 2015헌마552) **: 기각**
① 해상여객운송사업의 면허권이 헌법 제23조에 의하여 보장되는 재산권에 속한다.
② 기존 한정면허제도를 폐지하면서 구 해운법에 의하여 한정면허를 받은 사업자를 개정된 해운법에 따른 일반면허를 받은 것으로 의제하는 경과조치를 규정한 해운법 부칙 제3조는, 기존 일반면허를 받은 사업자의 독점적인 경영상태를 전면적인 경쟁상태로 전환시킴으로써 그 재산권을 제한하지만, 심판대상조항으로 인해 기존 일반면허를 받은 사업자의 재산권이 과도하게 제한된다고 볼 수 없으므로 과잉금지원칙에 위반되어 재산권을 침해하지 않고, 심판대상조항으로 인한 차별 자체가 존재하지 않으므로 평등권도 침해하지 않는다.

변호사시험법 제5조 제1항 위헌확인(헌재 2018.2.22. 2016헌마713) : **기각**
① 법학전문대학원의 석사학위 취득자에게만 변호사시험 응시자격을 부여하고 있는 것은 변호사시험에 응시하지 못하게 된 청구인들의 직업선택의 자유 및 평등권을 제한하는 것이며, 변호사시험은 순수한 자격시험으로서 다른 법령에서 변호사 자격을 판사·검사의 임용 조건으로 정하고 있더라도 이 사건 법률조항과 공무담임권과의 관련성은 간접적인 것에 불과하므로, 청구인들의 공무담임권이 제한되는 것은 아니다.
② 변호사시험 응시자격으로서 법학전문대학원 석사학위를 취득하도록 한 변호사시험법 제5조 제1항은 직업선택의 자유 및 평등권을 침해하지 않는다.

국가항공보안계획 중 8.1.19. 위헌확인(헌재 2018.2.22. 2016헌마780) : **기각**
체약국의 요구가 있는 경우 항공운송사업자의 추가 보안검색 실시에 대해 정한 '국가항공보안계획' 규정은 헌법상 법률유보원칙 및 과잉금지원칙에 위배되지 않으므로 탑승객인 청구인의 기본권을 침해하지 않는다.

장애인활동지원 급여비용 등에 관한 고시 제3장 급여비용 및 산정기준 1. 활동보조 중 ①등 취소(헌재 2018.2.22. 2017헌마322) : **기각, 각하** ★★☆
① 활동보조급여 수급자들은, 수급자에게 활동보조급여를 제공한 활동보조기관이 지급받을 수 있는 시간당 급여비용을 규정한 심판대상조항들의 직접적인 수범자가 아닌 제3자에 해당하며 자신들의 기본권을 직접적·법적으로 제한받는다고 보기 어렵다. 그렇다면 활동보조급여 수급자들의 심판청구는 기본권 침해의 자기관련성을 인정할 수 없어 부적법하다.
② '장애인활동지원 급여비용 등에 관한 고시'상 활동보조기관에게 지급되는 시간당 급여비용을 매일 일반적으로 제공하는 경우에는 9,240원으로, 공휴일과 근로자의 날에 제공하는 경우에는 13,860원으로 정한 조항들은 활동보조기관을 운영하는 청구인들의 직업수행의 자유를 침해하지 않는다.

담배사업법 제11조 제1항 등 위헌확인(헌재 2018.2.22. 2017헌마438) : **기각** ★☆☆
담배제조업의 허가를 받기 위해서는 300억 원 이상의 자본금, 연간 50억 개비 이상의 담배를 제조할 수 있는 시설 등을 갖추어야 한다고 규정한 담배사업법 시행령 조항은 직업선택의 자유를 침해하지 않는다.

공직선거법 제60조 제1항 제5호 위헌소원(헌재 2018.2.22. 2015헌바124) : **위헌** ★★☆
한국철도공사 상근직원에 대하여 선거운동을 금지하고 이를 처벌하는 것은 선거운동의 자유를 지나치게 제한하여 헌법에 위반된다.
🔍 광주광역시 지방공단 직원에 대하여 선거운동 금지 : 위헌

판례 031
형법 제263조 위헌제청(헌재 2018.3.29. 2017헌가10) : **합헌**

독립행위가 경합하여 상해의 결과를 발생하게 한 경우에 있어서 원인된 행위가 판명되지 아니한 때에는 공동정범의 예에 의하도록 한 형법 제263조는 책임주의원칙에 반한다고 볼 수 없으므로, 헌법에 위반되지 않는다.

판례 032
특정범죄 가중처벌 등에 관한 법률 제8조의2 등 위헌소원(헌재 2018.3.29. 2016헌바202) : **합헌**

① 재화 또는 용역을 공급하거나 공급받지 아니하고 '영리의 목적'으로 일정한 '공급가액 등 합계액' 이상의 세금계산서를 발급하거나 발급받은 행위 등을 처벌하고, 처벌조항 위반의 경우 공급가액 등 합계액에 부가가치세율을 적용하여 계산한 세액의 2배 이상 5배 이하의 벌금을 필요적으로 병과하도록 하는 것은, 형벌과 책임 간의 비례원칙과 평등원칙에 위배되지 않는다.

② 벌금병과조항이 방조범에 대한 예외를 두지 않았다고 하여 형벌과 책임 간의 비례원칙에 반한다고 볼 수 없다.

판례 033
행정부작위 위헌확인(헌재 2018.3.29. 2016헌마795) : **각하**

피청구인 환경부장관이 ○○○○○○○○○○ 주식회사 등에게 청구인들 소유 자동차들에 대한 자동차교체명령을 해야 할 헌법상 작위의무가 인정되지 않으므로, 환경부장관이 위와 같은 자동차교체명령을 하지 않은 부작위의 위헌확인을 구하는 청구인들의 심판청구는 부적법하다.

판례 034
국가보안법 제14조 위헌소원(헌재 2018.3.29. 2016헌바361) : **합헌**

국가보안법상 이적 찬양·고무·선전·동조 한 자 또는 이적표현물을 소지·반포한 자에 대하여 유기징역형을 선고할 때에 그 형의 장기 이하의 자격정지를 병과할 수 있도록 정한 것은 이중처벌금지원칙이나 책임과 형벌 간의 비례원칙에 위반되지 않는다.

판례 035
초·중등교육법 제29조 제2항 위헌확인 등(헌재 2018.3.29. 2015헌마1060) : **각하** ★★☆

중학교 역사 및 고등학교 한국사 과목의 교과용도서를 국정도서로 지정한 교육부장관 고시 등의 위헌확인을 구하는 사건에서, 초·중등교육법 등 상위 법령은 기본권 침해의 직접성이 인정되지 않으므로 부적법하고, 역사교과서를 국정도서로 정한 교육부장관 고시는 시행되기도 전에 관련 고시가 재개정됨으로써 폐지되어 권리보호이익이 인정되지 아니하고 헌법적 해명의 필요성 등 예외적인 심판의 이익도 인정되지 아니하여 부적법하다.

판례 036 | 형법 제52조 제2항 위헌소원(헌재 2018.3.29. 2016헌바270) : 합헌

피해자의 의사에 반하여 처벌할 수 없는 죄에 있어서 피해자에게 자복한 경우 그 형을 감경 또는 면제할 수 있도록 한 형법 제52조 제2항이, 반의사불벌죄 이외의 죄를 범하고 피해자에게 자복한 사람에 대하여 반의사불벌죄를 범하고 피해자에게 자복한 사람과 달리 임의적 감면의 혜택을 부여하지 않고 있다 하더라도, 자의적인 차별이라고 보기 어려우므로 평등원칙에 위반되지 아니한다.

판례 037 | 세무사법 제6조 등 위헌제청(헌재 2018.4.26. 2015헌가19) : 헌법불합치 ★★☆

세무사 자격 보유 변호사로 하여금 세무사로서 세무사의 업무를 할 수 없도록 규정한 것과 세무조정업무를 할 수 없도록 한 규정은, 2003.12.31.부터 2017.12.31.까지 사이에 변호사의 자격을 취득한 자 중 2003.12.31. 당시 사법시험에 합격하였거나 사법연수생이었던 자를 제외한 자의 경우 세무사의 자격이 인정됨에도 불구하고 '세무사로서는' 그 직무에 해당하는 세무대리, 특히 세무조정업무를 일체 할 수 없도록 규정한 것으로 위 변호사들의 직업선택의 자유를 침해한다.

> 주의 2003.12.31. 세무사법은 종전과 마찬가지로 변호사에게 세무사의 자격을 자동으로 부여하면서도, 그 시행일인 2003.12.31. 당시 종전 규정에 의해 세무사의 자격을 가진 변호사와 사법연수생(사법시험에 합격한 자를 포함)만 세무사등록부에 등록하여 세무대리를 할 수 있도록 규정하고, 그 외의 변호사는 '세무사로서' 세무대리를 일체 할 수 없도록 규정하였다. 그 후 2017.12.26. 개정된 세무사법은 그 시행일인 2018.1.1. 이후 변호사의 자격을 취득하는 자는 세무사의 자격을 자동으로 부여받지 못하도록 규정하였다.

판례 038 | 국토의 계획 및 이용에 관한 법률 부칙 제16조 제1항 위헌제청(헌재 2018.4.26. 2017헌가5) : 합헌

장기미집행 도시계획시설에 대한 실효제도를 도입하면서 경과규정을 두어 도시계획시설 중 2000.7.1. 이전에 결정된 시설에 대해서는 그 기산일을 2000.7.1.로 정한 것은 재산권을 침해하지 않고, 평등원칙에도 위배되지 않는다.

판례 039 | 형사소송법 제216조 제1항 제1호 위헌소원(헌재 2018.4.26. 2015헌바370) : 헌법불합치 ★★☆

(1) 체포영장이 발부된 피의자 체포를 위하여 타인의 주거 등을 수색하는 경우 별도의 수색영장 없이 수색할 수 있는 예외사유로서 ① 피의자가 그 장소에 소재할 개연성이 인정되고, ② 수색영장을 발부받기 어려운 긴급한 사정이 있어야 한다고 판단함으로써, 영장주의의 예외를 인정하기 위한 요건을 분명히 하였다.
(2) 체포영장을 집행하는 경우 필요한 때에는 타인의 주거 등 내에서 피의자 수색을 할 수 있도록 한 형사소송법 조항은 명확성원칙에는 위반되지 않으나 영장주의에 위반되어 헌법에 합치되지 않는다.

일제강점하 반민족행위 진상규명에 관한 특별법 부칙 제2조 본문 위헌소원(헌재 2018. 4. 26. 2016헌바453) : 합헌 ★☆☆

① 적법절차원칙은 공권력에 의한 국민의 생명·자유·재산의 침해는 반드시 합리적이고 정당한 법률에 의거해서 정당한 절차를 밟은 경우에만 유효하다는 원리로서, 이는 형사절차상의 제한된 범위 내에서만 적용되는 것이 아니라 국가작용으로서 기본권 제한과 관련되든 아니든 모든 입법작용 및 행정작용에도 광범위하게 적용된다고 해석하여야 한다.

② 반민족규명위원회가 구법조항에 따라 친일반민족행위로 결정한 경우를 개정규정의 친일반민족행위로 결정한 것으로 보는 것은 적법절차원칙에 위반되지 않는다.

친일반민족행위자 재산의 국가귀속에 관한 특별법 제2조 제2호 등 위헌소원(헌재 2018. 4. 26. 2016헌바454) : 합헌

① "친일반민족행위자의 재산"을 친일반민족행위자가 국권침탈이 시작된 러·일전쟁 개전시부터 1945년 8월 15일까지 일본제국주의에 협력한 대가로 취득하거나 이를 상속받은 재산 또는 친일재산임을 알면서 유증·증여를 받은 재산으로 규정한 것은 과잉금지원칙을 위반하여 재산권을 침해한다고 할 수 없다.

② 재산조사위원회가 구법 조항에 따라 행한 친일반민족행위결정이 개정조항에 따라 이루어진 것으로 의제하는 것은 적법절차원칙에 위반되지 않는다.

전북대학교 총장임용후보자 선정에 관한 규정 제15조 제1항 제9호 등 위헌확인(헌재 2018. 4. 26. 2014헌마274) : 위헌 ★★☆

① 국립대학교 총장은 교육공무원으로서 국가공무원의 신분을 가진다. 이 사건 기탁금조항은 전북대학교 총장후보자에 지원하려는 사람에게 기탁금을 납부하도록 하고 있으므로 기탁금을 납입할 수 없거나 그 납입을 거부하는 사람들의 공무담임권을 제한한다.

② 총장후보자 지원자에게 기탁금 1,000만 원을 납부하도록 한 전북대학교 총장임용후보자 선정에 관한 규정 조항은 침해의 최소성과 법익균형성에 반하여 공무담임권을 침해한다.

🔍 대구 교육대 총장선거 시 후보자 기탁금 1,000만 원 납부 : 합헌

방송법 제100조 제1항 위헌확인 등(헌재 2018. 4. 26. 2016헌마46) : 각하

방송통신심의위원회가 방송사업자에 대하여 한 의견제시는 헌법소원의 대상이 되는 공권력의 행사에 해당하지 않고, 그 근거가 된 법률조항은 기본권 침해의 직접성이 인정되지 않는다.

공무원연금법 제46조의4 등 위헌확인(헌재 2018.4.26, 2016헌마54) : 기각

① 공무원과 이혼한 배우자에 대한 분할연금제도를 도입하면서 민법상 재산분할청구에 따라 연금분할이 별도로 결정된 경우에는 그에 따르도록 한 것은 분할연금 수급권자의 사회보장수급권 및 재산권을 침해하지 않는다.
② 분할연금을 개정법 시행 후 최초로 지급사유가 발생한 사람부터 지급하도록 한 공무원연금법 부칙 조항은 개정법 시행일 이전에 이혼한 배우자의 평등권을 침해하지 않는다.

디엔에이신원확인정보의 이용 및 보호에 관한 법률 제5조 제1항 제10호 위헌확인(헌재 2018.4.26, 2017헌마397) : 각하 ★☆☆

폭행 또는 협박으로 아동·청소년을 추행한 죄에 대하여 형의 선고를 받아 확정된 사람으로부터 디엔에이감식시료를 채취할 수 있도록 한 구 디엔에이신원확인정보의 이용 및 보호에 관한 법률 제5조 제1항에 대한 심판청구는 권리보호이익이 소멸되고 심판의 이익을 인정할 수 없으므로 부적법하다.

노동조합 및 노동관계조정법 제24조 제2항 등 위헌소원(헌재 2018.5.31, 2012헌바90) : 헌법불합치

사용자가 노동조합의 운영비를 원조하는 행위를 부당노동행위로 금지하는 것은 노동조합의 단체교섭권을 침해한다.

> **주의** 전임자가 사용자로부터 급여를 지급받는 것을 금지하는 노동조합법 제24조 제2항, 근로시간 면제 제도를 규정한 같은 조 제4항, 같은 조 제2항과 제4항을 위반하는 급여 지급을 요구하고 이를 관철할 목적으로 쟁의행위를 하는 것을 금지하는 같은 조 제5항은 단체교섭권 등을 침해하지 않는다(헌재 2014.5.29, 2010헌마606).

집회 및 시위에 관한 법률 제11조 제1호 위헌소원(헌재 2018.5.31. 2013헌바322) : **헌법불합치**
★☆☆

① 인간의 존엄과 가치를 최고의 헌법적 가치로 삼고 있는 헌법질서 내에서, 집회의 자유는 국민들이 타인과 정보와 의견을 교환하며 집단적으로 의사표현을 할 수 있게 함으로써 동화적 통합을 촉진하는 기능을 하며, 선거와 선거 사이의 기간에 유권자와 대표 사이의 의사를 연결하고, 대의기능이 약화된 경우 직접민주주의의 수단으로 기능하며, 소수 집단에게 의사표현의 수단을 제공한다는 점에서 대의제 민주국가에서 언론·출판의 자유와 더불어 필수적 구성요소가 된다.
② 헌법이 집회의 자유를 보장한 것은 관용과 다양한 견해가 공존하는 다원적인 '열린 사회'에 대한 헌법적 결단이라고 할 수 있다.
③ 집회의 자유는 집회의 시간, 장소, 방법과 목적을 스스로 결정하는 것을 보장하는 것으로, 구체적으로 보호되는 주요 행위는 집회의 준비 및 조직, 지휘, 참가, 집회장소·시간의 선택이다.
④ 집회의 장소는 일반적으로 집회의 목적·내용과 밀접한 내적 연관관계를 가질 수 있다.
⑤ 집회는 특별한 상징적 의미 또는 집회와 특별한 연관성을 가지는 장소에서 행해져야 이를 통해 다수의 의견표명이 효과적으로 이루어질 수 있으므로, 집회의 장소를 선택할 자유는 집회의 자유의 한 실질을 형성한다.
⑥ 국회의 헌법적 기능은 국회의사당 인근에서의 집회와 양립이 가능한 것이며, 국회는 이를 통해 보다 충실하게 헌법적 기능을 수행할 수 있다.
⑦ 국회의사당의 경계지점으로부터 100미터 이내의 장소에서 옥외집회 또는 시위를 일률적·전면적으로 금지하고 형사처벌 하는 것은, 목적의 정당성 및 수단의 적합성은 인정되나 침해의 최소성과 법익의 균형성 원칙에 위배되므로 과잉금지원칙을 위반하여 집회의 자유를 침해한다.

여객자동차 운수사업법 제87조 제1항 제3호 위헌소원(헌재 2018.5.31. 2016헌바14) : **합헌**
택시운전자격을 취득한 사람이 강제추행 등 성범죄를 범하여 금고 이상의 형의 집행유예를 선고받은 경우 그 자격을 취소하도록 한 것은 과잉금지원칙에 위배되지 않는다.

변호사법 제34조 제3항 등 위헌소원(헌재 2018.5.31. 2017헌바204) : **합헌**
변호사 아닌 자에게 변호사 명의 이용 허락을 금지하고 이를 위반한 경우 형사처벌하도록 한 것은 명확성원칙에 위반되지 않으며, 변호사의 직업수행의 자유를 제한하는 측면이 있으나 변호사의 직업수행의 자유를 침해하는 정도에 이르지 않아 헌법에 위반되지 않는다.

변호인 접견 불허처분 등 위헌확인(헌재 2018.5.31, 2014헌마346) : 인용(위헌확인) ★☆☆

① 헌법 제12조 제4항 본문에 규정된 "구속"은 사법절차에서 이루어진 구속뿐 아니라, 행정절차에서 이루어진 구속까지 포함하는 개념이다. 따라서 헌법 제12조 제4항 본문에 규정된 변호인의 조력을 받을 권리는 행정절차에서 구속을 당한 사람에게도 즉시 보장된다.
② 인천공항출입국·외국인청장이 인천국제공항 송환대기실에 수용된 난민에 대한 변호인 접견 신청을 거부한 행위는 변호인의 조력을 받을 권리를 침해하였다.

물포 발포행위 등 위헌확인(헌재 2018.5.31, 2015헌마476) : 인용(위헌확인) ★★☆

① 각종 집회나 시위 현장에서 혼합살수행위가 반복될 가능성이 있고, 혼합살수행위는 사람의 생명이나 신체에 위험을 초래할 수 있는 중대한 법익 침해가 예견되는 공권력 행사로서, 그동안 헌법재판소가 혼합살수행위가 헌법에 합치하는지 여부에 대한 해명을 한 바 없으므로, 심판의 이익이 인정된다.
② 집회·시위의 해산 또는 저지를 위한 최루액 혼합살수행위는 집회의 자유 뿐만 아니라 신체의 자유로부터 도출되는 신체를 훼손당하지 아니할 권리에 대한 직접적인 제한을 초래하므로, 그 제한의 본질적 사항에 관한 한 입법자가 법률로 규율하여야 한다.
③ 살수차는 사용방법에 따라서는 경찰장구나 무기 등 다른 위해성 경찰장비 못지않게 국민의 생명이나 신체에 중대한 위해를 가할 수 있는 장비에 해당하므로, 살수차 사용요건이나 기준은 법률에 근거를 두어야 한다.
④ 위해성 경찰장비의 사용방법은 법률유보원칙에 따라 엄격하게 제한적으로 해석하여야 하고, 위해성 경찰장비는 본래의 사용방법에 따라 지정된 용도로 사용되어야 하며 다른 용도나 방법으로 사용하기 위해서는 반드시 법령에 근거가 있어야 한다.
⑤ '경찰관 직무집행법'이나 대통령령 등 법령의 구체적 위임 없이 혼합살수방법을 규정하고 있는 이 사건 지침은 법률유보원칙에 위배되고, 이 사건 지침만을 근거로 서울종로경찰서장이 2015.5.1. 22:13경부터 23:20경까지 사이에 최루액을 물에 혼합한 용액을 살수차를 이용하여 청구인들에게 살수한 행위는 신체의 자유와 집회의 자유를 침해한 공권력 행사로 헌법에 위반된다.

입법부작위 위헌확인(헌재 2018.5.31, 2016헌마626) : 인용(위헌확인), 각하

① '국군포로의 송환 및 대우 등에 관한 법률'에서 대한민국에 귀환하여 등록한 포로에 대한 보수 기타 대우 및 지원만을 규정하고, 대한민국으로 귀환하기 전에 사망한 국군포로에 대하여는 이에 관한 입법조치를 하지 않은 입법부작위에 대한 헌법소원심판 청구는 부적법하다.
② 국군포로법 제15조의5 제1항이 국방부장관으로 하여금 등록포로 등의 억류기간 중 행적이나 공헌에 상응하는 예우를 할 수 있도록 하고 있고, 같은 법 제2항이 이에 관한 사항을 대통령령으로 정하도록 하고 있음에도 불구하고 피청구인이 대통령령에 이를 규정하지 아니한 것은 명예권을 침해한다. 다만, 이러한 행정입법부작위가 청구인의 재산권을 침해하는 것은 아니다.

경기도 성남시 등과 국무총리 등간의 권한쟁의(헌재 2018.7.26. 2015헌라4) : 각하

① 사회보장위원회가 2015.8.11. '지방자치단체 유사·중복 사회보장사업 정비 추진방안'을 의결한 행위는 권한쟁의심판의 대상이 되는 처분이라고 볼 수 없다.
② 보건복지부장관이 2015.8.13. 광역지방자치단체의 장에게 '지방자치단체 유사·중복 사회보장사업 정비지침'에 따라 정비를 추진하고 정비계획(실적) 등을 제출해주기 바란다는 취지의 통보를 한 행위는 권한쟁의심판의 대상이 되는 처분이라고 볼 수 없다.

거제시의회와 거제시장 간의 권한쟁의(헌재 2018.7.26. 2018헌라1) : 각하 ★☆☆

지방자치단체의 기관 상호간의 권한쟁의심판은 헌법재판소법에 의하여 헌법재판소가 관장하는 지방자치단체 상호간의 권한쟁의심판에 해당하지 아니하고, 그 밖의 국가기관 상호간의 권한쟁의심판이나 국가기관과 지방자치단체 간의 권한쟁의심판에 해당하지도 아니하므로, 거제시의회와 거제시장 간의 권한쟁의심판 청구는 부적법하다.

구 군형법 제94조 위헌소원(헌재 2018.7.26. 2016헌바139) : 합헌

① 헌법상 군무원은 국민의 구성원으로서 정치적 표현의 자유를 보장받지만, 그 지위와 업무의 특수성으로 인하여 국가공무원으로서 헌법 제7조에 따른 정치적 중립을 요청받을 뿐만 아니라, 국군의 구성원으로서 헌법 제5조 제2항에 따라 정치적 중립의 요청이 더욱 강조되기 때문에, 그 정치적 표현에 엄격한 제한이 따를 수밖에 없다.
② 헌법상 국군의 정치적 중립 규정은 현행 헌법에 처음으로 도입되었는데, 과거 군부의 정치관여에 대한 반성에서 이를 명시함으로써 민주헌정체제의 수립을 확고히 하였다.
③ 군무원은 국군의 구성원으로서 군부대에서 근무하며 군의 전투를 지원하는 등의 업무를 수행하고 있기 때문에, 그 지위와 업무의 특수성으로 인해 헌법상 정치적 중립의 요청이 더욱 강조된다.
④ 그렇다고 군무원의 정치적 표현의 자유를 전면적으로 제한할 수 있는 것은 아니고, 헌법상 정치적 표현의 자유의 중요성과 군무원에 대한 정치적 중립의무의 의미, 심판대상조항의 입법취지, 관련 규범들의 내용을 종합적으로 고려하여, 심판대상조항을 한정적으로 해석하여야 한다.
⑤ 군무원으로서 연설, 문서 또는 그 밖의 방법으로 정치적 의견을 공표한 사람을 처벌하는 것은 명확성원칙에 위반되지 않으며 정치적 표현의 자유를 침해하지 않는다.

공직선거법 제122조의2 제2항 제1호 등 위헌확인(헌재 2018.7.26. 2016헌마524) : 기각 ★★☆

① 공직선거법상 선거비용 보전 제한조항이 예비후보자 선거비용을 보전하지 않도록 규정함으로써 지역구국회의원선거 후보자들이 이를 부담하도록 하는 것은 선거운동의 자유를 침해하지 않는다.
② 지역구국회의원선거에서 낙선한 자가 당선된 자와 달리 반환받은 기탁금과 보전받은 선거비용 중 자신의 재산(차입금을 포함한다)으로 지출한 비용을 공제한 나머지인 반환·보전비용을 소속 정당에 인계하거나 국고에 귀속시키도록 한 것은 평등권을 침해하지 않는다.

입법부작위 위헌확인(헌재 2018.7.26. 2011헌마306) : 각하 ★☆☆

① 자유권규약의 조약상 기구인 자유권규약위원회의 견해는 규약을 해석함에 있어 중요한 참고기준이 되고, 규약 당사국은 그 견해를 존중하여야 한다. 특히 우리나라는 자유권규약을 비준함과 동시에, 자유권규약위원회의 개인통보 접수·심리 권한을 인정하는 내용의 선택의정서에 가입하였으므로, 대한민국 국민이 제기한 개인통보에 대한 자유권규약위원회의 견해를 존중하고, 그 이행을 위하여 가능한 범위에서 충분한 노력을 기울여야 한다. 다만, 자유권규약위원회의 심리는 서면으로 비공개로 진행되는 점 등을 고려하면, 개인통보에 대한 자유권규약위원회의 견해에 사법적인 판결이나 결정과 같은 법적 구속력이 인정된다고 단정하기는 어렵다.
② 자유권규약위원회의 견해가 규약 당사국의 국내법 질서와 충돌할 수 있고, 그 이행을 위해 각 당사국의 사회적, 정치적 상황 등이 고려될 필요가 있으므로, 우리 입법자가 자유권규약위원회의 견해의 구체적인 내용에 구속되어 그 모든 내용을 그대로 따라야만 하는 의무를 부담한다고 볼 수는 없다.
③ 기존에 유죄판결을 받은 양심적 병역거부자에 대해 전과기록 말소 등의 구제조치를 할 것인지에 대하여는 입법자에게 광범위한 입법재량이 부여되어 있다고 보아야 한다.
④ 양심적 병역거부를 이유로 유죄판결을 받은 청구인들의 개인통보에 대하여 자유권규약위원회가 채택한 견해에 따른, 전과기록 말소 및 충분한 보상 등 구제조치를 이행하는 법률을 제정할 입법의무가 피청구인인 대한민국 국회에게 발생하였다고 볼 수 없으므로, 그러한 법률을 제정하지 아니한 입법부작위의 위헌확인을 구하는 헌법소원심판청구는 부적법하다.

공무원연금법 제32조 위헌확인(헌재 2018.7.26. 2016헌마260) : 기각

① 공무원연금법상 급여의 압류를 금지하는 압류금지 조항은 재산권을 침해하지 않는다.
② 지급된 급여 중 1개월간 생계비에 해당하는 금액의 압류를 금지하는 압류제한조항은 재산권을 침해하지 않는다.

집회 및 시위에 관한 법률 제11조 제1호 위헌소원(헌재 2018. 7. 26. 2018헌바137) : **헌법불합치**
★★☆
① 법관의 독립은 공정한 재판을 위한 필수 요소로서 다른 국가기관이나 사법부 내부의 간섭으로부터의 독립뿐만 아니라 사회적 세력으로부터의 독립도 포함한다.
② 누구든지 각급 법원의 경계지점으로부터 100미터 이내의 장소에서 옥외집회 또는 시위를 할 경우 형사처벌한다고 한 규정은, 법관의 독립이나 법원의 재판에 영향을 미칠 우려가 있는 집회·시위를 제한하는 데 머무르지 않고 각급 법원 인근의 모든 옥외집회를 전면적으로 금지함으로써 집회의 자유를 침해하는 것이다.

 건강기능식품에 관한 법률 제18조 제1항 제6호 등 위헌제청(헌재 2018. 6. 28. 2016헌가8) : **위헌**
★★☆
① 헌법상 사전검열은 표현의 자유 보호대상이면 예외 없이 금지된다.
② 건강기능식품의 기능성 광고는 상업광고이지만, 헌법 제21조 제1항의 표현의 자유의 보호대상이 됨과 동시에 같은 조 제2항의 사전검열 금지 대상도 된다.
③ 광고의 심의기관이 행정기관인지 여부는 기관의 형식에 의하기보다는 그 실질에 따라 판단되어야 하며, 민간심의기구가 심의를 담당하는 경우에도 행정권이 개입하여 자율성이 보장되지 않거나, 행정기관의 자의로 개입할 가능성이 열려 있다면 개입 가능성의 존재 자체로 헌법이 금지하는 사전검열이라고 보아야 한다.
④ 사전심의를 받은 내용과 다른 내용의 건강기능식품 기능성광고를 금지하고 이를 위반한 경우 처벌하는 것은 헌법이 금지하는 사전검열에 해당하므로 헌법에 위반된다.

 집회 및 시위에 관한 법률 제23조 제1호 위헌제청(헌재 2018. 6. 28. 2015헌가28) : **헌법불합치**
★★☆
① 누구든지 국무총리 공관의 경계지점으로부터 100미터 이내의 장소에서 행진을 제외한 옥외집회·시위를 할 경우 형사처벌하도록 한 규정은 입법목적이 정당하고 입법목적 달성을 위한 적합한 수단이나, 예외 없이 옥외집회·시위를 금지하고 있는바, 이는 입법목적 달성에 필요한 범위를 넘는 과도한 제한으로서 집회의 자유를 침해한다.
② 위 조항을 위반한 옥외집회·시위에 대한 해산명령에 불응할 경우 형사처벌하도록 한 규정은, 집회의 자유를 침해하여 헌법에 위반된다.

 아동·청소년의 성보호에 관한 법률 제17조 제1항 위헌제청인쇄(헌재 2018. 6. 28. 2016헌가15) : **합헌**
온라인서비스제공자에게 자신이 관리하는 정보통신망에서 아동·청소년이용음란물을 발견하기 위하여 대통령령으로 정하는 조치를 취하고, 발견된 아동·청소년이용음란물 즉시 삭제, 전송을 방지 또는 중단하는 기술적인 조치를 할 의무를 부과하고, 이에 위반한 경우 3년 이하의 징역 또는 2,000만 원 이하의 벌금에 처하도록 규정한 것은 헌법에 위반되지 않는다.

보훈보상대상자 지원에 관한 법률 제11조 제1항 제2호 등 위헌제청(헌재 2018.6.28, 2016헌가14) : 헌법불합치

보훈보상대상자의 부모에 대한 유족보상금 지급 시 수급권자를 1인에 한정하고 나이가 많은 자를 우선하도록 규정한 것은 평등권을 침해한다.

병역법 제88조 제1항 등 위헌소원(헌재 2018.6.28, 2011헌바379) : 헌법불합치, 합헌 ★★☆

① 양심적 병역거부자에 대한 대체복무제를 규정하지 아니한 병역종류조항은 과잉금지원칙에 위배하여 양심적 병역거부자의 양심의 자유를 침해한다.
② 양심적 병역거부자의 처벌 근거가 된 병역법 조항은 헌법에 위반되지 않는다.

아동복지법 제29조의3 제1항 위헌확인(헌재 2018.6.28, 2017헌마130) : 위헌 ★☆☆

아동학대관련범죄로 형을 선고받아 확정된 자로 하여금 그 형이 확정된 때부터 형의 집행이 종료되거나 집행을 받지 아니하기로 확정된 후 10년 동안 일률적으로 체육시설 및 학교를 운영하거나 이에 취업 또는 사실상 노무를 제공할 수 없도록 한 것은 직업선택의 자유를 침해한다.

통신비밀보호법 제2조 제11호 바목 등 위헌확인(헌재 2018.6.28, 2012헌마191) : 헌법불합치, 기각 ★★☆

① 수사기관이 수사의 필요성 있는 경우 전기통신사업자에게 위치정보 추적자료를 제공요청할 수 있도록 한 것은 명확성 원칙에 위반되지 않으나, 과잉금지원칙에 반하여 개인정보자기결정권과 통신의 자유를 침해한다.
② 수사 종료 후 위치정보 추적자료를 제공받은 사실 등을 통지하도록 한 것은 헌법상 적법절차원칙에 위배되어 개인정보자기결정권을 침해한다.
③ 통신비밀보호법이 정한 위치정보 추적자료 제공요청은 강제처분에 해당되므로 헌법상 영장주의가 적용된다. 헌법상 영장주의의 본질은 강제처분을 함에 있어 중립적인 법관이 구체적 판단을 거쳐야 한다는 점에 있다. 수사기관이 전기통신사업자에게 위치정보 추적자료 제공을 요청함에 있어 관할 지방법원 또는 지원의 허가를 받도록 한 것은 헌법상 영장주의에 위배되지 아니한다.

판례 067. 통신비밀보호법 제13조 제1항 위헌확인 등(헌재 2018. 6. 28, 2012헌마538) : 헌법불합치, 기각 ★★☆

① 수사를 위하여 필요한 경우 수사기관으로 하여금 법원의 허가를 얻어 전기통신사업자에게 특정 시간대 특정 기지국에서 발신된 모든 전화번호의 제공을 요청할 수 있도록 한 것은 입법목적의 정당성과 수단의 적정성이 인정되나 침해의 최소성과 법익의 균형성이 인정되지 않으므로 과잉금지원칙에 반하여 개인정보자기결정권과 통신의 자유를 침해한다.

② 통신비밀보호법이 정한 기지국수사는 강제처분에 해당되므로 헌법상 영장주의가 적용된다. 헌법상 영장주의의 본질은 강제처분을 함에 있어 중립적인 법관이 구체적 판단을 거쳐야 한다는 점에 있다. 수사기관이 전기통신사업자에게 통신사실 확인자료 제공을 요청함에 있어 관할 지방법원 또는 지원의 허가를 받도록 한 것은 헌법상 영장주의에 위배되지 아니한다.

판례 068. 신용정보의 이용 및 보호에 관한 법률 제40조 제4호 등 위헌확인 인쇄(헌재 2018. 6. 28, 2016헌마473) : 기각 ★★☆

① 특정인의 사생활 등을 조사하는 일을 업으로 하는 행위를 금지하는 것은 직업선택의 자유를 침해하지 않는다.
② 탐정 유사 명칭의 사용을 금지하는 것은 직업수행의 자유를 침해하지 않는다.

판례 069. 택시운송사업의 발전에 관한 법률 제12조 제1항 등 위헌확인(헌재 2018. 6. 28, 2016헌마1153) : 기각

택시 운송비용 전가를 금지하는 것은 직업의 자유를 침해하지 않으며, 택시운송사업에 한하여 운송비용 전가 문제를 규제할 필요성이 인정되므로 다른 운송수단에 대하여 동일한 규제를 하지 않는다고 하더라도 평등원칙에 위반되지 아니한다.

판례 070
유통산업발전법 제12조의2 위헌소원(헌재 2018.6.28, 2016헌바77) : **합헌**

① 우리 헌법의 경제질서는 자유경쟁을 존중하는 시장경제를 기본으로 하면서도 사회정의, 공정한 경쟁질서, 경제민주화 등을 실현하기 위한 국가의 규제와 조정을 허용하는 사회적 시장경제이다.
② 직업수행의 자유와 같은 경제적 기본권 제한에 대한 위헌심사에 있어서는 헌법 제119조에 규정된 경제질서 조항의 의미를 충분히 고려하여야 한다.
③ 입법자는 경제현실의 역사와 미래에 대한 전망, 목적달성에 소요되는 경제적·사회적 비용, 당해 경제문제에 관한 국민 내지 이해관계인의 인식 등 제반 사정을 두루 감안하여 경제영역에서의 국가목표를 이루기 위하여 가능한 여러 정책 중 필요하다고 판단되는 경제정책을 선택할 수 있고, 입법자의 그러한 정책판단과 선택은 현저히 합리성을 결여한 것이라고 볼 수 없는 한 경제에 관한 국가적 규제·조정권한의 행사로서 존중되어야 한다.
④ 대형마트 등에 대하여 영업시간 제한 및 의무휴업일 지정을 할 수 있도록 한 것은 명확성원칙과 평등원칙에 위배되지 않으며, 직업수행의 자유를 침해하지 않는다.

판례 071
경기도 시군의회 의원정수와 지역구 시군의원 선거구에 관한 조례 전부개정조례(안) 제3조의 별표2 위헌확인(헌재 2018.6.28, 2014헌마166) : **기각** ★★☆

자치구·시·군의원 선거구 획정과 관련하여 헌법이 허용하는 인구편차의 기준을 인구편차 상하 50%(인구비례 3 : 1)로 변경하는 것이 타당하다.

판례 072
공직선거법 제26조 제1항 별표2 위헌확인(헌재 2018.6.28, 2014헌마189) : **기각** ★★☆

시·도의원지역구 획정과 관련하여 헌법이 허용하는 인구편차의 기준을 인구편차 상하 50%(인구비례 3 : 1)로 변경하는 것이 타당하다.

판례 073
노동조합 및 노동관계조정법 제5조 단서 등 위헌제청(헌재 2018.8.30, 2015헌가38) : **헌법불합치** ★☆☆

교원노조법의 적용대상을 초·중등교육법 제19조 제1항의 교원이라고 규정함으로써 고등교육법에서 규율하는 대학 교원의 단결권을 일체 인정하지 않은 것은 대학 교원들의 단결권을 침해한다.
(교육공무원 아닌 대학 교원 : 과잉금지원칙 위배, 교육공무원인 대학 교원 : 입법형성의 범위 일탈)

민법 제166조 제1항 등 위헌소원(헌재 2018.8.30. 2014헌바148) : 위헌, 합헌 ★☆☆

① 헌법은 제23조에서 국민의 재산권을 일반적으로 규정하고 있으나, 제28조와 제29조 제1항에서 그 특칙으로 형사보상청구권 및 국가배상청구권을 규정하고 있는데, 이는 국가의 형사사법작용 및 공권력행사로 인하여 신체의 자유 등이 침해된 국민의 구제를 헌법상 권리로 인정함으로써 관련 기본권의 보호를 강화하는데 그 목적이 있다.

② 헌법 제28조, 제29조 제1항은 형사보상청구권 및 국가배상청구권의 내용을 법률에 의해 구체화하도록 규정하고 있으므로, 그 구체적 내용은 입법자가 형성할 수 있다. 그러나 그에 관한 입법은 단지 보상 및 배상을 청구할 수 있는 형식적인 권리나 이론적인 가능성만을 허용하는 것이어서는 아니되고, 권리구제의 실효성이 상당히 보장되도록 하여야 한다.

③ 국가배상청구권에 적용되는 소멸시효의 기산점과 시효기간을 어떻게 정할 것인가의 문제는 원칙적으로 입법자에게 맡겨져 있지만, 그것이 지나치게 단기간이거나 불합리하여 국가배상청구를 현저히 곤란하게 만들거나 사실상 불가능하게 한다면 입법형성의 한계를 넘어선 것으로서 위헌이라 하지 않을 수 없다.

④ (1) 심판대상조항들이 '일반적인' 공무원의 직무상 불법행위로 손해를 받은 국민의 국가배상청구권에 관한 소멸시효 기산점과 시효기간을 정하고 있는 것은 합리적인 이유가 있으나, (2) 민법 제166조 제1항, 제766조 제2항의 객관적 기산점(불법행위를 한 날부터 5년)을 과거사정리법 제2조 제1항 제3, 4호의 '민간인 집단희생사건, 중대한 인권침해·조작의혹사건'에 적용하도록 규정하는 것은 국가배상청구권을 침해하여 헌법에 위반된다.

> **주의** 이에 따라 ⊙ 민간인 집단 희생사건, 중대한 인권침해·조작의혹사건에 대해서는 민법 제166조 제1항, 제766조 제2항의 객관적 기산점의 적용이 배제되고(위헌), ⓒ 이러한 객관적 기산점을 전제로 한 국가재정법 제96조 제2항(구 예산회계법 제96조 제2항)의 장기소멸시효기간의 적용도 당연히 배제된다. ⓒ 따라서 과거사정리법이 정한 위 사건에 대해서는 민법 제766조 제1항이 정한 주관적 기산점 및 이를 기초로 한 단기소멸시효만 적용되므로, 이러한 경우 사건 유형별 구체적 기산점이 문제될 수 있다.

- 과거사정리법 제2조 제1항 제3호의 '민간인 집단 희생사건'의 경우에 위원회로부터 진실규명결정을 받은 피해자 등은 특별한 사정이 없는 한 그 진실규명결정이 있었던 때에 손해 및 가해자를 알았다고 볼 수 있으므로, 피해자 등은 진실규명결정을 안 날로부터 3년 이내에 국가배상을 청구하여야 민법 제766조 제1항의 단기소멸시효 완성을 저지할 수 있을 것이다.

- 과거사정리법 제2조 제1항 제4호의 '중대한 인권침해사건과 조작의혹사건' 중 유죄확정판결을 받았던 사건의 경우에는 유죄확정판결의 존재라는 특별한 사정이 있어 재심으로 기존의 유죄확정판결이 취소된 이후에야 비로소 손해의 발생, 위법한 가해행위의 존재, 가해행위와 손해발생 사이의 상당인과관계 등 불법행위의 요건사실에 대하여 현실적이고도 구체적으로 인식하였다고 봄이 상당하므로, 피해자 등은 재심판결 확정을 안 날로부터 3년 이내에 국가배상을 청구하여야 민법 제766조 제1항의 단기소멸시효 완성을 저지할 수 있을 것이다.

판례 075 민주화운동관련자 명예회복 및 보상 등에 관한 법률 제18조 제2항 위헌소원(헌재 2018.8.30, 2014헌바180) : 위헌 ★☆☆

민주화보상법은 위원회로 하여금 민주화운동 관련자에게 보상금·의료지원금·생활지원금을 지급 결정하도록 하되, 관련자가 그 지급결정에 동의하여 보상금 등을 수령한 경우 '민주화운동과 관련하여 입은 피해'에 대하여 재판상 화해가 성립하도록 정한 심판대상조항 중

① '민주화운동과 관련하여 입은 피해'에는 정신적 손해를 포함한 피해 일체를 의미(대판 2015.1.22, 2012다204365)한다는 대법원 판결의 해석을 존중하여 '민주화운동과 관련하여 입은 피해'에는 적극적·소극적 손해뿐만 아니라 정신적 손해도 포함되며 명확성원칙에 위반되지 않는다.
② 위원회의 보상금 등의 지급결정에 동의한 때 재판상 화해의 성립을 간주하는 것은 관련자 및 유족의 재판청구권을 침해하지 아니한다.
③ 심판대상조항 중 적극적·소극적 손해에 관한 부분은 국가배상청구권을 침해하지 아니하나, 정신적 손해에 관한 부분은 민주화운동 관련자들의 국가배상청구권을 침해하여 헌법에 위반된다.

 판례 076 건강보험 요양급여내역 제공 요청 및 제공 행위 등 위헌확인(헌재 2018.8.30, 2014헌마368) : 인용(위헌확인)

① 이 사건 사실조회행위는 강제력이 개입되지 아니한 임의수사에 해당하므로, 이에 응하여 국민건강보험공단이 서울용산경찰서장에게 청구인들의 요양급여내역을 제공한 행위에도 영장주의가 적용되지 않는다.
② 상병명 등을 포함하지 아니한 요양급여일자, 요양기관명에 국한된 정보라고 하더라도, 요양기관이 산부인과, 비뇨기과, 정신건강의학과 등과 같은 전문의 병원인 경우에는 요양기관명만으로도 질병의 종류를 예측할 수 있는 점, 약 2~3년 동안의 장기간의 정보는 정보주체의 건강에 관한 포괄적이고 통합적인 정보를 구성할 수 있는 점 등에 비추어 볼 때, '개인정보 보호법' 제23조가 규정한 '건강에 관한 정보'로서 민감정보에 해당한다.
③ 공공기관은 '개인정보 보호법', '경찰관 직무집행법 시행령' 등에 따라 범죄의 수사를 위하여 '불가피한 경우' 정보주체 또는 제3자의 이익을 부당하게 침해할 우려가 있을 때를 제외하고 민감정보를 수사기관에게 제공할 수 있다.
④ 국민건강보험공단이 2013.12.20. 서울용산경찰서장에게 청구인들의 요양급여내역을 제공한 행위는 과잉금지원칙에 위배되어 개인정보자기결정권을 침해하였다.

판례 077
디엔에이감식시료채취 영장 발부 위헌확인 등(헌재 2018.8.30. 2016헌마344) : **헌법불합치** ★★☆

디엔에이감식시료채취영장 발부 과정에서 채취대상자가 자신의 의견을 진술하거나 영장발부에 대하여 불복하는 등의 절차를 두지 않은 것은 과잉금지원칙을 위반하여 재판청구권을 침해한다.

판례 078
재판취소 등(헌재 2018.8.30. 2015헌마784) : **기각**

재판소원을 금지한 헌법재판소법 제68조 제1항 중 '법원의 재판을 제외하고는' 부분은 헌법에 위반되지 않는다.

판례 079
통신제한조치 허가 위헌확인 등(헌재 2018.8.30. 2016헌마263) : **헌법불합치** ★★☆

통신비밀보호법상 인터넷회선 감청(패킷감청)에 관한 부분은 집행 단계 이후 객관적 통제 수단이 제대로 마련되어 있지 않아 청구인의 통신 및 사생활의 비밀과 자유를 침해한다.

판례 080
채증활동규칙 위헌확인(헌재 2018.8.30. 2014헌마843) : **기각, 각하** ★☆☆

① 채증활동규칙은 법률의 구체적인 위임 없이 제정된 경찰청 내부의 행정규칙에 불과하고, 청구인들은 구체적인 촬영행위에 의해 비로소 기본권을 제한받게 되므로, 이 사건 채증규칙이 직접 기본권을 침해한다고 볼 수 없다.

② 수사란 범죄혐의의 유무를 명백히 하여 공소를 제기·유지할 것인가의 여부를 결정하기 위해 범인을 발견·확보하고 증거를 수집·보전하는 수사기관의 활동을 말한다.

③ 경찰의 촬영행위는 일반적 인격권, 개인정보자기결정권, 집회의 자유 등 기본권 제한을 수반하는 것이므로 수사를 위한 것이라고 하더라도 필요최소한에 그쳐야 한다.

④ 옥외집회·시위에 대한 경찰의 촬영행위는 증거보전의 필요성 및 긴급성, 방법의 상당성이 인정되는 때에는 헌법에 위반된다고 할 수 없으나, 경찰이 옥외집회 및 시위 현장을 촬영하여 수집한 자료의 보관·사용 등은 엄격하게 제한하여, 옥외집회·시위 참가자 등의 기본권 제한을 최소화해야 한다. 옥외집회·시위에 대한 경찰의 촬영행위에 의해 취득한 자료는 '개인정보'의 보호에 관한 일반법인 '개인정보 보호법'이 적용될 수 있다.

⑤ 경찰이 신고범위를 벗어난 동안에만 집회참가자들을 촬영한 행위가 과잉금지원칙을 위반하여 집회참가자들의 일반적 인격권, 개인정보자기결정권 및 집회의 자유를 침해한다고 볼 수 없다.

판례 081
국가유공자 등 예우 및 지원에 관한 법률 제16조의3 제1항 위헌소원(헌재 2018.11.29, 2017헌바252) : **합헌**

6·25전몰군경자녀수당의 지급대상을 전투기간 중 '전사'한 전몰군경의 자녀로 설정한 것은 평등의 원칙에 위반되지 아니하고, '국가유공자 등에 대한 우선적 보호이념' 등을 위반하였다고 볼 수도 없다.

판례 082
소득세법 제95조 제4항 위헌소원(헌재 2018.11.29, 2017헌바517) : **합헌**

2016.1.1. 이전에 취득한 비사업용 토지의 양도소득금액을 계산할 때 장기보유 특별공제를 적용하기 위한 보유기간의 기산일을 2016. 1. 1.로 규정한 것은 재산권을 침해하지 않으며, 신뢰보호원칙에 위반되지 않는다.

판례 083
구 도로교통법 제15조 제3항 위헌소원(헌재 2018.11.29, 2017헌바465) : **합헌** ★☆☆

전용차로로 통행할 수 있는 차가 아닌 차의 전용차로 통행을 원칙적으로 금지하고 대통령령으로 정하는 예외적인 경우에만 이를 허용하며, 전용차로 통행금지를 위반한 경우 과태료에 처하도록 한 것은 포괄위임금지원칙에 위반되지 않으며, 일반적 행동자유권을 침해하지 않는다.

판례 084
구 저작권법 제2조 제28호 등 위헌소원(헌재 2018.11.29, 2017헌바369) : **합헌**

기술적 보호조치를 "저작권 그 밖에 이 법에 따라 보호되는 권리에 대한 침해행위를 효과적으로 방지 또는 억제하기 위하여 그 권리자나 권리자의 동의를 얻은 자가 적용하는 기술적 조치"라고 정의한 것은 명확성 원칙에 위반되지 않는다.

판례 085
형사소송법 제405조 위헌소원(헌재 2018.12.27, 2015헌바77) : **헌법불합치** ★★☆

형사소송법상 즉시항고 제기기간을 3일로 제한한 것은 지나치게 짧아 입법재량의 한계를 일탈하여 재판청구권을 침해한다.

🔍 보석 시 검사의 즉시항고 · 구속집행정지 시 검사의 즉시항고 : 위헌

판례 086
구 고등교육법 제62조 제1항 등 위헌소원(헌재 2018.12.27, 2016헌바217) : **합헌**

정상적인 학사운영이 불가능한 경우 교육과학기술부장관이 학교폐쇄를 명할 수 있다고 규정한 구 고등교육법 조항과 학교법인이 목적의 달성이 불가능한 때 교육과학기술부장관이 학교법인에 대하여 해산을 명할 수 있다고 규정한 조항은 명확성원칙에 반하지 않으며, 과잉금지원칙을 위반하여 사학의 자유를 침해한다고 볼 수 없다.

판례 087
성매매알선 등 행위의 처벌에 관한 법률 제19조 제2항 제1호 등 위헌소원(헌재 2018. 12. 27. 2017헌바519) : 합헌 ★★☆

영업으로 유사성교행위를 알선하는 행위를 처벌하는 것은 죄형법정주의 명확성원칙에 위배되지 않는다.

판례 088
구 민사소송법 제426조 위헌소원(헌재 2018. 12. 27. 2017헌바472) : 합헌

가사소송법(2010. 3. 31. 법률 제10212호로 개정된 것) 제12조 본문 중 재심제기 기간에 관한 구 민사소송법(1960. 4. 4. 법률 제547호로 제정되고, 2002. 1. 26. 법률 제6626호로 전부개정되기 전의 것) 제426조 제1항, 제3항을 따르도록 한 부분 가운데 친생자관계 존부 확인의 소에 관한 부분은 헌법에 위반되지 않는다.

판례 089
산업재해보상보험법 제51조 제1항 등 위헌소원(헌재 2018. 12. 27. 2017헌바231) : 합헌

산업재해보상보험법(2007. 12. 14. 법률 제8694호로 전부개정된 것) 제51조 제1항, 제2항은 모두 헌법에 위반되지 않는다.

2019년도 헌법재판소 판례

판례 001 특정범죄 가중처벌 등에 관한 법률 제6조 제7항 위헌제청(헌재 2019. 2. 28, 2016헌가13) : **위헌**
책임과 형벌 사이의 비례원칙 위반 여부 - 적극
형벌체계상의 균형성 상실 여부 및 평등원칙 위배 여부 - 적극

판례 002 형법 제160조 위헌제청(헌재 2019. 2. 28, 2017헌가33) : **합헌**
분묘를 발굴한 행위에 대하여 5년 이하의 징역에 처하도록 규정한 형법 제160조가 헌법에 위반되지 않는다.

판례 003 변호인 접견불허 위헌확인 등(헌재 2019. 2. 28, 2015헌마1204) : **인용(위헌확인), 각하** ★★☆
「체포되어 구속영장이 청구된 피의자를 신문하는 과정에서 변호사인 청구인이 위 피의자 가족의 의뢰를 받아 접견신청을 하였음에도 검사가 이를 허용하기 위한 조치를 취하지 않은 것은, 변호인이 되려는 청구인의 접견교통권을 침해한 것이고, 위 접견교통권은 헌법상 보장된 기본권에 해당하여 그 침해를 이유로 헌법소원심판을 청구할 수 있다」는 취지로, 청구인의 심판청구를 인용.

판례 004 재판취소 등(헌재 2019. 2. 28, 2016헌마56) : **기각, 각하**
법원의 재판에 대한 헌법소원을 금지한 헌법재판소법 제68조 제1항 중 "법원의 재판을 제외하고는" 부분은 헌법에 위반되지 않고, 대통령의 긴급조치 발령행위 등에 대하여 국가배상책임을 인정하지 않은 대법원 판결에 대한 헌법소원심판청구가 부적법하다.

판례 005 병역법 시행령 제62조 제1항 위헌확인(헌재 2019. 2. 28, 2017헌마374) : **기각, 각하**
사회복무요원에게 현역병의 봉급에 해당하는 보수를 지급하도록 한 병역법 시행령(2013. 12. 4. 대통령령 제24890호로 개정된 것) 제62조 제1항 본문이 현역병에 비하여 사회복무요원을 합리적 근거 없이 차별한다고 볼 수 없으므로 평등권을 침해하지 않는다.

판례 006 기소유예처분취소(헌재 2019. 2. 28, 2017헌마460) : **기각**
인가를 받지 아니하고 시설을 사실상 학교 형태로 운영한 초중등교육법위반 피의사건에 대해 피청구인 검사가 한 기소유예처분이 청구인의 기본권을 침해하지 않는다.

판례 007
재판취소 등(헌재 2019. 2. 28. 2017헌마1056) : **기각, 각하**

법원의 재판을 헌법소원심판의 대상에서 제외하고 있는 헌법재판소법(2011. 4. 5. 법률 제10546호로 개정된 것) 제68조 제1항 본문 중 "법원의 재판을 제외하고는" 부분은 헌법에 위반되지 않고, 구 '민주화운동 관련자 명예회복 및 보상 등에 관한 법률'(2000. 1. 12. 법률 제6123호로 제정되고, 2015. 5. 18. 법률 제13289호로 개정되기 전의 것) 제18조 제2항 및 대법원 판결에 대한 심판청구를 각하하는 결정을 선고

판례 008
헌법재판소법 제68조 제1항 본문 위헌확인 등(헌재 2019. 2. 28. 2017헌마1065) : **기각, 각하**

법원의 재판에 대한 헌법소원을 금지한 헌법재판소법 제68조 제1항 중 "법원의 재판을 제외하고는" 부분은 헌법에 위반되지 않고, 공소시효 만료로 면소판결을 받은 긴급조치 피해자들의 손해배상청구 사건에서 국가채무의 시효가 완성되었다고 본 대법원 판결에 대한 헌법소원심판청구가 부적법하다는 결정을 선고

판례 009
헌법재판소법 제68조 제1항 본문 위헌확인 등(헌재 2019. 2. 28. 2018헌마140) : **기각, 각하**

법원의 재판에 대한 헌법소원을 금지한 헌법재판소법 제68조 제1항 중 "법원의 재판을 제외하고는" 부분은 헌법에 위반되지 않고(반대의견 2인), 지연손해금의 기산일을 사실심 변론종결일로 본 대법원 판결에 대한 헌법소원심판청구가 부적법하다는(별개의견 1인, 반대의견 1인) 결정을 선고

판례 010
공직선거법 제26조 제1항 [별표2] 위헌확인(헌재 2019. 2. 28. 2018헌마415) : **헌법불합치** ★★☆

– 헌법재판소는 2019년 2월 28일 재판관 전원일치 의견으로, 공직선거법 제26조 제1항 [별표 2] 시·도의회의원지역선거구구역표 중 "인천광역시 서구 제3선거구", "경상북도 경주시 제1선거구" 부분은 인구편차 상하 50%를 벗어나 청구인들의 선거권과 평등권을 침해하므로, 위 [별표 2] 시·도의회의원지역선거구구역표 중 인천광역시의회의원지역선거구들 부분과 경상북도의회의원지역선거구들 부분에 대하여 위헌선언을 하되, 2021. 12. 31.을 시한으로 개정될 때까지 계속 적용한다는 결정을 선고하였다. [헌법불합치]

판례 011
마약류 관리에 관한 법률 제58조 제1항 본문 등 위헌소원(헌재 2019. 2. 28. 2016헌바382) : **합헌**

향정신성의약품 매수행위를 무기 또는 5년 이상의 징역에 처하는 마약류 관리에 관한 법률 제58조 제1항 제3호 가운데 '매매' 중 매수 부분이 헌법에 위반되지 않는다는 결정을 선고

판례 012 국민건강보험법 제71조 위헌소원(헌재 2019. 2. 28. 2017헌바245) : 합헌

보수를 제외한 직장가입자의 소득이 대통령령으로 정하는 금액을 초과하는 경우 보수월액에 대한 보험료 외에 소득월액에 대한 보험료를 추가로 납부하도록 한 구 국민건강보험법 제71조 제1항 전단과, 소득월액 산정의 기준, 방법 등을 대통령령에 위임한 국민건강보험법 제71조 제2항이 모두 포괄위임금지원칙에 위반되지 않는다는 결정을 선고

판례 013 노동조합 및 노동관계조정법 제94조 위헌제청(2017헌가30, 2019. 4. 11. 종국) : 위헌

노동조합 및 노동관계조정법(1997. 3. 13. 법률 제5310호로 제정된 것) 제94조 중 '법인의 대리인·사용인 기타의 종업원이 그 법인의 업무에 관하여 제90조의 위반행위를 한 때에는 그 법인에 대하여도 해당 조의 벌금형을 과한다' 부분 가운데 제81조 제4호 본문 전단에 관한 부분은 헌법에 위반된다.

판례 014 군복 및 군용장구의 단속에 관한 법률 제8조 제2항 위헌제청(2018헌가14, 2019. 4. 11. 종국) : 합헌 ★★☆

헌법재판소는 2019년 4월 11일 재판관 6 : 3의 의견으로, 유사군복을 판매 목적으로 소지하는 행위에 대하여 1년 이하의 징역 또는 1천만원 이하의 벌금에 처하도록 규정한 '군복 및 군용장구의 단속에 관한 법률' 제8조 제2항 중 '판매목적 소지'에 관한 부분, 제13조 제1항 제2호 중 제8조 제2항의 '판매목적 소지'에 관한 부분이 헌법에 위반되지 않는다는 결정을 선고하였다. [합헌]

판례 015 경상남도 사천시와 경상남도 고성군 간의 권한쟁의(2015헌라2, 2019. 4. 11.) : 기각

헌법재판소는 2019년 4월 11일 재판관 전원 일치 의견으로, 공유수면 매립지인 삼천포화력발전소 회사장과 진입도로 일부에 대하여 사천시가 고성군을 상대로 자치권한이 침해되었음을 이유로 관할권한의 확인을 구한 권한쟁의 심판사건에서 위 매립지에서의 관할권한이 청구인에게 귀속된다고 볼 수 없다는 이유로 청구인의 이 사건 심판청구를 기각하는 결정을 선고하였다.

판례 016 서울특별시와 대통령 간의 권한쟁의(2016헌라3, 2019. 4. 11. 선고) : 각하

헌법재판소 전원재판부는 2019년 4월 11일 재판관 9인의 전원 일치 의견으로, 지방자치단체가 사회보장기본법상의 협의·조정을 거치지 아니하거나 그 결과를 따르지 아니하고 사회보장제도를 신설 또는 변경하여 경비를 지출한 경우 행정안전부장관이 교부세를 감액하거나 반환을 명할 수 있도록 지방교부세법 시행령을 개정한 피청구인의 행위는 청구인의 자치권한을 침해하였거나 침해할 현저한 위험이 인정되지 않으므로 부적법하다는 결정을 선고하였다. [각하]

판례 017
성남시 등과 대통령 등 간의 권한쟁의(2016헌라7, 2019. 4. 11. 선고) : 기각

헌법재판소는 2019년 4월 11일 재판관 전원일치 의견으로, 피청구인 대통령이 2016. 8. 29. 대통령령 제27463호로 지방재정법 시행령 제36조 제3항, 제4항을 개정한 행위가 청구인들의 자치재정권 등 지방자치권을 침해한다고 볼 수 없고, 이를 무효라고 할 수도 없다는 결정을 선고하였다. [기각]

판례 018
고창군과 부안군 간의 권한쟁의(2016헌라8, 2016헌라8, 2018헌라2(병합), 2019. 4. 11. 선고) : 인용(권한확인), 인용(무효확인), 각하

헌법재판소는 2019년 4월 11일 재판관 8 : 1의 의견으로, 쟁송해역을 둘러싼 육지·유인도·무인도·갯벌 등 지리상의 자연적 조건, 관련 법령의 현황, 연혁적인 상황, 행정권한 행사 내용, 사무처리 실상, 주민들의 사회·경제적 편익을 고려하여 전라북도 고창군과 부안군 사이의 해상경계를 획정하고, 이를 바탕으로 부안군의 공유수면 점용·사용료 부과처분 중 고창군의 관할구역에 대해 이루어진 부분이 무효임을 확인하는 결정을 선고하였다.

판례 019
부마민주항쟁 관련자의 명예회복 및 보상 등에 관한 법률 제21조 등 위헌확인(2016헌마418, 2019. 4. 11. 선고) : 기각

헌법재판소는 2019년 4월 11일 재판관 7 : 2의 의견으로, 부마민주항쟁 관련자의 명예회복 및 보상 등에 관한 법률 제21조 제1항 및 제22조 제1항에 대한 심판청구를 기각한다는 결정을 선고하였다. [기각]

판례 020
근로기준법 제11조 제1항 본문 등 위헌확인(2017헌마820, 2019. 4. 11. 선고) : 기각 ★☆☆

헌법재판소는 2019년 4월 11일 재판관 7 : 2의 의견으로, 4명 이하의 근로자를 사용하는 사업 또는 사업장에 적용될 근로기준법 조항 중 부당해고를 제한하는 제23조 제1항, 노동위원회 구제절차에 관한 제28조 제1항을 포함하지 않은 근로기준법 시행령 제7조 [별표 1]이 평등권, 근로의 권리를 침해하지 않는다는 결정을 선고하였다. [기각]

판례 021
초·중등교육법 시행령 제80조 제1항 등 위헌확인(2018헌마221, 2019. 4. 11. 선고) : 위헌, 기각 ★★☆

헌법재판소는 2019년 4월 11일 재판관 전원일치의 의견으로 자사고 지원자에게 평준화지역 후기학교의 중복지원을 금지한 초·중등교육법 시행령 제81조 제5항 중 '제91조의3에 따른 자율형 사립고등학교는 제외한다' 부분은 청구인 학생 및 학부모의 평등권을 침해하여 헌법에 위반되고, 재판관 4(합헌) : 5(위헌)의 의견으로 자사고를 후기학교로 규정한 초·중등교육법 시행령 제80조 제1항은 청구인 학교법인의 사학운영의 자유 및 평등권을 침해하지 아니하여 헌법에 위반되지 아니한다는 결정을 선고하였다. [위헌, 기각]

판례 022
근로기준법 제11조 제2항 위헌소원(2013헌바112, 2019.4.11. 선고) : **합헌** ★☆☆

헌법재판소는 2019년 4월 11일 재판관 7 : 2의 의견으로, 상시 4명 이하의 근로자를 사용하는 사업 또는 사업장에 대하여 대통령령으로 정하는 바에 따라 근로기준법의 일부 규정을 적용할 수 있도록 위임한 근로기준법 제11조 제2항이 헌법에 위반되지 않는다는 결정을 선고하였다. [합헌]

판례 023
공직선거법 제91조 제1항 등 위헌소원(2016헌바458, 2019.4.11. 선고) : **각하**

헌법재판소는 2019년 4월 11일 재판관 전원 일치 의견으로, 당내경선에서 허용되는 경선운동 방법을 한정하고 이를 위반한 경우 처벌하는 공직선거법 제57조의3 제1항, 제255조 제2항 제3호가 헌법에 위반되지 않는다는 결정을 선고하였다. [합헌]

판례 024
[중요판례] 형법 제269조 제1항 등 위헌소원(낙태죄 사건)(2017헌바127, 2019.4.11. 선고) : **헌법불합치**

자기낙태죄 조항은 입법목적을 달성하기 위하여 필요한 최소한의 정도를 넘어 임신한 여성의 자기결정권을 제한하고 있어 침해의 최소성을 갖추지 못하였고, 태아의 생명 보호라는 공익에 대하여만 일방적이고 절대적인 우위를 부여함으로써 법익균형성의 원칙도 위반하였다고 할 것이므로, 과잉금지원칙을 위반하여 임신한 여성의 자기결정권을 침해하는 위헌적인 규정이다.

판례 025
학교폭력예방 및 대책에 관한 법률 제17조 제1항 등 위헌소원(2017헌바140, 2019.4.11. 선고) : **합헌**

헌법재판소는 2019년 4월 11일 학교폭력예방 및 대책에 관한 법률 제17조 제1항 가운데 '학교폭력 가해학생에 대하여 수개의 조치를 병과할 수 있도록 하고, 출석정지기간의 상한을 두지 아니한 부분'이 청구인들의 학습의 자유를 침해하지 않는다는 취지의 결정을 선고하였다. [기각]

판례 026
새마을금고법 제85조 제3항 위헌제청(2018헌가12, 2019.5.30. 종국) : **위헌**

헌법재판소 전원재판부는 2019. 5. 30. 재판관 8인의 전원일치 의견으로, 새마을금고 임원 선거 운동을 위하여 새마을금고의 '정관으로 정하는 기간 중에' 호별방문 등을 한 자를 처벌하는, 새마을금고법(2014. 6. 11. 법률 제12749호로 개정된 것) 제85조 제3항 중 제22조 제2항 제5호에 관한 부분이 헌법에 위반된다는 결정을 선고하였다. [위헌]

판례 027 — 구 건강기능식품에 관한 법률 제44조 제4호 위헌제청(2019헌가4, 2019.5.30. 종국) : 위헌 ★★☆

헌법재판소는 2019. 5. 30. 재판관 8명 전원일치 의견으로 사전심의를 받지 않은 건강기능식품의 기능성 광고를 금지하고 이를 어길 경우 형사처벌하도록 한 구 건강기능식품에 관한 법률(2012. 10. 22. 법률 제11508호로 개정되고, 2018. 3. 13. 법률 제15480호로 개정되기 전의 것) 제18조 제1항 제6호 중 '제16조 제1항에 따라 심의를 받지 아니한 광고' 부분 및 구 건강기능식품에 관한 법률(2014. 5. 21. 법률 제12669호로 개정되고, 2018. 3. 13. 법률 제15480호로 개정되기 전의 것) 제44조 제4호 중 제18조 제1항 제6호 가운데 '제16조 제1항에 따라 심의를 받지 아니한 광고를 한 자'에 관한 부분은 모두 헌법에 위반된다는 결정을 선고하였다. [위헌]

판례 028 — 기소유예처분취소(2017헌마1217, 2019.5.30. 종국) : 인용(취소)

헌법재판소는 2019년 5월 30일 관여 재판관 8인의 전원일치 의견으로, 의료인이 병원 건물 내부에 지인을 소개한 기존 환자에게 비급여 진료 혜택을 1회 받을 수 있는 상품권을 제공하겠다는 취지의 포스터를 게시한 행위가 의료법 제27조 제3항이 금지하는 환자 유인행위에 해당한다고 보아 피청구인이 청구인에 대하여 한 기소유예처분이 자의적인 검찰권의 행사로 청구인의 평등권과 행복추구권을 침해한다는 취지로 청구인의 심판청구를 인용하는 결정을 선고하였다. [인용]

판례 029 — 변호사법 제5조 제2호 위헌확인(2018헌마267, 2019.5.30. 종국) : 기각

헌법재판소는 2019년 5월 30일 재판관 8인의 전원일치 의견으로, 금고 이상의 형의 집행유예를 선고받은 경우를 변호사 결격사유로 정한 변호사법 제5조 제2호는 청구인의 직업수행의 자유 및 평등권 등을 침해하지 아니하여 헌법에 위반되지 아니한다는 결정을 선고하였다. [기각]

판례 030 — 공교육 정상화 촉진 및 선행교육 규제에 관한 특별법 제8조 제1항 단서 등 위헌확인(2018헌마555, 2019.5.30. 종국) : 각하 ★☆☆

헌법재판소는 2019년 5월 30일 재판관 8인의 전원일치 의견으로, '공교육 정상화 촉진 및 선행교육 규제에 관한 특별법'이 개정되어 초등학교 1·2학년의 영어 방과후학교 과정이 허용되었으므로, 기존에 이를 금지하였던 '공교육 정상화 촉진 및 선행교육 규제에 관한 특별법' 조항들 및 같은 법 시행령 조항에 대한 심판청구가 권리보호이익이 소멸하여 부적법하다는 이유로 이 사건 심판청구를 각하하였다. [각하]

판례 031
구 도시철도법 제34조 제2항 위헌소원— 연락운송 운임수입 분쟁을 국토교통부장관이 결정하도록 한 도시철도법조항에 관한 사건(2017헌바135, 2019. 6. 28. 종국) : 합헌

헌법재판소는 2019년 6월 28일 관여 재판관 8인의 전원일치 의견으로, 연락운송 운임수입의 배분에 관한 협의가 성립하지 아니한 때에는 당사자의 신청을 받아 국토교통부장관이 결정하도록 한 도시철도법 제34조 제2항이 헌법에 위반되지 않는다는 결정을 선고하였다. [합헌]

판례 032
응급의료에 관한 법률 제12조 위헌소원— 응급진료 방해 행위의 금지 및 처벌에 관한 응급의료에 관한 법률 조항 위헌소원(2018헌바128 2019. 6. 28. 종국) : 합헌 ★☆☆

헌법재판소는 2019년 6월 28일 관여 재판관 8인의 전원일치 의견으로, 누구든지 응급의료종사자의 응급환자에 대한 진료를 폭행, 협박, 위계, 위력, 그 밖의 방법으로 방해하는 행위를 금지하는 '응급의료에 관한 법률' 제12조 중 '누구든지 응급의료종사자의 응급환자에 대한 진료를 폭행, 협박, 위계, 위력, 그 밖의 방법으로 방해하여서는 아니된다.'는 부분과 이를 위반한 자를 형사처벌하는 규정인 2019. 1. 15. 개정되기 전의 구 '응급의료에 관한 법률' 제60조 제1항 제1호 중 '응급의료를 방해한 사람'에 관한 부분이 모두 헌법에 위반되지 않는다는 결정을 선고하였다. [합헌]

판례 033
총포·도검·화약류 등의 안전관리에 관한 법률 제14조의2 제1항 등 위헌소원— 총포보관 사건 (2018헌바400 2019. 6. 28. 종국) : 합헌

헌법재판소는 2019년 6월 28일 관여 재판관 8인의 전원일치 의견으로, 공기총의 소지허가를 받은 자는 그 공기총을 허가관청이 지정하는 곳에 보관하도록 규정한 '총포·도검·화약류 등의 안전관리에 관한 법률'(2015. 7. 24. 법률 제13429호로 개정된 것) 제14조의2 제1항 중 제12조 제1항 제2호의 공기총에 관한 부분 및 '총포·도검·화약류 등의 안전관리에 관한 법률' 부칙(2015. 7. 24. 법률 제13429호) 제3조 제1항 중 제12조 제1항 제2호의 공기총에 관한 부분이 헌법에 위반되지 않는다는 결정을 선고하였다. [합헌]

판례 034
기소유예처분취소— 특수절도 사건(2018헌마948 2019. 6. 28. 종국) : 인용

헌법재판소는 2019년 6월 28일 관여 재판관 8인의 전원일치 의견으로, 금전적인 문제로 피해자의 남자친구를 만나기 위하여 집을 찾아갔지만 계속하여 연락이 되지 않자 연락을 위한 수단으로 문 앞에 놓여 있던 피해자의 택배상자를 가져 온 점, 청구인 이외 다른 2명이 택배상자를 들고 나온 것이고 청구인은 위 실행행위에 가담하지 않은 것으로 확인되는 점, 사건 발생 6개월 후 택배상자를 배달된 상태 그대로 돌려준 점 등에 비추어 청구인에게 특수절도의 고의 및 불법영득의사가 없었다고 보아 피청구인이 청구인에 대하여 한 기소유예처분이 자의적인 검찰권의 행사로 청구인의 평등권과 행복추구권을 침해한다는 취지로 청구인의 심판청구를 인용하는 결정을 선고하였다. [인용]

판례 035
기소유예처분취소― 애완견의 목줄착용으로 인한 다툼에서 비롯된 폭행 사건(2017헌마882 2019. 6. 28. 종국) : 인용

헌법재판소는 2019년 6월 28일 관여 재판관 8인의 전원일치 의견으로, 유형력 행사를 인정할 증거가 부족함에도 불구하고 청구인이 유형력을 행사하였다고 보아 피청구인이 청구인에 대하여 한 기소유예처분이 자의적인 검찰권의 행사로 청구인의 평등권과 행복추구권을 침해한다는 취지로 청구인의 심판청구를 인용하는 결정을 선고하였다. [인용]

판례 036
식품위생법 제13조 제1항 제1호 등 위헌소원― 식품에 관하여 의약품으로 오인·혼동할 우려가 있는 내용의 광고를 금지하고, 그 위반 시 형사처벌하는 구 식품위생법 조항 사건(2017헌바513 2019. 7. 25. 종국) : 합헌

헌법재판소는 2019년 7월 25일 재판관 8인의 전원일치 의견으로, 식품에 관하여 의약품으로 오인·혼동할 우려가 있는 내용의 광고를 금지하고, 그 위반 시 형사처벌하는 구 식품위생법 제13조 제1항 제1호 중 '의약품으로 오인·혼동할 우려가 있는 내용의 광고' 부분, 구 식품위생법 제94조 제1항 제2호의2 중 제13조 제1항 제1호 가운데 '의약품으로 오인·혼동할 우려가 있는 내용의 광고'에 관한 부분이 헌법에 위반되지 아니한다는 결정을 선고하였다. [합헌]

판례 037
형법 제321조 위헌제청― 형법상 주거·신체수색죄에 대한 위헌제청 및 위헌소원 사건(2018헌가7 2019. 7. 25. 종국) : 합헌

헌법재판소는 2019년 7월 25일 재판관 8인의 전원일치 의견으로, 식품에 관하여 의약품으로 오인·혼동할 우려가 있는 내용의 광고를 금지하고, 그 위반 시 형사처벌하는 구 식품위생법 제13조 제1항 제1호 중 '의약품으로 오인·혼동할 우려가 있는 내용의 광고' 부분, 구 식품위생법 제94조 제1항 제2호의2 중 제13조 제1항 제1호 가운데 '의약품으로 오인·혼동할 우려가 있는 내용의 광고'에 관한 부분이 헌법에 위반되지 아니한다는 결정을 선고하였다. [합헌]

판례 038
병역법 시행령 제130조 제4항 위헌확인― 가족 중 순직자가 있는 경우의 병역감경 사건(2017헌마323 2019. 7. 25. 종국) : 기각

헌법재판소는 2019년 7월 25일 재판관 7 : 2의 의견으로, 가족 중 순직자가 있는 경우의 병역감경 대상에서 재해사망군인의 가족을 제외하고 있는 병역법 시행령 제130조 제4항 후단 중 순직자 부분은 청구인의 평등권을 침해하지 않으므로 이에 대한 헌법소원심판청구를 기각한다는 결정을 선고하였다. 이에 대하여는 위 조항이 순직군인 등의 가족과 재해사망군인의 가족을 합리적 이유 없이 차별하여 청구인의 평등권을 침해한다는 재판관 이선애, 재판관 이은애의 반대의견이 있다. [기각]

판례 039 사학기관 재무·회계 규칙 제15조의2 제1항 위헌확인 등 – 유치원 회계 예산과목 구분 사건 (2017헌마1038 2019. 7. 25. 종국) : 기각

헌법재판소는 2019년 7월 25일 재판관 전원 일치 의견으로, 유치원의 학교에 속하는 회계의 예산과목 구분을 정한 '사학기관 재무·회계 규칙' 제15조의2 제1항 단서 및 별표 5, 별표 6은 사립유치원 설립·경영자인 청구인들의 사립유치원 운영의 자유, 재산권, 평등권을 침해한다고 볼 수 없으므로 청구인들의 심판청구를 모두 기각하는 결정을 선고하였다.
이 결정에는 「교육부로서는 '유치원 공공성 강화 방안'을 마련함에 있어 개인 설립 사립유치원의 설립·경영자인 청구인들의 주장을 경청하여 현실 상황을 반영하는 정책적 배려를 하는 것이 필요하다」는 취지의 재판관 3인의 보충의견이 있다. [기각]

판례 040 변호사시험법 제18조 제1항 본문 등 위헌확인 – 변호사시험 성적 공개 청구기간 제한 사건 (2017헌마1329 2019. 7. 25. 종국) : 위헌, 각하 ★★☆

- 헌법재판소는 2019년 7월 25일 재판관 6 : 3의 의견으로, 변호사시험 성적 공개 청구기간을 개정 변호사시험법 시행일로부터 6개월로 제한하는 변호사시험법 부칙(2017. 12. 12. 법률 제15154호) 제2조 중 '이 법 시행일부터 6개월 내에' 부분은 청구인의 정보공개청구권을 침해하여 헌법에 위반된다는 결정을 선고하였다. 이에 대하여는 재판관 이은애, 재판관 이종석, 재판관 이미선의 반대의견이 있다. [위헌]
- 변호사시험법(2017. 12. 12. 법률 제15154호로 개정된 것) 제18조 제1항 중 '해당 시험의 합격자 발표일부터 1년 내에' 부분에 대한 심판청구를 각하하였다. [각하]

판례 041 재판취소 등 – 긴급조치와 관련된 국가배상책임을 부인한 재판취소 사건 (2018헌마827 2019. 7. 25. 종국) : 기각, 각하

헌법재판소는 2019년 7월 25일 재판관 7:2의 의견으로, 「헌법재판소법 제68조 제1항은 2016헌마33 사건에서 한정위헌결정을 선고함으로써 위헌 부분이 제거된 나머지 부분으로 이미 그 내용이 축소된 것이어서 청구인들의 기본권을 침해하지 아니하고, 긴급조치 발령 등으로 인한 국가의 배상책임을 부인한 대법원 판결은 헌법재판소가 위헌으로 결정한 법령을 적용한 재판이 아니므로 예외적으로 허용되는 재판소원의 대상이 될 수 없다」는 취지로 청구인들의 청구를 일부 기각, 일부 각하하는 결정을 선고하였다. 이 결정에 대하여는 「헌법재판소법 제68조 제1항의 내용 중 국가권력이 총체적 불법행위를 자행한 경우에 대해서까지 국가의 불법행위 책임을 부인하는 재판에 관한 부분은 청구인들의 기본권을 침해하는 것으로 헌법에 위반되고, 대법원 판결은 헌재 2010헌바132등 결정의 기속력에 반하거나 국가가 총체적 불법행위를 자행하였음이 명백한 사안에서 국가의 책임을 부인한 것으로 청구인들의 기본권을 침해하므로, 모두 취소되어야 한다」는 취지의 재판관 2인의 반대의견이 있다. [기각, 각하]

판례 042

교육공무원법 제10조의4 등 위헌확인- 성범죄자의 교원 임용결격 사건(2016헌마754 2019. 7. 25. 종국) : 기각 ★☆☆

헌법재판소는 2019년 7월 25일 재판관 전원일치 의견으로 교육공무법 제10조의4 중 미성년자에 대하여 성범죄를 범하여 형을 선고받아 확정된 자와 성인에 대한 성폭력범죄를 범하여 벌금 100만 원 이상의 형을 선고받아 확정된 자는 초·중등교육법상의 교원에 임용될 수 없도록 한 부분이 청구인의 공무담임권을 침해하지 않는다는 결정을 선고하였다. [기각]

판례 043

의료법 제87조 제1항 제2호 위헌소원(2014헌바212) : 합헌

헌법재판소는 2019년 8월 29일 재판관 전원일치 의견으로, 의료인으로 하여금 둘 이상의 의료기관 운영을 금지한 의료법(2012. 2. 1. 법률 제11252호로 개정된 것) 제33조 제8항 본문 중 '운영' 부분 및 이를 위반한 자를 처벌하는 구 의료법(2012. 2. 1. 법률 제11252호로 개정되고, 2015. 12. 29. 법률 제13658호로 개정되기 전의 것) 제87조 제1항 제2호 중 제33조 제8항 본문 가운데 '운영' 부분이 헌법에 위반되지 않는다는 결정을 선고하였다. [합헌, 기각]

판례 044

총포·도검·화약류 등의 안전관리에 관한 법률 제30조 제1항 위헌제청(2016헌가16) : 합헌, 각하

헌법재판소 전원재판부는 2019. 8. 29. 재판관 전원일치 의견으로 형법상 상해죄를 범하여 벌금형을 선고받고 5년이 지나지 아니한 사람은 화약류관리보안책임자의 면허를 받을 수 없다고 정한 구 '총포·도검·화약류 등 단속법'(2003. 7. 29. 법률 제6948호로 개정되고, 2015. 1. 6. 법률 제12960호로 개정되기 전의 것) 제29조 제1항 제4호 중 '총포·도검·화약류 등의 안전관리에 관한 법률'(2015. 7. 24. 법률 제13429호로 개정되고, 2018. 9. 18. 법률 제15766호로 개정되기 전의 것) 제13조 제1항 제6호의2 나목 중 형법 제257조 제1항 가운데 화약류관리보안책임자의 면허에 관한 부분이 헌법에 위반되지 않는다고 선고하였다. [합헌]
한편, 그 외 나머지 위헌법률심판제청은 재판의 전제성이 없다는 이유로 이를 각하하는 결정을 선고하였다. [각하]

판례 045

조세범 처벌법 제15조 제1항 위헌소원(2018헌바265) : 합헌

헌법재판소는 2019년 8월 29일 현금영수증 의무발행업종 사업자로 하여금 건당 10만 원 이상의 현금거래시 현금영수증을 의무발급 하도록 하고, 위반 시 현금영수증 미발급 거래대금의 100분의 50에 상당하는 과태료를 부과하도록 한 법인세법 제117조의2 제4항 본문, 구 조세범 처벌법 제15조 제1항 본문 중 법인세법 제117조의2 제4항 본문에 관한 부분이 모두 헌법에 위반되지 않는다는 결정을 선고하였다. 이에 대하여 구 조세범 처벌법 상 과태료조항이 헌법에 위반된다는 재판관이선애, 재판관 이종석, 재판관 이영진의 반대의견이 있다. [합헌]

가축분뇨의 관리 및 이용에 관한 법률 부칙 제10조의2 위헌확인(2018헌마297) : 기각

헌법재판소는 2019년 8월 29일 재판관 전원일치 의견으로, 배출시설 허가 또는 신고를 마치지 못한 가축 사육시설에 대하여 적법화 이행기간의 특례를 규정하면서, '개 사육시설'을 적용대상에서 제외하고 있는 '가축분뇨의 관리 및 이용에 관한 법률' 부칙 조항이 개 사육시설 설치자인 청구인들의 평등권을 침해하지 않는다는 결정을 선고하였다. 청구인들 중 청구인 OO연합회의 청구는 자기관련성이 인정되지 않아 부적법하다는 이유로 각하하였다. [각하, 기각]

도로교통법 제93조 제1항 제6호 등 위헌소원(2018헌바4) : 합헌, 각하

- 헌법재판소는 2019년 8월 29일 재판관 전원일치 의견으로, 교통사고로 사람을 사상한 후 필요한 조치를 하지 아니한 경우 운전면허를 취소 또는 정지시킬 수 있도록 한 도로교통법 제93조 제1항 제6호 중 '교통사고로 사람을 사상한 후 제54조 제1항에 따른 필요한 조치를 하지 아니한 경우' 부분이 헌법에 위반되지 않는다는 결정을 선고하였다. [합헌]
- 운전면허가 취소된 날부터 4년간 운전면허를 받을 수 없도록 한 도로교통법 제82조 제2항 제4호는 재판의 전제성이 없고, 운전면허 취소처분의 기준을 정한 도로교통법 시행규칙 제91조 제1항 해당 부분은 청구기간을 경과하였으므로, 모두 각하하였다. [각하]

지방자치법 제3조 제3항 등 위헌확인(2018헌마129) : 기각, 각하 ★☆☆

헌법재판소 전원재판부는 2019. 8. 29. 재판관 전원일치 의견으로, 인구 50만 이상의 일반 시에는 자치구가 아닌 구를 두고 그 구청장은 시장이 임명하도록 규정한, 지방자치법(2011. 5. 30. 법률 제10739호로 개정된 것) 제3조 제3항 중 '특별시·광역시 및 특별자치시가 아닌 인구 50만 이상의 시에는 자치구가 아닌 구를 둘 수 있고' 부분, 지방자치법(2007. 5. 11. 법률 제8423호로 전부개정된 것) 제118조 제1항 중 '자치구가 아닌 구의 구청장은 시장이 임명한다' 부분이 행정구 주민의 평등권을 침해하지 않는다는 결정을 선고하였다. [기각, 일부 각하]

공직선거법 제256조 제5항 제12호 위헌소원(2016헌바381) : 합헌

헌법재판소는 2019년 9월 26일 재판관 9인의 전원일치 의견으로, 각급선거관리위원회 위원·직원의 선거범죄 조사에 있어서 피조사자에게 자료제출의무를 부과한 공직선거법(2000. 2. 16. 법률 제6265호로 개정된 것) 제272조의2 제3항 중 '제1항의 규정에 의한 자료의 제출을 요구받은 자'에 관한 부분 및 허위자료를 제출하는 경우 형사처벌하는 구 공직선거법(2014. 2. 13. 법률 제12393호로 개정되고, 2017. 2. 8. 법률 제14556호로 개정되기 전의 것) 제256조 제5항 제12호 중 '제272조의2 제3항의 규정에 위반하여 허위의 자료를 제출한 자'에 관한 부분이 헌법에 위반되지 않는다는 결정을 선고하였다. [합헌]

판례 050

택시운송사업의 발전에 관한 법률 제11조 제3항 위헌소원(2017헌바467) : 합헌 ★☆☆

헌법재판소 전원재판부는 2019. 9. 26. 재판관 전원일치의 의견으로 일반택시운송사업자에 대하여 그 운송사업의 양도를 금지하는'택시운송사업의 발전에 관한 법률'(2014. 1. 28. 법률 제12378호로 제정된 것) 제11조 제3항 본문 중 제1호에 관한 부분은 헌법에 위반되지 아니한다는 결정을 선고하였다. [합헌]

판례 051

산업재해보상보험법 제37조 제1항 제3호 등 위헌소원(2018헌바218) : 헌법불합치

헌법재판소는 2019년 9월 26일 재판관 전원일치 의견으로, 업무상 재해에 통상의 출퇴근 재해를 포함시키는 개정 법률조항을 이 법 시행 후 최초로 발생하는 재해부터 적용하도록 하는 산업재해보상보험법 부칙(2017. 10. 24. 법률 제14933호) 제2조 중 '제37조의 개정규정'에 관한 부분이 헌법에 합치되지 않는다는 결정을 선고하였다. [헌법불합치]

판례 052

기소유예처분취소(2019헌마674) : 인용(취소)

헌법재판소는 2019년 9월 26일 관여 재판관 9인의 전원일치 의견으로, 청구인의 음주운전 사실을 인정할 증거가 부족함에도 불구하고 청구인의 음주운전 사실을 전제로 피청구인이 청구인에 대하여 한 기소유예처분이 자의적인 검찰권 행사로서 청구인의 평등권과 행복추구권을 침해한다는 취지로 청구인의 심판청구를 인용하는 결정을 선고하였다. [인용]

판례 053

공직선거법 제56조 제1항 제4호 등 위헌확인(2018헌마128) : 기각

헌법재판소는 2019. 9. 26. 피청구인 ○구선거방송토론위원회가 청구인 3을 선거방송토론회의 초청대상에서 제외한 결정에 대한 심판청구를 각하하고, 시·도지사후보자에게 5천만 원의 기탁금을 요구하는 공직선거법(2010. 1. 25. 법률 제9974호로 개정된 것) 제56조 제1항 제4호(기탁금조항) 및 지방자치단체장선거에서 선거방송토론위원회 주관 대담·토론회의 초청요건을 정한 공직선거법(2010. 1. 25. 법률 제9974호로 개정된 것) 제82조의2 제4항 제3호 중 '지방자치단체의 장선거' 부분(토론회조항)에 대한 심판청구를 각 기각하였다. [각하, 기각] 다만, 이에 대하여는 기탁금조항이 공무담임권을 침해한다는 재판관 1인의 반대의견, 토론회조항이 선거운동의 기회균등원칙과 관련한 평등권을 침해한다는 재판관 1인의 반대의견이 있었다.

판례 054

형사소송법 제452조 등 위헌확인(2018헌마1015) : 기각

헌법재판소는 2019년 9월 26일 재판관 전원일치 의견으로, 형사피해자에게 약식명령을 고지하지 않고, 정식재판청구권도 인정하지 않는 형사소송법(1954. 9. 23. 법률 제341호로 제정된 것) 제452조 및 제453조 제1항이 모두 헌법에 위반되지 않는다는 결정을 선고하였다. [합헌]

기소유예처분취소(2018헌마1176) : 인용(취소)

헌법재판소는 2019년 9월 26일 관여 재판관 9인의 전원일치 의견으로, 청구인에게 사기의 고의를 인정할 증거가 부족함에도 불구하고 청구인이 보험회사를 속여 보험금을 편취하였다고 보아 피청구인이 청구인에 대하여 한 기소유예처분이 자의적인 검찰권 행사로서 청구인의 평등권과 행복추구권을 침해한다는 취지로 청구인의 심판청구를 인용하는 결정을 선고하였다. [인용]

전기통신사업법 제32조의4 제2항 등 위헌확인(2017헌마1209) : 기각

헌법재판소 전원재판부는 2019년 9월 26일 재판관 7(기각) : 2(인용)의 의견으로 전기통신역무 제공에 관한 계약을 체결하는 경우 전기통신사업자로 하여금 가입자에게 본인임을 확인할 수 있는 증서 등을 제시하도록 요구하고 부정가입방지시스템 등을 이용하여 본인인지 여부를 확인하도록 하는 전기통신사업법(2014. 10. 15. 법률 제12761호로 개정된 것) 제32조의4 제2항, 제3항 및 전기통신사업법 시행령(2015. 4. 14. 대통령령 제26191호로 개정된 것) 제37조의6 제1항, 제2항 제1호, 제3항, 제4항 부분은 개인정보자기결정권, 통신의 자유를 침해하지 않는다는 결정을 선고하였다. [기각]

이에 대하여는 위 조항들이 개인정보자기결정권, 익명통신의 자유를 침해하여 헌법에 위반된다는 재판관 이석태, 재판관 김기영의 반대의견이 있다.

자동차관리법 제81조 제19호 등 위헌제청(2017헌가23) : 합헌

헌법재판소 전원재판부는 2019년 11월 28일 재판관 전원일치의 의견으로 자동차관리법(2014. 1. 7. 법률 제12217호로 개정된 것) 제34조 제1항과 자동차관리법(2015. 12. 29. 법률 제13686호로 개정된 것) 제81조 제19호가 헌법에 위반되지 않는다는 결정을 선고하였다. [합헌]

구 상속세 및 증여세법 제63조 제3항 등 위헌소원(2017헌바260) : 합헌

헌법재판소는 2019년 11월 28일 최대주주 등의 보유주식에 대한 증여세 과세가액 할증평가 시 증여로 의제된 명의신탁 주식을 제외하지 않고 있는 구 '상속세 및 증여세법'(1999. 12. 28. 법률 제6048호로 개정되고, 2002. 12. 18. 법률 제6780호로 개정되기 전의 것) 제63조 제3항 전문 중 '제63조 제1항 제1호 다목이 정한 주식'에 관한 부분, 구 '상속세 및 증여세법'(2002. 12. 18. 법률 제6780호로 개정되고, 2007. 12. 31. 법률 제8828호로 개정되기 전의 것) 제63조 제3항 전문 중 '제63조 제1항 제1호 다목이 정한 주식'에 관한 부분이 모두 헌법에 위반되지 않는다고 결정하였다. 이에 대하여는, 위 조항들이 헌법에 위반된다는 재판관 이선애, 재판관 이석태, 재판관 이종석의 반대의견이 있다. [합헌]

공직선거법 제8조의5 제6항 등 위헌확인(2016헌마90) : 위헌 ★★☆

헌법재판소는 2019년 11월 28일 인터넷언론사에 대해 선거일 전 90일부터 선거일까지 후보자 명의의 칼럼 등을 게재하는 것을 제한하는 구 '인터넷선거보도 심의기준 등에 관한 규정'(2011. 12. 23. 인터넷선거보도심의위원회 훈령 제9호로 제정되고, 2017. 12. 8. 인터넷선거보도심의위원회 훈령 제10호로 개정되기 전의 것) 제8조 제2항 본문과 그 현행 규정 제8조 제2항이 헌법에 위반된다고 결정하였다. 다만 이 결정에 대하여는 위 조항들이 과잉금지원칙에 위배하여 공직선거 후보자의 표현의 자유를 침해한다고 볼 수 없다는 취지의 재판관 3인의 반대의견과 재판관 1인의 법정의견에 대한 보충의견이 있다. [위헌]

공직선거법 제60조 제1항 제4호 등 위헌확인(2018헌마222) : 기각, 각하

- 헌법재판소는 2019년 11월 28일 공직선거 및 교육감선거에서 사립교원의 선거운동을 금지한 공직선거법 제60조 제1항 제5호 중 '제53조 제1항 제7호'에 관한 부분, '지방교육자치에 관한 법률' 제49조 제1항 전문의 '공직선거법 제60조 제1항 제5호' 중 '제53조 제1항 제7호에 해당하는 자'에 대하여 시·도지사 선거에 관한 규정을 준용하는 부분('사립교원 선거운동 금지조항')에 대하여 청구기간 도과를 이유로 각하하였다. [각하]
- 선거일 전 90일까지 그 직을 그만두도록 규정한 공직선거법 및 '지방교육자치에 관한 법률' 상의 해당 조항('입후보자 사직조항')과 교육공무원의 선거운동을 금지하는 공직선거법 및 '지방교육자치에 관한 법률'상의 해당 조항('교육공무원 선거운동 금지조항')에 대하여는 헌법에 위반되지 않는다는 이유로 청구인들의 심판청구를 기각하였다. [기각]
다만, 교육공무원의 선거운동 금지조항에 대하여는 재판관 이석태, 재판관 김기영, 재판관 이미선의 반대의견이 있다.

구 아동·청소년의 성보호에 관한 법률 제42조 제1항 위헌확인(2017헌마399) : 기각

헌법재판소는 2019년 11월 28일 아동·청소년에 대한 강제추행죄로 유죄판결이 확정된 자를 신상정보 등록대상자로 정하는 성폭력범죄의 처벌 등에 관한 특례법 조항들이 청구인의 개인정보자기결정권, 일반적 행동자유권을 침해하지 않는다고 선고하였다.
다만 이 결정에 대하여는 재범의 위험성에 대한 심사 없이 유죄판결을 받은 모든 자를 일률적으로 등록대상자로 정하는 것이 과잉금지원칙에 위반된다는 취지의 재판관 3인의 반대의견이 있다. [기각]

서울시 학생인권조례 제3조 제1항 등 위헌확인(2017헌마1356) : 기각, 각하 ★☆☆

헌법재판소는 2019년 11월 28일 재판관 전원일치의 의견으로, 학교 구성원은 성별 등의 사유를 이유로 차별적 언사나 행동, 혐오적 표현 등을 통해 다른 사람의 인권을 침해하여서는 아니 된다는 점을 규정한 '서울특별시 학생인권조례' 제5조 제3항에 대한 심판청구를 기각하고, 나머지 심판청구를 모두 각하한다는 결정을 선고하였다. [기각, 각하]

저작권법 제29조 제2항 위헌확인(2016헌마1115) : 기각, 합헌

헌법재판소는 2019년 11월 28일 재판관 5:3의 의견으로, 청중이나 관중으로부터 당해 공연에 대한 반대급부를 받지 아니하는 경우에는 상업용 목적으로 공표된 음반 또는 상업용 목적으로 공표된 영상저작물을 재생하여 공중에게 공연할 수 있다고 규정한 저작권법(2016. 3. 22. 법률 제14083호로 개정된 것) 제29조 제2항 본문(이하 '공연권제한조항'이라 한다) 및 저작인접권의 목적이 되는 실연·음반 및 방송에 관하여 공연권제한조항을 준용하는 저작권법(2011. 12. 2. 법률 제11110호로 개정된 것) 제87조 제1항 중 '제29조 제2항 본문' 부분이 저작재산권자 및 저작인접권자의 재산권을 침해하지 아니한다는 취지로, 청구인들의 심판청구를 모두 기각하고, 공연권제한조항이 헌법에 위반되지 아니한다는 결정을 선고하였다. 다만, 이 결정에 대하여는 [일상경험 등에 비추어 심판대상조항으로 인해 공중의 문화적 혜택 수준이 증가한다고 볼 수 없고, 증가하더라도 그에 비해 침해되는 저작재산권자 등의 권리가 더 크므로 재산권을 침해한다]는 취지의 재판관 3인의 반대의견이 있다.] [기각, 합헌]

국민체육진흥법상 '회원제로 운영하는 골프장 시설의 입장료에 대한 부가금' 조항에 관한 위헌제청(2019.12.27, 2017헌가21) : 위헌

회원제로 운영하는 골프장 시설의 입장료에 대한 부가금을 국민체육진흥기금의 재원으로 규정한 구 국민체육진흥법(2007. 4. 11. 법률 제8344호로 전부개정되고, 2017. 12. 19. 법률 제15261호로 개정되기 전의 것) 제20조 제1항 제3호 및 위 부가금을 국민체육진흥계정의 재원으로 규정한 국민체육진흥법(2017. 12. 19. 법률 제15261호로 개정된 것) 제20조 제1항 제3호가 모두 헌법에 위반된다는 결정을 선고하였다. [위헌]

재건축초과이익 환수에 관한 법률 제3조 등 위헌소원(2019.12.27, 2014헌바381) : 합헌 ★★☆

주택재건축사업에서 발생되는 재건축초과이익에 대하여 재건축부담금을 징수하도록 규정한 구 재건축초과이익 환수에 관한 법률 제3조, 제5조, 일반분양분의 종료시점 주택가액을 분양시점 분양가격을 기준으로 산정하도록 규정한 재건축초과이익 환수에 관한 법률 제7조 중 '분양시점 분양가격' 부분 및 개시시점 주택가액과 종료시점 주택가액의 산정 기준과 절차를 규정한 구 재건축초과이익 환수에 관한 법률 제9조는 헌법에 위반되지 않는다는 결정을 선고하였다. [합헌] 이에 대하여는 위 조항들이 주택 소유자로 하여금 과도한 재건축부담금을 부담하게 하여 과잉금지원칙에 위반되므로 헌법에 위반된다는 재판관 이은애, 재판관 이영진의 반대의견이 있다.

판례 066
형법 제105조 위헌소원_국기모독 행위 처벌 사건(2019. 12. 27. 2016헌바96) : **합헌** ★☆☆

대한민국을 모욕할 목적으로 국기를 손상, 제거, 오욕한 행위를 처벌하는 형법 제105조 중 "국기" 부분이 헌법에 위반되지 않는다는 결정을 선고하였다. [합헌]

이에 대하여 심판대상조항 전체가 과잉금지원칙에 위배된다는 재판관 이석태, 김기영, 이미선의 위헌의견, 그 중 '공용에 공하는 국기' 외 그 밖의 국기에 대한 부분은 과잉금지원칙에 위배된다는 재판관 이영진, 문형배의 일부위헌의견이 있다.

판례 067
아동·청소년의 성보호에 관한 법률 제11조 제1항 위헌소원(2019. 12. 27. 2018헌바46) : **합헌**

아동·청소년이용음란물을 제작한 자를 무기 또는 5년 이상의 징역에 처하는 아동·청소년의 성보호에 관한 법률(2012. 12. 18. 법률 제11572호로 전부개정된 것) 제11조 제1항 중 '제작'에 관한 부분이 헌법에 위반되지 않는다는 결정을 선고하였다. [합헌]

판례 068
전원개발촉진법 제6조의2 제1항 위헌소원(2019. 12. 27. 2018헌바109) : **합헌, 각하**

기존에 설치된 전원설비의 토지 사용권원을 확보하는 사업에 관하여 전원개발사업자가 해당 토지를 공용사용 할 수 있도록 정한 전원개발촉진법 제6조의2 제1항 중 '사용'에 관한 부분 가운데 제2조 제2호 나목 중 '설치된 전원설비'의 '토지 사용권원을 확보하는 사업'에 관한 부분['사용조항'], 사용재결을 받아 구분지상권을 설정·등기하면 구분지상권의 존속기간을 '송전선로가 존속하는 때까지'로 정한 전기사업법 제89조의2 제4항 중 제2항에 관한 부분['기간조항']이 모두 헌법에 위반되지 않는다는 결정을 선고하였다. 청구인들 중 청구인 이○○, 우○○, 백○○의 청구는 당해 소송사건의 원고의 지위를 승계하지 않았으므로 부적법하다는 이유로 각하하였다. 다만, 청구인 우○○에 관하여는 승계참가여부에 관한 석명을 구할 필요가 있었음에도 청구를 각하한 점에 대한 재판관 이은애의 반대의견, 기간조항에 대하여는 과잉금지원칙에 반하여 미 보상 선하지 소유자의 재산권을 침해하므로 헌법에 위반된다는 재판관 이미선의 반대의견이 있다. [각하, 합헌]

판례 069
민법 제9조 제1항 등 위헌소원(2019. 12. 27. 2018헌바130) : **합헌**

민법 제9조 제1항, 가사소송법 제45조의2 제1항 본문 중 '피성년후견인이 될 사람'에 관한 부분, 제45조의3 제1항 단서 중 '피성년후견인이 될 사람'에 관한 부분, 제45조의3 제2항 단서 중 '피성년후견인이 될 사람'에 관한 부분은 헌법에 위반되지 않는다는 결정을 선고하였다. [합헌]

이 결정에는 '성년후견 대상자의 자기결정권 제한의 중대성을 고려할 때 심판대상조항의 엄격한 해석·적용이 필요하다'는 취지의 재판관 2인의 민법 제9조 제1항 중 청구권자 부분을 제외한 나머지 심판대상조항에 관한 법정의견에 대한 보충의견과 '민법 제9조 제1항 중 성년후견개시심판 청구권자 부분은 과잉금지원칙에 반하여 자기결정권을 침해하는 것으로서 헌법에 위반된다'는 취지의 재판관 1인의 민법 제9조 제1항 중 성년후견개시심판 청구권자 부분에 관한 반대의견이 있다.

판례 070
민사집행법 제246조 제1항 제6호 위헌확인(2019.12.27. 2018헌마825) : **기각**

주택임대차보호법 제8조 및 같은 법 시행령의 규정에 따라 우선변제를 받을 수 있는 금액의 반환채권에 대한 압류를 금지하는 민사집행법(2010. 7. 23. 법률 제10376호로 개정된 것) 제246조 제1항 제6호가 채권자인 청구인들의 재산권을 침해하지 아니한다는 취지로, 청구인들의 심판청구를 모두 기각하는 결정을 선고하였다. [기각]

판례 071
대한민국과 일본국 간의 재산 및 청구권에 관한 문제의 해결과 경제협력에 관한 협정 제3조의 분쟁해결 부작위 위헌확인(2019.12.27. 2012헌마939) : **각하** ★☆☆

헌법재판소는 청구인들의 대일청구권이 이른바 한일청구권협정 제2조 제1항에 의하여 소멸하였는지 여부에 관한 한일 양국간 해석상 분쟁을 위 협정 제3조가 정한 절차에 의하여 해결하지 않고 있는 피청구인의 부작위에 대한 헌법소원심판청구는 피청구인이 부작위상태에 있다고 보기 어려워 부적법하다는 결정을 선고하였다. [각하]

이에 대하여, 이 사건 헌법소원심판청구는 헌법이나 이 사건 협정으로부터 우리 정부가 청구인들을 위하여 협정상 분쟁해결절차로 나아가야 할 작위의무가 도출되지 않아 부적법하다는 재판관 이종석의 별개의견이 있다.

판례 072
일본군 위안부 문제 합의 발표 위헌확인(2019.12.27. 2016헌마253) : **각하, 기타** ★☆☆

'대한민국 외교부장관과 일본국 외무대신이 2015. 12. 28. 공동발표한 일본군 위안부 피해자 문제 관련 합의'는 절차와 형식 및 실질에 있어서 구체적 권리·의무의 창설이 인정되지 않고, 이를 통해 일본군 '위안부' 피해자들의 권리가 처분되었다거나 대한민국 정부의 외교적 보호권한이 소멸하였다고 볼 수 없으므로 헌법소원심판청구의 대상이 되지 않는다고 보고, 이 사건 심판청구 이후 사망한 청구인들을 제외한 청구인들의 심판청구를 각하하였다. [각하]

이 사건 심판청구 이후 사망한 청구인들에 대한 심판절차는 각 청구인들의 사망으로 종료하였다. [심판절차종료]

판례 073
대통령기록물 이관 등 위헌확인(2019.12.27. 2017헌마359) : **각하**

대통령비서실 기록관장 등 대통령기록물생산기관의 장이 대통령기록물을 중앙기록물관리기관에 이관한 행위는 기록물 관리업무 수행기관 변경을 위한 국가기관 사이의 내부적, 절차적 행위로서 헌법소원심판의 대상이 되는 공권력의 행사에 해당하지 않고, 대통령권한대행이 대통령지정기록물의 보호기간을 정한 행위는 개별 기록물에 대해 이관행위 이전에 하는 것으로 외부에 표시되지 않는 국가기관 사이의 행위이므로 청구인들의 법적 지위에 직접 영향을 미치는 공권력작용으로서 기본권 침해의 법적 관련성이 인정된다고 보기 어렵다는 이유로 이 사건 심판청구를 모두 각하하는 결정을 선고하였다. [각하]

고용노동부 고시 제2017-42호 위헌확인(2019.12.27. 2017헌마1366) : 2019.12.27 종국

2018년 적용 최저임금을 시간급 7,530원, 2019년 적용 최저임금을 시간급 8,350원으로 정한 2018년, 2019년 적용 각 최저임금 고시가 청구인들의 계약의 자유와 기업의 자유를 침해한다고 볼 수 없으므로 청구인들의 심판청구를 기각하는 결정을 선고하였다. [기각]

이 결정에는 「최저임금 결정기준 등에 관한 투명하고 공개적인 논의가 절차적으로 보장되어야 하고, 이를 통해 기업의 예측가능성이 담보됨과 동시에 기업과 근로자의 이해관계가 세밀하게 조정되는 과정을 거치는 것이 필요하다」는 취지의 재판관 3인의 법정의견에 대한 보충의견과 「이 사건 심판청구는 헌법소원의 보충성 요건을 충족하지 못하여 부적법하다」는 취지의 재판관 3인의 반대의견이 있다.

정치자금법 제6조 위헌확인(2019.12.27. 2018헌마301) : 헌법불합치 ★★☆

특별시장·광역시장·특별자치시장·도지사·특별자치도지사(이하 '광역자치단체장'이라 한다) 선거의 예비후보자를 후원회지정권자에서 제외하고(이하 '광역자치단체장선거의 예비후보자에 관한 부분'이라 한다), 자치구의 지역구의회의원(이하 '자치구의회의원'이라 한다) 선거의 예비후보자를 후원회지정권자에서 제외하고 있는(이하 '자치구의회의원선거의 예비후보자에 관한 부분'이라 한다) 정치자금법 조항에 관한 심판청구사건에서, 1.광역자치단체장선거의 예비후보자에 관한 부분은 청구인들 평등권을 침해하여 헌법에 위반되지만, 2021. 12. 31.을 시한으로 입법자가 개정할 때까지 이를 계속 적용한다는 결정을 선고하고, [헌법불합치]2. 자치구의회의원선거의 예비후보자에 관한 부분에 대하여는 재판관들의 의견이 인용의견 5인, 기각의견 4인으로 나뉘어 헌법과 헌법재판소법에서 정한 인용의견을 위한 정족수 6인에 이르지 못하여 기각하였다. [기각]

이 결정에는 「후원회를 통한 정치자금의 조달을 허용하는 대통령선거의 예비후보자나 국회의원선거의 예비후보자와 달리 광역자치단체장선거의 예비후보자에게 이를 불허하는 것에는 합리적인 이유가 있으므로 광역자치단체장선거의 예비후보자에 관한 부분이 청구인들의 평등권을 침해한다고 볼 수 없다」는 취지의 재판관 1인의 반대의견이 있다.

> 개정 방의원후보자, 지방의원 예비후보자, 지방자치단체장 후보자, 지방자치단체장 예비후보자 후원금모금 인정

공직선거법 제79조 제3항 등 위헌확인(2019.12.27. 2018헌마730) : 헌법불합치 ★★☆

전국동시지방선거의 선거운동 과정에서 후보자들이 확성장치를 사용할 수 있도록 허용하면서도 그로 인한 소음의 규제기준을 정하지 아니한 공직선거법(2010. 1. 25. 법률 제9974호로 개정된 것) 제79조 제3항 제2호 중 '시·도지사 선거' 부분, 같은 항 제3호 및 공직선거법(2005. 8. 4. 법률 제7681호로 개정된 것) 제216조 제1항은 헌법에 합치되지 아니하고, 위 각 법률조항은 2021. 12. 31.을 시한으로 개정될 때까지 계속 적용된다는 결정을 선고하였다. [헌법불합치]

이에 대하여 위 각 법률조항이 헌법에 위반되지 않는다는 재판관 이선애, 재판관 이미선의 반대의견이 있다.

민법 제9조 등 위헌소원(2019.12.27. 2018헌바161) : 합헌

성년후견개시의 심판 및 성년후견인의 권한에 관하여 규정한 민법 제9조 제1항, 제10조 제1항, 제929조, 제936조 제1항, 제938조 제1항 내지 제3항, 제949조 제1항은 헌법에 위반되지 않는다는 결정을 선고하였다. [합헌]이 결정에는 성년후견 대상자의 자기결정권 제한의 중대성을 고려할 때 심판대상조항의 엄격한 해석·적용이 필요하다는 취지의 재판관 2인의 민법 제9조 제1항 중 성년후견대상자 부분에 관한 보충의견과 민법 제9조 제1항 중 성년후견개시심판 청구권자 부분은 과잉금지원칙에 반하여 자기결정권을 침해하는 것으로서 헌법에 위반된다는 취지의 재판관 1인의 민법 제9조 제1항 중 성년후견개시심판 청구권자 부분에 관한 반대의견이 있다.

2020년도 헌법재판소 판례

판례 001 — 공무원범죄에 관한 몰수 특례법 제9조의2 위헌제청(2020. 2. 27. 2015헌가4) : 합헌

특정공무원범죄의 범인에 대한 추징판결을 범인 외의 자가 그 정황을 알면서 취득한 불법재산 및 그로부터 유래한 재산에 대하여 그 범인 외의 자를 상대로 집행할 수 있도록 한 '공무원범죄에 관한 몰수 특례법'(2013. 7. 12. 법률 제11883호로 개정된 것) 제9조의2는 헌법에 위반되지 않는다는 결정을 선고하였다. [합헌] 이에 대하여는 위 조항이 적법절차원칙에 반하여 헌법에 위반된다는 재판관 이선애, 재판관 이종석, 재판관 이영진의 반대의견이 있다.[합헌]

판례 002 — 민법 제1000조 제1항 제4호 위헌제청(2020. 2. 27. 2018헌가11) : 합헌 ★☆☆

피상속인의 4촌 이내의 방계혈족을 4순위 법정상속인으로 규정한 민법 (1990. 1. 13. 법률 제4199호로 개정된 것) 제1000조 제1항 제4호는 헌법에 위반되지 아니한다는 결정을 선고하였다. [합헌]

판례 003 — 여권법 제26조 제3호 등 위헌확인(2020. 2. 27. 2016헌마945) : 기각

외교부장관의 허가 없이 여행금지국가를 방문한 사람을 처벌하는 여권법(2014. 1. 21. 법률 제12274호로 개정된 것) 제26조 제3호가 헌법에 위반되지 않는다는 결정을 선고하였다. [기각]

판례 004 — 안전확인대상생활용품의 안전기준제2조 제2항 제32호 위헌확인(2020. 2. 27. 2017헌마1339) : 기각

전동킥보드의 최고속도는 25km/h를 넘지 않아야 한다고 규정한 구 '안전확인대상생활용품의 안전기준' 부속서 32 제2부 5. 3. 2.는 소비자의 자기결정권 및 일반적 행동자유권을 침해하지 않는다는 이유로 심판청구를 기각하는 결정을 선고하였다. [기각]

판례 005 — 기소유예처분취소(2020. 2. 27. 2018헌마964) : 인용(취소)

청구인에게 절도의 고의 내지 불법영득의사를 인정할 증거가 부족함에도 불구하고 절도 혐의가 인정됨을 전제로 피청구인이 청구인에 대하여 한 기소유예처분이 자의적인 검찰권의 행사로 청구인의 평등권과 행복추구권을 침해한다는 취지로 청구인의 심판청구를 인용하는 결정을 선고하였다. [인용]

판례 006 도로교통법 제63조 위헌확인(2020. 2. 27. 2019헌마203) : 기각

헌법재판소는 2020. 2. 27. 도로교통법 제63조 중 긴급자동차가 아닌 이륜자동차의 고속도로 등 통행을 금지하는 '이륜자동차는 긴급자동차만 해당한다'는 부분에 대한 헌법소원심판청구를 기각하였다. 다만 이 결정에 대하여는 장래에 안전한 교통문화의 형성을 통해 이륜자동차의 운전행태가 개선되면, 단계적으로 이륜자동차의 고속도로 등 통행을 허용하는 입법적인 개선이 필요하다는 취지의 재판관 1인의 보충의견이 있다. [기각]

판례 007 기소유예처분취소(2020. 2. 27. 2016헌마1071) : 인용(취소)

청구인의 선거운동 사실을 인정할 증거가 부족함에도 불구하고 청구인의 선거운동 사실을 전제로 피청구인이 청구인에 대하여 한 기소유예처분이 자의적인 검찰권 행사로서 청구인의 평등권과 행복추구권을 침해한다는 취지로 청구인의 심판청구를 인용하는 결정을 선고하였다. [인용]

판례 008 기소유예처분취소(2020. 2. 27. 2018헌마155) : 인용(취소)

청구인들의 사기 고의를 인정할 증거가 부족함에도 청구인들의 사기 사실을 전제로 피청구인이 청구인들에 대하여 한 기소유예처분이 자의적인 검찰권 행사로서 청구인들의 평등권과 행복추구권을 침해한다는 취지로 청구인들의 심판청구를 인용하는 결정을 선고하였다. [인용]

판례 009 공직선거법 제150조 제3항 위헌확인(2020. 2. 27. 2018헌마454) : 기각, 각하

1. 정당의 지역위원장인 청구인의 심판청구를 각하한다 [각하]
2. 투표용지의 후보자 게재순위를 국회에서의 다수의석순에 의하여 정하도록 규정한 공직선거법 제150조 제3항 전단, 제5항 제1호 본문과 투표용지의 후보자 기호를 위 순위에 따라 "1, 2, 3"등의 아라비아 숫자로 표시하도록 규정한 공직선거법 제150조 제2항 본문 전단에 대한 나머지 청구인들의 심판청구를 모두 기각한다. [기각]

판례 010 지방세법(제111조 제1항 제1호 다목 2)등 위헌제청(2020. 3. 26. 2016헌가17) : 합헌

회원제 골프장용 부동산의 재산세에 대하여 1천분의 40의 중과세율을 규정한 구 지방세법 제111조 제1항 제1호 다목 2) 중 골프장용 토지에 관한 부분 및 구 지방세법 제111조 제1항 제2호 가목 중 골프장용 건축물에 관한 부분은 헌법에 위반되지 않는다는 결정을 선고하였다. [합헌] 이에 대하여는 위 조항들이 과잉금지원칙에 위반되고, 대중 골프장 등 다른 체육시설과 합리적인 이유 없이 차별취급하여 헌법에 위반된다는 재판관 이선애, 재판관 이종석, 재판과 이영진의 반대의견이 있다.

국가배상법 제2조 제1항 위헌소원(2020. 3. 26. 2016헌바55) : 합헌

당해사건에서 대리인의 소송대리권 없음을 이유로 소 각하판결이 확정된 일부 청구인들의 심판청구는 재판의 전제성이 없어 각하한다는 결정을, 재판관 5(합헌) : 3(위헌)의 의견으로 국가배상책임의 성립요건으로서 공무원의 고의 또는 과실을 규정한 구 국가배상법 제2조 제1항 본문 중 '고의 또는 과실로'부분은 합헌이라는 결정을 선고하였다. [합헌] 이에 대하여 위 조항 중 '긴급조치 제1호, 제9호의 발령·적용·집행을 통한 국가의 의도적·적극적 불법행위에 관한 부분'은 청구인들의 헌법상 국가배상청구권을 침해하여 위헌이라는 재판관 김기영, 재판관 문형배, 재판관 이미선의 반대의견이 있다.

89. 구 특정경제범죄 가중처벌 등에 관한 법률 제5조 제4항 제1호 등 위헌소원 (2020. 03. 26 2017헌바129) : [합헌]

- 헌법재판소는 2020년 3월 26일 금융회사 등 임직원이 그 직무에 관하여 금품 등을 수수·요구·약속한 경우 형사처벌 하도록 정하고 있는 '특정경제범죄 가중처벌 등에 관한 법률' 제5조 제1항에 대하여 재판관 전원일치 의견으로 헌법에 위반되지 아니한다는 결정을 선고하였다. [합헌]
- 수수액이 1억 원 이상인 경우 가중처벌 하도록 하는 구 '특정경제범죄 가중처벌 등에 관한 법률' 제5조 제4항 제1호에 대하여 재판관 4 : 5의 의견으로 헌법에 위반되지 아니한다는 결정을 선고하였다. [합헌] 이에 대하여는 위 조항이 책임과 형벌간의 비례원칙 및 평등원칙에 반하여 헌법에 위반된다는 재판관 유남석, 재판관 이선애, 재판관 이석태, 재판관 이영진, 재판관 문형배의 위헌의견이 있다.
- 수수액의 2배 이상 5배 이하의 벌금을 필요적으로 병과하도록 하는 구 '특정경제범죄 가중처벌 등에 관한 법률' 제5조 제5항 중 '제4항 제1호'에 관한 부분 및 '특정경제범죄 가중처벌 등에 관한 법률' 제5조 제5항 중 '제1항'에 관한 부분에 대하여 재판관 6:3의 의견으로 헌법에 위반되지 않는다는 결정을 선고하였다. [합헌] 이에 대하여는 위 조항이 책임과 형벌간의 비례원칙에 반하여 헌법에 위반된다는 재판관 이선애, 재판관 이석태, 재판관 이영진의 반대의견이 있다.

이에 대하여는 위 조항들이 과잉금지원칙에 위반되고, 대중 골프장 등 다른 체육시설과 합리적인 이유 없이 차별취급하여 헌법에 위반된다는 재판관 이선애, 재판관 이종석, 재판과 이영진의 반대의견이 있다.

지방세법 제11조 제1항 제8호 위헌소원(2020. 3. 26. 2017헌바363) : 합헌

'주택'에 적용되는 취득세율을 규정한 구 지방세법(2015. 7. 24. 법률 제13427호로 개정되고, 2016. 12. 27. 법률 제14475호로 개정되기 전의 것) 제11조 제1항 제8호 중 '취득 당시의 가액이 6억 원 이하인 주택'에 관한 '주택법 제2조 제1호에 따른 주택으로서 건축법 제38조에 따른 건축물대장에 주택으로 기재' 부분 등이 주거 목적으로 '오피스텔'을 취득한 경우를 합리적 이유 없이 차별하지 아니하여 모두 헌법에 위반되지 않는다는 결정을 선고하였다. [합헌]

판례 013

기소유예처분취소(2020.3.26. 2019헌마1254) : **인용(취소)**

청구인에게 재물손괴의 혐의를 인정할 증거가 부족함에도 불구하고 청구인이 타인의 재물을 손괴하였다는 전제로 피청구인이 청구인에 대하여 한 기소유예처분이 자의적인 검찰권 행사로서 청구인의 평등권과 행복추구권을 침해한다는 취지로 청구인의 심판청구를 인용하는 결정을 선고하였다. [인용]

판례 014

구 공직선거법 제60조 제1항 제4호 등 위헌소원(2020.3.26. 2018헌바90) : **합헌**

선거에 의하여 취임하는 지방자치단체의 장의 선거운동을 금지하는 공직선거법 제60조 제1항 제4호 부분 및 이에 위반한 경우 형사처벌하도록 한 공직선거법 제255조 제1항 제2호 부분이 헌법에 위반되지 않는다는 결정을 선고하였다. [합헌]

판례 015

변호사시험법 제11조 위헌확인(2020.3.26. 2018헌마77) : **기각** ★☆☆

법무부장관으로 하여금 변호사시험 합격자의 성명을 공개하도록 하는 변호사시험법 제11조 중 명단 공고 부분에 대한 심판청구를 기각하였다. 심판대상조항이 과잉금지원칙에 위배되어 청구인들의 개인정보자기결정권을 침해한다는 취지의 재판관 유남석, 재판관 이선애, 재판관 이석태, 재판관 이종석, 재판관 김기영의 위헌의견이 다수이지만 헌법소원심판 인용 결정을 위한 심판정족수에 이르지 못하였다.

판례 016

한국대학교육협의회 2021학년도 대학입학전형기본사항 II. 3. 다. (6) 중 세부 지원자격 위헌확인(2020.3.26. 2019헌마212) : **기각** ★☆☆

재외국민특별전형 지원자격으로 학생의 부모의 해외체류요건을 정한 2021학년도 대학입학전형기본사항 부분에 관한, 학부모의 심판청구는 기본권침해의 자기관련성이 인정되지 아니하여 부적법하므로 각하하고[각하], 학생의 심판청구는 균등하게 교육받을 권리를 침해하지 않으므로 기각한다[기각]는 결정을 선고하였다.

판례 017

기소유예처분취소(2020.3.26. 2017헌마1179) : **인용**

제주특별자치도교육감인 청구인이 행정소송 수행과정에서 광주고등검찰청 검사장의 즉시항고 및 상고 제기 지휘를 받았음에도 즉시항고는 포기하고 상고만을 제기한 사안에 관하여, 수사된 내용만으로는 청구인의 직무유기죄 혐의를 인정하기 어려움에도 불구하고 그 혐의가 인정됨을 전제로 피청구인 검사가 청구인에 대하여 한 기소유예처분에는 법리오해 내지 수사미진의 잘못이 있어 그로 말미암아 청구인의 평등권과 행복추구권이 침해되었다는 취지로 청구인의 심판청구를 인용하는 결정을 선고하였다. [인용]

공직선거법 제230조 제1항 제2호 등 위헌소원(2020. 3. 26. 2018헌바3) : 합헌 ★☆☆

① 공무원이 그 지위를 이용하여 선거운동을 하는 것을 금지 및 처벌하는 구 공직선거법 (2014. 12. 30. 법률 제12946호로 개정되고, 2019. 12. 3. 법률 제16671호로 개정되기 전의 것) 제85조 제2항 전문 중 공무원 가운데 '지방의회의원' 부분 및 ② 공직선거법(2014. 2. 13. 법률 제12393호로 개정된 것) 제255조 제3항 제2호 중 위 제85조 제2항 전문의 공무원 가운데 '지방의회의원' 부분, 그리고 ③ 선거운동에 이용할 목적으로 기관·단체·시설에 금전·물품 등 재산상의 이익을 제공하거나 그 제공의 의사를 표시하거나 그 제공을 약속한 자를 처벌하는 공직선거법(2014. 2. 13. 법률 제12393호로 개정된 것) 제230조 제1항 제2호는 모두 헌법에 위반되지 아니한다는 결정을 선고하였다. [인용]

노동조합 및 노동관계조정법 제94조 위헌제청(2020. 4. 23. 2019헌가25) : 위헌 합헌 ★☆☆

- 법인의 대리인·사용인 기타의 종업원이 그 법인의 업무에 관하여 '노동조합 및 노동관계조정법' 제81조 제1호, 제2호 단서 후단, 제5호를 위반하여 부당노동행위를 한 때에는 그 법인에 대하여도 벌금형을 과하도록 한 '노동조합 및 노동관계조정법'(1997. 3. 13. 법률 제5310호로 제정된 것) 제94조 중 법인의 대리인·사용인 기타의 종업원이 그 법인의 업무에 관하여 제90조 가운데 '제81조 제1호, 제2호 단서 후단, 제5호를 위반한 경우'에 관한 부분은 헌법에 위반된다.
- 법인의 대표자가 그 법인의 업무에 관하여 '노동조합 및 노동관계조정법' 제81조 제1호를 위반하여 부당노동행위를 한 때에는 그 법인에 대하여도 벌금형을 과하도록 한 '노동조합 및 노동관계조정법'(1997. 3. 13. 법률 제5310호로 제정된 것) 제94조 중 법인의 대표자가 그 법인의 업무에 관하여 제90조 가운데 '제81조 제1호를 위반한 경우'에 관한 부분은 헌법에 위반되지 아니한다. [법인의 종업원 관련 부분 위헌, 법인의 대표자 관련 부분 합헌]

국민건강보험법 제53조 제3항 제1호 위헌소원(2020. 4. 23. 2017헌바244) : 합헌 ★☆☆

직장가입자가 소득월액보험료를 일정 기간 이상 체납한 경우 그 체납한 보험료를 완납할 때까지 국민건강보험공단이 그 가입자 및 피부양자에 대하여 보험급여를 실시하지 아니할 수 있도록 한 구 국민건강보험법(2011. 12. 31. 법률 제11141호로 전부개정되고, 2018. 12. 11. 법률 제15874호로 개정되기 전의 것) 제53조 제3항 제1호가 해당 직장가입자의 인간다운 생활을 할 권리 및 재산권을 침해하지 않는다는 결정을 선고하였다. [합헌]

판례 021 **구 공무원연금법 제64조 제1항 제1호 등 위헌소원(2020. 4. 23. 2018헌바402) : 합헌**

공무원이 재직 중 사유로 금고 이상의 형을 받은 경우 퇴직급여 및 퇴직수당의 일부를 감액하여 지급함에 있어, 그 이후 형의 선고의 효력을 상실하게 하는 특별사면 및 복권을 받은 경우를 달리 취급하는 규정을 두지 아니한 구 공무원연금법 제64조 제1항 제1호가 헌법에 위반되지 않는다는 결정을 선고하였다. [합헌]
이에 대하여는 위 조항에 대한 입법적 시정조치가 요구된다는 재판관 이석태, 재판관 이영진의 보충의견이 있다.

판례 022 **직사살수행위 위헌확인 등(2020. 4. 23. 2015헌마1149) : 인용, 각하 ★★☆**

피청구인들이 2015. 11. 14. 19:00경 종로구청입구 사거리에서 살수차를 이용하여 물줄기가 일직선 형태로 청구인 백○○에게 도달되도록 살수한 행위는 청구인 백○○의 생명권 및 집회의 자유를 침해한 것으로서 헌법에 위반됨을 확인하는 결정을 선고하였다. [위헌] 나머지 청구인들의 각 심판청구 및 청구인 백○○의 나머지 심판청구는 모두 각하하였다. [각하] 이에 대하여 청구인 백○○의 공동심판참가신청은 존재하지 않거나 부적법하다는 재판관 이종석의 반대의견이 있다.

판례 023 **정당법 제22조 제1항 단서 제1호 등 위헌확인(2020. 4. 23. 2018헌마551) : 인용, 기각, 각하 ★★☆**

1. 초·중등학교의 교육공무원이 정치단체의 결성에 관여하거나 이에 가입하는 행위를 금지한 국가공무원법 제65조 제1항 중 '국가공무원법 제2조 제2항 제2호의 교육공무원 가운데 초·중등교육법 제19조 제1항의 교원은 그 밖의 정치단체의 결성에 관여하거나 이에 가입할 수 없다.' 부분은 헌법에 위반된다는 결정을 선고하였다. [위헌] 이에 대하여는 위 조항이 헌법에 위반되지 않는다는 재판관 이선애, 재판관 이은애, 재판관 이종석의 반대의견이 있다.
2. 청구인 7 내지 9의 심판청구를 각하하였다. [각하]
3. 초·중등학교의 교육공무원이 정당의 결성에 관여하거나 이에 가입하는 행위를 금지한 정당법 제22조 제1항 단서 제1호 본문 중 국가공무원법 제2조 제2항 제2호의 교육공무원 가운데 초·중등교육법 제19조 제1항의 교원에 관한 부분 및 국가공무원법 제65조 제1항 중 '국가공무원법 제2조 제2항 제2호의 교육공무원 가운데 초·중등교육법 제19조 제1항의 교원은 정당의 결성에 관여하거나 이에 가입할 수 없다.' 부분은 헌법에 위반되지 않는다는 결정을 선고하였다. [기각] 이에 대하여는 위 조항이 헌법에 위반된다는 재판관 이석태, 재판관 김기영, 재판관 이미선의 반대의견이 있다.

판례 024
법관 및 법원공무원 명예퇴직수당 등 지급규칙 제3조 제5항 위헌확인(2020. 4. 23. 2017헌마321) : 기각 ★☆☆

정년퇴직일 전에 임기만료일이 먼저 도래하는 법관의 경우 임기만료일을 기준으로 명예퇴직수당 정년잔여기간을 산정하도록 정한 구 '법관 및 법원공무원 명예퇴직수당 등 지급규칙' 제3조 제5항 본문이 청구인의 평등권을 침해하지 않는다는 이유로 기각 결정을 선고하였다. [기각] 이에 대하여는 위 조항이 청구인의 평등권을 침해한다는 재판관 이은애, 재판관 이영진, 재판관 김기영, 재판관 이미선의 반대의견이 있다.

판례 025
여객자동차 운수사업법 제83조 제1항 제2호 등 위헌확인(2020. 4. 23. 2017헌마479) : 기각, 각하

헌법재판소는 2020년 4월 23일 여객자동차 운수사업법 제53조 제3항 중 학원이나 체육시설에서 어린이통학버스를 운영하는 자는 어린이통학버스에 보호자를 동승하여 운행하도록 한 부분이 청구인들의 직업수행의 자유를 침해하지 않는다는 결정을 선고하였다. [기각]
이에 대하여 위 조항의 청구기간 기산점은 유예기간 경과일이 아니라 그 시행일로 보아야 한다는 재판관 이선애, 재판관 이미선의 반대의견이 있다.

판례 026
국가공무원법 제66조 제1항 위헌확인(2020. 4. 23. 2018헌마550) : 기각, 각하

1. 국가공무원법(2008. 3. 28. 법률 제8996호로 개정된 것) 제66조 제1항 본문 중 '그 밖에 공무 외의 일을 위한 집단행위' 부분은 법원이 헌법 및 국가공무원법을 고려하여 한정해석하고 있으며 통상적 법해석으로 의미가 보충될 수 있어 명확성원칙에 위반되지 않고, 공무원의 집단행위는 정치적 중립성을 훼손시킬 수 있으므로 이를 제한하는 것은 과잉금지원칙에 위반되지 않는다는 취지에서 일부 청구인들의 심판청구를 기각하는 결정을 선고하였다. 다만 이 결정에 대하여 심판대상조항의 의미는 여러 요소의 형량을 통해 구체화되는데, 어떤 요소가 형량에 투입될지 불분명하기 때문에 명확성원칙에 반하고, 정치적 편향성에 대한 추상적 우려를 불식하기 위해 민주사회의 중요한 기본권인 집단적으로 의사를 표현할 자유가 심각하게 침해되므로 과잉금지원칙에도 위반된다는 취지의 재판관 2인의 반대의견이 있다. [기각]
2. 일부 청구인들의 심판청구는 청구기간을 준수하지 못하여 부적법하므로, 이 부분 심판청구를 각하하였다. [각하]

판례 027
의료급여수가의 기준 및 일반기준 제7조 제1항 본문 등 위헌확인(2020. 4. 23. 2017헌마103) : 기각

만성신부전증환자에 대한 외래 혈액투석의 의료급여수가 기준을 정액수가로 규정한 '의료급여수가의 기준 및 일반기준'(2016. 12. 30. 보건복지부고시 제2016-272호) 제7조 제1항 본문, 제2항 본문이 청구인들의 기본권을 침해하지 않는다는 결정을 선고하였다. [기각] 이에 대하여는 위 조항이 의사의 직업수행의 자유를 침해하고 의료급여 수급권자의 의료행위선택권을 침해하기 때문에 헌법에 위반된다는 재판관 이은애, 재판관 김기영, 재판관 문형배의 반대의견이 있다.

판례 028
국회의원과 국회의장 간의 권한쟁의(2020.5.27, 2019헌라1) : 기각 ★☆☆

피청구인 국회의장이 2019. 4. 25. 사법개혁 특별위원회의 바른미래당 소속 위원을 청구인 국회의원 오신환에서 국회의원 채이배로 개선한 행위(이하 '이 사건 개선행위'라 한다)는 청구인의 법률안 심의·표결권을 침해하지 않는다고 판단하고 이 사건 개선행위에 대한 권한침해확인청구 및 무효확인청구를 모두 기각하였다. [기각]

이 사건 개선행위의 권한침해확인청구에 대하여는 재판관 이선애, 재판관 이은애, 재판관 이종석, 재판관 이영진의 반대의견이 있고, 이 사건 개선행위의 무효확인청구에 대하여는 재판관 이은애, 재판관 이영진의 별개의견, 재판관 이선애의 별개의견, 재판관 이종석의 반대의견이 있다.

판례 029
국회의원과 국회의장 간의 권한쟁의(2020.5.27, 2019헌라3) : 기각, 각하

국회 사법개혁특별위원회(사개특위) 및 정치개혁특별위원회[정개특위] 소관 법률안에 대한 신속처리대상안건 지정과 관련된 일련의 행위들에 관하여 당시 자유한국당 소속 국회의원들이 청구한 권한쟁의심판에서 아래 표와 같이 청구를 각하 및 기각하는 결정을 하였다.

판례 030
국회 행안위 제천화재관련평가소위 소위원장과 국회 행안위 위원장 간의 권한쟁의(2020.5.27, 2019헌라4) : 각하

청구인 국회 행정안전위원회 제천화재관련평가소위원회 위원장(권은희)이 국회 행정안전위원회 위원장을 상대로 제기한 권한쟁의심판청구에 대하여, 국회 소위원회 위원장에게 권한쟁의심판의 청구인능력이 인정되지 않는다는 이유로 부적법 각하하였다. [각하]

판례 031
국회 행안위 제천화재관련평가소위 소위원장과 국회 행안위 위원장 간의 권한쟁의(2020.5.27, 2019헌라5) : 기각, 각하

2019헌라5 국회의원과 국회 정치개혁 특별위원회 안건조정위원장 등 간의 권한쟁의 사건에 대하여 다음과 같이 청구를 각하 및 기각하는 결정을 선고하였다.

1. 국회 정치개혁특별위원회 안건조정위원회 위원장이 2019. 8. 28. 해당 조정위원회에서 2019. 4. 30. 신속처리안건으로 지정된 공직선거법 개정안 원안을 조정안으로 하여 가결을 선포한 행위에 대하여, 정개특위 안건조정위원회의 자유한국당 소속 위원이었던 장제원, 김재원 의원이 한 권한침해 및 무효 확인 청구를 각하하였다. [각하]
2. 국회 정치개혁특별위원회 위원장이 2019. 8. 29. 정개특위 전체회의에서 1.항의 조정안을 정개특위 심사 법률안으로 상정하여 가결을 선포한 행위에 대하여, 장제원 의원이 한 권한침해 및 무효 확인 청구를 기각하였다. [기각]

판례 032
국회의원과 국회의장 간의 권한쟁의(2020. 5. 27. 2019헌라6) : 기각

헌법재판소는 2020년 5월 27일 2019헌라6, 2020헌라1(병합) 국회의원과 국회의장 간의 권한쟁의 등 사건에 대해 아래 표와 같이 청구를 일부 각하[재판관 전원일치] 및 일부 기각[국회의원들의 권한침해확인청구부분 – 재판관 5 : 4]하는 결정을 선고하였다.

판례 033
기소유예처분취소(2020. 5. 27. 2019헌라6) : 기각

청구인의 폭행사실을 단정하기 어렵고, 청구인의 행위가 정당행위 또는 정당방위에 해당할 여지도 충분함에도 불구하고 폭행 혐의를 인정됨을 전제로 피청구인이 청구인에 대하여 한 기소유예처분은 자의적인 검찰권 행사로 청구인의 평등권과 행복추구권을 침해한다는 취지로 청구인의 심판청구를 인용하는 결정을 선고하였다.

판례 034
구 국민연금법 제85조 제2호 위헌소원(2020. 5. 27. 2018헌바129) : 합헌 ★☆☆

연금보험료를 낸 기간이 그 연금보험료를 낸 기간과 연금보험료를 내지 아니한 기간을 합산한 기간의 3분의 2보다 짧은 경우 유족연금 지급을 제한한 구 국민연금법(2007. 7. 23. 법률 제8541호로 전부개정되고, 2016. 5. 29. 법률 제14214호로 개정되기 전의 것) 제85조 제2호 중 '유족연금'에 관한 부분이 헌법에 위반되지 않는다는 결정을 선고하였다. [합헌] 이에 대하여는 위 조항이 평등권을 침해한다는 재판관 이은애의 반대의견이 있다.

판례 035
군사기밀 보호법 제13조 제1항 위헌소원(2020. 5. 27. 2018헌바233) : 합헌

업무상 군사기밀 누설행위를 3년 이상의 유기징역에 처하는 군사기밀 보호법 제13조 제1항이 헌법에 위반되지 않는다는 결정을 선고하였다. [합헌]

판례 036
여객자동차 운수사업법 제87조 제1항 제3호 등 위헌소원(2020. 5. 27. 2018헌바264) : 합헌

택시운전자격을 취득한 자가 친족관계인 사람을 강제추행하여 금고 이상의 실형을 선고받은 경우 그 택시운전자격을 취소하도록 규정한 '여객자동차 운수사업법' 제87조 제1항 단서 제3호 중 해당 부분이 헌법에 위반되지 않는다는 결정을 선고하였다. [합헌]

판례 037
공직선거법 제157조 제6항 후단 위헌확인 등(2020. 5. 27. 2018헌바264) : 기각

신체에 장애가 있는 선거인에 대해 투표보조인이 가족이 아닌 경우 반드시 2인을 동반하도록 한 공직선거법(2004. 3. 12. 법률 제7189호로 개정된 것) 제157조 제6항이 헌법에 위반되지 않는다고 결정하였다. 다만 이 결정에 대하여는 위 조항이 과잉금지원칙에 반하여 청구인의 선거권을 침해한다는 취지의 재판관 3인의 반대의견이 있다. [기각]

판례 038 · 농지법 제9조 등 위헌확인(2020.5.27. 2018헌마362) : 기각, 각하

1. 농지 소유자로 하여금 원칙적으로 농지의 위탁경영을 할 수 없도록 한 농지법(2007. 4. 11. 법률 제8352호로 전부개정된 것) 제9조가 헌법에 위반되지 않는다는 결정을 선고하였다. [기각]
2. 농지법(2016. 1. 19. 법률 제13796호로 개정된 것) 제11조 제3항에 대한 심판청구를 각하하였다. [각하]

판례 039 · 공익사업을 위한 토지 등의 취득 및 보상에 관한 법률 제95조의2 제2호 위헌소원(2020.5.27. 2017헌바464) : 합헌

수용된 토지 등의 인도의무를 정하는 토지보상법 제43조 중 '토지소유자 및 관계인의 수용된 토지나 물건의 인도'에 관한 부분이 헌법에 위반되지 않는다는 결정을 선고하였고, 재판관 5:4의 의견으로, 위 조항 위반시 형사처벌을 정하는 토지보상법 제95조의2 제2호 중 제43조 위반행위 가운데 '토지 또는 물건을 인도하지 아니한 토지소유자 및 관계인'에 관한 부분이 헌법에 위반되지 않는다는 결정을 선고하였다.[합헌]
형사처벌 조항에 대하여는 이는 과잉금지원칙에 반하여 헌법에 위반된다는 재판관 이석태, 김기영, 문형배, 이미선의 반대의견이 있다.

판례 040 · 공직선거법 제57조 제1항 제1호 다목 위헌제청(2020.9.24. 2018헌가15) : 헌법불합치

지방자치단체의 장선거의 예비후보자에 대한 기탁금 반환 사유를 제한한 구 공직선거법(2010. 1. 25. 법률 제9974호로 개정되고, 2020. 3. 25. 법률 제17127호로 개정되기 전의 것) 제57조 제1항 중 제1호 다목의 '지방자치단체의 장선거'에 관한 부분은 헌법에 합치되지 아니한다.

판례 041 · 군인사법 제57조 제2항 제2호 위헌소원(2020.9.24. 2017헌바157) : 위헌

병에 대한 징계처분으로 일정기간 부대나 함정 내의 영창, 그 밖의 구금장소에 감금하는 영창처분이 가능하도록 규정한 구 군인사법 제57조 제2항 중 '영창'에 관한 부분이 헌법에 위반된다.

판례 042 · 근로기준법 제60조 제1항 등 위헌소원(2017헌바433) : 합헌

업무상 재해로 휴업하여 당해 연도 출근의무가 없는 근로자에게도 유급휴가를 주도록 되어 있는 구 근로기준법(2007. 4. 11. 법률 제8372호로 전부개정되고, 2012. 2. 1. 법률 제11270호로 개정되기 전의 것) 제60조 제1항, 근로기준법(2007. 4. 11. 법률 제8372호로 전부개정된 것) 제60조 제4항이 사용자의 직업수행의 자유를 침해하지 않는다.

판례 043 성폭력범죄의 처벌 등에 관한 특례법 제3조 제1항 위헌소원(2018헌바171) : 합헌

형법 제319조 제1항[주거침입]의 죄를 범한 사람이 같은 법 제299조[준강제추행]의 죄를 범한 경우 무기징역 또는 5년 이상의 징역에 처하도록 규정한 '성폭력범죄의 처벌 등에 관한 특례법' 제3조 제1항 중 관련 부분이 책임과 형벌 간의 비례원칙과 평등원칙에 위반되지 않는다.

판례 044 국적법 제12조 제2항 본문 등 위헌확인(2016헌마889) : 헌법불합치, 기각

복수국적자가 병역준비역에 편입된 때부터 3개월이 지난 경우 병역의무 해소 전에는 대한민국 국적에서 이탈할 수 없도록 제한하는 국적법 제12조 제2항 본문 및 제14조 제1항 단서 중 제12조 제2항 본문에 관한 부분이 헌법에 합치되지 아니하고, 이들 법률조항은 2022. 9. 30.을 시한으로 개정될 때까지 계속 적용된다는 결정을 선고하였다. [헌법불합치]
국적이탈 신고 시 신고서에 '가족관계기록사항에 관한 증명서'를 첨부하도록 하는 국적법 시행규칙 제12조 제2항 제1호에 대한 심판청구를 기각한다. [기각]

판례 045 변호사시험법 제7조 제1항 등 위헌확인(2018헌마739) : 기각, 각하

① 변호사시험 응시기회를 법학전문대학원 석사학위를 취득한 달의 말일부터(석사학위 취득예정자의 경우 그 예정기간 내 시행된 시험일부터) 5년 내 5회로 한 변호사시험법(2011. 7. 25. 법률 제10923호로 개정된 것) 제7조 제1항에 대한 일부 청구인들의 헌법소원심판청구를 각하하고, 나머지 청구인들의 심판청구에 대하여는 위 조항이 직업선택의 자유를 침해하지 않는다는 이유로 기각하였으며
② 병역의무의 이행만을 위 응시한도의 예외로 인정한 구 변호사시험법(2009. 5. 28. 법률 제9747호로 제정되고, 2018. 12. 18. 법률 제15975호로 개정되기 전의 것) 제7조 제2항에 대한 청구인들의 심판청구를 모두 각하하였다.

판례 046 병역법 제34조 제3항 단서 위헌확인(2019헌마472) : 기각

공중보건의사가 군사교육에 소집된 기간을 복무기간에 산입하지 않도록 규정한 병역법(2016. 5. 29. 법률 제14183호로 개정된 것) 제34조 제3항 중 '군사교육소집기간은 복무기간에 산입하지 아니한다' 부분 가운데 공중보건의사에 관한 부분 및 '농어촌 등 보건의료를 위한 특별조치법'(2016. 5. 29. 법률 제14183호로 개정된 것) 제7조 제1항 중 「병역법」제55조에 따라 받는 군사교육소집기간 외에' 부분이 헌법에 위반되지 않는다.

판례 047
군인보수법 제2조 제1항 위헌확인(2017헌마643) : 기각

공중보건의사에 편입되어 군사교육에 소집된 사람을 군인보수법의 적용대상에서 제외하여 군사교육 소집기간 동안의 보수를 지급하지 않도록 한 군인보수법(2016. 5. 29. 법률 제14183호로 개정된 것) 제2조 제1항 중 '군사교육소집된 자' 가운데 '병역법 제5조 제1항 제3호 나목 4) 공중보건의사'에 관한 부분이 헌법에 위반되지 않는다.

판례 048
특정경제범죄 가중처벌 등에 관한 법률 제5조 제4항 제2호 위헌제청(2020.10.29. 2019헌가15) : 합헌

금융회사 등 임직원이 그 직무에 관하여 5천만 원 이상 1억 원 미만의 금품 등의 수수를 약속한 경우 가중처벌 하는 '특정경제범죄 가중처벌 등에 관한 법률' 제5조 제4항 제2호 중 제1항의 '약속'에 관한 부분에 대하여 헌법에 위반되지 아니한다.

판례 049
구 관습법 위헌소원(2017헌바208) : 합헌

분묘기지권에 관한 관습법 중 "타인 소유의 토지에 소유자의 승낙 없이 분묘를 설치한 경우에는 20년간 평온·공연하게 그 분묘의 기지를 점유하면 지상권과 유사한 관습상의 물권인 분묘기지권을 시효로 취득하고, 이를 등기 없이 제3자에게 대항할 수 있다."는 부분 및 "분묘기지권의 존속기간에 관하여 당사자 사이에 약정이 있는 등 특별한 사정이 없는 경우에는 권리자가 분묘의 수호와 봉사를 계속하는 한 그 분묘가 존속하고 있는 동안은 분묘기지권은 존속한다."는 부분은 모두 헌법에 위반되지 않는다.

판례 050
성폭력범죄의 처벌 등에 관한 특례법 제42조 제1항 등 위헌확인(2018헌마1067) : 기각

카메라등이용촬영죄로 유죄판결이 확정된 자를 신상정보 등록대상자로 정하는 성폭력범죄의 처벌 등에 관한 특례법 조항들이 청구인의 개인정보자기결정권, 일반적 행동의 자유를 침해하지 아니한다.

판례 051
장애인시험용 이륜자동차 미비치 위헌확인(2016헌마86) : 기각

피청구인 도로교통공단 이사장이 2015. 7.경 서울 서부운전면허시험장에 청구인의 제2종 소형 운전면허 취득을 위한 기능시험 응시에 사용할 수 있는 특수제작·승인된 이륜자동차를 마련하지 않은 부작위에 대하여, 청구인의 평등권을 침해하는 위헌적인 공권력의 불행사라는 재판관 5인의 위헌의견, 구체적 작위의무가 인정되지 않는 공권력의 불행사를 대상으로 한 것이라는 재판관 4인의 각하의견으로 나뉜 결과, 심판청구를 기각하는 결정을 선고하였다.

변호사시험법 제5조 제1항 등 위헌확인(2017헌마1128) : 기각, 각하

① 변호사시험의 응시자격을 법학전문대학원 석사학위 취득자로 제한한 변호사시험법(2009. 5. 28. 법률 제9747호로 제정된 것) 제5조 제1항 본문,
② 사법시험법을 폐지한다고 규정한 변호사시험법 부칙(2009. 5. 28. 법률 제9747호) 제2조, 각각 판사와 검사의 임용자격에 관한
③ 법원조직법(2011. 7. 18. 법률 제10861호로 개정된 것) 제42조 제2항 및
④ 검찰청법(2009. 11. 2. 법률 제9815호로 개정된 것) 제29조 제2호,
⑤ 입학자격으로 대학교 학사학위 또는 이와 동등 이상의 학력을 요구하는 법학전문대학원 설치·운영에 관한 법률(2007. 7. 27. 법률 제8544호로 제정된 것) 제22조,
⑥ 입학전형자료로 활용할 필수기준에 관한 법학전문대학원 설치·운영에 관한 법률(2007. 7. 27. 법률 제8544호로 제정된 것) 제23조 제2항에 대한 심판청구를 모두 기각한다.

약사법 제20조 제1항 등 위헌소원(2019헌바249) : 합헌

'약사 또는 한약사가 아닌 자연인'의 약국 개설을 금지하고 위반 시 형사처벌하는, 약사법(2007. 4. 11. 법률 제8365호로 전부개정된 것) 제20조 제1항 중 '약사 또는 한약사가 아닌 자연인'에 관한 부분 및 약사법(2015. 1. 28. 법률 제13114호로 개정된 것) 제93조 제1항 제2호 중 '약사 또는 한약사가 아닌 자연인'에 관한 부분은 헌법에 위반되지 아니한다.

도시 및 주거환경정비법 제39조 등 위헌소원(2020.11.26. 2018헌바407) : 합헌

주택재건축사업 시행자에게 재건축조합 설립에 동의하지 않은 토지 또는 건축물 소유자에 대한 매도청구권을 부여하는 구 도시 및 주거환경정비법(2012. 2. 1. 법률 제11293호로 개정되고, 2017. 2. 8. 법률 제14567호로 전부개정되기 전의 것) 제39조 전문 제1호 중 제16조 제3항에 관한 부분이 헌법에 위배되지 않는다.

익사업을 위한 토지 등의 취득 및 보상에 관한 법률 제91조 제1항 위헌소원 (2020.11.26. 2019헌바131) : 헌법불합치

환매권의 발생기간을 제한한 공익사업을 위한 토지 등의 취득 및 보상에 관한 법률(2011. 8. 4. 법률 제11017호로 개정된 것) 제91조 제1항 중 '토지의 협의취득일 또는 수용의 개시일부터 10년 이내' 부분이 헌법에 합치되지 아니한다.

판례 056
특정범죄 가중처벌 등에 관한 법률 제5조의10 제2항 위헌소원(2020. 11. 26. 2020헌바281) : **합헌**

운행 중인 자동차의 운전자를 폭행하거나 협박하여 사람을 상해에 이르게 한 경우를 3년 이상의 유기징역에 처하도록 한 '특정범죄 가중처벌 등에 관한 법률'(2010. 3. 31. 법률 제10210호로 개정된 것) 제5조의10 제2항 중 '상해'에 관한 부분이 헌법에 위반되지 아니한다.

판례 057
재판취소(2020. 11. 26. 2014헌마1175) : **각하**

법원의 재판에 대한 헌법소원을 금지하는 헌법재판소법 제68조 제1항 본문 중 "법원의 재판을 제외하고는"부분은 헌법에 위반되지 않고, 긴급조치 관련 국가배상책임을 인정하지 않은 대법원 판결의 취소를 구하는 헌법소원 심판청구가 부적법하다는 결정을 선고하였다.

판례 058
정보통신망 이용촉진 및 정보보호 등에 관한 법률 제44조의2 위헌확인(2020. 11. 26. 2016헌마275) : **기각**

정보통신망을 통해 일반에게 공개된 정보로 사생활 침해, 명예훼손 등 타인의 권리가 침해된 경우 그 침해를 받은 자가 삭제요청을 하면 정보통신서비스 제공자는 권리의 침해 여부를 판단하기 어렵거나 이해당사자 간에 다툼이 예상되는 경우에는 30일 이내에서 해당 정보에 대한 접근을 임시적으로 차단하는 조치를 하여야 한다고 규정한 정보통신망 이용촉진 및 정보보호 등에 관한 법률 제44조의2 제2항 중 '임시조치'에 관한 부분 및 제4항이 청구인들의 표현의 자유를 침해하지 아니한다는 결정을 선고하였다.

판례 059
공직선거법 제60조의2 제1항 제4호 위헌확인(2020. 11. 26. 2018헌마260) : **기각**

군의 장의 선거의 예비후보자가 되려는 사람은 그 선거기간개시일 전 60일부터 예비후보자등록 신청을 할 수 있다고 규정한 공직선거법(2010. 1. 25. 법률 제9974호로 개정된 것) 제60조의2 제1항 제4호 중 '군의 장의 선거' 부분이 헌법에 위반되지 않는다.

판례 060
게임산업진흥에 관한 법률제28조 제3호 등 위헌소원(2020. 12. 23. 2017헌바463) : **합헌, 각하**

게임물 관련사업자가 게임물을 통해 경품 등을 제공하는 것을 원칙적으로 금지하고, 예외적인 경우에만 이를 허용하는 '게임산업진흥에 관한 법률'(2007. 1. 19. 법률 제8247호로 개정된 것) 제28조 제3호 및 이를 위반한 경우를 처벌하는 같은 법 제44조 제1항 제1호의2가 헌법에 위반되지 않는다.

판례 061
할부거래에 관한 법률 제2조 제2호 등 위헌소원(2020. 12. 23. 2018헌바382) : **합헌, 각하**

선불식 할부거래업자로 하여금 소비자피해보상보험계약 등을 통해 소비자로부터 미리 수령한 선수금을 그 합계액의 100분의 50을 초과하지 아니하는 범위에서 보전하도록 하고, 선불식 할부거래업자가 보전하여야 할 금액을 보전하지 아니하고 영업을 할 경우 시정조치를 명할 수 있도록 규정한 할부거래에 관한 법률(2010. 5. 17. 법률 제10303호로 개정된 것) 제27조 제1항, 할부거래에 관한 법률(2010. 3. 17. 법률 제10141호로 전부개정된 것) 제27조 제2항, 제39조 제1항 제2호 중 제34조 제9호에 관한 부분이 헌법에 위반되지 않는다.

판례 062
부가가치세법 제60조 제2항 제2호 단서 위헌소원(2020. 12. 23. 2018헌바439) : **합헌**

전자세금계산서를 발급하여야 할 의무가 있는 자가 전자세금계산서를 발급하지 아니하고 세금계산서의 발급시기에 전자세금계산서 외의 세금계산서를 발급한 경우에는 그 공급가액의 1퍼센트를 곱한 금액을 납부세액에 더하거나 환급세액에서 빼도록 한 구 부가가치세법(2014. 12. 23. 법률 제12851호로 개정되고, 2016. 12. 20. 법률 제14387호로 개정되기 전의 것) 제60조 제2항 제2호 단서가 헌법에 위반되지 않는다.

판례 063
특정 문화예술인 지원사업 배제행위 등 위헌확인(2020. 12. 23. 2017헌마416) : **인용(위헌확인)**

피청구인 대통령의 지시로 피청구인 대통령 비서실장, 정무수석비서관, 교육문화수석비서관, 문화체육관광부장관이 야당 소속 후보를 지지하였거나 정부에 비판적 활동을 한 문화예술인이나 단체를 정부의 문화예술 지원사업에서 배제할 목적으로, ① 청구인 윤◆◆, 정◆◆의 정치적 견해에 관한 정보를 수집·보유·이용한 행위와 ② 한국문화예술위원회, 영화진흥위원회, 한국출판문화산업진흥원 소속 직원들로 하여금 청구인 ㅁㅁ회, △△ 네트워크, 윤◆◆, ▲▲ 주식회사 ★★, 정◆◆을 문화예술인 지원사업에서 배제하도록 한 일련의 지시 행위가 위헌임을 확인한다.

판례 064
민구부동산소유권이전등기등에관한특별조치법 제7조 등 위헌소원(2020. 12. 23. 2019헌바41) : **합헌**

부동산을 사실상 양수한 사람 또는 그 대리인이 등기원인을 증명하는 서면 없이 보증서를 바탕으로 발급받은 확인서로써 단독으로 소유권이전등기를 신청할 수 있도록 한 구 '부동산소유권이전등기 등에 관한 특별조치법'(1977. 12. 31. 법률 제3094호로 제정되고, 1984. 12. 31. 실효된 것) 제7조 제1항, 제2항은 헌법에 위반되지 아니한다.

판례 065
민법 제162조 제1항 등 위헌소원(2020.12.23. 2019헌바129) : 합헌, 각하

부당이득반환청구권 등 채권의 경우 권리를 행사할 수 있는 때로부터 10년간 행사하지 아니하면 소멸시효가 완성된다고 규정한 민법 제162조 제1항, 제166조 제1항은 헌법에 위반되지 않고, 청구인들의 나머지 심판청구는 재판의 전제성이 인정되지 않아 부적법하다는 결정을 선고하였다.

판례 066
장애인활동 지원에 관한 법률 제5조 제2호 본문 위헌제청(2020.12.23. 2017헌가22) : 합헌불합치

활동지원급여 신청자격을 제한하는 '장애인활동 지원에 관한 법률'(2011. 1. 4. 법률 제10426호로 제정된 것) 제5조 제2호 본문 중 '노인장기요양보험법 제2조 제1호에 따른 노인 등' 가운데 '65세 미만의 자로서 치매·뇌혈관성질환 등 대통령령으로 정하는 노인성 질병을 가진 자'에 관한 부분은 헌법에 합치되지 아니한다.

판례 067
악취방지법 제6조 제1항 제1호 위헌소원(2020.12.23. 2019헌바25) : 합헌

악취관리지역 지정요건 중 하나로 '악취와 관련된 민원이 1년 이상 지속되고, 악취가 제7조 제1항에 따른 배출허용기준을 초과하는 지역'을 정한 구 악취방지법 제6조 제1항 제1호가 명확성원칙에 위반되지 않고, 악취관리지역 내 악취배출시설 운영자인 청구인들의 직업수행의 자유를 침해하지 않아 헌법에 위반되지 않는다.

2021년도 헌법재판소 판례

판례 001

재조선미국육군사령부군정청 법령제2호 제4조 등위헌소원(2021.1.28. 2018헌바88) : 합헌 ★★★

① 1945년 8월 9일 이후에 성립된 거래를 전부 무효로 한 재조선미국육군사령부군정청 법령 제2호(1945. 9. 25. 공포) 제4조 본문과 ② 1945년 8월 9일 이후 일본 국민이 소유하거나 관리하는 재산을 1945년 9월 25일자로 전부 미군정청이 취득하도록 정한 재조선미국육군사령부군정청 법령 제33호(1945. 12. 6. 공포) 제2조 전단 중 '일본 국민'에 관한 부분이 모두 헌법에 위반되지 않는다는 결정을 선고하였다.

판례 002

공직선거법 제82조의6 제1항 등 위헌확인(2021.1.28. 2018헌마456) : 위헌 ★★★

인터넷언론사는 선거운동기간 중 당해 홈페이지 게시판 등에 정당·후보자에 대한 지지·반대 등의 정보를 게시하는 경우 실명을 확인받는 기술적 조치를 해야 하고, 행정안전부장관 및 신용정보업자는 실명인증자료를 관리하고 중앙선거관리위원회가 요구하는 경우 지체 없이 그 자료를 제출해야 하며, 실명확인을 위한 기술적 조치를 하지 아니하거나 실명인증의 표시가 없는 정보를 삭제하지 않는 경우 과태료를 부과하도록 정한 공직선거법 조항은 모두 헌법에 위반된다.

판례 003

고위공직자범죄수사처 설치 및 운영에 관한 법률 위헌확인(2021.1.28. 2020헌마264) : 합헌

고위공직자범죄수사처 설치 및 운영에 관한 법률 제2조, 고위공직자범죄수사처 설치 및 운영에 관한 법률 제3조, 제8조 제4항이 청구인들의 기본권을 침해하지 않고, 나머지 심판청구는 부적법하다는 결정을 선고하였다.

판례 004

치료감호 등에 관한 법률 제4조 제7항 위헌제청(2021.1.28. 2019헌가24) : 합헌

검사가 치료감호를 청구할 수 있고, 법원은 검사에게 치료감호청구를 요구할 수 있다고 규정한 치료감호 등에 관한 법률(2008. 6. 13. 법률 제9111호로 개정된 것) 제4조 제1항 및 제4조 제7항은 모두 헌법에 위반되지 아니한다는 결정을 선고하였다.

판례 005 | 향토예비군 설치법 제15조 제9항 제1호 위헌제청(2021. 2. 25. 2013헌가13) : 각하

정당한 사유 없이 예비군 훈련을 받지 아니한 사람을 처벌하는 구 향토예비군설치법(2010. 1. 25. 법률 제9945호로 개정되고, 2014. 10. 15. 법률 제12791호로 개정되기 전의 것) 제15조 제9항 제1호 및 예비군법(2014. 10. 15. 법률 제12791호로 개정된 것) 제15조 제9항 제1호 중 각 "제6조 제1항에 따른 훈련을 정당한 사유 없이 받지 아니한 사람"에 관한 부분에 대한 위헌법률심판제청은 재판의 전제성이 없어 부적법하므로 모두 각하한다는 결정을 선고하였다.

판례 006 | 경상남도 등과 전라남도 등 간의 권한쟁의(2021. 2. 25. 2015헌라7) : 기각

우측으로 국립지리원 발행의 1973년 국가기본도상의 해상경계선을 기준으로 하고, 좌측으로 주위적으로는 세존도를 기준으로 하여 등거리 중간선 원칙에 의하여 확인되는 해상경계선, 예비적으로는 갈도 또는 두미도, 노대도, 욕지도를 기준으로 하여 각 등거리 중간선 원칙에 의하여 확인되는 해상경계선 사이의 해역에 대한 관할권한이 청구인들에게 속함의 확인을 구하는 심판청구를 기각하였다.

판례 007 | 형법 제307조 제2항 위헌소원(2021. 2. 25. 2016헌바84) : 합헌 ★★★

공연히 허위의 사실을 적시하여 사람의 명예를 훼손한 자를 5년 이하의 징역, 10년 이하의 자격 정지 또는 1천만 원 이하의 벌금에 처하도록 한 형법 제307조 제2항이 헌법에 위반되지 않는다는 결정을 선고하였다.

판례 008 | 공직선거법 제113조 제1항 등 위헌소원(2021. 2. 25. 2018헌바223) : 합헌

공직선거의 후보자가 되고자 하는 자가 기부행위를 하는 것을 처벌하도록 정한 공직선거법 제113조 제1항 중 '후보자가 되고자 하는 자'에 관한 부분, 제257조 제1항 제1호 가운데 제113조 제1항 중 '후보자가 되고자 하는 자'에 관한 부분, 후보자가 당선될 목적으로 자신의 행위에 관하여 허위사실을 공표하는 것을 처벌하도록 정한 공직선거법 제250조 제1항 중 '당선될 목적으로 기타의 방법으로 후보자에게 유리하도록 후보자의 행위에 관하여 허위의 사실을 공표한 자'에 관한 부분이 헌법에 위반되지 아니한다는 결정을 선고하였다.

판례 009 | 형사소송법 제186조 제1항 등 위헌소원(2021. 2. 25. 2018헌바224) : 합헌

2021년 2월 25일 재판관 전원일치 의견으로, 형사재판절차에서 형의 선고를 하는 때에 소송비용의 전부 또는 일부를 피고인이 부담하게 하도록 정한 형사소송법(1995. 12. 29. 법률 제5054호로 개정된 것) 제186조 제1항이 헌법에 위반되지 않는다는 결정을 선고하였다.

판례 010
지방공무원법 제82조 제1항 위헌소원(2021. 2. 25. 2019헌바58) : 합헌

2021년 2월 25일 재판관 전원일치 의견으로, 공무원이 선거에서 특정정당 또는 특정인을 지지하기 위하여 타인에게 정당에 가입하도록 권유하는 행위를 한 경우 3년 이하의 징역형과 자격정지형을 병과하도록 규정한 지방공무원법 제82조 제1항 중 제57조 제2항 제5호의 정당 가입 권유에 관한 부분이 헌법에 위반되지 않는다는 결정을 선고하였다.

판례 011
형법 제350조 제1항 위헌소원(2021. 2. 25. 2019헌바128) : 합헌

사람을 공갈하여 재물을 교부받거나 재산상 이익을 취득하여 그 이득액이 5억 원 이상인 경우 가중처벌하는 구 특정경제범죄 가중처벌 등에 관한 법률(2016. 1. 6. 법률 제13719호로 개정되고, 2017. 12. 19. 법률 제15256호로 개정되기 전의 것) 제3조 제1항 중 '형법 제350조 제1항'에 관한 부분 및 특정경제범죄 가중처벌 등에 관한 법률(2017. 12. 19. 법률 제15256호로 개정된 것) 제3조 제1항 중 '형법 제350조 제1항'에 관한 부분이 헌법에 위반되지 않는다고 결정하였다.

판례 012
형법 제307조 제1항 위헌확인(2021. 2. 25. 2017헌마1113) : 기각 ★★★

공연히 사실을 적시하여 사람의 명예를 훼손한 경우 2년 이하의 징역·금고 또는 500만원 이하의 벌금에 처하도록 규정한 형법 제307조 제1항이 청구인들의 표현의 자유를 침해하지 아니하고 헌법에 위반되지 않는다는 결정을 선고하였다.

판례 013
6·25전몰군경자녀수당 수급권자 1인 한정 및 연장자 우선 사건(2021. 3. 25. 2018헌가6) : 헌법불합치 ★★★

6·25전몰군경자녀에게 6·25전몰군경자녀수당을 지급하면서 그 수급권자를 6·25전몰군경자녀 중 1명에 한정하고, 그 1명도 나이가 많은 자를 우선하도록 정한 ① 구 '국가유공자 등 예우 및 지원에 관한 법률'(2015. 12. 29. 법률 제13697호로 개정되고, 2019. 11. 26. 법률 제16659호로 개정되기 전의 것) 제16조의3 제1항 본문 중 '자녀 중 1명'에 한정하여 6·25전몰군경자녀수당을 지급하도록 한 부분 및 '제13조 제2항 제1호에 따른 선순위인 사람' 부분 가운데 '나이가 많은' 자녀에게 6·25전몰군경자녀수당을 지급하도록 한 부분, ② '국가유공자 등 예우 및 지원에 관한 법률'(2019. 11. 26. 법률 제16659호로 개정된 것) 제16조의3 제1항 본문 중 '자녀 중 1명'에 한정하여 6·25전몰군경자녀수당을 지급하도록 한 부분 및 '제13조 제2항 제3호에 따른 선순위인 사람' 부분 가운데 '나이가 많은' 자녀에게 6·25전몰군경자녀수당을 지급하도록 한 부분은 헌법에 합치되지 아니한다는 결정을 선고하였다.

판례 014
정보통신망 이용촉진 및 정보보호 등에 관한 법률 제70조 제2항(2021.3.25, 2015헌바438) : 합헌

사람을 비방할 목적으로 정보통신망을 통하여 공공연하게 거짓의 사실을 드러내어 다른 사람의 명예를 훼손한 자를 징역, 자격정지, 또는 벌금형에 처하도록 한 '정보통신망 이용촉진 및 정보보호 등에 관한 법률' 제70조 제2항이 헌법에 위반되지 않는다는 결정을 선고하였다.

판례 015
초·중등법상 교원의 아동학대범죄 가중처벌 사건(2021.3.25, 2018헌바388) : 합헌

'아동학대범죄의 처벌 등에 관한 특례법' 제7조 가운데 제10조 제2항 제20호 중 초·중등교육법 제19조에 따른 교원에 관한 부분이 책임과 형벌간의 비례원칙에 위반되지 않는다는 결정을 선고하였다.

판례 016
공중밀집장소추행죄 사건(2021.3.25, 2019헌바413) : 합헌

공중이 밀집하는 장소에서 사람을 추행한 사람을 처벌하는 구 '성폭력범죄의 처벌 등에 관한 특례법'(2012. 12. 18. 법률 제11556호로 전부개정되고, 2020. 5. 19. 법률 제17264호로 개정되기 전의 것) 제11조가 헌법에 위반되지 않는다는 결정을 선고하였다.

판례 017
폭행 사건 현장에서 이탈하지 못하도록 상대방의 옷을 잡은 행위가 정당행위에 해당한다고 본 사건(2021.3.25, 2020헌마257) : 인용(취소)

피해자의 겨드랑이와 가슴사이의 옷을 잡고 피해자가 사건 현장에서 이탈하지 못하도록 한 행위가 정당행위에 해당한다고 보는 것이 상당함에도 불구하고, 피청구인이 청구인에게 기소유예처분을 한 것은 자의적인 검찰권 행사로서 청구인의 평등권과 행복추구권을 침해한다는 취지로 청구인의 심판청구를 인용하는 결정을 선고하였다.

판례 018
전기요금약관의 인가에 관한 전기사업법 조항 사건(2021.04.29, 2017헌가25) : 합헌 ★★★

전기판매사업자로 하여금 전기요금에 관한 약관을 작성하여 산업통상자원부장관의 인가를 받도록 한 전기사업법(2013. 3. 23. 법률 제11690호로 개정된 것) 제16조 제1항 중 '전기요금'에 관한 부분이 헌법에 위반되지 않는다

판례 019
구 수질환경보전법 제61조 위헌제청(2021.04.29, 2019헌가2) : 위헌 ★★★

구 수질환경보전법(1995. 12. 29. 법률 제5095호로 개정되고, 2004. 10. 22. 법률 제7240호로 개정되기 전의 것) 제61조 중 '법인의 대리인, 사용인 기타의 종업원이 그 법인의 업무에 관하여 제57조 제5호의 위반행위를 한 때에는 그 법인에 대하여도 해당조의 벌금형을 과한다' 부분이 헌법에 위반된다는 결정을 선고하였다.

판례 020
공직선거법 제57조의6 제1항 등 위헌제청(2021.04.29. 2019헌가11) : 위헌 ★★★

광주광역시ㅁㅁ공단의 상근직원이 당원이 아닌 자에게도 투표권을 부여하는 당내경선에서 경선운동을 할 수 없도록 금지·처벌하는 공직선거법(2010. 1. 25. 법률 제9974호로 개정된 것) 제57조의6 제1항 본문의 '제60조 제1항 제5호 중 제53조 제1항 제6호 가운데 지방공기업법 제2조에 규정된 지방공단인 광주광역시ㅁㅁ공단의 상근직원'에 관한 부분 및 같은 법 제255조 제1항 제1호 중 위 해당부분은 헌법에 위반된다는 결정을 선고하였다.

판례 021
여객자동차 운수사업법 제81조 제1항 제1호 등 위헌소원(2021.04.29. 2018헌바100) : 합헌

자가용자동차의 유상운송 제공을 원칙적으로 금지하면서도 '출퇴근 때 승용자동차를 함께 타는 경우'에는 예외적으로 이를 허용하는 구 여객자동차 운수사업법(2015. 6. 22. 법률 제13376호로 개정되고, 2019. 8. 27. 법률 제16563호로 개정되기 전의 것) 제81조 제1항 단서 중 '제1호에 해당하는 경우에는 유상으로 운송용으로 제공할 수 있다.' 부분은 헌법에 위반되지 않는다는 결정을 선고하였다.

판례 022
정보통신망 이용촉진 및 정보보호 등에 관한 법률 제70조 제3항 위헌소원(2021.04.29. 2018헌바113) : 합헌

비방할 목적으로 정보통신망을 통하여 공공연하게 거짓의 사실을 드러내는 명예훼손죄를 '반의사불벌죄'로 규정한 '정보통신망 이용촉진 및 정보보호 등에 관한 법률' 제70조 제3항이 헌법에 위반되지 않는다는 결정을 선고하였다.

판례 023
특정범죄 가중처벌 등에 관한 법률 제11조 제2항 위헌소원(2021.04.29. 2019헌바83) : 합헌

500만 원 이상 5천만 원 미만의 마약류관리법상 나목 향정신성의약품을 소지한 경우 무기 또는 3년 이상의 징역에 처하도록 규정한 '특정범죄 가중처벌 등에 관한 법률' 제11조 제2항 제2호 중 해당 부분이 헌법에 위반되지 않는다는 결정을 선고하였다.

판례 024
구 토지구획정리사업법 제63조 위헌소원(2021.04.29. 2019헌바444) : 합헌

토지구획정리사업에 있어 학교교지를 환지처분의 공고가 있은 다음 날에 국가 등에 귀속하게 하되, 국가 등은 그 대가를 지급하도록 한 구 토지구획정리사업법(1995. 12. 29. 법률 제5069호로 개정되고, 2000. 1. 28. 법률 제6252호로 폐지되기 전의 것) 제63조 중 '학교교지'에 관한 부분은 헌법에 위반되지 않는다는 결정을 선고하였다.

판례 025 | 고위공직자범죄수사처 설치 및 운영에 관한 법률 일부 개정법률 위헌확인(2021.04.29, 2020헌마1707) : 각하 ★★★

① 고위공직자범죄수사처장 후보추천위원회 위원의 추천 및 위촉에 관한 고위공직자범죄수사처 설치 및 운영에 관한 법률 제6조 제5항, 제6항, ② 후보추천위원회 의결정족수에 관한 고위공직자범죄수사처 설치 및 운영에 관한 법률 제6조 제7항, ③ 수사처검사의 자격요건, 임명절차, 임명권자에 관한 고위공직자범죄수사처 설치 및 운영에 관한 법률 제8조 제1항 전문에 관한 심판청구는 모두 부적법하다는 결정을 선고하였다.

판례 026 | 구 임대주택법 시행규칙 제3조의3 제1항 등 위헌확인(2021.04.29, 2019헌마202) : 기각

임대의무기간이 10년인 공공건설임대주택의 분양전환가격을 임대의무기간이 5년인 공공건설임대주택의 분양전환가격과 다른 기준에 따라 산정하도록 정한 구 임대주택법 시행규칙(2012. 2. 3. 국토해양부령 제441호로 개정되고, 2015. 12. 29. 국토교통부령 제270호 '민간임대주택에 관한 특별법 시행규칙'으로 전부개정되기 전의 것) 제14조 중 구 임대주택법 시행규칙(2008. 6. 20. 국토해양부령 제19호로 전부개정되고, 2014. 7. 16. 국토교통부령 제113호로 개정되기 전의 것) 제9조 제1항 [별표 1] 제1호 가목을 준용하는 부분이 임차인의 평등권을 침해하지 않는다는 결정을 선고하였다.

판례 027 | 입법부작위 위헌확인(2021.04.29, 2020헌마923) : 기각 ★★★

전용면적 85제곱미터를 초과하는 공공건설임대주택의 분양전환가격을 임대사업자가 자율적으로 정하도록 하는 공공주택 특별법 시행령(2021. 3. 23. 대통령령 제31549호로 개정된 것) 제56조 제7항 중 '전용면적 85제곱미터를 초과하는 경우는 제외한다' 부분이 임차인들의 평등권을 침해하지 않는다는 결정을 선고하였다.

판례 028 | 구 광주민주화운동관련자보상등에관한법률 제16조 제2항 위헌제청(2021.05.27, 2019헌가17) : 위헌 ★★★

5·18민주화운동과 관련하여 재판상 화해 간주 사유를 규정하고 있는 구 '광주민주화운동 관련자 보상 등에 관한 법률'(1990. 8. 6. 법률 제4266호로 제정되고, 2006. 3. 24. 법률 제7911호로 개정되기 전의 것) 제16조 제2항 가운데 '광주민주화운동과 관련하여 입은 피해' 중 '정신적 손해'에 관한 부분 및 구 '5·18민주화운동 관련자 보상 등에 관한 법률'(2006. 3. 24. 법률 제7911호로 개정되고, 2014. 12. 30. 법률 제12910호로 개정되기 전의 것) 제16조 제2항 가운데 '5·18민주화운동과 관련하여 입은 피해' 중 '정신적 손해'에 관한 부분이 헌법에 위반된다는 결정을 선고하였다.

판례 029
국민의 형사재판 참여에 관한 법률 제16조 위헌제청(2021.05.27. 2019헌가19) : **합헌** ★★★

국민참여재판 배심원의 자격을 만 20세 이상으로 정한 국민의 형사재판 참여에 관한 법률(2007. 6. 1. 법률 제8495호로 제정된 것) 제16조 중 '만 20세 이상' 부분은 헌법에 위반되지 않는다는 결정을 선고하였다.

판례 030
성폭력범죄의 처벌 등에 관한 특례법 제8조 제1항 위헌소원(2021.05.27. 2018헌바497) : **합헌**

타인의 주거에 침입하여 강제추행죄를 범하고자 하였으나 미수에 그친 사람이 다른 사람을 상해한 때 무기징역 또는 10년 이상의 징역에 처하도록 한 성폭력범죄의 처벌 등에 관한 특례법 제8조 제1항 부분이 헌법에 위반되지 않는다는 결정을 선고하였다.

판례 031
정치자금법 제27조 제1항 등 위헌확인(2021.05.27. 2018헌마1168) : **위헌, 각하**

정치자금법상 회계보고된 자료의 열람기간을 3월간으로 정한 정치자금법 제42조 제2항 본문 중 '3월간' 부분이 알권리를 침해하여 헌법에 위반되고, 나머지 심판청구는 모두 각하한다는 결정을 선고하였다.

판례 032
구 병역법 시행령 부칙 제2조 위헌확인(2021.05.27. 2019헌마117) : **위헌, 각하**

1993. 12. 31. 이전에 출생한 재외국민 2세도 예외를 두지 않고 본인이 18세 이후 통틀어 3년을 초과하여 국내에 체재한 경우 재외국민 2세의 지위를 상실할 수 있도록 규정한 병역법 시행령(2018. 5. 28. 대통령령 제28905호로 개정된 것) 제128조 제7항 제2호에 대한 심판청구를 모두 기각한다는 결정을 선고하였다.

판례 033
의료사고 피해구제 및 의료분쟁 조정 등에 관한 법률 제27조 제9항 위헌확인(2021.05.27. 2019헌마321) : **기각**

2021년 5월 27일 재판관 전원일치 의견으로, 의료사고가 사망에 해당하는 경우 한국의료분쟁조정중재원의 원장은 지체 없이 의료분쟁 조정절차를 개시하여야 한다고 규정한 의료사고 피해구제 및 의료분쟁 조정 등에 관한 법률(2018. 12. 11. 법률 제15896호로 개정된 것) 제27조 제9항 전문 중 '사망'에 관한 부분에 대한 심판청구를 기각한다는 결정을 선고하였다.

판례 034
구 의료기사 등에 관한 법률 제12조 제1항 등 위헌제청(2021.6.24. 2017헌가31) : **합헌** ★★★

안경사 면허를 가진 자연인에게만 안경업소의 개설등록 등을 할 수 있도록 정한 '의료기사 등에 관한 법률' 제12조 제1항 등 및 그 위반 시 처벌하도록 정한 구 '의료기사 등에 관한 법률' 제30조 제1항 제6호 등이 모두 헌법에 위반되지 아니한다는 결정을 선고하였다.

판례 035
형의 실효 등에 관한 법률 제8조의2 위헌제청(2021.6.24. 2018헌가2) : 헌법불합치

소년에 대한 수사경력자료의 보존기간과 삭제에 대하여 규정하면서, 법원에서 불처분결정된 소년부송치 사건에 대하여는 규정하지 않은 구 형실효법 제8조의2 제1항, 제3항 및 현행 형실효법 제8조의2 제1항, 제3항이 과잉금지원칙에 위반하여 당사자의 개인정보자기결정권을 침해한다는 결정을 선고하였다.

판례 036
보안관찰법 제2조 등 위헌소원(2021.6.24. 2017헌바479) : 합헌 ★★★

2021. 6. 24. 보안관찰처분대상자에 대한 신고의무 부과에 관한 보안관찰법 조항들에 대하여 아래와 같은 결정을 선고하였다. ① 보안관찰처분대상자가 교도소 등에서 출소한 후 7일 이내에 출소사실을 신고하도록 정한 구 보안관찰법 제6조 제1항 전문 중 출소 후 신고의무에 관한 부분 및 이를 위반할 경우 처벌하도록 정한 보안관찰법 제27조 제2항 중 구 보안관찰법 제6조 제1항 전문 가운데 출소 후 신고의무에 관한 부분에 대하여는 재판관 5(합헌) : 4(위헌)의 의견으로 각 헌법에 위반되지 아니한다는 결정을 선고하였다.

판례 037
성폭력범죄의 처벌 등에 관한 특례법 부칙 제3조 등 위헌소원(2021.6.24. 2018헌바457) : 합헌, 각하

'성폭력범죄의 처벌 등에 관한 특례법' 시행 전 행하여진 성폭력범죄로 아직 공소시효가 완성되지 아니한 것에 대하여 '성폭력범죄의 처벌 등에 관한 특례법'의 공소시효 특례조항을 적용하도록 한 '성폭력범죄의 처벌 등에 관한 특례법' 부칙(2012. 12. 18. 법률 제11556호) 제3조 중 제21조 제1항 및 제3항 제1호 가운데 형법 제298조(강제추행)에 관한 부분이 헌법에 위반되지 아니하고, 나머지 심판청구를 각하한다는 결정을 선고하였다.

판례 038
도로교통법 제156조 제1호 등 위헌소원(2021.6.24. 2019헌바5) : 합헌 ★★★

자동차 운전 중 휴대용 전화를 사용하는 것을 금지하고 위반 시 처벌하는 구 도로교통법(2005. 5. 31. 법률 제7545호로 전부개정되고, 2018. 3. 27. 법률 제15530호로 개정되기 전의 것) 제49조 제1항 제10호 본문, 구 도로교통법(2017. 10. 24. 법률 제14911호로 개정되고, 2018. 3. 27. 법률 제15530호로 개정되기 전의 것) 제156조 제1호 중 제49조 제1항 제10호 본문에 관한 부분이 헌법에 위반되지 않는다는 결정을 선고하였다.

판례 039

서울특별시 자치구의회의원 선거구와 선거구별 의원정수에 관한 조례 [별표] 위헌확인 (2021. 6. 24. 2018헌마405) : **합헌, 기각, 각하** ★★★

서울특별시 자치구의회의원 선거구와 선거구별 의원정수에 관한 조례 [별표] 서울특별시 자치구의회의원 선거구와 선거구별 의원정수 중 마포구 "아" 선거구, 강서구 "라" 선거구 및 강남구 "바" 선거구 부분은 인구편차 상하 50%를 벗어나 청구인들의 선거권과 평등권을 침해하므로 위 [별표] 중 마포구 부분, 강서구 부분 및 강남구 부분은 헌법에 합치되지 아니하고, 2021. 12. 31.을 시한으로 입법자가 개정할 때까지 계속 적용된다는 결정을 선고하였다.

판례 040

여객자동차 운수사업법 제34조 제2항 제1호 바목 위헌확인(2021. 6. 24. 2020헌마651) : **기각, 각하** ★★★

승차정원 11인승 이상 15인승 이하인 승합자동차의 경우, 관광을 목적으로, 6시간 이상 대여하거나, 대여 또는 반납 장소가 공항 또는 항만인 경우에 한정하여 자동차대여사업자로 하여금 승합자동차의 임차인에게 운전자를 알선할 수 있도록 하는 '여객자동차 운수사업법'(2020. 4. 7. 법률 제17234호로 개정된 것) 제34조 제2항 단서 제1호 바목 전문 중 '관광을 목적으로' 부분 및 후문에 대한 청구인 주식회사 쏘카, 브이씨엔씨 주식회사의 심판청구를 모두 기각하고, 나머지 청구인들의 심판청구를 모두 각하한다는 결정을 선고하였다.

판례 041

검사징계법 제5조 제2항 제2호 등 위헌확인(2021. 6. 24. 2020헌마1614) : **각하** ★★★

법무부장관이 검사 징계위원회의 위원 중 검사 2명과, 변호사, 법학교수 및 학식과 경험이 풍부한 사람 각 1명을 각각 지명 및 위촉하도록 규정한, 구 검사징계법 제5조 제2항 제2호, 제3호 중 각 징계혐의자가 검찰총장인 경우에 관한 부분에 대한 심판청구를 각하하였다.

판례 042

중소기업협동조합법 제137조 제2항 위헌제청(2021. 7. 15. 2020헌가9) : **합헌**

중소기업중앙회 회장선거에 관한 선거운동을 제한하고, 이를 위반하면 형사처벌하는 중소기업협동조합법(2018. 3. 13. 법률 제15467호로 개정된 것) 제125조 전문 중 제53조 제1항을 준용하는 부분 및 제137조 제2항 중 제125조 전문에서 제53조 제1항을 준용하는 부분이 헌법에 위반되지 않는다는 결정을 선고하였다.

판례 043

조세특례제한법 제106조의2 제11항 제2호 위헌소원(2021. 7. 15. 2018헌바338) : **합헌**

면세유류 관리기관인 수협이 관리 부실로 인하여 면세유류 구입카드등을 잘못 교부·발급한 경우 해당 석유류에 대한 부가가치세 등 감면세액의 100분의 20에 해당하는 금액을 가산세로 징수하도록 규정한 각 구 조세특례제한법 제106조의2 제11항 제2호 중 '면세유류 관리기관인 조합' 가운데 '수산업협동조합법에 따른 조합'에 관한 부분이 모두 헌법에 위반되지 아니한다는 결정을 선고하였다.

판례 044 정보통신망 이용촉진 및 정보보호 등에 관한 법률 제48조 제2항 등 위헌소원(2021. 7. 15. 2018헌바428) : 합헌

정보통신시스템 등의 운용을 방해할 수 있는 프로그램의 전달 또는 유포를 금지 및 처벌하도록 한 '정보통신망 이용촉진 및 정보보호 등에 관한 법률'(2008. 6. 13. 법률 제9119호로 개정된 것) 제48조 제2항 중 유포에 관한 부분, 구 '정보통신망 이용촉진 및 정보보호 등에 관한 법률'(2008. 6. 13. 법률 제9119호로 개정되고, 2016. 3. 22. 법률 제14080호로 개정되기 전의 것) 제71조 제9호 중 제48조 제2항을 위반하여 유포한 자에 관한 부분이 모두 헌법에 위반되지 않는다는 결정을 선고하였다.

판례 045 관세법 제282조 제2항 등 위헌소원(2021. 7. 15. 2020헌바201) : 합헌

무신고 수출입행위에 대한 필요적 몰수·추징을 규정한 구 관세법 제282조 제2항 본문 및 제282조 제3항 본문 중 각 '제269조 제2항 제1호 가운데 제241조 제1항에 따른 신고를 하지 아니하고 물품을 수입한 자' 및 '제269조 제3항 제1호 가운데 제241조 제1항에 따른 신고를 하지 아니하고 물품을 수출한 자'에 관한 부분, 구 관세법 제282조 제4항 중 '제269조 제2항 제1호 가운데 제241조 제1항의 신고를 하지 아니하고 물품을 수입한 경우 제282조 제2항·제3항의 적용에 있어서 제279조의 법인을 범인으로 보는 부분' 및 '제269조 제3항 제1호 가운데 제241조 제1항의 신고를 하지 아니하고 물품을 수출한 경우 제282조 제2항·제3항의 적용에 있어서 제279조의 법인을 범인으로 보는 부분'이 헌법에 위반되지 아니한다는 결정을 선고하였다.

판례 046 세무사법 제3조 등 위헌확인(2021. 7. 15. 2018헌마279) : 기각 ★★★

2021년 7월 15일 변호사의 자격이 있는 자에게 더 이상 세무사 자격을 자동으로 부여하지 않는 구 세무사법(2017. 12. 26. 법률 제15288호로 개정되고, 2020. 6. 9. 법률 제17339호로 개정되기 전의 것) 제3조('이 사건 법률조항'), 이 사건 법률조항의 시행일과 변호사의 세무사 자격에 관한 경과조치를 정하고 있는 세무사법 부칙(2017. 12. 26. 법률 제15288호) 제1조 중 세무사법 제3조에 관한 부분 및 제2조('이 사건 부칙조항')가 헌법에 위반되지 않는다는 결정을 선고하였다.

판례 047 건설폐기물의 재활용촉진에 관한 법률 제13조의2 제2항 제2호 위헌확인(2021. 7. 15. 2019헌마406) : 기각

건설폐기물 수집·운반업자가 건설폐기물을 임시보관장소로 수집·운반할 수 있는 사유 중 하나로 '매립대상 폐기물을 반입규격에 맞게 절단하기 위한 경우'를 포함하지 않고 있는 '건설폐기물의 재활용촉진에 관한 법률' 제13조의2 제2항에 대한 심판청구를 기각한다는 결정을 선고하였다.

판례 048
노인장기요양보험법 제39조 제1항 등 위헌소원(2021. 8. 31. 2019헌바73) : 합헌 ★★★

노인장기요양 급여비용의 구체적인 산정방법 등에 관하여 필요한 사항을 보건복지부령에 정하도록 위임한 노인장기요양보험법 제39조 제3항이 법률유보원칙 및 포괄위임금지원칙에 위배되지 아니하므로 헌법에 위반되지 않는다는 결정을 선고하였다.

판례 049
국가공무원법 제65조 제2항 제5호 등 위헌소원(2021. 8. 31. 2018헌바149) : 합헌

공무원으로서 선거에서 특정정당·특정인을 지지하기 위하여 타인에게 정당에 가입하도록 권유운동을 한 경우 형사처벌하도록 규정한 국가공무원법 조항(정당가입권유금지조항)이 헌법에 위반되지 않는다고 결정하였고, ⓒ 재판관 전원일치의 의견으로, 공무원으로서 당내경선에서 경선운동을 한 경우 형사처벌하도록 규정하고, 당내경선에서 법이 허용하지 아니한 방법으로 경선운동을 한 경우 형사처벌하도록 규정하며, 국회의원 후보자가 되고자 하는 자로 하여금 일정 범위의 기부행위를 금지하고 이를 위반한 경우 형사처벌하도록 규정하고, 선거범죄 등과 다른 죄의 경합범에 대하여 분리 선고하도록 규정한 공직선거법 조항들(경선운동금지조항, 경선운동방법조항, 기부행위금지조항, 분리선고조항)이 헌법에 위반되지 않는다는 결정을 선고하였다.

판례 050
방송법 제4조 제2항 위헌소원(2021. 8. 31. 2019헌바439) : 합헌 ★★★

방송편성에 대한 간섭을 금지하는 방송법 제4조 제2항의 '간섭'에 관한 부분 및 그 위반 행위자를 처벌하는 구 방송법 제105조 제1호 중 제4조 제2항의 '간섭'에 관한 부분에 대하여, 헌법에 위반되지 않는다는 결정을 선고하였다.

판례 051
구 도로교통법 제60조 제1항 등 위헌소원(2021. 8. 31. 2020헌바100) : 합헌 ★★★

고속도로 등에서 부득이한 사정이 있는 경우를 제외하고 갓길로 통행할 수 없도록 금지하는 구 도로교통법(2017. 7. 26. 법률 제14839호로 개정되고, 2019. 12. 24. 법률 제16830호로 개정되기 전의 것) 제60조 제1항 본문 중 '자동차의 운전자는 고속도로등에서 자동차의 고장 등 부득이한 사정이 있는 경우를 제외하고는 갓길(「도로법」에 따른 길어깨를 말한다)로 통행하여서는 아니 된다.' 부분, 구 도로교통법(2016. 1. 27. 법률 제13829호로 개정되고, 2020. 5. 26. 법률 제17311호로 개정되기 전의 것) 제156조 제3호 중 제60조 제1항 본문 가운데 위 해당 부분은 모두 헌법에 위반되지 아니한다는 결정을 선고하였다.

판례 052
대한민국과 일본국 간의 재산 및 청구권에 관한 문제의 해결과 경제협력에 관한 협정 제3조의 분쟁해결 부작위 위헌확인(2021. 8. 31. 2014헌마888) : 각하

청구권이 '대한민국과 일본국 간의 재산 및 청구권에 관한 문제의 해결과 경제협력에 관한 협정'(조약 제172호, 이하 '이 사건 협정'이라 한다) 제2조 제1항에 의하여 소멸되었는지 여부에 관한 한·일 양국 간 해석상 분쟁을 위 협정 제3조가 정한 절차에 따라 해결하지 아니하고 있는 피청구인의 부작위가 청구인들의 기본권을 침해하는지 여부에 대하여 재판관 5인의 의견으로 각하결정을 하였다.

판례 053 | 근로기준법 제63조 제2호 위헌확인(2021. 8. 31. 2018헌마563) : 기각 ★★★

2021년 8월 31일 동물의 사육 사업(이하 '축산업'이라 한다) 근로자에게 근로기준법 제4장의 근로시간 및 휴일에 관한 조항을 적용하지 않도록 한 구 근로기준법(2007. 4. 11. 법률 제8372호로 전부개정되고, 2021. 1. 5. 법률 제17862호로 개정되기 전의 것) 제63조 제2호(심판대상조항)가 헌법에 위반되지 않는다는 결정을 선고하였다.

판례 054 | 국방부 군인·군무원 징계업무처리 훈령 제4조 등 위헌확인(2021. 8. 31. 2020헌마12) : 기각, 각하

육군 장교가 민간법원에서 약식명령을 받아 확정되면 자진신고할 의무를 규정한 '2020년도 장교 진급 지시' 조항 및 '2021년도 장교 진급 지시' 조항에 대한 심판청구를 기각하고, 청구인들의 나머지 청구를 각하한다는 결정을 선고하였다.

판례 055 | 공직자윤리법 부칙 제2조 위헌제청(2021. 9. 30. 2019헌가3) : 위헌 ★★★

혼인한 등록의무자 모두 배우자가 아닌 본인의 직계존·비속의 재산을 등록하도록 공직자윤리법이 개정되었음에도 불구하고, 개정 전의 공직자윤리법 조항에 따라 이미 배우자의 직계존·비속의 재산을 등록한 혼인한 여성 등록의무자의 경우에만 종전과 동일하게 계속해서 배우자의 직계존·비속의 재산을 등록하도록 규정한 공직자윤리법 부칙(2009. 2. 3. 법률 제9402호) 제2조가 평등원칙에 위배되는 것으로 헌법에 위반된다는 결정을 선고하였다.

판례 056 | 특수임무수행자 보상에 관한 법률 제17조의2 위헌제청(2021. 9. 30. 2019헌가28) : 합헌

특수임무수행자등이 보상금등 지급결정에 동의한 경우 특수임무수행 또는 이와 관련한 교육훈련으로 입은 피해에 대하여 재판상 화해가 성립된 것으로 보는 특수임무수행자 보상에 관한 법률(2006. 9. 22. 법률 제7978호로 개정된 것) 제17조의2 가운데 특수임무수행 또는 이와 관련한 교육훈련으로 입은 피해 중 '정신적 손해'에 관한 부분은 헌법에 위반되지 아니한다는 결정을 선고하였다.

판례 057 | 부정경쟁방지 및 영업비밀보호에 관한 법률 제2조 제1호 나목위헌소원(2021. 9. 30. 2019헌바217) : 합헌

이른바 '영업주체 혼동행위'를 부정경쟁행위로 정의하고 있는 '부정경쟁방지 및 영업비밀보호에 관한 법률' 제2조 제1호 나목이 헌법에 위반되지 않는다는 결정을 선고하였다.

행정부작위 위헌확인(2021. 9. 30. 2016헌마1034) : 기각

2021년 9월 30일, ① 헌법소원심판절차 계속 중 사망한 진실규명사건의 피해자가 본인의 명예회복 및 가해자와의 화해 권유를 위해 적절한 조치를 취하지 아니한 부작위의 위헌확인을 구하는 부분에 대해서 심판절차 종료선언을 하고(전원일치), 나머지 심판청구 중 피청구인들이 ② 피해자와 그 가족들의 피해를 회복하기 위해 금전적 배상·보상이나 위로금을 지급하지 아니한 부작위(전원일치), ③ 피해자의 유가족들의 명예를 회복하기 위해 적절한 조치를 취하지 아니한 부작위(각하6 : 위헌2), ④ 피해자의 유족들과 가해자 간의 화해를 적극 권유하지 아니한 부작위(각하4 : 위헌4)의 위헌확인을 구하는 부분을 모두 각하하는 결정을 선고하였다.

공직선거법 제17조 위헌확인(2021. 9. 30. 2018헌마300) : 기각 ★★★

2021년 9월 30일 재판관 전원일치 의견으로, 선거권자의 연령을 선거일 현재를 기준으로 산정하도록 규정한 공직선거법(1994. 3. 16. 법률 제4739호로 제정된 것) 제17조에 대한 심판청구를 기각하는 결정을 선고하였다.

수용자 서신 개봉·열람 행위 위헌확인(2021. 9. 30. 2019헌마919) : 기각

① 피청구인 교도소장이 대한법률구조공단으로부터 청구인에게 발송된 총 7건의 서신 및 국가인권위원회로부터 청구인에게 발송된 1건의 서신을 개봉한 행위, ② 피청구인 교도소장이 교도소에 송달된 수원지방검찰청의 정보공개결정통지서 및 수원지방법원의 판결문 등 총 5건의 문서를 열람한 행위가 청구인의 통신의 자유를 침해하지 않는다는 결정을 선고하였다.

법관(임성근)탄핵(2021. 10. 28. 2021헌나1) : 기각 ★★★

국회의 탄핵소추의결 이후 헌법재판소의 탄핵심판 중 임기만료로 피청구인이 법관의 직에서 퇴직한 사안에서, 2021. 10. 28. 재판관 5인의 각하의견으로, 이미 임기만료로 퇴직한 피청구인에 대해서는 본안판단에 나아가도 파면결정을 선고할 수 없으므로 결국 이 사건 탄핵심판청구는 부적법하다는 결정을 선고하였다.

화학물질관리법 제59조 제6호 위헌소원(2021. 10. 28. 2018헌바367) : 합헌

환각물질 섭취·흡입을 금지하고 이를 처벌하는 화학물질관리법(2013. 6. 4. 법률 제11862호로 전부개정된 것) 제22조 제1항 중 '환각물질의 섭취·흡입'에 관한 부분과 제59조 제6호 중 '제22조를 위반하여 환각물질을 섭취·흡입한 자'에 관한 부분이 헌법에 위반되지 아니한다는 결정을 선고하였다.

판례 063
형법 제348조의2 위헌소원(2021. 10. 28. 2019헌바446) : 합헌

부정한 방법으로 대가를 지급하지 아니하고 유료자동설비를 이용하여 재물 또는 재산상의 이익을 취득한 자를 3년 이하의 징역, 500만 원 이하의 벌금, 구류 또는 과료에 처하는 형법 제348조의2가 헌법에 위반되지 않는다는 결정을 선고하였다.

판례 064
형의 집행 및 수용자의 처우에 관한 법률 시행규칙 제29조의2 제1항 제2호 위헌확인 (2021. 10. 28. 2018헌마60) : 위헌 ★★★

소송사건의 대리인인 변호사가 수용자를 접견하고자 하는 경우 소송계속 사실을 소명할 수 있는 자료를 제출하도록 요구하고 있는 '형의 집행 및 수용자의 처우에 관한 법률 시행규칙' 제29조의2 제1항 제2호 중 '수형자 접견'에 관한 부분이 변호사인 청구인의 직업수행의 자유를 침해하여 헌법에 위반된다는 결정을 선고하였다.

판례 065
상가건물 임대차보호법 부칙 제2조 위헌확인(2021. 10. 28. 2019헌마106) : 기각 ★★★

상가건물 임대차의 계약갱신요구권 행사 기간을 5년에서 10년으로 연장하면서, 이를 개정법 시행 후 갱신되는 임대차에 대하여도 적용하도록 규정한 '상가건물 임대차보호법' 부칙(2018. 10. 16. 법률 제15791호) 제2조 중 '갱신되는 임대차'에 관한 부분은 헌법에 위반되지 않는다는 결정을 선고하였다.

판례 066
가맹사업거래의 공정화에 관한 법률 시행령 [별표 1] 제5호 나목 2)항 등 위헌확인(2021. 10. 28. 2019헌마228) : 기각

가맹본부 청구인들의 '가맹사업거래의 공정화에 관한 법률 시행령'(2018. 4. 3. 대통령령 제28786호로 개정된 것) 제4조 제1항 별표 1 중 제5호 나목 2) 및 제6호 가목에 대한 심판청구를 모두 기각하고, 납품업체 청구인들의 심판청구를 모두 각하하는 결정을 선고하였다.

판례 067
근로자퇴직급여 보장법 제4조 제1항 단서 위헌소원(2021. 11. 25. 2015헌바334) : 합헌 ★★★

4주간을 평균하여 1주간의 소정근로시간이 15시간 미만인 근로자, 즉 이른바 '초단시간근로자'를 퇴직급여제도의 적용대상에서 제외하고 있는 '근로자퇴직급여 보장법' 제4조 제1항 단서 중 '4주간을 평균하여 1주간의 소정근로시간이 15시간 미만인 근로자'에 관한 부분이 헌법에 위반되지 않는다는 결정을 선고하였다.

판례 068 　**도로교통법 제148조의2 제1항 위헌소원(2021. 11. 25. 2019헌바446) : 위헌 ★★★**

2회 이상 음주운전 금지규정을 위반한 사람을 2년 이상 5년 이하의 징역이나 1천만 원 이상 2천만 원 이하의 벌금에 처하도록 규정한 구 도로교통법 제148조의2 제1항 중 '제44조 제1항을 2회 이상 위반한 사람'에 관한 부분이 헌법에 위반된다는 결정을 선고하였다.

판례 069 　**헌법재판소법 제75조 제7항 등 위헌소원(2021. 11. 25. 2020헌마1384) : 각하**

헌법재판소법 제68조 제2항에 따른 헌법소원이 인용된 경우 당해 소송사건에만 재심을 허용하는 헌법재판소법 제75조 제7항, 비형벌조항에 대한 위헌결정의 효력을 장래효 원칙으로 정한 헌법재판소법 제75조 제6항 중 '제68조 제2항에 따른 헌법소원을 인용하는 경우 제47조를 준용'하는 부분은 헌법에 위반되지 않는다는 결정을 선고하였다.

판례 070 　**정부의 가상통화 관련 긴급대책 등 위헌확인(2021. 11. 25. 2017헌마1384) : 각하 ★★★**

'금융위원회가 2017. 12. 28. 시중 은행들을 상대로 가상통화 거래를 위한 가상계좌의 신규 제공을 중단하도록 한 조치' 및 '금융위원회가 2018. 1. 23. 가상통화 거래 실명제를 2018. 1. 30.부터 시행하도록 한 조치'는 헌법소원의 대상이 되는 공권력의 행사에 해당하지 아니하여 그에 관한 심판청구는 부적법하므로 이를 모두 각하하는 결정을 선고하였다.

판례 071 　**병역법(2013. 6. 4. 법률 제11849호로 개정된 것) 제33조 제2항 본문 제2호 : 위헌 ★★★**

사회복무요원이 정당이나 그 밖의 정치단체에 가입하는 등 정치적 목적을 지닌 행위를 금지한 병역법(2013. 6. 4. 법률 제11849호로 개정된 것) 제33조 제2항 본문 제2호 중 '그 밖의 정치단체에 가입하는 등 정치적 목적을 지닌 행위'에 관한 부분은 헌법에 위반된다는 결정을 선고하였다.

판례 072 　**사학기관 재무·회계 규칙 제53조의3 위헌확인(2021. 11. 25. 2019헌마542) : 기각**

사립유치원의 교비회계에 속하는 예산·결산 및 회계 업무를 교육부장관이 지정하는 정보처리장치로 처리하도록 규정한 사학기관 재무·회계 규칙(2019. 2. 25. 교육부령 제175호로 개정된 것) 본문 중 유아교육법 제7조 제3호에 따른 사립유치원에 관한 부분이 청구인들의 사립학교 운영의 자유를 침해하지 않는다는 결정을 선고하였다.

073
공직자윤리법 제17조 제1항 등 위헌확인(2021. 11. 25. 2019헌마555) : 기각 ★★★

금융감독원의 4급 이상 직원에 대하여 퇴직일부터 3년간 퇴직 전 5년 동안 소속하였던 부서 또는 기관의 업무와 밀접한 관련성이 있는 취업심사대상기관에의 취업을 제한하는 공직자윤리법(2019. 12. 3. 법률 제16671호로 개정된 것) 제17조 제1항 중 '대통령령으로 정하는 공직유관단체의 직원' 부분 가운데 같은 법 시행령(2020. 6. 2. 대통령령 제30753호로 개정된 것) 제31조 제1항 제21호에 관한 부분은 헌법에 위반되지 아니한다는 결정을 선고하였다.

074
공직선거법 제254조 제1항 등 위헌소원(2021. 12. 23. 2018헌바152) : 합헌

선거범죄로 형의 선고를 받은 자의 공무담임 등을 제한하는 공직선거법(2014. 2. 13. 법률 제12393호로 개정된 것) 제266조 제1항에 대한 심판청구를 각하하고, 재판관 5 : 4의 의견으로, 선거일에 선거운동을 한 자를 처벌하는 구 공직선거법(1994. 3. 16. 법률 제4739호로 제정되고, 2017. 2. 8. 법률 제14556호로 개정되기 전의 것) 제254조 제1항이 헌법에 위반되지 아니한다는 결정을 선고하였다.

075
구 부동산 가격공시 및 감정평가에 관한 법률 제11조 제3항 등 위헌소원(2020. 12. 23. 2018헌바435) : 합헌

개별공시지가 산정 시 당해 토지와 '유사한 이용가치'를 지닌다고 인정되는 표준지의 공시지가를 기준으로 하되 표준지공시지가와 '균형을 유지'하도록 한 구 '부동산 가격공시 및 감정평가에 관한 법률' 제11조 제3항[이 사건 개별공시지가산정조항] 및 개별공시지가 산정의 기준 및 방법에 관한 세부 사항을 대통령령으로 정하도록 위임한 같은 조 제7항 중 '개별공시지가의 산정'에 관한 부분[이 사건 개별공시지가위임조항]이 헌법에 위반되지 않는다고 결정하고, ㉡ 재판관 7 : 2의 의견으로, 개발부담금의 종료시점지가를 '부과 종료 시점 당시의 부과 대상 토지와 이용상황이 가장 비슷한 표준지의 공시지가'를 기준으로 산정하도록 한 구 '개발이익 환수에 관한 법률' 제10조 제1항[이 사건 종료시점지가조항]이 헌법에 위반되지 않는다고 결정하였다.

076
구 성폭력범죄의 처벌 및 피해자보호 등에 관한 법률 제21조의3 제4항 등 위헌소원 (2020. 12. 23. 2018헌바524) : 위헌 ★★★

19세 미만 성폭력범죄 피해자의 진술이 수록된 영상물에 관하여 조사 과정에 동석하였던 신뢰관계인 등이 그 성립의 진정함을 인정한 경우 이를 증거로 할 수 있도록 정한, '성폭력범죄의 처벌 등에 관한 특례법'(2012. 12. 18. 법률 제11556호로 전부개정된 것) 제30조 제6항 중 '제1항에 따라 촬영한 영상물에 수록된 피해자의 진술은 공판준비기일 또는 공판기일에 조사 과정에 동석하였던 신뢰관계에 있는 사람 또는 진술조력인의 진술에 의하여 그 성립의 진정함이 인정된 경우에 증거로 할 수 있다' 부분 가운데 19세 미만 성폭력범죄 피해자에 관한 부분이 헌법에 위반된다는 결정을 선고하였다.

077 최저임금법 제6조 제4항 등 위헌확인(2020.12.23. 2018헌마629) : 기각

① 매월 1회 이상 정기적으로 지급하는 상여금 등 및 복리후생비의 일부를 최저임금에 산입하도록 한 최저임금법 제6조 제4항 제2호 및 제3호 나목, 최저임금법 부칙(2018. 6. 12. 법률 제15666호) 제2조가 근로자의 근로의 권리를 침해하지 아니한다는 결정을, ② 재판관 5(기각) : 4(일부 각하, 일부 기각)의 의견으로, 최저임금 산입을 위하여 임금지급 주기에 관한 취업규칙을 변경하는 경우 노동조합 또는 근로자 과반수의 동의를 받을 필요 없도록 규정한 최저임금법 제6조의2 중 '제6조 제4항 제2호 및 제3호 나목에 따라 산입되는 임금'에 관한 부분(이하 '이 사건 특례조항'이라 한다)이 노동조합 및 근로자의 단체교섭권을 침해하지 아니한다는 결정을 선고하였다.

078 의료법 제82조 제3항 등 위헌확인(2020.12.23. 2019헌마656) : 기각, 각하

시각장애인만이 안마사 자격인정을 받을 수 있다고 규정한 의료법[2010. 1. 18. 법률 제9932호로 개정된 것] 제82조 제1항 중 '「장애인복지법」에 따른 시각장애인 중' 부분, 시·도지사로부터 안마사 자격인정을 받지 아니한 자가 안마시술소 또는 안마원을 개설할 수 없도록 규정한 의료법[2009. 1. 30. 법률 제9386호로 개정된 것] 제82조 제3항 중 제33조 제2항 제1호를 준용하는 부분, 시·도지사로부터 안마사 자격인정을 받지 아니한 채 영리목적으로 안마를 한 자를 형사처벌하도록 규정하고 있는 의료법[2016. 12. 20. 법률 제14438호로 개정되고, 2021. 9. 24. 법률 제18468호로 개정되기 전의 것] 제88조 제3호가 청구인들의 직업선택의 자유를 침해하지 않는다는 결정을 선고하였다.

079 대구교육대학교 총장임용후보자 선정규정 제23조 제1항 제2호 등 위헌확인(2020.12.23. 2019헌마825) : 각하

대구교육대학교 총장임용후보자선거에서 후보자가 제1차 투표에서 최종 환산득표율의 100분의 15 이상을 득표한 경우에만 기탁금의 반액을 반환하도록 하고 나머지 기탁금은 발전기금에 귀속되도록 규정한 '대구교육대학교 총장임용후보자 선정규정'(2019. 5. 8. 대구교육대학교규정 제656호로 전부개정된 것) 제24조 제2항은 헌법에 위반된다는 결정을 선고하였다.

080 외국인근로자의 고용 등에 관한 법률 제25조 제1항 등 위헌확인(2020.12.23. 2020헌마395) : 기각

외국인근로자의 사업장 변경 사유를 제한하는 외국인근로자의 고용 등에 관한 법률(2019. 1. 15. 법률 제16274호로 개정된 것) 제25조 제1항, 구 외국인근로자의 책임이 아닌 사업장변경 사유(2019. 7. 16. 고용노동부고시 제2019-39호로 개정되고, 2021. 4. 1. 고용노동부고시 제2021-30호로 개정되기 전의 것) 제4조 및 제5조가 기본권을 침해하지 않는다는 결정을 선고하였다.

2022년도 헌법재판소 판례

판례 001 **형법 제299조 위헌소원**(2022.1.27, 2017헌바528) : **합헌**

사람의 항거불능 상태를 이용하여 간음 또는 추행을 한 자를 형사처벌하는 형법(2012. 12. 18. 법률 제11574호로 개정된 것) 제299조 중 '항거불능' 부분은 헌법에 위반되지 아니한다는 결정을 선고하였다.

판례 002 **공무원연금법 제47조 제1항 제2호 등 위헌소원**(2022.1.27, 2019헌바161) : **헌법불합치**

지방의회의원에 대한 퇴직연금의 지급을 정지하는 구 공무원연금법 제47조 제1항 제2호 중 '지방의회의원'에 관한 부분 및 공무원연금법 부칙(2015. 6. 22. 법률 제13387호) 제12조 제1항 단서 중 '제47조 제1항 제2호의 지방의회의원'에 관한 부분, 공무원연금법 제50조 제1항 제2호 중 '지방의회의원'에 관한 부분이 헌법에 합치되지 아니한다는 결정을 선고하였다.

판례 003 **개성공단 전면중단 조치 위헌확인**(2022.1.27, 2016헌마364) : **기각, 각하**

피청구인 대통령의 개성공단 운영 전면중단 결정과, 피청구인 통일부장관의 개성공단 철수계획 마련, 관련 기업인들에 대한 통보, 개성공단 전면중단 성명 발표 및 집행 등 일련의 행위로 이루어진 개성공단 운영 전면중단 조치에 대한 개성공단 투자기업 청구인들의 심판청구를 모두 기각하고, 나머지 청구인들의 심판청구를 모두 각하하였다.

판례 004 **국회법 제54조의2 제1항 본문 위헌확인 등**(2022.1.27, 2018헌마1162) : **위헌, 각하**

국회 정보위원회 위원장이 청구인들의 국회 정보위원회 법안심사소위원회 회의에 대한 방청신청을 불허한 행위에 대한 심판청구를 각하하고, 재판관 7 : 2의 의견으로, 정보위원회 회의는 공개하지 아니한다고 정하고 있는 국회법(2018. 4. 17. 법률 제15620호로 개정된 것) 제54조의2 제1항 본문이 헌법에 위반된다는 결정을 선고하였다.

판례 005 **2019년 지역아동센터 지원 사업안내 제1장 1. 목적 등 위헌확인**(2022.1.27, 2019헌마5838) : **기각**

지역아동센터 시설별 신고정원의 80% 이상을 돌봄취약아동으로 구성하도록 정한 보건복지부 지침 '2019년 지역아동센터 지원 사업안내' 부분이 기본권을 침해하지 않는다는 결정을 선고하였다.

판례 006 **공직선거법 제218조의16 제3항 등 위헌확인**(2022.1.27, 2020헌마895) : **헌법불합치**

공직선거법(2015. 8. 13. 법률 제13497호로 개정된 것) 제218조의16 제3항 중 '재외투표기간 개시일 전에 귀국한 재외선거인등'에 관한 부분에 대하여 위헌선언을 하되, 2023. 12. 31.을 시한으로 입법자가 개정할 때까지 계속 적용된다는 결정을 선고하였다.

판례 007 | 금융실명거래 및 비밀보장에 관한 법률 제6조 제1항 등 위헌제청(헌재 2022. 2. 24. 2020헌가5) : 위헌

〈누구든지 금융회사등에 종사하는 자에게 거래정보등의 제공을 요구하는 것을 금지하고, 위반시 형사처벌하는 금융실명법 조항에 관한 위헌제청 사건〉

금융회사등에 종사하는 자에게 거래정보등의 제공을 요구하는 것을 금지하고 위반 시 형사처벌하는 구 금융실명거래 및 비밀보장에 관한 법률 제4조 제1항 본문 중 '누구든지 금융회사등에 종사하는 자에게 거래정보등의 제공을 요구하여서는 아니 된다'는 부분 및 제6조 제1항 중 위 해당 부분, 금융실명거래 및 비밀보장에 관한 법률 제4조 제1항 본문 중 '누구든지 금융회사등에 종사하는 자에게 거래정보등의 제공을 요구하여서는 아니 된다'는 부분 및 제6조 제1항 중 위 해당 부분이 헌법에 위반된다는 결정을 선고하였다.

판례 008 | 행정소송법 제43조 위헌제청(2022. 2. 24. 2020헌가12) : 위헌

〈국가를 상대로 한 당사자소송에서의 가집행선고 제한 사건〉

국가를 상대로 한 당사자소송에는 가집행선고를 할 수 없도록 규정하고 있는 '행정소송법(1984. 12. 15. 법률 제3754호로 전부개정된 것) 제43조는 헌법에 위반된다는 결정을 선고하였다.

판례 009 | 게임산업진흥에 관한 제32조 제1항 제7호 위헌소원(2022. 2. 24. 2017헌바438) : 합헌

〈게임머니 등의 환전업 등 금지 사건〉

게임 내에서 사용되는 가상의 화폐로서 대통령령이 정하는 게임머니 등과 같이 일정한 기준에 해당하는 게임결과물에 대한 환전업 등을 금지하고 처벌하는, '게임산업진흥에 관한 법률'(2007. 1. 19. 법률 제8247호로 개정된 것) 제32조 제1항 제7호, 구 '게임산업진흥에 관한 법률'(2007. 1. 19. 법률 제8247호로 개정되고, 2016. 12. 20. 법률 제14424호로 개정되기 전의 것) 제44조 제1항 제2호 중 제32조 제1항 제7호에 관한 부분 및 '게임산업에 진흥에 관한 법률'(2016. 12. 20. 법률 제14424호로 개정된 것) 제44조 제1항 제2호 중 제32조 제1항 제7호에 관한 부분은 헌법에 위반되지 않는다는 결정을 선고하였다.

판례 010 | 공직선거법 제59조 본문 등 위헌소원(2022. 2. 24. 2018헌바146) : 위헌

〈공직선거법상 선거운동기간 제한 및 처벌조항 사건〉

선거운동기간을 제한하고 이를 위반한 사전선거운동을 형사처벌하도록 규정한 구 공직선거법 제59조 중 선거운동기간 전에 개별적으로 대면하여 말로 하는 선거운동에 관한 부분, 공직선거법 제254조 제2항 중 '그 밖의 방법'에 관한 부분 가운데 개별적으로 대면하여 말로 하는 선거운동을 한 자에 관한 부분이 헌법에 위반된다는 결정을 선고하였다.

판례 011
건설폐기물의 재활용촉진에 관한 법률 제25조 제1항 제4호의2 위헌소원 (2022.2.24. 2019헌바184) : **합헌**

방치폐기물 처리이행보증보험계약의 갱신명령을 불이행한 건설폐기물 처리업자의 허가를 취소하는 '건설폐기물의 재활용촉진에 관한 법률' 제25조 제1항 제4호의2가 헌법에 위반되지 않는다는 결정을 선고하였다.

판례 012
구 상속세 및 증여세법 제68조 제1항 본문 위헌소원(2022.2.24. 2019헌바225) : **합헌**

〈명의신탁이 증여로 의제되는 경우 증여세 신고의무 사건〉

명의신탁이 증여로 의제되는 경우 명의신탁의 당사자에게 증여세 과세표준 등의 신고의무를 부과하는 구 '상속세 및 증여세법'조항이 헌법에 위반되지 아니한다는 결정을 선고하였다.

판례 013
입법부작위 위헌확인(2022.2.24. 2018헌마998) : **헌법불합치**

〈초과 구금에 대한 형사보상을 규정하지 않은 형사보상법 사건〉

'원판결의 근거가 된 가중처벌규정에 대하여 헌법재판소의 위헌결정이 있었음을 이유로 개시된 재심절차에서, 공소장 변경을 통해 위헌결정된 가중처벌규정보다 법정형이 가벼운 처벌규정으로 적용법조가 변경되어 피고인이 무죄재판을 받지는 않았으나 원판결보다 가벼운 형으로 유죄판결이 확정된 경우, 재심판결에서 선고된 형을 초과하여 집행된 구금에 대하여 보상요건을 전혀 규정하지 아니한 '형사보상 및 명예회복에 관한 법률' 제26조 제1항이 평등원칙을 위반하여 청구인들의 평등권을 침해하므로 위헌선언을 하되, 2023. 12. 31.을 시한으로 입법자가 개정할 때까지 계속 적용을 명하는 헌법불합치결정을 하였다.

판례 014
형의 집행 및 수용자의 처우에 관한 법률 시행령 제58조 제4항 위헌확인 등(2022.2.24. 2018헌마1010) : **기각, 각하**

〈소송대리인이 되려는 변호사에 대한 소송대리인 접견신청 불허 사건〉

접촉차단시설이 설치되지 않은 장소에서 수용자와 접견할 수 있는 예외 대상의 범위에 소송대리인이 되려는 변호사를 포함시키지 않은 구 '형의 집행 및 수용자의 처우에 관한 법률 시행령'(2014. 6. 25. 대통령령 제25397호로 개정되고, 2019. 10. 22. 대통령령 제30134호로 개정되기 전의 것) 제58조 제4항 제2호가 변호사인 청구인의 직업수행의 자유를 침해하지 않으므로 헌법에 위반되지 않는다는 결정을 선고하였다.

판례 015
2020년도 보육사업안내 중 X. 보육예산 지원 1. 공통사항 부분 등 위헌확인(2022.2.24. 2020헌마177) : 기각

〈국공립어린이집과 달리 민간어린이집에는 보육교직원 인건비를 지원하지 않는 보건복지부지침에 관한 위헌소원 사건〉

국공립어린이집, 사회복지법인어린이집, 법인·단체등어린이집 등과 달리 민간어린이집에는 보육교직원 인건비를 지원하지 않는 보건복지부지침이 민간어린이집을 운영하는 청구인의 평등권을 침해하지 않는다는 결정을 선고하였다.

판례 016
구 주택법 제39조 제2항 위헌제청(2022.3.31. 2019헌가26) : 합헌

〈주택법상 사업주체가 공급질서 교란행위를 이유로 주택공급계약을 취소한 경우 선의의 제3자 보호규정을 두고 있지 않는 구 주택법 조항에 관한 위헌제청 사건〉

주택법상 사업주체가 공급질서 교란행위를 이유로 주택공급계약을 취소한 경우 선의의 제3자 보호규정을 두고 있지 않는 구 주택법 제39조 제2항이 헌법에 위반되지 않는다는 결정을 선고하였다.

판례 017
지방세법 제7조 제2항 위헌소원(2022.3.31. 2019헌바107) : 합헌

〈부동산을 '사실상 취득'한 경우에도 취득세를 부과하도록 한 구 지방세법 조항에 대한 위헌소원 사건〉

민법에 따라 등기를 하지 아니한 경우라도 부동산을 사실상 취득한 경우 그 취득물건의 소유자 또는 양수인을 취득자로 보도록 한 구 지방세법(2016. 3. 29. 법률 제14116호로 개정되고, 2019. 8. 27. 법률 제16568호로 개정되기 전의 것) 제7조 제2항 본문 중 '부동산의 사실상 취득'에 관한 부분이 헌법에 위반되지 않는다는 결정을 선고하였다.

판례 018
마약류 관리에 관한 법률 제58조 제1항 제5호 위헌소원(2022.3.31. 2019헌바242) : 합헌

〈소지 경위와 무관하게 대마 수입 행위를 처벌하는 마약류관리법 사건〉

대마를 수입한 자를 무기 또는 5년 이상의 징역에 처하도록 규정한 '마약류 관리에 관한 법률' 제58조 제1항 제5호 중 '대마를 수입한 자' 부분이 헌법에 위반되지 않는다는 결정을 선고하였다.

판례 019
군형법 제60조의6 제1호 위헌소원(2022.3.31. 2021헌바62) : 합헌

〈군사기지·군사시설에서 군인 상호간 폭행죄에 '반의사불벌죄' 적용 배제 사건〉

군사기지·군사시설에서 군인 상호 간의 폭행죄에 반의사불벌죄의 적용을 배제하고 있는 군형법 제60조의6 제1호, 제2호 중 군인이 군사기지·군사시설에서 군인을 폭행한 경우 형법 제260조 제3항을 적용하지 아니하도록 한 부분이 헌법에 위반되지 않는다는 결정을 선고하였다.

판례 020 | 의료법 제27조 제1항 본문 전단 위헌확인 등(2022. 3. 31. 2017헌마1343) : 기각, 각하

〈비의료인 문신시술 금지 사건〉

의료법(2007. 4. 11. 법률 제8366호로 전부개정된 것) 제27조 제1항 본문 전단과 '보건범죄단속에 관한 특별조치법'(2011. 4. 12. 법률 제10579호로 개정된 것) 제5조 제1호 중 의료법 제27조 제1항 본문 전단에 관한 부분에 대한 심판청구를 모두 기각하고, 의료인이 아닌 사람도 문신시술을 업으로 행할 수 있도록 그 자격 및 요건을 법률로 정하지 아니한 입법부작위에 대한 심판청구를 각하한다는 결정을 선고하였다.

판례 021 | 공직선거법 제266조 제1항 등 위헌확인(2022. 3. 31. 2019헌마986) : 기각

〈선거범죄로 인한 선거권·공무담임권 제한 사건〉

선거범죄로 100만 원 이상의 벌금형의 선고를 받고 그 형이 확정된 후 5년을 경과하지 아니한 사람은 선거권이 없다고 규정한 공직선거법 제18조 제1항 제3호가 청구인들의 선거권을 침해하지 않고, ② 재판관 전원일치 의견으로 선거범죄로 100만 원 이상의 벌금형의 선고를 받은 사람은 지방의회의원직에서 퇴직한다고 규정한 공직선거법 제266조 제1항 제1호가 청구인들의 공무담임권을 침해하지 않는다는 결정을 선고하였다.

판례 022 | 국가공무원법 제80조 제6항 등 위헌확인(2022. 3. 31. 2020헌마211) : 기각, 각하

〈공무원 징계에 따른 승진, 승급, 정근수당 제한 사건〉

공무원이 감봉의 징계처분을 받은 경우 일정기간 승진과 승급, 정근수당을 제한하는 국가공무원법(2015. 5. 18. 법률 제13288호로 개정된 것) 제80조 제6항 본문, 공무원임용령(2019. 11. 5. 대통령령 제30191호로 개정된 것) 제32조 제1항 제2호 나목, 공무원보수규정(2019. 11. 5. 대통령령 제30192호로 개정된 것) 제14조 제1항 제2호 나목, 공무원수당 등에 관한 규정(2017. 1. 6. 대통령령 제27770호로 개정된 것) 제7조 제2항 중 '감봉처분을 받은 공무원'에 관한 부분이 기본권을 침해하지 않는다는 결정을 선고하였다.

판례 023 | 정당법 제42조 제2항 등 위헌확인(2022. 3. 31. 2020헌마1729) : 기각, 각하

〈복수 당적 보유 금지 사건〉

누구든지 2 이상의 정당의 당원이 되지 못하도록 한 정당법(2005. 8. 4. 법률 제7683호로 전부개정된 것) 제42조 제2항에 대한 (i) 청구인 시대전환 및 청구인 조○○의 심판청구를 청구기간 도과를 이유로 각하하고, (ii) 위 조항이 정당의 당원인 나머지 청구인들의 정당 가입·활동의 자유를 침해하지 않는다고 판단하여 나머지 청구인들의 심판청구를 모두 기각한다는 결정을 선고하였다.

판례 024
2022학년도 대학 신입학생 정시모집 안내 위헌확인(2022.3.31. 2021헌마1230) : 기각
〈서울대학교 정시모집 교과이수 가산점 사건〉
피청구인(서울대학교 총장)이 2021. 8. 31. 공고한 '2022학년도 대학 신입학생 정시모집('나' 군) 안내' Ⅰ. 수능위주전형(일반전형) 2. 전형방법 나. 전형요소별 평가방법 6) 교과이수 가산점 나) 적용방법 중 교과 이수 유형의 충족 여부에 따라 수능 영역별 평가방법에 의해 산출된 수능 성적에 최대 2점을 부여하도록 한 부분, '가산점 반영방법'에 관한 부분 및 2020년 2월 이전 고등학교 졸업자에게 모집단위별 지원자의 가산점 분포를 고려하여 모집단위 내 수능점수 순위에 상응하는 가산점을 부여하도록 한 부분에 대한 심판청구를 기각한다는 결정을 선고하였다.

판례 025
코로나바이러스 백신 미접종자 차별행위 위헌확인(2022.3.31. 2021헌마1380) : 각하
〈코로나바이러스 백신 미접종자 음성확인 의무화 사건〉
청구인은 서울시가 서울특별시립 다시서기종합지원센터에서 위 센터 이용자 중 코로나바이러스 백신 미접종자에 대해 1주일 단위로 코로나19 검사를 실시하여 음성확인을 의무화하도록 한 행위가 자신의 평등권을 침해한다고 주장하면서 헌법소원심판을 청구하였다. 헌법재판소는 2022년 3월 31일 재판관 전원일치 의견으로, 청구인의 심판청구를 각하한다는 결정을 선고하였다.

판례 026
예비군법 제15조 제10항 전문 위헌제청(2022.5.26. 2019헌가12) : 위헌
〈가족 중 성년자가 예비군훈련 소집통지서를 예비군대원 본인에게 전달하여야 하는 의무를 위반한 행위를 형사처벌하는 예비군법 조항에 관한 위헌제청 사건〉
예비군대원 본인의 부재시 예비군훈련 소집통지서를 수령한 같은 세대 내의 가족 중 성년자가 정당한 사유없이 이를 본인에게 전달하지 아니한 행위를 처벌하는 예비군법(2014. 10. 15. 법률 제12791호로 개정된 것) 제15조 제10항 전문 중 '제6조의2 제2항에 따라 소집통지서를 전달할 의무가 있는 사람 가운데 예비군대원 본인과 같은 세대 내의 가족 중 성년자가 정당한 사유 없이 전달하지 아니하였을 때'에 관한 부분은 헌법에 위반된다는 결정을 선고하였다.

도로교통법 제148조의2 제1항 위헌제청(2022.5.26, 2021헌가30) : 위헌
〈1. 음주운전 금지규정 위반 또는 음주측정거부 전력자가 다시 음주운전을 한 경우 가중처벌 사건
 2. 음주운전 금지규정 위반 전력자가 다시 음주측정거부를 한 경우 가중처벌 사건〉
① 음주운전 금지규정 위반 또는 음주측정거부 전력이 1회 이상 있는 사람이 다시 음주운전을 한 경우 2년 이상 5년 이하의 징역이나 1천만 원 이상 2천만 원 이하의 벌금에 처하도록 규정한 도로교통법 제148조의2 제1항 중 '제44조 제1항 또는 제2항을 1회 이상 위반한 사람으로서 다시 같은 조 제1항을 위반한 사람'에 관한 부분 및 ② 음주운전 금지규정 위반 전력이 1회 이상 있는 사람이 다시 음주측정거부를 한 경우 2년 이상 5년 이하의 징역이나 1천만 원 이상 2천만 원 이하의 벌금에 처하도록 규정한 구 도로교통법 제148조의2 제1항 및 도로교통법 제148조의2 제1항 중 각 '제44조 제1항을 1회 이상 위반한 사람으로서 다시 같은 조 제2항을 위반한 사람'에 관한 부분이 헌법에 위반된다는 결정을 선고하였다.

형법 제314조 제1항 위헌소원(2022.5.26, 2012헌바66) : 합헌
〈위력에 의한 업무방해 사건〉
형법(1995. 12. 29. 법률 제5057호로 개정된 것) 제314조 제1항 중 '위력으로써 사람의 업무를 방해한 자' 부분이 헌법 위반되지 않는다는 결정을 선고하였다.

노동조합 및 노동관계조정법 제81조 제4호 등 위헌소원(2022.5.26, 2019헌바341) : 합헌
〈부당노동행위에 대한 형사처벌 사건〉
① 사용자가 노동조합 조직·운영을 지배·개입하는 행위를 부당노동행위로 규정한 노동조합 및 노동관계조정법 제81조 제4호 본문 중 '근로자가 노동조합을 조직 또는 운영하는 것을 지배하거나 이에 개입하는 행위' 부분, ② 노조전임자에게 급여를 지원하는 행위를 부당노동행위로 규정한 같은 법 제81조 제4호 본문 중 '노동조합의 전임자에게 급여를 지원하는 행위' 부분, ③ 위 부당노동행위들을 형사처벌하는 같은 법 제90조 가운데 제81조 제4호 본문 중 '근로자가 노동조합을 조직 또는 운영하는 것을 지배하거나 이에 개입하는 행위'와 '노동조합의 전임자에게 급여를 지원하는 행위'에 관한 부분, ④ 같은 법 제94조 중 법인의 대표자가 그 법인의 업무에 관하여 제90조 가운데 제81조 제4호 본문 중 '근로자가 노동조합을 조직 또는 운영하는 것을 지배하거나 이에 개입하는 행위'와 '노동조합의 전임자에게 급여를 지원하는 행위'의 위반행위를 한 경우에 관한 부분에 대하여 헌법에 위반되지 않는다는 결정을 선고하였다.

입법부작위 위헌확인(2022.5.26, 2016헌마95) : 각하
〈2010. 5. 24.자 대북조치로 인한 개성공단 보상입법요구 사건〉
통일부장관이 2010. 5. 24. 발표한 북한에 대한 신규투자 불허 및 투자확대 금지를 내용으로 하는 대북조치로 인하여 개성공업지구의 토지이용권을 사용·수익할 수 없게 됨에 따라 재산상 손실을 입은 경제협력사업자가 제기한 보상입법을 마련하지 아니한 입법부작위에 대한 헌법소원심판청구를 각하한다는 결정을 선고하였다.

판례 031

변호사 광고에 관한 규정 제3조 제2항 등 위헌확인(2022.5.26. 2021헌마619) : **위헌, 기각**

〈변호사 광고의 내용, 방법 등을 규제하는 대한변호사협회의 변호사 광고에 관한 규정 사건〉

방법 등을 규제하는 대한변호사협회의 변호사 광고에 관한 규정(2021. 5. 3. 전부개정된 것)에 대하여 아래와 같은 결정을 선고하였다.

1. 재판관 전원일치 의견으로, 변호사 광고에 관한 규정 제4조 제14호 중 '협회의 유권해석에 반하는 내용의 광고' 부분, 제8조 제2항 제4호 중 '협회의 유권해석에 위반되는 행위를 목적 또는 수단으로 하여 행하는 경우' 부분이 헌법에 위반된다는 결정을 선고하였다. [위헌] 이에 대하여는 재판관 유남석, 재판관 이석태, 재판관 이영진, 재판관 이미선의 보충의견이 있다.
2. 재판관 6:3의 의견으로, 제5조 제2항 제1호 중 '변호사등을 광고·홍보·소개하는 행위' 부분이 헌법에 위반된다는 결정을 선고하였다. [위헌] 이에 대하여는 위 부분이 헌법에 위반되지 않는다는 재판관 이선애, 재판관 이은애, 재판관 이종석의 반대의견이 있다.
3. 나머지 조항에 대한 심판청구는 모두 기각하는 결정을 선고하였다.

판례 032

기소유예처분취소(2022.5.26. 2018헌마1029) : **인용**

〈강원랜드 사외이사 선임 관련 직권남용 사건〉

강원랜드 사외이사 선임과 관련한 청구인의 직권남용 권리행사방해 피의사실이 합리적인 의심의 여지가 없이 증명되었다고 보기 어려움에도, 피청구인이 청구인에 대하여 한 기소유예처분은 자의적인 검찰권 행사로서 청구인의 평등권과 행복추구권을 침해하였다는 취지로 청구인의 심판청구를 인용하는 결정을 선고하였다.

판례 033

기소유예처분취소(2022.5.26. 2020헌마1275) : **인용, 기각**

〈특정 정당을 반대하는 내용을 포함한 투표참여 권유행위 및 탈법방법에 의한 인쇄물 배부로 인한 공직선거법위반 사건〉

이 사건 기소유예처분 중 탈법방법에 의한 인쇄물 배부 부분은 재판관 전원일치 의견으로 자의적인 검찰권 행사에 해당하므로 이를 취소하고, 이 사건 기소유예처분 중 투표참여 권유행위 부분은 재판관 5:4의 의견으로, 청구인의 칼럼 게재행위는 공직선거법상 허용되지 않는 방법으로 특정 정당을 반대하는 내용을 포함하여 투표참여를 권유하는 행위에 해당하므로 정당하다고 보아 나머지 심판청구를 기각하는 결정을 선고하였다.

판례 034

기소유예처분취소(2022.5.26. 2021헌마1400) : **인용**

〈기획법관의 공무상비밀누설 및 직권남용 사건〉

청구인이 직무상 비밀을 누설하였다거나 의무 없는 일을 하게 하였다고 단정하기 어려움에도 공무상비밀누설 및 직권남용권리행사방해 혐의를 인정한 피청구인의 기소유예처분은 자의적인 검찰권 행사로서 청구인의 평등권과 행복추구권을 침해한다고 판단하여, 청구인의 심판청구를 인용하는 결정을 선고하였다.

판례 035 도로교통법 제148조의2 제1항 위헌제청(2022. 5. 26. 2021헌가32) : 위헌

〈1. 음주운전 금지규정 위반 또는 음주측정거부 전력자가 다시 음주운전을 한 경우 가중처벌 사건
2. 음주운전 금지규정 위반 전력자가 다시 음주측정거부를 한 경우 가중처벌 사건〉

① 음주운전 금지규정 위반 또는 음주측정거부 전력이 1회 이상 있는 사람이 다시 음주운전을 한 경우 2년 이상 5년 이하의 징역이나 1천만 원 이상 2천만 원 이하의 벌금에 처하도록 규정한 도로교통법 제148조의2 제1항 중 '제44조 제1항 또는 제2항을 1회 이상 위반한 사람으로서 다시 같은 조 제1항을 위반한 사람'에 관한 부분 및 ② 음주운전 금지규정 위반 전력이 1회 이상 있는 사람이 다시 음주측정거부를 한 경우 2년 이상 5년 이하의 징역이나 1천만 원 이상 2천만 원 이하의 벌금에 처하도록 규정한 구 도로교통법 제148조의2 제1항 및 도로교통법 제148조의2 제1항 중 각 '제44조 제1항을 1회 이상 위반한 사람으로서 다시 같은 조 제2항을 위반한 사람'에 관한 부분이 헌법에 위반된다는 결정을 선고하였다.

판례 036 전기통신사업법 제30조 등 위헌제청(2022. 6. 30. 2019헌가14) : 합헌

〈선불폰 개통에 필요한 증서 등의 타인제공 금지 및 처벌 사건〉

이동통신사업자가 제공하는 전기통신역무를 타인의 통신용으로 제공하는 것을 원칙적으로 금지하고, 위반 시 형사처벌하는 전기통신사업법(2010. 3. 22. 법률 제10166호로 전부개정된 것) 제30조 본문 중 '누구든지 전기통신사업자 가운데 이동통신사업자가 제공하는 전기통신역무를 타인의 통신용으로 제공하여서는 아니 된다.' 부분과 제97조 제7호 중 '전기통신사업자 가운데 이동통신사업자가 제공하는 전기통신역무를 타인의 통신용으로 제공한 자'에 관한 부분이 헌법에 위반되지 않는다는 결정을 선고하였다.

판례 037 공직선거법 제57조의6 제1항 본문 등 위헌제청(2022. 6. 30. 2021헌가24) : 위헌

〈지방공사 상근직원의 경선운동 금지 사건〉

서울교통공사의 상근직원이 당원이 아닌 자에게도 투표권을 부여하는 당내경선에서 경선운동을 할 수 없도록 하고 위반행위를 처벌하는, 공직선거법(2010. 1. 25. 법률 제9974호로 개정된 것) 제57조의6 제1항 본문의 '제60조 제1항 제5호 중 제53조 제1항 제6호 가운데 지방공기업법 제2조에 규정된 지방공사인 서울교통공사의 상근직원'에 관한 부분 및 같은 법 제255조 제1항 제1호 중 위 해당부분은 헌법에 위반된다는 결정을 선고하였다.

판례 038 환경개선비용 부담법 제9조 제1항 위헌소원(2022. 6. 30. 2019헌바440) : 합헌

〈환경개선부담금 위헌소원 사건〉

경유차 소유자로부터 환경개선부담금을 부과·징수하도록 정한 환경개선비용 부담법 제9조 제1항이 헌법에 위반되지 아니한다는 결정을 선고하였다.

판례 039
헌법재판소법 제68조 제1항 등 위헌확인원(2022. 6. 30. 2014헌마760) : **위헌, 인용, 각하**
〈재판 취소 사건〉
헌법재판소법 제68조 제1항 본문 중 '법원의 재판' 가운데 '법률에 대한 위헌결정의 기속력에 반하는 재판' 부분은 헌법에 위반되고, 법률에 대한 일부위헌결정에 해당하는 헌재 2012. 12. 27. 2011헌바117 결정의 기속력을 부인한 법원의 재판(재심기각결정)은 청구인들의 재판청구권을 침해한 것이므로 이를 취소한다는 결정을 선고하였다.

판례 040
군인연금법 제16조 제5항 위헌확인(2022. 6. 30. 2019헌마150) : **기각**
〈사관학교 교육기간의 군인연금법상 복무기간 산입 사건〉
현역병 등의 복무기간과는 달리 사관생도의 사관학교 교육기간을 연금 산정의 기초가 되는 복무기간에 산입할 수 있도록 규정하지 아니한 구 군인연금법(2013. 3. 22. 법률 제11632호로 개정되고, 2019. 12. 10. 법률 제16760호로 전부개정되기 전의 것) 제16조 제5항 전문이 청구인들의 평등권을 침해하지 않는다는 결정을 선고하였다.

판례 041
열람·등사신청 거부 위헌확인(2022. 6. 30. 2019헌마356) : **인용**
〈법원이 열람·등사 허용 결정을 하였음에도 검사가 열람·등사를 거부한 행위의 위헌확인 사건〉
헌법재판소는 2022년 6월 30일 재판관 전원일치 의견으로, 별건으로 공소제기 후 확정되어 검사가 보관하고 있는 서류에 대하여 법원의 열람·등사 허용 결정이 있었음에도 검사가 청구인에 대한 형사사건과의 관련성을 부정하면서 해당 서류의 열람·등사를 허용하지 아니한 행위가 청구인의 신속하고 공정한 재판을 받을 권리와 변호인의 조력을 받을 권리를 침해한 것이므로 헌법에 위반됨을 확인한다는 결정을 선고하였다.

판례 042
전기통신금융사기 피해 방지 및 피해금 환급에 관한 특별법 제4조 제1항 위헌확인(2022. 6. 30. 2019헌마579) : **기각**
〈전기통신금융사기의 사기이용계좌에 대한 지급정지 및 전자금융거래 제한에 관한 사건〉
① 재판관 6:3의 의견으로 전기통신금융사기의 피해자가 피해구제 신청을 하는 경우 사기이용계좌를 지급정지하는 '전기통신금융사기 피해방지 및 피해금 환급에 관한 특별법' 제4조 제1항 제1호가 청구인의 재산권을 침해하지 않고, ② 재판관 전원 일치 의견으로 지급정지가 이루어진 사기이용계좌 명의인의 전자금융거래를 제한하는 구 '전기통신금융사기 피해방지 및 피해금 환급에 관한 특별법' 제13조의2 제1항, '전기통신금융사기 피해방지 및 피해금 환급에 관한 특별법' 제13조의2 제3항이 청구인의 일반적 행동자유권을 침해하지 아니한다는 결정을 선고하였다.

판례 043 **공직선거법 제256조 제3항 제1호 아목 등 위헌제청**(2022.7.21. 2017헌가1) : **헌법불합치**
〈선거에 영향을 미치게 하기 위한 시설물 설치 등 금지 사건〉
누구든지 일정 기간 동안 선거에 영향을 미치게 하기 위한 광고물 설치·진열·게시, 표시물 착용을 할 수 없도록 하고, 이에 위반한 경우 처벌하도록 한 공직선거법(2010. 1. 25. 법률 제9974호로 개정된 것) 제90조 제1항 제1호 중 '그 밖의 광고물 설치·진열·게시'에 관한 부분, 같은 항 제2호 중 '그 밖의 표시물 착용'에 관한 부분 및 공직선거법(2014. 2. 13. 법률 제12393호로 개정된 것) 제256조 제3항 제1호 아목 중 '제90조 제1항 제1호의 그 밖의 광고물 설치·진열·게시, 같은 항 제2호의 그 밖의 표시물 착용'에 관한 부분은 헌법에 합치되지 아니한다는 결정을 선고하였다.

판례 044 **공직선거법 제255조 제1항 제5호 위헌제청**(2022.7.21. 2017헌가4) : **헌법불합치**
〈표시물 사용 선거운동 금지 사건〉
누구든지 선거운동기간 중 표시물을 사용하여 선거운동을 할 수 없도록 하고, 이에 위반한 경우 처벌하도록 한 공직선거법(2010. 1. 25. 법률 제9974호로 개정된 것) 제68조 제2항 및 제255조 제1항 제5호 중 '제68조 제2항'에 관한 부분은 모두 헌법에 합치되지 아니한다는 결정을 선고하였다.

판례 045 **공직선거법 제255조 제2항 제4호 등 위헌소원**(2022.7.21. 2017헌바100) : **헌법불합치, 합헌**
〈현수막, 그 밖의 광고물 설치·게시, 그 밖의 표시물 착용, 벽보 게시, 인쇄물 배부·게시, 확성장치사용을 금지하는 공직선거법 조항 사건〉
① 공직선거법 제90조 제1항 제1호 중 '현수막, 그 밖의 광고물 설치·게시'에 관한 부분, 같은 항 제2호 중 '그 밖의 표시물 착용'에 관한 부분, 공직선거법 제256조 제3항 제1호 아목 중 '제90조 제1항 제1호의 현수막, 그 밖의 광고물 설치·게시, 같은 항 제2호의 그 밖의 표시물 착용'에 관한 부분, ② 공직선거법 제93조 제1항 본문 중 '벽보 게시, 인쇄물 배부·게시'에 관한 부분 및 제255조 제2항 제5호 중 '제93조 제1항 본문의 벽보 게시, 인쇄물 배부·게시'에 관한 부분은 모두 헌법에 합치되지 아니하고, ③ 공직선거법 규정에 의한 공개장소에서의 연설·대담장소 또는 대담·토론회장에서 연설·대담·토론용으로 사용하는 경우를 제외하고는 선거운동을 위하여 확성장치를 사용할 수 없도록 하고, 이를 위반할 경우 처벌하도록 한 공직선거법 제91조 제1항 및 구 공직선거법(2004. 3. 12. 법률 제7189호로 개정되고, 2022. 1. 18. 법률 제18790호로 개정되기 전의 것) 제255조 제2항 제4호 중 '제91조 제1항의 규정에 위반하여 확성장치를 사용하여 선거운동을 한 자' 부분은 헌법에 위반되지 않는다는 결정을 선고하였다.

의료사고 피해구제 및 의료분쟁 조정 등에 관한 법률 제47조 제2항 등 위헌소원(2022. 7. 21. 2018헌바504) : 헌법불합치, 합헌

〈보건의료기관개설자에 대한 대불비용 부담금 부과 사건〉

대불비용 부담금에 관한 의료사고 피해구제 및 의료분쟁 조정 등에 관한 법률 조항들에 대하여 아래와 같은 결정을 선고하였다.

1. 재판관 7:2의 의견으로, 의료사고 피해구제 및 의료분쟁 조정 등에 관한 법률(2011. 4. 7. 법률 제10566호로 제정된 것) 제47조 제2항 후단 중 '그 금액' 부분이 헌법에 합치되지 아니한다는 결정을 선고하였다. [헌법불합치] 이에 대하여는 위 조항이 헌법에 위배되지 아니한다는 재판관 유남석, 재판관 이미선의 반대의견이 있다.
2. 재판관 전원일치 의견으로, 의료사고 피해구제 및 의료분쟁 조정 등에 관한 법률(2011. 4. 7. 법률 제10566호로 제정된 것) 제47조 제2항 전단, 같은 항 후단 중 '납부방법 및 관리 등' 부분, 의료사고 피해구제 및 의료분쟁 조정 등에 관한 법률(2011. 12. 31. 법률 제11141호로 개정된 것) 제47조 제4항은 각 헌법에 위반되지 아니한다는 결정을 선고하였다.

공직선거법 제103조 제3항 위헌소원(2022. 7. 21. 2018헌바164) : 위헌

〈선거기간 중 선거에 영향을 미치게 하기 위한 집회나 모임(향우회·종친회·동창회·단합대회·야유회가 아닌 것에 한정) 개최 금지 사건〉

① 공직선거법(2010. 1. 25. 법률 제9974호로 개정된 것) 제103조 제3항 중 '누구든지 선거기간 중 선거에 영향을 미치게 하기 위하여 그 밖의 집회나 모임을 개최할 수 없다' 부분, ② 구 공직선거법(2010. 1. 25. 법률 제9974호로 개정되고, 2014. 2. 13. 법률 제12393호로 개정되기 전의 것) 제256조 제2항 제1호 카목 가운데 ① 조항 부분, ③ 공직선거법(2014. 2. 13. 법률 제12393호로 개정된 것) 제256조 제3항 제1호 카목 가운데 ① 조항 부분은, 집회의 자유, 정치적 표현의 자유를 침해하여 헌법에 위반된다는 결정을 선고하였다.

판례 048. 공직선거법 제90조 제1항 제1호 등 위헌소원(2022.7.21. 2018헌바357) : 위헌, 헌법불합치, 합헌

1. 재판관 6:3의 의견으로, ① 공직선거법 제103조 제3항 중 '누구든지 선거기간 중 선거에 영향을 미치게 하기 위하여 그 밖의 집회나 모임을 개최할 수 없다' 부분, ② 공직선거법 제256조 제3항 제1호 카목 가운데 ① 조항 부분은, 집회의 자유, 정치적 표현의 자유를 침해하여 헌법에 위반된다는 결정을 선고하였다.

① 공직선거법 제90조 제1항 제1호 중'현수막, 그 밖의 광고물 게시'에 관한 부분, 공직선거법 제256조 제3항 제1호 아목 중'제90조 제1항 제1호의 현수막, 그 밖의 광고물 게시'에 관한 부분, ② 공직선거법 제93조 제1항 본문 중'광고, 문서·도화 첨부·게시'에 관한 부분 및 제255조 제2항 제5호 중'제93조 제1항 본문의 광고, 문서·도화 첨부·게시'에 관한 부분은 모두 헌법에 합치되지 아니하고, ③ 공직선거법 규정에 의한 공개장소에서의 연설·대담장소 또는 대담·토론회장에서 연설·대담·토론용으로 사용하는 경우를 제외하고는 선거운동을 위하여 확성장치를 사용할 수 없도록 하고, 이를 위반할 경우 처벌하도록 한 공직선거법 제91조 제1항 및 구 공직선거법(2004. 3. 12. 법률 제7189호로 개정되고, 2022. 1. 18. 법률 제18790호로 개정되기 전의 것) 제255조 제2항 제4호 중'제91조 제1항의 규정에 위반하여 확성장치를 사용하여 선거운동을 한 자'부분은 헌법에 위반되지 않는다는 결정을 선고하였다.

판례 049. 민법 제269조 제2항 위헌소원(2022.7.21. 2020헌바205) : 합헌

〈공유물분할청구 사건〉

공유물분할청구의 소에 있어서 법원이 경매에 의한 대금분할을 명할 수 있는 요건을 정한 민법(1958. 2. 22. 법률 제471호로 제정된 것) 제269조 제2항이 헌법에 위반되지 아니한다는 결정을 선고하였다.

판례 050. 재판취소 등(2022.7.21. 2013헌마242) : 인용취소, 각하

〈재판취소 사건〉

구 조세감면규제법(1990. 12. 31. 법률 제4285호) 부칙 제23조에 대한 헌법재판소의 한정위헌결정의 기속력을 부인한 법원의 재판(재심기각판결 및 재심상고기각판결)은 청구인의 재판청구권을 침해한 것이므로 이를 취소한다는 결정을 선고하였다.

판례 051
통신자료 취득행위 위헌확인 등(2022. 7. 21. 2016헌마388) : **헌법불합치, 각하**

〈수사기관 등에 의한 통신자료 제공요청 사건〉

수사기관 등에 의한 통신자료 취득행위에 대한 심판청구에 대하여는 각하하는 한편, 그 근거조항인 전기통신사업법(2010. 3. 22. 법률 제10166호로 전부개정된 것) 제83조 제3항 중 '검사 또는 수사관서의 장(군 수사기관의 장을 포함한다), 정보수사기관의 장의 수사, 형의 집행 또는 국가안전보장에 대한 위해 방지를 위한 정보수집을 위한 통신자료 제공요청'에 관한 부분에 대하여는 사후통지절차를 마련하지 않은 것이 적법절차원칙에 위배된다는 이유로 2023. 12. 31.을 시한으로 입법자가 개정할 때까지 계속 적용을 명하는 헌법불합치 결정을 선고하였다.

판례 052
구 공무원연금법 제59조 제1항 제2호 위헌제청(2022. 8. 31. 2019헌가31) : **합헌**

〈재혼으로 인한 유족연금수급권 상실 사건〉

재혼을 유족연금수급권 상실사유로 규정한 구 공무원연금법(2012. 10. 22. 법률 제11488호로 개정되고, 2016. 1. 27. 법률 제13927호로 개정되기 전의 것) 제59조 제1항 제2호 중 '유족연금'에 관한 부분이 헌법에 위반되지 않는다는 결정을 선고하였다.

판례 053
해사안전법 제104조의2 제2항 위헌제청(2022. 8. 31. 2022헌가10) : **위헌**

〈음주운항 재범에 대한 가중처벌 사건〉

음주운항 금지규정 위반 전력이 1회 이상 있는 사람이 다시 음주운항을 한 경우 2년 이상 5년 이하의 징역이나 2천만 원 이상 3천만 원 이하의 벌금에 처하도록 규정한 해사안전법 제104조의2 제2항 중 '제41조 제1항을 위반하여 2회 이상 술에 취한 상태에서 선박의 조타기를 조작한 운항자'에 관한 부분이 헌법에 위반된다는 결정을 선고하였다.

판례 054
구 도로교통법 제148조의2 제1항 위헌제청(2022. 8. 31. 2022헌가14) : **위헌**

〈음주측정거부 전력자가 다시 음주운전 금지규정 위반행위 또는 음주측정거부행위를 한 경우 가중처벌 사건〉

① 음주측정거부 전력이 1회 이상 있는 사람이 다시 음주운전 금지규정 위반행위를 한 경우 2년 이상 5년 이하의 징역이나 1천만 원 이상 2천만 원 이하의 벌금에 처하도록 규정한 구 도로교통법 제148조의2 제1항 중 '제44조 제2항을 1회 이상 위반한 사람으로서 다시 같은 조 제1항을 위반한 사람'에 관한 부분 및 ② 음주측정거부 전력이 1회 이상 있는 사람이 다시 음주측정거부행위를 한 경우 2년 이상 5년 이하의 징역이나 1천만 원 이상 2천만 원 이하의 벌금에 처하도록 규정한 도로교통법 제148조의2 제1항 중 '제44조 제2항을 2회 이상 위반한 사람'에 관한 부분이 헌법에 위반된다는 결정을 선고하였다.

판례 055
남양주시와 경기도 간의 권한쟁의(2022.8.31. 2021헌라1) : **인용(권한침해)**
〈남양주시 자치사무 감사에 관한 권한쟁의 사건〉
경기도가 2021. 4. 1. 남양주시에 통보한 종합감사 실시계획에 따른 자료요구서식에 의한 자료제출요구 중, 자치사무에 관한 부분은 헌법 및 지방자치법에 의하여 부여된 남양주시의 지방자치권을 침해한다는 결정을 선고하였다.

판례 056
공직선거법 제268조 제3항 등 위헌소원(2022.8.31. 2018헌바440) : **합헌**
〈공직선거법상 장기 공소시효 사건〉
공무원이 지위를 이용하여 선거운동의 기획행위를 하는 것을 금지하고 이를 위반한 경우 형사처벌하는 한편, 공무원이 지위를 이용하여 범한 공직선거법위반죄의 경우 일반인이 범한 공직선거법위반죄와 달리 공소시효를 10년으로 정한 구 공직선거법 제86조 제1항 제2호 중 '공무원이 지위를 이용하여'에 관한 부분, 제255조 제1항 제10호 가운데 제86조 제1항 제2호 중 '공무원이 지위를 이용하여'에 관한 부분, 공직선거법 제268조 제3항 중 '공무원이 지위를 이용하여 범한 공직선거법위반죄에 대해 공소시효를 10년으로 한 것'에 관한 부분은 모두 헌법에 위반되지 않는다는 결정을 선고하였다.

판례 057
관공서의 공휴일에 관한 규정 제2조 본문 위헌확인(2022.8.31. 2020헌마1025) : **기각**
〈근로자의 날을 관공서 공휴일에 포함시키지 않은 규정에 대한 사건〉
근로자의 날을 관공서의 공휴일에 정하지 않은 '관공서의 공휴일에 관한 규정' 제2조 본문은 공무원인 청구인들의 평등권 등을 침해하지 않으므로 청구인들의 심판청구를 모두 기각한다는 결정을 선고하였다.

판례 058
심의절차종료결정 위헌확인(2022.9.29. 2016헌마773) : **각하**
〈가습기살균제 제품의 표시·광고에 관한 공정거래위원회의 사건처리 위헌확인 사건〉
구 SK케미칼이 제조하고 애경산업이 판매하였던 가습기살균제 제품인 '홈클리닉 가습기메이트'의 표시·광고와 관련하여 공정거래위원회가 2016년에 행한 사건처리 중, (1) 위 제품 관련 인터넷 신문기사 3건을 심사대상에서 제외한 행위는 청구인의 평등권과 재판절차진술권을 침해한 것이므로 위헌임을 확인하는 한편, (2) ① 위 제품의 라벨 표시, 애경산업의 홈페이지 광고, SK 그룹의 사보 기사에 대한 심의절차종료결정 및 ② '유공 가습기메이트'제품의 지면 신문 광고를 심사대상에서 제외한 행위를 다투는 심판청구는 모두 부적법하므로 각하한다는 결정을 선고하였다.

판례 059
가상통화공개(ICO)금지 방침 등 위헌확인(2022.9.29. 2018헌마1169) : **각하**
〈가상통화공개(ICO)를 금지하기로 한 '가상통화 관계기관 합동 TF'의 방침 등에 대한 위헌소원 사건〉
가상통화공개(ICO)를 금지하기로 한'가상통화 관계기관 합동 TF'의 방침은 헌법소원의 대상이 되는 공권력의 행사에 해당되지 않고, 국회가 ICO 관련 법률을 제정하지 않은 부작위 및 행정부가 이 사건 방침 후 후속 입법적·행정적 조치를 취하지 아니한 부작위에 대한 심판청구들은 부적법하므로 이를 모두 각하하는 결정을 선고하였다.

영유아보육법 제16조 제8호 등 위헌확인(2022. 9. 29. 2019헌마813) : 위헌, 각하
〈아동학대관련범죄전력자 어린이집 취업제한 사건〉

아동학대관련범죄로 벌금형이 확정된 날부터 10년이 지나지 아니한 사람은 어린이집을 설치·운영하거나 어린이집에 근무할 수 없고, 같은 이유로 보육교사 자격이 취소되면 그 취소된 날부터 10년간 자격을 재교부받지 못하도록 한, 영유아보육법 ① 제16조 제8호 후단 중 아동복지법 제17조 제5호를 위반하여 아동복지법 제71조 제1항 제2호로 처벌받은 경우에 관한 부분, ② 제20조 제1호 중 제16조 제8호 후단 가운데 아동복지법 제17조 제5호를 위반하여 아동복지법 제71조 제1항 제2호로 처벌받은 경우에 관한 부분, ③ 제48조 제2항 제2호 본문 중 아동복지법 제17조 제5호를 위반하여 아동복지법 제71조 제1항 제2호에 따라 처벌받은 경우에 관한 부분은 헌법에 위반되고, 재판관 전원일치의 의견으로 청구인 이○○의 심판청구는 모두 부적법하여 각하한다는 결정을 선고하였다.

병역법 제33조 제2항 본문 등 위헌확인(2022. 9. 29. 2019헌마938) : 기각
〈사회복무요원의 겸직 제한 사건〉

사회복무요원이 복무기관의 장의 허가 없이 다른 직무를 겸하는 것을 제한하는 병역법(2013. 6. 4. 법률 제11849호로 개정된 것) 제33조 제2항 본문 제4호 후단이 청구인의 직업의 자유 및 일반적 행동자유권을 침해하지 않는다는 결정을 선고하였다.

기소유예처분(2022. 9. 29. 2020헌마1204) : 인용(취소)
〈빌딩 관리단 대표자의 개인정보보호법위반 사건〉

청구인이 개인정보처리자가 아님에도 불구하고 개인정보처리자만 범할 수 있는 개인정보 보호법 위반죄의 성립을 전제로 피청구인이 청구인에 대하여 한 기소유예처분이 자의적인 검찰권 행사로서 청구인의 평등권과 행복추구권을 침해한다는 취지로 청구인의 심판청구를 인용하는 결정을 선고하였다.

2023학년도 대학 신입학생 입학전형 시행계획 위헌확인(2022. 9. 29. 2021헌마929) : 기각
〈서울대학교 저소득학생 특별전형에 관한 사건〉

저소득학생 특별전형의 모집인원을 모두 수능위주전형으로 선발하도록 정한 피청구인 서울대학교 총장의 2021. 4. 29.자 '서울대학교 2023학년도 대학 신입학생 입학전형 시행계획' 중 '2023학년도 모집단위와 모집인원' 가운데 기회균형특별전형Ⅱ의 모집인원 합계를 정한 부분, Ⅵ. 수능위주전형 정시모집 '나'군 기회균형특별전형Ⅱ 2. 전형방법 ■전형요소 및 배점 가운데 '수능 100 %' 부분이 청구인의 균등하게 교육을 받을 권리를 침해하지 않는다는 이유로 기각 결정을 선고하였다.

판례 064
기소유예처분(2022. 9. 29. 2022헌마819) : 인용(취소)
〈휴대폰 충전기 절도 사건〉
청구인이 카페 내 콘센트에 꽂혀 있던 피해자 소유의 휴대폰 충전기를 가져간 사건에서, 청구인에게 절도의 고의 내지 불법영득의사를 인정할 증거가 부족함에도 절도혐의가 인정됨을 전제로 청구인에게 한 기소유예처분이 자의적인 검찰권 행사로써 청구인의 평등권과 행복추구권을 침해한다고 결정하였다.

판례 065
아동학대범죄의 처벌 등에 관한 특례법 제35조 제2항 위헌제청(2022. 10. 27. 2021헌가4) : 합헌
〈아동학대행위자의 식별정보 보도금지 사건〉
신문의 편집인·발행인 또는 그 종사자, 방송사의 편집책임자, 그 기관장 또는 종사자, 그 밖의 출판물의 저작자와 발행인으로 하여금 아동보호사건에 관련된 '아동학대행위자'를 특정하여 파악할 수 있는 인적 사항이나 사진 등을 신문 등 출판물에 싣거나 방송매체를 통하여 방송할 수 없게 금지하는 '아동학대범죄의 처벌 등에 관한 특례법'(2014. 1. 28. 법률 제12341호로 제정된 것) 제35조 제2항 중 '아동학대행위자'에 관한 부분이 헌법에 위반되지 않는다는 결정을 선고하였다.

판례 066
민법 제809조 제1항 등 위헌소원(2022. 10. 27. 2018헌바115) : 헌법불합치, 합헌
〈8촌 이내 혈족 사이의 혼인 금지 및 무효 사건〉
근친혼의 금지와 무효에 관한 민법 조항들에 대하여 아래와 같은 결정을 선고하였다.
1. 재판관 5:4의 의견으로, 8촌 이내의 혈족 사이에서는 혼인할 수 없도록 하는 민법(2005. 3. 31. 법률 제7427호로 개정된 것) 제809조 제1항은 혼인의 자유를 침해하지 아니하여 헌법에 위반되지 아니한다는 결정을 선고하였다. [합헌] 이에 대하여는 위 조항은 헌법에 합치되지 아니한다는 재판관 유남석, 재판관 이석태, 재판관 김기영, 재판관 문형배의 반대의견이 있다.
2. 재판관 전원의 일치된 의견으로, 민법 제809조 제1항을 위반한 혼인을 무효로 하는 민법(2005. 3. 31. 법률 제7427호로 개정된 것) 제815조 제2호는 헌법에 합치되지 아니한다는 결정을 선고하였다.

판례 067

교원의 지위 향상 및 교육활동 보호를 위한 특별법 제10조 제3항 위헌소원(2022.10.27. 2019헌바117) : 합헌

〈교원소청심사결정에 대한 공공단체(총장)의 행정소송 제소권한 부인 사건〉

'교원, 사립학교법 제2조에 따른 학교법인 등 당사자'의 범위에 포함되지 않는 공공단체인 한국과학기술원의 총장이 교원소청심사결정에 대하여 행정소송을 제기할 수 없도록 규정한 구 '교원의 지위 향상 및 교육활동 보호를 위한 특별법' 제10조 제3항 및 공공단체를 명시적으로 행정소송 제기권자의 범위에서 제외한다고 규정하여 공공단체인 한국과학기술원의 총장 및 공공단체인 광주과학기술원이 교원소청심사결정에 대하여 행정소송을 제기할 수 없도록 규정한 '교원의 지위 향상 및 교육활동 보호를 위한 특별법' 제10조 제4항이 한국과학기술원 총장 또는 광주과학기술원의 재판청구권을 침해하지 아니하여 헌법에 위반되지 아니한다는 결정을 선고하였다.

판례 068

구 도시 및 주거환경정비법 제21조 제4항 등 위헌소원(2022.10.27. 2019헌바324) : 합헌

〈정비사업 조합 임원 선출과 관련하여 후보자가 금품을 제공받는 행위를 금지하고 이에 위반한 경우 처벌하는 구 도시 및 주거환경정비법 조항에 대한 위헌소원 사건〉

조합 임원의 선출과 관련하여 후보자가 금품을 제공받는 행위를 금지하고 이에 위반한 경우 처벌하는 구 도시 및 주거환경정비법(2012. 2. 1. 법률 제11293호로 개정되고, 2017. 2. 8. 법률 제14567호로 전부개정되기 전의 것) 제21조 제4항 제2호 중 '조합 임원의 선출과 관련하여 후보자가 금품을 제공받는 행위' 부분, 제84조의2 제3호 중 '제21조 제4항 제2호를 위반하여 조합 임원의 선출과 관련하여 금품을 제공받은 후보자' 부분에 대하여 헌법에 위반되지 않는다는 결정을 선고하였다.

판례 069

근로자퇴직급여 보장법 제3조 단서 위헌소원(2022.10.27. 2019헌바454) : 합헌

〈가사사용인에 대한 퇴직급여법 적용제외 사건〉

'가구 내 고용활동'에 대해서는 근로자퇴직급여 보장법을 적용하지 않도록 규정한 근로자퇴직급여 보장법 제3조 단서 중 '가구 내 고용활동' 부분이 헌법에 위반되지 아니한다는 결정을 선고하였다.

판례 070

집합건물의 소유 및 관리에 관한 법률 제9조의2 제1항 위헌소원(2022.10.27. 2020헌바368) : 합헌

〈집합건물 하자담보청구권 제척기간 사건〉

집합건물 공용부분에 발생한 일부 하자에 대하여 구분소유자의 하자담보청구권 제척기간을 사용검사일 등부터 5년 이하로 제한한 집합건물의 소유 및 관리에 관한 법률(2012. 12. 18. 법률 제11555호로 개정된 것) 제9조의2 제1항 제2호 중 '공용부분'에 관한 부분, 구 집합건물의 소유 및 관리에 관한 법률(2012. 12. 18. 법률 제11555호로 개정되고, 2016. 1. 19. 법률 제13805호로 개정되기 전의 것) 제9조의2 제2항 제2호가 헌법에 위반되지 않는다는 결정을 선고하였다.

판례 071
못된 장난 등으로 업무 및 공무를 방해하는 행위를 처벌하는 경범죄 처벌법 조항에 관한 사건
(2022. 11. 24. 2021헌마426) : 기각

〈못된 장난 등으로 업무 및 공무를 방해하는 행위를 처벌하는 경범죄 처벌법 조항에 관한 사건〉
못된 장난 등으로 다른 사람, 단체 또는 공무수행 중인 자의 업무를 방해한 사람을 20만 원 이하의 벌금, 구류 또는 과료의 형으로 처벌하는 경범죄 처벌법(2012. 3. 21. 법률 제11401호로 전부개정된 것) 제3조 제2항 제3호에 대한 심판청구를 기각한다는 결정을 선고하였다.

판례 072
아동 성적 학대행위자에 대한 공무원 결격사유 사건 (2022. 11. 24. 2020헌마1181) : 헌법불합치

〈아동 성적 학대행위자에 대한 공무원 결격사유 사건〉
국가공무원법(2018. 10. 16. 법률 제15857호로 개정된 것) 제33조 제6호의4 나목 중 아동복지법 제17조 제2호 가운데 '아동에게 성적 수치심을 주는 성희롱 등의 성적 학대행위로 형을 선고받아 그 형이 확정된 사람은 국가공무원법 제2조 제2항 제1호의 일반직공무원으로 임용될 수 없도록 한 것'에 관한 부분 및 군인사법(2019. 1. 15. 법률 제16224호로 개정된 것) 제10조 제2항 제6호의4 나목 중 아동복지법 제17조 제2호 가운데 '아동에게 성적 수치심을 주는 성희롱 등의 성적 학대행위로 형을 선고받아 그 형이 확정된 사람은 부사관으로 임용될 수 없도록 한 것'에 관한 부분이 헌법에 합치되지 아니한다는 결정을 선고하였다.

판례 073
육군훈련소 내 종교행사 참석 강제 사건 (2022. 11. 24. 2019헌마941) : 인용

〈육군훈련소 내 종교행사 참석 강제 사건〉
피청구인 육군훈련소장이 2019. 6. 2. 청구인들에 대하여 육군훈련소 내 종교 시설에서 개최되는 개신교, 불교, 천주교, 원불교 종교행사 중 하나에 참석하도록 한 행위가 청구인들의 종교의 자유를 침해하여 위헌임을 확인하였다.

판례 074
정당의 내부조직인 시 · 도당의 법정당원수 사건 (2022. 11. 24. 2019헌마445) : 기각, 각하

〈정당의 내부조직인 시 · 도당의 법정당원수 사건〉
(1) 정당의 중앙당은 수도에 소재하도록 규정한 정당법 제3조 중 '수도에 소재하는 중앙당'에 관한 부분(이하 '중앙당 소재지 조항') 및 정당법상 정당의 당원이 될 수 없는 공무원과 사립학교의 교원은 후원회의 회원이 될 수 없다고 규정한 구 정치자금법 제8조 제1항 단서 중 '정당법 제22조 제1항의 규정에 의하여 정당의 당원이 될 수 없는 자'에 관한 부분(이하 '정치자금법 조항')에 대한 청구를 각하하고, [각하] (2) 재판관 6:3의 의견으로, 정당의 시 · 도당은 1천인 이상의 당원을 가져야 한다고 규정한 정당법 제18조 제1항(이하 '법정당원수 조항')은 정당의 자유를 침해하지 않는다는 결정을 선고하였다.

판례 075. 선거에 영향을 미치게 하기 위한 광고물게시 등 금지 사건(2022. 11. 24. 2021헌바301) : 헌법불합치, 합헌

〈선거에 영향을 미치게 하기 위한 광고물게시 등 금지 사건〉

선거운동 등 정치적 표현의 자유와 관련한 공직선거법 조항들에 대하여 아래와 같은 결정을 선고하였다.

1. 재판관 전원일치의 의견으로, 누구든지 선거운동기간 전부터 일정한 기간 동안 선거에 영향을 미치게 하기 위하여 그 밖의 광고물게시를 할 수 없도록 하고, 이에 위반한 경우 처벌하도록 한 공직선거법(2010. 1. 25. 법률 제9974호로 개정된 것)제90조 제1항 제1호 중 '그 밖의 광고물 게시'에 관한 부분, 공직선거법(2014. 2. 13. 법률 제12393호로 개정된 것) 제256조 제3항 제1호 아목 중 '제90조 제1항 제1호의 그 밖의 광고물 게시'에 관한 부분은 모두 헌법에 합치되지 아니함을 확인한다는 결정을 선고하였다. [헌법불합치 확인]
2. 재판관 전원일치의 의견으로, 선거운동을 정의한 공직선거법(2013. 8. 13. 법률 제12111호로 개정된 것) 제58조 제1항 본문 및 단서 제1호는 헌법에 위반되지 아니한다는 결정을 선고하였다.

판례 076. 안장 대상자 배우자의 국립묘지 합장 사건(2022. 11. 24. 2020헌바463) : 합헌

〈안장 대상자 배우자의 국립묘지 합장 사건〉

국립묘지 안장 대상자의 배우자 가운데 안장 대상자 사후에 재혼한 자를 합장 대상에서 제외하는 내용의 국립묘지의 설치 및 운영에 관한 법률 제5조 제3항 본문 제1호 단서 중 '안장 대상자가 사망한 후에 다른 사람과 혼인한 배우자는 제외한다.' 부분은 합헌이라는 결정을 선고하였다.

판례 077. 입양신고 시 불출석 당사자의 신분증명서 제시 사건(2022. 11. 24. 2019헌바108) : 합헌

〈입양신고 시 불출석 당사자의 신분증명서 제시 사건〉

입양신고 시 신고사건 본인이 시·읍·면에 출석하지 아니하는 경우에는 신고사건 본인의 주민등록증·운전면허증·여권, 그 밖에 대법원규칙으로 정하는 신분증명서를 제시하도록 한 가족관계의 등록 등에 관한 법률 제23조 제2항에 대하여 헌법에 위반되지 않는다는 결정을 선고하였다.

판례 078. 아동·청소년성착취물 배포행위 처벌 사건(2022. 11. 24. 2021헌바144) : 합헌

〈아동·청소년성착취물 배포행위 처벌 사건〉

아동·청소년이 등장하는 아동·청소년성착취물을 배포한 자를 3년 이상의 징역에 처하도록 한 아동·청소년의 성보호에 관한 법률(2020. 6. 2. 법률 제17338호로 개정된 것) 제11조 제3항 중 '아동·청소년이 등장하는 아동·청소년성착취물을 배포한 자'에 관한 부분이 헌법에 위반되지 아니한다는 결정을 선고하였다.

판례 079 영화근로자에 대한 근로시간 명시의무 사건(2022.11.24. 2018헌바514) : 합헌

〈영화근로자에 대한 근로시간 명시의무 사건〉

영화업자가 영화근로자와 계약을 체결할 때 근로시간을 구체적으로 밝히도록 하고, 위반 시 처벌하는 '영화 및 비디오물의 진흥에 관한 법률'(2015. 5. 18. 법률 제13306호로 개정된 것) 제3조의4 중 '근로시간'에 관한 부분, 제96조의2 중 '근로시간'에 관한 부분이 헌법에 위반되지 않는다는 결정을 선고하였다.

판례 080 지방의회의원의 후원회지정 금지 사건(2022.11.24. 2019헌마528) : 헌법불합치

〈지방의회의원의 후원회지정 금지 사건〉

국회의원을 후원회지정권자로 정하면서 지방자치법 제2조 제1항 제1호의 '도'의회의원과 같은 항 제2호의 '시'의회의원(이하 '지방의회의원'이라 한다)을 후원회지정권자에서 제외하고 있는 정치자금법(2005. 8. 4. 법률 제7682호로 전부개정된 것) 제6조 제2호가 지방의회의원인 청구인들의 평등권을 침해한다는 이유로 2024. 5. 31.을 시한으로 입법자가 개정할 때까지 계속 적용을 명하는 헌법불합치결정을 선고하였다.

판례 081 국가공무원법 제69조 제1호 위헌제청(2022.12.22. 2020헌가8) : 위헌

〈피성년후견인 국가공무원 당연퇴직 사건〉

헌법재판소는 2022년 12월 22일 재판관 6:3의 의견으로, 국가공무원이 피성년후견인이 된 경우 당연퇴직되도록 한 구 국가공무원법(2015. 12. 24. 법률 제13618호로 개정되고, 2018. 10. 16. 법률 제15857호로 개정되기 전의 것) 제69조 제1호 중 제33조 제1호 가운데 '피성년후견인'에 관한 부분, 구 국가공무원법(2018. 10. 16. 법률 제15857호로 개정되고, 2021. 1. 12. 법률 제17894호로 개정되기 전의 것) 제69조 제1항 중 제33조 제1호 가운데 '피성년후견인'에 관한 부분 및 국가공무원법(2021. 1. 12. 법률 제17894호로 개정된 것) 제69조 제1항 중 제33조 제1호에 관한 부분은 모두 헌법에 위반된다는 결정을 선고하였다.

판례 082 정보통신망 이용촉진 및 정보보호 등에 관한 법률 제44조의5 제1항 제1호 위헌확인(2022. 12. 22. 2019헌마654) : 기각

〈공공기관등 게시판 본인확인제 사건〉

공공기관등으로 하여금 정보통신망 상에 게시판을 설치·운영하려면 게시판 이용자의 본인 확인을 위한 방법 및 절차의 마련 등 대통령령으로 정하는 필요한 조치를 하도록 규정한 '정보통신망 이용촉진 및 정보보호 등에 관한 법률' 제44조의5 제1항 제1호에 대한 심판청구를 기각하는 결정을 선고하였다.

판례 083
국군포로의 송환 및 대우 등에 관한 법률 제9조 제1항 위헌소원(2022. 12. 22. 2020헌바39) : 합헌

〈국내로 귀환하지 못한 국군포로의 보수지급 청구 사건〉

국내에 귀환하여 등록절차를 거친 국군포로에게만 보수를 지급하도록 규정한 '국군포로의 송환 및 대우 등에 관한 법률' 제9조 제1항은 헌법에 위반되지 않는다는 결정을 선고하였다.

판례 084
집회 및 시위에 관한 법률 제11조 제2호 위헌소원(2022. 12. 22. 2018헌바48) : 헌법불합치

〈대통령 관저 인근 집회금지 사건〉

대통령 관저 인근에서 집회를 금지하고 이를 위반하여 집회를 주최한 자를 처벌하는 ① 구 '집회 및 시위에 관한 법률'(2007. 5. 11. 법률 제8424호로 전부개정되고, 2020. 6. 9. 법률 제17393호로 개정되기 전의 것) 제11조 제2호 중 '대통령 관저(官邸)' 부분 및 제23조 제1호 중 제11조 제2호 가운데 '대통령 관저(官邸)'에 관한 부분은 헌법에 합치되지 아니하고, 위 법률조항의 적용을 중지하며, ② '집회 및 시위에 관한 법률'(2020. 6. 9. 법률 제17393호로 개정된 것) 제11조 제3호 중 '대통령 관저(官邸)' 부분 및 제23조 제1호 중 제11조 제3호 가운데 '대통령 관저(官邸)'에 관한 부분은 헌법에 합치되지 아니하고, 위 법률조항은 2024. 5. 31.을 시한으로 개정될 때까지 계속 적용된다는 결정을 선고하였다.

판례 085
국가경찰위원회와 행정안전부장관 간의 권한쟁의(2022. 12. 22. 2022헌라5) : 각하

〈행정안전부장관의 소속청장 지휘에 관한 규칙 권한쟁의 사건〉

국가경찰위원회가 행정안전부장관을 상대로 제기한 '행정안전부장관의 소속청장 지휘에 관한 규칙인 행정안전부령 제348호의 제정행위가 국가경찰위원회의 권한을 침해한다'는 취지의 권한쟁의 심판청구에 대하여, 국가경찰위원회는 법률에 의하여 설치된 국가기관으로서 권한쟁의 심판을 청구할 당사자능력이 없다는 이유로 심판청구를 각하한다는 결정을 선고하였다.

판례 086
남양주시와 경기도 간의 권한쟁의(2022. 12. 22. 2020헌라3) : 기각

〈남양주시 특별조정교부금 배분에 관한 권한쟁의 사건〉

경기도가 2020. 6. 4. 남양주시를 특별조정교부금 배분에서 제외한 행위가 헌법 및 지방자치법에 의하여 부여된 남양주시의 지방자치권을 침해하지 않는다는 결정을 선고하였다.

판례 087
공직선거법 제57조의6 제1항 본문 등 위헌제청(2022. 12. 22. 2021헌가36) : 위헌

〈지방공단 상근직원의 경선운동 금지 사건〉

안성시시설관리공단의 상근직원이 당원이 아닌 자에게도 투표권을 부여하는 당내경선에서 경선운동을 할 수 없도록 하고 이를 위반할 경우 처벌하는 공직선거법(2010. 1. 25. 법률 제9974호로 개정된 것) 제57조의6 제1항 본문의 '제60조 제1항 제5호 중 제53조 제1항 제6호 가운데 지방공기업법 제2조에 규정된 지방공단인 안성시시설관리공단의 상근직원'에 관한 부분 및 같은 법 제255조 제1항 제1호 중 위 해당부분은 헌법에 위반된다는 결정을 선고하였다.

2023년도 헌법재판소 판례

가정폭력범죄의 처벌 등에 관한 특례법 제55조의2 제1항 위헌소원청(2023. 2. 23. 2019헌바43) : 합헌

피해자보호명령에 우편을 이용한 접근금지에 관한 규정을 두지 아니한 구 가정폭력범죄의 처벌 등에 관한 특례법 제55조의2 제1항이 헌법에 위반되지 않는다.

의료법제45조의2 제1항 등 위헌확인(2023. 2. 23. 2021헌마374) : 기각, 각하

〈비급여 진료비용의 보고 및 공개에 관한 사건〉

헌법재판소는 2023년 2월 23일

① 재판관 5:4의 의견으로, 의료기관의 장으로 하여금 보건복지부장관에게 비급여 진료비용에 관한 사항을 보고하도록 한 의료법 제45조의2 제1항 중 '비급여 진료비용'에 관한 부분 및 의원급 의료기관의 비급여 진료비용에 관한 현황조사·분석 결과를 공개하도록 한 '비급여 진료비용 등의 공개에 관한 기준' 제3조 중 '의료법 제3조 제2항 제1호에 따른 의료기관'의 '비급여 진료비용'에 관한 부분(이 사건 고시조항)에 대한 심판청구를 모두 기각하고,

② 재판관 전원일치 의견으로 청구인 최○○, 이○○의 이 사건 고시조항에 대한 심판청구를 각하한다는 결정을 선고하였다.

국적법 제12조 제3항 위헌소원인(2023. 2. 23. 2019헌바462) : 합헌

〈외국에 영주할 목적 없이 체류한 직계존속으로부터 태어난 자의 국적이탈 제한 사건〉

헌법재판소는 2023년 2월 23일 관여 재판관 8인의 전원일치 의견으로, 직계존속(直系尊屬)이 외국에서 영주(永住)할 목적 없이 체류한 상태에서 출생한 자는 병역의무를 해소한 경우에만 국적이탈을 신고할 수 있도록 하는 구 국적법(2016. 5. 29. 법률 제14183호로 개정되고, 2019. 12. 31. 법률 제16851호로 개정되기 전의 것) 제12조 제3항이 헌법에 위반되지 않는다는 결정을 선고하였다.

강원도교육청 공고 제2020-163호 위헌확인(2023. 2. 23. 2021헌마48) : 각하

〈중등교사 임용시험에서 코로나19 확진자의 응시를 금지하고, 자가격리자 및 접촉자의 응시를 제한한 강원도교육청 공고에 관한 사건〉

1. 헌법재판소는 2023년 2월 23일 재판관 8:1의 의견으로, '2021학년도 강원도 공·사립 중등학교 교사 임용후보자 선정경쟁 제1차 시험 합격자 및 제2차 시험 시행계획 공고'(강원도교육청 공고 제2020-163호) 중
   ① 코로나19 확진자의 응시를 금지한 부분은 심판의 이익이 인정되지 않고,
   ② 자가격리자에 대하여 시험응시 가능 여부를 정하면서 이의제기를 제한한 부분 및 시험장에서 확진자와 접촉한 응시자에 대하여 다음날 시험을 별도시험장·별도시험실에서의 비대면 평가로 응시하도록 조치할 수 있다고 정하면서 이의제기를 제한한 부분은 기본권 침해가능성이 인정되지 않아, 청구인들의 심판청구가 모두 부적법하다는 결정을 선고하였다.

최저임금법 제6조 제5항 위헌소원(2023. 2. 23. 2020헌바11) : 합헌

〈택시운전근로자 최저임금산입 특례조항 사건〉

헌법재판소는 2023년 2월 23일 재판관 전원일치 의견으로, 택시운전근로자의 최저임금에 산입되는 범위를 정한 최저임금법 제6조 제5항 중 '생산고에 따른 임금을 제외한' 부분이 헌법에 위반되지 아니한다는 결정을 선고하였다.

강원도교육청 공고 제2020-163호 위헌확인(2023. 2. 23. 2021헌마48) : 각하

〈중등교사 임용시험에서 코로나19 확진자의 응시를 금지하고, 자가격리자 및 접촉자의 응시를 제한한 강원도교육청 공고에 관한 사건〉

1. 헌법재판소는 2023년 2월 23일 재판관 8:1의 의견으로, '2021학년도 강원도 공·사립 중등학교 교사 임용후보자 선정경쟁 제1차 시험 합격자 및 제2차 시험 시행계획 공고'(강원도교육청 공고 제2020-163호) 중
   ① 코로나19 확진자의 응시를 금지한 부분은 심판의 이익이 인정되지 않고,
   ② 자가격리자에 대하여 시험응시 가능 여부를 정하면서 이의제기를 제한한 부분 및 시험장에서 확진자와 접촉한 응시자에 대하여 다음날 시험을 별도시험장·별도시험실에서의 비대면 평가로 응시하도록 조치할 수 있다고 정하면서 이의제기를 제한한 부분은 기본권 침해가능성이 인정되지 않아, 청구인들의 심판청구가 모두 부적법하다는 결정을 선고하였다.

법무부공고 제2020-360호 등 위헌확인(2023. 2. 23. 2020헌마1736) : 인용

〈변호사시험에서 코로나19 확진환자의 응시를 금지하고, 자가격리자 및 고위험자의 응시를 제한한 법무부 공고에 관한 사건〉

1. 헌법재판소는 2023년 2월 23일 재판관 전원일치 의견으로, '제10회 변호사시험 일시·장소 및 응시자준수사항 공고'(법무부공고 제2020-360호) 및 '코로나19 관련 제10회 변호사시험 응시자 유의사항 등 알림' 중 코로나19 확진환자의 응시를 금지하고, 자가격리자 및 고위험자의 응시를 제한한 부분은 청구인들의 직업선택의 자유를 침해하여 위헌임을 확인한다는 결정을 선고하였다.

이자제한법 제8조 제1항 위헌소원(2023. 2. 23. 2022헌바22) : 합헌

〈이자제한법상 최고이자율 상한을 위반하는 행위에 대해 형사처벌을 규정한 이자제한법 조항에 관한 사건〉

헌법재판소는 2023년 2월 23일 재판관 전원일치 의견으로, 이자제한법에서 정한 최고이자율을 초과하여 이자를 받은 자를 1년 이하의 징역 또는 1천만 원 이하의 벌금에 처하도록 한 이자제한법(2011. 7. 25. 법률 제10925호로 개정된 것) 제8조 제1항은 헌법에 위반되지 아니한다는 결정을 선고하였다.

국적법 제14조 제1항 위헌소원(2023. 2. 23. 2020헌바603) : 합헌

〈외국에 주소 없는 자의 국적이탈 제한 사건〉

헌법재판소는 2023년 2월 23일 관여 재판관 8인의 전원일치 의견으로 복수국적자가 외국에 주소가 있는 경우에만 국적이탈을 신고할 수 있도록 하는 국적법(2010. 5. 4. 법률 제10275호로 개정된 것) 제14조 제1항 본문이 헌법에 위반되지 않는다는 결정을 선고하였다.

성폭력범죄의 처벌 등에 관한 특례법 제3조 제1항 위헌제청(2023. 2. 23. 2021헌가9) : 위헌

〈성폭법 상 주거침입강제추행·준강제추행죄 사건〉

헌법재판소는 2023년 2월 23일 재판관 전원일치 의견으로, 주거침입강제추행죄 및 주거침입준강제추행죄에 대하여 무기징역 또는 7년 이상의 징역에 처하도록 한 '성폭력범죄의 처벌 등에 관한 특례법'(2020. 5. 19. 법률 제17264호로 개정된 것) 제3조 제1항 중 '형법 제319조 제1항(주거침입)의 죄를 범한 사람이 같은 법 제298조(강제추행), 제299조(준강제추행) 가운데 제298조의 예에 의하는 부분의 죄를 범한 경우에는 무기징역 또는 7년 이상의 징역에 처한다.'는 부분은 헌법에 위반된다는 결정을 선고하였다. [위헌]

재판관 8인의 법정의견은 위 조항이 책임과 형벌 사이의 비례원칙에 반한다는 것이고, 재판관 이선애의 별개의견은 위 조항이 법정형의 종류와 범위를 정하는 입법재량의 한계와 관련하여 입법과정상 중대한 오류가 있어 비례원칙 및 평등원칙에 반한다는 것이다.

기소유예처분취소(2023. 2. 23. 2020헌마1739) : 인용(취소)

〈종교시설 안에서의 명함 배부 및 지지호소로 인한 공직선거법위반 사건〉

헌법재판소는 2023년 2월 23일 관여 재판관 8:1의 의견으로, 이 사건 기소유예처분 후 공직선거법의 개정으로 그 피의사실이 범죄를 구성하지 아니하게 되었으므로 이 사건 기소유예처분은 청구인의 평등권과 행복추구권을 침해한다는 취지로 청구인의 심판청구를 인용하는 결정을 선고하였다.

※ 결정의 의의
- 헌법재판소는, 기소유예처분 당시에는 해당 피의사실이 범죄를 구성하였으나 기소유예처분 후 형벌법규의 변경으로 범죄를 구성하지 아니하게 된 경우에, 기소유예처분의 취소를 구하는 헌법소원심판에서 기소유예처분 당시 시행 중이었던 법령(舊法)이 아니라 헌법소원심판 결정 당시 시행 중인 법령(新法)을 기준으로 기소유예처분의 위헌 여부를 판단하여야 한다고 판시하였다.
- 청구인은 예비후보자로서 '대관 등으로 본래의 용도 외의 용도로 이용되는 종교시설의 옥외에서' 선거운동을 하였다는 피의사실로 기소유예처분을 받았다. 기소유예처분 당시 시행 중이었던 공직선거법에 의하면 위 피의사실은 범죄를 구성하였으나, 이후 공직선거법의 개정으로 예비후보자가 '대관 등으로 본래의 용도 외의 용도로 이용되는 종교시설' 혹은 '종교시설의 옥외'에서 선거운동을 하는 것은 범죄를 구성하지 않게 되었으므로 위 기소유예처분은 청구인의 기본권을 침해하였다고 판단하고, 이를 취소하였다.

특정범죄 가중처벌 등에 관한 법률 제5조의13 위헌확인(2023. 2. 23. 2020헌마460) : 기각

〈어린이 보호구역에서 교통사고로 어린이를 상해나 사망에 이르게 한 경우를 가중처벌하는 특정범죄가중처벌법 조항 사건(이른바 '민식이법' 사건)〉

1. 헌법재판소는 2023년 2월 23일 재판관 8:1의 의견으로, 어린이 보호구역에서 제한속도 준수의무 또는 안전운전의무를 위반하여 어린이를 상해에 이르게 한 경우 1년 이상 15년 이하의 징역 또는 500만 원 이상 3천만 원 이하의 벌금에, 사망에 이르게 한 경우 무기 또는 3년 이상의 징역에 처하도록 규정한 특정범죄 가중처벌 등에 관한 법률 제5조의13이 청구인들의 일반적 행동자유권을 침해한다고 볼 수 없다는 이유로 청구인들의 심판청구를 모두 기각하였다.

※ 결정의 의의
- 이 사건은, 어린이 보호구역에서 제한속도 준수의무 또는 안전운전의무를 위반하여 어린이를 상해 또는 사망에 이르게 한 경우를 가중처벌하는 특정범죄 가중처벌 등에 관한 법률 제5조의13에 대하여 헌법재판소가 처음으로 위헌 여부를 판단한 사건이다.

대한적십자사 조직법 제8조 위헌확인 등(2023.2.23. 2019헌마1404) : **기각, 각하**

〈대한적십자사 회비모금 목적의 자료제공 사건〉

헌법재판소는 2023년 2월 23일 재판관 7:2의 의견으로, 대한적십자사로부터 회비모금 목적으로 자료제공을 요청받은 국가와 지방자치단체는 특별한 사유가 없으면 그 자료를 제공하도록 하고, 대한적십자사가 요청할 수 있는 자료의 범위를 대통령령에 정하도록 위임한 '대한적십자사 조직법' 제8조 제2항 및 같은 조 제3항 중 같은 조 제1항의 '회비모금'에 관한 부분, 요청할 수 있는 자료에 주민등록법에 따른 세대주의 성명 및 주소를 규정한 같은 법 시행령 제2조 제1호 중 같은 법 제8조 제1항의 '회비모금'에 관한 부분에 대한 심판청구를 기각하고, 나머지 심판청구는 모두 각하한다는 결정을 선고하였다. [기각, 각하] 이에 대하여는 '대한적십자사 조직법' 제8조 제3항 중 같은 조 제1항의 '회비모금'에 관한 부분과 같은 법 시행령 제2조 제1호 중 같은 법 제8조 제1항의 '회비모금'에 관한 부분 가운데 '성명'에 관한 부분이 청구인들의 개인정보자기결정권을 침해한다는 재판관 이선애, 재판관 문형배의 반대의견이 있다.

※ 결정의 의의

- 적십자사 지로통지서가 전국의 세대주에게 발송될 수 있었던 근거규정인 적십자법 및 그 시행령이 개인정보자기결정권을 침해하는지에 대하여 처음으로 판단한 사건이다.
- 참고로, 심판대상조항들은 개정되지 않았지만, 2023년도 적십자회비부터는 최근 5년간 적십자회비 모금에 참여 이력이 있는 세대주에게만 지로통지서를 발송하는 것으로 모금실무가 개선되었다.

학교폭력예방 및 대책에 관한 법률 제12조 제4항 등 위헌소원(2023. 2. 23. 2019헌바93) : 합헌

〈학교폭력 가해학생에 대한 서면사과 조치 등 사건〉

1. 헌법재판소는 2023년 2월 23일 재판관 6:3의 의견으로, 가해학생에 대한 조치로 피해학생에 대한 서면사과를 규정한 구 '학교폭력예방 및 대책에 관한 법률'(이하 '구 학교폭력예방법' 이라 한다) 제17조 제1항 제1호가 가해학생의 양심의 자유와 인격권을 침해하지 않는다는 결정을 선고하였다. [합헌]이에 대하여는 위 조항이 가해학생의 양심의 자유와 인격권을 침해한다는 재판관 이선애, 재판관 김기영, 재판관 문형배의 반대의견이 있다.

2. 또한 헌법재판소는 재판관 전원일치의 의견으로, 학교폭력대책자치위원회(이하 '자치위원회' 라 한다)의 설치·운영 등에 관한 사항과 자치위원회의 구성·운영 등에 관한 사항을 대통령령에 위임하도록 규정한 구 학교폭력예방법 제12조 제4항, 제13조 제1항, 제4항, 가해학생에 대한 조치별 적용 기준을 대통령령에 위임하도록 규정한 구 학교폭력예방법 제17조 제1항 본문 후단, 학부모대표가 전체위원의 과반수를 구성하고 있는 자치위원회에서 일정한 요건을 갖춘 경우 반드시 회의를 소집하여 가해학생에 대한 조치의 내용을 결정하게 하고 학교의 장이 이에 구속되도록 규정한 구 학교폭력예방법 제13조 제1항, 제2항, 제17조 제1항, 제6항, 가해학생에 대한 조치로 피해학생 및 신고·고발한 학생에 대한 접촉 등 금지를 규정한 구 학교폭력예방법 제17조 제1항 제2호, 가해학생에 대한 조치로 학급교체를 규정한 구 학교폭력예방법 제17조 제1항 제7호가 헌법에 위반되지 않는다는 결정을 선고하였다.

※ **결정의 의의**

- 헌법재판소는 사죄광고나 사과문 게재를 명하는 조항에 대하여 양심의 자유와 인격권 침해를 인정하여 왔으나(헌재 1991. 4. 1. 89헌마160, 헌재 2012. 8. 23. 2009헌가27, 헌재 2015. 7. 30. 2013헌가8), 이 사건에서는 가해학생의 선도와 피해학생의 피해회복 및 정상적인 교육관계회복을 위한 특별한 교육적 조치로 보아 피해학생에 대한 서면사과 조치가 가해학생의 양심의 자유와 인격권을 침해하지 않는다고 판단하였다.
- 그러나 이에 대하여는, 사과는 외부에서 강제할 수 없는 성질의 것이므로 아직 성장과정에 있는 학생이라 하더라도 이를 강제하는 것은 가해학생의 양심의 자유와 인격권을 침해한다는 반대의견이 있었다.
- 이 사건에서는 가해학생에 대한 서면사과조치 외에도 피해학생과 신고·고발한 학생에 대한 접촉 등 금지 조항, 학급교체 조항 등에 대해서도 판단되었는데, 모두 피해학생 등을 보호하기 위하여 필요한 조치로서 가해학생의 일반적 행동자유권을 침해하지 않는다고 보았다.
- 학교폭력예방법은 2019. 8. 20. 법률 제16441호로 개정되면서 개별 학교에 두었던 자치위원회를 폐지하고 교육지원청에 학교폭력대책심의위원회(이하 '심의위원회'라 한다)를 설치하는 것으로 변경되었고, 경미한 사안으로서 피해학생 및 그 보호자가 심의위원회의 개최를 원하지 않는 경우 학교의 장이 자체적으로 해결할 수 있는 제도도 도입하였다. 그러나 헌법재판소는 이 사건 의무화 규정을 도입할 당시의 사회적 요청 등을 고려하여 이 사건 의무화 규정이 헌법에 위반되지 않는다고 판단하였다.

판례 015. 가족관계의 등록 등에 관한 법률 제46조 제2항 등 위헌확인(2023.3.23. 2021헌마975) : 합헌불합치, 기각

〈'혼인 중 여자와 남편 아닌 남자 사이에서 출생한 자녀'에 대한 출생신고 사건〉

헌법재판소는 2023년 3월 23일, 아래와 같은 결정을 선고하였다.

1. 재판관 전원일치의 의견으로, '혼인 중 여자와 남편 아닌 남자 사이에서 출생한 자녀에 대한 생부의 출생신고'를 허용하는 규정을 두지 아니한'가족관계의 등록 등에 관한 법률'(2007. 5. 17. 법률 제8435호로 제정된 것) 제46조 제2항,'가족관계의 등록 등에 관한 법률'(2021. 3. 16. 법률 제17928호로 개정된 것) 제57조 제1항, 제2항은 모두 헌법에 합치되지 아니하고, 위 법률조항들은 2025. 5. 31.을 시한으로 입법자가 개정할 때까지 계속 적용된다는 결정을 선고하였다. [헌법불합치] 이에 대해서는 재판관 이은애의 보충의견이 있다.
2. 재판관 8:1의 의견으로, 생부인 청구인들의 위 법률조항들에 대한 심판청구를 기각한다는 결정을 선고하였다.

※ **결정의 의의**
- 현행 가족관계등록법하에서는 혼인 중인 여자와 남편이 아닌 남자 사이에서 출생한 자녀에 대한 출생신고는 모와 그 남편만이 할 수 있고, 생부는 출생신고를 할 수 없다. 모가 그 혼인 외 출생자에 대한 출생신고를 하지 아니하면 사실상 출생신고가 이루어지지 않는 상황이다.
- 헌법재판소는 태어난 즉시 '출생등록될 권리'가 헌법상 보장되는 기본권으로서, 자유권과 사회권의 성격을 동시에 갖는 독자적 기본권으로 판단하고, 이 사건에서 혼인 외 출생자에 대한 출생신고의무자를 모로 한정하고, 인지의 효력이 있는 생부의 친생자출생신고만을 인정하는 심판대상조항들이 혼인 중인 여자와 남편이 아닌 남자 사이에서 출생한 혼인 외 출생자인 청구인들의 태어난 즉시 '출생등록될 권리'를 침해한다는 이유로 헌법불합치 결정을 하였다.
- 입법자는 출생신고 의무자와 적격자의 범위, 출생신고의 방법과 절차, 출생신고의 효력 및 민법상 친생추정과 번복, 인지의 효과에 관한 사항 등을 두루 고려하여, 출생등록을 실효적으로 보장하면서 법적 부자관계의 형성에 혼란이 생기지 않도록 입법하여야 할 의무가 있다.
- 혼인 중인 여자와 남편이 아닌 남자 사이에서 출생한 혼인 외 출생자인 청구인들은 개선입법에 따라 출생등록을 할 수 있게 된다.

판례 016. 기획재정부 주택시장 안정화 방안 중 일부 위헌확인(2023.3.23. 2019헌마1399) : 기각

〈초고가 아파트 구입용 주택담보대출 금지 사건〉

헌법재판소는 2023. 3. 23. 재판관 5 : 4의 의견으로, 금융위원회위원장이 2019. 12. 16. 시중은행을 상대로 '투기지역·투기과열지구 내 초고가 아파트(시가 15억 원 초과)에 대한 주택구입용 주택담보대출을 2019. 12. 17.부터 금지한 조치'가 청구인의 재산권 및 계약의 자유를 침해하지 않는다는 결정을 선고하였다.

경비업법 제15조 제3항 위헌확인(2023. 3. 23. 2019헌마937) : 기각, 각하

〈특수경비원의 일체의 쟁의행위 금지 사건〉

헌법재판소는 2023년 3월 23일 재판관 4:5의 의견으로, 특수경비원의 '파업·태업 그 밖에 경비업무의 정상적인 운영을 저해하는 일체의 쟁의행위'를 금지하는 경비업법(2001. 4. 7. 법률 제6467호로 전부개정된 것) 제15조 제3항에 대한 심판청구를 기각한다는 결정을 선고하였다.

※ 결정의 의의

- 이 사건과 동일한 심판대상조항에 대하여 헌법재판소는 2009년 재판관 6:3의 의견으로 합헌결정을 한 바 있다(헌재 2009. 10. 29. 2007헌마1359 참조). 이 사건에서는 심판대상조항이 단체행동권을 침해한다는 위헌의견이 재판관 5인의 의견으로서 다수의견이나, 헌법소원 심판 인용 결정을 위한 심판정족수에 이르지 못하여 기각결정을 선고하게 되었다.

구 건설근로자의 고용개선 등에 관한 법률 제14조 제2항 위헌소원(2023. 3. 23. 2020헌바471) : 위헌

〈외국거주 외국인유족의 퇴직공제금 수급 자격 불인정 사건〉

헌법재판소는 2023년 3월 23일 재판관 전원의 일치된 의견으로, 외국거주 외국인유족의 퇴직공제금 수급 자격을 인정하지 아니하는 구 건설근로자의 고용개선 등에 관한 법률(2011. 7. 25. 법률 제10965호로 개정되고, 2019. 11. 26. 법률 제16620호로 개정되기 전의 것) 제14조 제2항 중 구 산업재해보상보험법(2018. 6. 12. 법률 제15665호로 개정되고, 2020. 5. 26. 법률 제17326호로 개정되기 전의 것) 제63조 제1항 가운데 '그 근로자가 사망할 당시 대한민국 국민이 아닌 자로서 외국에서 거주하고 있던 유족은 제외한다'를 준용하는 부분이 헌법에 위반된다는 결정을 선고하였다.

※ 결정의 의의

- 이 사건은, 퇴직공제금을 지급받을 유족의 범위를 정함에 있어 산업재해보상보험법 상의 유족보상연금 규정을 준용하여 '외국거주 외국인유족'을 제외하는 구 '건설근로자의 고용개선 등에 관한 법률' 조항(2019. 11. 26. 법률 제16620호로 개정되기 전의 것)이 평등원칙에 위반됨을 선언한 것이다.
- 2019. 11. 26. 법률 제16620호로 개정된 '건설근로자의 고용개선 등에 관한 법률' 제14조 제2항은 퇴직공제금을 지급받을 유족의 범위를 정함에 있어 더 이상 산업재해보상보험법 규정을 준용하지 않고 자체적으로 규정하면서 '외국거주 외국인유족 제외 규정'을 따로 두지 않아, 위 개정법의 시행 이후에 퇴직공제금 청구권이 발생한 경우에는 '외국거주 외국인유족'도 퇴직공제금을 지급받을 수 있게 되었다.

판례 019. 식품위생법 제96조 등 위헌소원(2023. 3. 23. 2019헌바141) : 위헌

〈집단급식소 영양사 직무미수행 처벌사건〉

헌법재판소는 2023년 3월 23일 재판관 7:2의 의견으로, 집단급식소에 근무하는 영양사의 직무를 규정한 조항을 위반한 자를 처벌하는, 식품위생법 제96조 중 '제52조 제2항을 위반한 자'에 관한 부분이 헌법에 위반된다는 결정을 선고하였다.

※ **결정의 의의**

- 헌법재판소는 집단급식소에 근무하는 영양사의 직무에 관한 규정인 직무수행조항을 위반한 자를 처벌하는 식품위생법 조항이 헌법에 위반된다고 판단하였다. 다만, 위헌에 대한 이유에 있어서는 재판관들의 의견이 상이하였다.
- 재판관 5인의 위헌의견은, 처벌조항은 그 구성요건이 불명확하거나 그 적용범위가 지나치게 광범위한 관계로 어떠한 것이 범죄인가를 법제정기관인 입법자가 법률로 확정하는 것이 아니라 사실상 법 운영 당국이 재량으로 정하는 결과가 되어 죄형법정주의의 명확성원칙에 위반된다고 판단하였다. 재판관 2인의 위헌의견은, 처벌조항이 집단급식소에 근무하는 영양사가 직무수행조항에 정한 직무를 수행하지 아니한 행위 일체를 처벌대상으로 삼고 있음이 분명하므로 죄형법정주의의 명확성원칙에 위반되지는 않지만, 처벌대상의 광범성이 과잉금지원칙 위반 문제를 야기한다고 보았다.
- 재판관 2인의 반대의견은, 처벌조항은 직무를 수행하지 아니한 행위 일체를 처벌대상으로 하는 것이 아니라 그 중 집단급식소의 위생과 안전을 침해할 위험이 있는 행위로 처벌대상을 한정하는 것으로 해석할 수 있으므로 죄형법정주의의 명확성원칙에 위반되지 않는다고 판단하였다. 또한 그러한 해석을 비롯해 다른 여러 사정을 고려하여 처벌조항이 과잉금지원칙에 위반되지 않는다고 판단하였다.

판례 020. 국민건강보험법 제47조의2 제1항 등 위헌소원(2023. 3. 23. 2018헌바433) : 헌법불합치, 각하

〈수사기관의 수사결과 사무장병원으로 확인된 의료기관에 대한 요양급여비용 지급보류 사건〉

헌법재판소는 2023년 3월 23일 재판관 전원일치 의견으로, ① 의료기관의 개설 주체를 의료법인 등으로 제한하고 있는 구 의료법(2009. 1. 30. 법률 제9386호로 개정되고, 2020. 3. 4. 법률 제17069호로 개정되기 전의 것) 제33조 제2항 제3호에 대한 심판청구를 각하하고, ② 요양기관이 의료법 제33조 제2항을 위반하였다는 사실을 수사기관의 수사 결과로 확인한 경우 국민건강보험공단으로 하여금 요양급여비용의 지급을 보류할 수 있도록 규정한 구 국민건강보험법(2014. 5. 20. 법률 제12615호로 개정되고, 2020. 12. 29. 법률 제17772호로 개정되기 전의 것) 제47조의2 제1항 중 '의료법 제33조 제2항'에 관한 부분은 헌법에 합치되지 아니하고, 위 법률조항의 적용을 중지하며, ③ 국민건강보험법(2020. 12. 29. 법률 제17772호로 개정된 것) 제47조의2 제1항 전문 중 '의료법 제33조 제2항'에 관한 부분이 헌법에 합치되지 아니하고, 위 법률조항은 2024. 12. 31.을 시한으로 개정될 때까지 계속 적용된다는 결정을 선고하였다.

※ 결정의 의의
- 이 결정은 요양기관이 의료법 제33조 제2항을 위반하였다는 사실을 수사기관의 수사 결과로 확인한 경우 공단으로 하여금 해당 요양기관이 청구한 요양급여비용의 지급을 보류할 수 있도록 규정하고 있는 국민건강보험법 규정의 위헌 여부에 대하여 헌법재판소에서 처음 판단한 사건이다.
- 헌법재판소는, ① 지급보류처분의 '처분요건'뿐만 아니라 '처분의 취소'에 관하여도 명시적 규율이 필요하고, 그 '취소사유'는 '처분요건'과 균형이 맞도록 규정되어야 하며, ② 무죄판결이 확정되기 전이라도 하급심 법원에서 무죄판결이 선고되는 경우에는 그때부터 일정 부분에 대해서 요양급여비용을 지급하도록 할 필요가 있고, ③ 사정변경사유가 발생할 경우 지급보류처분이 취소될 수 있도록 한다면, 지급보류기간 동안 의료기관 개설자가 수인해야 했던 재산권 제한상황에 대한 적절하고 상당한 보상으로서의 이자 내지 지연손해금의 비율에 대해서도 규율이 필요한데, 이 사건 지급보류조항은 이러한 사항들에 대하여 어떠한 입법적 규율도 하지 않고 있다는 점 등에 비추어, 위 조항이 요양기관 개설자의 재산권을 침해한다고 보았다.

판례 021

법무부장관 등과 국회 간의 권한쟁의(2023. 3. 23. 2022헌라4) : 각하
〈검사의 수사권 축소 등에 관한 권한쟁의 사건〉

헌법재판소는 2023년 3월 23일 재판관 5:4의 의견으로, 국회가 2022. 5. 9. 법률 제18861호로 검찰청법을 개정한 행위 및 같은 날 법률 제18862호로 형사소송법을 개정한 행위[이하 '이 사건 법률개정행위'라 한다]에 대하여 법무부장관과 검사 6명이 권한침해 및 그 행위의 무효확인을 청구한 권한쟁의심판청구를 각하하였다.

※ 결정의 의의
- 이 사건은 국회의 입법행위에 대하여 국회 밖의 국가기관인 법무부장관과 검찰청법상 검사가 권한침해 및 그 행위의 무효확인을 구한 사건으로서, 심판청구가 각하되었다.
  ① 재판관 5인의 법정의견(재판관 유남석, 재판관 이석태, 재판관 김기영, 재판관 문형배, 재판관 이미선)은 법무부장관의 청구인적격, 검사에 대한 권한침해가능성을 부정하였다.
  ② 재판관 4인의 반대의견(재판관 이선애, 재판관 이은애, 재판관 이종석, 재판관 이영진)은 심판청구의 적법성을 모두 인정하고, 권한침해를 확인하면서, 헌법재판소법 제67조 제2항을 적용하여 이 사건 법률개정행위를 취소하여야 한다는 의견을 제시하였다.
- 한편, 이 사건 법률개정행위의 절차에 관하여 법제사법위원회 위원장 및 국회의장의 각 법률안 가결선포행위에 대하여 국회의원들이 청구한 2022헌라2 권한쟁의심판사건에서는, 법제사법위원회 위원회 위원장의 가결선포행위에 대한 권한침해확인청구는 인용되고, 나머지 청구는 모두 기각되었다.
  ① 재판관 4인(재판관 유남석, 재판관 이석태, 재판관 김기영, 재판관 문형배)은 권한침해확인청구 및 무효확인청구에 대하여 전부 기각하는 의견을 제시하였다.
  ② 재판관 1인(재판관 이미선)은 법제사법위원회 위원회 위원장의 가결선포행위에 대한 권한침해확인청구는 인용하고, 나머지 청구들은 기각하는 의견을 제시하였다.
  ③ 재판관 4인(재판관 이선애, 재판관 이은애, 재판관 이종석, 재판관 이영진)은 권한침해확인청구 및 무효확인청구를 전부 인용하는 의견을 제시하였다.

판례 022 국회의원과 국회 법제사법위원회 위원장 등 간의 권한쟁의(2023.3.23. 2022헌라2) : 인용, 기각

〈검사의 수사권을 제한하는 검찰청법 등 개정과 관련된 국회의원과 국회 법제사법위원회 위원장 및 국회의장 간의 권한쟁의 사건〉

(1) 헌법재판소는 2023년 3월 23일 재판관 5:4의 의견으로, 피청구인 국회 법제사법위원회 위원장이 2022. 4. 27. 제395회 국회(임시회) 제4차 법제사법위원회 전체회의에서 검찰청법 일부개정법률안(대안)과 형사소송법 일부개정법률안(대안)을 법제사법위원회 법률안으로 각 가결선포한 행위가 국회의원인 청구인들의 법률안 심의·표결권을 침해하였다는 결정을 선고하였다. [인용]

또한 헌법재판소는 5:4의 의견으로, 청구인들의 피청구인 국회 법제사법위원회 위원장에 대한 검찰청법 일부개정법률안(대안)과 형사소송법 일부개정법률안(대안)의 각 가결선포행위에 관한 무효확인청구 및 피청구인 국회의장에 대한 심판청구를 모두 기각하였다.

※ **결정의 의의**
- 이 결정은 피청구인 법사위 위원장이 조정위원회의 의결정족수를 충족시킬 의도로 민주당을 탈당한 민형배 위원을 그 사정을 알면서도 비교섭단체 몫의 조정위원으로 선임하여 조정위원회에서 실질적인 조정심사 없이 조정안이 가결되도록 하였음에도 법사위 전체회의에서 청구인들의 침해된 법률안 심의·표결권을 회복시키려는 노력 대신 오히려 토론의 기회를 제공하지 않고 그대로 표결에 부쳐 가결선포한 행위가 관련 국회법 규정을 위반하였을 뿐만 아니라 헌법상 다수결원칙 등을 위반한 것임을 인정하고, 국회의원인 청구인들의 법률안 심의·표결권 침해를 인정하였다는 점에 그 의의가 있다.

판례 023 남양주시와 경기도 간의 권한쟁의(2023.3.23. 2020헌라5) : 인용, 기각

〈경기도가 남양주시에 대하여 실시한 감사가 남양주시의 지방자치권을 침해하였는지 여부에 관한 사건〉

1. 헌법재판소는 2023년 3월 23일 피청구인 경기도가 2020년 11월 16일부터 2020년 12월 7일까지 청구인 남양주시에 대하여 실시한 14개 항목에 대한 감사 중, 감사항목 1 내지 8에 대한 감사에 대하여는 재판관 6:3의 의견으로 감사개시의 요건을 갖추었다고 판단하였으나, 나머지 감사항목 9 내지 14에 대한 감사에 대하여는 재판관 전원의 일치된 의견으로 감사개시의 요건을 갖추지 못한 위법한 감사로서 청구인 남양주시의 지방자치권을 침해하였다고 판단함으로써 청구인 남양주시의 심판청구를 일부 인용하였다.

※ **결정의 의의**
- 남양주시가 경기도를 상대로 제기한 권한쟁의심판청구 사건은 이 사건을 포함하여 총 3건이 있었는데, 헌법재판소는 (1) 2022. 8. 31.에 '경기도가 2021. 4. 1. 남양주시에 통보한 종합감사 실시계획에 따른 자료제출요구 중, 자치사무에 관한 부분은 합법성 감사로 제한되는 자치사무에 대한 감사의 한계를 벗어난 것으로서 남양주시의 지방자치권을 침해한다'고 결정하였고(헌재 2022. 8. 31. 2021헌라1), (2) 2022. 12. 22.에는 '경기도가 2020. 6. 4.

- 남양주시를 특별조정교부금 배분에서 제외한 행위가 남양주시의 지방자치권을 침해한 것이라고 볼 수 없다'는 이유로 남양주시의 심판청구를 기각하였다(헌재 2022. 12. 22. 2020헌라3).
- 이 사건은, 위 3건의 권한쟁의심판청구 사건 중 마지막에 선고되는 사건으로, 경기도가 2020. 11. 16.부터 2020. 12. 7.까지 남양주시의 자치사무에 대하여 실시한 감사의 위법 여부에 관하여 판단한 사건이다.
- 헌법재판소는 감사항목 1 내지 8에 대한 감사는 감사 착수 시에 감사대상이 특정되고 감사 개시에 필요한 정도의 법령 위반 여부 확인도 있어 감사 개시의 요건을 갖추었으나, 감사항목 9 내지 14에 대한 감사는 감사대상이 특정되지 않거나 당초 특정된 감사대상과의 관련성이 인정되지 않아 감사 개시의 요건을 갖추지 못하였다는 이유로, 이 사건 감사 중 감사항목 9 내지 14에 대한 감사는 청구인의 지방자치권을 침해한 것이라고 판단하였다.

공직선거법제93조 제1항 본문 등위헌제청(2023. 3. 23. 2023헌가3) : 헌법불합치
〈인쇄물 살포를 금지하는 공직선거법 조항 사건〉

헌법재판소는 2023년 3월 23일 재판관 전원의 일치된 의견으로, 공직선거법 제93조 제1항 본문 중 '인쇄물 살포'에 관한 부분 및 제255조 제2항 제5호 중 '제93조 제1항 본문의 인쇄물 살포'에 관한 부분은 모두 헌법에 합치되지 아니하고, 위 조항들에 대하여 2024. 5. 31.을 시한으로 입법자가 개정할 때까지 계속 적용되도록 하는 결정을 선고하였다.

※ **결정의 의의**
- 헌법재판소는 2022. 7. 21. 2017헌바100등 결정에서 공직선거법 제93조 제1항 본문 중 '벽보 게시, 인쇄물 배부·게시'에 관한 부분 등에 대하여 2023. 7. 31.을 입법시한으로 하는 계속적용 헌법불합치결정을, 2022. 7. 21. 2018헌바357등 결정에서 같은 법 제93조 제1항 본문 중 '광고, 문서·도화 첩부·게시'에 관한 부분 등에 대하여 2023. 7. 31.을 입법시한으로 하는 계속적용 헌법불합치결정을 한 바 있다. 이 사건 결정은 위 헌재 2022. 7. 21. 2017헌바100등 결정 및 헌재 2022. 7. 21. 2018헌바357등 결정과 같은 취지로, 정치적 표현의 자유를 광범위하게 제한하는 심판대상조항에 대하여 헌법불합치결정을 한 것이다.
- 이 사건 결정에 따라 입법자는 심판대상조항을 2024. 5. 31.까지 개정하여야 하고, 위 시한까지 개선입법이 이루어지지 않으면 심판대상조항은 2024. 6. 1.부터 효력을 상실하게 된다.

구 집회 및 시위에 관한 법률 제11조 제2호 등 위헌제청(2023.3.23. 2021헌가1) : 헌법불합치

〈국회의장 공관 인근 집회금지 사건〉

헌법재판소는 2023년 3월 23일 재판관 전원일치 의견으로, 국회의장 공관 인근에서 집회를 금지하고 이를 위반하여 집회를 주최한 자를 처벌하는 ① 구'집회 및 시위에 관한 법률'(2007. 5. 11. 법률 제8424호로 전부개정되고, 2020. 6. 9. 법률 제17393호로 개정되기 전의 것) 제11조 제2호 중 '국회의장 공관'에 관한 부분 및 제23조 제3호 중 제11조 제2호 가운데 '국회의장 공관'에 관한 부분은 헌법에 합치되지 아니하고, 위 법률조항의 적용을 중지하며, ② '집회 및 시위에 관한 법률'(2020. 6. 9. 법률 제17393호로 개정된 것) 제11조 제3호 중 '국회의장 공관'에 관한 부분 및 제23조 제3호 중 제11조 제3호 가운데 '국회의장 공관'에 관한 부분은 헌법에 합치되지 아니하고, 위 법률조항은 2024. 5. 31.을 시한으로 개정될 때까지 계속 적용된다는 결정을 선고하였다.

※ 결정의 의의

- 종래 헌법재판소는 국내주재 외국의 외교기관 인근(헌재 2003. 10. 30. 2000헌바67등)에서의 집회를 예외 없이 금지하는 집시법 조항에 대해 위헌 결정을, 국회의사당 인근(헌재 2018. 5. 31. 2013헌바322등), 국무총리 공관 인근(헌재 2018. 6. 28. 2015헌가28등), 각급 법원 인근(헌재 2018. 7. 26. 2018헌바137), 대통령 관저 인근(헌재 2022. 12. 22. 2018헌바48등)에서의 집회를 예외 없이 금지하는 집시법 조항에 대해 각 헌법불합치결정을 내린 바 있다.
- 이 결정은 국회의장 공관 인근에서의 집회를 전면 금지하는 집시법 조항에 관한 최초의 결정이다. 이 결정에서 헌법재판소는 심판대상조항이 국회의장 공관의 기능과 안녕을 저해할 우려가 있는 집회를 금지하는 데 머무르지 않고 국회의장 공관 인근의 모든 집회를 예외 없이 금지함으로써, 구체적인 상황을 고려하여 상충하는 법익 간의 조화를 이루려는 노력을 전혀 기울이지 않고 있으므로 집회의 자유를 침해한다고 보았다.

경비업법 제7조 제5항 등 위헌제청(2023. 3. 23. 2020헌가19) : 헌법불합치

〈경비원의 비경비업무 수행 금지 및 위반시 경비업 허가 취소 사건〉

헌법재판소는 2023년 3월 23일 재판관 6:3의 의견으로 시설경비업을 허가받은 경비업자로 하여금 허가받은 경비업무 외의 업무에 경비원을 종사하게 하는 것을 금지하고, 이를 위반한 경비업자에 대한 허가를 취소하도록 정하고 있는 경비업법 제7조 제5항 중 '시설경비업무'에 관한 부분과 경비업법 제19조 제1항 제2호 중 '시설경비업무'에 관한 부분이 헌법에 합치되지 아니한다는 결정을 선고하였다.

※ 결정의 의의

- 심판대상조항에도 불구하고 현실에서는 대부분의 공동주택에서 경비원이 경비업무와 관리업무를 병행하여 왔고, 이로 인한 규율의 혼란도 지속되어 왔다. 이에 2020. 10. 20. 법률 제17544호로 공동주택관리법이 개정되면서 '공동주택에 경비원을 배치한 경비업자(경비업법 제4조 제1항에 따라 허가를 받은 경비업자를 말한다)는 경비업법 제7조 제5항에도 불구하고 대통령령으로 정하는 공동주택 관리에 필요한 업무에 경비원을 종사하게 할 수 있다'는 규정이 신설되었고(제65조의2 제1항), 2021. 10. 19. 대통령령 제32076호로 개정된 공동주택관리법 시행령 제69조의2에서 공동주택관리법 제65조의2 제1항에서 말하는 "대통령령으로 정하는 공동주택 관리에 필요한 업무"를 ① 청소와 이에 준하는 미화의 보조, ② 재활용 가능 자원의 분리배출 감시 및 정리, ③ 안내문의 게시와 우편수취함의 투입이라고 규정(제1항)함과 동시에 공동주택 경비원은 공동주택에서의 도난, 화재, 그 밖의 혼잡 등으로 인한 위험발생을 방지하기 위한 범위에서 주차 관리와 택배물품 보관 업무를 수행할 수 있다고 규정(제2항)하였다. 이에 따라 개정된 공동주택관리법이 시행된 2021. 10. 21.부터는 경비업자가 당해사건에서 문제가 된 음식물쓰레기통 세척, 재활용 분리수거, 택배관리, 주변환경 정비 등의 업무에 경비원을 종사하게 할 수 있게 되었다. 그럼에도 불구하고 공동주택관리법 개정 이전에 발생한 사유로 인하여 경비업 허가가 취소된 경비업자들이 존재하므로, 심판대상조항의 위헌성에 대해 헌법재판소가 판단을 할 필요성은 여전히 인정된다.
- 이 결정에서 헌법재판소는 경비업무의 전념성을 직접적으로 훼손하지 아니하는 경우가 있음에도 불구하고 이러한 사정을 고려하지 아니한 채 경비업자가 경비원으로 하여금 비경비업무에 종사하도록 하는 것을 일률적·전면적으로 금지하고 이를 위반한 경우 허가받은 경비업 전체를 필요적으로 취소하도록 한 것이 과잉금지원칙에 반한다고 보아 재판관 6(헌법불합치의견):3(합헌의견)의 의견으로 헌법불합치결정을 하였다. 다만, 단순위헌결정을 선고할 경우 비경비업무의 수행이 경비업무의 전념성을 해치는 경우마저 경비원의 비경비업무 수행이 허용되는 용인할 수 없는 법적 공백이 발생하고, 위헌성을 해소하기 위한 구체적인 방법을 정하는 것은 입법자의 재량에 속하므로, 심판대상조항에 대하여 단순위헌결정을 하는 대신 헌법불합치결정을 선고하면서, 잠정적용을 명할 경우 당해사건의 제청신청인들마저 구제받지 못할 수 있다는 점을 고려하여 적용중지를 명하였다.

출입국관리법 제63조 제1항 위헌제청(2023.3.23. 2020헌가1) : 헌법불합치

〈강제퇴거대상자에 대한 보호기간의 상한 없는 보호 사건〉

헌법재판소는 2023년 3월 23일 재판관 6:3의 의견으로, 강제퇴거명령을 받은 사람을 보호할 수 있도록 하면서 보호기간의 상한을 마련하지 아니한 출입국관리법 제63조 제1항이 과잉금지원칙 및 적법절차원칙에 위배되어 피보호자의 신체의 자유를 침해하는 것으로, 헌법에 합치되지 아니한다는 결정을 선고하였다.

※ **결정의 의의**

- 심판대상조항에서 정하고 있는 '강제퇴거명령의 집행을 위한 보호'에 대해서는 보호기간의 상한이 마련되지 아니하여 사실상 강제퇴거대상자에 대한 무기한 보호가 가능하다는 점, 보호의 개시나 연장 단계에서 중립적 기관에 의하여 보호의 적법성을 판단받을 기회가 존재하지 아니한다는 점 등에서 지속적인 비판이 있어 왔다. 이 결정에서 헌법재판소는 심판대상조항에 의한 보호가 강제퇴거대상자의 신체의 자유를 침해하지 아니한다고 결정하였던 헌재 2018. 2. 22. 2017헌가29 결정을 변경하고, 보호기간의 상한이 존재하지 아니한 것이 과잉금지원칙에 위배되며 보호의 개시나 연장 단계에서 공정하고 중립적인 기관에 의한 통제절차가 없고, 행정상 인신구속을 함에 있어 의견제출의 기회도 전혀 보장하고 있지 아니한 것이 적법절차원칙에 위배되어 피보호자의 신체의 자유를 침해한다고 판단하였다.
- 다만, 단순위헌결정을 선고하여 심판대상조항이 즉시 효력을 잃게 되면, 강제퇴거대상자를 보호할 수 있는 근거조항이 사라지게 되어 용인할 수 없는 법적 공백이 발생하고, 심판대상조항에 내재된 위헌성을 제거하고 합리적으로 제도를 개선함에 있어 입법자가 입법재량을 가지므로 이를 존중하는 차원에서 잠정적용을 명하는 헌법불합치결정을 선고하였다.
- 헌법재판소가 헌법불합치결정을 통해 출입국관리법상 보호 제도의 위헌성을 확인한 만큼, 입법자로서는 합리적인 보호기간의 상한을 어떻게 설정할 것인지, 보호의 개시나 연장 단계에서 보호의 타당성을 심사할 역할을 어느 기관에게 부여할 것인지, 새로운 기관을 설립한다면 이를 어떻게 구성할 것인지, 피보호자에 대한 의견제출의 기회를 어떠한 형태로 보장할 것인지 등에 대한 논의를 거쳐 사회적 합의를 바탕으로 제도를 개선하여야 할 책임이 있다.

기소유예처분취소청(2023.5.25. 2019헌마1253) : 인용(취소)

구 임대주택법상 임대주택의 임대보증금에 관한 보증가입의무를 부담하는 임대사업자에 해당함을 전제로 피청구인이 청구인에 대하여 한 기소유예처분이 자의적인 검찰권의 행사로서 청구인의 평등권과 행복추구권을 침해한다.

서울특별시고시 제2020-415호 등 위헌확인(2023.5.25. 2021헌마21) : 각하

코로나바이러스감염증-19의 예방을 위하여 음식점 및 PC방 운영자 등에게 영업시간을 제한하거나 이용자 간 거리를 둘 의무를 부여하는 서울특별시고시들에 대한 청구를 각하하였다.

판례 030

입법부작위 위헌확인(2023. 5. 25. 2019헌마1234) : **헌법불합치**

특별교통수단에 있어 표준휠체어만을 기준으로 휠체어 고정설비의 안전기준을 정하고 있는 교통약자의 이동편의 증진법 시행규칙(2021. 8. 27. 국토교통부령 제882호로 개정된 것) 제6조 제3항 별표 1의2는 헌법에 합치되지 아니한다.

판례 031

대한민국과 미합중국 간의 상호방위조약 제4조 등 위헌소원(2023. 5. 25. 2022헌바36) : **각하**

미합중국 군대가 대한민국의 영토 및 그 부근에 배비하는 권리에 관한 대한민국과 미합중국 간의 상호방위조약(1954. 11. 18. 조약 제34호) 제4조 및 미합중국이 대한민국에서 시설과 구역의 사용을 공여받도록 하고, 합동위원회에 관하여 규정하고 있는 대한민국과 아메리카합중국 간의 상호방위조약 제4조에 의한 시설과 구역 및 대한민국에서의 합중국군대의 지위에 관한 협정'(1967. 2. 9. 조약 제232호) 제2조 제1항 (가) 1문, 제28조에 대한 헌법소원심판 청구가 재판의 전제성을 갖추지 못하여 부적법하다.

판례 032

영유아보육법 제16조 제6호 등 위헌소원(2023. 5. 25. 2021헌바234) : **합헌**

아동학대관련범죄로 처벌을 받은 어린이집 원장 또는 보육교사에 대하여 행정청이 재량으로 자격을 취소할 수 있도록 한 영유아보육법(2015. 5. 18. 법률 제13321호로 개정된 것) 제48조 제1항 제3호 중 '아동복지법 제17조 제5호를 위반하여 아동복지법 제71조 제1항 제2호에 따라 처벌받은 경우'에 관한 부분이 헌법에 위반되지 않는다.

판례 033

수산자원관리법 제22조 제2호 위헌소원(2023. 5. 25. 2020헌바604) : **합헌**

허가된 어업의 어획효과를 높이기 위하여 다른 어업의 도움을 받아 조업활동을 하는 행위를 금지한 수산자원관리법(2009. 4. 22. 법률 제9627호로 제정된 것) 제22조 제2호는 헌법에 위반되지 아니한다.

판례 034

행정안전부장관(이상민) 탄핵(2023. 7. 25. 2023헌나1) : **기각**

2022. 10. 29. 서울 용산구 이태원동에서 발생한 다중밀집으로 인한 인명피해사고와 관련하여 피청구인이 재난예방, 재난대응 및 사후 발언을 함에 있어 헌법이나 법률을 위배하였다는 이유로 국회가 탄핵심판청구를 한 사안에서, 헌법재판소는 2023. 7. 25. 재판관 전원의 일치된 의견으로, 이 사건 탄핵심판청구를 기각한다.

판례 035

공직선거법 제189조 제2항 등 위헌확인(2023. 7. 25. 2019헌마1443) : **기각**

준연동형 비례대표제를 규정한 공직선거법(2020. 1. 14. 법률 제16864호로 개정된 것) 제189조 제2항에 대한 심판청구를 모두 기각하고, 나머지 심판청구를 모두 각하한다는 결정을 선고하였다.

판례 036
출판문화산업 진흥법 제22조 제4항 등 위헌확인(2023. 7. 25. 2020헌마104) : **기각**

간행물 판매자에게 정가 판매 의무를 부과하고, 가격할인의 범위를 가격할인과 경제상의 이익을 합하여 정가의 15퍼센트 이하로 제한하는 출판문화산업 진흥법(2014. 5. 20. 법률 제12603호로 개정된 것) 제22조 제4항 및 제5항에 대한 심판청구를 모두 기각한다.

판례 037
장애인 편의시설 설치 부작위 위헌확인(2023. 7. 25. 2019헌마709) : **각하**

① 서울특별시경찰청장이 서울광역수사대 마약수사계에 장애인전용 주차구역을 설치하지 아니한 부작위, ② 서울고등법원장, 청주지방검찰청 충주지청장, 서울특별시경찰청장, 서울서초경찰서장, 서울구치소장, 인천구치소장이 각각 서울고등법원 서관, 청주지방검찰청 충주지청, 서울광역수사대 마약수사계, 서울서초경찰서, 서울구치소, 인천구치소에 장애인용 승강기를 설치하지 아니한 부작위, ③ 청주지방검찰청 충주지청장, 서울특별시경찰청장, 서울서초경찰서장, 서울구치소장, 인천구치소장이 각각 청주지방검찰청 충주지청, 서울광역수사대 마약수사계, 서울서초경찰서, 서울구치소, 인천구치소에 장애인용 화장실을 설치하지 아니한 부작위(이하 이들을 합하여 '이 사건 부작위'라 한다), ④ 보건복지부장관이 위 대상시설에 대한 편의시설의 설치·운영에 관한 업무를 총괄하지 아니한 부작위(이하 '보건복지부장관의 부작위'라 한다)를 모두 각하한다는 결정을 선고하였다.

판례 038
디자인보호법 제36조 제1항 단서 위헌소원(2023. 7. 25. 2020헌바497) : **합헌**

법률에 따라 국내에서 출원공개된 경우 신규성 상실의 예외를 제한하는 디자인보호법(2017. 3. 21. 법률 제14686호로 개정된 것) 제36조 제1항 단서 중 '법률에 따라 국내에서 출원공개된 경우'에 관한 부분은 헌법에 위반되지 아니한다.

판례 039
구 사립학교법 제73조의2 등 위헌소원(2023. 8. 31. 2021헌바180) : **합헌**

구 사립학교법(2013. 1. 23. 법률 제11622호로 개정되고, 2020. 12. 22. 법률 제17659호로 개정되기 전의 것) 제29조 제2항 중 '교비회계의 세입·세출에 관한 사항은 대통령령으로 정하되' 부분과, 교비회계의 전용을 금지하는 구 사립학교법(2013. 12. 30. 법률 제12125호로 개정되고, 2020. 1. 29. 법률 제16874호로 개정되기 전의 것) 제29조 제6항 본문 및 교비회계 전용 금지 규정을 위반하는 경우 처벌하는 구 사립학교법(1997. 1. 13. 법률 제5274호로 개정되고, 2020. 12. 22. 법률 제17659호로 개정되기 전의 것) 제73조의2가 헌법에 위반되지 아니한다.

판례 040
구 군인보수법 제17조 위헌소원(2023. 8. 31. 2020헌바594) : **합헌**

전시·사변 등 국가비상사태에 있어서 전투에 종사하는 자에 대하여는 각령이 정하는 바에 의하여 전투근무수당을 지급하도록 한 구 군인보수법 제17조가 명확성원칙 및 평등원칙에 위반되지 않는다.

판례 041
군사법원법 제227조의12 제2항 위헌소원(2023. 8. 31. 2020헌바252) : 위헌

군사법원 피고인의 비용보상청구권의 제척기간을 '무죄판결이 확정된 날부터 6개월'로 정한 구 군사법원법 제227조의12 제2항에 대하여 헌법에 위반된다.

판례 042
남북관계 발전에 관한 법률 일부 개정법률 위헌확인(2023. 9. 26. 2020헌마1724) : 위헌

북한 지역으로 전단 등 살포를 하여 국민의 생명·신체에 위해를 끼치거나 심각한 위험을 발생시키는 것을 금지하고, 이를 위반한 경우 처벌하는 '남북관계 발전에 관한 법률'(2020. 12. 29. 법률 제17763호로 개정된 것) 제24조 제1항 제3호 및 제25조 중 제24조 제1항 제3호에 관한 부분이 헌법에 위반된다.

판례 043
인천애(愛)뜰의 사용 및 관리에 관한 조례 제6조 등 위헌확인(2023. 9. 26. 2019헌마1417) : 위헌

집회·시위를 위한 인천애뜰 잔디마당의 사용허가를 예외 없이 제한하는 '인천애(愛)뜰의 사용 및 관리에 관한 조례'(2019. 9. 23. 인천광역시조례 제6255호로 제정된 것) 제7조 제1항 제5호 가목이 헌법에 위반된다.

판례 044
국민건강보험법 제109조 제10항 등 위헌확인(2023. 9. 26. 2019헌마1165) : 헌법불합치, 기각, 각하

외국인 지역가입자에 대하여
① 보험료 체납시 다음 달부터 곧바로 보험급여를 제한하는 국민건강보험법(2019. 1. 15. 법률 제16238호로 개정된 것) 제109조 제10항(보험급여제한 조항)은 헌법에 합치되지 아니하여 2025. 6. 30.을 시한으로 입법자가 개정할 때까지 계속 적용되도록 하고,
② 납부할 월별 보험료 하한을 전년도 전체 가입자의 보험료 평균을 고려하여 정하는 구 '장기체류 재외국민 및 외국인에 대한 건강보험 적용기준'(2019. 7. 11. 보건복지부고시 제2019-151호로 개정되고, 2021. 2. 26. 보건복지부고시 제2021-63호로 개정되기 전의 것) 제6조 제1항에 의한 별표 2 제1호 단서(보험료하한 조항)
③ 보험료 납부단위인 '세대'의 인정범위를 가입자와 그의 배우자 및 미성년 자녀로 한정한 위 보건복지부고시 제6조 제1항에 의한 별표 2 제4호(세대구성 조항)에 대한 심판청구를 모두 기각하고
④ 법무부장관이 외국인에 대한 체류 허가 심사를 함에 있어 보험료 체납정보를 요청할 수 있다고 규정한 출입국관리법(2019. 4. 23. 법률 제16344호로 개정된 것) 제78조 제2항 제3호 중 '외국인의 국민건강보험 관련 체납정보'에 관한 부분(정보요청 조항)에 대한 심판청구를 각하한다.

판례 045
병역법 제3조 제1항 전문 등 위헌확인(2023. 9. 26. 2019헌마423) : 합헌, 기각, 각하

대한민국 국민인 남성에게 병역의무를 부과하는 구 병역법(2011. 5. 24. 법률 제10704호로 개정되고, 2019. 12. 31. 법률 제16852호로 개정되기 전의 것) 제3조 제1항 전문, 병역법(2019. 12. 31. 법률 제16852호로 개정된 것) 제3조 제1항 전문이 평등권을 침해하지 않는다.

판례 046
민법 제103조 위헌소원(2023. 9. 26. 2020헌바552) : 합헌

'선량한 풍속 기타 사회질서에 위반한 사항을 내용으로 하는 법률행위'를 무효로 하는 민법 제103조가 명확성원칙에 위반되지 않아 헌법에 위반되지 않는다.

판례 047
국가보안법 제2조 제1항 등 위헌소원(2023. 9. 26. 2017헌바42) : 합헌, 각하

① 재판관 6:3의 의견으로, 반국가단체나 그 구성원 등의 활동을 찬양·고무·선전·동조한 사람을 처벌하도록 정하고 있는 국가보안법 제7조 제1항 중 '찬양·고무·선전 또는 이에 동조한 자'에 관한 부분 및 이적행위를 할 목적으로 문서·도화 기타의 표현물을 제작·운반·반포한 사람을 처벌하도록 정하고 있는 국가보안법 제7조 제5항 중 '제1항 가운데 찬양·고무·선전 또는 이에 동조할 목적으로 제작·운반·반포한 자'에 관한 부분이 헌법에 위반되지 아니하고,
② 재판관 4:5의 의견으로 이적행위를 할 목적으로 문서·도화 기타의 표현물을 소지·취득한 사람을 처벌하도록 정하고 있는 국가보안법 제7조 제5항 중 '제1항 가운데 찬양·고무·선전 또는 이에 동조할 목적으로 소지·취득한 자'에 관한 부분이 헌법에 위반되지 아니하며,
③ 재판관 전원의 일치된 의견으로 일부 청구인의 심판청구 및 국가보안법 제2조 제1항, 국가보안법 제7조 제3항 중 '가입한 자'에 관한 부분에 대한 심판청구를 각하하는 결정을 선고하였다.

판례 048
정당법 제59조 제2항 등 위헌제청(2023. 9. 26. 2021헌가23) : 합헌, 각하

등록을 정당의 설립요건으로 정한 정당법 제4조 제1항(정당등록조항), 정당법상 등록된 정당이 아니면 정당이라는 명칭을 사용하지 못하게 하는 정당법 제41조 제1항 및 제59조 제2항 중 제41조 제1항에 관한 부분(정당명칭사용금지조항), 정당은 수도 소재 중앙당과 5 이상의 시·도당을 갖추어야 한다고 정한 정당법 제3조, 제4조 제2항 중 제17조에 관한 부분, 제17조(전국정당조항), 시·도당은 1천인 이상의 당원을 가져야 한다고 정한 정당법 제4조 제2항 중 제18조에 관한 부분 및 제18조(법정당원수조항)에 대하여 합헌 및 기각결정을 선고하였다.

판례 049
공직선거관리규칙 제84조 제3항 위헌확인(2023. 10. 26. 2022헌마232) : 기각

㉮ 큐알(QR) 코드가 표기된 사전투표용지 발급행위에 대한 심판청구를 각하하고, ㉯ 사전투표관리관이 사전투표용지의 일련번호를 떼지 않고 선거인에게 교부하도록 정한 공직선거법 제

158조 제3항 중 '일련번호를 떼지 아니하고' 부분에 대한 심판청구는 기각하는 결정을 선고하였다.

또한, ② 헌법재판소는 재판관 전원일치 의견으로, 사전투표관리관이 투표용지에 자신의 도장을 찍는 경우 도장의 날인은 인쇄날인으로 갈음할 수 있도록 정한 공직선거관리규칙 제84조 제3항 중 '사전투표관리관이 투표용지에 자신의 도장을 찍는 경우 도장의 날인은 인쇄날인으로 갈음할 수 있다' 부분에 대한 심판청구를 기각하는 결정을 선고하였다.

판례 050 군형법 제92조의6 위헌제청(2023. 10. 26. 2017헌가16) : 합헌

① 재판관 5:4의 의견으로, 군형법 제92조의6 중 '그 밖의 추행'에 관한 부분이 헌법에 위반되지 아니하고(헌가 사건)
② 재판관 전원의 일치된 의견으로, 청구인들의 군형법 제92조의6에 대한 심판청구를 각하하는(헌바 사건) 결정을 선고하였다.

판례 051 후천성면역결핍증 예방법 제19조 등 위헌제청(2023. 10. 26. 2019헌가30) : 합헌

인체면역결핍바이러스에 감염된 사람이 혈액 또는 체액을 통하여 다른 사람에게 전파매개행위를 하는 것을 금지하고 이를 위반한 경우 3년 이하의 징역형으로 처벌한다고 규정한 '후천성면역결핍증 예방법'(2013. 4. 5. 법률 제11749호로 개정된 것) 제19조, 제25조 제2호는 모두 헌법에 위반되지 아니한다는 결정을 선고하였다.

판례 052 국회의원과 국회 과학기술정보방송통신위원회 위원장 등 간의 권한쟁의(2023. 10. 26. 2023헌라2) : 기각

피청구인 국회 과학기술정보방송통신위원회 위원장이 2023. 3. 21. 피청구인 국회의장에게 방송법 일부개정법률안(대안), 방송문화진흥회법 일부개정법률안(대안), 한국교육방송공사법 일부개정법률안(대안)의 본회의 부의를 요구한 행위에 대한 권한침해확인청구를 기각하고, ② 재판관 전원의 일치된 의견으로, 피청구인 국회 과학기술정보방송통신위원회 위원장의 위 본회의 부의 요구행위의 무효확인청구 및 피청구인 국회의장이 2023 4. 27. 개의된 제405회 국회(임시회) 제5차 본회의에서 '위 각 법률안 본회의 부의의 건'에 대해 가결을 선포한 행위에 대한 권한침해확인청구 및 무효확인청구를 기각하였다.

②에 대해서는 권한침해 사유가 헌법적으로 매우 중대하다고 볼 수 없으므로 피청구인 국회 과학기술정보방송통신위원회 위원장의 위 본회의 부의 요구행위의 무효임을 확인하지 아니하고, 선행 절차인 본회의 부의 요구행위에 존재하는 권한침해 사유만으로 후행 절차인 피청구인 국회의장의 가결선포행위가 청구인들의 권한을 침해한다고 볼 수도 없으므로 피청구인 국회의장의 가결선포행위가 청구인들의 권한을 침해하지 아니하며, 이를 전제로 하는 무효확인청구 역시 이유가 없으므로, 피청구인 국회의장에 대한 심판청구를 모두 기각한다는 재판관 이은애,

이종석, 이영진, 김형두의 별개의견이 있다.
[3] 피청구인 국회 과학기술정보방송통신위원회 위원장의 본회의 부의 요구행위에 대한 재판관 이은애, 이종석, 이영진, 김형두의 반대의견 및 별개의견에 대해서는, 법제사법위원회의 체계·자구 심사기간을 짧게 정하여 제3의 기관이 국회의 입법절차에 반복적으로 개입할 여지를 두는 것은 국회의 자율성을 훼손할 우려가 있으므로 국회 내에서 이를 해결할 수 있도록 하는 제도의 개선이 필요하다는 재판관 이영진의 보충의견이 있다.

판례 053 국회의원과 국회 환경노동위원회 위원장 등 간의 권한쟁의(2023.10.26. 2023헌라3) : 기각

① 피청구인 국회 환경노동위원회 위원장이 2023. 5. 24. 피청구인 국회의장에게 '노동조합 및 노동관계조정법 일부개정법률안(대안)'의 본회의 부의를 요구한 행위에 대한 권한침해확인청구를 기각하고,
② 피청구인 국회 환경노동위원회 위원장의 위 본회의 부의 요구행위의 무효확인청구 및 피청구인 국회의장이 2023 6. 30. 개의된 제407회 국회(임시회) 제7차 본회의에서 '위 법률안 본회의 부의의 건'에 대해 가결을 선포한 행위에 대한 권한침해확인청구 및 무효확인청구를 기각하였다.

판례 054 웹사이트 차단 위헌확인(2023.10.26. 2019헌마158) : 기각

방송통신심의위원회가 2019. 2. 11. 주식회사 케이티 외 9개 정보통신서비스제공자 등에 대하여 895개 웹사이트에 대한 이용자들의 접속을 차단하도록 시정을 요구한 행위에 대한 심판청구를 기각한다.

판례 055 공직선거법 제158조 제3항 위헌확인(2023.10.26. 2022헌마231) : 기각

① ㉮ 큐알(QR) 코드가 표기된 사전투표용지 발급행위에 대한 심판청구를 각하하고, ㉯ 사전투표관리관이 사전투표용지의 일련번호를 떼지 않고 선거인에게 교부하도록 정한 공직선거법 제158조 제3항 중 '일련번호를 떼지 아니하고' 부분에 대한 심판청구는 기각하는 결정을 선고하였다. 또한, ② 헌법재판소는 재판관 전원일치 의견으로, 사전투표관리관이 투표용지에 자신의 도장을 찍는 경우 도장의 날인은 인쇄날인으로 갈음할 수 있도록 정한 공직선거관리규칙 제84조 제3항 중 '사전투표관리관이 투표용지에 자신의 도장을 찍는 경우 도장의 날인은 인쇄날인으로 갈음할 수 있다' 부분에 대한 심판청구를 기각하였다.

판례 056
민사소송법 제399조 제2항 위헌소원(2023.12.21. 2018헌바419) : 합헌

상고장각하명령 후 인지보정의 경우 상고장각하명령을 취소하여 상고심 재판이 계속되더라도, 가집행선고를 통해 승소한 당사자의 권리를 확보하는 방안이 논의될 수 있으나 가집행의 선고가 불가능한 사건유형에서는 권리구제가 지연되는 폐단이 여전히 발생할 수 있을 뿐만 아니라, 가집행은 확정적 집행은 아니라는 점에서 승소한 당사자의 입장에서 소송의 완결을 통한 목적의 달성과는 엄연히 다르다.

이상의 점들을 종합하여 보면, 상고장각하조항이 상고장각하명령 후 인지보정의 경우에 상고장각하명령을 취소하도록 하는 규정을 두지 아니한 것이 합리적인 입법재량의 범위를 넘어 재판을 받을 권리를 침해한다고 볼 수 없다.

판례 057
폐기물관리법 제14조 제8항 제7호 위헌소원(2023.12.21. 2020헌바189) : 합헌

생활폐기물 수집·운반 대행계약과 관련하여 뇌물공여, 사기 등 범죄를 범하여 일정한 형을 선고받은 자를 3년 간 위 대행계약 대상에서 제외하도록 규정한 폐기물관리법 제14조 제8항 제7호가 헌법에 위반되지 아니한다.

판례 058
가축분뇨의 관리 및 이용에 관한 법률 제8조 제1항 위헌소원(2023.12.21. 2020헌바374) : 합헌

시장·군수·구청장이 지방자치단체의 조례로 정하는 바에 따라 일정한 구역을 지정·고시하여 가축의 사육을 제한할 수 있도록 한 '가축분뇨의 관리 및 이용에 관한 법률' 제8조 제1항 본문은 헌법에 위반되지 아니한다.

판례 059
형사소송법 제420조 위헌소원(2023.12.21. 2020헌바495) : 합헌

'직권조사사유에 관한 판단 누락'과 '공판절차의 위법'과 같은 사유는 원판결의 오류 및 재심판의 정당성에 대한 명확한 근거가 될 수 없으므로, 심판대상조항이 이를 재심이유로 규정하고 있지 아니하더라도 이것이 재심을 청구하고자 하는 자의 재판청구권을 침해하였다고 볼 수 없다.

판례 060
특정범죄 가중처벌 등에 관한 법률 제8조의2 제1항 제2호 등 위헌소원(2023.12.21. 2021헌바2) : 합헌

정확한 과세자료의 수수질서를 확립하여 궁극적으로 근거과세와 공평과세를 실현하고자 하는 입법목적에 비추어 볼 때, 허위 세금계산서 발급수수 행위를 통하여 간접적 이익을 취득하려는 사람이나 그 행위 자체의 대가로 이익을 취득하려는 사람이나 모두 재화나 용역의 공급 없이 세금계산서를 발급수수하는 범죄행위를 저지르고 그로 인하여 조세질서를 어지럽힌다는 점에서는 동일하다. 단지 그 행위의 동기에 있어서 서로 차이가 있다는 점이 이러한 동일성을 훼손할 만한 본질적인 사유라고 볼 수는 없다. 따라서 평등원칙에 위배되지 아니한다.

형법 제330조 위헌소원(2023.12.21. 2022헌바133) : 합헌

구 형법조항에 따르면 비록 벌금형을 선택할 수는 없지만, 징역형의 하한에 제한을 두지 않아 1월부터 10년까지 다양한 기간의 징역형을 선고하는 것이 가능할 뿐만 아니라 작량감경을 하지 않더라도 징역형의 집행유예나 선고유예를 선고할 수 있다. 따라서, 벌금형을 두지 않은 것이 책임과 형벌 간의 비례원칙에 위배된다고 할 수 없다.

죄질과 보호법익이 유사한 범죄에 대한 형벌과 비교해 볼 때, 구 형법조항이 단순절도죄와 달리 징역형의 단일형으로만 규정한 것은 범죄 유형별로 죄질 및 범정의 차이를 고려한 입법으로서 형벌체계상의 정당성과 균형성을 상실하여 평등원칙에 위배된다고 볼 수 없다.

형사소송법 제20조 제1항 위헌소원(2023.12.21. 2023헌바123) : 합헌

법관에 대한 기피신청이 소송의 지연을 목적으로 하는 것이 분명한 경우에도 당해 법관을 배제시키고 새로운 재판부를 구성하여 재판절차를 진행할 경우에는 그로 인하여 소송절차가 지연될 것이고, 재판을 지연시킬 목적으로 기피신청을 남용하는 것을 방지하기 어려울 것이다. 그래서 기피신청이 소송절차 지연을 목적으로 하는 것임이 명백한 경우에는 소송절차를 그대로 진행시키고 당해 법관이 포함된 합의부 또는 당해 법관으로 하여금 기피신청을 기각할 수 있는 간이기각제도를 채택한 것이다. 따라서 입법목적은 정당하고, 그러한 입법목적을 달성하기 위하여 채택한 방법도 필요하고도 적절하며, 즉시항고에 의한 불복을 허용하여 상급심에 의한 시정의 기회를 부여하고 있는 점에서 당사자가 입을 수 있는 불이익을 최소화하고 있다고 할 것이다.

여객자동차 운수사업법 제87조 제1항 단서 제3호 위헌소원(2023.12.21. 2023헌바170) : 합헌

택시운전자의 성폭력범죄 경력은 해당 범죄가 택시운전 중 발생한 것인지, 그 대상이 승객인지 여부와 관계없이 준법의식의 결여라는 측면에서 승객의 안전에 커다란 위험을 초래할 수 있다. 따라서 택시운전자격 취소에 성폭력범죄 경력의 택시운전업무 관련성을 요구하지 않는다고 하여 과도하게 청구인의 직업선택의 자유를 제한한다고 보기 어렵다.

청구인은 향후 20년간 택시운전자격 취득의 기회가 제한된다고도 주장하나, 위 20년의 기간은 금고 이상의 실형을 선고받고 그 집행이 끝나거나 면제된 경우에 적용되는 것이고, 금고 이상의 형의 집행유예를 선고받고 집행유예기간 중에 운전자격이 취소된 사람에게 적용되는 것이 아니다. 청구인은 여객자동차법 제24조 제4항 제2호에 따라 집행유예기간이 만료되면 관련 법령에서 정한 절차에 따라 다시 택시운전자격을 취득할 기회를 가질 수 있으므로, 택시운전자격의 재취득이 제한되는 기간이 지나치게 길다고 보기도 어렵다.

MEMO

MEMO

채한태
명품헌법
헌법재판소 판례 핵심요약집

4판 1쇄	2024년 2월 20일
편저자	채한태
발행인	손성은
발행처	메가스터디교육(주)
디자인/제작	메가스터디DES
주소	서울시 서초구 효령로 321(서초동, 덕원빌딩)
전화	02-3498-4202
팩스	02-3498-4344
등록	제 2020-000118 호
ISBN	979-11-6722-627-3 13360
정가	27,000원

이 책에 실린 모든 내용에 대한 저작권은 메가스터디교육(주)에 있으므로 무단으로 전재하거나 복제, 배포할 수 없습니다.
파본이나 잘못된 책은 구입처에서 바꾸어 드립니다.

채한태
명품헌법

탁월한 적중률! 합격의 동반자!